哲学史
所昭示给我们的，
是一系列的高尚的心灵，
是许多理性思维的英雄们的展览，
他们凭借理性的力量深入事物、
自然和心灵的本质
——深入上帝的本质，
并且为我们赢得最高的珍宝，
理性知识的珍宝。

——黑格尔

第2辑

莱布尼茨哲学研究

A Series of Books by the Historian of Philosophy

段德智 著

人民出版社

目　　录

第 一 章

莱布尼茨的生平、著述与人格

哥特弗里特·威廉·莱布尼茨(Gottfried Wilhelm Leibniz,1646—1716年)是17世纪末至18世纪初的伟大科学家和著名哲学家。

在人类思想史上,莱布尼茨是一位智商和能力极高的学者。狄德罗在其主编的《百科全书》"莱布尼茨主义"条目中谈到其智商和才能时,曾不无激情地说道:"当一个人考虑到自己并把自己的才能和莱布尼茨的才能来作比较时,就会弄到恨不得把书都丢了,去找个世界上比较偏僻的角落藏起来以便安静地死去。"罗素虽说对莱布尼茨的人格持有异议,但还是不止一次地称赞莱布尼茨是"千古绝伦的大智者"①。至于马克思,作为一位无产阶级的思想领袖,虽然一向对资产阶级思想家持激烈批评的态度,但在谈到莱布尼茨时,他却还是由衷地感叹道:"我是佩服莱布尼茨的。"②

莱布尼茨的知识极其渊博,几乎涉及当时自然科学、人文科学的各个领域;而且除哲学外,他在数学、物理学、地质学、逻辑学、历史学、法学、语言学、图书馆学等诸多领域均有过重大建树,尤其是独立发明微积分一事,更是人类科学史上的一座丰碑。无怪乎当时的普鲁士国王腓特烈惊叹:莱布尼茨"本人就是一所科学院"!他是人类有史以来最博学的少数人物之一,只有像亚里士多德那样的学者才能与他相提并论。

尽管如此,莱布尼茨首先是一位哲学家。他作为"德国哲学之父",对德国哲学,尤其是对德国古典哲学的奠基作用,固然无人敢于"问鼎";而他作为一位理性主义哲学家,在近代认识论和近代理性主义哲学史上的特殊

---

① 罗素:《西方哲学史》下卷,马元德译,商务印书馆1981年版,第106页。

② 马克思:《致恩格斯的信》,见《马克思恩格斯全集》第32卷,人民出版社1975年版,第489页。

地位,也是无人能够取代的。

莱布尼茨无疑是欧洲哲学史上一位继往开来的卓越人物。他在谈到自己的治学经验时曾经说过:“我什么也不藐视!”这是千真万确的。事实上,莱布尼茨的哲学之所以能够“孕育未来”,除时代背景和社会环境诸造因外,也就正在于他能够以一个博大的胸怀“载负过去”,孜孜不倦地用人类创造的全部精神财富来丰富和充实自己;在于他不仅如饥似渴地接触和吸收包括霍布斯主义、笛卡尔主义和斯宾诺莎主义在内的全部“时尚”的哲学,而且即便对某些“进步”学者所不齿的经院哲学也取积极的分析和扬弃的态度。莱布尼茨是一位既具有骆驼精神又具有狮子精神的思想家。①

一、青少年时代的莱布尼茨

莱布尼茨,作为一位富于创造性的哲学家和思想家,其一生既是阅读和思考哲学的一生,也是不断阐述其哲学思想的一生。他的哲学思想虽然在其一生中也不断变化,但是他的哲学的一些最根本的理念,如个体性原则,则是在其学生时代就奠定下来的。因此,了解青少年时代的莱布尼茨,对于了解莱布尼茨的哲学思想是十分必要的。

1. 徜徉哲学大世界(1646—1672年)

1646年6月21日,即在“三十年战争”结束前两年,莱布尼茨生于德国莱比锡城的一个知识分子家庭。② 其祖先是波希米亚人,约300年前迁居萨克森和普鲁士,且先后已有三代人在萨克森公国诸侯府供职。其父弗里德里希·莱布尼茨为莱比锡大学道德哲学教授,兼营公证人业务;其母卡塔琳娜·莱布尼茨(娘家姓为施穆克)出身于一个教授家庭,是位路德新教的

① 尼采在《查拉图斯特拉如是说》中在谈到“精神的三种变形”时说道:精神首先应当变成骆驼,尔后变成狮子,最后变成孩童。参阅尼采:《查拉图斯特拉如是说》第1卷第1章“三种变形”。

② 当时德国各公国中有的已采用格里历(新历),有的依然采用儒略历。旧历春分是3月21日,新历则提前十天。我国是直到1912年才采用格里历的。本著所用日期,一律依儒略历记日系统计算、确定。

虔诚信徒。

1652年,莱布尼茨年仅6岁,父亲就去世了。但父亲的“早逝”反倒促成了他思想上的“早熟”。因为这样一来,他便可以随意进出他父亲的图书室,一卷卷地翻阅他父亲遗留下来的丰富藏书,从小就广泛地接触到古希腊罗马文化。他在普通儿童翻阅“小人书”的年纪就不仅阅读了希罗多德、色诺芬、昆提连、普林尼等古代著名历史学家、修辞学家和博物学家的许多著作,而且还广泛阅读了柏拉图、西塞罗和塞涅卡等古代著名哲学家的著作乃至一些教父们的著作。尽管他最初对这些著作也读不通或懂得甚少,但他还是坚持阅读,终于懂得越来越多,并且受到这种古典文化的熏陶和潜移默化的影响。这样,早在入大学前,他就以其博学多闻、才华出众而使其同伴不敢忘其项背,俨然为他们眼中的天才或神童。这对他后来哲学思想和学识的形成无疑有积极的影响。

1661年,莱布尼茨15岁时,入莱比锡大学法律系学习。这一年,莱布尼茨的个人阅读兴趣从古代思想家转向了近代思想家,转向了近代机械论和数学。他不仅兴致勃勃地阅读了培根(Francis Bacon,1561—1626年)的《科学的进展》,而且还兴致勃勃地阅读了卡丹(1501—1576年)、康帕内拉(1568—1639年)、开普勒(1571—1630年)、伽利略(1564—1642年)和笛卡尔(René Descartes,1596—1655年)的著作。他虽然博览群书,却不是一架“阅读机器”,而是善于对所阅读的内容作深入的和独立的思考,找出并汲取其中对自己有益的东西。甚至就在他上大学的第一年,当他在莱比锡附近的小树林里散步时就已经在思考他是否应当在自己的哲学里保留经院哲学的“实体的形式”这样一类术语的问题了。

在莱比锡大学里,莱布尼茨最喜欢的老师要算雅可布·托马修斯(Jakob Thomasius,1622—1684年)。托马修斯是位哲学教授,非常精通古典哲学和经院哲学。他虽然给莱布尼茨上修辞学,却把后者引上了研究经院哲学的道路。莱布尼茨研究经院哲学的“最初果实”是他于1663年5月通过的哲学硕士学位论文《论个体性原则方面的形而上学争论》(*Disputatio Metaphysica De principio individui*)。这表明,这个时期的莱布尼茨不是在简单地回避和否定传统,而是面对着经院哲学的多元内容(实在论和唯名论)在精心地选择和扬弃传统。而且,也许连他自己也没有想到,他的这一理论选择,他对唯名论观点及其个体性原则的辩护竟成了他日后构建的自己特有的哲学体系的第一基石。① 因为，一如我们所知，该文所阐述的中心观点在一定意义上也正是贯穿他自己成熟后的整个哲学体系的一项基本原则。

当年夏季，由于莱布尼茨有意于以律师为职业，还想取得法学博士学位，便转到耶拿大学听爱哈特·维格尔（Erhard Weigel，1625—1699 年）讲授的法学课程。维格尔又是一位新毕达哥拉斯主义者和数学家，他对增强莱布尼茨爱好数学的倾向起了重要作用。1666 年，莱布尼茨已经准备好了他的法学博士论文，可是莱比锡大学却以他过于年轻（时年 20 岁）为由拒绝授给他学位。于是，他就转到位于纽伦堡市郊的阿尔特道夫大学。该大学顺利地接受了他的论文，并于 1667 年 2 月授予他法学博士学位，还表示愿意聘他为教授。

莱布尼茨并没有接受阿尔特道夫大学的教授职位，而是和纽伦堡的一个叫做玫瑰十字架兄弟会（Fraternitas Rosae Crucis）的炼金术士团体发生了联系，加入该团体并出任秘书职务。炼金术自 12 世纪以来在欧洲一直很流行，被称做"整个现代实验科学真正始祖"的培根和"17 世纪科学革命顶尖人物"的牛顿（Issac Newton，1642—1727 年）也都"执迷"于炼金术。这是不足为怪的。因为在中世纪后期，炼金术同占星术、巫术、魔术及通灵术一起被视为一种科学，也被称做隐秘哲学或隐秘科学（occulta scientia）。隐秘科学以古代哲学或一些秘传的学说为理论基础，并且往往以实用为目的，要求经验证据。霍亨海姆的帕拉塞尔斯（Paracelsus de Hohenheim，1493—1541 年）和吉洛拉谟·卡尔达诺（Giorlamo Cardano，1501—1576 年）等都是中世纪后期著名的专门从事神秘科学的哲学家。帕拉塞尔斯出生于瑞士德语区的一个医生家庭，在家庭受到矿物学、植物学方面的教育，在费拉拉大学学习医学，后来在斯特拉斯堡行医，曾被任命为巴塞尔市政医生和医学教授，著有《药学著作》、《真正的自然》等书。他认为，科学对象是从天体发出来的隐性力量，它们进入地面事物之中规定了一类事物的本性。魔术是对天地之中的隐性力量的辨认和控制。因此，真正有用的科学是自然魔术（magus）。他的信徒后来使用"神哲学"（theosophia）一词来表示隐秘科学。卡尔达诺出生于罗马，在帕多瓦大学获得医学博士，并担任该大学教授。他

① Cf. Benson Mates, *The Philosophy of Leibniz*: *Metaphysics & Language*, New York: Oxford University Press, 1986, pp. 170 - 188.

是一位多产作家，先后发表了200多部关于医学、数学、物理学、哲学、宗教和音乐方面的著作，是文艺复兴时期多才多艺型人物的代表之一。其著作主要有《论简明性》和《真正的差异》等。莱布尼茨的这段经历同他后来对自然科学诸多领域的广泛兴趣不无关系。莱布尼茨之所以热衷于炼金术，很可能还同他崇尚实验科学、对中世纪实在论经院哲学的“隐秘的质”的学说的厌恶有关。

莱布尼茨之加入这一团体，除了进一步熟悉有关炼金术的一些晦涩难懂的著作和术语，显示出早年他对自然科学的浓厚兴趣外，最重要的收获则是通过该团体结识了博因堡男爵（Johann Christian，Freiherr von Boyneburg，1622—1672年）。这位男爵是当时所谓“德意志神圣罗马帝国”中最有权势的选帝侯之一迈因茨大主教手下的大臣，被认为属于当时最有声望的外交家之列。莱布尼茨由博因堡男爵推荐给迈因茨选帝侯兼大主教、莱茵同盟首脑约翰·菲利浦（Kurfürsten von Main，Johann Philipp von Schönborn，1605—1673年），从此开始了他的外交生涯。

当时正是“三十年战争”结束后不久。这场在德国境内进行的绵亘三十年之久的国际战争是德意志民族的一场大浩劫，其结果是进一步大幅度地拉开了德国同英国、荷兰及法国在经济、政治发展上的距离。然而，这场因德国境内路德派诸侯与天主教诸侯之间的对立而引起的战争，在一定意义上是场宗教战争。因此，当时许多有识之士认为，为使德国避免重罹战祸，就必须先行解决宗教纷争问题，使天主教和新教重新联合起来。为实现教会联合的谈判早已在进行中。迈因茨选帝侯和博因堡男爵等都是赞成这种联合的。莱布尼茨一开始从事外交生涯就也是参加了这种教派调解活动，并且几乎终身和这种活动都保持着这样那样的联系。

然而，莱布尼茨毕竟主要是以学者的身份参与这项外交活动的。根据博因堡男爵的建议，这个时期他集中地研究了“化体说”。“化体说”（transubstantiation），亦称“变体论”，说的是圣餐礼所用的饼和酒在礼仪过程中发生质的变化或曰“质变”，转化成了耶稣基督的身体和血。这一说法在1215年召开的第四次拉丁会议（the Fourth Lateran Council）上得到认可。这种说法自然遭到新教的反对，更为主“因信称义”的路德教所不容。但是，罗马天主教为了对抗新教，竟将它写进1545—1563年召开的特伦特公会议（the Council of Trent）的正式文献里，把它正式确定为基督宗教的教义，从而酿下了宗教纷争的一条重要的祸根。莱布尼茨对“化体说”的专门研究，究竟在多大程度上遂了博因堡男爵的初衷权且不论，但是对于他的哲学研究倒是至关紧要的。因为正是这种研究使他从经院哲学“无聊学派”中彻底解放出来而投身于霍布斯和笛卡尔的“数学的唯物主义”（罗素语），并且最终把他引上了超越近代机械唯物主义实体学说建构自己实体学说的哲学道路。

在这段时间里，莱布尼茨哲学观点的变化是相当急速的。1670 年 7 月，他还对英国机械唯物主义哲学家霍布斯（Thomas Hobbes，1588—1679 年）推崇备至，当从友人口中获悉霍布斯依然健在时，便立即驰书致敬请教。但是，到了 1671 年，他在致阿尔诺（Antonine Arnauld，1612—1694 年）的信中就已经开始流露出对霍布斯和笛卡尔的“数学的唯物主义”，尤其是对他们的视物体为广延的物质实体学说的失望情绪，断言这种物质实体学说根本不可能用以调和天主教和路德教的教义。然而，正是这种“失望”激发他立志要发现一种适合于天主教和路德教双方、从而可望成为两派教会得以联合之哲学基础的新的实体学说。而后来建构起来的“单子论”，便是他对“化体说”研究的终极结果。

因为按照莱布尼茨的“单子论”，所谓“身体的实体”无非是一种“真实的现象”，即上帝自己藉直觉知识在这些“身体”中知觉到的东西，对于天使和享受福乐的人来说也是如此。从而，凡是面包和酒显现给我们的地方，上帝和享受福乐的人就知觉到了耶稣基督的肉身了。既然在莱布尼茨这里，实体与现象之间存在着一种内在的关联，既然实体主义与现象主义之间存在着一种内在的统一，则天主教和新教之间在“化体说”或“变体说”上的分歧也就有望化解了。① 需要指出的是：莱布尼茨为了协调他的哲学和他的神学的关系，为了更好地调和天主教与新教的矛盾，他在用单子主义重新解释“化体说”的同时，又提出了所谓“实体粘连”（vinculum substantiale）学说。在 1710 年写给笛・波斯（Des Bosses）的一封信中，莱布尼茨在谈到圣餐礼和“化体说”的时候，说道：“既然所谓面包实际上并非实体，而只是由无数个单子藉某种附加上去的联合堆聚而成的存在物，则它的实体性也就

① Cf. Robert Merrihew Adams, *Leibniz：Determinist，Theist，Idealist*, NewYork：Oxford University Press，1994，p. 258.

正在于这种联合。”[①]1716年,在莱布尼茨写给笛·波斯的最后一封信中,莱布尼茨还重申了他的“实体粘连”说。这就生动不过地说明,莱布尼茨毕生都在致力于天主教和路德新教的联合,致力于诸宗教之间的对话和和平。

罗素在谈到莱布尼茨的“实体粘连”学说时,曾经指出:“这种学说是从莱布尼茨竭力调和他的哲学与化体说的教条的企图中产生出来的,并且在他给笛·波斯的信中得到了发挥。”[②]要发现某种教义,使得在这种意义下基督的肉身是一个实体,这是很必要的。出于这样一种考虑,莱布尼茨先是提出了“灵魂与有机躯体的某种实在的形而上学的联合”。但是,笛·波斯使他相信,这对于天主教的正统教义来说是远远不够的。于是,他提出了一个“他自己虽然不能接受,但对于一个好的天主教徒来说却是可能有帮助的看法,即‘实体的粘连’的假说”[③]。“实体的粘连”与“灵魂与躯体的实在的联合”的区别在于:“单子不是作为一些整体加起来形成一个具有真正统一的总和,而是在相加以前先分解为初级物质和隐得来希。这样,初级物质的构成要素之总和就产生了一个有广延的被动的团块,而隐得来希的总和则产生了一个使这个团块有生命的实体性形式。每一个有机躯体都是一个实体的黏合,也就是一个与每个主导单子相对应的东西。”[④]到最后,莱布尼茨被笛·波斯引导到承认:如果这种实体的黏合要在神学上是有用的,那它就一定得像个体的灵魂那样是不死的才行。在后来的通信中,这种学说一直被预设为讨论的基础,并且被用来建立实在的物体和实在的连续体。但是,莱布尼茨无论何处都“没有宣称过他相信这种学说”,他只是急切地希望说服天主教徒可以在不陷入异端邪说的情况下相信他的单子论。故而,罗素批评他说:“实体的黏合与其说是哲学家的信念,不如说是外交家的妥协让步。”[⑤]然而,无论如何,莱布尼茨力求以哲学的方式来促成天主教和路德新教的联合的初衷及其为此所作的坚韧不拔的努力则是一个明显的事实。

---

① Cf. Robert Merrihew Adams, *Leibniz: Determinist, Theist, Idealist*, NewYork: Oxford University Press, 1994, p. 298.

② 罗素:《对莱布尼茨哲学的批评性解释》,段德智、张传有、陈家琪译,陈修斋、段德智校,商务印书馆2000年版,第183页。

③ 同上。

④ 同上书,第184页。

⑤ 同上。

2. 巴黎之行与访问斯宾诺莎(1672—1676 年)

当时使德国一些统治阶级人物如迈因茨大主教等担心的,除教派纷争外,还有外国势力的入侵。17 世纪后半期的西欧,英国、荷兰都已经过资产阶级革命而确立了资本主义制度,无论在经济、政治和文化科学上都可称做当时欧洲乃至全世界最先进的国家,远比分散落后的德国强大。而和德国相邻的法国,虽然资本主义的发展比荷兰、英国落后了一步,但在路易十四(1638—1715 年)的统治下,正处于君主专制制度的极盛时期。这位法国君主野心勃勃,以欧洲霸主自居,执意恢复"古代高卢边界",梦想建立世界范围的统治,使迈因茨这样的德国诸侯深感威胁。而莱布尼茨及其朋友们也强烈地感受到对路易十四的军事野心进行及时疏导的必要性。从留下来的文献中可以看到,莱布尼茨曾拟《讨伐埃及计划》向迈因茨选帝侯献调虎离山计,即劝说路易十四挥戈南下出征埃及、打异教的土耳其人,而不对同样信奉基督宗教的邻近小国用兵。1672 年年初,莱布尼茨奉迈因茨选帝侯之命随后者的侄子弗里德里希(1644—1717 年)前往巴黎游说法王。

莱布尼茨到巴黎后,实际上并没有能把他的建议书呈送给法国国王,自然也更谈不上其建议之被采纳。但他这次去巴黎,从 1672 年开始居留了四年,广泛地结识了法国乃至世界学术界的许多重要人物,对他一生的事业和思想都有着决定性的影响。

莱布尼茨在巴黎结识的第一个重要学术界人物是荷兰的物理学家、数学家、天文学家和光的波动理论的创立者克里斯蒂安·惠更斯(Christian Huygens,1629—1695 年)。惠更斯的主要著作有《摆动的时钟》、《重力起因讲演录》和《论光》等。其中,第一部著作不仅包含有曲率的数学理论,而且还包含有对诸多动力学问题的系统解答,如推导单摆振动时间的公式、物体绕稳定轴的振动以及匀速圆周运动的离心公式等。第二部著作着重阐述了他的重力理论和万有引力理论。而第三部著作则着重根据二次波阵面的所谓惠更斯原理对反射和折射做了新的解释。惠更斯对莱布尼茨很赏识,对后者的影响也很大。后面,我们将会看到,惠更斯的钟摆理论及其据此对人的身心关系所做的自然主义的解释对莱布尼茨的前定和谐假说的提出产生了多么重大的影响。而且也正是同惠更斯的交往以及随后对帕斯卡尔数学手稿和笛卡尔平面解析几何的研究把他引进了近代数学领域,并最终走上了发现微积分的道路。帕斯卡尔(Blaise Pascal,1623—1662 年)是法国数学家、物理学家、宗教哲学家和近代概率论的奠基人。他所提出的关于液体压力的一个定律被称做帕斯卡尔定律。1642—1644 年间为了帮助他父亲计算税收,而设计制造了一个曾轰动一时的计算器;1646 年,他为了检验意大利物理学家伽利略和托里拆利的理论,制作了水银气压计,为流体动力学和流体静力学的研究铺平了道路。在巴黎逗留期间,莱布尼茨不仅了解了帕斯卡尔的科学成就,而且还改进了帕斯卡尔所首创的仅能作加减运算的计算器,使之也能作乘除和开方的运算。

莱布尼茨在巴黎的长期居住曾一度为 1673 年年初两次短暂访问伦敦所中断。他在伦敦所结识的主要人物是他的同胞奥尔登堡(Henry Oldenburg,1615—1677 年)。奥尔登堡是英国皇家学会秘书,通过他,莱布尼茨广泛接触了伦敦学术界和科技界人士,包括著名的英国化学家和物理学家、气体定律(波义耳—马略特定律)的发现者罗伯特·波义耳(Robert Boyle,1627—1691 年)等人。莱布尼茨这次短暂访问伦敦的最重大也最直接的收获就是受到了一种强大的刺激和鞭策,使他返回巴黎后更加高速、更加系统地研究高等数学,以至于他在 1676 年离开巴黎前终于独立地完成了积分学和微分学的发现。

莱布尼茨在巴黎结识的第二个重要学术界人物是尼古拉·马勒伯朗士(Nicolas Malebranche,1638—1715 年)。马勒伯朗士是个神父,对奥古斯丁的教父学颇有研究。自接触笛卡尔的哲学著作后,便立志创建一个融近代哲学和基督宗教神学为一体的思想体系。这与莱布尼茨的哲学路向非常接近。1674 年,他发表了他的第一部著作《真理的探求》第一卷,获得极大成功。从 1675 年起,莱布尼茨便常与他一起讨论这部著作。马勒伯朗士在这部著作中提出了一种关于心身关系的新理论,被称做偶因论(occasionalism),并在此基础上提出了一个非常著名的命题,叫"在上帝中看一切",其意思是说:我们心中的观念既不可能是外来的,也不可能是心灵自生自有的,它们只能来自全知的上帝。我们只能在上帝中获得一切事物的观念。上帝借物质的身体运动的机缘使心灵产生相应的活动,又借心灵活动的机缘使物质身体产生相应的运动;心灵活动对于身体或身体活动对于心灵都只是"偶因",而真正的原因则在于上帝。通过讨论,一方面加深了莱布尼茨对笛卡尔及其学派的哲学的理解;另一方面又由于这种加深了的理解而越来越意识到它的不完满性或不充分性。

为了获得一个更为令人满意的形而上学，莱布尼茨对柏拉图哲学进行了认真深入的再研究，不仅仔细阅读了柏拉图的对话集《巴门尼德篇》，而且还译述了他的《斐多篇》和《泰阿泰德篇》。《巴门尼德篇》的副标题是“论理念”，着重讨论了“柏拉图的相或理念”的理论，阐释了“一”与“多”、“存在”与“非存在”、“动”与“静”诸理念间的辩证关系（即哲学史上所谓“通种论”），提出了“同一个理念既是一又是多”、“既完全是一切又不是一切，既表现为一切又不表现为一切”的唯心辩证思想。《斐多篇》的副标题是“论灵魂”，着重讨论人死后灵魂继续存在即“灵魂不朽”的问题，提出了哲学是死亡的“排练”（μελετη）这一著名的哲学定义。①《泰阿泰德篇》的副标题是“论知识”，集中讨论知识的定义问题，提出了“知识就是知觉”、“知识是确定的判断”以及知识是“伴之以论究的真实判断”诸认识论命题。② 柏拉图的这些思想对于化解笛卡尔及其学派的哲学的二元论，推动莱布尼茨建构自己的单子论哲学体系无疑产生了重大的积极的影响。

1675 年秋，莱布尼茨在巴黎结识了年轻的波希米亚贵族奇恩豪森（Ehrenfried Walter von Tschirnhaus，1651—1708 年）。奇恩豪森曾在海牙见到过斯宾诺莎（Benedictus Spinoza，1632—1677 年）本人，并同斯宾诺莎保持着通信联系。现在他携带着奥尔登堡的介绍信来到巴黎求见莱布尼茨，向后者谈到斯宾诺莎的近况，出示了他关于斯宾诺莎尚未发表的著作的一些摘记。莱布尼茨曾于 1671 年从法兰克福致信斯宾诺莎，讨论光学问题。现在，奇恩豪森的到来在他的心头升起了希望，对笛卡尔主义困难的解决方案似乎可以在斯宾诺莎尚未公布的体系中找到。1776 年 10 月，莱布尼茨在回国途中，先是绕道伦敦，然后横渡海峡来到阿姆斯特丹。在那里，他如饥似渴地阅读了斯宾诺莎的友人能够交给他的斯宾诺莎的每一件作品。最后，于当年 11 月，莱布尼茨到海牙会见了斯宾诺莎，两人一起讨论了许多哲学问题。关于他们之间的讨论，莱布尼茨几乎没有留下任何记录，他只是评论说：“斯宾诺莎没有十分清楚地看出笛卡尔运动规律学说的缺陷；当我开

① 参阅柏拉图：《斐多篇》，67E，81A。

② 同上书，151E，187B—C，201C—D。

始向他说明这些关系同因果关系的性质相抵牾时,他竟惊讶不已。”①鉴于莱布尼茨执著要求,最后终于促使斯宾诺莎出示了他的《伦理学》手稿(至少是该手稿的一部分)。这时,最令莱布尼茨感到不满意的是斯宾诺莎对终极因或目的因的论述。② 显然,莱布尼茨对柏拉图哲学的新近的深入研究给他留下了对终极因或目的因的考察具有重大理论价值的深刻印象,而且他已经沿着这一方向在开始寻求一种新的能够避免机械论不完满性的哲学了。但是,“敌视”和“超越”斯宾诺莎哲学体系的这一步是他在十年以后才迈出来的。这个时候的莱布尼茨主要的还是在世界哲坛的各个角落寻找亮点,尽可能多地从笛卡尔和斯宾诺莎的哲学里汲取营养来滋养和充实自己。

二、莱布尼茨的哲学著述与哲学思想发展的轨迹

莱布尼茨自巴黎返回德国后,其哲学研究便开始步入了一个新的发展阶段,即步入了以酝酿、构建、系统阐述和努力捍卫自己的哲学体系为基本使命的阶段。这项工作差不多构成了他的后半生的基本内容。下面我们就分阶段来叙述他的哲学著述和哲学思想发展的基本轨迹。

1. 哲学体系的酝酿(早年莱布尼茨:1676—1686 年)

莱布尼茨会见过陈疴缠身的斯宾诺莎(后者于三个月后即于 1677 年 2 月 21 日故世)之后,于 1676 年年底抵达汉诺威,就任汉诺威公爵府法律顾问兼图书馆长职务,并自此时起便在汉诺威长期定居下来了。

莱布尼茨定居汉诺威之后,一如既往地热心从事推动天主教与新教重新

---

① Foucher de Careil, *Réfutation inédite de Spinoza*, Paris, 1854, p. lxiv. Quoted from *G. W. Leibniz: The Monadology and Other Philosophical Writings*, ed. and trans. by Robert Latta, London: Oxford University Press, 1971, p. 10.

② 斯宾诺莎视目的论为一种最根本、最有害的“成见”,断言所有的“成见”都基于“目的论”,即那种“认定自然事物,与人一样,都是为着达到某种目的(finis)而行动”。他强调指出:“自然本身没有预定的目的,而一切目的因只不过是人心的幻象。”参阅斯宾诺莎:《伦理学》,贺麟译,商务印书馆 1981 年版,第 34—36 页。

联合的各种活动。他不仅继续从事宗教神学研究，而且还继续与许多人通信，以期找到基督宗教各派结合的新手段和新途径。在这方面和他通信的人中，最重要的当算法国莫城的主教鲍修爱（Jacques-Bénigne Bossuet，1627—1704 年）。鲍修爱主教也非常热衷于天主教和新教的联合。早在 1671 年，他就发表了《天主教学说讲解》（*Exposition de la doctrine catholique*），推动各教派的联合。1679 年夏季，罗马教皇英诺森十一世（Pope Innocent XI）要求新教与天主教在天主教的基础上实现统一和联合，对鲍修爱主教的《天主教学说讲解》表示认可。在这种情况下，奥地利维也纳新城主教、法兰西斯教团神学家斯宾诺拉（Christofero Rojas de Spinola，1626—1695 年）为促成基督宗教各教派的联合，携带教皇的信函来到汉诺威召集各方商谈联合事宜。如前所述，莱布尼茨早在 1669 年就曾向博因堡男爵建议过基督宗教各教派之间的联合，并在教义方面做了一些必要的阐释，希望提供哲学论证，以沟通新旧教路德教、雨格诺教、寂静教、虔诚教各派。在汉诺威宗教法庭庭长、德国路德教神学家摩拉瑙（Cerhard Walter Molanus，1633—1722 年）的支持下，莱布尼茨于 1670—1671 年间曾写出过《论上帝的全知和人的自由》（*Von der Allmacht und Allwissenheit Gottes und der Freiheit des Menschen*），不仅论及上帝的存在和对人的裁判，而且还论及圣餐等教义。据说莱布尼茨的这些工作曾得到教皇的赏识。现在，鲍修爱和斯宾诺拉的努力又从新激发了莱布尼茨的热情。莱布尼茨此后和鲍修爱的通信断断续续地进行了 25 年之久。鲍修爱对莱布尼茨也极为推崇，一心想使莱布尼茨皈依天主教，曾发出过“真希望他能成为我们中一员”的感慨，但莱布尼茨毕竟是一位科学家，且历来倾向于路德教立场，不愿意牺牲他研究科学的自由和精神自由，而终究未能使鲍修爱主教如愿。

此外，在定居汉诺威的最初几年，莱布尼茨继续从事数学和一些自然科学领域的研究。在这期间，他曾对声学、光学和化学进行过专门研究，并发表过一些有关论文。例如，他曾写作了《磷发现史》（*Geschichte der Erfindung des Phosphors*）的论文（此文后来于 1784 年在《新化学杂志》上发表）以及《克拉夫特先生的磷》（*Le phosphore de M. Krafft, ou liqueur de terre seiche de sa composition qui jettent continuellement de grands éclats de lumieère*）的论文（此文发表于《学者杂志》）。他还曾和医生舍尔哈马（Günther Christopher Schelhammer，1629—1716 年）通信讨论声学问题，即声的发生和传播问题。

他主张积极引进西班牙马铃薯，引进漆树，进口优质啤酒，并为此专门写出了《农业方面的想法》(*Gedenken zur Landwirtschaft*)。为了解决哈尔茨银矿积水和动力问题，莱布尼茨还曾对风车进行了历时五年的研究和改进工作(虽然此项工作最后还是以失败而告终)。他还于 1682 年和门克(Otto Mencke，？—1707 年)共同创办了拉丁科学杂志《学术纪事》(1682—1732 年)，为推进和繁荣德国和欧洲近代学术事业作出了贡献。尤其是在数学方面，莱布尼茨继续进行他在巴黎就已经开始了的各项研究。他于 1678 年提出了以二元算数方法计算万物的思想，并开始同笛卡尔派的艾克哈特讨论毕达哥拉斯三角。最后，他于 1684 年 10 月在《学术纪事》上首次公开发表了他在微分学方面的研究成果《关于极大和极小以及切线的新方法，亦适用于分数和无理数的情况及非异常类型的有关计算》(*Nova methodus pro maximis et minimis itemque tangentibas, quae nec factas nec irrationals quantitates moratur et singulare pro illis calculigenus*)。

但是，应当强调指出的是：莱布尼茨自定居汉诺威以后，其学术研究的中心便由数学转向了哲学，转向了形而上学。这一点莱布尼茨本人在 1678 年致帕拉丁伯爵夫人伊丽莎白(1618—1680 年)的信件中曾作过明确的自白。这一学术研究中心的转移对于作为哲学家的莱布尼茨来说是至关紧要的。因为正是这一转移使得莱布尼茨在定居汉诺威的头十年，制定出了他自己体系的主导概念和基本范畴，基本完成了他整个哲学体系的酝酿、筹划工作。

虽然，莱布尼茨直到 1695 年才首次在他自己的比较严格的哲学的意义上使用了“单子”(Monas)一词，①但是，作为其哲学体系之中心概念的实体概念在此之前很久就制定出来了。如上所述，莱布尼茨曾把斯宾诺莎看做摆脱笛卡尔哲学错误的救星，但当这种希望破灭后，他就更加坚信对事物的任何一种机械论解释之不充分性。这使他重新把兴趣转向了柏拉图，结果到 1680 年，他获得了一种新的实体概念——一种“活动的力”的实体概念。尽管他总的说来对斯宾诺莎的见解不甚满意，但是斯宾诺莎的一些重要思想，对于他的新的实体概念的制定和发展之有所贡献，还是非常可能的。例

① Cf. “Leibniz an de L' Hospital”, *Leibnizens mathematicsche Schriften*. ed. by C. I. Gerhardt. Berlin: A. Asher, and Halle: H. W. Schmidt, 1849 - 1863, II, p. 295.

如,斯宾诺莎的实体"自因"的思想以及他的"保存自我的努力即是事物自身的本质"的思想,同莱布尼茨的实体学说就隐然有某种逻辑的和历史的关联。① 更何况莱布尼茨在这段时间里,不仅阅读了斯宾诺莎的生前好友编印的《斯宾诺莎遗著集》,而且还认真批阅了斯宾诺莎的《知性改进论》和《伦理学》。现在,对于莱布尼茨来说,需要去做的更进一步的事情就是进一步超越斯宾诺莎,进一步完善自己的实体学说,也就是说要承认构成实体的力并不只是一条普遍的和抽象的世界原则,而就是具体的个体事物本身。莱布尼茨似乎是通过考察亚里士多德和逍遥派的学说,尤其他们的"隐得来希"或"最初的隐得来希"思想而大约于1684年或稍晚些时候达到这一看法的。无论如何,到了这个时候,他的实体的能动性原则和个体性原则都比较明确地制定出来了。

在莱布尼茨酝酿、筹划他自己的哲学体系的过程中,除实体概念外,思考较多的另一个问题就是哲学方法或思维方式问题。治学方法或思维方式在莱布尼茨时代是一个同哲学观紧密相关的问题,是一个具有形而上学性质和意义的问题。早在1666年,当莱布尼茨还在莱比锡大学读书的时候,就写出过《论组合术》("Dissertatio de art combinatoria")的论文,宣称自己业已发现了一种能够提升人类智能的"新工具"。定居汉诺威之后,莱布尼茨比较集中地探讨了这一问题,先后写出了《通向一种普遍文字》(1677年)、《综合科学序言》(1677年)、《论思维的工具或思维的伟大方法》(1679年)、《秘密百科全书导论》(1679年)、《论普遍综合和普遍分析;或论发现和判断的方法》(1684年)、《发现的技术》(1685年)以及《论哲学和神学中的正确方法》(约1686年)等论文。虽然,莱布尼茨定居汉诺威之后,其学术研究的中心由数学转向了哲学,转向了形而上学,但是,数学及其方法问题在其思想中依然居非常突出的地位。因为,在他看来,所谓哲学的方法,从根本上讲,正是他所谓的数学方法(以及与之相关的动力学理论)。"给数学的严格性以位置",在一个意义上可以说是莱布尼茨改革哲学和神学的一个基本口号。莱布尼茨在《论哲学和神学中的正确方法》(*De vera methodo philosphiae et theologyiae*)中就曾经坦率承认:"为革新的责任所激

① 参阅斯宾诺莎:《伦理学》,第98页。

励”，他实际上常常在哲学和神学中“扮演一个数学家的角色”①。事实上，他也正是凭借着他的数学方法（以及与之相关的动力学理论），才获得了他的“实体的真正的和必然的概念”，才从“展现”在他面前的“惊人的原理”中找到通向“更多更大的成果的途径”，并从他的心灵中“悄悄地涌现出一个接一个的构思”②，从而最终完成了他自己的哲学体系的酝酿、筹划和构建。

2. 哲学思想的阐扬（中年莱布尼茨：1686—1704 年）

如上所述，定居汉诺威的头十年是莱布尼茨埋头酝酿、构建自己哲学体系的十年，而这既是他对前人及同时代人的哲学思想进行怀疑、清算和扬弃的十年，也是他进行艰苦的哲学思考，在不断超越别人的同时也不断超越自己的十年。罗素曾拿康德作比，说莱布尼茨在这十年间“很可能”像康德在 1770—1781 年间一样，由于怀疑和思考得太多而未能写出任何稍微系统一点、篇幅稍大一点的哲学著作。③ 但是，无论如何，到了 1686 年，他已经制定了他的个体实体的概念，大体完成了他自己的哲学体系的筹划和构建，开始进入了公布和阐扬其哲学原理或哲学体系的阶段。

莱布尼茨最初一直把大部分注意力放在公布和阐扬他的本体论或纯粹形而上学方面。1686 年年初，他写出了他的重要哲学著作《形而上学论》（*Discours de Métaphysique*）。在这部篇幅不太大的著作里，莱布尼茨几乎论及了他的哲学的所有基本原理，并对这些原理之间的逻辑关系第一次给出了比较系统的表述。它是莱布尼茨哲学走向成熟的第一个标志，是“对莱布尼茨哲学思想以体系形式作出的最初的表达”④。这部著作，虽然一如人

---

① 《莱布尼茨自然哲学著作选》，祖庆年译，中国社会科学出版社 1985 年版，第 31 页。

② 同上书，第 31—32、37 页。

③ 康德曾于 1755 年出版《自然通史与天体理论》，1770 年在柯尼斯堡大学逻辑学及形而上学教授的就职仪式上发表了著名的就职演说《论感觉界与理智界的各种形式和原理》，此后直到 1981 年就一直埋头写作他的《纯粹理性批判》，这期间基本上没有发表过任何有特别重大影响的著作。

④ *G. W. Leibniz*：*Philosophical Texts*，trans and ed. by R. S. Woolhouse and Richard Francks，Oxford：Oxford University Press，1998，pp. 5，53. 编者在“引言”中指出：“人们普遍认为，17 世纪 80 年代中叶标志着莱布尼茨哲学观念开始成熟，而最为重要的界碑便是莱布尼茨在 1686 年即当他 40 岁时写出的《形而上学论》。”

们所指出的,“很可能是作为莱布尼茨调和天主教和新教的雄心的形而上学基础而写出来的”①,但是,它毕竟首先是一部哲学著作。

《形而上学论》共有 37 节,可划分为五个部分。第一部分(含 1—7 节)主要讨论上帝的本性及他的创造工作;第二部分(含 8—16 节)主要讨论受造实体的本性;第三部分(含 17—22 节)着重讨论自然哲学和有形实体的本性;第四部分(含 23—31 节)着重讨论人的理智、人的意志及其同上帝的关系;第五部分(含 32—37 节)着重讨论上述原理对虔诚和宗教的影响。其中第二部分对于莱布尼茨的个体实体理论及这些个体实体都从它自己的观点反映整个宇宙的这样一种理论来说是最有权威性的段落。第 17 节的关于科学考察的序言看起来似乎是无足轻重的,但是,它确实是作为某种令人吃惊的东西出现在文本中的。一如莱布尼茨自己所说,这样一些东西都是从他对实体的说明中演绎出来的。莱布尼茨在第四部分各节中,不仅给我们阐释了他的认识论、心灵哲学、伦理学和宗教哲学的基本原理,而且还特别地论及身心之间的关系问题。总之,莱布尼茨的这部著作不仅阐述了他的哲学思想,而且还阐述了他的宗教和神学思想,特别是他的上帝观和创造观,不仅提出了他的个体实体的新范畴,而且还针对斯宾诺莎和笛卡尔,比较系统地阐述了他的形式和质料、能动性和被动性的新思想。正因为如此,许多莱布尼茨专家都十分看重《形而上学论》,把它说成是莱布尼茨对他自己的哲学体系的“第一次逻辑连贯的表达”,并把莱布尼茨 1695 年写作的《新系统》和 1714 年发表的《单子论》看做是他的《形而上学论》的再版。这种说法虽然有点过分,但是倘若从莱布尼茨哲学的基本原理看,也是不无道理的。更何况莱布尼茨本人在 1697 年致伯内特(T. Burnet)的一封信中,也曾经说过:他自己早在 12 年前就把他的哲学体系确定下来了,相对于 1686 年他所达到的哲学观点来说,后来的哲学思想并没有什么重大的改变。②

莱布尼茨一写完《形而上学论》,就通过黑森—莱茵菲尔伯爵恩斯特

---

① *G. W. Leibniz*:*Philosophical Texts*,trans and ed. by R. S. Woolhouse and Richard Francks, Oxford:Oxford University Press,1998,p. 53.

② Cf. Catherine Wilson, *Leibniz's Metaphysics*: *A Historical and Comparative Study*, Manchester:Manchester University Press,1989,p. 80.

(Landgraf Ernestus von Hessen-Rheinfels,1623—1693 年)致信阿尔诺。安托万·阿尔诺(Antoine Arnauld,1612—1694 年)是当时法国著名的神学家、逻辑学家和数学家,出生于一个著名的詹森教派的支持者家庭。詹森派(Jansenists)是一个于 17 世纪初产生于荷兰的天主教会内的一个同罗马天主教会保持距离的派别。该派主要依据其创始人詹森(Cornelius Otto Jansen,1585—1638 年)的《奥古斯丁书》,反对贝拉基主义,强调"恩典论",主张教会的最高权力不属于教皇而属于公会议,后被罗马教廷判为异端。阿尔诺曾著《论常领圣体》(*De La Fréquente communion*),阐述詹森派的立场,批评耶稣会的观点。1662 年,阿尔诺与人合著《逻辑或思维的艺术》(*La logique,ou l' art de penser*)。1683 年,出版《论真观念与错误观念》(*Traité des vraies et des fausses idées*),批评了马勒伯朗士的观点。1684 年 11 月,莱布尼茨于《学术纪事》上发表了《关于知识、真理与观念的默思》(*Meditationes de cognitione,verite et idés*),对阿尔诺的《论真观念与错误观念》作了批评,并且因此而卷入了阿尔诺和马勒伯朗士的争论。莱布尼茨在完成《形而上学论》后,先是在 1686 年 2 月的一封信里以附件的形式将《形而上学论》的摘要寄给了阿尔诺,随后又在长达五年(1686—1690 年)的通信中较为详尽地阐释了囊括在《形而上学论》中的各个理论要点。后世的所谓《莱布尼茨致阿尔诺信件集》就是由这些信件组成的。

莱布尼茨与阿尔诺的通信在莱布尼茨的哲学思想发展史和欧洲近代思想史上都产生了比较重大的影响。这首先是由于他们在通信中讨论了自由问题和莱布尼茨的实体具有完全概念的学说。阿尔诺在通信中询问过莱布尼茨的身心共存或和谐的假说(the hypothesis of concomitance)以及实体形式(substantial forms)概念。在阿尔诺看来,莱布尼茨的和谐假说及其实体形式概念无疑是对人的自由的否定。因为它们意味着:上帝一旦创造了亚当,"对人类曾经发生的以及将要发生的一切,都将势必以一种命定的必然性曾经或将要发生"①。莱布尼茨则答复说:从他的摘要中得不出这样的结论。阿尔诺的担心是由于他混淆了假设的必然性和绝对的必然性这样两件根本不同的东西。一旦上帝决定创造亚当,则创造一个能够思想的受造物就是一件绝对必然的事情了。如果设定上帝创造了一个不能思想的人,则

① 阿尔诺 1686 年 3 月 13 日致黑森—莱茵菲尔伯爵的信件。

其中就内蕴着矛盾。但是,如果说上帝在创造亚当的过程中也就创造了一个具有这样那样的后裔的存在物,则这就只是一种假设的必然性了。在创造亚当的活动中,上帝创造一个具有这样那样后裔的一个人的必然性仅仅是一种做他已经决定去做的事情的必然性。当上帝决定去创造亚当时,他心中所有的并不是某种含糊的观念,而是一个具体而特定的观念,这一观念不仅关涉他的所有的后裔,而且也关涉现实世界的整个过程。在对亚当的选择中,他也就决定选择了他的后裔。阿尔诺对此表示异议。他答复说,他所讲的是假设的必然性:一如上帝创造亚当及其后裔并不是一种绝对的必然性一样,他之创造任何一个具有思想能力的人也不是一种绝对的必然性。因此,一如阿尔诺所看到的,问题毋宁在于:亚当和将要对他发生的事情之间的联系并不一定同人与思想能力之间的那样一种联系是"内在的和必然的"。除非亚当的概念包括所有对他及其后裔为真的东西。然而,既然亚当的后裔是由于上帝的自由决断而产生出来的,则这就不可能成为真的。阿尔诺还发现莱布尼茨谈论可能的亚当及有关后裔的观念的困难。如果亚当具有三个孩子不是必然的,则他之具有三个孩子就不可能包括在任何一个有关可能的亚当的观念之中。因为这样的观念必定包含一切对亚当是本质的东西。再者,虽然他能理解关于上帝创造的亚当的诸可能性的谈论,但是,他理解不了所谓纯粹可能的亚当究竟为何物。在同年 6 月的一封答复信中,莱布尼茨回应了阿尔诺提出的关于亚当概念与对他及其后裔为真的一切。他指出:这不依赖于上帝的自由决断虽然是内在的,但却不是必然的。凡对亚当为真的东西虽然都包含在亚当的观念中,但是,却不是以一个三角形的特性必然包含在它的概念中的方式包含在其中的,而毋宁是藉上帝的选择这样一种方式。它们是由于上帝的意志,而不是作为上帝藉他的理智能够发现的已经存在于那儿的东西被包括进去的。为了把这一点阐述清楚,莱布尼茨还谈到谓项包含在主项之中的原则(the predicate-in-subject principle)、身心共存的假说和"实体形式"的概念。①

后来,阿尔诺对莱布尼茨的摘要的敌视态度有所缓解,其兴趣也有所转移。这种转变虽然是由莱布尼茨所谈到的谓项包含在主项之中的思想所引

① 关于谓项包含在主项之中的原则,亦即所谓莱布尼茨的主谓项逻辑,请参阅罗素:《对莱布尼茨哲学的批评性解释》,第 4—5、10—12 页。

起的,但随后他们讨论的中心便集中到了莱布尼茨的实体形式的概念和他的共存假说上。

莱布尼茨认为:有广延的物质,当被看做是有广延的东西时,便是可分的,而任何可分的东西都是由堆积而成的、没有实体统一性的东西。所以,一个具有血肉之躯的人就不只是有广延的物质,而要求有一种实体的形式。再者,任何堆积而成的存在物,如果它是实在的而不仅仅是一种像虹一样的纯粹的现象,就必定不是由堆积物本身的东西构成的,而是由那些由真正的实体的统一体构成的。由此,也就引出了"实体的形式"的概念。[①] 在莱布尼茨看来,如果人的身体是一个实体,则它就必定具有实体的形式或灵魂一类的东西,而阿尔诺则遵循笛卡尔主义的路线,人的身体其实是实体性的,从而也就完全独立于不依赖于可能与之联合在一起的灵魂。所以,他就追问存在于我们的身体可能具有的任何实体的形式与我们的现实的灵魂之间的联系究竟是什么。莱布尼茨则答复说:如果不依赖于或离开了灵魂,则身体就不再是一个实体了;我们的灵魂与存在于实体性的人的身体之中的实体的形式其实完全是一回事。至于阿尔诺所提出的实体的形式本身是否可分的问题,莱布尼茨答复说:形式是不可分的,一如真正的实体是不可分的一样。莱布尼茨一方面坚持实体性与统一性的关联,另一方面又坚持把实体理解为不可分的。就同灵魂或非物质的或无形体的实体相关的而言,这是一个笛卡尔也赞同的学说,阿尔诺也完全赞同人的非物质的灵魂是不可分的,从而是不可朽坏的,但是,他却反对把这种观点扩展到其他动物的灵魂上。就物质的或有形的实体而言,阿尔诺乐意承认"由灵魂和身体结合而成的被称做人的整体"这样一种情况的不可分性。但是,在另外一种情况下,他却拒绝承认有这种不可分性,例如,"当蚯蚓被切割成两块,而其中每一块都可以像先前那样继续蠕动"这样一种情况就是如此。他的观点的关键之处在于:既然作为人的这种实体的统一体的分割产生不出两个别的实体性的统一体,则蚯蚓的分割也就产生不出别的蚯蚓来。在一个意义上,人是不可分割的,而蚯蚓则并非如此。莱布尼茨的回答是:即使被分割后的蚯蚓的两个部分都可以蠕动,这原初的"有生命的"、"被赋予灵魂的"、活的实体性的蚯蚓的这两个部分也不是都是"有生命的"、"被赋予灵魂的"、活

① 实体的形式也被称做"形式的原子"、"有生命的点"和"实体的原子"等。

的蚯蚓。其中只有一半是活的、实体性的蚯蚓，而另外一半则只是物质。换言之，按照莱布尼茨的观点，其中的一个类似于被截断的肢体，仅仅是一块物质或质料，而另一半则类似于被截割下来那块物质或质料的实体性的人。

然而，由于莱布尼茨与阿尔诺之间的通信整个说来直到 1846 年才予以公布，所以使得学术界最初借以意识到莱布尼茨已经制定出了他自己的哲学体系的，则是他于 1695 年发表的两篇论文。其中一篇是《动力学实例》（"Specimen Dynamicum"），发表于《学术纪事》（1695 年 4 月号）上；另一篇是《关于实体的本性和交通，兼论灵魂和身体结合的新系统》（"Système nouveau de la nature et de la communication des Substances aussi bien que de l'union qu'il y a entre l'ame et le corps."）（以下简称《新系统》），匿名发表于《学人杂志》（1695 年 6 月 27 日、7 月 4 日）上。

《动力学实例》的副标题为"论动力学，证明物体的力及其相互关系的本性的奇妙的规律，并追溯它们的原因"。该论文如标题所示，旨在反对机械主义的物质观和运动观，突出和强调终极因或目的因问题。莱布尼茨动力学的核心范畴是他的力的概念，而这篇论文整个说来就是对莱布尼茨力的概念的一个重要而详尽的阐述和运用。在莱布尼茨看来，笛卡尔把有形实体界定为纯粹广延的做法是不能够令人满意的，其原因不是别的，正在于他忽视了力的观念。因为"构成物体内在本性的东西"不是别的，正是力，而且，构成运动的实在性的基础的东西，也不是别的，也正是力。质言之，是力构成了处于运动中的有广延的物质世界的基础。莱布尼茨首先在能动的力和被动的力以及原初的力和派生的力之间作出了重要的区分。原初的能动的力对应于实体的形式或灵魂。它对于真正的实体的形而上学是至关紧要的，虽然与派生的能动的力不同，不能用之对现象作出详尽的物理学解释。派生的能动的力"似乎可以说是"由物体之间的相互碰撞所产生的对原初的力的一种限制。而被动的力则必定关涉同物质的各种不同的其他特性，如不可穿透性等，而从形而上学的层面看，它则相关于受造事物的不完满性。然而，在这篇论文中，莱布尼茨特别关心的是"派生的力"。运动的物体正是藉派生的力在碰撞中现实地作用与接受作用的。正是由于运动和与之相关的动力学的力，莱布尼茨作为"机械论哲学"的辩护人，才相信"所有别的物质现象"，如坚实性等，都是可以解释的。通过这种考察，莱布尼茨推证出了物理现象中的连续律，从而揭示了笛卡尔碰撞规则的荒谬性,表明所有的物体都是有弹性的,根本排除了不可分的原子的说法。

《新系统》亦如标题所示,一方面阐述了实体的本性——“完全的自发性”,另一方面又阐述了实体间的“交通”,提出了实体间的“先定”的“完善”的“协调”,亦即所谓“前定和谐”学说。此文发表后,莱布尼茨便经常以“前定和谐学说的提出者”自居,并以此见称于文坛。例如,他后来写出的长篇著作《人类理智新论》的全称即为《人类理智新论:前定和谐系统的作者著》(*Nouveaux Essais sur l' Entendement*: *par l' Auteur du systeme de l' harmonie preestablie*),由此可见一斑。虽然,就其主要内容而言,《新系统》讨论的依然是他在《形而上学论》、与阿尔诺的《通信》和《动力学实例》中提出的观念。但是,《新系统》在莱布尼茨哲学思想的发展过程中却还是具特别重要的地位的。这不仅是因为它是莱布尼茨生前第一次公开发表的、表明其成熟后的主要哲学思想体系的作品,还在于正是在这篇短著中,(1)莱布尼茨首次明确地表述了自己哲学思想的演变及最终形成自己定型了的世界观体系的过程;(2)对构成其哲学体系的核心范畴或基本概念作了更为充分的说明;(3)对构成其哲学体系的核心范畴或基本概念之间的关系作了更为系统的说明,作出了更为周密的论证。全文共18节。其中1—12节可视为本文的第一部分,主要解说实体的本性;13—18节可视为本文的第二部分,主要讨论实体之间的因果关系,特别是身心之间的因果关系。莱布尼茨认为,笛卡尔派把物质实体视为一种纯粹有广延的东西的观点是不充分的。因此,他虽然也反对中世纪经院哲学家用“实体的形式”或“隐蔽的质”来解释物理现象,而主张对物理现象作出具体的和详尽的机械论的说明,但他还是要求对机械论原则的形而上学基础给出恰当的说明。而他所给出的后面这种说明一方面以力的概念为基础,另一方面又要求把实体视为一种个体的能动的统一体,简言之,要求“复辟”或“重新引进”“实体的形式”。该文的第5—11节涉及莱布尼茨的心灵哲学的一些原理。莱布尼茨指出:虽然笛卡尔派主张非人类的动物并不具有心灵是错误的,但是,动物的心灵毕竟与我们的心灵不同。我们的心灵与动物的不同,是理性的,同上帝具有一种道德的同一性和密切的关系。此外,他还更为详尽地论述了他同阿尔诺的通信中所讨论的问题,如灵魂(包括动物的灵魂和人类的灵魂)同有机体的关系,灵魂提供实体的统一性的方式,有机体的本性以及出生和死亡的本性。接着,莱布尼茨着重考察了身体和心灵的关系。莱布尼茨指出:笛卡尔的门徒,如《真理的探求》的作者马勒伯朗士,不满足于笛卡尔对身心关系的“悬置”,提出了“偶因论”或“偶因的系统”。而“偶因论”或“偶因的系统”虽然提出了解决身心之间的关系问题并且尝试着解决这一问题,但是它的解决方式是不正确的。因为它“求助于奇迹”,借助于“救急神”(Deus ex machina)来解决问题,这不仅具有神秘主义的色彩,也不利于彰显上帝的全能、“神圣的智慧”及人的“崇高的地位”。也正是在对“偶因论”或“偶因的系统”的批评的基础上,莱布尼茨才首次明确地提出了他的“新系统”概念,提出了他的“前定”的“协调”或“符合的一致”的假说(Hypothese des accords)。诚然,在《新系统》中,莱布尼茨的确尚未找到“前定和谐”(l' harmonie préétablie)这样一个术语,但是前定和谐学说的基本思想和理论框架毕竟已经提出来了。

《新系统》公开发表后,在欧洲哲学界引起了比较大的影响。许多哲学家和思想家对此提出了不同意见,莱布尼茨围绕着《新系统》的中心观点,对种种反对意见进行了批驳,对《新系统》的种种论点作出了补充“说明”。莱布尼茨首先回应的是傅歇的反对意见。傅歇(Simon Foucher,1644—1696年)是法国第戎的一位教士,他在哲学上持怀疑论立场,曾试图复兴后期柏拉图派的怀疑论哲学。从1676年至1695年间,莱布尼茨常和他通信,先是讨论知识论上的问题,后来则主要讨论物理学上的问题。这次,《新系统》一发表,傅歇就于当年9月12日通过《学者杂志》致信莱布尼茨,对莱布尼茨的观点提出了批评。莱布尼茨先是给傅歇的“反驳”加上“按语”,接着先后对《新系统》做了两个“说明”。莱布尼茨的努力在于消除傅歇对于他的思想的误解。首先是消除傅歇对实体的本性的误解。莱布尼茨指出,傅歇所提到的一个时钟的单元(统一性)同一个动物的单元(统一性)“完全”不是“一回事”。因为“动物可能是赋有真正统一性的实体,即赋有我们人之所以能称为‘自我’的东西;而一个时钟却只不过是一个集合体”。其次是消除傅歇对莱布尼茨关于“诸实体的交通,以及灵魂与形体的联系或符合的一致”的观点的误解。为此,莱布尼茨十分详尽地考察了“设想两个钟表走得完全一致”的“三种方式”。莱布尼茨指出:“第一种方式是自然的影响”,这也就是惠更斯曾经采用过的方式:“把两个钟摆挂在同一块木头上”。第二种方式,是“用一个熟练工人老看着它们,随时把它们拨得一致”。而第三种方式则是“一起头就把这两个钟摆做得十分精巧,十分精确,可以保证它们以后摆得一致”。同样,处理灵魂和形体一致或交感(sympathie)也有三种方式:第一种是“相互影响”的方式,也就是“流俗哲学的办法”;第二种是“协助的办法”,亦即“偶因系统”的办法,也就是那种祈求作为“救急神”的上帝的“介入”的办法;而第三种则是“前定协作”(concourir,entrevenir)的办法。所谓“前定协作”是说:这种协作“是由上帝的一种预先谋划制定的,上帝一起头就造成每一实体,使它只遵照它那种与它的存在一同获得的自身固有法则,却又与其他实体相一致,就好像有一种相互的影响,或者上帝除了一般的维持之外还时时插手其间似的”。莱布尼茨断言,在这三种方式中,“前定协作”的方式是“最美的方式”,而且,这也是与上帝和人的“尊严”“最相称的”。①

除傅歇外,批评莱布尼茨《新系统》的另一个重要思想家是培尔。培尔(Pierre Bayle,1647—1706 年)是法国启蒙思想家的一个重要先驱。马克思和恩格斯曾引用一位法国作家的话,说他“对 17 世纪说来,是最后一个形而上学者,而对 18 世纪说来,则是第一个哲学家”。② 然而,培尔与其说是一个有思想体系的哲学家,毋宁说是一个杰出的哲学批评家。培尔继承了法国蒙台涅和笛卡尔的传统,以怀疑论为武器,对思辨哲学,特别是对 17 世纪的形而上学开展了系统的批判。培尔的代表作是《历史批判辞典》(*Dictionaire historque et critique*)。该辞典初版于 1695—1697 年。在其中的“罗拉留”(Jerome Rorarius,1485—1556 年)一条之下,培尔提到了莱布尼茨的新系统,并提出了几个相关的疑难问题。莱布尼茨当即以致《学者著作史》编辑巴纳日·德·博瓦尔(Basnage de Beauval)的信的形式予以答复(该信首次发表于 1698 年 7 月号《学者著作史》上)。然而,1702 年当《历史批判辞典》再版时,培尔在“罗拉留”条下再次向莱布尼茨提出反驳。在这种情况下,莱布尼茨先是照培尔的原文逐段逐节地与培尔探讨,然后又对通篇作出答复。所有这些也就构成了所谓《新系统说明》之四、五和六。培尔的讨论从动物及其灵魂开始,然后转向莱布尼茨的身心之间的“前定符

---

① 参阅莱布尼茨:《新系统及其说明》,陈修斋译,商务印书馆 1999 年版,第 32—54 页。

② 马克思、恩格斯:《神圣家族》,见《马克思恩格斯全集》第 2 卷,人民出版社 1965 年版,第 162 页。

合”或“前定一致”学说。他对莱布尼茨所说的思想或知觉一方面是完全自发地由灵魂的内部产生出来的，另一方面却又完全独立于宇宙中正在运作着的所有其他事物感到困惑。在他看来，说一条狗当它遭打的时候由快乐转向痛苦是可以理解的，但是说一条狗不依赖于它之遭打就由快乐转向痛苦则是不可理解的。莱布尼茨则解释说：他的前定协调或前定一致学说并不是像培尔所说的那样，狗的灵魂在它挨打的一瞬间，即令并没有人打它，而且它仍然吃着面包，它也会感觉到痛苦。他的这个学说的真实内容是：“当狗的形体被打时，痛苦的感觉就来到它的灵魂之中。而且，如果这条狗不该是现在被打的话，上帝就不会事先给它的灵魂这样一种构造，使它在现在产生这种痛苦的感觉以及和这根棍子的一击相呼应的这种表象或知觉。”①对于培尔所怀疑的“灵魂的自发性”，莱布尼茨用他的实体的自主性原则解释说：“变化的本原是在这条狗之中的，它的灵魂的禀赋不知不觉地进行着而达到给它以痛苦，但这都不是它所知道的，也不是它所愿意的。狗的灵魂中对这个宇宙当下情况的表象会在它之中产生出对这同一宇宙的随后情况的表象……在灵魂中，原因的表象为结果的表象的原因。而这个世界的随后的情况既然包含着这条狗身上的一击，则在它的灵魂中随后情况的表象也就将包含有和这一击相呼应的痛苦。”②到最后，培尔虽然表示他宁取莱布尼茨的假说而不愿采取笛卡尔派的偶因论的假说的立场，但他还是对莱布尼茨的前定协调或前定一致的系统心存疑虑。

3. 哲学体系的完善（壮年莱布尼茨：1704—1714 年）

莱布尼茨在确定了自己的哲学体系，公布并初步阐释了其形而上学的基本原理之后，便着手具体系统地考察认识论以及与之相关的心理学问题。他在这方面的研究成果集中地体现在他于 1704 年写就的《人类理智新论》中。《人类理智新论》是莱布尼茨用来辨析和批驳洛克《人类理智论》的著作。《人类理智论》是英国经验主义哲学家洛克（John Locke，1632—1704 年）的主要哲学著作，1690 年出版。在这部著作中，洛克系统地阐述了他的经验主义。按照他的理解，人类的知识共有三个等级，这就是直觉知识、推

① 莱布尼茨：《新系统及其说明》，第 79 页。

② 同上书，第 80—81 页。

证知识和感觉知识，但是，无论何种知识都是对观念的关系的一种知觉。因此，在洛克的认识论体系中，至少从认识的基础和起源的角度看，知识的问题归根结底是一个观念问题，是一个观念的起源问题。而为了明晰地解释观念的起源问题，洛克在《人类理智论》里把观念区分为两类，一类为复杂观念，另一类为简单观念，并且进而断言：凡复杂观念都是由简单观念组合而成的。这样，在洛克这里，知识论的问题便被归结为观念论，归结为简单观念了；换言之，在洛克这里，知识的起源问题实质上是一个观念的起源问题，更深一层说，知识的起源问题实质上是一个简单观念的起源问题。而在谈到简单观念的起源问题时，洛克明确地将它归结为感觉经验，断言我们心中的观念都是从感觉经验而来的。诚然，他把感觉经验区分为两种，即后人所说的外感觉和内感觉（反省），但是，无论是外感觉还是内感觉（反省），在他看来，都不过是感觉经验的一种形式而已。我们说他的认识论是一种系统的经验论，即是谓此。显然，洛克的这样一种认识论是同莱布尼茨的表象学说和实体学说根本对立的。也正因为如此，莱布尼茨对洛克的《人类理智论》非常重视。1696 年，在莱布尼茨完成对《新系统》的"解释"后，便开始着手批评性地考察《人类理智论》，并于是年写下对该著作的初步看法《对于洛克〈人类理智论〉的意见》（*Réflexions de Mr. L. sur l'enttendendement humain de Monsieur Locke*），托人转交给著者。在这篇短论中，莱布尼茨首先表达了他对认识论，特别是对"知识的基础"问题的高度重视，断言："在所有的学术研究中，没有比这个题目更加重要的了，因为它是所有其他问题的关键。"然后，对《人类理智论》各卷依序做了考察。但是，由于莱布尼茨的着眼点在于考察"观念的基础"这个题目，故而他考察《人类理智论》的重点便放在了第一卷和第二卷上。莱布尼茨早在 1684 年就在莱比锡的《学者杂志》的 11 月号上发表了题为《关于知识、真理和观念的默思》（*Meditationes de Cognitione, Veritate, et Ideis*）一文。在这篇短论中，莱布尼茨区别了"可推证的观念"与"原初的观念"。这种基础主义和还原主义的思维方式和分析方法和洛克坚持把复杂观念还原为简单观念是如出一辙的。问题在于："原初观念"究竟是什么？究竟是洛克所说的起源于经验的简单观念还是莱布尼茨所说的"第一原则"。按照莱布尼茨的观点，所谓"原初的观念"（les idées primitives）并不是洛克所说的感觉观念或反省观念，而是"那些其可能性为不可推证的观念"，而且，这样的观念"实际上不是别的，无非是上帝的属性"①。因此,对于莱布尼茨来说,"我们的观念及准则的起源问题,并不是哲学上首先要解决的问题。"②尽管如此,莱布尼茨还是相当明确地表达了反对洛克的意见,这就是:"我们的观念,甚而那些可感事物的观念,都来自我们自己的灵魂。"③不仅如此,莱布尼茨还把他同洛克的在认识路线上的对立同古希腊哲学中柏拉图路线同亚里士多德路线的对立联系起来,指出:"我一点也不赞成亚里士多德的白板说,而在为柏拉图称做的'回忆'中,倒是有某种实实在在的东西,而且还可以预感到我们全部未来的思想。"④诚然,莱布尼茨也承认,我们的灵魂确然并不是与生俱来地现成具有知识和观念,但是确实是潜在地或含混地具有所有的知识和观念的。用莱布尼茨的话来说,就是:"这些观念在我们的心灵中是混乱的,我们的心灵是不能把它们区别开来的。这种混乱就如同我们听到海洋的声音时一样:我们听到的是由所有个别波浪的声音组合而成的一个作为整体的声音,我们虽然混乱地听到了构成这海洋声音的所有的波浪,但是我们却分辨不出其中的这个波浪与那个波浪。"⑤莱布尼茨在这里所说的,事实上也就是他的"微知觉"学说。也正是从这样的见识出发,莱布尼茨进一步重申,说:"不仅我们的观念,而且我们的感觉,都是从我们自己的心灵内部产生出来的;而灵魂比思想更加独立不倚(que l'ame est plus independante qu'on ne pense),尽管其中所发生的事物确实永远没有什么是不被决定的,在创造物中也找不到什么东西不是上帝所持续创造的。"⑥

两年后,即1698年,又写下《评洛克〈人类理智论〉第一卷》及《评洛克〈人类理智论〉第二卷》,再次托人转交给著者。这再次表明:莱布尼茨的兴趣主要集中在洛克的观念论上。莱布尼茨在这些评论中着重考察了洛克的"外在机缘说"和"复杂观念"学说。洛克为了证明没有什么与生俱来的观念,引证经验,并且强调指出:为了想到这些观念,我们需要某种外在的机

① *Die philosophischen chriften* von *Gottfried Wilhelm Leibniz* 5, hrsg. von C. I. Gerhardt, Hildsheim:Georg Olms Verlag,1978,p. 15.

② Ibid.,p. 16.

③ Ibid.

④ Ibid.

⑤ Ibid.

⑥ Ibid.

缘，即某种外在的经验。对此，莱布尼茨回应说：洛克说为了想到某个具体的观念，我们就需要某种外在的机缘，即某种外在的经验，他本人也是赞同的。但是，在莱布尼茨看来，问题在于：外在的机缘并不等同于观念的起源；因为单靠外在的机缘，亦即单靠外在的经验，并不足以解说观念的起源，特别是像同一律的观念和上帝的观念这样一类的观念。因为很显然，“机缘”虽然可能“唤醒”人们心灵中的“观念”，但“不足以”说明这些观念的何以可能以及是如何产生的。在谈到复杂观念时，莱布尼茨遵循洛克的思路，也把“观念和真理”区分为“原初的”和“派生的”。诚然，派生的观念和真理“是通过理智以及通过借助于机缘的理智而想到的”，但是，原初的观念和真理却不是这样。因为原初的观念和真理是“唯一地卓越的”，是“不必藉想到而形成的”，是永远存在于我们的心灵中的。不仅如此，“在一个意义上，我们可以说：观念和真理，就其自身而言既是原初的也是派生的，是全部存在于我们内部的。因为所有派生的观念和真理都是由它们演绎而来的，都是由内在于我们之中的原初观念的关系演绎而来的。”①不过，莱布尼茨对笛卡尔所使用的“天赋观念”的术语也提出了自己的看法，认为没有必要使用“天赋观念”这个术语。因为“天赋观念”这个说法“有明显的模棱两可”，而且它还会导致“最后承认有一种与生俱来的内在的光，既包含着所有可以理解的观念以及一切仅仅是这些观念的结果的必然真理”。正是出于这样一种考虑，莱布尼茨在这里提出和论证了他的“两重真理”学说。他指出：“为要使这种讨论具有实际的意义，我认为：一个人应有的真正的目标就是对真理的基础及其来源作出规定。我承认偶然真理或事实真理是通过感觉和经验而为我们所发现的；但是，我认为必然的派生的真理则依赖于推证，即依赖于同原初的真理相联系的定义或观念。而原初的真理（例如，矛盾律）则完全不是从感觉或从经验而来，并且除了自然的内在的光，是不能够给予充分的证明的。这也就是当说它们是天赋的时候我所意指的东西。”②此外，莱布尼茨针对洛克否认灵魂永远在思想的说法，再次重申和强调了我们灵魂的能动性、主动性和自足性。

---

① *Die philosophischen chriften* von *Gottfried Wilhelm Leibniz* 5, hrsg. von C. I. Gerhardt, Hildsheim: Georg Olms Verlag, 1978, p. 21.

② Ibid., p. 22.

然而,莱布尼茨对洛克《人类理智论》的系统考察,毕竟是在他的《人类理智新论》(以下简称《新论》)中作出来的。1700 年,莱布尼茨一读到法文版的《人类理智论》,即动手写作《人类理智新论》。《新论》是一部论战性的长篇对话。对话的双方分别代表洛克和莱布尼茨的观点;其全部章节的标题都和洛克的《人类理智论》大体一致,是随着洛克原书的体系展开论辩,而不是正面照莱布尼茨本人的体系展开论述的。莱布尼茨写作《新论》,原本是生前予以出版,以期唤起洛克的反驳的。但是,正当他请人对法文加以润色并准备付梓时,洛克突然于 1704 年 10 月 28 日谢世了。莱布尼茨既然极不愿公布自己对一位已故作者进行批判的作品,而更其乐意发表他自己的完全"不依傍他人"的"思想",他便听任《新论》以手稿形式存留下来。结果,莱布尼茨的这部篇幅最大的著作,直到 1765 年,才由汉诺威文物馆长拉斯佩(Rudolf Erich Raspe,1737—1794 年)在编辑出版《已故莱布尼茨先生拉丁文、法文哲学著作集》时予以发表,而这差不多已经是莱布尼茨本人死后半个世纪的事了。鉴于我们在后面具体阐述莱布尼茨的认识论思想时,我们将具体而详尽地讨论《人类理智新论》的思想,这里我们就不予赘述了。

在完成《新论》后,莱布尼茨在阐扬自己的哲学思想方面一个特别重大的举措便是于 1710 年在阿姆斯特丹出版了他的《神义论》。《神义论》(*Essais de Théodicée sur le bonté de Dieu, la liberté de l' origine du mal*)是莱布尼茨生前出版的唯一一部篇幅较大的著作。这部书看来像是一部体系性很强的学术专著,但其实只是莱布尼茨的一部比较通俗的作品,是在他与苏菲·夏洛蒂王后(Sophie-Charlotte,1668—1705 年)谈话后为她而写的。该书旨在通过批驳当时法国的怀疑论哲学家比埃尔·培尔的论点,来系统阐扬他自己的哲学体系及其有关原理,从而"为世人指明上帝之道"。鉴于培尔在《历史批判辞典》(1695—1697 年)里集中批判的是莱布尼茨的前定和谐学说,是莱布尼茨所宣扬的现存世界是上帝所选择的"一切可能世界中最好的世界"的观点,《神义论》便着重阐扬了前定和谐学说和可能世界学说,阐扬了其神学和伦理学观点。该书的副标题"论上帝的仁慈,人的自由和恶的根源",也清楚不过地彰显了作者的这一写作旨趣。

《神义论》的正文主要包括"序"、"初论信仰与理性的一致"以及"就恶的起源论上帝的正义与人的自由"三个部分。其中,"序"主要交代了《神义论》的“主题”、有关理论要点以及它的写作背景和写作动机。“初论信仰与理性的一致”主要针对培尔关于信仰与理性对立的观点从史论结合的角度进一步阐述了他在《人类理智新论》第四卷中所提出的“信仰超乎理性而不反乎理性”的观点。至于“就恶的起源论上帝的正义与人的自由”，如标题所示，主要在于讨论由恶的起源问题所生发出来的上帝的正义和人的自由问题，由此而广泛涉及了许多重大的哲学问题和神学问题，如上帝的“前件意志”和“后件意志”，上帝的“协同作用”，上帝的“连续创造”和实体的“连续依赖”，自由意志的“两重规定性内容”（理智与自发性），上帝（第一实体）与被创造实体的力量、理智和意志的“三位一体”以及实体与偶性的区别，等等。但是，不管《神义论》的内容多么丰富，莱布尼茨写作《神义论》的目的或动机主要在于“针对培尔先生的新的反对意见”，来为自己的前定和谐体系进行“辩护”。[①] 这就是说，莱布尼茨在《神义论》中所做的工作，从本质上讲，是他在《对于培尔先生在关于灵魂与形体的联系的新系统中所发现的困难的说明》（1698 年）、《培尔先生的〈辞典〉“罗拉留”一条的节录及我的按语》以及《对培尔先生在第二版〈批判辞典〉“罗拉留”条下关于前定和谐系统的再思考的答复》（1702 年）中关于前定和谐体系一系列讨论的一个继续。不过，这一回，莱布尼茨同培尔所讨论的不仅在范围上要广泛得多，而且在内容上也有所深入。这一方面是因为莱布尼茨在这里所讨论的远不局限于培尔在《辞典》“罗拉留”条中提出的问题，另一方面还因为莱布尼茨在这里广泛涉及由恶的起源所生发的前面我们已经提及的同前定和谐学说密切相关的种种问题。

如果说莱布尼茨在同培尔讨论《历史批判辞典》“罗拉留”条之后就开始思考《神义论》以及有关前定和谐的问题，未免带有猜测的意味，那么说他在 1704 年完成《人类理智新论》手稿之后就开始集中思考有关问题，则是一个可以比较肯定的说法。莱布尼茨在 1707 年 11 月就差不多完成了手稿，并于第二年 6 月就交出了稿子。虽然莱布尼茨的这部法文版著作最后于 1710 年在阿姆斯特丹出版，但早在 1708 年，欧洲的学术刊物就不止一次

---

① Cf. Leibniz, *Essais de Théodicée sur la bonté de Dieu, la liberté de l' homme et l' origine du mal*, Paris: GF Flammarion, 1969, p. 45；莱布尼茨：《〈神义论〉序》，段德智等译，见《世纪之交的宗教与宗教学研究》，湖北人民出版社 2000 年版，第 20 页。

报道了该著出版的消息。

在《神义论》的“序”里，在谈到《神义论》的写作背景时，莱布尼茨曾列举了以下几个方面的内容：(1)“培尔是我们这个时代的最具天赋的人之一，其雄辩与机敏一样伟大，其学识渊博令人佩服。当他特别致力于唤醒人们关注这一问题(前定和谐问题以及与之相关的神义论问题)上我刚刚触及到的这些困难时，我便找到了一个极好的同他一起详尽地考察这一问题的联系领域。”(2)莱布尼茨本人“自青年时代起便已经开始默思这一问题，并同那个时代的一些最重要的思想家切磋琢磨过；此外，他还通过阅读优秀作家的论著而极大地丰富了自己”。(3)莱布尼茨“就这一论题同德国和法国学界名流和宫廷政要的对话，尤其是同一位最伟大最富才华的王妃的交谈，再三地激励他走上这条道路”。显然，莱布尼茨所说的王妃不是别人，正是苏菲·夏洛特。苏菲·夏洛特不仅同莱布尼茨讨论过培尔《历史批判辞典》中有关“神义论”和前定和谐问题的看法，而且还极力敦促莱布尼茨把自己的观点写出来并付梓出版。(4)培尔虽然在其后来的研究中对有关问题作出了比较充分的阐释，但到了晚年“却遭到了那些考察这一问题的卓越学者的攻击，而他应答的也总是相当机智”。莱布尼茨“理解”他们之间的争论，也很想“介入其间”。①

莱布尼茨在《神义论》里要回应的培尔的“新的反对意见”主要在于既然存在着恶，则我们就很难为上帝的正义进行辩护，从而也就很难为信仰与理性的一致性辩护。诚然，我们可以把培尔“问题”的源头一直上溯到他的《历史批判辞典》里的“罗拉留”条，因为即使在“罗拉留”条中，莱布尼茨就在事实上提出了“恶”的问题(因为苦难或同快乐感觉相对立的痛苦感觉也是一种“恶”)。但是，由于当时培尔还只是囿于痛苦感觉的产生何以可能这个问题上，而且尚未把苦难感觉同上帝的正义关联起来，所以，当莱布尼茨写作《神义论》时，还是把培尔提出的恶的起源与上帝的正义问题当做一个“新的反对意见”来处理。莱布尼茨非常重视培尔的“新的反对意见”，以为倘若不成功回应培尔的这些新的反对意见便不足以为自己的前定和谐学

---

① Cf. Leibniz, *Essais de Théodicée sur la bonté de Dieu, la liberté de l' homme et l' origine du mal*, Paris: GF Flammarion, 1969, pp. 39－41；莱布尼茨：《〈神义论〉序》，见《世纪之交的宗教与宗教学研究》，第513—515页。

说的合理性进行充分的辩护和充分的论证。正因为如此，莱布尼茨为了回应这些新的反对意见而“不辞辛苦、费尽心机”，认真阅读了大量有关著作，如波爱修斯（Anicius Manlius Severinus Boethius，480—524 年，著有《哲学的慰藉》）、瓦拉（Lorentius Valla，1407—1457 年，曾著有《论自由意志》）、爱拉斯谟（Desiderius Erasmus，约 1466—1536 年，曾著有《论自由意志》及《反路德被奴役的意志的奢望》）以及路德（Matin Luther，1483—1546 年，曾著有《论奴役意志》）等人的著作。

其实，莱布尼茨对恶的存在与上帝的创世和正义以及人的自由等问题的思考由来已久。他甚至早在 1673 年就曾就这一问题给阿尔诺寄去了一篇他自己写作的“拉丁对话”。在这篇对话中，莱布尼茨便已经相当自觉地从恶的存在这一角度来思考上帝的自由选择、善和正义了。他指出：“上帝既然选择了所有可能世界中最好的世界，已经选择了最好的一个，他的智慧就会使他容忍与之密切相关的恶，恶与这个世界密切相关。但是，即使把这种种情况都考虑进去，这也依然无碍于这个世界是能够选择出来的最好的世界。”①此后，莱布尼茨在艰苦卓绝的探索中，逐步意识到：对必然性概念的恰当理解乃理解和阐释所有这些问题的关键。基于这样一种识见，他认真考察了那些把关于事物的必然性的理论发展到了极致的“治学最为严谨的作家”的著作，特别是霍布斯和斯宾诺莎等哲学家的著作。霍布斯（Thomas Hobbes，1588—1679 年），作为近代机械唯物主义的典型代表，用机械运动解释一切物理现象、社会现象乃至思维现象。他不仅在其《物理学原理》里，而且还在其《关于自由、必然和偶然的若干问题》以及《论自由和必然》这部专门批驳布兰姆霍尔主教的著作中倡导和集中阐述了这种绝对的或严格几何学的必然性。而斯宾诺莎，则坚持把哲学几何学化，执著地认为：一切都以一种盲目的和几何学的必然性来自初始因或第一推动力，来自“原初的自然”。斯宾诺莎把这种盲目的几何学的必然性绝对化，根本否认偶然性，宣布：“自然中没有任何偶然的东西，反之一切事物都受神的本性的必然性所决定而以一定方式存在和动作。”“一切事物都以必然的法则

① Cf. Leibniz, *Essais de Théodicée sur la bonté de Dieu, la liberté de l'homme et l'origine du mal*, Paris: GF Flammarion, 1969, p. 45；莱布尼茨：《〈神义论〉序》，见《世纪之交的宗教与宗教学研究》，第 519 页。

出于神之永恒的命令,正如三角之和等于两直角之必然出于三角形的本质。"①

在经过缜密的研究之后,莱布尼茨坚决地批判了霍布斯和斯宾诺莎的机械论观点。在莱布尼茨看来,既然自发性为实体的本质规定性,既然实体的本性在于一种表象能力和表象活动,既然实体或单子依据目的因规律,凭借欲望、目的和手段而活动,既然矛盾原则仅仅是一种可能的原则或本质的原则,则现存的事物就根本不可能具有霍布斯和斯宾诺莎所断言的那样一种盲目的几何学的必然性。正是从这样一种理论高度,莱布尼茨区分了"道德的必然性"和"形而上学的必然性",宣称:"假设的和道德的必然性"与形而上学的必然性不同,不是一种绝对的必然性,不是那种其反面不可能的必然性,正相反,是一种基于"自由选择"的必然性,一种其反面有可能存在的必然性,从而为走出"自由与必然"这一"哲学迷宫"开辟了一条途径。

在莱布尼茨看来,由恶引发出来的问题或困难主要有两类:一类涉及人的自由,另一类涉及上帝的善、神圣性和正义。首先是恶与人的自由问题,也就是人能否自由作恶这样一个问题。这个问题所导致的悖论在于:一方面,如果人不能够自由作恶,则他的行为便缺乏道德性,从而社会和上帝便失去了对其恶行进行价值判断和实施惩罚的依据;另一方面,人如果能够自由作恶,则作为人的创造者的上帝的善、神圣性和正义便有可能遭遇到挑战。而恶与上帝的行为的关系问题,亦即上帝是否参与恶行的问题,同样也面临着两难困境:一方面,如果上帝不参与恶行,则上帝的自由意志和全能的本性便似乎受到了挑战;另一方面,如果上帝参与恶行,则上帝的智慧和全善的本性便变得难以理解了。为了解决这些难题,莱布尼茨做了多方面的尝试,提出了许多概念或设想,如"恶的近因"、"上帝的持续创造"、"上帝的协同作用"和"上帝的后件意志"等。由此也不难看出,尽管《神义论》是一部比较通俗的作品,但其中也内蕴有不少值得注意的思想范畴,因而,在莱布尼茨哲学和神学思想的演进过程中仍然是一个相当重要的环节。

此后,于1714年,莱布尼茨写了两篇被认为是概括他的主要哲学观点

① 参阅斯宾诺莎:《伦理学》,第27页及以下。

的纲领性的文章。其中一篇为《以理性为基础的自然的和神恩的原则》（共18则），另一篇为《单子论》（共90则）。

《以理性为基础的自然的和神恩的原则》（"Principles de la Nature et de la Grâce，fondés en Raison"）一般认为写于1714年春。全文共18则。该文虽然总的来说，是对莱布尼茨的先前著作和信件中业已提出过的自然哲学的和形而上学的种种观点的浓缩的或概括的说明，但是，对一些观点还是做了更高层次的提炼和更为明确的强调。第一，该文一开始就突出地强调了莱布尼茨的实体的能动性原则，指出："实体乃一能动的存在"（La substance est un être capable d'action），[①]并在此基础上，一方面把"知觉"和"欲望"宣布为实体的"内在的特质和活动"，另一方面又把它们宣布为"变化的本原"。第二，该文明确提出了"复合实体"（une substances composée）的概念，进一步强调了"在单子的知觉和形体的运动之间存在着一种完满的和谐（une harmonie parfaites），在动力因系统和目的因系统之间存在有一种前定的和谐（préétablie d'abord）"。[②] 第三，该文系统地阐述了单子的等级问题，强调"在单子中存在有无限等级（une infinité de degrés）"，从而强调了动物灵魂同人的心灵之间的区别。第四，对充足理由原则作出了明确的界定，指出，这一"伟大的原则"断言"没有充足理由，就没有什么事物能够发生"；进而提出了哲学和神学的"首要问题"，这就是："为什么宁愿有某些东西而不愿什么也没有呢？"（Pourquoi il y a plutôt quelque chose que rien？）以及把上帝规定为事物和我们这个宇宙存在的"充足理由"。[③] 第五，论证和强调了"在自然领域和神恩领域之间，在作为建筑师的上帝与作为君主的上帝之间"存在着"贯彻始终的前定的和谐"（l'harmonie préétablie de tout temps）。[④] 而这些基本上也就是《单子论》的基本内容。

《单子论》写于1714年夏季，比《以理性为基础的自然的和神恩的原则》要晚上几个月。据说，莱布尼茨当时正在维也纳旅行，在旅游途中结识了萨瓦亲王欧根（Eugène de Sovoie-carigman，166—1736年）。亲王知道他

---

① *Gottfried Wilhelm Leibniz*：*Kleine Schriften zur Metaphysik*，hrsg. von Hans Hein Holz，Frankfurt：Insel Verlag，1986，p. 414.

② Ibid.，p. 416.

③ Ibid.，p. 426.

④ Ibid.，p. 434.

写过长篇巨著《神义论》，便希望他写一篇短文扼要介绍一下他的哲学体系。于是，莱布尼茨便写下了他的这篇90条论纲。① 据波奈法伯爵（César-Phébus Marquis de Bonneval，？—1747年）后来致作者的信看，欧根亲王非常欣赏此文。该文原标题为《普遍和谐》（*harmonia universalis*），②1720年由海因里希·克勒（Heinrich Köhler，1685—1737年）由法文译成德文，冠名为《单子论诸命题，论上帝，其存在及其本质，论人的灵魂并再次为维护前定和谐说反击培尔的驳难》，在法兰克福和莱比锡出版。1721年拉丁文本又以《哲学原理》（*Principia Philosophiae*）为标题见诸《学术纪事》增刊第7号第500—514页。1769年，法国人迪唐（Ludovici Dutens）又以《哲学原理或论题》（*Principia philosophiae seu theses*）为标题收入所编《全集》第6卷（哲学卷）之中。1840年，爱尔特曼在编辑出版《莱布尼茨全集》时，该文才冠以《单子论》（*La monadologie*）。而这已经是莱布尼茨死去120多年以后的事情了。然而，不管怎么说，从写作《以理性为基础的自然的和神恩的和谐》到写作《单子论》，其间不过短短几个月的工夫，虽然这两篇论文的篇幅有大有小，但其内容并没有根本性的差异。我们不妨把它们一并看做是最后定型的莱布尼茨的哲学和神学体系。

4. 晚年莱布尼茨的哲学研究（1714—1716年）

莱布尼茨在其哲学生涯的最后两年里最值得一提的是他同撒母耳·克拉克（Samuel Clarke，1675—1729年）关于时空和神的属性的通信。克拉克知识非常渊博。1697年，他曾经将法国的笛卡尔派物理学家雅各·罗奥（Jacques Rohault，1620—1675年）的《物理学》译成拉丁文出版。1706年，他又将牛顿的《光学》译成拉丁文出版。克拉克作为牛顿的学生，在当时英国牛顿派物理学和笛卡尔物理学的争论中，在维护牛顿派的物理学立场批评笛卡尔派的物理学立场方面，是起了重大作用的。莱布尼茨一直关注这场争论。1713年牛顿的《自然哲学的数学原理》（以下简称《原理》）再版

---

① 对此，有不同说法。莱布尼茨哲学著作的编者之一格尔哈特认为，莱布尼茨为欧根写的是《以理性为基础的自然的和神恩的和谐》而不是《单子论》；也有人认为，《以理性为基础的自然的和神恩的和谐》和《单子论》这两篇论文都是应欧根亲王的邀请而写的。

② 一说原文无标题。

(1687年初版)后,引起了莱布尼茨的进一步的注意,于是在1715年11月把自己对牛顿在《原理》一书中所阐述的空间、落体定律、无限、灵魂和身体的关系、上帝的智慧和力量等问题的看法写成书面意见,托人交给克拉克,①于是两人开始了长达一年之久的往返讨论。② 他们之间的激烈讨论,后来因莱布尼茨的去世而中断了。莱布尼茨写给克拉克的第五封信亦即最后一封信,是在他逝世前几个月写的,而克拉克对此的答复,即他的第五封信亦即最后一封信,则可能是在莱布尼茨逝世后写的。莱布尼茨大概未看见到此信,自然也就无从答复了。

莱布尼茨和克拉克之间的讨论虽然广泛涉及莱布尼茨哲学体系的方方面面,但讨论得最集中最有价值的则是关于时空的问题。克拉克所维护的牛顿的观点,把空间和时间看做"绝对的、实在的存在",物体存在于时空之中,时空则并不依赖于物体而是自身独立地存在。因此,即使没有物质的地方也依然有空间或空的空间,时间也同样如此。而物质在宇宙间只占很小一部分,宇宙的大部分乃是空的空间。莱布尼茨则认为空间只是物体"并存的秩序",时间则是事物"接续的秩序"。它们本身并不是什么"绝对的、实在的存在"。离开了物质就无所谓空间,一如离开了物质的运动也就没有什么时间一样。空间和物质虽然有区别但却是不可分离的,一如时间与运动虽然有区别却是不可分离的一样。从这样的观点看问题,莱布尼茨自然也就否认有所谓虚空或空而无物的空间,从而也就否定牛顿认为物质只占宇宙中很小一部分,宇宙大部分是空的观点,而主张整个宇宙都是充满物质的,所谓"整个宇宙是一个充实",即是谓此。莱布尼茨自称有很多理由来反对把空间看做绝对的存在,而他在致克拉克的信中所强调的主要的论据,则是认为把空间看做绝对的存在,就会违背他所提出的"充足理由律"。因为照他看来,这种绝对空间的各部分既然是完全齐一的,就没有什么理由

---

① 莱布尼茨和克拉克之间的这场论战,是通过当时英国太子威尔斯亲王的夫人进行的。这位太子妃以威廉明娜·夏洛蒂·封·安斯巴哈公主(Prinzessin Wilhelmine Charlotte von Anspach)的身份生活在娘家普鲁士宫廷中的时候,就和莱布尼茨相识,比较认同莱布尼茨的思想。

② 莱布尼茨写给克拉克的第一封信(即莱布尼茨写给英国太子威尔斯亲王的夫人的信件的摘录)的时间为1715年11月,而克拉克所写的对莱布尼茨的第五封信的答复的信件的时间为1716年10月中旬。

来说明为什么一个物体应当在这个地点而不在另一个地点。① 而如果把空间看做并存的秩序，而不是什么绝对的存在，则只要两个物体的相对位置不变，就根本没有根据来追问它们是在这一地点而不在另一地点的理由。他也认为如果把时间、空间当做绝对的存在，则它们就也将是无限的、永恒的，那样就得承认在上帝之外还有不依赖于上帝的无限的、永恒的东西了，甚至上帝本身也得依赖于空间、时间而存在了。而这在他看来是有损于上帝的尊严的。诚然，莱布尼茨也主张把空间和物体本身的广延、把时间和事物本身的绵延分开，其理由是：一个物体可离开它所在的空间和时间，但是却无法离开它本身的广延和绵延。总之，在莱布尼茨看来，离开了具体事物就没有什么独立存在的空间和时间，空间和时间本身只是"理想性的"东西而不是什么绝对实在的存在。②

至于克拉克，则竭力维护牛顿的绝对的时空观。对于莱布尼茨根据充足理由律提出的批评，他虽然也承认一个事物的存在以及这样的存在需要一个充足的理由，但是，他却认为单单上帝的意志就可以成为它们的充足理由。因此，虽然空间或时间的各部分是无区别的，上帝凭借他的意志就可以决定一个事物应当处在这部分空间而不在另一部分空间。莱布尼茨认为这只是口头上承认而在实际上否定了充足理由律，即使上帝的选择也是应当根据充足理由律的。而克拉克则反对把空间和时间仅仅看做事物并存或接续的秩序或关系的一条较为重要的论据，则是说秩序或关系不是"量"而空间和时间则是"量"。③

莱布尼茨致克拉克的信件是用法文写的，而克拉克致莱布尼茨的信件则是用英文写的。在这场争论中断后，克拉克将他们的所有信件集中到一

---

① 莱布尼茨常常把充足理由律同他的"无法分辨者的同一性"（Identité des indiscernables）原则结合在一起予以考察，宣称："充足理由和无法分辨者的同一性这两条伟大的原则，改变了形而上学的状况，形而上学利用了它们已变成实在的和推理证明的了，反之，在过去它几乎只是由一些空洞的词语构成的。"参阅《莱布尼茨致克拉克的第四封信》，见《莱布尼茨与克拉克论战书信集》，陈修斋译，商务印书馆1996年版，第30页。而且正是在这封信中，莱布尼茨为了论证"无法分辨者的同一性"原则，而列举了赫伦豪森花园中找不到"两片完全一样的树叶"这个脍炙人口的例证。

② 参阅《莱布尼茨与克拉克论战书信集》，第63页。

③ 参阅上书，第105—107页。

起,编辑成了一个集子,1717 年在伦敦出版,其标题为《已故博学的莱布尼茨先生与克拉克博士之间在 1715—1716 年有关自然哲学及宗教的原理的往来书信集》。稍后,笛·梅佐(Des Maizeaux)于 1720 年在阿姆斯特丹出版了一个标题为《莱布尼茨、克拉克、牛顿诸先生及其他著名作者有关哲学、自然宗教、历史、数学等的各种文件结集》,其第一卷即为莱布尼茨与克拉克的这十封信。后来,爱尔特曼于 1840 年编辑出版《莱布尼茨哲学著作全集》时,莱布尼茨与克拉克之间的通信,以《莱布尼茨与克拉克之间论上帝、灵魂、空间、绵延等的书信集》为标题,作为该全集的最后一部作品,即第 99 部作品,收入《莱布尼次哲学著作全集》之中。1875—1890 年间出版的格尔哈特编辑的七卷本《莱布尼茨哲学著作集》中,他们之间的通信以《莱布尼茨与克拉克论战书信集》为标题出现在第 7 卷。

莱布尼茨这人作为一位哲学家和思想家,虽然很伟大,也特别勤奋,但是也有一个致命的弱点,这就是:他对自己的生命的有限性估计不足。他一生雄心勃勃,总是企图在理智活动的各个领域超越同代人,总是渴求在自己的研究领域不断地取得新的成就。这一方面使他成了一位亚里士多德式的百科全书型的学者,使他得以最充分地展现自己的才华,且使他的哲学思想富于独创性;但另一方面又给我们留下了一些巨大的遗憾。例如,他终究因此而未能写出一部系统阐释自己的哲学原理的大部头著作,致使他的一系列真知灼见零星地散见于一些短篇论文中,这于他或许并非一件坏事,但于我们理解和把握他的哲学体系却势必带来诸多不便。由于他的哲学总的来说差不多只有一个实质性体系,而缺乏一个形式上的体系,更给试图阐释他的哲学体系的研究者带来极大的困难。然而,他的非凡而深邃的哲学智慧却足以弥补这一缺陷,因为他的这种富有创造性的哲学智慧本身不仅是一个强大的"磁场",只要你是一块"铁",你就会很快地被吸进去,而且还是一个极好的锻炼人们思维能力的"大熔炉"和"锻造厂",只要你投身其中,你的哲学思维能力便都会受到锤炼的。

莱布尼茨中年以后的惊人的理智活动,除阐扬自己的哲学思想外,还体现在许多别的方面。从 1680 年起,他开始兼任不伦瑞克—沃尔芬比特尔公爵安东·乌利希(Anton Ulrich,1663—1714 年)侯府图书馆馆长。1687 年为给公爵家族编纂历史,前往意大利了解这一家族与意大利埃斯特尔家族的血缘关系。这时又有人企图使他皈依天主教,并表示要任他为梵蒂冈教廷的图书馆馆长和其他高位，他也都未答应。① 据说他这次在罗马还参观了早期殉教者的墓穴，带回了一片沾有殉教者的血迹的玻璃，为的是要对它进行一番“文物”化验。在罗马逗留期间，他甚至曾向罗马教廷建议把修道院改组为研究学术文化的机构，倡议建立教团筹备百科全书工作。可见莱布尼茨对科学、历史和学术文化的兴趣，还是远胜于为宗教卫道的。莱布尼茨在这方面的研究成果是三卷本的《不伦瑞克史料集》。该著于 1707 年、1710 年、1711 年出版后，受到普遍好评。莱布尼茨不仅自己从事多方面的科学研究，而且还异常热心于推动科学事业的发展。1700 年，经过莱布尼茨艰苦卓绝、持之以恒的努力，柏林科学院终于获准成立，而他本人也被任命为该科学院的第一任院长（直到 1706 年才辞去此项职务）。

莱布尼茨晚年处境不佳。由于最初任命莱布尼茨为汉诺威图书馆馆长的那位公爵及其继任者先后去世，新任的公爵乔治·路易（1660—1727 年）也就是后来英王的乔治一世（1714—1727 年在位），对莱布尼茨似乎素无好感。再加上对莱布尼茨向来友好的两位郡主，即乔治一世的母亲苏菲娅和她的妹妹，也就是普鲁士国王腓特烈一世的王后苏菲·夏洛蒂也都先后谢世②，莱布尼茨的处境便每况愈下。他甚至一度想离开汉诺威，但由于心力衰弱，未能如愿，终于于 1716 年 11 月 14 日以痛风和结石症病逝于汉诺威寓所中。莱布尼茨一生未加入过教会，也从未进过教堂，当地人和教士甚至用德意志方言送给他一个诨名“Lövenix”，其意思为“一个什么也不信的人”或“无信仰者”。他于弥留之际，仍坚持拒绝教士为他超度。他的秘书埃克哈特（Johann Georg Eckhart，1674—1730 年）曾向宫廷人士发出讣告，但他们中竟无一人参加莱布尼茨的葬礼。埃克哈特孤身一人护送莱布尼茨的遗体到墓地。莱布尼茨的一位相识约翰·克尔（John ker of Kersland，？—1726 年）曾于莱布尼茨去世当天来到汉诺威。他在谈到莱布尼茨的葬礼时，愤愤不平地说道：莱布尼茨之被安葬，“与其说是像个为国增光的人，毋宁说像个盗贼。”1717 年夏，约翰·克里斯蒂安·沃尔夫（Christian Wolff，

① 一说是梵蒂冈图书馆馆长曾邀请他到该图书馆工作。

② 苏菲·夏洛蒂于 1705 年年初去世，苏菲娅于 1714 年去世。

1679—1754 年)在《学术纪事》7 月号上发表讣告。① 柏林科学院和伦敦皇家学会当时对他的去世未曾作出过任何反应。但是,一年以后,巴黎科学院秘书封德内尔(Bernard Le Bovier Fontenelle,1657—1757 年)在科学院按例于开会时向这位外国成员致悼词,做了一篇十分感人的精彩的讲演。后来,大约于 1793 年,汉诺威树立了一块纪念碑;1883 年,莱比锡托马斯教堂附近树立了一个座立式的个人雕像。

莱布尼茨的许多重要哲学著作生前都未曾发表,其大量手稿都存放在汉诺威图书馆中。有过好多编者利用这些手稿编纂出版过各种形式的莱布尼茨著作集。其中最早的当算拉斯普编的《莱布尼茨哲学著作集》(1765 年)和杜滕编的《莱布尼茨全集》(1768 年)了。而后来较为人们所常用的则为上述爱尔特曼编的《莱布尼茨哲学著作全集》(1840 年,常被简称为 E 本)和格尔哈特编的《莱布尼茨哲学著作集》(1875—1890 年,共 7 卷,常被简称为 G 本)。特别是后者(即 G 本)是目前已出版的《选集》中比较完备也比较常用的。格尔哈特还编印了 7 卷本的《莱布尼茨数学著作集》(1850—1863 年)。此外,雅内出版的法文版《莱布尼茨哲学著作集》(1866 年),除包括 E 本的主要内容外还加上了当时为 E 本所未收录的与阿尔诺的通信;还有傅歇・德・卡莱伊编的《莱布尼茨著作集》(1859—1875 年),也是七卷本的,其中包含有莱布尼茨的一些政治作品以及与教派联合和建立科学院有关的通信。克洛普的《莱布尼茨著作集》(1864—1877 年),则主要为历史和政治方面的作品。到了 20 世纪初,柏林的科学院曾计划据其存在汉诺威图书馆的全部手稿陆续出版名副其实的莱布尼茨全集,虽然在世界大战期间该项工作有所停顿,但总的来说取得了很大的进展。

莱布尼茨终生勤于著述,给后人遗留下来的书信多达 15000 多封,其他手稿则多达 55000 多件。这是一笔非常可观的又非常难得的精神财富。目前,在德国有四个编辑部负责编辑出版莱布尼茨的书信和著作的编辑出版工作。这四个编辑部分别是汉诺威编辑部、明斯特编辑部、波茨坦编辑部和

---

① 沃尔夫在莱比锡大学任教(1703—1706 年)时经常通过书信向莱布尼茨请教问题,1707 年莱布尼茨又推荐他前往哈勒大学克里斯蒂安・托马修斯(1655—1728 年)处任教。后者是莱布尼茨的老师雅可布・托马修斯的儿子,当时正在哈勒大学任校长。沃尔夫曾于 1740 年编辑出版《莱布尼茨哲学短著集》。格尔哈特曾于 1860 年编辑出版《莱布尼茨和沃尔夫通信集》。

柏林编辑部。它们迄今业已编辑出版了 32 卷《莱布尼茨著作与书信全集》(*Sämtliche Schriften und Brief*)。其中第 1 卷于 1923 年出版。全部编辑工作拟于 2050 年前后竣工。此外,它们还联合建立了可以在世界各地随时查阅的庞大的数据库,以满足世界各地众多莱布尼茨研究者和爱好者的需求。①

三、莱布尼茨的"学术案件"、世界情怀、个性与人格

为了对莱布尼茨其人有一个更为具体更为深入的了解,我们不仅需要对莱布尼茨的生平、哲学著述及哲学思想发展的一般状况有一个宏观的把握,而且还需要对莱布尼茨学术生涯中的一些特殊事件和他本人的人格或个性有所了解。在有关莱布尼茨学术生涯的诸多特殊事件中,最引人注目的当是他与牛顿之间关于微积分发明权之争的那桩公案了。

1. 与牛顿的一桩公案

作为一位思想家,除哲学创作外,莱布尼茨最杰出的成就莫过于发明微积分了。微积分,作为一种"撼人心灵的智力奋斗的结晶",是"人类思维的伟大成果之一"(R. 柯朗语),至少对于莱布尼茨所在的时代,是数学的最高成就,是人类智力的最高标杆。何况莱布尼茨对微积分的发明同他的哲学体系的构建工作息息相关。因此,具体地考察一下莱布尼茨的这项发明工作,考察一下他与牛顿之间的这桩公案,对于深入地考察和了解莱布尼茨其人其思想是不无裨益的。

虽然,如前所述,莱布尼茨还在学生时代就表现出了自己的数学兴趣和数学才能,写出了研究组合和排列初等性质的论文《论组合术》。但是,他之发明微积分的工作却是他 1672 年到达巴黎之后才开始的。

莱布尼茨到达巴黎后不久,便在数学研究中注意到有关一个数列相继两项之差的序列之和的有趣事实,即"相继两项之差的和等于原数列的首

---

① 参阅李文潮、余慧贤:《第七届莱布尼茨国际学术会议在柏林召开》,《哲学动态》2002 年第 3 期。

项与末项之差”。他在当年拜访惠更斯时,向后者叙述了自己的这项发现,后者建议他设法求出下列三角数的倒数序列之和:

$$\frac{1}{1}+\frac{1}{3}+\frac{1}{6}+\frac{1}{10}+\cdots+\frac{1}{n(n+1)/2}+\cdots$$

莱布尼茨由他以前的工作已经熟悉组合数即形数,这些数是在帕斯卡尔“算术三角形”中出现的。设这个三角形为下列形式:

$$\begin{array}{lllllll}
1 & 1 & 1 & 1 & 1 & \cdot & \cdot \\
1 & 2 & 3 & 4 & \cdot & \cdot & \\
1 & 3 & 6 & \cdot & \cdot & & \\
1 & 4 & \cdot & \cdot & & & \\
1 & \cdot & \cdot & & & &
\end{array}$$

其中第一行的数字可以看做组成一条线段的单位或点。第二行的那些数字代表第一行诸数字的和,故可看做是那些点的和,即线段。第三行的数字又是第二行诸数字的和,也就是可看做诸线段的和,即三角形。类似地,第四行的数字表示棱锥体。由此看来,上述三角形作为整数之和列出了三角形数,作为三角形数之和列出了三棱锥数。相反,三角形数是相继两个三棱锥数之差。

莱布尼茨看出,为了解答惠更斯的问题,应当由整数的倒数序列(而不是由整数本身)出发,通过取相继两项之差(而不是取和)来构成下一行数。这样,他就得到了他所谓的“调和三角形”。

$$\begin{array}{lllllll}
\frac{1}{1} & \frac{1}{2} & \frac{1}{3} & \frac{1}{4} & \frac{1}{5} & \cdot & \cdot \\
\frac{1}{2} & \frac{1}{6} & \frac{1}{12} & \frac{1}{20} & \cdot & \cdot & \\
\frac{1}{3} & \frac{1}{12} & \frac{1}{30} & \cdot & \cdot & & \\
\frac{1}{4} & \frac{1}{20} & \cdot & \cdot & & & \\
\frac{1}{5} & \cdot & \cdot & & & &
\end{array}$$

不难看出,调和三角形的每一行都是上一行的相继两项之差的序列。这样看来,帕斯卡尔的算术三角形和莱布尼茨的调和三角形就其构成方式而言(前者涉及求和,而后者则涉及求差),具有某种互逆关系。在算术三角形中,每一行由上一行中相应的项之和组成,而在调和三角形中,每一行则是由上一行中相继两项之差组成。这在莱布尼茨的思想中产生了一个鲜明的概念,即在一个序列各项的求和运算与求差运算之间存在着互逆关系。这一概念无疑对莱布尼茨发明微积分起着重大作用。

1673 年年初,根据惠更斯的建议,莱布尼茨开始研究帕斯卡尔以 A. 迪特恩维尔名义发表的著名书信。这使他"懂得了不可分量方法和重心",发现了他自己的著名的"特征三角形"。帕斯卡尔在"论圆的一个象限的正弦"里证明了"[圆的]一个象限的任何弧的正弦[纵坐标]之和,等于介于两端的两个正弦[纵坐标]之间的底的部分乘以半径"。莱布尼茨把帕斯卡尔的证明方法予以推广,对任意给定的曲线构成无穷小三角形(即由坐标和曲线的元素构成的"特征三角形"),结果便得到了求曲线下的面积的一般公式①。1673 年年末或 1674 年年初,莱布尼茨进而发明了一般的变换法,利用这种方法实质上可以推出迄今所知的一切平面图形的求积结果。莱布尼茨的"变换定理"及其相应的公式②的根本意义不仅在于把前人的求积法一般化、普遍化、代数化,而且还在于它确立了切线问题(因为 Z 是由切线定义的)和求积问题③之间的互逆关系,而这正是莱布尼茨微积分的一项根本内容。从 1675 年起莱布尼茨进入了微积分发明的最后阶段。他在 1675 年 10 月末和 11 月初的笔记里不仅确定了他的微积分的基本符号,而且还初步讨论了微积分的一些运算法则。他先是用 omn(其意义为"和"的拉丁字 omnia 的缩写)表示求和,用 y/d 表示求差(其意思是指求"差"要关系到量的因次的降低),随后又改用∫(sum 第一个字母 s 的拉长)作为积分符号,用 dy 作为微分符号。在 1676 年 11 月的一份手稿中,他把他所建立的积、商的微分法则推广应用到一个变量的一切整数幂,得到了幂函数的微分法和积分法④,并强调了"这种推理"的"一般"性。在 1677 年的一篇修

---

① 即 $A = \int 2\pi ysd$。

② 即 $\int_a^b ydx = \frac{1}{2}[xy]_a^b + \int_a^b zdx$。

③ 即 $\int_a^b ydx$ 。

④ 即 $d\,x^e = ex^{e-1}$ 和 $\int x^e dx = \frac{x^{e+1}}{e+1}$。

改稿中,莱布尼茨进一步突出了无穷小特征三角形在新的微积分中的作用,并且引入了我们现在所谓的微积分基本定理①,用莱布尼茨的话来说,即是:"现在我们更上一层楼,为了得到一个图形的面积,可以通过求它的割圆曲线来进行。"这样,在莱布尼茨的微积分中,求积问题便化为反切线问题了。

莱布尼茨虽然早在1673—1676年间集中研究微积分,但是,直到1684年他才首次发表自己的研究成果。他之所以这样做,最直接的动因很可能来自另一位德国数学家契尔恩豪森。契尔恩豪森曾于1775年秋季到达巴黎,同莱布尼茨共同研究过数学。他同莱布尼茨的关系本来很不错,但是到了后来,由于他想把制定微积分的功绩归为己有,莱布尼茨遂警觉起来,因而于1684年10月在《学术纪事》上发表了自己的微分学论著《对有理量和无理量都适用的求极大值和极小值以及切线的新方法,一种值得注意的演算》。该文给微分下了一个即便照现代标准也相当不错的定义,这就是:给定任意 dx, dy 的定义是使得比 dy/dx 等于切线的斜率的数。此外,该文还叙述了计算幂、积和商的微分的一些固定法则,讨论了极大值或极小值及拐点的必要条件。文中,莱布尼茨用实例说明,熟悉微积分的人能够"魔术般"地处理一些问题,甚至可以解决一些"最困难、最奇妙的应用数学问题"。在该文的结尾,莱布尼茨用他的微积分解决了笛卡尔想要解决而未能解决的难题。两年后,即1686年,莱布尼茨在《学术纪事》上发表了他自己的积分学论著,阐释了借助于代换的积分变换以及化求积问题为反切线问题,提出了等式②所表示的结果,积分符号 $\int$ 首次出现在印刷出版物上。1693年,莱布尼茨又在《学术纪事》上公布了自己的微积分基本定理及其有关证明。1714年,即在他去世前两年,莱布尼茨写了《微积分的历史和起源》(*Historia et origo Calculi differentialis*),追溯了这项"绝非偶然的、经过深思熟虑而得到的重大发明的真正起源",特别强调了这种历史追溯工作的重大意义,指出:"这不仅在于历史可以给予每一个发明者以应有的评价,

---

① 即 $\int_a^b z dx = y(b) - y(a)$。

② 即 $\int v dx = \int y dy$。

从而鼓舞其他人去争取同样的荣誉，而且还在于通过一些光辉的范例可以促进发现的艺术，揭示发现的方法。”联系到绵延一二百年的关于微积分发明优先权的争论，他的这段话是不无深意的。

关于微积分发明优先权的争论，早在17世纪70年代莱布尼茨刚刚完成微积分发明时就初露端倪了。1676年10月24日，牛顿（Issac Newton，1642—1727年）通过皇家学会秘书奥尔登堡致信莱布尼茨，用字谜的形式谈了他的微积分基本问题。这封谜语式的信件若颠倒语词的次序然后译出来，便是：“在一方程中已给定任意多个量的流量，要求出流数以及倒过来。”显然，当时牛顿的意图在于在不透露给莱布尼茨关于自己发明的任何具体内容的前提下通知莱布尼茨，他已经发明了微积分。但是，莱布尼茨却出其所料地当即作答，并通报了他自己的研究成果。牛顿在1687年出版的《自然哲学的数学原理》中忠实地记录了这一事实。他写道：

> 十年前在我和最杰出的几何学家G. W. 莱布尼茨的通信中，我表明我已知道确定极大值和极小值的方法、作切线的方法以及类似的方法，但我在交换的信件中隐瞒了这方法……这位最卓越的人在回信中写道，他也发现了一种同样的方法。他还叙述了他的方法，它与我的方法几乎没有什么不同，除了他的措辞和符号而外。①

这里，牛顿显然承认莱布尼茨业已独立地发明了微积分。

事情本来可以到此结束。可是，到了17世纪90年代后期，莱布尼茨突然受到牛顿信徒们的攻击。1699年住在伦敦的瑞士数学家法蒂欧在呈交皇家学会的一篇论文里，攻击莱布尼茨从牛顿那里“借用”了一些东西。1765年，《学术纪事》的编辑（牛顿怀疑这个编辑实际上是莱布尼茨本人）撰文评述牛顿的《求积术》，其中谈到《原理》一书不过是把莱布尼茨的微分换成了流数，可谓对法蒂欧指控的一个还击。1708年10月，牛顿的学生和牛津大学的实验物理学讲师、后来的萨维尔天文学教授凯尔在一封致哈雷的信（发表在皇家学会的《哲学会报》上）中，坚持牛顿是微积分的第一个发

---

① 亚·沃尔夫：《十六、十七世纪科学、技术和哲学史》，周昌忠、苗以顺、毛荣运、傅学恒、朱水林译，周昌忠校，商务印书馆1985年版，第247页。牛顿的这段话即使在1713年的《原理》第2版中也还保留着，只是在1726年的第3版中，这段提到莱布尼茨的文字才被删去。

明者的立场，并断言："这同样的计算后来被莱布尼茨发表，只是名称和符号的样式被改变了。"言下之意，莱布尼茨是牛顿研究成果的剽窃者。对此，莱布尼茨于1711年2月致信皇家学会提出申诉。于是，皇家学会于1712年3月11日任命了一个委员会调查此事。该委员会在其调查报告中虽然否定了一些对莱布尼茨的无理指控，但是却也作出了"牛顿是第一个发明者"的片面的"评定"。这一评定不仅没有平息争论，似乎还激化了它。最后，连英王乔治一世也不得不出面过问此事。这场争论虽然以莱布尼茨去世告一段落，但是后来却一直是科学界和科学史研究和争议的一个重要课题。

事实很可能是：莱布尼茨和牛顿各自独立地发明了微积分，在他们之间根本不存在什么孰是孰非或谁剽窃谁的问题。这不仅可以从其研究、发表微积分的时间看出来，而且还可以从其微积分理论各具特征这一点看出来。就他们研究和发表微积分的时间看，牛顿关于微积分的奠基性工作是在1664年到1666年完成的，而莱布尼茨的相应工作则是在1672—1767年期间完成的。① 但是，莱布尼茨早在1684年和1686年就发表了他自己的微积分论著，而牛顿虽然曾在他的英国同事中散发过一个有关手稿，但是，直到1704年他才在其《光学》一书的附录里正式发表了他的两篇有关论文：其中一篇是《三阶曲线的计算》，而另一篇则是《求曲边形的面积》。因为，正是在这两篇论文中，牛顿正式比较详细地报道了他的"流数"概念和"流数方法"，宣布：

> 线不是由部分并列起来而描绘出并因此而产生的，而是由点的连续运动所描绘和产生的；面由线的运动所产生；体由面的运动所产生；角由边的旋转所产生；时间间隔由连续流产生；其他量同样如此……有鉴于此，按同样速率增加并由增加而产生的量，它们的大小取决于这些量增加或者产生的速度的大小；我找到了一种方法，用以根据量在产生

① 通常认为牛顿对流数的发明工作始于1665年和1666年英国鼠疫流行期间，当时，他暂时离开剑桥过隐退生活。这种推测一方面有他自己的署有日期的笔记手稿为证，例如，他在署名为1665年11月13日的手稿中就讨论了"数学量"的基本概念，也有后来1704年他发表的《求曲边形的面积》(*De Quadratura Curvarum*)一文为证，因为即使在这篇论文里，他还念念不忘"我是在1665年和1666年两年里，逐渐研究起流数的方法"。参阅亚·沃尔夫：《十六、十七世纪科学、技术和哲学史》，第242—243页。

> 时的运动速度或者增加速度来确定这些量。……我把这些运动或增加的速度称为流数,所产生的量成为流。①

至于他的另一篇重要的微积分著作《级数和流数方法论著》或《流数方法》(*Methodus Fluxionum*),虽然写于1671年,却直到1736年才被人译成英文发表。有一种说法,说牛顿早在1687年出版他的《自然哲学的数学原理》时,便公布了他的“流数方法”。看来这种说法是有失严谨的。诚然,牛顿在《原理》中确实首次讨论了“流”的性质,并“第一次刊印了在专门意义上的流数这个词(fluxiones)”。但是,牛顿在《原理》中依据“极限概念”主要解释的毕竟只是他的最初比和最后比理论的基本原理;这些基本原理虽然关涉两个初生的或消失的量的比的极限值,从而奠定了微分学的逻辑基础,但是无论如何尚不是微分学或微积分本身。而且,《原理》中始终未出现过流数的记号,牛顿所采用的依然是“从亚历山大里亚时代沿袭下来但略做了修改的纯粹几何的证明方法”②。

至于他们各自发明的微积分,尽管本质一致,且计算结果也完全相同,但还是在许多方面存在着差异。第一,就基本概念而言,牛顿微积分的基本概念是以连续运动的直观思想为基础的流数,而莱布尼茨的基本概念则是微分,其中起中心作用的又是几何变量的离散的无穷小的差。第二,就获得微分(流数)表达式的途径言,牛顿为获得流数表达式,在计算流数时先以“o”(字母o为表示横坐标的瞬或无限小增量的符号,而非数字“0”)除等式两端,然后再使字母“o”为数字“0”,消除字母“o”项。而莱布尼茨在计算微分时则不以字母0除等式两端,而径直略去0^2项。第三,就积分言,牛顿的积分是不定积分,也就是要由给定的流数来确定流量,他把面积问题和体积问题解释为变化率问题的反问题;相反,莱布尼茨的积分是定积分,是以差的和定义的积分。第四,就运算符号言,牛顿通常采用“字母上加符点”的记法,他用$\dot{x}$和$\dot{y}$标记x和y的流数,而用“$\square$”作为积分符号。而莱布尼茨则如上所述,用“dy”作为微分符号,用“$\int$”作为积分符号。第五,就其哲学或自然哲学的基础言,牛顿侧重于微积分同力学(物理学)或运动学的互补,特别注重从运动学的观点看待微积分问题,例如,他的所谓“流数”就

---

① 转引自亚·沃尔夫:《十六、十七世纪科学、技术和哲学史》,第242页。

② 同上书,第244页。

是基于作为瞬时速度分量这样的直观物理概念的；而莱布尼茨的微积分则同古代的原子论和近代的不可分量观念有更多的关联，他更多的不是从力学（运动学）的观点而是从几何学和算术的角度来看待微积分问题的，他的特征三角形之构成其微积分研究的起点就是一个明证。第六，就发明微积分的旨趣看，虽然他们两个都曾致力于求切求积计算上的代数化和一般化，但是，归根结底，牛顿追求的是微积分的实际运用，是能够推广的具体结果；而莱布尼茨则使自己的微积分研究隶属于建立一种通用语言即符号逻辑的更为远大更为神圣的理性目标，因而他强调得更多的是能够应用于特殊问题的一般方法，是寻求一种能够"引导思维"的"看得见、摸得着的媒介"。他之所以比牛顿更精心地选择微积分符号，更多地致力于建立巧妙的微积分符号体系，其动因或许就在于此。

需要指出的是，正因为牛顿和莱布尼茨的微积分各具特点，各有侧重，所以他们之间的这两种微积分体系至今依然并存互补。而且，由于莱布尼茨所采用的微积分符号比较科学，既表达了有关概念的底蕴，又非常便利于运算，所以，它们后来为各国数学家普遍采用，终于成为现代微积分的通用符号。还有一点需要强调指出，这就是对于在牛顿—莱布尼茨的这场争论中，一度获得"胜利"的英国人具有讽刺意味的是：由于迷信和固守牛顿传统而拒绝接受莱布尼茨的解析方法，竟使英国数学在后来的发展中落后了一个多世纪。① 相反，大陆数学家由于能够比较正确地对待莱布尼茨和牛顿的研究成果，在后来的两个世纪中相继涌现了欧拉（1707—1783 年）、达朗贝尔（1717—1783 年）、布尔查诺（1781—1848 年）、柯西（1789—1857 年）、魏尔斯特拉斯（1815—1897 年）等一批数学泰斗，终于把牛顿和莱布尼茨共同开创的初等微积分学发展成为以函数概念和极限概念为基础的高等微积分学。看来，莱布尼茨发明微积分学的历史功绩既是磨灭不了的，也是不容磨灭的。任何贬低和磨灭其历史功绩的企图和作为都是注定要受到历史惩罚的。

---

① 这种状况至 19 世纪才有所改变，约翰·赫舍尔、查理士·巴伯奇等青年数学家曾成立数学分析学会，积极介绍大陆数学成就和推广莱布尼茨符号用法于英国同行。巴伯奇甚至建议他们这个学会称做"为反对'点主义'［牛顿用点作符号］并拥护'd 主义'［莱布尼茨用字母 d 作符号］而奋斗的委员会"，由此可见一斑。

应该说，关于莱布尼茨与牛顿微积分优先发明权这样一桩公案虽然至今还一直作为科学史上的一个重大事件受到人们的普遍关注和认真讨论，但是无论如何，在过了两个世纪之后，这个问题应该说是基本上尘埃落定了。20世纪著名的英国科学史家丹皮尔（Sir William Cecil Dampier）在其名著《科学史及其与哲学和宗教的关系》中曾经比较详细地论及这一问题。他指出：

牛顿与莱布尼茨以不同的形式发明了微积分。发明的先后，后来虽有争执但看来都是独立发明出来的。变速观念的出现，要求有一种方法来处置变量的变化率。一个不变的速度可以用在时间t所经过的空间s来量度；不论s与t大小如何，s/t一量是一定的。但是如果速度是变化的，那么要找某一瞬间的速度值，只能就一个差不多觉察不出速度变化的极短的时间来量度在这个时间内经过的空间。当s与t无限地缩小，而成为无限小时，它们的商数即是那一瞬间的速度，莱布尼茨把这一速度写成ds/dt，而叫做s对于t的微分系数。牛顿在他的流数法里，把这个数量写作$\dot{s}$，这个写法用起来不大方便，现在已被莱布尼茨的写法代替了。我们在这里不过是拿空间与时间来做例子罢了。其实任何两个量，只要是彼此依赖，都可用同样的方法来处理。x对于y的变化率都可写作莱布尼茨的记法dx/dy或牛顿的记法$\dot{x}$。①

在谈到微分学的形式时，丹皮尔再次对牛顿和莱布尼茨做了比较，他明确指出：

在《原理》中，牛顿把他的结果改成欧几里得几何学的形式，其中许多结果可能是通过笛卡尔坐标与流数法求得的。微分学迟迟才为人知道；但是，在莱布尼茨和贝尔努依所赋予的形式中，微分学却是现代纯数学和应用数学的基础。②

另一位英国科学史家亚·沃尔夫（Abraham Wolf）在其著作《十六、十七世纪科学、技术和哲学史》中虽然在肯认莱布尼茨独立发明微积分上态度有点暧昧，但也没有排除莱布尼茨独立发明微积分的可能性。他写道：

---

① W. C. 丹皮尔：《科学史及其与哲学和宗教的关系》上册，李珩译，张今校，商务印书馆1989年版，第233页。

② 同上书，第234页。

> 德国哲学家哥特弗里德·威廉·莱布尼茨在数学上的地位在于，他可能是微积分的独立发明者，并且肯定是现在几乎为数学该分支所普遍采用的记法的创始人。①

尽管他在这一引文中使用了“盖然判断”的形式，但是，接下来，他还是确定地指出：“他(指莱布尼茨——引者注)在1674年发明了微分学和积分学。”不仅如此，他还援引了牛顿在《原理》第1版和第2版中承认莱布尼茨独立发明了微积分的我们刚刚引用过的那段话；谴责了英国皇家学会任命的那个主要有牛顿的朋友组成的审查委员会的不公正。他写道：

> 为此(莱布尼茨向英国皇家学会对凯尔的指控提出上诉——引者注)，皇家学会于1712年任命了一个委员会(主要由牛顿的朋友组成)，审查了有关争论的文件，并且发表了一篇报告(*Commercium Epistolicum*，1712年)。但是，这个报告仅仅肯定了牛顿的优先权，反对莱布尼茨所指控的剽窃；但对莱布尼茨的独创性以及凯尔指控的真实性不置一词。并且，报告对莱布尼茨的语气里含有敌意，委员会没有公正地代表他的利益。此外，委员会还根据一个假设作判断，这假设认为莱布尼茨在1676年已看到了一个文件，它可能给了他宝贵的提示。然而，德·莫干在1852年证实莱布尼茨根本没有收到这个文件，而只是收到过文件的一个摘要，关键部分已经删掉。当莱布尼茨向皇家学会申诉对他不公平时，学会否认对委员会的报告负有责任。然而，后来这个问题被提到皇家学会的一次有外国大使出席的会议上审议。根据一个与会者的建议，牛顿开始同莱布尼茨进行个别磋商。但是直到莱布尼茨逝世，还没有得出任何结论，此后这场争论仍继续了很多年。②

在谈到对莱布尼茨在微积分记法方面的特殊贡献时，沃尔夫的语调显然更为果断。他强调说：

> 莱布尼茨对微积分记法的宝贵发明从未遭到过质疑。德·莫干甚至认为，牛顿从莱布尼茨汲取了“永久使用一种有组织的数学表达模式的思想”，来代替只是偶尔使用点符的做法，牛顿并因此而着手把自

---

① 亚·沃尔夫：《十六、十七世纪科学、技术和哲学史》，第246页。

② 同上书，第248—249页。

己的记法系统化且加以发表。莱布尼茨始终极为重视数学记法的问题。他在引用新符号时十分审慎,在采用和发表这些符号之前,总是先和同时代的数学家商讨。他把他的发现归功于他使用了改善的记法,他创造的新符号大都流传到了现在。①

然而,荷兰的两位科学史专家 R. J. 弗伯斯和 E. J. 狄克斯特霍伊斯却不仅对莱布尼茨的微积分的优先发明权提出了质疑,而且对牛顿的微积分的优先发明权也提出了质疑,指出:

现在流行的一种见解,即认为后来成为微积分而应用于自然科学的数学新分支是牛顿和莱布尼茨所首创,与事实不符。这种说法,把事实缩减得面目全非,它迷人地简洁,却失去了真实性。②

他们给出的相关理由是:

不能把微积分的发明看成是孤立的历史事实。积分学中的问题(确定曲线长度、曲线围成的面积、平面或曲面围成的体积、几何图形或几何体的重心),从古希腊就出现了,在许多情况下甚至已经解决。后来导致产生微分学的问题,在十七世纪初期就已提出,大部分问题已得到解答。牛顿和莱布尼茨的伟大功绩在于指出了积分学问题是微分学问题的逆运算,从而在以前一直是独立发展的这两个数学领域之间建立了联系;他们的功绩还在于引入了微分、积分运算的通用符号和方法。只是从那时以后,微积分这一术语才正式使用。但这并不是说,在那以前没有处理微积分问题的数学分支。③

但是,荷兰的这两位科学史家在这里所谈的已经逸出了我们这里所讨论的问题的范围,而成了一个如何看待微积分的理论渊源和科学史本身的问题了。倘若就我们所讨论的问题而言,他们并没有在牛顿和莱布尼茨之间作出任何区别。或许至少在他们看来,牛顿和莱布尼茨的微积分的优先发明权之争到了我们这个时代已经不再是一个值得讨论的问题了。时间乃真理的尺度。此言果真不虚!

---

① 亚·沃尔夫:《十六、十七世纪科学、技术和哲学史》,第 249 页。

② 弗伯斯、狄克斯特霍伊斯:《科学技术史》,刘珺珺、柯礼文、王勤民、秦幼云等译,求实出版社 1985 年版,第 209 页。

③ 同上。

2. 情系中国与中国哲学

纵观莱布尼茨的生平事迹，还有一件事情需要强调指出，这就是：与他同时代的和后来时代的"西方文化中心主义者"不同，莱布尼茨作为一位世界主义者，具有博大的世界情怀，毕生对中国和中国哲学怀有特别深厚的感情，给予热情的关注和高度的评价。1697 年 12 月 14 日，莱布尼茨在致柏林的选帝侯夫人索菲 · 夏洛蒂的信中，曾经写道：他准备在自己的办公室的门上挂个牌子，写上"中国事务处"几个字。凡是涉及有关中国的问题，均可先寄给他，再由他转给在中国的耶稣会士。他的这些文字虽然也有自嘲的成分，但是无论如何，把他对中国文化的热爱以及他对中国文化使者的自我承担意识和使命感极其鲜明地彰显出来了。①

17 世纪初，中国开始成为欧洲社会关注的一个焦点。但是，欧洲人关心的与其是中国的经济，毋宁说是中国的文化，具体地说，是中国的艺术、宗教及伦理道德。门多萨编辑的《中国游记》，利玛窦的《中国札记》，曾德昭的《大中国志》，卫匡国的《鞑靼战纪》等均被译成多种文字，且被一版再版。一如 T. 格里姆（T. Grimm）所说："当莱布尼茨慢慢地进入当时的精神世界时，中国已成为欧洲的日常话题。"②

但是，随着欧洲人对中国文化和中国哲学了解的深入，随着中欧文化和中欧哲学思想的实质性交流和会通，欧洲人对中国文化和中国哲学的理解便出现了分歧和争执。一方面，是一些传教士，以利玛窦（Matteo Ricci，1552—1610 年）为代表，强调中国文化和中国哲学同欧洲文化和欧洲哲学的统一性或一致性，断言在中国最古老的文献中展现了中国人对上帝的认识，虽然这一认识后来被人遗忘了。因此，传教的任务便与考古类似，是将被岁月遮蔽或尘封了的古老的认识发掘出来并将它们激活。这样，传教便应当从中国人自己的文化传统开始，应当同中国学者一起进行，因为对中国人自己的文化传统最为熟悉的当首推中国文人了。而所谓"利玛窦的规

① 信中的有关原文为"Je ferai donc mettre une affiche à ma porte avec ces mots：bureau d' adresse pour la China，afin que chacun sache，qu' on n' a s' adresser à moy pour en apprendre des nouvelles."

② Tilemann Grimm，"China und das Chinabild von Leibniz"，*Studia Leibnitiana*，Special edition，1（1969），p. 41.

矩”,即是谓此。① 而另外一些人,如龙华民(Niccolo Longobardi,1559—1654年)等,却持一种完全相反的态度和立场。他们强调的是中国文化和中国哲学同欧洲文化和欧洲哲学的差异性乃至对抗性,从而对利玛窦的传教路线展开了批判,拉开了“中国礼仪之争”的序幕。“中国礼仪之争”是中欧文化交流史上一次影响十分深广的大事件。如果从龙华民在利玛窦 1610 年去世后接任耶稣会中国会长之日算起,到 1939 年罗马传信部发布教皇庇护十一世教谕时为止,长达 340 年之久,即使从 17 世纪 30 年代方济各会和多明我会开始同耶稣会发生争执时算起,也绵延了三个世纪。这一事件不仅牵涉到当时在中国传教的耶稣会、方济各会和多明我会等诸多基督宗教传教团体,而且还牵涉到罗马教廷,牵涉到教皇亚历山大七世、克雷芒十一世和教皇庇护十一世,牵涉到中国皇帝康熙、雍正、乾隆诸位皇帝;不仅牵涉到中国一大批教内外士大夫(如严谟、夏大常、李九功、丘晟、张星曜等),而且还牵涉到欧洲一大批知识分子精英,他们中,除莱布尼茨外,还有沃尔夫、伏尔泰和孟德斯鸠等。② “中国礼仪之争”中争论的焦点主要在于:中国的“祭天”、“祭祖”和“祀空”等风俗礼仪究竟仅仅是“政治世俗性”的而同基督宗教的信仰无关乃至无害(这是利玛窦的观点)呢,还是属于“渎神主义”、同基督宗教信仰根本对立的“异神崇拜”(这是龙华民、利安当和阎当等人的观点)呢? 另一个有争议的问题是由来华传教士白晋(Joachim Bouvet,1656—1730 年)提出来的“象数学”。按照白晋的解释,中国古史中提到的最古老的帝王,如黄帝、颛顼等,都可被视为《圣经》上所说的洪水暴发前犹太人的祖先,从而,《旧约》所记载的关于上帝的学说便可直接地与中国的上古文献联系起来。白晋的这样一种解释遭到了中国文人的拒绝。

正是在这样的文化大背景下,莱布尼茨一走进哲学世界,就同中国文化,特别是同中国哲学结下了不解之缘。事实上,莱布尼茨早在 1666 年发表《论组合术》时,就引用了基歇尔《埃及艾提巴斯》中有关中国文字的章

① Cf. D. E. Mungello, “Curious Land. Jesuit Accomodation and the Origins of Sinology”, *Studia Leibnitiana*, Special edition(1985): pp. 44ff.

② 关于中国礼仪之争的文化背景、社会和文化根源及其文化史意义和历史启示,请参阅李天纲的《中国礼仪之争:历史、文献和意义》(上海古籍出版社 1998 年版)一书以及段德智的《从“中国礼仪之争”看基督宗教的全球化与本土化:再论 21 世纪基督宗教的对话形态》(《维真学刊》2001 年第 2 期)一文。

节，并提到了当时刚刚出版的图文并茂的《中国图说》。柏林尼古拉大教堂的教长安德勒斯·米勒（Andreas Müller）曾声称自己找到了掌握中国文字的"钥匙"，但又不愿将其公布于世。莱布尼茨获悉此事后，于 1679 年 6 月 24 日致信埃斯荷尔茨（Elsholz），希望通过后者，查证米勒手里是否真有这样一把"钥匙"，如果有的话，是否真的可以借助于这把"钥匙"准确翻译中国的文献。1672 年去巴黎之前，莱布尼茨阅读了有关中华民族的多本著作。有资料表明，在这期间，他至少读到过德国路德派神学家斯皮则（T. Spitzel）的《中国文献注释》（*Theophili Spizelii de re literaria sinensium commentayius*）以及聂仲迁（Adrien Greslon）的《中国历史》（*Histoire de la Chine*）等书。1689 年莱布尼茨为调查不伦瑞克家族历史滞留罗马时，他向来华传教士闵明我详细了解我国的情况。闵明我（Philippe Marie Grimaldi，1657—1712 年）是葡萄牙人，耶稣会士，曾任康熙朝钦天监监正，并曾受康熙之命去莫斯科进行外交活动。当时，闵明我刚从我国走北路，横贯西伯利亚回到罗马向教廷请示。莱布尼茨不仅向他询问了传教士在我国的传教情况及我国政府的态度，还就中国的典籍、习俗礼仪及文字等向他提出了一系列问题，请他回答和介绍。此后，莱布尼茨同他长期保持通信联系，不断地了解我国的宗教、政治和文化情况。

莱布尼茨不仅自己关心中国宗教、政治和文化情况，而且还热心向西方介绍有关情况。1697 年 4 月，他根据他所收集到的资料（即来华传教士写的有关文章）编辑出版了《中国近事》（*Novissima Sinica*）一书。该书的副标题为"发表中国近事是为了照亮我们这个时代的历史。书中收集了许多至今鲜为人知的消息：一份传到欧洲的中国官员首次允许基督宗教传播的文件，另外还有一份叙述欧洲科学在中国的声望及对汉民族的风俗习惯的看法，特别是对当朝皇上的赞扬，最后还有中国人之间的战争，以及他们所达到的协议"。该书也确实如其副标题所体现出来的，内容相当丰富。除莱布尼茨为其写的长篇序言外，此书确实收入了不少来自传教士手中的值得注意的关于中国的"最新消息"。其中有：苏霖神父（Jose Soares）的《1692 年 3 月 22 日奉旨准许传教自由记》，即康熙皇帝允许传教的御批；南怀仁（Ferdinand Verbiest）神父的《欧洲天文学》的节选，主要解说中国人，特别是康熙皇帝本人对欧洲科学的兴趣；闵明我神父在返回北京的途中在印度果阿写给莱布尼茨的一封信，比较详细地介绍了莱布尼茨特别想了解的关于中国的30个问题;安多神父(Antoine Thomas)写自北京的一封信,其中谈到北京皇宫支持基督宗教传播的一些情况;俄罗斯使团访问中国的沿路见闻摘要;张诚(Jean Fransois Gerbillon)的有关中俄和平协议即《尼布楚条约》的报道。此书1699年再版时,莱布尼茨不仅对俄罗斯使团访问中国的见闻做了进一步的补充,而且还附上了白晋颂扬中国皇帝的《中国皇帝传》(一译《康熙帝传》)。①

莱布尼茨十分重视中西学术文化交流。鉴于当时西方传教士来华所取道的北部西伯利亚一线受阻,他曾以社会活动家的身份通过多种渠道千方百计地促成此线恢复畅通。1711年,莱布尼茨受聘于俄国彼得大帝的法律顾问,他便当面向彼得提出恢复北线的建议。此后,莱布尼茨每有晋见机会都必以此题进言。虽然由于当时彼得在西方受制于瑞典,对土耳其军事又失利,无暇及此,此项努力一时没有结果,但莱布尼茨心诚可鉴。

莱布尼茨不仅非常重视中西学术文化交流,而且还非常重视实际推动我国学术事业的发展。他在柏林创立科学院的同时,不仅向当时的有关各国当局建议在奥国、俄国和波兰等国建立科学院,而且据说还曾致函我国清廷康熙皇帝作过类似的建议,并曾赠送给康熙一架他所改进过的计算机。虽然,此事至今尚未证实,但莱布尼茨1704年7月致函一位法国在华传教士,要他向康熙皇帝建议在北京建立科学院却是一件无可怀疑的事实。由此也可看出,莱布尼茨确实算得上当时对中国文化学术最少偏见又最为热心的为数甚少的西方学者之一。

莱布尼茨虽然普遍地关心中国的学术、文化、宗教和政治,但他作为一位哲学家,对中国哲学格外关注,始终怀有特别深厚的感情。

莱布尼茨毕生对中国哲学有浓厚的兴趣,总是千方百计、孜孜不倦地了解和研究中国哲学。他不仅阅读和研究西方哲学家关于中国哲学的著作,例如,法国哲学家马勒伯朗士的著作《一位基督宗教哲学家和一位中国哲学家的谈话》(发表于1708年),更为注重通过同来华传教士的交往及阅读他们的有关著作来了解和研究中国哲学。例如,他同当时著名的来华传教

---

① 参阅汉斯·波塞尔:《莱布尼茨的〈中国近事〉与欧洲对中国的兴趣》,见李文潮、H.波塞尔编:《莱布尼茨与中国:〈中国近事〉发表300周年国际学术讨论会论文集》,科学出版社2002年版,第1—18页。

士白晋就有过长期、频繁的书信往来，仅 1697—1707 年间来往信札就达 15 通。白晋是个耶稣会士，法国人，1687 年来华，长期任康熙侍讲，并曾作为康熙的钦差大臣回法国招请传教士，是继利玛窦、汤若望、南怀仁等之后，为在华传教士团的领导人。他对我国《易经》颇有研究，曾著有拉丁文《〈易经〉大意》。白晋同莱布尼茨通信的机缘是莱布尼茨编辑出版的《中国近事》。白晋在获悉莱布尼茨出版了这样一本书后，便于 1697 年 10 月 18 日致信莱布尼茨，并随信寄给莱布尼茨一本他新出的《中国皇帝传》。莱布尼茨于当年 12 月复信白晋，一方面向他索要一些关于中国语言、历史等方面的资料；另一方面又请他允诺在《中国近事》第 2 版中将他的《中国皇帝传》收入其中。白晋在 1698 年和 1699 年两年的致莱布尼茨的信中，不仅谈到了《易经》，而且还关涉柏林米勒的通用语言和"世界各民族文字的共同起源"的问题，断言伏羲所制的八卦实际上是中国语言和文化最初的文字符号，即基本的语言单位。此后，白晋在 1700 年 11 月至 1702 年 11 月期间致莱布尼茨的几封信中，进一步深入地讨论了这个问题。白晋的看法归结起来主要有以下几点。首先，与那些持西方文化中心主义的西方传教士极力贬低《易经》不同，白晋称赞《易经》是中国一切科学和哲学的源头，高于当时欧洲的科学和哲学。其次，从世界主义的观点，把中国的伏羲理解成一个世界性的人物，与埃及和希腊的赫尔墨斯（Hermes）、希伯来的伊诺克（Enoch）和波斯的琐罗亚斯德（Zoroaster）相提并论，同后者一起，为人类最早的法典的制定者。① 再次，在古代中国人拥有的"真正的哲学"和基督宗教这个"真正的宗教"之间存在着某种必然的联系。例如，白晋认为：点（·）和—（一）是想象中最简单的两个符号。在古代，表达主宰或最高的主这样的观念的文字符号，由点（·）表示，读作"主"。他还援引《礼记》的"太一分而规天地"这句话，说"太"代表多，"一"代表一，"太"和"一"合起来代表"三"这个数字或三位一体。最后，白晋断言，存在于伏羲的卦中的数的科学和莱布尼茨的"二进制算术"有惊人的相似或一致。白晋不仅向莱布尼茨介绍了《易经》的内容，还随信附了一张伏羲先天图的样本。按照白晋的观点，如果以阴爻（- -）代表 0，以阳爻（—）代表 1，便可以把六十

① 参阅孟德卫：《莱布尼茨和儒学》，张学智译，江苏人民出版社 1998 年版，第 44—45 页。

四卦爻排成相应的数字。莱布尼茨基于这一发现,进一步概括出了一些二进制算术原理,写出并在《皇家科学院科学论文集》(1703 年)中发表了题为《关于二进制算术的补充说明》的论文,强调了他的二进制算术(他称之为"二倍的几何级数")同有着四千年历史的伏羲的卦之间的某些共同之处,并且终于成为二进制算术、现代电子计算理论的先驱。① 据说直到莱布尼茨逝世之前,他都还在潜心研究易图及二进制计算原理。这一点可以从他后来写给德雷蒙先生的信中看出来。至于白晋的其他一些观点对莱布尼茨的影响,在莱布尼茨给德雷蒙的信中也程度不同地有所反映。

除白晋外,莱布尼茨还认真阅读和研究了来华传教士龙华民和利安当神父关于中国哲学和中国宗教的著作。龙华民(Nicolas Longobardi)是意大利人,耶稣会士,1597 年来到中国,也曾继利玛窦之后任中国传教团负责人,曾著有《论中国人的宗教》一书。利安当(Antoine de Ste. Marie,即 Antoniode S. Maria,1602—1669 年)是西班牙人,方济各会士,曾著《论中国传教事业的几个重点》(1701 年发表于巴黎)一书。他们的著作,不仅着重介绍了《朱子语类》、《性理大全》等近代儒学名著,而且还广泛涉及《论语》、《大学》、《中庸》、《诗经》等。莱布尼茨通过阅读和研究它们不仅进一步熟悉了这些中国著名的哲学典籍,而且还进而提出了自己一套关于中国哲学的见解,并于临死前一年(即 1715 年年底)开始撰写著名的《致德雷蒙先生的信:论中国哲学》。② 这封信如标题所示,是专门讨论中国哲学的,且篇幅较长,达 32 页,译成中文约有四万字之谱,完全可以说是一本学术论著。而且,这封长信很可能从未发出,从该信译稿边角写满小字的情况看,它可以说是一项莱布尼茨于垂危之际仍萦怀于心、反复修改的用心之作。同时,通过这封长信我们还可以看出,即使在莱布尼茨去世前前夕,还对进一步准确深入了解和研究中国哲学典籍,理解并把握中国哲学的真义抱有

① 莱布尼茨早在 1679 年就在一篇题为《论二进制》的论文中,提出并讨论了他对二进制的发现。《补充发明》是对《论二进制》的一个发展。

② 尼古拉·德雷蒙是法国人,长期研究柏拉图哲学,对莱布尼茨极为推崇。1713 年同莱布尼茨结识后,两人书信往来一度十分频繁。《致德雷蒙先生的信:论中国哲学》一文由庞景仁先生依据中国政府代表团 1975 年访法期间从巴黎法国高等学院获得的莱布尼茨的古法文手稿的复制品译出,刊登在《中国哲学史研究》1981 年第 3 期至 1982 年第 1 期。

厚望。他在其中写道:“我希望我们能够有关于这种学说的大量记载,能有中国人的经书(在经书里中国人讲到事物的原理)的大量的、准确翻译出来的节录。我同时也希望把这些经书全部翻译出来。”①殷殷之心,溢于言表。

莱布尼茨对中国哲学的深厚感情不仅表现在他对中国哲学的如饥似渴的了解和探讨上,还特别地表现在他对中国哲学的高度评价和推崇上。和以后一些“西方文化中心论”者,特别是和西方帝国主义分子对中国及其哲学持轻视、诬蔑的态度迥然不同,莱布尼茨毕生对中国哲学持十分尊重的态度。他在谈到中国哲学时,曾经不无赞叹地写道:“在中国,在某种意义上,有一个极其令人赞佩的道德,再加上有一个哲学学说,或者一个自然神论,因其古老而受到尊敬。这种哲学学说或自然神论是从约三千多年以来建立的,并且富有权威,这在希腊人的哲学很久很久以前。”②针对西方某些学者(如龙华民等)对中国哲学持蔑视乃至否定的态度,他愤然说道:“我们这些后来者,刚刚脱离野蛮状态就想谴责一种古老的学说,理由只是因为这种学说似乎首先和我们普通的经院哲学概念不相符合,这真是狂妄之极!”③他满怀信心地指出:“有很多迹象表明,我们欧洲人如果对于中国文字有足够的知识,那么加上逻辑、评论、数学,以及我们的比他们更准确的表达方式,会使我们在如此古老的中国记载中发现比近代中国人甚至以及他们后来的注释家们知道得更多的东西。”④不仅如此,他还以中国古老哲学的继承人自居。在谈到《易经》时,他不无骄傲地声言:他和白晋发现了这个帝国的奠基人伏羲的符号的“显然是最正确的意义”,在伏羲许多世纪以后,文王和他的儿子周公以及在文王和周公五个世纪以后的著名的孔子,都曾在这64个图形中寻找过“哲学的秘密”,而这恰恰是二进制算术。“这种算术是这位伟大的创造者所掌握而在几千年之后由我发现的。”⑤他的结论是:“古代的中国人不仅在忠孝方面(在这方面中国人达到了最圆满的道德标准),

① 莱布尼茨:《致德雷蒙先生的信:论中国哲学》,庞景仁译,《中国哲学史研究》1982年第1期。

② 同上。

③ 莱布尼茨:《致德雷蒙先生的信:论中国哲学》,《中国哲学史研究》1982年第1期。

④ 同上。

⑤ 同上。

而且在科学研究方面也大大地超过了近代人。”①

莱布尼茨不仅以中国哲学遗产的继承人自豪，而且还以中国哲学的辩护者自居。在一定意义上，他的《致德雷蒙先生的信：论中国哲学》就是一篇旨在批驳龙华民、利安当神父“贬斥”中国哲学的论战性作品。龙华民、利安当断言儒家学说的实质是唯物主义和无神论，儒家所实践的乃是一种“偶像崇拜”，跟天主教的教义教规背道而驰，应当予以拒斥。莱布尼茨则认为儒家承认精神实体，中国哲学或儒家学说同基督宗教的精神从根本上完全一致。他从世界本原（理，上帝）、鬼神、人的灵魂等三个方面对龙华民等人的观点做了系统、认真的批驳。首先，在世界第一本原问题上，针对龙华民关于中国人所谓“天”意指头上那块物质性的蓝天，所谓上帝是“天上的帝王”，所谓“理”既然无知无识，实际上也就是一种原始物质的观点，莱布尼茨指出：中国古代儒家经典中所讲到的“天”、“上帝”，其本质实际上就是“理”，而这“理”既是事物的“规律”，也就是“普遍理性”和精神实体。应该说，中国人是有一套“理性哲学”或“自然神论”的。其次，在鬼神问题上，针对龙华民等人关于中国人信奉的鬼神，都有自己的物质性身体，都随他们物质性身体的毁灭而毁灭的观点，莱布尼茨指出：中国人所信奉的鬼神既然是“普遍的和至高无上的精神”、“上帝”或“天”的“属下”，也就都是精神实体，跟西方人讲的“天使”完全是一回事。最后，在人的灵魂问题上，针对龙华民等人关于中国人主张个人灵魂由物质的天出、人死后又复归于物质的天，“分解在气的物质中”以及中国人崇拜祖先是偶像崇拜等观点，莱布尼茨指出：人的灵魂跟上帝、鬼神一样都是精神实体，中国人之崇拜祖先并非崇拜偶像，反倒恰恰证明中国人是肯定人的灵魂是不死的。当然，中国哲学是多元的，因此，问题既非像龙华民等人也非像莱布尼茨想象的那么简单。但是，无论如何，莱布尼茨对中国哲学进行上述辩护的动机是值得嘉许的。因为既然他本人是个神学色彩很浓的唯心主义者和理性主义者，则他之断言中国哲学承认精神实体，承认“理”为世界第一本原，中国有一套“理性神学”，就势必意味着他在肯定中国哲学是一种正确的有价值的哲学。此外，莱布尼茨在批驳龙华民等人的观点时，总是极力用先秦儒学对抗宋明理学，反对龙华民等以封建主义的经院哲学概念为评判中国哲学的尺度，把中国

---

① 莱布尼茨：《致德雷蒙先生的信：论中国哲学》，《中国哲学史研究》1982年第1期。

哲学封建化，这种做法虽然也有片面之处，但同西方“文艺复兴”的精神颇多吻合，至少也反映了作者对中国哲学冲出封建主义低谷、走向近代世界的良好愿望。

莱布尼茨对中国及中国哲学的深厚感情，他对中国文化和中国哲学的尊重和推崇，对于“其命维新”的中国人来说，永远是一种鼓舞和激励。

3. 个性与人格

据莱布尼茨的秘书埃克哈特报道，莱布尼茨这个人中等身材，头脑稍大，深棕色头发，眼睛虽小却很机敏，虽然近视对阅读写作却无大碍，字迹十分工整。莱布尼茨的肺功能不怎么强，嗓音很低但吐词清楚，只是在发喉音时小有困难。他肩膀阔大，走起路来头总是略向前倾，看上去活像一个驼子。就整体形象言，他瘦削而不壮实，而且腿也有点畸形。

莱布尼茨住房的摆设（如果有什么可以叫做摆设的话）很简单，很不整齐。他用餐很不规律，只是在阅读和研究过程中有什么方便机会到来时，才随便吃点东西对付过去。据说当他50岁时，也曾向人求过婚，只是那位女士说要从容考虑，莱布尼茨为了让她从容下去，也就干脆作罢，所以一生独身。平时，他睡得很少却睡得很香。他常常在他的工作桌旁的椅子上过夜。研究工作特别紧张时，他甚至在椅子上一待就是几天。这种生活方式和工作方式使他工作起来效率特别高，能在短时间内干很多事情，却也给他的身体带来不良影响，染上这样那样的疾病。但他和笛卡尔一样，不怎么喜欢求医，不时地用些“秘方”，实际上有时候他之用药，与其说是明智，毋宁说是“勇敢”。

莱布尼茨一生喜欢同人交往，而且喜欢同各种不同地位的人交往。他始终相信他永远能够从交往中获益，即使同最无知的人交往亦复如此。他脑子里不时地有苏格拉底的形象，苏格拉底就是个随时准备同任何人谈话的人。莱布尼茨不仅同哲学家、数学家和科学家交往，而且同宗教界和政界的人物也多有接触：不仅同彼得大帝交往，而且同普鲁士国王腓特烈一世的王后索菲·夏洛蒂过从甚密。而且，如上所述，莱布尼茨从这种广泛的交往中确实也受益匪浅。他同数学家和物理学家惠更斯的交往，使他走上了发明微积分的道路；他同数学家贝尔努依兄弟的交往使他的微积分符号系统优于牛顿的；他同来华传教士白晋的交往使他得以了解《易经》，并改进和提升了他的二进制算术;他同斯宾诺莎的交往成了他决心构建自己的哲学体系的最直接的诱因;他同王后苏菲·夏洛蒂的亲密关系使他得以在柏林建立科学院的夙愿终究成为现实,甚至他的名著《神义论》的写作和出版也同这位王后不无关系。

对莱布尼茨来说,最重要的交往手段乃是通信。有几年,他甚至同时和数百人通信,而且他在信中几乎无所不谈,科学、数学、法学、政治学、宗教、哲学、文学、历史学、语言学、钱币学以及人类学等。他有保存信件的癖好,至少有15000多封信被他保留了下来。而且,正是凭借这些信件,加上相当数量的私人笔记和手稿,我们才有了关于他的大部分著作的知识。后世整理出版的信件集有十多种,其中主要有《莱布尼茨致阿尔诺信件集》、《莱布尼茨和惠更斯及巴本的通信集》、《莱布尼茨和贝尔努依关于数学和哲学的书简》、《莱布尼茨和沃尔夫通信集》、《莱布尼茨与克拉克论战书信集》及《莱布尼茨未刊书信和论著》等。无怪乎莱布尼茨本人当初说:"任何一个仅仅靠我公开发表的著作来了解我的人,其实根本就不了解我。"

莱布尼茨在交往中总的来说是坚持实事求是和与人为善的原则的。例如,他虽然和牛顿之间存在着微积分发明优先权的争论问题,他虽然坚持自己独立发明微积分的严正立场,并常常引以为豪,但对牛顿独立发明微积分的历史功绩及其人格还是坦然给予肯定的。他在1675年3月20日致皇家学会秘书奥登伯格的信中就曾对牛顿在流数法上的成就给予很高的评价。他不无公正地写道:如果"卓越"的牛顿的流数方法是"普遍的和方便的",就"值得奖励","并且我毫不怀疑这将证明他值得称为最才气焕发的发现者"。① 莱布尼茨在1711年12月18日致另一位皇家学会秘书斯劳恩的信中,在严厉指责牛顿的学生凯尔无端制造了"无益的和不公正的喧闹"之后,对于牛顿却十分信任地写道:"对此我相信即使牛顿本人也会不赞同的,他是一个卓越的人,透彻了解过去的事态,并且我确信他对这个争端将自由地提出他的看法的证据。"②再如,他虽然坚持自己对二进制算术的发明权,但对在这个问题上曾给他以启发和刺激的白晋神父的功绩也常常挂

① 转引自阎康年:《牛顿的科学发现与科学思想》,湖南教育出版社1989年版,第83页。

② 同上书,第90页。

记在心。例如，他在致德雷蒙先生的那封著名的信中，就曾明确地宣布：是他和"尊敬的白晋神父"共同发现易图符号的"显然是最正确的意义"的。①只是他对斯宾诺莎的态度似乎有失妥帖。即使我们对罗素关于"莱布尼茨到晚年附和对斯宾诺莎的攻讦"的指控不予考虑②，他对斯宾诺莎对他的哲学的重大影响之从未明确地肯定过却是一个确定无疑的事实（其实，斯宾诺莎对他的影响是很直接也很巨大的）。但是，倘若我们考虑到莱布尼茨的哲学同斯宾诺莎的哲学之间在一些根本问题上确实存在着根本性的差别和对立，对于莱布尼茨的上述作为或许就可以赋予一种新的积极的意义。我们知道，普遍性原则是斯宾诺莎哲学的一项根本原则，在他的眼里，个体事物无非是唯一实体的"样式"，莱布尼茨既然从一开始就强调个体性原则，他就不能不坚决反对斯宾诺莎的哲学，如果说在古代希腊，留基伯和德谟克利特是因反对巴门尼德的唯一的、抽象的"存在"而提出无限多的物质的"原子"作为世界的本原，从而完成了唯物主义向唯心主义的一次转化，那么在一定意义下，我们也可以说，莱布尼茨也正是在反对斯宾诺莎的唯一的、唯物主义的"实体"学说的基础上，才完成了从唯物主义向唯心主义的一次转化，才建构了他自己的单子主义学说的。在这样一种意义下，莱布尼茨之否定他同斯宾诺莎的联系，自然就内蕴着一种防止抹杀他们两种哲学之间存在的原则界限、凸显自己哲学的独创性与超越性的用心。

在莱布尼茨的人品方面，人们谈得最多的莫过于他同王公后妃们的关系。莱布尼茨一生同王公后妃们保持着密切的联系。如前所述，他一走向社会就投于迈因茨选帝侯兼大主教、莱茵同盟首脑舍恩伯恩的约翰・菲利浦幕下，到晚年他甚至同时受雇于四五个王室（如汉诺威，不伦瑞克—纽伦堡，柏林，维也纳和彼得堡），而且他同一些皇族女性的关系也挺密切。这自然容易遭到人们的非议。但是，统观莱布尼茨一生的全部活动，可以肯定，他之所以同这些人保持接触，很可能主要是为了从他们那里获得维持生计的薪水及从事哲学和科学事业的资金及便利。莱布尼茨不时地（特别是在垂暮之际）遭到一些王室的冷遇，想必是他把投靠王室看做获取从事哲

① 参阅莱布尼茨：《致德雷蒙先生的信：论中国哲学》，《中国哲学史研究》1982 年第 1 期。

② 参阅罗素：《西方哲学史》下卷，第 108 页。

学和其他学术研究有利条件之手段的一个“报应”。[①] 当然，他的哲学和科学的超越宗教派别、超越国界的资产阶级内容和世界主义精神为利害相互冲突且带有封建烙印的各个王室所不容，也是其遭到冷遇的一项重要原因。

罗素对莱布尼茨“讨好王公后妃”攻击得最凶。他拿莱布尼茨同斯宾诺莎作比，指出：“的确，在一名未来的雇员的推荐书里大家希望提到的优良品质，他样样具备：他勤勉，俭朴，有节制，在财务上诚实。但是，他完全欠缺在斯宾诺莎身上表现得很显著的那些崇高的哲学品德。”[②]他在《对莱布尼茨哲学的批评性解释》（1900 年）一书及《西方哲学史》（1947 年）的“莱布尼茨”一章中，甚至说莱布尼茨为了讨好王公后妃们的嘉赏，竟然搞了两个哲学体系：一套是他公开宣扬的，讲乐观、守正统、玄虚离奇而又浅薄，是专门用来讨好王公后妃的。[③] 而另一套则是莱布尼茨著作的相当晚近的编辑者和研究者们从他的手稿中慢慢发掘出来的。这是一套“好”的哲学。他罗素本人在《对莱布尼茨哲学的批评性解释》（*A Critical Exposition of the Philosophy of Leibniz*）一书中着重考察和阐释的就是这后一套哲学。这后一套哲学之所以“好”无非在于它是从少数几个“前提”出发，经过相当严密的逻辑推理而构成了一个演绎系统。用罗素本人的话讲就是：它内容深奥，条理一贯，富于斯宾诺莎的思辨风格，并且有惊人的逻辑性。罗素在《对莱布尼茨哲学的批评性解释》一书中曾将莱布尼茨哲学体系的“主要前提”归结为“每个命题都有一个主项和一个谓项”等五个前提，断言：“莱布尼茨的哲学几乎完全是由”这样几个前提“推演出来的”。[④] 罗素因此而称赞说：“他的体系能够正确而必然地从这些前提推演出来，这既是莱布尼茨哲学的卓

---

① 参阅麦克唐纳·罗斯：《莱布尼茨》，张传有译，中国社会科学出版社 1987 年版，第 35 页。其中谈到，雇佣莱布尼茨的王室常常埋怨他只拿钱不干活。其实，莱布尼茨是拿别人的钱，干自己的活。

② 罗素：《西方哲学史》下卷，第 106 页。1673 年，靠磨镜片为生的斯宾诺莎为了保持自己的思想自由，曾毅然拒绝普鲁士帕拉廷选帝侯卡尔·路德维希要他到德国海德堡大学作哲学教授的敦请。

③ 参阅罗素：《对莱布尼茨哲学的批评性解释》，“第二版序”之第 16—17 页；《西方哲学史》下卷，第 117—118 页。

④ 同上书，第 15 页。

越之处，也是他对哲学作出的恒久性贡献。”①诚然，罗素同时也还是认为莱布尼茨所据以构建整个哲学系统的那样几个“前提”或原则彼此之间也并不完全一致，而其推理过程中也还是有许多漏洞的。如是说来，莱布尼茨的后一套哲学体系，按照罗素的标准，其实也并不怎么好。我们也并不想因此而否认罗素对莱布尼茨哲学的批评性阐释有某些可供借鉴之处，我们也不否认莱布尼茨有一些未公开发表的或虽已发表却并未引起注意的有价值的思想，值得进一步发掘和探讨。但是，总的说来，罗素对莱布尼茨哲学的上述评价显然有几分门户之见。我们认为，一种哲学的好或坏，主要在于它是否符合客观实际，能否正确或比较正确地说明世界以致据以改造世界，是否为社会历史上进步的阶级服务，从而推动历史的前进。这是评价一种哲学好坏的唯一科学的标准。因此，即使如罗素所自诩为新发现的另一套哲学那样，能从少数几条作为前提的原则出发经过较严密的逻辑推理而构成一个演绎系统，如果这些原则及其结论并不符合客观实际，并不能正确说明世界并且据以改造世界，那就完全谈不上什么“好”。更何况，在罗素所说的莱布尼茨的“流俗哲学”和“秘而不宣的哲学”之间，并没有什么严格的界限，更不存在什么不可逾越的鸿沟，其基本原则和基本结论也并没有什么本质的区别，至多只是在论证方式方面有所不同而已。诚然，在莱布尼茨原先未公开发表的手稿中，有些观点，若加以逻辑的推演，则可以得出接近斯宾诺莎的唯物主义的结论而排除了上帝的创世的作用，这是值得注意的。例如，在其有关逻辑的残篇中，有一条关于存在的定义的论述，说到“存在就是能与最多的事物相容的、或最可能的有，因此一切共有的事物都是同等可能的”。罗素认为，照此推论下去，则这世界就可以是凭定义即可自身存在而根本无需上帝的“天命”，这就落到斯宾诺莎主义中去了。但其实即使在其未发表的手稿中，也未尝不包含某些论点，如果将其逻辑地贯彻到底，就可得出和他自己所宣扬的唯心主义相抵触的结论。因此，也不能说莱布尼茨未公开发表的哲学和他公开发表的哲学之间存在着本质的差异。诚然，莱布尼茨的哲学有两重性，也有投“王公后妃们”之所好的一面，但是，既然罗素所说的莱布尼茨有两套哲学的观点不能成立，则他所谓莱布尼茨专门

① 参阅罗素：《对莱布尼茨哲学的批评性解释》，“第二版序”之第16—17页；《西方哲学史》下卷，第4页。

有一套用来“讨王公后妃们的嘉赏”的哲学自然也就站不住脚了。不过，一个哲学体系之具有两重性或包含有自相矛盾之处，这种现象恐怕并不限于莱布尼茨一人，即使罗素也不能担保他自己的哲学不存在这种状况。[①] 这就是我们并不和罗素一起去穷究他所谓的那一套“秘而不宣”的哲学，而仍着重阐述其为一般人所熟知、从而有较大社会影响发挥过重大历史作用的哲学观点的根本缘由。

① 如果说哲学史上有过一个哲学家有几套哲学体系的事情的话，罗素本人的哲学倒是有更多的理由属于这样一种现象。因为，众所周知，罗素最初是一个新黑格尔主义者，后来成了实在主义的代表人物，但是不久就又转变成了一个逻辑原子主义者。

第 二 章

莱布尼茨哲学的生成、主要旨趣及其所依据的基本原则

我们既然对莱布尼茨的生平、著述与人格做了初步的说明，我们也就有可能对他的哲学思想的理论渊源、思想背景、生成过程、主要旨趣、基本特征及其所依据的基本原则作出进一步的刻画和描述了。毋庸讳言，我们在前面叙述莱布尼茨的生平、著述与人格的时候，已经以这样那样的方式接触到了这些问题，但是，在第一章里，我们着眼的是莱布尼茨的哲学思想发展的时间维度的粗线条的勾勒，而不在于对所关涉的问题作深入细腻的逻辑分析，在这样的目标下，尽管我们的工作对进一步分析和阐释这些问题做了铺垫，但是我们对这些问题本身是既没有作出也不可能作出比较深入细致的理论分析，更谈不上对莱布尼茨哲学所依据的基本原则作出必要的说明了。因此，在第一章的基础上，对这些问题作出专门的比较深入细致的逻辑分析或理论考察，并对莱布尼茨哲学所依据的基本原则作出比较深刻的说明，就成了一件在所难免的事情了。

一、莱布尼茨哲学的理论渊源和思想背景

任何一个思想体系，都不是天外来物，其产生都是有其理论渊源和思想背景的。这就是说，任何一个思想体系，作为人类思想发展过程的一个环节，都处于人类思想史上的丁字架上，一方面它是它所在时代的产物，另一方面它又是前此时代的相关思想持续发展的一个结果。因此，为要具体深入地把握一个思想体系，我们就须对它得以产生的思想背景和理论渊源有一个具体的了解和把握。我们对莱布尼茨哲学的深入考察之所以从它的理

论渊源和思想背景着手,也正是出于这样的考虑。

1. 莱布尼茨哲学的理论渊源

任何一种哲学思想的产生,除了受当时的社会条件、特别是阶级斗争和生产斗争的实践以及与之相关的种种思潮决定之外,也都不能不受以往的思想的影响,不能不是在人们所已积累的思想材料的基础上形成和发展起来的。诚然,在哲学史上也有一些哲学家对历史遗产抱根本否定的态度,力图摆脱一切传统思想的束缚,在全新的基础上来建立自己的思想体系,但在实际上他们并没有也并不能真正摆脱过去的各种思想的影响。因为一个人,特别是人的思想,总是社会历史的产物,要摆脱这种影响,就像鲁迅(1881—1936年)所说一个人想抓着自己的头发离开地球一样是不可能的。

莱布尼茨是一个自觉接受历史遗产的哲学家。关于他和历史上许多哲学家的关系及其所受的影响,他自己在许多地方都曾有过明白的叙述。例如,在《人类理智新论》的第一卷第一章中,莱布尼茨就写道:

> 这体系(指莱布尼茨自己的体系——引者注)似乎把柏拉图和德谟克利特、亚里士多德和笛卡尔,经院哲学家和近代哲学家,神学、伦理学和理性,都结合起来了,它似乎从一切方面采取了最好的东西,然后又走得更远,达到前人所未及的地步。我在其中发现了关于灵魂和身体的结合的一种很可理解的解释,对这事从前是曾感到绝望的。我在这体系所提出的诸实体的单一性中,以及由"原始实体"(这里指唯一最高单子的上帝——引者注)所确定的诸实体的前定和谐中,找到了事物的真正原则。我在其中发现了一种惊人的单纯性和齐一性,以致我们可以说这种实体到处和永远是一样的,只是在圆满性的程度上有所差别。我现在看到了:当柏拉图把物质看做一种不完善的、瞬息万变的东西时,他的意思是什么;亚里士多德提出他的"隐得来希"是想说明什么;照普林尼①所记的德谟克利特本人所允许的来世生命是指什么;怀疑论派所宣扬的反对感觉的论点在多大程度上是有道理的;怎么

① 即老普林尼(The Elder Pliny,23—79年),古罗马作家。其保存下来的著作主要有37卷本的《博物志》。他对西欧精神文明发展的影响很大,有人认为,不次于西塞罗、贺拉斯和维吉尔。在中世纪,许多较大的隐修院都藏有该著。

> 动物照笛卡尔所说其实是自动机器，但怎么照人类的意见它们又是有灵魂和有感觉的；应该怎么来合理地解释那些把生命和知觉给予一切事物的人的观点……①

又如，在1698年致巴纳日(Basnage)的信中，莱布尼茨写道：

> 对这个系统的考虑，也使人看到：当我们深入地来考察事物时，在大部分哲学派别中都可看到有比人们所认为更多的道理。如怀疑论派所说的在感性事物中缺乏实体的实在性；毕达哥拉斯派和柏拉图派把一切还原为和谐，或数、理念和知觉；巴门尼德和柏罗丁所讲的没有任何斯宾诺莎主义的一和甚至唯一的大全；斯多葛派那种和别人所讲的自发性可以相容的联系；犹太和埃及的神秘主义者所讲的认为一切都有感觉的生命哲学；亚里士多德和经院哲学家们所讲的形式和隐得来希；以及另一方面德谟克利特和近代人那种对一切特殊现象的机械论的解释等；所有这一切都被结合在一起，就像结合在一幅图景的一个中心一样，从这个观点去看，整个对象(从别的一切观点去看都被搅混乱了的)就显出它的井井有条和各部分的和谐一致：我们过去由于一种宗派主义，总是排斥别人的观点而限制了自己，以致没有做到这一点。②

像这样的段落，在莱布尼茨的作品中是屡见不鲜的，不必一一引述。而从上面所引的，我们也已经可以看到，莱布尼茨所接受的思想影响是极其广泛的。他事实上是企图把过去一切哲学派别中他认为好的东西都吸收进来，结合在自己的哲学体系中。我们看到，他所提到的这些哲学家，既有各种唯心主义的代表，也有唯物主义的代表。这当然说明莱布尼茨的哲学，是有明显的折中、调和的倾向的。但这绝不是说莱布尼茨是无所选择地兼收并蓄，或把过去的唯心主义和唯物主义思想等量齐观、不偏不倚、同等看待的。事实上他主要只是继承了过去的唯心主义哲学家的思想。即使对于唯心主义，他也只是吸收了对他有用或适合于他自己的体系的观点，并且对这

---

① Leibniz, *Die philosophischen chriften* von *Gottfried Wilhelm Leibniz* 5, p. 64；莱布尼茨：《人类理智新论》上册，陈修斋译，商务印书馆1982年版，第31—32页。

② *Die philosophischen chriften von Gottfried Wilhelm Leibniz* IV, hrsg. von C. I. Gerhardt, Hildesheim：Georg Olms, 1965, p. 523.

些也不是原封不动地、现成地纳入自己的思想体系中，而是加以改造、泡制，才成为他自己的体系中一个有机的组成部分。至于过去的唯物主义思想，莱布尼茨基本上是排斥、反对的。只是莱布尼茨之不同于有些唯心主义者的地方，是他并不简单地把过去的唯物主义观点一概抛弃或一笔抹杀，而是也吸取了其中某些可以为自己所利用的观点，对于这些观点，则更不是现成地袭取，而是加以根本的改造，实质上把它转化为唯心主义的观点了。

具体来说，莱布尼茨在其主要方面，是在各种不同程度上继承或吸取了古代以来唯心主义路线的各派哲学家的观点，其中包括：希腊早期的毕达哥拉斯（Pythagoras，约前580—约前500年）派关于万物都从“数”产生，并构成“和谐”的秩序的思想；埃利亚派的巴门尼德（Parmenides，约前6世纪末—约前5世纪中叶以后）等人关于按“真理”来说只有唯一的不变不动的“存在”，而变动不居的感性世界都只是不真实的“意见”或现象的思想；特别是古代客观唯心主义的最大代表柏拉图（Plato，前427—前347年）认为真实的实体是精神性的“理念”，物质或感性事物都是不完善的、不真实的，只是“理念”的“影子”的思想；亚里士多德（Aristotle，前384—前322年）以及中世纪的基督宗教经院哲学家利用亚里士多德宣扬的“形式”决定“质料”、“形式”是事物的“本质”，以及每一事物都要实现它的形式，也就是要实现它的内在的目的（“隐得来希”）的唯心主义和目的论思想；斯多葛派关于世界是一个活的有机整体，各部分都存在着密切联系的思想；怀疑论派否认感觉的真理性或可靠性的思想；后期希腊新柏拉图派的柏罗丁（Plotinus，约205—270年）认为世界万物都是从“太一”亦即唯一的神“流出”的思想；以及古代东方的犹太和埃及的宗教神秘主义和认为一切事物都有灵魂的“物活论”或“万物有灵论”思想，等等。这些也就构成了莱布尼茨下述思想的主要来源：关于真实存在的实体是精神性的“单子”；每一单子都是一个有“知觉”、“欲望”的“灵魂”；“单子”构成一个“连续”的系列；“单子”是从唯一的“上帝”流射出来；上帝在创造“单子”之初便已预先决定了其全部发展过程，因而构成整个宇宙的“前定和谐”；以及在认识论上贬低感性认识而片面强调理性认识的唯理论观点，等等。这也可以看出莱布尼茨简直是他以前一切唯心主义观点的集大成者，而主要是继承了柏拉图路线的客观唯心主义哲学家。

但另一方面，莱布尼茨也采取了历来唯物主义路线的一些思想，其中主要的有：古代原子论者德谟克利特（Democritus，约公元前460—前370年）和伊壁鸠鲁（Epicurus，前341—前270年）等人认为构成事物的基础必须是单纯的不可分的实体的思想；在中世纪特殊条件下代表唯物主义路线的"唯名论"者认为真实存在的必须是个体事物的思想；文艺复兴时期布鲁诺（Giordano Bruno，1548—1600年）关于"单子"的思想；以及古代和近代的许多唯物主义者认为一切事物在自然过程中都是按照本身的机械规律运动而不是受神或其他外力干预的思想；等等。这些也就是莱布尼茨认为作为实体的"单子"必须是单纯的、不可再分的，以及"单子"在发展过程中是由于"前定"而必然彼此"和谐"，无需上帝随时干预等思想的渊源。但我们看到，这些观点只是采取了以往唯物主义者观点中的某一方面，而不是采取其唯物主义原则本身，并且这些观点也都被转化成原来的唯物主义观点的反面，成为莱布尼茨的唯心主义体系中的有机组成部分了。认为唯心主义者只能继承唯心主义者的思想，唯物主义者只能继承唯物主义者的思想，而绝对不能互相继承的看法是不符合历史事实的，不正确的；但认为唯心主义者可以原封不动地继承唯物主义观点或唯物主义者也可以原封不动地继承唯心主义的观点则更是错误的，不仅不符合历史的真实情况，并且混淆了哲学上两大阵营的界线。实际上，任何一种思想上的继承，不管思想家自觉与否，都必然是站在自己的特定阶级立场，依据自己的观点、方法，而对过去的思想或多或少地有所选择和批判改造的。①

2. 莱布尼茨哲学的思想背景

在具体而深入地考察莱布尼茨哲学体系的主要旨趣、基本特征及其所依据的基本原则之前，我们之所以要先行地考察莱布尼茨哲学的理论渊源，最根本的考虑即是思想或理解的"历史性"。这样一种考虑在当代著名的哲学解释学专家伽达默尔受到了特别的强调。他指出："……我们永远处于历史中……就是说，我们的意识是由真实的历史演变所决定的，以至于意识不能随意地使自己面对过去。"②正是出于这样一种考虑，他旗帜鲜明地

① 参阅陈修斋：《陈修斋论哲学与哲学史》，段德智编，人民出版社2009年版，第83—96页。

② 转引自利科：《解释学的任务》，《哲学译丛》1986年第3期。

批评了狄尔泰的历史观,强调指出:狄尔泰的“出发点”,即“体验”的“内在意识”,根本“不可能”“架起一座通向历史实在的桥”。这是因为:

> 伟大的历史实在、社会和国家,实际上对于任何“体验”总是有先行决定性的。自我思考和自传——狄尔泰的出发点——并不是最先的东西,也不是解释学问题的充分基础,因为通过它们,历史再次被私有化了。其实历史并不隶属于我们,而是我们隶属于历史。早在我们通过自我反思理解我们自己之前,我们就以某种明显的方式在我们所生活的家庭、社会和国家中理解了我们自己。主体性的焦点乃是哈哈镜。个体的自我思考只是历史生命封闭电路中的一次闪光。因此,个人的前见比起个人的判断来说,更是个人存在的历史实在。①

然而,思想或理解的历史性不仅意指“传统”或“过去”,而且还意指“当下”或“现在”。用黑格尔的话来说,便是:

> 哲学与它的时代是不可分的。所以哲学并不站在它的时代以外,它就是对它的时代的实质的知识。同样,个人作为时代的产儿,更不是站在他的时代以外,他只在他自己的特殊形式下表现这时代的实质,……这也就是他自己的本质。没有人能够超出他的皮肤。②

由此看来,如果我们着眼于一个思想体系的“历史性”的话,那我们就不仅应当关注它的理论渊源,而且还应当关注它的时代背景,特别是它的思想背景。

就莱布尼茨的哲学来说,它的形成,除了接受以往各种哲学思想的影响之外,也和他同时代的欧洲各国的许多思想家有密切的关系。这些近代思想家对他的影响,甚至比古代思想家的影响更直接也更重大。这种影响也是多方面的。莱布尼茨在许多问题上也接受或吸收了他同时代的许多思想家的观点,但在更多的问题上毋宁是反对他同时代的许多哲学思想的。莱布尼茨是一个好争论的、好论战的唯心主义者,他的哲学体系可以说是在与他同时代的许多唯物主义者的斗争中形成和发展起来的。他的这些斗争对手,对他的思想也还是有着各种不同的影响的。

---

① 伽达默尔:《真理与方法》,洪汉鼎译,上海译文出版社 1992 年版,第 355 页。

② 黑格尔:《哲学史讲演录》第 1 卷,贺麟、王太庆译,商务印书馆 1981 年版,第 56—57 页。

这里所说的同时代人，当然不是严格地限于和莱布尼茨同辈或同年纪的人，而是包括比他较早或稍晚，但和他的思想有直接联系的人；同时在这里也不可能详述和莱布尼茨思想有联系的一切人，而只限于一些有重大影响的哲学家和科学家。

首先，让我们看一看比莱布尼茨较早一个时期而对莱布尼茨的思想有直接影响的一些思想家和他之间有些怎样的联系。

这里最先应该提到的是笛卡尔（René Descartes，1595—1650 年）。笛卡尔可以说是 17 世纪上半期在法国以及欧洲影响最大的哲学家之一。在莱布尼茨的时期，笛卡尔哲学也还正在盛行。如前所述，早在童年，莱布尼茨就开始研究笛卡尔的著作了，并且在那个时期可以说任何别的哲学家对莱布尼茨的影响都不能和笛卡尔相比。后来莱布尼茨在巴黎居住时期，还接触到了笛卡尔遗留下来的手稿，并继续研究了他的作品，特别是他的数学作品。① 莱布尼茨自己的发明微积分，就正是在笛卡尔发明解析几何的基础上进一步发展而达到的一项重大科学成就。莱布尼茨在数学上的成就已大大超出笛卡尔了，这很可能也是引使他在哲学上逐渐摆脱笛卡尔观点的束缚的原因之一。当他迁居汉诺威以后，他就逐渐采取了公开背离笛卡尔哲学的立场。他先后写过一系列评论或反驳笛卡尔及其学派的观点的作品。他对笛卡尔的总的态度，可以从他自己的这样一个提法中看得很清楚，这就是认为"笛卡尔哲学当被看做只是真理的入门"。这也就表明他自己的哲学是从笛卡尔哲学出发的，但似乎已远远超过笛卡尔了。事实上，我们可以说，这话只有一半是真理，而有一半则是错误的。因为莱布尼茨的哲学，就一定意义来说，的确是从笛卡尔出发并向前发展了的；但就另一意义来说，则是从笛卡尔哲学后退了。笛卡尔的哲学，在世界观上，就其"形而上学"的范围来说是二元论，归根结底是倾向唯心主义的，但就"物理学"的范围来说则是一种机械唯物主义；在认识论上，基本上是一种唯心主义的唯理论，但也还是包含着某些唯物主义的成分，同样有着二元论的色彩。总的来

① 当时，笛卡尔的《宇宙和光》（*Le Monde ou traité da la lumière*）、《方法谈》（*Discours de la methode*）等著作都先后出版。然而，笛卡尔的著作不久就遭梵蒂冈列入《禁书目录》，70 年代教会又禁止大学讲授笛卡尔的哲学。不过在那时，莱布尼茨的精力主要集中在数学方面，对于笛卡尔的物理学和哲学，主要是通过笛卡尔派的有关著作，间接了解到的。

说，莱布尼茨在世界观上是克服了笛卡尔的二元论，但他和斯宾诺莎相反，不是在唯物主义的基础上来克服笛卡尔的二元论，而是在唯心主义和僧侣主义的基础上来克服笛卡尔的二元论。但与此同时，莱布尼茨也确实批判并克服了笛卡尔的某些形而上学和机械论的思想，而发挥了某些辩证法的观点。例如，他反对笛卡尔的把物质的属性看做仅仅是广延性，而认为作为实体的东西必须本身包含着某种“力”，从而以特有的形式接近了某种物质自己运动的思想，就是一个明显的例子。因此，就莱布尼茨是从笛卡尔哲学所提出的问题出发，在一定程度上克服了笛卡尔哲学的内在矛盾，特别是就其批判、克服了笛卡尔哲学的某些形而上学和机械论观点，而发挥了某些有价值的辩证法观点来说，的确是对笛卡尔哲学的一种发展；但就其抛弃并反对笛卡尔哲学中的唯物主义方面来说，则是向彻底的唯心主义、僧侣主义倒退了。

比笛卡尔稍早的英国哲学家弗兰西斯·培根（Francis Bacon，1561—1626 年）及其思想的继承者和系统化者霍布斯（Thomas Hobbes，1588—1679 年），以及和笛卡尔同时的另一个法国哲学家伽桑狄（Pierre Gassendi，1592—1655 年），也都和莱布尼茨有着不同程度的联系。他们和笛卡尔在反对封建的宗教神学和经院哲学方面有着共同点，都是代表新兴资产阶级的进步思想家，但在哲学观点方面作为唯物主义的经验论者，又和笛卡尔相对立。霍布斯和伽桑狄都和笛卡尔进行过直接的论战。这就说明他们和在另一立场上既继承、发展又反对了笛卡尔哲学的莱布尼茨之间的关系，也必然是错综复杂的。

上面已经提到，莱布尼茨在幼年时就读过培根的著作。培根那种提倡实验科学和面向自然的经验知识的精神，对莱布尼茨也不是没有启发。但就以后的思想发展来看，莱布尼茨的哲学和培根所开创的唯物主义经验论的路线是正相对立的。至于培根的直接继承者霍布斯，莱布尼茨就和他有过直接的联系。如上所述，早在 1670 年，莱布尼茨在德国时就曾给霍布斯写过信，但没有得到答复；几年之后在巴黎时莱布尼茨又曾再度给他写信。莱布尼茨在他二十几岁的青年时代，屡次给霍布斯写信，表示他对霍布斯非常敬仰和钦佩，这是值得注意的。霍布斯是当时著名的无神论者和唯物主义哲学家，在当时是正受到教会人士和封建势力的仇视和迫害的，莱布尼茨之对他表示崇敬，不能没有某种意义；至少说明他和那些神学家的态度是有明显不同的。但莱布尼茨之表示对霍布斯的推崇，也许可以从他对笛卡尔哲学的态度得到说明。因为霍布斯正是当时日渐成为官方哲学的笛卡尔主义的著名反对者①，而莱布尼茨这时也已日渐背离笛卡尔哲学了，因此就在一定程度上和霍布斯有了某种接近。

笛卡尔的另一个对手伽桑狄和莱布尼茨的关系也是同样微妙，同时也更加直接和密切。伽桑狄主要是恢复了古代希腊伊壁鸠鲁的原子论哲学，并且和霍布斯一样，站在唯物主义和经验论的立场反驳了笛卡尔。当莱布尼茨放弃了他幼年时所接受的传统的经院哲学，并且也日渐背离了笛卡尔哲学时，也就一度和伽桑狄的观点有了某种接近，甚至一度接受了原子论的学说。后来虽然他又放弃了原子论的唯物主义观点，但这种思想的影响，却保留在他成熟以后的哲学体系中。例如，当他反对笛卡尔的把物质实体单纯看做广延性时，就毋宁站在伽桑狄等原子论者的立场，认为复合的物体必须是由单纯的、不可再分的单元构成的。但他后来终于又否定了原子论的唯物主义，认为这种构成复合物的单纯实体必须是精神性的，也就是作为他的世界观的基石的"单子"。这种"单子"，就一定意义说，是把物质性的原子精神化的结果，他自己有时也就把"单子"叫做"实体的原子"。可见，莱布尼茨的世界观的核心——"单子论"，在一定意义上也正是在伽桑狄所恢复了的"原子论"的基础上发展起来的，只是发展到了它的反面，而成为它的直接对立物了。这也是哲学史上唯物主义向唯心主义转化的一个显著的例子。

其次，让我们看一看和莱布尼茨约略同时的一些思想家和他的关系。

---

① 笛卡尔写成《形而上学的沉思》之后，并没有急着出版，而是将它送到巴黎大学即索邦神学院，请求那里的神学家和哲学家提意见，以便进一步修改，并且希望巴黎大学神学院允许该书出版。在麦尔塞纳神父帮助下，笛卡尔收集到了两个方面的意见。一方面是唯物主义哲学家提出的批评意见，以霍布斯和伽桑狄为代表；另一方面是唯心主义神学家提出的批评意见。以麦尔塞纳、阿尔诺和卡特鲁斯为代表。笛卡尔对他们的批评作了答复，他的答复在《形而上学的沉思》出版时作为《反驳与答辩》的内容附在后面。其中，霍布斯与伽桑狄对笛卡尔的批评及笛卡尔的反批评开启了欧洲近代哲学史上唯物主义和唯心主义的大论战，而麦尔塞纳等人对笛卡尔的批评及笛卡尔对他们的反批评则构成了欧洲近代唯心主义内部之争的一个重要例证。参阅冯俊：《法国近代哲学》，（台北）远流出版事业股份有限公司 2000 年版，第 59—60 页。

早在莱布尼茨的青年时代，在德国时他已和一些思想家和文化人有过通信等联系。特别是当他在巴黎居住时期，以及以后到英国、荷兰、意大利和欧洲其他各国的多次旅行、访问，使他和当时欧洲的许多著名的文化思想界人士有了广泛的联系和亲身的接触，其中的许多联系都对莱布尼茨的哲学思想和科学成就有很大影响。

在巴黎，莱布尼茨接触到的重要人物，除前面提到的安东尼·阿尔诺（Antoine Arnauld，1612—1694 年）、惠更斯（Christian Huygens，1629—1695 年）和马勒伯朗士（Nicolas Malebranche，1638—1715 年）外，还有鲍修爱（Jacques-Bénigne Bossuet，1627—1704 年）。莱布尼茨一生活动的重要方面之一是调和天主教和路德新教，他在巴黎时和鲍修爱的联系是他在这方面的活动的重要一环。鲍修爱是这时巴黎高级僧侣的首脑人物，也是路易十四的宗教政策的决策者和执行者。莱布尼茨曾和他反复讨论及通信，企图找出使天主教和路德新教统一起来的途径。鲍修爱的态度实质上只是要新教徒无条件地改信天主教，因此莱布尼茨的企图只能以无结果而告终。但这种活动也深刻地影响到他的哲学思想，他就是力图提供一个既能为天主教会也能为路德新教会所接受的理论基础，以便为联合两个教会创造条件。这样做的结果虽然只能使他的哲学理论体系归根结底既不完全符合天主教义也不完全符合路德教义，因而只能为双方所拒绝，但是，如我们在第一章第一节中所指出的，对莱布尼茨努力寻求哲学和神学的平衡或调和，并最终构建出他的单子论和前定和谐学说起了极大的刺激作用。毫无疑问莱布尼茨的这种企图调和不同教派，又企图调和宗教和科学、信仰和理性的态度，当然是当时德国资产阶级的妥协性所决定的，是不以莱布尼茨的个人意志为转移的。而且，莱布尼茨的这种调和态度最终也还是给莱布尼茨的思想带来致命的损害，使得作为伟大科学家的莱布尼茨在哲学上常常陷入僧侣主义。

关于莱布尼茨和斯宾诺莎的关系，我们在前面已经谈了许多，但还是有一点需要作进一步的交代。这就是莱布尼茨和斯宾诺莎在思想上的联系，也和他对笛卡尔和伽桑狄、霍布斯等的关系一样是相当复杂而且微妙的。这就是莱布尼茨一方面接受了斯宾诺莎的哲学的影响，他们两个人的哲学在许多方面甚至有共同之处，但他们及其哲学在许多方面又是根本对立的。斯宾诺莎的哲学，在一定意义上也是从笛卡尔哲学出发。但他是站在当时荷兰虽已取得革命胜利但并未完成反封建任务的进步的资产阶级民主派的立场,从唯物主义方面发展了笛卡尔的哲学,也就是克服了笛卡尔的二元论而达到了唯物主义的一元论。他的以泛神论形式出现的世界观体系,实质上是无神论的。“斯宾诺莎主义者”和“霍布斯主义者”一样,在当时都是无神论者的同义语。就其从笛卡尔哲学出发,特别是就其唯理主义的认识论而言,莱布尼茨和斯宾诺莎的确有共同之处或类似之处。但就另一方面来看,莱布尼茨是从唯心主义的方面来发展笛卡尔的哲学,并达到了彻头彻尾的唯心主义的结论,这显然又是和斯宾诺莎根本对立的。因此,说莱布尼茨剽窃了斯宾诺莎的观点的流言,虽然“事出有因”,但毕竟缺乏事实根据,也缺乏逻辑上的理由。莱布尼茨和斯宾诺莎的关系是一个值得进一步探讨的课题。

上面我们也已经可以看出,莱布尼茨的哲学是在和他当时的许多哲学家的斗争中发展起来的。而莱布尼茨曾与之短兵相接、进行过长期的反复搏斗的一位哲学家,就是比埃尔·培尔(Pierre Bayle,1647—1706 年)。马克思在《神圣家族》(1844—1846 年)第三章“对法国唯物主义的批判的战斗”一节中曾指出:培尔是“使 17 世纪的形而上学和一切形而上学在理论上威信扫地的人”,“他批判了形而上学的整个历史发展过程。他为了编纂形而上学的灭亡史而成了形而上学的历史学家”,并指出“他主要是驳斥了斯宾诺莎和莱布尼茨”①。培尔是法国一位新教牧师的儿子,曾一度改信天主教,又返回重新信奉新教,后来则因其自由思想而屡次遭受放逐和迫害。他的主要武器是怀疑,由对宗教的怀疑进而对作为宗教的支柱的形而上学也表示怀疑。显然他的思想是代表着 17 世纪末至 18 世纪初日渐壮大的法国资产阶级反封建的要求的,但也还表现出明显的不彻底性。他的一个主要观点是认为理性和信仰是不可调和的,实质上是为了肯定理性而要否定信仰,但又还不敢公开对信仰采取坚决否定的态度。莱布尼茨生前发表的唯一一部系统著作《神义论》,主要目的之一就是反对培尔的这一观点,而力图来为调和信仰和理性的观点作论证。如我们在第一章第二节所指出的,当莱布尼茨最初在巴黎一个刊物上发表了他的宣扬“前定和谐”的《新系统》时,培尔在其主要著作《历史批判辞典》的“罗拉留”这一条目下曾加以批驳,这就引起了莱布尼茨和培尔之间反复的论战。论战的结果,培尔当然仍旧不能完全接受莱布尼茨的根本观点,而莱布尼茨也远不认为自己已被驳倒,反而在论战

① 《马克思恩格斯全集》第 2 卷,第 162 页。

过程中进一步发挥了自己的观点，甚至把在《新系统》中最初还只当做一种“假说”提出的论点，简直看成可以说已被“证明”了的“理论”体系了。

如果说莱布尼茨在世界观方面的主要论战对手是培尔，那么他在认识论问题上的主要论战对手就是洛克。我们知道，莱布尼茨曾站在唯心主义唯理论的立场，以他的《人类理智新论》对洛克的唯物主义经验论的代表作《人类理智论》逐章逐节甚至逐段地进行了论战。莱布尼茨的认识论理论，主要的也就是在与洛克的斗争中发展起来的。当然，就根本观点来说，洛克是站在唯物主义立场上（虽然也还远不彻底），而莱布尼茨的观点则是唯心主义的，是对唯物主义观点的一种否定。但洛克的经验论观点也是一种片面的、形而上学的观点，本身也就包含着向唯心主义转化的可能性，而且事实上在巴克莱（George Berkley，1684—1753年）、休谟（David Hume，1711—1776年）那里就转化为主观唯心主义了。莱布尼茨本身的观点，就其主流来看不仅是唯心主义的，而且他那片面的唯理论也和片面的经验论一样是形而上学的。但是，当莱布尼茨站在唯理论的立场来批判经验论时，却也常常抓住了片面经验论的一些弱点，从而也有其一定的贡献。并且，莱布尼茨虽然就根本立场来说是既反对唯物主义也反对经验论的，但在论战过程中却也不是完全不受洛克观点的影响，并且也在一定程度上对经验论甚至唯物主义做了某种让步。此外，当莱布尼茨反对洛克的经验论中那种机械的、形而上学的观点时，也常常闪耀出辩证法思想的光辉。这一点，我们在后面讨论莱布尼茨的认识论思想时将予以比较系统和比较充分的说明。莱布尼茨和洛克之间的这一场论战，虽然就总体来说双方都是有错误的（当然错误的性质和程度是不一样的），但是他们都对认识论的发展各自作出了不同性质和不同程度的贡献，并且对往后哲学的发展，特别对康德（Immanuel Kant，1724—1804年）开始的德国古典哲学的发展，都是有巨大影响的。无论如何，离开了英国经验主义和大陆理性主义的历史发展，特别是离开了莱布尼茨与洛克在认识论方面的斗争，康德的先验主义的认识论和现象主义是不可能得到充分说明的。①

---

① 我们知道，构成康德哲学的逻辑起点的东西不是别的，正是他所谓“先天综合判断如何能”这个问题。显然，“先天综合判断如何可能”这样一个问题，是一个同经验主义哲学家洛克和理性主义哲学家莱布尼茨的争论直接相关的问题。

最后还不能不提到的是莱布尼茨和牛顿的关系。牛顿也当和培尔、洛克等人一样被看做是莱布尼茨的主要对手之一。莱布尼茨的观点和牛顿的观点之间是存在着明显的对立的，但也许因为众所周知的关于微积分发明权的纠纷，他们两人之间的论战不是通过直接的方式进行，而主要是通过莱布尼茨和牛顿的追随者克拉克之间的通信来进行的。这些通信，如我们在第一章第三节中所指出的，主要涉及牛顿物理学的世界观的基础或哲学原则问题，就近代物理学的发展方面来看是有特殊重要意义的。一般说来，牛顿的物理学基本上是建立在唯物主义世界观基础上的，但却包含着明显的形而上学和机械论的局限性。例如，照牛顿的观点是既把物质和运动割裂开，又把物质和空间时间割裂开，而肯定有所谓“绝对空间”和“绝对时间”的。莱布尼茨对牛顿的批评，当其站在唯心主义世界观的立场来批评牛顿的唯物主义观点时，当然是错误的。但莱布尼茨却也以辩证法的观点反对了牛顿派物理学的形而上学和机械论的观点。因为照莱布尼茨看来，实体本身就是“力的中心”，是具有内在的活动力的，这就在唯心主义形式下接近了物质和运动不可分、物质自己运动的思想；莱布尼茨又把时间空间都看做只是事物前后相继或并存的秩序，不能离开事物而有自己的独立存在，因此特别反对了牛顿的绝对时空观。现代物理学中相对论的发展，已证明了牛顿的绝对时空观是不正确的，辩证唯物主义也肯定时间空间都是物质存在的形式，不能离开物质而独立存在。这些观点虽然不能说直接来自莱布尼茨，并且和莱布尼茨据以提出这些观点的唯心主义立场也是对立的，但却至少证明莱布尼茨之反对牛顿的观点，是有其正确的方面的。

此外，和莱布尼茨有过通信联系或某种接触，或以其他方式进行过学术问题及其他问题上的探讨或争论的人是很多的，在这里就不一一列举了。

综上所述，我们可以看出，莱布尼茨几乎和整个 17 世纪西欧各国所有重要的哲学家和科学家都有着或多或少的思想联系。除了他也从许多著名科学家和思想家得益，吸收了他们的许多成就并加以进一步发展而完成了自己的伟大科学成就之外，就哲学方面来说，莱布尼茨和当时西欧的绝大多数著名哲学家，却都是站在对立的地位。就整个西欧来说，当时正是早期资产阶级革命时期，资产阶级是反封建的领导力量，在当时是革命的、进步的阶级。在哲学战线上，代表新兴资产阶级反封建革命的利益的机械唯物主义，是这一时期进步阵营中的主力军：培根、霍布斯、笛卡尔（在“物理学”方面)、伽桑狄、斯宾诺莎,乃至牛顿、洛克,都是不同形式的机械唯物主义者。而莱布尼茨由于德国资产阶级所处于的那种特殊的历史条件所造成的极端软弱性,却不能接受这种唯物主义,而使自己站到了反对唯物主义的哲学立场上。他的哲学,主要的就是在反对当时资产阶级哲学阵营中的主流——机械唯物主义的斗争中发展起来的。但若从另一方面来看,莱布尼茨不仅在科学上有伟大贡献,在哲学上他在批评和反对唯物主义的同时,也相当深刻而且机智地揭露了当时唯物主义的机械论和形而上学的缺点,从而发挥了某些光辉的辩证法思想。就其辩证法思想来说,莱布尼茨甚至可以说是超出了他的时代的。虽然总的说来他的体系也还是形而上学的,但在总的形而上学体系中却包含着相当丰富的辩证法因素。如果说莱布尼茨是17世纪唯心主义辩证法的主要代表,是并不算夸大的。当然,他的辩证法不仅是唯心主义的,而且他的用辩证法观点来反对机械论,也是为反对唯物主义的目的服务的,但也不能因此就抹杀他对辩证法思想发展的贡献。总之,反对当时主要哲学家的唯物主义,同时也反对他们的机械论,这就是莱布尼茨和当时西欧主要哲学家的关系中最突出的一点。当然,这也并不排除莱布尼茨的复杂体系中还是包含着从当时唯物主义哲学家那里吸取的有唯物主义意义的内容。①

二、莱布尼茨哲学思想的生成过程、主要旨趣和基本特征

从前面关于莱布尼茨的生平、著述及其理论渊源和对当时西欧主要思想家的关系的叙述中,我们已大体可以看出莱布尼茨的哲学思想形成的概况。然而,在前面的章节中,我们讨论的或者着眼的是莱布尼茨的一般著述活动,或者着眼的是他的哲学思想形成的思想前提,这些虽然同莱布尼茨的哲学思想的生成过程及其哲学的理论特征有这样那样的关联,但毕竟还构不成莱布尼茨哲学思想的生成过程本身,更谈不上对莱布尼茨的哲学思想的理论特征作出比较集中的和系统的说明。尽管如此,前面章节的叙述毕竟为

① 参阅陈修斋:《陈修斋论哲学与哲学史》,第83—96页。

我们对莱布尼茨哲学思想的生成过程的阐述和基本特征的考察做了铺垫。

1. 莱布尼茨哲学思想的生成过程

如前所述，莱布尼茨早在幼年时期就已经开始考虑哲学问题了。在他15岁入莱比锡大学以前，就已经读过许多古代作家的作品；而当他进入大学并读了一些近代作家的作品之后，就开始考虑是否要把经院哲学中的“实体的形式”恢复起来的问题。这也就已经开始显露了他的思想倾向的端倪。但当时因为他又致力于法学和数学等方面的研究，就把这个问题暂时搁下了。在他大学毕业，以《论个体性原则》为题作毕业论文时，基本上是站在唯名论的立场上，这种强调个体的实在性的观点也预示了他未来哲学的某种倾向，但这时期也还不能说他已经有了自己的成型的世界观体系。到他大学毕业，离开莱比锡，到了法兰克福，又从法兰克福到巴黎居住的时期，他除了继续探求政治、法律、宗教等问题，特别是研究数学，并在巴黎定居的末期发明了微积分的主要原理之外，也一直在探求哲学问题，并且可以说这正是他向各方面探索、酝酿创立自己的哲学体系的最重要时期。在这阶段，笛卡尔哲学对他的影响是尤其值得注意的，可以说他正是因发现了笛卡尔哲学的各种困难和缺点，才努力寻找解决这些问题的途径。他也正是抱着这个目的，访问了笛卡尔学派的主要代表人物马勒伯朗士，并特地到荷兰访问了斯宾诺莎。这些访问对他都有很大影响，但都没有解决他的问题而毋宁只是更促使他另辟蹊径来解决他心目中的哲学基本问题。1767年，莱布尼茨离开巴黎，经英国、荷兰而回到德国汉诺威定居。就在定居汉诺威的最初几年，莱布尼茨终于逐渐形成了他自己的哲学体系的主要原则。1686年，莱布尼茨的哲学体系的主要原则，诸如个体实体范畴、有形实体范畴、绝对完满存在概念、现存世界是最好的世界的概念、实体的能动性原则、实体的差异性原则、连续律、假设的必然性、身心共存或和谐一致的假说等，都在他刚刚完成的《形而上学论》中得到了虽说是初步的但却是“逻辑连贯”的表达。随后，在同阿尔诺的长达五年的通信中，就其中为阿尔诺特别关心的一些问题，特别是身心共存或和谐一致假说以及绝对的必然性与假设的必然性问题，做了更进一步的阐释。但是，直到1695年，他在巴黎的《学人杂志》(*Journal des Savants*)上发表了他的《新系统》这一论文，可以说才第一次公开发表了他自己的哲学体系的主要纲领。

在《新系统》这一作品中，莱布尼茨本人曾谈到了他自己的哲学思想形成和演变的过程。莱布尼茨写道：

> 好几年以前，我就已经想到这个系统（指1686年出写出来的《形而上学论》——引者注），并且拿它和一些博学之士，特别是一位当代最伟大的神学家和哲学家（指阿尔诺——引者注）交换过意见。这位哲学家由于和一位最高贵的人士（指黑森—莱茵菲尔伯爵——引者注）有往来而知道了我的若干见解，觉得它们非常怪诞。但自从接受了我的说明之后，他就以世界上最慷慨果敢、最值得效法的态度收回了自己所说的话，而且自认了我所提出的一部分主张之后，对其余他尚未同意的主张也不再批驳了。从那时起，一有机会我就继续深思，总想使公开发表的意见都是经过细心审查过的；还有我的那部和这个系统有连带关系的动力学论著（指《动力学实例》——引者注），对它所提出的反驳我也曾力图给予令人满意的答复。最后，因为有些可敬的人士希望我把我的见解阐述得更清楚些，我就冒昧地提出这些思想，虽然它们既毫不通俗，也不适宜于所有有才智的人欣赏。我的目的主要是想从明白这些见解的人的判断中获得益处，因为要发现并个别地去请教那些有意给我教训的人，实在是太困难。而这种教训，只要看起来是爱真理胜过固执先入之见的意气用事，我都很乐意接受。①

不仅如此，莱布尼茨还进而把自己的哲学思想的酝酿和生成的过程一直向前推到了自己的青年时代。他继续写道：

> 虽然我是一个在数学上很用过工夫的人，但从青年时代起我就从来没有放弃过哲学上的思考。因为我永远觉得，在哲学中可以有方法用清楚明晰地证明，来建立起某种坚实可靠的东西。我早先曾对经院学派钻得很深，后来近代的数学家及作家们才使我跳出经院派的圈子，那时我还很年轻。他们那种机械地解释自然的美妙方式非常吸引我，而我对于那些只知道用一些毫不能给人什么的形式或机能来解释自然的人所用的方法，就很有理由地加以鄙弃了。但因为对机械原则本身作深入的研究，以便说明经验使我们认识的自然法则的理由，我就觉

① *Gottfried Wilhelm Leibniz*：*Kleine Schriften zur Metaphysik*，p. 200；莱布尼茨：《新系统及其说明》，第1页。

得，光只是考虑到一种有广延的质量(masse étendue)是不够的，我们还得用力(la force)这一概念。这概念虽然已经落到形而上学的范围，却是很可以理解的。我又觉得，有些人要把禽兽转变或降级为纯粹的机器，这种意见，虽然理论上是可能的，但实际上看起来却不会是这样，甚至是违反事物的秩序的。起初，我一摆脱亚里士多德的羁绊，就相信了虚空和原子，因为这能最好地满足想象。但自从经过深思熟虑而回过头来以后，我就觉得，要单单在物质或只是被动的东西里面找到真正统一性的原则(les principes d' une veritable Unité)是不可能的。因为在物质中，一切都只是可以无限分割的许多部分的聚集或凑合。而要有实在的复多，只有由许多真正的单元(des unites véritables)所构成才行。这种单元需别有来源，并且和数学上的点完全不同。数学上的点，无非是广延的极限和变形，凡连续的东西绝不能由这样的点组合而成。因此，为了要找到这种实在的单元，我就不得不求援于一种可说是实在的及有生命的点或求援于一种实体的原子，它应当包含着某种形式或能动的成分，以便成为一个完全的存在。因此，我们得把那些目前已身价大落的实体的形式重新召回，并且使它恢复名誉，不过要弄得它可以理解，并且要把它的正当用法和现存的误用分开。因此，我发现这些形式的本性是在力，由此跟着就有某种和感觉及欲望相类似的东西，因此我们应该拿它们和对于灵魂的概念相仿地来设想。……亚里士多德称这些形式为第一隐得来希(entèlèchies premières)，我则称之为原始的力(forces primitives)，或者更可以理解，它不但包含着实现(acte)或可能性的完成，而且还包含着一种原始的活动(activitè)。我看到这些形式和这些灵魂应该和我们的心灵一样是不可分的，其实我们记得，圣托马斯对于禽兽的灵魂也持这样的见解。①

① *Gottfried Wilhelm Leibniz*：*Kleine Schriften zur Metaphysik*, pp. 202, 204, 206；莱布尼茨：《新系统及其说明》，第2—3页。关于托马斯对于禽兽或动物的灵魂的见解，请参阅Thomae de Aquino, *Summa Theologica*, I, Q76, a. 8. 托马斯在其中指出："灵魂是一种实体的形式。""灵魂，尤其是完满动物的灵魂，并不是同等地相关于整体及其各个部分的。因此，当整体被划分时，就偶性而言他并没有被划分。"他又说："一个动物是那种由一个灵魂和一整个躯体组合而成的东西，而这个躯体乃是灵魂的首要的和相称的可完满的东西。因此，灵魂并不存在于一个部分之中。因此，不能得出结论说，一个动物的一个部分依然是一个动物。"

莱布尼茨的这一段话,已相当清楚地自己说明了他的哲学思想演变和形成的过程。一般说来,他最初由于所受的教育也接受了传统的经院哲学,受经院哲学中所讲的亚里士多德学说的羁绊。后来,近代的一些作家和数学家,实际就是笛卡尔、伽桑狄以及伽利略、霍布斯等近代机械唯物主义的哲学家和科学家的观点,以及他们对旧的经院哲学的批判和斗争,使他抛弃了经院哲学的亚里士多德主义,而一度也接受了机械唯物主义的观点,特别是笛卡尔的观点和伽利略、伽桑狄等人用近代机械唯物主义的观点加以解释和恢复了的原子论的观点。但不久他就在这些观点中看出了机械论的许多缺陷和理论上的困难,如笛卡尔的把物质仅仅看做只有广延性的唯一属性,就既不能说明事物的自由运动,也不能说明事物的质的多样性,抹杀了事物的个体性;而伽桑狄等原子论者的"原子"的概念又不能满足真正是不可分的单元的要求,因为原子既有某种量,就不是原则上不能再分割的,此外这种彼此独立的物质的原子在莱布尼茨看来也就不能构成真正是"连续的"整体。而像笛卡尔那样把物质实体和精神实体截然分开,认为除人之外的动物由于没有和精神实体相结合,就是纯粹的机器的观点,在莱布尼茨看来也是不合事物的秩序的。莱布尼茨哲学思想的前瞻性和超越性就在于他虽然身处一个机械主义占主导地位的时代,却能洞悉机械主义的弊端,看到这种理论的缺陷和困难,在超越同时代的其他思想家的同时努力实现自我超越,敢于重新回复到自己曾经从中抽身出去的或一度被他抛弃的经院哲学,把经院哲学中所讲的"形式"或"实体的形式"以另一种方式恢复起来。诚然,这在一定意义下确实是经院哲学唯心主义的某种复辟。但它毕竟又不同于旧的经院哲学,因为它是经过莱布尼茨那种近代科学、特别是数学的理性主义精神的洗礼,是经莱布尼茨精心泡制过了的。它不单是比旧的经院哲学更精巧,同时也有了本质上全新的东西,这就是在反对机械论的过程中所取得的辩证法思想成果。

《新系统》中已经确立了莱布尼茨哲学思想的主要原则,他以后就只是在各种著述中及与别人的通信或论战中进一步发挥和充实这些原则,并把它们运用来解决各种问题而已。只是在《新系统》中他还没有提出"单子"这个名词,也还没有用"前定和谐"的名词。到后来,他才通常把自己的哲学系统叫做"前定和谐的系统",称自己为"前定和谐的系统的作者";并且把他在《新系统》中所说的"实在的有生命的点"或"实体的原子"叫做"单子”。具体地说,莱布尼茨是直到 1697 年才首次使用“单子”这一名词的。也有一种说法,讲莱布尼茨于 1695 年在致洛比达侯爵(1661—1704 年)的信件中就已提到“单子”一词了。但是实际上,“单子”这个名词本来古已有之。古希腊的毕达哥拉斯就曾用它来表示“万物的本原”,断言,一切数,从而一切事物都是由“单子”产生出来的。文艺复兴时期的布鲁诺也曾用“单子”概念来反对帕拉塞尔斯的把宇宙说成是硫、汞、盐三种物质构成的机械论观点,断言:“跟硫、汞、盐不可分离的灵魂,是形式的本原,它不是具有物质属性的客体,而完全是物质的主宰。”①他进而断言:那种作为“物质的主宰”的东西,那种作为“形式性的本原”的“跟硫、汞、盐不可分离的灵魂”,不是别的,正是构成事物的最普遍的、最基本的因素或实体的“单子”。同时,作为万物的灵魂的单子共有三类:首先,是“上帝”,他是诸单子中的单子;其次,是诸多灵魂;最后,是各种原子,是各种单纯的物质元素。莱布尼茨也许是从布鲁诺借用了“单子”这个名词的,但是却赋予了它和布鲁诺不同的意义。到晚年,他应别人的请求,对他自己的哲学体系作过几次纲领性的总结,其中有一篇就是现在被看做莱布尼茨主要代表作的《单子论》(1714 年),而他的哲学体系也就通常被称做“单子论”了。如前所述,《单子论》原本无篇名,“单子论”这个名称其实是他死后由爱尔德曼在他所编的《莱布尼茨哲学著作集》(1840 年)中第一次发表这一手稿时所加的,莱布尼茨本人似乎没有使用过这个名词。然而,不管怎样,《单子论》的确是莱布尼茨哲学成熟后的总结性作品,虽然其中的主要原则在《新系统》中也大都已经包含着,但在《单子论》中自然也有所发展,并且更系统化了,因此我们主要根据《单子论》,同时结合《形而上学论》和《新系统》来探讨莱布尼茨的哲学思想及其体系还是比较适宜的。自然,由于莱布尼茨的哲学思想是相当丰富而复杂,而《单子论》由于作品的性质又是很简要概括,因此也只有更广泛地通过莱布尼茨的其他各种作品和书信,才能比较深入地了解《单子论》及莱布尼茨的全面的哲学思想。

综上所述,莱布尼茨哲学思想的形成过程,是一个曲折的演进过程。大体说来,他的思想可以分为三个阶段,其中经历了两次转化。第一个阶段是接受传统的经院哲学的亚里士多德主义时期;第二个阶段是抛弃经院哲学

---

① 布鲁诺:《论原因、本原与太一》,汤侠声译,商务印书馆 1984 年版,第 69 页。

而接受了机械唯物主义或伽桑狄等人所复兴了的原子论观点的时期;第三个阶段则是又抛弃机械唯物主义而自己创立客观唯心主义的"单子论"的时期。其中第一次转化就是从传统经院哲学的唯心主义转化为机械唯物主义;第二次转化则是从机械唯物主义又转化为他自己的客观唯心主义。在一定范围内来说,第二次转化是第一次转化的逆转,而他的作为成熟以后的终身思想的第三阶段的思想,是他的第一阶段思想的复归,换句话说,是经院哲学的唯心主义在莱布尼茨这里所表现的某种复辟。只是这种复辟也不是一种简单的再现,而是在内容和形式上都有了新的东西,并且可以说是在新的基础上的复辟了。简单说来,这整个过程,也正是一个否定之否定的过程。

这里需稍加说明的是:莱布尼茨第一阶段的思想,其实并不是他自己的思想,而只是传统的经院哲学的思想;他的短促的第二阶段的思想,也并不是他自己的思想,而是文艺复兴时期以来早期资产阶级的许多先进代表人物的思想。因此在他的思想中由第一阶段到第二阶段的第一次转化,即由经院哲学的唯心主义到机械唯物主义的转化,其实也并不是莱布尼茨自己所完成的转化,而毋宁说是文艺复兴时期以来西欧各国哲学中所已完成的这一转化过程在莱布尼茨思想中的再现。当然,即使在莱布尼茨思想中的再现,也就不是没有莱布尼茨自己的主观方面的作用和带上他个人的某些特点,但这些不是主要的,对问题的实质没有重大的意义。由经院哲学唯心主义向机械唯物主义转化的这一个过程,对全部哲学史来说是一次重大意义的转化,它的过程也是有异常丰富而复杂的内容的,是值得另外专门来从事探讨的重大课题,但在这里,我们既以莱布尼茨的哲学思想为主题,因此我们将只着重探讨主要通过莱布尼茨自己所完成的第二次转化,即由机械唯物主义向唯心主义,具体一点说是向客观唯心主义的"单子论"的转化。

还需要进一步强调指出的是:莱布尼茨自己说在他抛弃了经院哲学的亚里士多德主义之后,"就相信了虚空和原子",似乎也就是接受了"原子论"的观点。但其实,根据他在别处的论述和他的实际思想来看,他第二个阶段所接受的思想,并不是古代"原子论"的朴素唯物主义和自发辩证法思想,而是"近代"的,即机械唯物主义思想。更确切一点说,他这个时期所接受的观点,也并不是确定的或纯粹的某一个哲学家的观点,而毋宁是当时整个机械唯物主义思潮中的某些基本观点。如上所述,莱布尼茨本来也曾一度接受笛卡尔的哲学，而且这种哲学的影响在他以后一生的思想中也是始终明显可见的①，他当时所接受的机械唯物主义观点中，除了伽桑狄等所宣扬的原子论观点之外，很大一部分也就是笛卡尔的“物理学”中的机械唯物主义观点。莱布尼茨就是从揭露、批判、反对他所一度接受的以笛卡尔、伽桑狄等人为代表的机械唯物主义观点着手，终于根本抛弃了唯物主义而重新转到了唯心主义的立场，提出了他自己的以“单子论”闻名的客观唯心主义体系。这样，就在莱布尼茨这里，完成了机械唯物主义向“单子论”这种形式的客观唯心主义的转化。这样看来，深层次地讨论莱布尼茨哲学思想的形成过程，从根本上讲就是一个昭示机械唯物主义哲学的内在矛盾，昭示机械唯物主义向莱布尼茨唯心主义转化的逻辑依据以及昭示莱布尼茨所面临的主要问题或探求莱布尼茨哲学的逻辑起点这么一个问题了。

2. 莱布尼茨哲学思想的主要旨趣

一个哲学家所自觉面临的主要问题在哪里，他自己的哲学思想的主要旨趣也就在哪里，同样，一般来说，他自己的哲学思想也就从哪里开始。因此，要了解和阐释莱布尼茨的哲学思想，要探求莱布尼茨哲学的逻辑起点，也就必须先弄清楚他心目中所面临的是怎样的哲学问题，了解他的主要的哲学旨趣。②

一切哲学家所要解决的最根本的问题，当然归根结底是思维和存在、精神和物质何者是第一性的问题。但这个哲学基本问题在各个时期乃至在各个哲学家所表现的具体形式，却可以是千差万别的。甚至在许多哲学家，也可能是从一些另外的问题着手，但对这些问题的解决，最后也必然要归结到或取决于这一哲学基本问题的解决。

就莱布尼茨来说，他所要解决的问题，归根结底也是这个哲学基本问题。莱布尼茨把实体概念看做自己哲学的中心，宣布“实体概念是(了解)

---

① 其实，机械唯物主义原则即使在后期莱布尼茨哲学中也隐然可见，只不过被莱布尼茨从本体论层面驱逐了出去，流放到了事物的现象层面。用莱布尼茨自己的话来说，他的单子论或动力学非但不妨碍我们，反而使我们“有理由”“来机械地解释一切物理现象”。(参阅莱布尼茨:《新系统及其说明》，第 12 页。)关于这一点，请参阅本书后面有关单子主义与现象主义的内在关联的说明。

② 参阅陈修斋:《陈修斋论哲学与哲学史》，第 233—254 页。

深奥哲学的关键"。[①] 这就意味着他是比较自觉地把回答世界的统一性或精神与物质何者第一性的问题规定为自己哲学的根本任务的。因为他所谓"实体概念"的问题,所谓如何来确立"实体"的概念的问题,实质上也就是应该把世界的第一性的实在看成是什么的问题。他的这个问题,也不是凭空提出来的,因为这是哲学中自始就存在的最根本问题,而莱布尼茨则是针对着当时哲学界对这问题的各种解决,主要是针对当时机械唯物主义的各种实体观念,而提出他的问题和解决办法的。一般说来,他是看到了当时的机械唯物主义的实体观念的各种矛盾,而力图来解决这些矛盾;但结果却是根本抛弃了唯物主义的观点,而提出了比较彻底的唯心主义的实体观念。

莱布尼茨是怎样来看当时哲学中的这些矛盾的呢?他在生前发表的唯一一部大部头著作《神义论》的序言中,有这样一段话很可以说明他心中的主要问题。他说:

> 有两个著名的迷宫(deux Labyrinthes),常常使我们的理性误入歧途:一个是关于自由和必然的大问题(la grande Question du Libre et du Necessaire),首先是关于恶的产生和起源的问题;另一个问题则在于连续性和看来是它的要素的不可分的点的争论(la discussion de la congtinuitè,et des indivisibles),这个问题牵涉到对于无限性的思考。第一个问题烦扰着几乎整个人类,而第二个问题则只是让哲学家们费心。或许我还会有机会陈述我对于第二个问题的观点,并且指出,由于缺乏关于实体本性的正确概念,人们采纳了导致不可克服的困难的错误立场,而这些困难是理应废除这些错误立场的。然而,如果连续性的知识对于思辨的探索是重要的,则必然性的知识对于实践运用便同样重要;而且必然性的问题,连同与之相关的问题,即人的自由和上帝的正义(la libertéde l' homme et la justice de Dieu)问题,一起构成本书的主题。[②]

这就是说,莱布尼茨认为主要解决的问题,一个是"自由"与"必然"的矛盾问题;另一个是"连续性"和"不可分的点"的矛盾问题。他的《神义

---

① 转引自费尔巴哈:《对莱布尼茨哲学的叙述、分析和批判》,涂纪亮译,商务印书馆1979年版,第30页。

② Leibniz, *Essais de Théodicée*, pp. 29 - 30;莱布尼茨:《〈神义论〉序》,见《世纪之交的宗教与宗教学研究》,第504页。

论》主要就是企图解决前一个问题的，而他的其他的哲学著作则可以说是主要就是要来解决“连续性”和“不可分的点”的矛盾问题。

“自由”和“必然”的问题当然也是哲学中的重大问题，它的解决也必须取决于哲学基本问题的解决，并且也只有站在哲学基本问题的高度上才能得到根本性的解决。我们将看到，莱布尼茨也在他的哲学体系中提出了他自己对这个问题的解决办法。一般说来他解决这个问题的观点是唯心主义的，但也有光辉的辩证法因素。只是在这里，我们首先要加以考虑的是另一个问题，即“连续性”和“不可分的点”的矛盾问题，莱布尼茨自己也是只把这个当做专门“哲学家”的问题，而把前一个问题当做“一般人”的问题的。

应当说明的是：在莱布尼茨时代，由于认识论和自然哲学的问题，从培根和笛卡尔开始，就一直非常突出，构成了哲学的首要问题，莱布尼茨针对这样一种状况，把“连续性”和“不可分的点”的矛盾规定为专门“哲学家”的问题，这样一种说法是不无道理的。阿那克西曼德就使用了“命运”这个字眼，指出：“万物由之产生的东西，万物又消灭而复归于它，这是命运规定了的。”①而赫拉克利特则径直用“必然性”或“逻各斯”的概念取代了阿那克西曼德的“命运”。② 但是，其后，伊壁鸠鲁则通过他的“原子偏斜运动”的学说而在事实上提出了“自由”问题。③ 诚然，在近代哲学中，由于机械唯物主义的提出和肆行，自由与必然性的关系问题已在事实上转化成了一个对必然性的认识和服从的问题，从而从根本上消解了“自由”问题，消解了自由和必然性的关系问题。正因为如此，莱布尼茨自己立意将“自由和必然的大问题”作为自己哲学思考的一项根本内容，就显得特别难能可贵，这也正是莱布尼茨超越同时代的哲学家们的一个亮点，是他对西方近代哲学的一项重大贡献。应该说，如果从整个西方哲学史的角度看问题，“自由和必然的大问题”，同“连续性”与“不可分的点”之间的矛盾一样，也是西方哲学中的一个特别重大的问题。我们知道，康德在《纯粹理性批判》的“先验辩证论”的第二卷第二章“纯粹理性的二律背反”中曾经将“纯粹理性的背

---

① 北京大学哲学系外国哲学史教研室编译：《古希腊罗马哲学》，商务印书馆 1982 年版，第 7 页。

② 参阅上书，第 17 页。

③ 参阅上书，第 351 页。

反”或“先验理念的冲突”归结为四个，其中第二个“背反”或“先验理念的第二个冲突”讲的是，正题：“在世界中每个复合的实体都是由单纯的部分构成的，并且除了单纯的东西或由单纯的东西复合而成的东西之外，任何地方都没有什么东西实存着”；反题：“在世界中没有什么复合之物是由单纯的部分构成的，并且在世界中在任何地方都没有单纯的东西实存着”；而第三个“背反”或“先验理念的第四个冲突”讲的则是，正题：“按照自然律的因果性并不是世界的全部现象都可以由之导出的唯一因果性。为了解释这些现象，还有必要假定一种由自由而来的因果性”；反题：“没有什么自由，相反，世界上一切东西都只是按照自然律而发生的”①。不难看出，康德说的这两个“二律背反”其实也就是莱布尼茨讲的两个“迷宫”。

所谓“连续性”和“不可分的点”的矛盾问题，就是说，照莱布尼茨看来，有些哲学家把“实体”看成是“连续的”，而另一些哲学家则把“实体”看成是一些“不可分的点”，这样就形成了针锋相对的冲突。因此，归根结底这个问题牵涉到作为世界的根本实在的“实体”是什么样的东西，也就是直接牵涉到哲学基本问题的。用另一种方式来表述，这个问题实质上也就是“全体”和“部分”的关系的问题，或一般与个别的关系问题。所谓“连续的”，实际就是指一个不是机械地堆集、而是有机联系着的“整体”或“全体”；而所谓“不可分的点”，是指本身独立自主、而又成为构成全体的要素的各个部分或最根本的“单位”或“单元”。若就另一角度来看，连续的就是指一般，而不可分的点就是指个别。在那个时代的哲学中，以笛卡尔和斯宾诺莎等为代表的一派，是把实体看成“连续”的，从而肯定了全体的实在性而牺牲了部分的实在性；反之，以伽桑狄等为代表的原子论派，则是把实体看成“不可分的点”，这样就肯定了部分或“单元”的实在性，但又牺牲了“全体”或“整体”的实在性。事实上，在笛卡尔的哲学中，是把实体看成某种完全排除了一切特殊性质的抽象的“一般”，如他所说的精神实体实质上是排除了一切具体的思想内容的抽象的一般的思想，而他所说的物质实体就是排除了一切事物的特殊性的抽象的一般的“广延性”。确实，笛卡尔也就是因为肯定物质实体就是广延性，因此否认有广延性而无物质的“虚空”；既

① 参阅康德：《纯粹理性批判》，邓晓芒译，杨祖陶校，人民出版社 2004 年版，第 366—379 页。

然没有虚空，整个世界自然就是“连续”的，从而他也否认有那种为虚空所隔开，而本身又不可再分的原子；并且在他看来，物质实体既是连续的，如果它是可分的，则就应该是“无限”地可分的，因此那种原则上不可再分的物质的“原子”是不可能有的。笛卡尔在物理学上确实是反对原子论的，他在一定意义上也确实是肯定了实体的“连续性”而否定了“不可分的点”。斯宾诺莎在某一意义上是把笛卡尔的哲学贯彻到底，除了以唯物主义的一元论克服了笛卡尔的二元论之外，在这里所讨论的问题方面，他基本上也是继承了笛卡尔的路线。特别是斯宾诺莎肯定“实体”就是唯一的，也就是把宇宙全体本身看成是唯一的“实体”，而宇宙间的一切个体事物，在他看来就都是这唯一实体的各种“样式”，作为“样式”，就都只是依赖实体而存在，而不能自己独立存在的。这样，他就确实有肯定全体或一般而否定或至少是贬低部分或个别的实在性的倾向，用莱布尼茨的术语来说，也就是肯定了“连续”而牺牲了“不可分的点”。

同时，伽桑狄等原子论者则显然是肯定世界万物都由“不可分的点”即“原子”构成，而这些原子都是由“虚空”隔开的，因此整个世界也显然不是“连续”的。事实上，宇宙全体在原子论者那里只是无数原子的一种“机械的堆集”而不是一个“有机的整体”。他们确实是有肯定了部分而牺牲了全体的实在性的缺点。

应该指出，笛卡尔和斯宾诺莎作为一边，原子论者作为一边，他们两方面在这个问题上的对立（撇开笛卡尔在“形而上学”方面的二元论不谈）是唯物主义阵营内部的对立，他们在肯定世界实体的“物质性”这一点上是共同的。但由于他们都是形而上学的机械论者，不能把全体与部分、一般与个别辩证地结合起来，因此就会陷入片面而形成彼此的对立与冲突了。莱布尼茨确实是抓住了这个矛盾，这是他的高明之处，也是他在哲学史上的卓越贡献。在他看来，连续性和不可分的点，也就是全体和部分、一般和个别的实在性都是不能否认的。他也就把解决这个矛盾作为自己的哲学的主要任务。这也说明他对这个问题的看法是有宝贵的辩证法精神的。这个问题本身就是一个辩证法的问题，也只有用辩证法才能解决。但莱布尼茨由于时代的局限性和我们上面已一再指出的阶级的局限性，却不能在唯物主义的基础上来解决这个问题，或在解决这个问题的过程中仍保持它的唯物主义，而是因为看到这种观点的机械论的局限性就连它的唯物主义基础一起抛弃,而走到内蕴有一些辩证思想的唯心主义方面去了。但与其说是不自觉地滑到唯心主义去,倒不如说他是由于他所代表的德国资产阶级向封建势力讨好的需要,本来抱定自觉地建立一个唯心主义体系的目的的。因为我们知道他本来就有创立一个新的实体观念,以便为他的调和宗教中的不同教派,也调和信仰和理性、宗教和科学的目的服务的企图。而当时机械唯物主义观点本身所包含的这种矛盾和困难,正好给他提供了批评机械主义、阐释辩证思想的契机,他也就充分利用了这一契机,在批评机械唯物主义的过程中来建立起他为上述目的服务的具有辩证思想内容的唯心主义哲学体系了。

3. 莱布尼茨哲学的基本特征

尽管如上所述,莱布尼茨吸收和接纳了哲学史上各种不同的哲学派别的思想,然而,莱布尼茨并不是一个平庸的折中主义者,正相反,相对于他的时代来说,莱布尼茨恰恰是一个特立独行的具有鲜明个殊性和独创性的哲学家。

我们通常把莱布尼茨的哲学称做“单子论”,而“单子论”本身就是一个富有独创精神的哲学体系。因为单子之为单子,最根本的就在于它的能动性。单子是什么？它首先是一种“形而上学的点”,一种“力的中心”,一个“活动”或“能动”的实体,一种认知(知觉)主体和实践(欲求或意志)主体。这种视单子既为实体又为主体的思想在当时就是一种崭新的思想。① 我们知道,莱布尼茨的时代是一个崇尚牛顿力学的时代,是一个机械主义占统治地位的时代,是一个对实体的能动性或主体性缺乏体认的时代。霍布斯径直把广延看做实体的同义语。笛卡尔和洛克也把广延看做物质实体的本质属性,而莱布尼茨则由于提出了单子论而成了彻底否认这种机械主义实体观的第一人。诚然,在莱布尼茨之前,斯宾诺莎曾提出过“实体自因”的思想,笛卡尔更提出过“我思故我在”的思想。但是,斯宾诺莎讲实体自因,强调的只是实体的自在,而同实体的能动性、活动性或主体性完全无关。至于笛卡尔的“我思故我在”,虽然涉及实体的活动性,但在笛氏这里,实体的活

① 一些研究黑格尔的专家常常无条件地把“实体的能动性和主体性原则”或“实体即主体”的思想归诸黑格尔,这是不完全符合事实的,至少这种观点是缺乏历史感的,是短视的。

动性从本质上讲只是思维自在的一种明证性或思维的自我确证性，离莱布尼茨对实体的活动性或主体性的规定仍相去甚远。

莱布尼茨单子论的第二个主要特征在于他的个体性原则。莱布尼茨是个理性主义者，而理性主义一般地总是以整体性原则和普遍性原则为其至上原则的。这类理性主义哲学的典型模式就是斯宾诺莎的“形而上学体系”。依照斯宾诺莎的观点，只有神才是唯一的实体，自然、世界以及组成自然、世界的个体事物只不过是实体的变相、样式，并不是实体性的东西。斯宾诺莎仅仅崇尚唯一的实体，仅仅以唯一的实体的为皈依，而把一切确定的、个殊的东西，把个体性都完全舍弃掉、牺牲掉了。所以，后来黑格尔曾批评斯宾诺莎，说斯宾诺莎主义是“无世界论”，说它把个体性，把唯一实体以外的一切都投入了“实体的深渊”。① 费尔巴哈也批评斯宾诺莎，说他的哲学好比望远镜，在这架望远镜下，一切个体的东西都消失不见了。② 与斯宾诺莎否认个体事物的实在性或实体性的努力相反，莱布尼茨则把个体性原则提升为哲学的一项根本原则。在莱布尼茨哲学里，个体性不仅不再是同实体性相对立的东西，而且它就是实体性本身。因为他之所以把自己的实体称做“单子”，他之所以宣布“单子没有可供事物出入的窗子”，“每个单子必须与任何一个别的单子不同”（Il faut meme que chaque Monade soit differnte de chaque autre），“单子的自然变化是从一个内在的原则而来”，都是为了强调单子的“个体性”。③ 莱布尼茨提出和强调哲学的个体性原则，不仅对于近代哲学的发展，对于近代理性主义哲学的发展是重要的，而且对于现当代哲学的发展也有深广的影响，只要看一看萨特对“为我的存在”（pour-soi）、海德格尔对“此在”（Dasein）的强调，事情就一目了然了。

莱布尼茨哲学的个殊性和独创性不仅表现于他的哲学体系（单子论）中，而且还鲜明地表现于他的哲学所依据的基本原则方面。一般说来，在他之先的理性主义哲学家总是把思维的矛盾原则或同一原则奉为他们哲学的

---

① 参阅黑格尔：《哲学史讲演录》第4卷，贺麟、王太庆译，商务印书馆1981年版，第99、129页。

② 参阅费尔巴哈：《对莱布尼茨哲学的叙述、分析和批判》，第36页。

③ *Gottfried Wilhelm Leibniz: Kleine Schriften zur Metaphysik*, pp. 440, 442；北京大学哲学系外国哲学史教研室编译：《西方哲学原著选读》上卷，商务印书馆1981年版，第477、478页。

最高思维原则,只是到了莱布尼茨才第一次明确地觉解到矛盾原则或同一原则之不足用,另提出了新的“充足理由原则”。一如海德格尔所说,所谓充足理由原则即“没有什么东西无理由而存在”的原则,就其所表达的内容看,它是一个自古以来为人们最熟悉、最受信赖的观念,然而,它竟在人们的意识中潜伏了两千三百年之久,只是到了莱布尼茨才把“这个小小的、几乎未被人专门考虑过的命题”变成了“完整地和严格地把握住的、强有力的根本命题”,变成了一项“伟大的、强有力的、众所周知的、最崇高的原则”①。在莱布尼茨看来,充足理由原则之为其哲学所必需,就在于矛盾原则或同一原则只是一种关于本质、关于必然真理的原则,唯有充足理由原则才是关于存在、关于偶然真理的原则。此外,莱布尼茨在矛盾原则、充足理由原则之外还新提出所谓“圆满性原则”或“完善性原则”。圆满性原则或完善性原则是莱布尼茨哲学中又一条基本的形而上学原则。与上述两条原则不同,它不是“我们的推理”所依据的大原则,而是上帝乃至一切自由生物(自然包括人)进行自由选择和创造性活动所依据的大原则。傅伟勋先生所谓“莱氏主张上帝的活动必依据客观的善,而人的行为亦照自己所认为最好的去做,这不外是遵从完善律的结果”,即是谓此。② 应当强调指出的是,莱布尼茨提出充足理由原则和圆满性原则在哲学史上是一个有划时代意义的事件。因为正是由于充足理由原则的提出,才突破了自巴门尼德、柏拉图以来在哲学史上一向居支配地位的思维与存在、本质与存在直接同一的原则的局限,把存在问题、把同思维和本质相对立的存在问题作为一个“原则”问题明确地提了出来;这对于进一步深入地研究存在问题,对于辩证地处理思维与存在、本质与存在的关系问题,对于进一步弘扬作为认知主体的人的主体性地位无疑有十分积极的影响,至于圆满性原则的意义也是十分重大的。因为这项原则不仅凸显了作为实践主体的人的主体性地位,而且还把人的自由、把人的自由选择作为一个“原则”问题提了出来。这就不仅向一笔否定自由意志的霍布斯和斯宾诺莎提出了挑战,而且把笛卡尔的自由意志观点提升到了新的高度,从而向康德、黑格尔乃至许多现当代哲学家提出

---

① Cf Heidegger, *The Principle of Reason*, trans. Reginald Lilly, Bloomington: Indiana University Press, 1991, pp. 4 – 5.

② 参阅傅伟勋:《西洋哲学史》,(台北)三民书局 1984 年版,第 313 页。

了解决必然与自由(科学与道德)这一“二律背反”的哲学任务。诚然,在莱布尼茨的研究者中,对于莱布尼茨哲学所依据的这三项基本原则在莱布尼茨哲学中的地位仁者见仁,智者见智,有的比较强调矛盾原则或同一原则的优先地位(如罗素),有的比较强调充足理由原则的优先地位(如美国学者尼古拉·雷谢尔),有的则比较强调圆满性原则的优先地位,这是在所难免的,也是十分有益的。① 然而,不管人们持何种立场,有一点想必是可以而且应当肯定的,这就是:莱布尼茨在矛盾原则或同一原则之外新提出了充足理由原则和圆满性原则,其中,矛盾原则是关于本质的大原则,充足理由原则是关于存在的大原则,圆满性原则则是关于自由或自由选择的大原则,深刻地理解这三项原则以及它们对莱布尼茨哲学各项次级原则的规定作用及其在哲学史上的巨大意义,对于莱布尼茨哲学研究是不可或缺的。我们甚至可以说,如果我们要哲学地思考和阐释莱布尼茨的哲学思想,我们就不能不对这样一个问题先行地做一番具体深入的考察。

三、莱布尼茨哲学所依据的基本原则

如上所述,当莱布尼茨登上哲学舞台时,他面临着两个重要的哲学问题,一是自由与必然的矛盾问题,另一个是连续性与不可分的点的矛盾问题。莱布尼茨既然意识到这一点,他便自然地把自己的哲学思考集中在这样两个问题的解决上。然而,一如弗·培根为要构建自己的“实践的新哲学”需要掌握一种有别于亚里士多德的哲学思维原则或哲学思维工具,需要有一种“新工具”一样,莱布尼茨为要解决他所面临的问题,为了构建自己的哲学体系,也就需要铸造和掌握一种有别于前人的哲学思维原则或哲学思维工具。于是他在同一原则(矛盾原则)的基础上新提出了充足理由原则和圆满性原则这样两条哲学的或形而上学的思维原则,以为他解决上述问题,构建自己哲学体系的工具。

---

① 参阅罗素:《对莱布尼茨哲学的批评性解释》,第9—27页;Nicholas Rescher, *Leibniz: An Introduction to his Philosophy*, Aldershot: Gregg Revivals, 1993, pp. 21 - 37.

1. 充足理由原则的提出

在西方哲学史上,通常把笛卡尔、斯宾诺莎和莱布尼茨看做近代理性主义的三个主要代表人物,但是他们的哲学所根据的原则却不尽相同。在莱布尼茨以前,大陆理性派哲学家都奉矛盾原则(矛盾律)或同一原则(同一律)为他们哲学的最高思维原则,只是到了莱布尼茨,才明确地意识到矛盾原则或之不足用,另提出了新的"充足理由原则"。

大陆理性派哲学的创始人和奠基人笛卡尔是以矛盾原则为其哲学的最高思维原则的,这从他的哲学的或形而上学的第一个原理"我思故我在"就可以看出来。"我思故我在",是笛卡尔哲学体系的第一块奠基石,也可以说是西方世界经过中古千余年的盲目信仰时代而过渡到资本主义初期的"理性"时代的一个标志,是有划时代意义的。这一句话,自然不是轻易喊出来的。抛开历史和时代的酝酿不说,这在笛卡尔自己也是经过许多摸索、探求、苦思,然后才发现的一条他认为清楚、明晰、自然而不可争辩的"真理"。当然,笛卡尔的这一公式,虽然有反对传统权威、肯定个人的独立思考和理性尊严的反封建的进步意义,但建立在这一公式上的世界观归根结底不能不陷于唯心论。因此,这当然不是什么无可争辩的真理。但在这里批判笛卡尔的这一思想未免离题太远,我们只限于指出,这一"真理"(姑且称之为"真理"),笛卡尔认为并不是由推论而得,它之为"自明的",乃是因为它有直接当下的"直观的确定性"。也就是说,得到这一"真理",不是还根据什么更根本的前提,然后照三段论的推论,得到这样的结论,而是就从思想本身着眼直观地得到的。质言之,这一"真理"不是基于别的,而是基于思维的自一致或自确证,即基于思维的矛盾原则。

为了把这一点讲得再清楚一点,我们不妨对笛卡尔的"我思故我在"原理稍稍具体分析一下。"我思故我在"有两个基本的函项,一个是"我思",另一个是"我在",它们都是以思维的自确证为基础的。首先,就"我思"而言,它的真理性显然在于思维的自确证。我们知道,笛卡尔有一个最基本的哲学信念,这就是:哲学或整个知识大厦必须建立在确实可靠的基础上。不过,笛卡尔认为,为要找到这种确实可靠的基础,就必须排除一切"浮土和沙子",尽可能地把所有的事物都来怀疑一次。但是,当他进行怀疑考察时,他发现了一个他认为不容置疑的事实,这就是"我在怀疑"即"我在思维"这件事本身。这里需提及的是,笛卡尔关于"我思"的确认或明证是在他对“我思”作出下述理性抽象的基础上完成的，这就是他先从“我思”中抽象出“我思本身”与“我思对象”，然后再把我思对象“悬置”起来，从而得到一个纯粹的与外在对象的存在完全无干的“我思”。这样，他对我思的确认或明证便完完全全成了人的思维或人的意识的自确证，与外在对象毫无关系，也就是说，这既无需经上帝的首肯，也无需得到上帝创造的自然物的“支撑”。其次，就“我在”论，它的真理性也是明显地基于思维的自确证的。在笛卡尔的形而上学里，“我思”的确认或明证只是“我思故我在”原理的逻辑前提，因此，笛卡尔在从“我思”中抽象出“我思本身”与“我思对象”、完成“我思”的自确证之后，便进而从“我思本身”中抽象出“我”来，并且从“我思”的明证性中昭示出“我在”的明证性，昭示出“我思故我在”的明证性。在笛卡尔看来，既然“我思”是确定无疑的，“我在”也就是同样确定无疑的。因为“我非常清楚地见到：必须存在，才能思想”。① 这样，他就由“我思”出发遵循矛盾原则合乎逻辑地得出了他的哲学第一原理——“我思故我在”。

这里还需强调指出的是，在“我思故我在”这一命题中，“我思”与“我”、“我”与“思”以及“我思”与“我在”之间存在着一种直接的同一性。首先，我思与我、我与思之间的同一性完全是直接的。在笛卡尔的心目中，“我”是什么？无非一个“思”而已。关于这一点，笛卡尔本人在《形而上学的沉思》和《谈方法》里讲得很清楚。他说：“我究竟是什么呢？一个在思维的东西。什么是一个在思维的东西呢？那就是说，一个在怀疑，在领会，在肯定，在否定，在不愿意，也在想象，在感觉的东西。”②他又说：“我是一个实体，这个实体的全部本质或本性只是思想。”③从他的这些话中我们不难看出笛卡尔的“我＝思”、“思＝我”的哲学公式。其次，笛卡尔的“我思故我在”命题中的“我思”与“我在”之间的同一性也是直接的。依照笛卡尔的观点，“我在”根本不处于“我思”之外，离开了“我思”就根本没有什么“我在”可言。笛卡尔在《谈方法》里谈到“我小心地考察我究竟是什么”时说了下面一番话，是很值得体味的。他说，当进行这种考察时，我……发现我可以

① 北京大学哲学系外国哲学史教研室编译：《西方哲学原著选读》上卷，第369页。

② 笛卡尔：《第一哲学沉思集》，庞景仁译，商务印书馆1996年版，第27页。

③ 北京大学哲学系外国哲学史教研室编译：《西方哲学原著选读》上卷，第369页。

设想我没有身体，可以设想没有我所在的世界，也没有我所在的地点，但是我不能就此设想我不存在，相反地，正是从我想到怀疑一切其他事物的真实性这一点，可以非常明白、非常确定地推出：我是存在的；而另一方面，如果人一旦停止思想，则纵然我所想象的其余事物都真实地存在，我也没有理由相信我存在。①

有人会说，“我思故我在”中既有一个“故”字也就表明了我思与我在不是一种直接的同一性，而是一种间接的同一性，它们之间有一种基于因果关系的推证性。这种说法貌似有理，其实是站不住脚的。首先，凡因果关系都内蕴有时间上的先后关系，然而依照笛卡尔本人的见解，在我思与我在之间根本不存在时间上的先后关系，说我思在先不行，说我在在先也不行。因此，如果说在它们之间有什么先后关系的话，那也是一种纯然的无时间性的逻辑先后关系。最后，严格地讲，在我思与我在之间也根本不存在什么推证关系。一方面，我们不能说我在是从我思中推证出来的；另一方面，我们也不能说我思是从我在中推证出来的。笛卡尔本人在解释“我思故我在”时说，“我”发觉在这个命题里面，“并没有任何别的东西使我确信我说的是真理，而只是我非常清楚地见到：必须存在，才能思想。”这句引文中有两点值得注意：一是他所谓“我思故我在”意指“必须存在，才能思想”，而不是“因为思想，所以存在”；二是他使用了“见到”二字，所谓“见到”自然不含什么推证，而仅意指一种“直观”，一种后理智的直观。

矛盾原则之为笛卡尔所根据的最高原则，不仅可以从他的哲学的第一原理“我思故我在”看出来，而且还可以从他建构哲学体系的思路，从他的哲学方法和真理标准看出来。综观笛卡尔的全部哲学，是要先求得一条“自明”的公理，然后根据这公理，用所谓“自然的灵明”，演绎出整个系统，即首先证明上帝的存在，然后证明这世界的存在，以建立起整个世界观。这里所谓“自明”，其实就是自确证，就是不自相矛盾。而从最初公理以下的推理，更完全用的是分析的演绎的方法，其所根据的就是“矛盾原则”。关于真理标准，笛卡尔有一句很著名的话，即“凡是我们十分明白、十分清楚地设想到的东西，都是真的”。② 这就是说，一个观念之为真，不在别的，只

① 北京大学哲学系外国哲学史教研室编译：《西方哲学原著选读》上卷，第369页。

② 同上。

在于它自身的清楚明白，通体一贯，无矛盾。最初的公理是清楚明白的，然后逐步往下推论，每一步的命题也都是清楚明白的，这样所得的知识，在笛卡尔看来就是真知识。而一切知识，最后都应该能归结到这一种知识，才是真的，否则就是不真实的或虚幻的。因此，在笛卡尔看来，真正的知识只有一种，就是根据自明的公理分析演绎而得的知识，换句话说也就是"先天"(a priori)的知识。求得这种知识所用的方法是演绎法，所根据的思维原则就是"矛盾原则"。

关于笛卡尔所根据的最高思维原则，笛卡尔本人也有过明确的交代。在《求真篇》中，笛卡尔借欧多索(Eudoxus)之口说：

> 如果我判断得对，现在你应该开始发现，只要一个人正当地运用他的怀疑，便能从中推出最确切的知识，这种知识之确切有用，有过于经那一般认作一切原则所从和所归的基础与中心的大原则中所推出的那些知识，这个大原则便是："同一事物不可能同时既是又不是。"①

显然，笛卡尔在这里所说的"同一事物不可能同时既是又不是"这条大原则正是哲学史上所谓形而上学的矛盾原则。他既然把它看做"一切原则所从和所归的基础与中心"，则"矛盾原则"至少在他心目中，在他哲学中的至上地位是确实无疑的。斯宾诺莎在世界观上是一个伟大的唯物主义者，他的哲学体系在表现形态上和笛卡尔是大不相同的，但他的哲学所根据的基本思维原则，则大体上与笛卡尔的无异。如果说他们在后一个方面有所差异的话，那就是斯宾诺莎在坚持和贯彻形而上学的矛盾原则方面，比起笛卡尔来在许多方面都有过之而无不及。贺麟先生曾经说过："要了解斯宾诺莎的学说，我们不可忘记了斯氏祖宗庐墓所在的西班牙国中发现新世界的老英雄哥伦布(1436—1506 年)和与荷兰商务最密切的意大利国人大物理学家伽利略(1564—1642 年)。哥伦布可以说是开拓地理世界的英雄，伽利略可以说是开拓物理世界的代表，而斯宾诺莎便是承袭此精神更进一步开拓天理世界的先觉。"②在他看来，斯宾诺莎之所以能成为开拓天理世界的先觉，首先就在于后者制定了开拓天理世界的新工具或新方法，这就是知识的

---

① 转引自陈修斋：《陈修斋论哲学与哲学史》，第 271 页。

② 贺麟：《斯宾诺莎的生平及其学说大旨》，见贺麟：《哲学与哲学史论文集》，商务印书馆 1990 年版，第 246—247 页。

直观方法。这是很有见地的。我们知道，斯宾诺莎在其《知性改进论》中虽然曾把知识分成四类，这就是：(1)由“传闻”得来的知识；(2)“由泛泛的经验得来的知识”；(3)由“推论”得来的知识；(4)“纯从认识到一件事物的本质”得来的知识。但是，斯宾诺莎想要强调指出的是：“唯有第四种知识才可直接认识一物的正确本质而不致陷于错误。”①斯宾诺莎在《伦理学》中把前面提到的第一种知识和第二种知识合并成一种知识，统称做“意见”，从而提出了知识的“三分法”，这就是：“意见”、“理性”和“直观知识”。他认为最可靠的知识就是“直观知识”(scientia intuitiva)。而直观知识之所以会比理性(即推理知识)更可靠，其原因就在于它是直观知识，用斯宾诺莎自己的话讲就是：“这种知识是由神的某一属性的形式本质的正确观念出发，进而达到对事物本质的正确知识。”②由此看来，所谓直观知识即是那种“直接认识一件事物的正确本质”的知识，而不是“由于一件事物的本质从另一件事物推出”而得来的知识。这就是说，直观知识之所以确实无误，其根本原因就在于它的“直接”性。斯宾诺莎所说的直观并非感性直观，而是一种后理智的直观或超理智的直观，类似于佛家所谓的“慧眼”，庄子所谓的“道观”，朱子所谓的“理观”，这一点自不待言。这里我们需要指出的是，斯宾诺莎之所以强调认识的直观法，其原因乃在于唯有通过直观才能获得真观念。这是因为在他看来，真观念之为真就在于真观念自身，在于它的直接的自一致，在于它自身的清楚、明白和恰当。他把真观念看做唯一的真理标准，甚而断言：真观念不仅是自身的标准，是真理的标准，而且也是错误的标准，“正如光明之显示其自身并显示黑暗”③。这就表明，在斯宾诺莎看来，为获得真观念，舍直观而绝无他法。真观念虽然是无须推理就能获得的，也是不能通过推理而获得的。但它而且也唯有它才能构成所有推理的真实前提。正因为如此，斯宾诺莎给自己的哲学方法即“几何学方法”设定了三项基本内容：借直观获得真观念，据真观念去界说，据界说去思想。他的主要哲学著作《伦理学》，在形式上就是严格遵循这一方法写成的。他的《伦理学》所含各部分，都是先为若干主要的概念下明确的“定义”(即界

---

① 斯宾诺莎：《知性改进论》，贺麟译，商务印书馆1996年版，第24—27页。

② 斯宾诺莎：《伦理学》，第71—74页。

③ 同上书，第76页。

说)，然后提出若干他认为是自明而无可争辩的“公理”，最后依据这些“定义”和“公理”演绎、推论出“整套”的“命题”。由此可见，斯宾诺莎和笛卡尔一样，其哲学所根据的最高思维原则也是矛盾原则，即“甲不能既是甲又是非甲”，或者如莱布尼茨所说，必然的真理是“同一的命题，它的反面是包含着矛盾的”①。

到此为止，笛卡尔和斯宾诺莎的主张，就其某一观点看来也许可以说并没有错。因为一个理论或思想总不能包含着逻辑上的自相矛盾。但这无论如何是不够的。因为思想总是有内容的，而从这样的方法所得的只能是形式的、抽象的、空洞的知识。光用这样的方法来处理哲学问题，对另外一类的问题也无法解决。莱布尼茨也不认为“矛盾原则”是不对或不可用的，他只是认为它作为一条独立原则，适用于某一类的真理，而需要另一条原则来加以补充，以作为另一类真理的标准。因为如果矛盾原则是真理知识的唯一标准，那么凡不是自相矛盾的就都是真的，而除非能指明它不是自相矛盾，就不能说任何一个认识为真的了。但我们怎么能决定究竟是否自相矛盾呢？照笛卡尔派的方法是把一个可疑的陈述，加以分析，最后归结到一个或者几个命题，这种命题要是它的谓项很明显地包含在它的主项之内，就可以看出它是不自相矛盾的。但莱布尼茨认为有许多陈述实在无法用这样的方法加以试验。因为有些陈述，是无法分析到一个最后结果的。因此，我们就无法说它是否自相矛盾。例如，说“今天天晴”，可能是一个完全真的命题，但就决然无法分析而归结到“自明”的命题。这种命题不是“必然地”真而是“偶然地”真的。它之为真不是基于事物的永恒本性，而是为许多别的真理所决定的，而这些别的真理又各各需要无穷的分析。这种偶然的真理，如果确乎是真的而并不是错误的陈述，却也得给它某种根据或理由。如果不能给它一个在事物的原则之中的绝对而永恒的理由，至少也得能给它一个满足的或充分的理由，来说明它为什么是这样而不是那样。因此，莱布尼茨就在“矛盾原则”之外，又新提出了“充足理由原则”，与之并列。

这里所谈的事实上也就是“充足理由原则”的起源问题。莱布尼茨在他的《第一真理》一文中，对此曾做了相当清楚的说明。他指出：

---

① *Gottfried Wilhelm Leibniz*: *Kleine Schriften zur Metaphysik*, p. 454；北京大学哲学系外国哲学史教研室编译:《西方哲学原著选读》上卷，第 482 页。

> 谓词或结论常常内在于主词中,或者在前提中;而且一般真理的本性或者陈述的诸概念之间的联接恰恰就在于此,正如亚里士多德已经看到的。在同一性中,谓词在主词中的那种联接和那种蕴涵乃是明显的,在其他情况下,则是隐含的,而且必须通过一种对概念的分析而得到显明,表明其中含有先天性的证明。①

如果事情到此为止,那么,莱布尼茨就没有超越笛卡尔和斯宾诺莎一步。但是,莱布尼茨不甘心就此止步,他的思想的彻底性要求他继续前进,去探究“隐藏在其中”的那个“惊人的奥秘”。于是,他继续写道:

> 这在每一个肯定真理(真理陈述)中的确是真实的,无论它是普遍的还是个别的真理,无论它是必然的还是偶然的真理,并且在内在的或外在的名称中也是真实的。这里隐藏着一个惊人的奥秘,它包含着偶然性之本性或者必然真理与偶然真理的本质区别,而且也消除了那种关于命运般的必然性甚至在自由的现实事物也存在的困难。上述事实由于过于简单而很少得到思索。从这些事实中可以得出许多十分重要的结论。在这里立即就可以得出这样一个已经普遍接受的公理:没有根据便一无所有,或者,没有原因就没有结果(nihil esse sine ratione,seu nullum effectum esse absque causa)。否则的话,就会有那种不能先天证明的真理,或者那种拒不化解为同一性的真理——这是与真理的本性相矛盾的,因为真理始终或明或暗是同一的。②

由此看来,所谓充足理由原则,无非是强调“没有什么东西是没有理由的”(Nihilest sine ratione)。如果用莱布尼茨在1715年11月写给克拉克的信中的话来说,就是:“若不是有一个为什么事情得是这样而不是那样的理由,则任何事情都不会发生。”③既然如此,则这条原则便总会向人们发出命令,要人们去不停顿地追问事物的理由,向自己提出一个又一个的“为什么”。正是这种探求“理由”的冲动和欲望,才使人类拥有了科学、神学和哲学。哲学在某种意义上可以说就是一门探求万物存在最根本的理由的科

---

① *Gottfried Wilhelm Leibniz*: *Philosophical Papers and Letters*, ed. and trans. by Leroy E. Loemker, Dordrecht: D. Reidel Publishing Company, 1969, p. 267.

② Ibid., pp. 267-268;参阅海德格尔:《论根据的本质》,见《海德格尔选集》上卷,孙周兴选编,上海三联书店1996年版,第160—161页。

③ 《莱布尼茨与克拉克论战书信集》,第7页。

学。我们说泰勒斯(Thales of Miletus,公元前624—547年)是西方哲学史上第一个哲学家,只是因为他在西方思想史上第一个探求了万物存在的根本理由,提出了"水是万物的始基"这样一个命题。德谟克利特的名言:"只要找到一个原因的解释,也比成为波斯人的王还好"①,更是有力地表达了古代哲人义无反顾地探求万物存在理由的坚定信念。亚里士多德则把"原因"四分为"质料因"(基质)、"形式因"(是其所是)、"动力因"(变化之始点)和"目的因"(何作为)。亚里士多德的对原因的这样四种区分无论在后世的"形而上学"还是在后世的"逻辑学"的历史中始终居支配的地位。其实,任何一个哲学要想完全摆脱充足理由原则的支配是不可能的。如上所述,笛卡尔和斯宾诺莎虽然都奉矛盾原则为最高思维原则,但他们也都还是以这样那样的形式运用了充足理由原则。

我们已经看到,笛卡尔的形而上学系统,是完全由"矛盾原则"指导之下发展出来的,但因为要从主观或"纯我"过渡到客观或外界实在,他发现必得求援于一条原则,即万物都必须有一动力因或"致动因",这动力因或致动因至少是和它所产生的结果一样实在,甚至应该更实在。这条原则,他只是这样假定,而后来没有想到要来证明它的有效性和必要性,而他对于上帝存在的证明及对于外部世界之存在的证明,其实所根据的都是这条原则。对上帝存在的各个证明,就理论的需要方面看来,是笛卡尔哲学系统的拱心石。它们的功用是在补救单只基于"矛盾原则"的一套逻辑的不完全的缺点。笛卡尔既坚持着心对物、思想与外界存在的二元论观点,就不能光只以一个对最圆满的"在"的"观点"为满足,他必须说和这观念相对的是有这样实在的存在。以观念之清楚、明白,他已建立了思想自一致或自一贯的标准。一种清楚明白的观点已经十足可以满足思想,但他还必须指明这样的观念有它客观的效准,还得指明确乎实际有这种观念所代表的东西存在。而照笛卡尔的说法,我们这种清楚明白的观念之有客观的效准,是由一位实际存在的上帝之真、之善、之通体一致或通体一贯来保证的。在他看来,上帝当然得有这些性质,否则就不成其为最圆满的"在"了。笛卡尔在《谈方法》第四部分中说:

我方才拿来当规则看待的那个命题,即"凡是我们清楚明白地设

① 北京大学哲学系外国哲学史教研室编译:《古希腊罗马哲学》,第103页。

> 想到的东西都是真的”,其所以可靠,只是因为有上帝存在,因为上帝是一个完满的实体,并且因为我们所有的一切都从上帝而来。由此可见,我们的观念或概念,既然就其清楚明白而言,乃是从上帝而来的实在的东西,所以只能是真的。因此,如果我们常常有着一些包含虚假成分的观念,那只能是一些包含着混乱不清的东西的观念,因为在这样的情形之下,它们是分沾着虚无,也就是说,它们之所以在我们心中这样混乱,只是因为我们并不完全完满。①

因此,除了那“纯我”之外,在笛卡尔的形而上学系统中把一切最后都归到这条未经解释的原因原则上去了。他就是用这条原则证明上帝的存在,也是用这条原则来建立客观世界的实在性的。上帝必须存在,因为否则就没有适当的原因来说明为什么我们心中会有上帝的观念存在了。② 还有,我们也得假定客观世界的实际存在以作为我们心中某些观念的原因,否则我们简直就得假定上帝在欺骗我们了。

斯宾诺莎以自然这唯一实体为绝对确定的起点。因此,他虽然也把自然本身叫做“上帝”,但却无需也未做关于上帝存在的证明,然而他也不免要有原因这一观念。表面上他是把因果关系归结为一种逻辑的关系,有如一个几何图形和它的性质之间的关系那样。但是为了在那唯一的完全统一的实体之中引入变化,他认为这实体是“自因”(causa sui)的,这就用了原因的概念了。他用原因这个概念,以区别“能动的自然”(natura naturans)与“被动的自然”(natura naturata),作为一道桥梁,以接通他的逻辑所造成的无限(作为纯粹的不定)和有限存在之间的鸿沟。“能动的自然”是实体之现于属性中,或“作为一切存在物的自由因的神”,“被动的自然”为“一切随神圣的自然之必然性而来的东西……也即神的属性的一切样式”。“自因”被分成为两个阶段:原因即“能动的自然”与结果即“被动的自然”,但两者最后是同一的。③ 如果不是这个实际无区别的区别,斯宾诺莎就无法把那

---

① 北京大学哲学系外国哲学史教研室编译:《西方哲学原著选读》上卷,第 377 页。

② 正是在这个意义上,我们可以说:尽管从认识论和方法论的角度(从由“我思故我在”推论出“上帝在”,从“上帝在”推论出“物质世界在”),我们可以说,笛卡尔哲学的第一原则是“我思故我在”,但是,倘若从本体论的角度看问题,则我们势必要得出“上帝”这一绝对实体的“在”乃笛卡尔哲学的真正的第一原理的结论。

③ 参阅斯宾诺莎:《伦理学》,第 27—28 页。

无限的实体和实际的世界认为是同一的了。

这样一个“原因”的概念，在笛卡尔与斯宾诺莎是未加证明地予以运用的，到莱布尼茨则在一种更普遍的形式下，看做一条独立的逻辑原则，即“充足理由原则”了。每一个别事物的存在，不仅仅是要有一个适当的原因，并且得有充足的理由，而且这最后的“充足理由”，就在于上帝的全知全能全善。很明显，这里是把笛卡尔思想中所隐含着的以上帝性格的圆满性作为事物实在性的保证的那个意思，明白地发挥出来了。而斯宾诺莎的论证，虽然不甚一贯，也是基于一种深信，即以为每一有限事物必须在一无所不包的大系统中有它的地位，也就是必须由包含无限圆满性的“实体”或“上帝”的本性而来的。因此，在矛盾原则之外加上充足理由原则，似乎也并不是莱布尼茨全新的创造，而是在他的先驱者，特别是在他的直接先驱者的推理方式中发展出来的结果。他无非是为了要调和他们本身的不一贯起见，把他们自己已经不加说明，并且不完全地应用着的一条原则，明白地提了出来而已。

我们说莱布尼茨的充分理由原则学说源远流长，这丝毫不是在贬低他提出这一学说的历史功绩。相反，正是在这种历史探源中，才更能昭示出莱布尼茨的哲学智慧。因为充足理由原则的基本思想虽然自古以来就为思想家和哲学家们所熟悉，但是直到莱布尼茨才第一次把这种思想作为命题和法则提出来，并被当做一个决定性的命题和思维原则。而且，如上所述，前此的哲学家，包括笛卡尔和斯宾诺莎在内，运用的只是“原因”范畴而非“理由”范畴。原因(cause)和理由(reason)虽有关联，但也并非是一回事。莱布尼茨提出充足“理由”原则，说明他所要探求和强调的是事物的根本原因和最后根据，从而把这条古老的思想法则提升到了形而上学的高度，使之成为一条形而上学的根本原则。这既是莱布尼茨哲学超越前人的一项重要表征，又是莱布尼茨哲学得以超越前人的一个根本动因。

2. 充足理由原则是“关于存在的大原则”

前面说过，充足理由原则的基本意涵是“没有什么东西是没有理由的”。但这个命题中有一个很重要的往往被人忽视的字眼，这就是“是”。“是”这个词，在拉丁文里，就是“nihil est sine ratione”中的“est”，在德文里就是相应命题中的“ist”，在法文里和在拉丁文里一样，在相应命题中也是

“est”。这样看来，在莱布尼茨使用过的主要语言里“是”这个词都有“在”或“存在”的意涵。因此，我们就不妨像海德格尔（1889—1976 年）那样，把表达充足理由原则基本意涵的上述命题改写为“没有什么东西无理由而存在”。这样一种更动，在海德格尔看来既是必要的，也是自然的。因为，一如海德格尔所指出的：“‘根据律’作为一个‘最高原理’，似乎自始就阻止了诸如根据问题之类的东西。”因此，“这个定律的通俗的、简化了的表述是：nihil est sine ratione［没有根据便一无所有］。换一种肯定的说法就是：omme ens habet rationem［任何存在者都有一个根据］。此定律是关于存在者的陈述，而且是着眼于诸如‘根据’之类的东西所做的陈述。”①这样一种更动，乍看好像是在做文字游戏，但在实际上却把潜藏在莱布尼茨充足理由原则里的深层意涵抖落了出来，昭示出作为存在原则的充足理由原则的真正性质，从而解释了莱布尼茨为什么要把充足理由原则称做“关于存在的大原则”。

诚然，在莱布尼茨哲学体系中，充足理由原则往往扮演两种角色，即一方面以矛盾律、同一律和排中律并列者的身份扮演逻辑学规则的角色；另一方面又以数学、物理学的超越者的身份扮演形而上学规则的角色。正因为如此，一些思想家对此感到困惑，而另一些思想家对此大加抱怨。② 但是，如果我们对莱布尼茨的充足理由原则作一番全面、系统的研究的话，就不难发现：一方面，在莱布尼茨哲学体系里，充足理由原则的确扮演了两种角色；另一方面，我们也会看到，在莱布尼茨的哲学体系里，充足理由原则主要扮演的角色毕竟是形而上学的。关于这一点，莱布尼茨本人在他的《以理性为基础的自然的与神恩的和谐》中讲得相当清楚。他在其中写道：

> 我们像十足的自然科学家那样，扯得太远了。现在我们必须上升到形而上学，利用那不常使用的伟大的原则，这个伟大的原则断言没有充足理由，就没有东西能够发生（qui porte querien ne se fait sans raison suffisante），那就是说，如果没有可能给一个应该充足了解事物的人以

---

① 海德格尔：《论根据的本质》，见《海德格尔选集》上卷，第 158 页。

② 例如，海德格尔就曾抱怨说：“恰恰在这里，莱布尼茨究竟是‘根据原则’（principium rationis）看做一个‘逻辑学的’原理，还是把它看做一个‘形而上学的’原理，抑或是两者，这一点还是有争议的。”参阅海德格尔：《论根据的本质》，见《海德格尔选集》上卷，第 159 页。

充足的理由,去确定何以事物是这样而不是那样的话,就没有东西能够发生。这个原则既然能够成立,那么,我们被正当提出的首要问题是:为什么宁愿有某些东西而不愿什么也没有呢(Pourquoi il y plutôt quelque chose que rien)?这是由于,"虚无"比"某些东西"更加简单,更加容易。进一步说,假定事物必须存在,我们就必须能给以理由来说明为什么它们必须这样存在(elles doivent exister ainsi)而不是别样。①

其实,"关于存在的大原则"不仅道出了充足理由原则的本质内容,而且还直接道出了莱布尼茨之所以提出充足理由原则的理由或根据。依照矛盾原则,在永恒必然的真理中,一个命题的谓项总包含在主项中。但是,存在或存在性能够构成这类真理的一个要素吗?它能够成为一个包含在这类命题的一个主项中的谓项吗?我们知道,存在总是有时间性的,总是以这样那样的形式同时间相关联的。既然如此,与它相关的命题就永远不可能是永恒的必然的真理。因为永恒的真理既是永恒的,就是无时间性的或超时间性的,因而就只能是关于本质的命题,而不能是关于存在的命题,用我国哲学家冯友兰(1895—1990 年)的话说就是"一片空灵"、"不着实际"的命题。② 这就暴露了矛盾原则的有限性,即它不适用于关于实际存在的命题。而适用于这类命题的不是别的,正是莱布尼茨提出的充足理由原则。正是基于这种理由,莱布尼茨区分了两类命题:关于本质的命题和关于存在的命题,并认为前者属于永恒真理或必然真理,为矛盾原则的适用范围,后者属于偶然真理或事实真理,为充足理由原则的适用范围。莱布尼茨在《单子论》中把充足理由原则看做是我们的推理得以进行的两大基本原则之一,并且强调指出:"充足理由也必须存在于偶然的真理或事实的真理之中,亦即存在于散布在包含各种创造物的宇宙中的各个事物之间的联系中。"③这就把充足理由原则的形而上学性质或本体论意义凸显出来了。

---

① *Gottfried Wilhelm Leibniz*: *Kleine Schriften zur Metaphysik*, p. 426.

② 我国先秦儒学是一种"就事论理"的学问,而宋明时代的"理学"和冯友兰的"新理学"由于强调哲学的形上品格,成了一种"就理论理"的学问。冯友兰将自己的心理学因此称做"最哲学的哲学",强调"哲学对于真际,只形式地有所肯定而不特别对于实际有所肯定"。参阅冯友兰:《新理学》,见《三松堂全集》第 4 卷,河南人民出版社 1986 年版,第 11 页。

③ *Gottfried Wilhelm Leibniz*: *Kleine Schriften zur Metaphysik*, p. 454;北京大学哲学系外国哲学史教研室编译:《西方哲学原著选读》上卷,第 482 页。

依据充足理由原则进行判断的关于存在的真理之所以为莱布尼茨宣布为偶然的真理,其理由在于这种真理对其反面的相容性。这是偶然真理与必然真理的一项根本区别,也是充足理由原则与矛盾原则的一项根本区别。因为依据矛盾原则进行判断的关于本质的真理,即永恒真理或必然真理,则完全没有上述相容性。这又是因为在一定的意义上我们可以说充足理由原则也适用于关于本质的命题,适用于永恒真理或必然真理。只是对于这类真理来说,其理由之可称为充足,全在于事物或前提的自一致,在于它的通体一贯或无矛盾。但说一个东西本身没有矛盾,等于说这东西若凭它自己,不牵涉到别的东西,它是可能的。因此,说一个东西若不是自相矛盾就是真的或实在的,也就等于说一个东西若是可能的,就是真的或实在的。莱布尼茨在一封致布尔盖(Bourguet)的信中曾经明确说过:"我之称一个东西为'可能的'就是说它是完全可以设想的并因此有一种本质、一个概念,而不考虑到其余的东西是否允许它存在。"但每一特殊事件或偶然真理的反面,只要不是必然地包含着自相矛盾,就是可能的。像"等量加等量其和必等"这样一条几何学上的公理,它的反面是不可能的,因为很明显地它的反面包含着自相矛盾。但是,说"张三正在读书",这是一个事实,是一个"偶然"真理,它的反面并不是不可能的。因为就逻辑上说,"张三不在读书"并不包含什么直接的矛盾。因此,偶然事物的真理,其根据并不在它们的可能性。在这种情形,并不是由于它们的本性,它们本身就一定是真实的,而它们的反面就是不真实的。它们的"充足理由"是在它们自身之外,在它们和别的事物的关系中的。就其本身看,"张三正在读书"和"张三不在读书"是同样可能的。一切"偶然"真理,无不如此。而从它和别的事物的关系看,则只有"张三正在读书"是可能的(如果事实上张三确实正在读书)。因为如果把"张三正在读书"这一事实或"偶然"真理和别的许多事实或偶然真理联系在一起来看,比如说张三这个人的性格、习惯或正要考试,以及一切时间、环境等都加在一起,我们就会看到只有"张三正在读书"是可能的,而张三不在读书,在这张关系网之下是不可能的。"偶然"真理的反面,虽然并不自相矛盾,但和普遍的系统,和环绕着它的整个关系网相矛盾。一个偶然真理和它的反面,各个独立地看都是可能的,但连在一起就不可能,它们是彼此不相容的,或者用莱布尼茨的话说,不是"可共存的"。因此,要看一个东西是否实在,是要看它是否有"可共存性",是否能和事物的整个系统相适合,这才是“充足理由”。每一件可能的事物都有它的本性或意义,但只有可能并且又“可共存”的才能实际存在。莱布尼茨在前面提到的那封致布尔盖的信上说,他不承认为了要知道《阿斯特莱》这一传奇是否可能,就必须知道它和宇宙间其他事物的关联。但要知道这传奇是否和这宇宙间其他事物“可以共存”,并且因此要知道它是否在过去、现在、或将来在宇宙间的任何角落发生过,则必须要知道它和其他事物的关联。

莱布尼茨虽然认为偶然的个体事物的存在的理由不在这个事物本身,而在它与诸多事物的关联,在它能与一实际的事物系统适合或共存。然而,莱布尼茨并不认为这实际的事物系统本身就是这偶然的个体事物存在的最后的理由。正相反,在他看来,能够成为这偶然的个体事物存在的最后理由的,只有本身为必然存在的上帝。这一方面是因为从本体论上讲,这实际的事物系统本身并不是自在或自因的,它只是上帝对无限多可能的事物系统进行选择的结果。另一方面是因为从认识论上讲,任何“偶然”真理或事实的“理由”都是要从别的“偶然”真理或事实上去找,而任何一个别的偶然真理或事实的“理由”又需要从其余的偶然真理或事实上去找,因此,要想分析一个偶然真理或事实以求达到它的最后的理由,势必陷于一个无穷的分析过程,永远到不了最后。既然如此,偶然真理的最后理由就当求之于偶然事物的系统之外,即求之于一个永恒而必然的存在或曰上帝,作为它的最后的理由。

莱布尼茨把偶然事物存在的最后理由归之于作为“必然存在”的上帝,从表面上看来这和斯宾诺莎把整个事物(样式)存在的最后根据归之于作为必然存在的自因的实体(自然或神)并无二致,都有化必然为偶然的机械论弊端。但仔细分析起来,他们两人在处理偶然与必然的关系方面也有重大的差异,而莱布尼茨的处理方式中似乎内蕴着较多的辩证内容。例如,他曾把事物的可共存性,把一事物与一彼此联系着的实际事物系统的共存看做偶然的个体事物存在的根据。这就不仅把实在性给了处于普遍联系中的个体事物,也把实在性给了个体事物间的普遍联系。再如,既然原因有两种:一种是根本的原因;再一种是诱因,既然莱布尼茨的充足理由原则既注重考察事物的诱因,更注重探求事物的根本原因,注重从两种原因的联系中来考察偶然事物存在的理由,这就从本体论上给偶然性以一定的地位,从而既避免了偶然论或机缘论的错误,又避免了必然论和宿命论的错误,避免了德谟克利特和斯宾诺莎的“细茎长大花”的错误，为他的自由选择学说提供了理论依据。①

3. 圆满性原则与自由和自由选择

圆满性原则是莱布尼茨哲学中又一条基本的形而上学原则。与前面所讨论的两条原则不同，它不只是“我们的推理”所依据的大原则，而且更是上帝乃至一切自由生物（自然包括人）进行自由选择和创造活动时所依据的大原则。因此，严格说来，它是一条莱布尼茨道德哲学或实践哲学的原则。

自由或自由选择对于创造实际世界的上帝来说是绝对必要的。前面我们在讨论偶然的个体事物的存在的理由时曾经说过，要看一个个体事物是否实际存在，是要看它是否和一实际的事物系统相适应或相共存。每一件可能的事物都有它的本性或意义，但只有可能并且又“可共存”的才能实际存在。这就提出了上帝的自由选择的问题。因为当我们说个别事物存在的理由就在它能与一实际事物系统共存时，并不是说它可以与任何一个包含有可共存的本性的系统共存，也不是说它与唯一可能的一个无所不包的系统相关联。倘若如此，上帝的自由或自由选择就完全没有必要了。实际的情形恰好相反，一方面，可能的系统、可能的世界不是单数，而是复数，而且在数量上是无限多的，其中每一个都包含着一套可共存的成分；另一方面，在这无限多的系统和世界中，“只能有一个”实际存在。这就在所难免地向上帝提出了自由和自由选择的问题。质言之，上帝为要创造一个实际世界，他就必须走出纯粹理智的或纯粹可能性的领域，他就必须付诸行动，而他需要作出的第一个行动就是面对诸多可能世界进行自由选择。上帝如果像“布里丹的驴子”②那样，永远拒绝作出选择，永远滞留在观念、本性或可能性的领域内，即永远滞留在他的纯粹理智领域内，而不肯步入其意志所及的目的因的领域，不在所有可能的世界间进行自由选择，则“可能的”就永远

① 参阅陈修斋：《陈修斋论哲学与哲学史》，第270—296页。

② 布里丹是一个中世纪后期的经院哲学家，唯名论者。他倾向于决定论，认为意志是环境决定的。有人曾提出驴子作例证反对他，说假定有一头驴子站在两堆同样大同样远的干草之间，如果它没有自由选择的意志，就会活活地饿死。

只是"可能的"，上帝创造实际世界的欲望就永远只能是欲望。

上帝在创造实际世界时虽然出于自由选择，但是既为选择就有一个选择的标准或理由问题。而依照莱布尼茨的看法，这种标准或理由不是别的，就是圆满性原则或最佳原则。这就是说，上帝之所以要从无数可能的世界中选择出这么一个世界，不是因为别的，只是因为它是无数可能世界中最圆满的或最佳的。由此可见，圆满性原则或最佳原则实乃上帝在无数可能宇宙中进行选择的决定性原则。

圆满性原则不仅是上帝在创造世界时进行自由选择的决定性的标准或理由，而且也是使上帝的这种自由选择能够成为自由选择的理由或根据。这就是说，上帝在创造世界时之所以是自由的，不只是由于上帝的本性和能力使然，而且更由于上帝在创造世界时遵循的圆满性原则。诚然，单就上帝的本性和能力也足以说明上帝创造世界的活动不能不是自由的。因为上帝既是全能的，他的选择就必定是自由的、不受任何限制的，依其能力讲，他本来是可以创造出任何一个可能的世界的，也就是说，上帝本来是可以通过自己的创造活动使任何一个可能的世界转化为实际的世界的。然而，现在他却只将其中的某一个转化成实际的世界，由于这种情形，我们不作出上帝在创造实际世界时是自由的这样一个判断是不可能的。但是，如果我们进一步从圆满性原则在上帝创造活动中的功用方面看，则他的这种创造活动的自由性质就更加昭然了。因为所谓圆满性原则或最佳原则，就是实践主体在种种筹划和创造活动中追求最好的目标的原则。依据这条原则，实践主体的各种筹划和创造活动及其结果归根结底都由他自身的追求最好者的欲望所决定，他的筹划和创造活动及其结果无非是他的追求最好者的欲望的实现而已。就上帝来说，他可能曾经欲望过可能世界中的任何一个，而且他的这种欲望本来也可以成为他创造这一世界的充足理由。但是由于圆满性原则或最佳原则，他便欲望最好的，而且正是这种追求最好的欲望使他对无数的可能世界进行无限的比较，并从中拣选出最合乎自己目的(即欲望)的世界把它实现出来、创造出来。这样，在上帝的创造活动中我们看到，一方面上帝之追求最好的欲望构成了他创造实际世界的原因；另一方面他所创造的这一可能世界中最好的世界正是他的创造活动的结果。这样一来，上帝之追求最好者的欲望就不仅是实际世界得以存在的终极因，而且更是实际世界的目的因。

在莱布尼茨的形而上学体系里，圆满性原则不仅是上帝在从事创造活动进行自由选择时所依据的原则，而且也是人类在从事创造活动进行自由选择时所依据的原则。按照莱布尼茨的观点，人作为自由的生物，和上帝一样，在进行筹划和创造活动时也面临着无数多的可能，也必须进行这样那样的选择，而且人所面对的可能以及他们对这无数可能所做的选择，在范围和意义上虽然远不及上帝，但他们在进行选择时所依据的标准或理由却还是一样的，也就是说，人类和上帝一样在进行自由选择时依据的也是圆满性原则或最佳原则。人们在从事筹划和创造活动时，面对着无限多的可能，也总是欲望其中最好的，而且他们也总是千方百计地使自己的欲望付诸实际，创造出完全符合自己欲望的结果。而且和在上帝那里一样，这欲望至少部分地就是自己创造活动的原因，而所欲望的对象也可能就是自己创造活动的结果。与上帝不同的只是，由于人不是像上帝那样全知，从而不能像上帝那样在其理智中对所有可能性一览无余，也不可能像上帝那样确实无误地知道哪一个"可能的"为最好的，而且即使他能够正确地从中选择出最好的，由于他不是像上帝那样是全能的，他也不一定能够把它完全地实现出来。但是，与所有这一切相关的，只是人的自由或自由选择的实现的程度，而不是对这种自由或自由选择的否定。正相反，这些情形恰恰说明，人的自由或自由选择所依据的正是圆满性原则或最佳原则。既然如上所述，圆满性原则是上帝和人及所有其他自由生物在筹划和创造活动中进行自由选择时所依据的原则，我们就不妨把这条原则称做"关于自由的大原则"，一如矛盾原则是"关于本质的大原则"，充足理由原则是"关于存在的大原则"。

毋庸讳言，圆满性原则不仅关涉自由和自由选择，而且也内蕴着一种必然性。因为既然如上所述，上帝和一切自由生物的种种筹划和创造活动及其结果归根结底都是由他们据圆满性原则追求最好者的欲望和动机决定的，这种情形和重量在天平上必定要引起某种结果就几乎没有什么两样。然而无论如何两者之间还是存在着某种差别的。为了解说这一类区别，莱布尼茨区别了下面两种必然性：形而上学的必然性和道德的必然性。莱布尼茨把基于上帝的善的本性和圆满性原则的必然性称做道德的必然性，认为它不是那种绝对的和形而上学的必然性，因为善或追求最好者的动机"只引起倾向而并不迫使必然"①。绝对的和形而上学的必然性之所以成为

① 《莱布尼茨与克拉克论战书信集》，第55页。

必然性，是因为其对立面蕴涵着矛盾，其反面不可能。但上帝在依据圆满性原则进行自由选择时所面对的情形就不是这样，他面临的是无数“可能”的世界，他本来可以选择并创造其中任何一个，但由于他的全善的本性，由于他的追求最好者的欲望和动机，他就“只愿意产生在可能的之中那最好的东西”。用莱布尼茨的原话说就是：“上帝能做一切可能的，但他只愿做那最好的。”①这就是说，当上帝依据圆满性原则选择那最好的时候他所选中的固然是可能的，但那些他所未选中的即在圆满性上较次的，并不因为他进行过选择并被淘汰而丧失掉它们原有的可能性，也就是说，如果上帝选择了那次圆满的宇宙，也未尝不可能。

针对克拉克一类学者批评莱布尼茨，说他讲“道德的必然性”，讲上帝选择最好的世界，则其他世界就是不可能的，莱布尼茨反复指出：

> 但那善，不论是真的或表面显得如此的，一句话就是那动机，是只引起倾向而并不迫使必然的，换句话说，并不强加一种绝对必然性。因为当上帝（举例言之）选择那最好的时，那他未选中的，和在圆满性上较次，仍然不失为可能的。但如果上帝所选择的是必然的，则所有其他的办法就将是不可能的，是与假设相反的；因为上帝是在可能的之中进行选择，换句话说，是在这样许多办法之中做选择，其中没有一种是蕴含着矛盾的。②

莱布尼茨还具体地分析了这种谬见产生的原因，指出：

> 但是，说上帝只能选择最好的，并且想由此推论说他未选中的就是不可能的，这是把能力和意志、形而上学的必然性和道德的必然性、本质和存在这些名词混淆了。因为必然的东西是由于其本质而成为必然，因其对立面蕴含着矛盾；而存在着的偶然的东西，是靠事物的最好的充足理由原则而有它的存在。正是因为这一点，我才说动机只是引起倾向而并不迫使必然；偶然的事物中也有一种确定无误性，但没有一种绝对必然性。③

由此看来，为要理解莱布尼茨圆满性原则或自由原则的真实意涵，就必

---

① 《莱布尼茨与克拉克论战书信集》，第79页。

② 同上书，第55页。

③ 同上。

须像莱布尼茨那样,在严格区分形而上学的必然性和道德的必然性的同时,把能力和意志也严格区别开来。就能力讲,上帝是无所不能的,他固然可以选择那最好的、最圆满的,但他同样也可以选择那次圆满的,甚至最不圆满的。既然上帝为了表现自己的全能,能够像司各脱(Duns Scotus,约1265—1308年)所说的"创造一个他自己搬不动的石头",甚至能够像奥卡姆(William of Ockham,约1285—1349年)所说的那样,上帝能够"在某人意志中造成对上帝本人的仇恨"①,那上帝在无数可能世界中间进行自由选择时还会有什么顾虑呢?但是如果从意志方面讲,情况就不是这么一回事了。既然上帝是全善的,则就只是应当并且只愿意依据圆满性原则去欲望和选择所有可能中最好的。其实问题的这两个方面是并行不悖的。一方面,我们不能因为上帝能够选择次圆满的或最不圆满的,而否认上帝应当且愿意依据圆满性原则去欲望和选择所有可能中最好的;另一方面,我们也不能因为上帝只应当且只愿意依据圆满性原则去欲望和选择所有可能中最好的,而否认上帝有选择次圆满的或最不圆满的东西的能力。正因为如此,莱布尼茨常常抱怨人们混淆上帝的意志和上帝的能力,指出:

> 人家在这里又无根据地反驳我说,照我的看法,凡上帝所能做的一切,就应该必然地都做了。好像他不知道我在《神义论》中已切切实实地驳斥了这一点似的,并且我也已经推翻了那样一些人的意见,他们主张,除了那实际发生的,就没有可能的东西……人家把来自对最好者的选择的那种道德的必然性,和绝对的必然性搅混了;也把上帝的意志和上帝的能力搅混了。他能够产生一切可能的东西,或不蕴含矛盾的东西,但他只愿意产生可能的之中那最好的东西。……所以,上帝在产生被创造物的时候,并不是一位必然的能动者,因为他是借选择行事的。②

"上帝只愿而非只能选择最好的",这就是莱布尼茨交到我们手里的一把理解其"道德的必然性"概念的钥匙。

圆满性原则虽然内蕴着"道德的必然性",但在莱布尼茨看来,这完全无损于道德主体的自由。这首先是因为既然上帝的本性是全善的,既

① Cf. F. Copleston, *A History of Philosophy* I, New York: Image Bookks, 1962, p. 116.

② 《莱布尼茨与克拉克论战书信集》,第80页。

然上帝依据圆满性原则"只愿选择"那最好的或"只愿做"那最好的,则他在从事筹划和创造活动进行选择时所拥有的自由的程度就绝不会因为他"愿"选择那最好的而有所降低:相反,只有当他自愿地不受妨碍地做那完全合乎自己本性的最好的事,他才享受到了"最完全的自由"。其次,就自由的创造物来说,就人来说,道德的必然也完全无损于他们的自由。因为既然上帝依据圆满性原则创造的世界是所有可能世界中最好的,则他们自然也就可以依据圆满性原则去选择和追求那最好的,并且可以不受妨碍地去做那最好的,去创造那最好的,从而比较充分地实现自己的"自由的本性"。否则,那选择就将是"盲目的碰运气",必将损害这些道德主体的自由。

此外,莱布尼茨的圆满性原则虽然主要地同上帝和人的自由和自由选择相关联,但它同时也内蕴着丰富的别的意涵。这是我们必须充分注意到的。莱布尼茨曾给圆满性下了一个定义,说:"圆满性不是别的,就是严格意义下的最高量的积极实在性(la grandeur de la realité posotive)。"[①]这就是说,在莱布尼茨眼里,所谓圆满性原则不仅是一个绝对的具有质的规定性的原则,而且还是一个相对的具有量的规定性的原则。从这样的观点看问题,我们就会明白,上帝这个唯一、普遍和必然的最高实体同他的创造物尤其是同个体的人之间的差异只是一种圆满性程度上的差异,上帝无非是"排除了有限制的事物所具有的限度和限制"的"有限制的事物"或个体的人;我们还会明白,在上帝选择的"所有可能世界中最好的世界"与其他所有可能世界之间的差异原来也只是一种圆满性程度高低的量的差异,而他的"不可辨别者的同一性原则"和"连续性原则"的最隐秘的基础原来也是"圆满性原则";最后,如果我们懂得了莱布尼茨的圆满性原则实际上是一项存在的最大的量的原则,则我们对莱布尼茨对恶的起源的说明,特别是对他对形而上学的恶的起源的说明,以及他对上帝的善及恶的存在的关系所作的种种辩护,也就不会感到震惊了。

---

① *Gottfried Wilhelm Leibniz*:*Kleine Schriften zur Metaphysik*, p. 456;北京大学哲学系外国哲学史教研室编译:《西方哲学原著选读》上卷,第 482 页。

四、莱布尼茨哲学诸原则的辩证关联与莱布尼茨哲学的总体结构

前面我们着重介绍了莱布尼茨新提出的“充足理由原则”和“圆满性原则”，下面我们将在此基础上具体地考察一下莱布尼茨的哲学所依据的三项基本原则，即矛盾原则、充足理由原则和圆满性原则之间的辩证关系，以及这三项基本原则及其错综复杂的关系同莱布尼茨哲学的诸多次级原则的一些关联，从而从元哲学的高度对莱布尼茨哲学的总体框架作出宏观的勾勒。鉴于正是莱布尼茨哲学的这三项基本原则及其相互关系规定和制约着莱布尼茨哲学中的各项次级原则，并因此而形成或决定着这一哲学的总体框架，所以，在这一节里，我们将首先考察莱布尼茨哲学所依据的上述三项基本原则的辩证关系，尔后再从它们之间的辩证关联的角度考察一下莱布尼茨哲学的总体框架，最后，对于西方哲学界对于莱布尼茨哲学基本原则的关系的误读提出我们自己的一点看法。

1. 莱布尼茨哲学诸原则之间的辩证关联

在考察这些基本原则之间的关系时，我们首先应该看到：矛盾原则、充足理由原则和圆满性原则这三项基本原则在莱布尼茨的哲学中是三项相对独立的原则。它们之间虽然有这样那样的关联，但它们各自在莱布尼茨哲学体系中的地位却是无可替代的。

首先，矛盾原则和充足理由原则、圆满性原则一样也是莱布尼茨哲学所依据的一项基本原则。诚然，莱布尼茨有时把矛盾原则同圆满性原则相并列，有时把矛盾原则同充足理由原则相并列，有时又把矛盾原则同充足理由原则和圆满性原则相并列；但是，无论如何，他对矛盾原则之为自己哲学所根据的一项基本原则这样一种看法是一以贯之的。莱布尼茨把矛盾原则看做哲学所根据的一项基本的和普遍的原则不是偶然的。这是因为：第一，从与莱布尼茨的本体论相关的角度看，矛盾原则是一条关于本质的原则、关于可能性的大原则；这样，它就适合于任何可能的世界，而且既然如此，它在一定意义上也同样适合于实际的世界，适合于实际世界的本质的层面，因为实

际世界原本是无数可能世界中的一个。第二,从与莱布尼茨的认识论相关的角度看,矛盾原则是“推理的真理”赖以成立的基础,而推理的真理在莱布尼茨的认识论体系中显然占有远比其他真理重要的地位。第三,从与莱布尼茨的神学—认识论相关的角度看,既然在莱布尼茨看来,对于上帝,所有的真理都是推理的真理,则在这个意义上我们便可以说,一切真理(包括偶然的真理或事实的真理在内)都可还原为推理的真理,因此归根结底也都是以矛盾原则为其基础的。第四,矛盾原则同莱布尼茨的“普遍文字”和“综合科学”的设想直接相关,从本书第四章里可以很清楚地看出这一点。

其次,充足理由原则也是莱布尼茨的哲学所依据的一项基本原则。第一,从本体论上讲,如上所述,矛盾原则是关于“本质”或可能性的大原则,而充足理由原则则是一项关于“存在”的大原则。矛盾原则虽然适用于一切可能的世界,但它却不能解说个体事物存在的偶然性,不能给偶然的个体事物何以存在提供出任何实在的理由。充足理由原则恰好是这样一条可用来解释唯一实际存在的世界(现象世界)及其所内蕴的偶然的个体事物的原则。第二,正因为如此,充足理由原则也是一条同莱布尼茨哲学的个体性原则和偶然性学说直接相关的原则。第三,与矛盾原则直接关涉思维和事物的自一致,关涉单子变化的内在原则不同,充足理由原则则不仅直接关涉单子之间的普遍联系问题,即它们之间的共存、连续及和谐问题,而且也直接涉及现象世界里个体事物与个体事物之间的普遍联系问题,亦即它们之间的共存、连续及和谐问题。第四,既然依据莱布尼茨的充足理由原则,上帝是存在于实际世界中的偶然的个体事物的最后的充足理由,则这条原则之同莱布尼茨的神学的密切关系就明白无误了。第五,从认识论的角度看,正如矛盾原则是“推理的真理”或“必然的真理”的思维原则一样,充足理由原则则是“事实的真理”或“偶然的真理”的思维原则。

最后,圆满性原则和矛盾原则与充足理由原则一样,也是莱布尼茨的哲学所依据的一项基本原则。这是因为,第一,正如矛盾原则是关于本质、关于可能性的大原则,充足理由原则是关于存在、关于偶然的个体事物的大原则一样,圆满性原则是关于本质何以转化为存在、可能的何以转化为实际的、可能世界何以转化为实际世界的大原则。它在莱布尼茨的形而上学体系中的这种特殊的中介地位是矛盾原则和充足理由原则都无法取代的。第二,矛盾原则和充足理由原则都是“我们的推理”所依据的原则,而圆满性原则则是一条直接涉及上帝和人的选择决断和创造行为的原则,质言之,前两条原则是涉及上帝和人的理智的原则,圆满性原则则是涉及上帝和人的意志的原则,也就是说,它本质上是一条实践的原则和伦理道德的原则。第三,如上所述,圆满性原则是一条关于自由和自由选择的原则,它不仅涉及上帝的自由和自由选择,而且也涉及人的自由和自由选择。因此,莱布尼茨正是凭借这条原则给我们暗示了关于自由与必然之谜的谜底。第四,正如绝对的必然性依赖于矛盾原则,假设的必然性依赖于充足理由原则一样,道德的必然性依赖于圆满性原则。第五,在一个意义上我们可以说,圆满性原则比矛盾原则和充足理由原则同莱布尼茨的神义论和单子论有着更为密切的联系。莱布尼茨在《单子论》中讲:

> 在上帝之中有权力,权力是万物的源泉,又有知识,知识包含着观念的细节,最后更有意志,意志根据那最佳原则造成种种变化或产物。这一切相应于创造出来的单子中的主体或基础、知觉能力和欲望能力。①

在这段引文中,应特别予以注意的是"更有意志"、"意志根据那最佳原则造成种种变化或产物"以及这根据"最佳原则"即圆满性原则造成种种变化或产物的"意志""相应于创造出来的单子"中的"欲望能力"这几个短语。第六,如上所述,根据莱布尼茨的观点,圆满性原则在一个意义下也可以叫做关于存在的量的原则,或关于存在的最大的量的原则,因此,充满原则(plenitude principle)是它的直接的逻辑结论。

莱布尼茨所根据的上述三项基本原则在莱布尼茨的哲学体系中虽然各有相对独立的一面,但同时也还有相互联系、相互贯通甚至相互依存的一面。这后一个方面在我们考察莱布尼茨的哲学所依据的基本原则时是更应当予以注意的,下面我们就来依次考察它们之间的关系和联系。我们不妨从圆满性原则开始。圆满性原则同矛盾原则的联系是十分明显的。我们知道,圆满性原则的运用是无论如何离不开矛盾原则的。因为如上所述,所谓圆满性原则,它首先就是一条关于上帝自由选择的原则,然而既要选择,自然就需先有一个选择对象的问题,而在上帝的创造活动中能够成为其选择

---

① *Gottfried Wilhelm Leibniz*: *Kleine Schriften zur Metaphysik*, p. 460;北京大学哲学系外国哲学史教研室编译:《西方哲学原著选读》上卷,第 484—485 页。

对象的不能是别的，只能是以矛盾原则为基础的诸多可能性世界（概念世界）。那么，为什么只有以矛盾原则为基础的可能世界能够成为上帝的选择对象呢？这自然同矛盾原则的基本意涵直接相关。原来，矛盾原则所强调的无非是思维或概念的自一致，因此以该原则为基础的所有可能世界（概念世界）中每一个都是可能事物（概念）的一个“一致”或共存系统，而这种“一致性”或“共存性”在一个意义上便正是圆满性原则所关涉的圆满性，只是其圆满性的程度不等，未必都达到那么高而已。事实上，正是由于各种不同的可能世界都具有程度不同的圆满性，上帝才有可能对其圆满性的程度进行逐一的比较，并从中挑选出圆满性程度最高的可能世界。莱布尼茨在《单子论》里当谈到上帝在无数可能世界中进行选择必有一个理由时曾经明确指出：“这个理由只能存在于这些世界所包含的适宜性或圆满性的程度中，因为每一个可能的世界都是有理由要求按照它所含有的圆满性而获得存在的。”①他的这段话清楚地道出了圆满性原则与矛盾原则的相互依存性或相互贯通性。还有，当莱布尼茨用经过自己改造过了的矛盾原则来解说单子的自然变化时便提出了著名的变化的内在原则或内在本原问题，而且他所谓的内在原则或内在本原不是别的，正是单子本身固有的根据圆满性原则活动的欲求或欲望。圆满性原则同矛盾原则之间不仅存在着某种联系，而且它们之间的联系还是内在的和实质性的。如果说圆满性原则同矛盾原则有密切关系的话，则圆满性原则同充足理由原则的关系就更为密切，也更其昭然了。因为一方面，以充足理由原则为基础的唯一存在的实际世界之所以存在的最后的充足理由不是别的，正是上帝依据圆满性原则在无数可能世界中进行的选择；另一方面，上帝之所以会在无数可能世界中独独选择出并创造出这样一个世界，其根本理由也正是在于这个以充足理由原则为基础的唯一存在的实际世界具有最大的圆满性。或许正是由于它们之间的关系太密切了，莱布尼茨才不时地把这两条原则合并在一起谈。最后，让我们来考察一下充足理由原则同矛盾原则的关系。前面说过，矛盾原则是关于本质和可能性的原则，是适用于可能世界的原则，而充足理由原则是关于存在的原则，是适用于唯一存在的实际世界的原则。但是既然

---

① *Gottfried Wilhelm Leibniz*: *Kleine Schriften zur Metaphysik*, p. 462；北京大学哲学系外国哲学史教研室编译：《西方哲学原著选读》上卷，第 486 页。

这唯一存在的实际世界原本是无数多的可能世界中的一个，则这个实际世界就不能不同时具有诸多可能世界的内在品质，从而其本质或本性的方面也就不能不以矛盾原则为基础。这样看来，充足理由原则和矛盾原则实乃解说这唯一存在的实际世界之本质和存在这样两个不同层面的原则。矛盾原则同充足理由原则的内在关联不仅可以从实际世界的两重性中明显地看出来，而且还可以从莱布尼茨的实体学说明显地看出来。因为按照莱布尼茨的观点，作为单纯实体的单子，无非是一个“力的中心”，一个知觉和欲求的中心，而他所谓知觉无非是对其他单子和个体事物的表象，他所谓欲求无非是指单子从一个知觉变化到另一个知觉的内在动因。这就是说，严格遵守变化内在原则的单子的运动变化无非是一个以不断明晰的方式反映外在事物的过程，而这个过程的实质不是别的，正是单子的“在己”与“在他”、“内”与“外”、“一”与“多”的动态的转换与统一，而这自然也同时关涉矛盾原则和充足理由原则的联系和统一，因为矛盾原则强调的是事物的自一致或自同一，是事物的在己，是事物的“一”，而充足理由原则强调的则是一事物同他物的联系，是事物的“在他”，是事物的“多”。

毋庸讳言，尽管我们尽力对莱布尼茨的哲学所根据的诸项基本原则及其关系做了上述说明，但总的来说，莱布尼茨本人在自己的著作中对这些原则之间的复杂关系是缺乏整体的、系统的、明晰的说明的。他甚至几乎不曾把这三项基本原则放在一起把它们作为一个有机整体考察过。在通常的情况下，如上所述，他或是把矛盾原则和充足理由原则放在一起，或是把矛盾原则同圆满性原则放在一起，只是偶尔在讨论过矛盾原则和充足理由原则之后提及圆满性原则。至于这三项基本原则之间的有机联系，莱布尼茨谈得就更欠系统了。他只是不时地在这样那样的语言场景下从这样那样的角度顺便提及这种关系或联系，而从未对这种错综复杂的关系作出一个完整、系统的说明，因此，在他的有关著作和论文中，这三项基本原则往往给人一种多元并存的印象。当然，要求莱布尼茨对这三项基本原则及其关系作出完整而系统的说明，也未免太过苛刻。殊不知这三项基本原则及其相互关系的问题恰是近代哲学中一个最重大、最基本也最棘手的问题，它原本是可以无穷争论下去的，因而它是需要在漫长的哲学演进中逐渐予以说明的。莱布尼茨没有对它们的关系作出更为具体、更为系统的说明，从这个意义上看或许不失为一明智之举。对他来说，在哲学史上开天辟地第一次在矛盾原则之外另提出充足理由原则和圆满性原则，就已经足可以把他放进最伟大的哲学家之列了。鉴于这样一种情况，我们对这三项基本原则的互蕴互补关系的说明，虽然是尽可能依据莱布尼茨的原著的，但由于莱布尼茨本人有时原本对之表达得就不够连贯和明确，我们结论中有些内容有时就难免是靠我们对他的思想分析得来的，这是需要向读者交代清楚的。然而，无论如何，莱布尼茨的哲学所根据的基本原则——矛盾原则、充足理由原则和圆满性原则——之间的关系是错综复杂的，既有相互独立、无可更替的一面，又有相互联系、相互贯通的一面。它们之间所存在的，并不是如有些研究者所说的是一种单向性的线性关系，而是一种比这要复杂得多的多向性的互蕴互补关系。①

2. 莱布尼茨哲学的总体框架

既然如我们在前面的考察中所强调指出的，矛盾原则、充足理由原则和圆满性原则是莱布尼茨哲学所依据的三项基本原则；这三项基本原则具有明显的形而上学性质，在莱布尼茨哲学体系中享有元哲学的逻辑地位，故而对其他次级原则具有明显的统摄功能或支配作用，从而也内在规定了莱布尼茨哲学的总体框架。

诚然，莱布尼茨哲学的次级原则，除我们前面已经提到的主体性原则、个体性原则、实体的能动性原则以及前定和谐原则外，还有许多我们后面将要论及的单子变化的内在原则、三种点的学说、连续性原则、动力学、现象主义、充实原则、天赋观念潜在说、两重真理观、三种必然性学说、三种恶的学说、乐观主义等，在莱布尼茨哲学中也都占有非常重要的地位，也是不容我们忽视的。但是，无论如何，这三项基本原则在莱布尼茨哲学体系中，是一些更为根本的原则，是规定和制约其他原则的原则。这一点不仅从我们前面的论述中发现一些端倪，而且在后面的论述中将会得到相当充分的印证。因为对于莱布尼茨在本体论上提出的关于单子变化的内在原则、连续性原则以及单子与单子、个体与个体之间的前定和谐原则，在认识论上提出的天赋观念潜在说和两重真理学说，在道德学方面提出的神义论、乐观主义和人

① 参阅陈修斋：《莱布尼茨哲学所根据的基本原则和次级原则》，见《陈修斋论哲学与哲学史》，第297—298页。

的自由学说,离开了上述三项原则的互蕴互补关系,是无从理解也无从说明的。在一定意义上,我们可以说,莱布尼茨哲学所要解决的两个主要问题,即“不可分的点”与“连续性”的关系问题和自由与必然的关系问题的全部哲学思考都是基于这些原则的多向互蕴互补关系的。

一般而言,我们可以从这样几个层面来把握莱布尼茨的哲学框架:首先,我们可以把莱布尼茨的哲学体系分割为三大板块,这就是“本体论”(形而上学)、“认识论”和“道德学”。其次,我们可以对这三大板块作进一步的剖析。例如,我们可以从“单子变化的内在原则”、“连续性原则”、“前定和谐原则”和“现象主义与单子主义的一致”四个维度来解读莱布尼茨的“本体论”(形而上学)架构;可以从“天赋观念潜在说”、“微知觉理论”、“两重真理说”和“综合科学”四个维度来解读莱布尼茨的“认识论”架构;可以从“自由学说”、“乐观主义”、“神义论”和“自然的与神恩的王国”四个维度来解读莱布尼茨的“道德学”的架构。最后,我们从对这 12 项次级原则及其相互关系的解密中,一直上溯到作为关于本质的大原则的矛盾原则、作为存在的大原则的充足理由原则和作为自由和自由选择的大原则的圆满性原则这样三项基本原则及其互蕴互补的辩证关联。正是在这个意义上,我们不妨把莱布尼茨的这三项基本原则及其相互关联的学说称做莱布尼茨的“第一哲学”或“元哲学”。

为了便于人们直观地理解和把握莱布尼茨哲学的总体结构,我们不妨把莱布尼茨的哲学所根据的三项基本原则和他哲学中的各项次级原则的关系列图如下:

应当指出的是:我们从三项基本原则及其相互关联的角度对莱布尼茨哲学框架的这样一个总体性说明,是相当粗线条的。这样一种做法尽管有这样那样的缺陷,但是对于我们哲学地理解莱布尼茨的哲学思想和哲学体系显然还是有其必要性的。虽然,随着我们对莱布尼茨哲学思想和哲学体系的研究活动的日渐深入,我们应当而且必须对之作相应的调整。

3. 对罗素关于莱布尼茨的逻辑学的解释的一个批评

在前面考察的基础上,我们对莱布尼茨的矛盾原则、充足理由原则和圆满性原则应该作何理解呢?概括地说,我们应该作下述三个层面的理解。首先,我们应当看到这三项基本原则在莱布尼茨的哲学中既具有逻辑学的

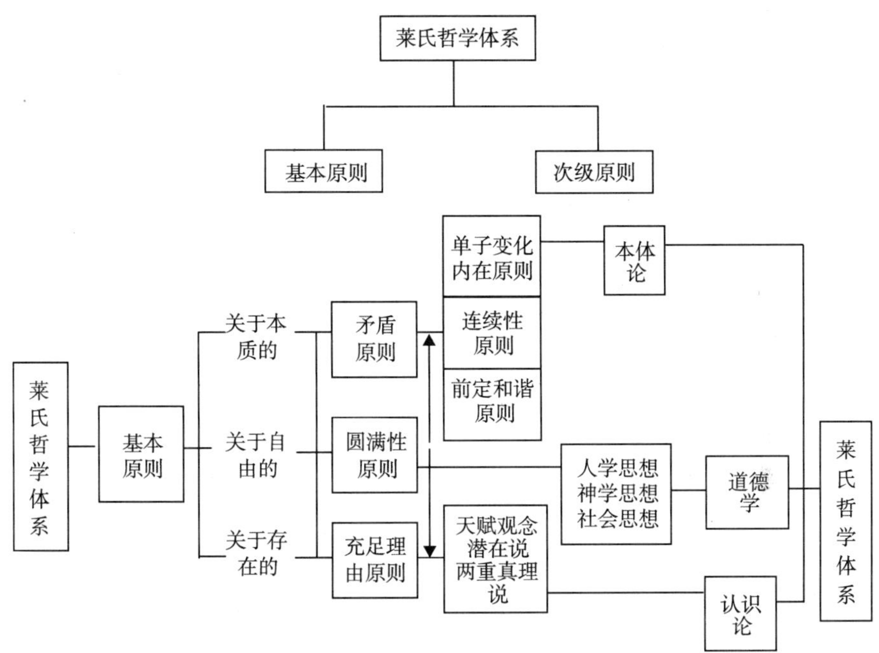

性质和意义，也具有形而上学的和本体论的性质和意义。但是，如果仅仅做到这一步还是不够的，我们还应当进一步看到：在莱布尼茨哲学中，这三项基本原则的逻辑学性质和意义同它们的形而上学的或本体论的性质和意义是相互对应又相互渗透、相互补充的，把它们的这两种性质和意义人为地分割开来是不恰当的。然而，我们还应当继续前进，也就是说，我们还应当进一步认识到：在莱布尼茨的哲学中，这三项基本原则的形而上学的或本体论的性质和意义虽然常常是同它们的逻辑学的性质和意义关联着的，但是在这种关联中，它们的形而上学的或本体论的性质和意义始终是首要的和居支配地位的。如是，我们方可以说是对这三项基本原则在莱布尼茨哲学中的地位有了比较全面比较深入的理解和把握。但是，遗憾的是，一些哲学家，首先是一些以"拒斥形而上学"为基本目标的现代分析哲学家在莱布尼茨研究中则根本拒斥这三项基本原则的形而上学的或本体论的性质和意义而片面地强调它们的逻辑学性质和意义，从而极大地妨碍了对莱布尼茨的这三项基本原则及其相互关系的客观的和辩证的理解，也从根本上妨碍了对莱布尼茨哲学的全面的客观的理解和解释。而在这些哲学家中，最为典型其影响也最为昭著的当推当代英国分析哲学家伯特兰·罗素（Bertrand

Russell,1872—1970 年)了。因此,具体地剖析一下罗素对莱布尼茨的哲学的基本原则的解释是十分必要的和有益的。但是,由于罗素对莱布尼茨的哲学的基本原则的解释主要是在他的《对莱布尼茨哲学的批评性解释》中作出来的,所以,在本著中,我们将着力考察和剖析他的这部著作。

《对莱布尼茨哲学的批评性解释》是罗素公开发表的第二部著作。它不仅对于作为哲学史家的罗素是重要的,而且对于作为哲学家的罗素也是至关重要的。莱布尼茨是欧洲近代理性主义哲学的集大成者。他的深邃的、具有划时代意义的哲学思想,不仅在他去世后不久即为他的信徒克里斯提安·沃尔夫做了系统的诠释,而且还受到了法国“百科全书派”首领狄德罗和德国古典哲学家康德、黑格尔和费尔巴哈的高度重视。即使到了现当代,他的哲学思想依然熠熠生辉。① 现代西方哲学人本主义的鼻祖叔本华就是在研究他所提出和阐释的“充足理由律”的过程中走向意志主义的。莱布尼茨的哲学思想也同样深刻地影响着罗素。如果说“走进沙漠”是天才思想家的普遍命运的话,那么,对于 2 岁丧母、4 岁丧父、自幼就意识到“我生来就不幸”的罗素来说就更其如此了。然而,正如罗素自己所说,他摆脱“孤寂感”的主要途径便是同“先哲”的“神交”,而首先是同莱布尼茨的神交,并且以博得莱布尼茨的思想地位为自己终生向往和企求的人生目标。②

我们常常说罗素是现代数理逻辑中逻辑主义分支的主要代表和现代分析哲学的重要代表,其实,无论如何,罗素首先是一位莱布尼茨研究者。他于 1900 年出版的这部研究莱布尼茨的哲学专著,至今还被西方哲学界公认为研究莱布尼茨的权威性著作。而他也把莱布尼茨看做自己在所有先哲中研究最努力、研究成果超人的唯一一位哲学家;对此,他在 1947 年出版的《西方哲学史》的“美国版序言”和“英国版序言”中都曾申明过和强调过。③ 而且,莱布尼茨远不止是罗素的一个研究对象,他事实上构成了罗素走向自

---

① 参阅段德智:《莱布尼茨对现代西方哲学的影响》,《武汉大学学报》1996 年第 6 期。

② Cf. Russell, *The Autobiography of Bertrand Russell*, London: George Allen & Unwin Ltd., 1993, p. 190. 在其中,罗素写道:“我经常跟莱布尼茨作幻想的交谈。我告诉他:他的那些观念已经证明了是何等的伟大,其成就和影响比他所能预见的要大得多;当我在自信的时刻,我幻想到以后的学者会像我对莱布尼茨那样对我有同样的想法。”

③ 参阅罗素:《西方哲学史》上卷,何兆武、李约瑟译,商务印书馆 1981 年版,第 6、8 页。

己、实现自己的一座重要桥梁，质言之，罗素是在研究莱布尼茨的过程中走上自己的哲学道路，从一个新黑格尔主义者转变成一个新实在论者和逻辑原子主义者的。①

然而，事情“蹊跷”得很。不是别人，正是麦克塔加特（John Ellis McTaggart，1866—1925年）本人在1899年给罗素提供了借以系统表达他叛离麦克塔加特哲学立场的机会。按照罗素本人的说法，他早年是在麦克塔加特的直接影响下成为一个黑格尔主义者的。然而，后来在新实在论哲学家摩尔的影响下，他逐步从“德国的唯心论”即布拉德雷的或黑格尔的绝对唯心论的浸渍中超拔出来，转到新实在论和逻辑原子论的立场上来，转到洛克、巴克莱和休谟的经验主义立场上来。而他的这种哲学立场的“革命性”转变最初就是由《对莱布尼茨哲学的批评性解释》表达出来的。可是，罗素研究莱布尼茨却是很偶然的。当时剑桥大学要麦克塔加特开莱布尼茨的课，麦克塔加特却打算到新西兰走亲戚，于是请罗素代他讲授莱布尼茨哲学。而罗素也充分地运用了麦克塔加特给他的这个机会，对新黑格尔主义做了一次认真的清算。

罗素认为，“哲学史”作为一项“学术研究”可以设置两种“目标”，其中一种主要是“历史”的，而另一种则主要是“哲学”的。“历史”的研究目标有一个重大缺陷，这就是“过分地偏重”诸哲学之间的“关系”而“忽视”对“哲学”本身的研究。而后一种研究则要求对先前哲学家采取一种比较“纯粹”的哲学态度；在这种态度下，我们虽然也要具体地甚至历史地考察一个哲学家的实际观点，但这位哲学家毕竟是作为某项哲学真理的载体而受到考察的。简言之，这种探求要求我们把精力首先集中到“哲学的真假”上，而非“历史的事实”上，因而是一种“大可一试”的方法。况且，在莱布尼茨研究方面，历史的任务已经为其他人、为一些知名学者令人称叹地完成了。鉴此，罗素宣布，对于莱布尼茨，他所“尽力承担”的是“后面一项”任务，即“哲学性质更为鲜明”的任务，而非“较为严格的历史的任务”。

在对莱布尼茨哲学进行系统的“哲学”研究方面，罗素高于前人的地方在于他采用了一种特殊的方法，即他所谓“分析的方法”，即“从结果开始，

---

① 参阅罗素：《我的哲学发展》，温锡增译，商务印书馆1995年版，第7页。也请参阅本书第六章第四节有关内容。

然后及于前提”的方法，也即他所谓“奥卡姆剃刀”的方法。关于他的这个方法，英国学者艾兰·乌德有个绝妙的比喻，说罗素以为一个哲学家的任务正像“侦探故事中的侦探”一样，这个侦探不能不从“结局”开始，借着分析证物，逆着进行。[①] 罗素认为，先前的莱布尼茨研究的一项基本缺陷就是它基本上是就莱布尼茨哲学的某些具体意见来审视莱布尼茨、研究莱布尼茨，而不注意追究这些意见的“终极根据”。例如，人们只是武断地宣布：单子之间不能相互作用，有所谓“不可辨别者的同一性”，有所谓“充足理由原则”，等等，但并未对莱布尼茨的这些“意见”做进一步的考察，并未对这些“意见”进一步问一个“为什么”。因此，罗素给自己提出的首要任务就是去探究莱布尼茨诸多哲学意见的“根据”，寻求莱布尼茨哲学的理论基础。

为完成这一任务，罗素认真地研读了莱布尼茨的《形而上学论》和致阿尔诺的信。在研读中，罗素极其兴奋地看到了“一束强烈的光线”突然照射进了“莱布尼茨哲学大厦”的“最幽深处”，看到了它的“基础”是“如何奠定”的，它的“上层建筑”又是“如何拔地而起”的；从而形成了一个非常基本的思想，这就是：“莱布尼茨哲学差不多完全源于他的逻辑学。”[②]这在当时是一个崭新的思想。按照当时人们的流行看法，在大陆理性主义哲学家当中，斯宾诺莎的哲学是最适宜于由定义和公理出发的几何学演绎法的。但是，罗素却令人震惊地宣布：莱布尼茨的哲学比斯宾诺莎的哲学“更加适宜于由定义和公理出发的几何学演绎”。在罗素看来，莱布尼茨的哲学体系完全能够从一些非常简单的“前提”推演出来，而他的这部著作的根本任务就是找到这些“前提”，并且进而表明莱布尼茨哲学的所有原理差不多都是从这些前提推演出来的。这从本书第一章的标题“莱布尼茨的哲学前提”就可以看出来。罗素开宗明义地宣布：“莱布尼茨的哲学，虽然从来不曾作为一个系统的整体呈现于世人，然而，正如细心考察所表明的，却是一个异乎寻常地完整的和连贯的体系。”[③]而这个哲学的“前提”主要是五个。这就是：(1)“每个命题都有一个主项和一个谓项。”(2)“一个主项可以具有若干个关于存在于不同时间的性质的谓项。”(这样的主项被称为实体)(3)

---

① 参阅罗素：《我的哲学发展》，第246页。

② 参阅罗素：《对莱布尼茨哲学的批评性解释》，“第二版序”之第15页。

③ 同上书，第1页。

“不断言处于特定时间的存在的真命题是必然的和分析的，而那些断言处于特定时间的存在的命题则是偶然的和综合的。后者依赖于终极因。”(4)“自我是一个实体。”(5)“知觉产生关于外部世界即关于除了我自己以及我的状态之外的存在物的知识。”①而这部著作的第二—五章着重讨论这些前提的前四个，并且表明它们将导致莱布尼茨哲学体系的全部必然命题，或近乎全部的必然命题。这些是莱布尼茨哲学体系中最具个殊性和独创性的内容。这部著作第六—十一章讨论莱布尼茨单子主义的证明和描述；而其余各章将继续讨论这些内容，并且将讨论灵魂与躯体、上帝学说和伦理学。后面这些部分虽然占了很大的篇幅，但是它们并不构成莱布尼茨哲学的本质内容，只不过是改头换面的斯宾诺莎主义。于是，正如我们后来在他的《数学原则》和《数学原理》中所看到的，罗素在其中所谈论的与其说是一般的数学问题，毋宁说是数学的逻辑基础，我们在《对莱布尼茨哲学的批评性解释》中所看到的也与其说是莱布尼茨的哲学体系，毋宁说是莱布尼茨哲学的逻辑基础或逻辑前提。这不仅对于我们历史地理解罗素的“逻辑分析”方法是重要的，而且对于我们历史地理解罗素的数理逻辑中的和哲学中的逻辑主义也是十分必要的。因为，正是在这部著作中，我们已经相当强烈地感受到了罗素后来明确表述出来的“逻辑是哲学的本质”的重要思想。

然而，该书对罗素哲学发展的重大影响还远不止如此。因为罗素虽然对莱布尼茨哲学的逻辑主义做了系统的解释，但是他也对莱布尼茨的逻辑主义作了积极的批评，从而为他提出一种崭新的逻辑主义做了必要的铺垫。在罗素看来，莱布尼茨的逻辑主义的缺陷最根本的就在于它的唯实体主义。我们知道，莱布尼茨本人不止一次地强调实体概念的重要性，认为对实体概念的考察是哲学中最为重要又最富于成效的一点，最基本的真理，甚至那些关于上帝、灵魂和躯体（物体）的真理，都是从他的实体概念推证出来的。罗素由此断言，“实体概念支配着笛卡尔的哲学，而在莱布尼茨哲学中的重要性一点也不次于前者。”②与笛卡尔主义者不同，莱布尼茨不是把实体定义为其存在仅仅需要上帝协助的东西，而是坚持用谓项来定义实体，断言所谓实体即是“可以具有若干个关于存在于不同时间的性质的谓项”的“主

---

① 罗素：《对莱布尼茨哲学的批评性解释》，第4—5页。

② 同上书，第45页。

项”。但是,这样一来,莱布尼茨便犯了把实体同有关谓项的总和混淆在一起的错误。这是因为,在人们赋予实体这个术语的意义中,除主项的逻辑概念外,一般说来,还存在着另外一个要素,这就是在变化中持续存留这个要素。实际上,持续存留作为纯粹生成的对立面就包含在变化的概念中。而变化总意味着某件事物在变化;也就是说,它总是意味着一个主项在变化其性质的同时又保留着它本身。由此看来,实体便不是一个观念,一个谓项,也不是诸多谓项的集合,而是谓项存在于其中的“基质”。①

然而,在罗素看来,莱布尼茨的实体概念的弊端不仅在于无端酿成了上述自相矛盾或“悖论”,而且还在于它是一种完全排斥“关系”实在性的学说。莱布尼茨相当重视“关系”问题,不止一次地讨论了“关系”问题。但是,为了主张主项—谓项学说,莱布尼茨最后还是接受了康德的理论,认为关系虽说是确实的,但却是心灵的产物,是一种“纯粹观念性的东西”②。罗素严厉地批评了莱布尼茨的“关系”理论,昭示了它的“荒谬性”,并进而论证了它的实在性。不难看出,在罗素对莱布尼茨逻辑学说和实体学说的批评中,已经酝酿了他以后很久才完成的“从具有属性的实体到处于关系中的事件”的“转变”,而这样一种“转变”无疑是他的“逻辑原子主义”得以形成的必要前提。

应该说,罗素在考察莱布尼茨的哲学时坚持从逻辑学出发,坚持从莱布尼茨的逻辑学推演出他的全部哲学原理,这一点是相当深刻的。因为莱布尼茨的逻辑原则不是普通的形式逻辑的原则,而是他借以构建其哲学体系的根本的思维原则,属于莱布尼茨体系中“元哲学”的层面和最本质的内容。从莱布尼茨的逻辑学出发,就是从莱布尼茨哲学的最高原则出发,也就是从莱布尼茨哲学的“终极基础”出发,而这一点显然是许多莱布尼茨的研究者所未曾达到的。

但是,罗素在理解和把握莱布尼茨的逻辑原则时却犯了严重的错误,把矛盾原则看成了莱布尼茨借以构建其哲学的唯一的思维原则。这是相当片面的。诚然,罗素在本书中也确实认真地讨论过莱布尼茨的充足理由原则,例如,他用了一整章的篇幅讨论了“偶然命题与充足理由原则”(该书第三

① 参阅罗素:《对莱布尼茨哲学的批评性解释》,第47—50、56—58页。

② 同上书,第13—17页。

章)；但是，他在讨论充足理由原则与矛盾原则的关系时，还是把充足理由原则归结为矛盾原则，宣布："充足理由律是必然的和分析的，而不是一个同矛盾原则并列的原则，而只是它的一个结论。"①这是很不恰当的。

我们知道，在莱布尼茨以前，大陆理性派哲学家，如笛卡尔和斯宾诺莎，都信奉矛盾原则或矛盾律为他们哲学的最高思维原则。所谓矛盾原则就是我们通常所说的"甲不能既是甲又是非甲"的逻辑原则；按照这项原则，一个命题、思想和理论只要不包含着逻辑上的自相矛盾就是自明的，就是真的。这种标准虽然对关于本质的命题、思想和理论是适用的，但是却不适宜于那些关于存在的命题、思想和理论。例如，"张三在读书"可能是一个完全真的命题；这并不能从逻辑上排除这个命题的反面"张三不在读书"的可能性，但是我们却不能因此而否认这个命题的真理性。莱布尼茨由于意识到了矛盾原则之不足用，于是另提出了"充足理由原则"。② "充足理由原则"的基本意涵是"没有什么东西是没有理由的"，或者如海德格尔所说，是"没有什么东西无理由而存在"。依照矛盾原则，在永恒必然的真理中，一个命题的谓项总包含在主项中。但是，存在或存在性却不能够成为一个包含在这类命题的一个主项中的谓项。既然如此，则永恒真理就只能是关于本质的命题，而不能是关于存在的命题，从而矛盾原则也就只能是关于本质的大原则，而不能成为关于存在的大原则。能够成为关于存在的大原则的，则是"充足理由原则"。

诚然，一如我们在前面所指出的，虽然矛盾原则依然是莱布尼茨哲学的一项基本思维原则，但是，充足理由原则和圆满性原则，同矛盾原则一样，也是一项莱布尼茨哲学所依据的相对独立的基本思维原则：如果说矛盾原则是关于本质的大原则的话，那么，充足理由原则是关于存在的大原则，而圆满性原则则是关于自由和自由选择的大原则。③ 不仅如此，这三项原则之间除了各有相互独立的一面外，也确实存在着相互联系、相互贯通甚至相互依存的一面：不仅充足理由原则和圆满性原则的运用或发挥依赖于矛盾原则，而且，矛盾原则的运用和发挥也依赖于充足理由原则和圆满性原则。我

① 参阅罗素：《对莱布尼茨哲学的批评性解释》，第41页。

② 参阅陈修斋：《陈修斋论哲学与哲学史》，第270—296页。

③ 参阅陈修斋、段德智：《莱布尼茨》，(台北)东大图书公司1994年版，第69—75页。

们下面将会看到:莱布尼茨对于解决他所面临的两大问题,即“不可分的点”与“连续性”的关系问题和自由与必然的关系问题的全部哲学思考都是基于这些原则及其多向互蕴互补关系的。离开了充足理由原则和圆满性原则,离开矛盾原则同充足理由原则和圆满性原则的多向互蕴互补关系,不仅莱布尼茨哲学的个体性原则和偶然性原则,单子之间的普遍联系或它们之间的共存、连续及和谐问题,现象世界里个体事物之间的普遍联系问题或它们之间的共存、连续及和谐问题得不到根本的和充分的说明,而且,莱布尼茨的天赋观念潜在说和两重真理学说以及他的神义论思想和他的人的自由学说也不可能得到根本的和充分的说明。

莱布尼茨的逻辑学虽然是该书的主题,但罗素围绕着这一主题,具体而深刻地讨论了许多重大的哲学问题,提出和阐述了许多有价值的思想。例如,他在该书中非常细致地讨论了莱布尼茨的实体概念、物质哲学、时空理论、知觉理论、伦理思想和神学思想,比较深入地阐述了莱布尼茨哲学的主体性原则和个体性原则,比较认真地批评了莱布尼茨的天赋观念学说等。所有这些都是值得我们认真借鉴的。此外,该书的“附录”对于我们理解和研究莱布尼茨的哲学思想也是大有裨益的。

至于该书的缺点,除了我们在前面指出的那种片面性外,还有一些也是值得我们注意的。例如,他把莱布尼茨的关于经验世界的哲学看做是“一件历史的古玩”,就相当充分地体现了他的唯心主义的哲学偏见。但是,瑕不掩瑜,尽管近一个世纪过去了,罗素的这部著作在研究莱布尼茨哲学的诸多著作中迄今依然是最有哲学思想、最有价值的少数几部著作之一。① 它不仅对于我们系统、深入地了解莱布尼茨以及深入、历史地了解罗素是极其重要的,而且对于我们具体、深入地了解整个近现代西方哲学和当代西方哲

---

① 在其他一些重要著作中,Nicholas Rescher, *The Philosophy of Leibniz*. Englewood Cliffs: Prentice-Hall,1967; Yvon Belaval, *Leibniz critique de Descartes*, Parris: Gallimard, 1960; Laurence B. McCullough, *Leibniz on Individuals and Individuation*, Boston: Kluwer Academic Publishers,1996; Robert Merrithew Adams, *Leibniz: Determinist, Theist, Idealist*. Oxford: Oxford University Press, 1994; Baruch Brody, Leibniz's Metaphysical Logic. In Kulstad, ed. ,The Philosophy of Leibniz and the Modern World, pp. 43 – 55;与罗素的《对莱布尼茨哲学的批评性解释》同时出版的 Louis Couturat, *La logique de Leibniz*. Paris: Alcan,1901 and Errnst Cassirer, *Leibniz's System in seinen wissenschaftlichen Grundlagen*. Marburg: N. G. Elwert'sche Verlagsbuchhandlung,1902 等也具有特殊的价值。

学也是极其重要的。①

至此,我们不仅大体叙述了莱布尼茨的生平和哲学著述活动及哲学思想发展的历史轨迹,而且也对莱布尼茨哲学的理论渊源、生成过程、主要旨趣、所依据的三项基本原则及其相互关联、以三项基本原则为元哲学或第一哲学的由本体论或形而上学、认识论和社会伦理观念为三大板块的总体框架也做了比较系统的阐释和勾勒,这样,我们下面就有可能依次考察莱布尼茨的哲学体系的三大板块,即三大组成部分——本体论(形而上学)、认识论和社会伦理思想,看看莱布尼茨是怎样从这些基本原则的互蕴互补关系出发来具体地解决有关哲学问题,怎样具体地给出他所面临的两个主要哲学之谜的"谜底"的。

① 参阅段德智:《对莱布尼茨的逻辑学的再解释:对罗素关于莱布尼茨的逻辑学的解释的一个批评》,《武汉大学学报》1999 年第 2 期。

第 三 章

莱布尼茨的本体论思想

虽然,如上所述,我们可以把莱布尼茨的哲学划分为三个大的板块:本体论、认识论和社会伦理思想,但是,无论如何,本体论作为莱布尼茨哲学体系的基础内容,构成我们讨论和理解莱布尼茨的认识论和社会伦理思想的理论前提,因此,当我们系统、深入和具体地考察莱布尼茨的哲学体系时,我们将依照惯例,首先考察莱布尼茨的本体论思想。

当我们着手讨论莱布尼茨本体论思想时,有一点是特别需要先行强调指出的。这就是:在莱布尼茨这里,本体论与形而上学并不完全是一回事,也就是说,在莱布尼茨的本体论思想里,除形而上学内容外,还有一个本体与现象的关系问题或单子主义与现象主义的内在关联问题,后者不仅是莱布尼茨本体论思想一项最具特色的内容,而且也是当代国际莱布尼茨研究中的一个比较重大的热门话题。因此,在这一章里,我们将不仅比较详尽地讨论莱布尼茨的以单子论为核心内容的形而上学体系,而且还将对国际莱布尼茨研究中的有关观点作出比较系统的考察,对莱布尼茨本体论思想中单子主义与现象主义的内在关联,亦即莱布尼茨的“形而中学”作出比较深入的说明。

毫无疑问,不仅莱布尼茨提出的以单子论为核心内容的形而上学体系在西方本体论思想史上具有重大的理论意义,而且他所提出的“形而中学”的思想,亦即他的单子主义与现象主义内在关联的思想,在西方本体论思想史上也是同样具有重大的理论意义的。然而,莱布尼茨在本体论方面的所有这些建树都不是偶然的,都是由于他在积极回应时代向他提出的种种问题中作出来的。离开了莱布尼茨所在的时代,我们是不可能具体而深刻地领悟他的这些建树的。鉴此,我们在讨论莱布尼茨的本体论思想时,我们将首先讨论莱布尼茨本体论思想的理论背景。

一、莱布尼茨本体论思想的理论背景

一般来说,莱布尼茨的本体论思想的理论背景,不是别的,而是近代唯理论的本体论、近代经验论的本体论以及近代经验论和近代唯理论在本体论领域的对抗和斗争。下面我们马上就会看到,莱布尼茨的本体论思想的上述两个维度都是在近代唯理论和经验论本体论的逻辑演进过程中以及在这两种本体论思想的对抗和斗争中酝酿和产生出来的。

1. 大陆理性派本体论的逻辑演进:从二元论到唯心主义一元论

尽管莱布尼茨的哲学中接纳了不少经验主义的成分和合理性因素,但是,从总体上看,他毕竟还是理性主义哲学家。因而,在介绍莱布尼茨本体论思想的理论背景时,我们将首先介绍莱布尼茨时代唯理论本体论的发展进程和问题意识。

在近代哲学中,唯理论主要代表人物有笛卡尔、斯宾诺莎和莱布尼茨。尽管他们在许多方面也存在着许多差异乃至对立,但是,在重视本体论思想研究方面倒是比较接近或一致的。大陆理性派哲学的创始人和奠基人是17世纪法国哲学家勒内・笛卡尔。他的主要著作除《方法谈》外,便是《形而上学的沉思》(1641年)和《哲学原理》(1644年)。笛卡尔作为西方哲学史上一位著名的革新家,他力求顺应历史潮流,构建一种明显地区别于中世纪经院哲学的"新哲学"。他把自己的新哲学称做"实践哲学"。按照笛卡尔自己的解释,他的新哲学主要涵盖三个部分的内容,这就是"形而上学"、"物理学"以及"其他各门具体科学"。所谓"形而上学",笛卡尔意指的是研究超乎自然和超乎经验的实体(上帝、心灵和物质)的学说;所谓"物理学",笛卡尔意指的是关于自然界的学说,研究的是物质的自然界的一般特性;而所谓"其他各门具体科学",笛卡尔意指的主要是具有实用性的"医学"、"机械学"和"伦理学"。笛卡尔非常重视各门具体科学,以为这些科学明显地具有有助于人类征服自然界获取自身幸福的性质和功能。他特别重视伦理学,说伦理学是"最高等级"的智慧。但是,作为一位思想家,他最后还是把"形而上学"放到了首位。笛卡尔曾将他的哲学体系比作一棵大树,他说道：

> 哲学作为一个整体，像是一棵树。它的树根是形而上学，它的干是物理学，它的那些由这干发展而来的枝是全部其他科学，它们又归结为三门主要的学科，即医学、机械学和伦理学——我是指最高和最完善的道德科学，它以其他各门科学的全部知识作为前提，是智慧的最高等级。①

诚然，事情确实如笛卡尔本人所说，“我们不是从树根树干，而是从其枝梢采集果实的”，但是，倘若没有树根，无论如何枝梢上的果实是结不出来的。斯宾诺莎同笛卡尔一样，也十分重视伦理学，不仅明确宣布：

> 我志在使一切科学都集中于一个目的或一个理想，就是达到……最高的人生圆满境界。因此，各门科学中凡是不能促进实现我们的目的的东西，我们就将一概斥为无用；换言之，我们的一切行为与思想都必须集中于实现这个唯一的目的。②

而且，其代表作的标题即为《伦理学》，但是，既然在斯宾诺莎看来，“至善在于知神”，而他所谓神即是唯一普遍的“实体”，则本体论或形而上学在他的哲学中的地位也就不言自明了。

16—18 世纪的大陆理性派哲学是一个自身包含着不同阶段的相对独立的发展过程。这一发展过程如果从本体论的角度看，则明显的是一个从二元论到唯物主义一元论再进展到唯心主义一元论的过程。

在本体论或世界观上，笛卡尔是一个典型的二元论者。他断言，现实世界上有两类永恒不变的实体，一类是精神实体，一类是物质实体，它们各有自己的本质属性和偶性。精神实体的本质属性是思想，它的偶性有怀疑、理会、否定、愿意、想象、感觉等；物质实体的本属性是广延，它的偶性有形状、大小、运动等。由于这两类实体本质属性不同，它们之间就不可能有任何联系和作用，也就是说，物体不能派生和作用于心灵，心灵也不能派生和作用于物体。笛卡尔的这种二元论，尽管有当时的自然科学的和时代潮流方面的根源，但是由于哲学总是寻求普遍性和统一性，是不可能恒久地停顿在这

---

① 笛卡尔：《哲学原理》序言，转引自冯俊：《法国近代哲学》，第 22—23 页。

② 北京大学哲学系西方哲学史教研室编译：《十六——十八世纪西欧各国哲学》，商务印书馆 1975 年版，第 252 页。

种二元论上面的。于是，笛卡尔先是通过肯定“我思故我在”宣布了人的精神对上帝的独立，后又请回上帝来沟通精神和物质，从而完成了他的整个形而上学体系的构建。他把彼此独立的精神实体和物质实体看做是依赖于上帝的“相对实体”，把上帝称做唯一的“绝对的实体”。这样，他的二元论到最后还是倒向了客观唯心主义。

笛卡尔请出上帝原本为沟通精神实体和物质实体，但是这样一来，不仅精神实体与物质实体的二元对立依然存在，反而引出了心灵、物质、上帝三种实体鼎立的局面以及“绝对实体”与“相对实体”的对立。因为既然精神实体是能思想而无广延的实体，那么，作为绝对无限的精神实体的上帝如何能够产生和决定相对的、有限的物质实体即自然事物呢？而且，如果心灵和物质为上帝产生和决定，那它们还算得上什么独立存在的真正实体呢？事实上，笛卡尔哲学中这种相对实体与绝对实体的矛盾，正是斯宾诺莎唯物主义一元论的诞生地。斯宾诺莎对笛卡尔哲学的根本改革在于以下两点：一是宣布实体是唯一的，取消笛卡尔物质实体和精神实体的说法，把物质与精神或广延与思维都看成是唯一实体的两种属性，把笛卡尔分属于物质实体和精神实体的偶性改造成表现唯一实体不同属性的“样式”；二是宣布上帝即自然，把笛卡尔的作为超越于物质与精神这两种相对实体的绝对无限精神实体的上帝熔铸为自身兼有思维、广延两种属性的实体。这样，斯宾诺莎就既回避了绝对实体产生、决定相对实体的问题，又回避了精神实体产生、决定物质实体的问题，在上帝即自然的前提下，使笛卡尔的二元论转化成了唯物主义一元论。从笛卡尔的二元论到斯宾诺莎的唯物主义一元论，是理性派哲学发展史上的一次重大飞跃。斯宾诺莎努力摆脱当时自然科学所设置的狭隘界限，坚持从世界本身说明世界，排除了超越于世界之上而被用来说明世界存在和发展原因的上帝，从而摧毁了作为封建制度精神支柱的根基，足见其作为彻底埋葬封建势力的荷兰资产阶级哲学代表的理论勇气。

斯宾诺莎的哲学虽然消除了笛卡尔哲学中相对实体和绝对实体的矛盾，但并未从根本上消除精神与物质的二元对立，而且依然沿袭了笛卡尔关于物质即广延的观点。莱布尼茨认为，能动性是一般实体的本质属性。既然物质的本质属性只是广延，没有任何活动和变化能从广延派生出来，那么，它就既不能成为实体，也不能成为实体的本质属性，因此，实体的本质只在于某种能动的“力”，并且因为客体既无广延而非物质的，就只能是具有知觉和欲望的能力的精神性的东西,他称之为"单子"。而物质若不是指那种纯粹被动性的抽象的"初级物质",则无非是单子的复合,是诸多单子的堆积在感觉或想象中所呈现的现象,他称之为"次级物质"。这种"次级物质"虽然也被看做"有良好基础的现象",并非纯粹虚幻,但毕竟只是"现象"而非"实体"。这样,莱布尼茨就用他的单子论,用他的唯心主义一元论从根本上消除了斯宾诺莎和笛卡尔哲学中精神和物质的二元对立,在精神的基础上把物质和精神统一起来了。就这个意义说,他的哲学是唯心主义一元论。但是,按照莱布尼茨的单子论学说,单子作为实体并不是如斯宾诺莎所说只有唯一的一个,而是有无限多个,这就是说,存在有无限多个精神实体。就这个意义说,也可将莱布尼茨的本体论称做唯心主义多元论,从而与斯宾诺莎的唯物主义一元论相对立。莱布尼茨对斯宾诺莎和笛卡尔机械主义物质观的批评是切中要害的,他关于能动性是一般实体的本质的见解是深刻的。列宁曾称赞他,说他"接近了物质和运动的不可分割的(并且是普遍的、绝对的)联系的原则"①。其实,把物质和运动割裂开来,把物质和思维割裂开来,正是笛卡尔物质观的根本弊端及他的二元论哲学的症结所在,这也是笛卡尔的二元论经过唯物主义一元论而最终让位于唯心主义的根本原因。因此,莱布尼茨的唯心主义是大陆理性派哲学发展的一个必然结果。

大陆理性派的本体论从笛卡尔到斯宾诺莎再到莱布尼茨的发展,如果从实体学说的角度看,是一个从二元论中经唯物主义一元论最后达到唯心主义一元论或唯心主义多元论的逻辑发展过程。但是,伴随着这样一个转化过程而同时发生的,还有一个围绕着身心关系问题展开的逻辑发展进程,这就是从笛卡尔的"交感说"向斯宾诺莎的"平行说"再向莱布尼茨的"前定和谐说"的转化过程。众所周知,笛卡尔在考察身心关系时,提出了著名的"身心交感说"。他断言我们有两种不同的认识方式。我们通过理性直觉和理性推证获得关于心灵、上帝及有形体的东西的本性的认识,凭借感官来认识有形体的东西的存在。他把前一种认识叫做"纯粹理解",而把后一种认识称做"想象"。笛卡尔关于认识方式的上述区分是否得当暂且不论,问题在于:既然依照笛卡尔的观点,心灵只是一个能思想而无广延的实体,形体只是一种有广延而不思想的实体,二者是彼此独立的,那么,心灵又如何

① 列宁:《哲学笔记》,人民出版社1963年版,第427页。

凭借肉体感官来想象外部存在呢？于是笛卡尔提出了他的“松果腺”(pineal gland)的假说，认为人的脑髓中松果腺的部分，就是心灵居住的场所，心灵就是凭借松果腺而与身体各器官相联系并通过这些器官对外界的对象有所感觉，并通过松果腺与身体发生相互作用的。这就是笛卡尔的身心交感说。可是，既然松果腺只是身体的一部分，本身同样是有广延的，它又何以能够成为完全无广延的心灵的居所呢？再者，即便松果腺能够成为心灵的居所，但是既然松果腺本身只是有广延而无思想的东西，那么本身只是在思想而无广延的心灵又如何和身体发生关联、相互作用呢？显而易见，在笛卡尔的身心二元论与身心交感说之间是存在有难以调和的矛盾的。笛卡尔妄图借助“神奇”的松果腺来缓和这种矛盾，完全是于事无补的。

笛卡尔的后继者斯宾诺莎敏锐地觉察到了笛卡尔哲学中身心二元论和身心交感说的矛盾，并尖锐地批评了笛卡尔的身心交感说，指责他的关于松果腺的说法是提出了一个比任何神奇的故事性质还更为神奇的假设。因此，斯宾诺莎坚决地摒弃了笛卡尔的身心交感说，提出了他自己的身心关系的新学说，即身心为一物两面说和身心平行说。诚然，斯宾诺莎继续坚持着笛卡尔关于思维和广延、心灵和身体相互平行的原则，认为身体不能决定心灵使其思想，心灵也不能决定身体使其运动。但他同时又认为，统一的人具有心灵和身体两个方面，当我们借思维的属性来理解人时，他就是一个心灵，而当我们借广延的属性来理解人时，他就是一个身体。因此，心灵与身体乃是同一个东西，是一物的两面。身体的感触或事物的映象在身体内的序列与思想和事物的观念在心灵内的序列是对应的和一致的。在此基础上，斯宾诺莎对感觉观念产生的途径作出了新的说明。按照斯宾诺莎的见解，感觉观念是这样产生的：当外物作用于肉体感官时，它在身体内便引起了一定的激动，与此同时，心灵内便相应地出现某个相关的感觉观念。只是由于身体被激动的情状同时出于激动的物体和被激动的身体的性质，因而它必定是不完满、不恰当的观念。斯宾诺莎的身心一物两面说和身心平行说虽然在一定意义上消除了笛卡尔认识论中身心二元论和身心交感说的矛盾，但是由于他提出的身心一物两面说和身心平行说本质上仍然是以笛卡尔的二元论为前提和基础的，因而归根结底不过是笛卡尔身心二元论在一种削弱的形式下的一个变种。而且，一方面说身体感触外物时，心灵同时出现相应的感觉观念;另一方面又说身体感触外物并非心中感觉观念的原因,这种说法和笛卡尔的身心交感说一样,也是难以自圆其说的。因此,在对于感觉观念起源的解释方面,斯宾诺莎并没有取得什么实质性的进展。

为什么从笛卡尔到斯宾诺莎,在身心关系问题上,未能取得什么实质性的进展呢?一个重要原因即在于他们的眼界为物质即广延的机械唯物主义物质观所局限。既然他们认定广延为身体(物体、物质)的唯一的本质属性,既然他们事先已经把思维能力和思维活动从身体本身完全排除了出去,而把它们设定为一种独立于身体的心灵的本质属性,这样就原则上排除了解决身心关系的可能性问题。这就是说,如果人们要想在解决身心关系问题上有所进展,那就必须超越笛卡尔和斯宾诺莎的机械唯物主义的物质观。莱布尼茨的高明之处也就正在于他不仅清醒地看到了这种机械唯物主义的致命的弊端,而且还努力尝试着对这种物质观进行改造,并且在此基础上提出了他的著名的"前定和谐"学说。在他看来,身体和心灵好像两个走得完全一致的钟,其所以一致,并不是由于它们直接的互相影响,而是由于上帝把这两个时钟事前就造得非常准确,因此它们各走各的而又自然地彼此一致。这就是他所说的"前定和谐"。

总之,在莱布尼茨时代,大陆理性派从笛卡尔到斯宾诺莎,在实体学说方面,有一个从二元论向唯物主义一元论的逻辑演进,在身心关系方面,有一个从身心交感说向身心平行说的逻辑演进,莱布尼茨的作为唯心主义一元论的单子论以及他的"前定和谐"学说就是在这样一种背景下孕育和产生出来的。

2. 英国经验派本体论的逻辑演进:从唯物主义走向唯心主义

莱布尼茨作为大陆理性派的主要代表人物之一,作为大陆理性派哲学的集大成者,其本体论思想受到大陆理性派思想的影响,已如上述。但是,莱布尼茨作为西方近代哲学的一位杰出的代表人物,其本体论思想也同样受到英国经验派思想的影响。因此,在讨论莱布尼茨本体论思想的理论背景时,扼要地介绍一下英国经验派的本体论思想及其发展进程,也是非常必要的。

16—18 世纪的英国经验派本体论思想的代表人物有培根、霍布斯、洛克和巴克莱。其本体论思想,同大陆理性派一样,在其发展过程中也经历了三个各不相同但又相互衔接的阶段:创立阶段、发展阶段和终结阶段,其相异之处在于:从总体上看,英国经验派的本体论思想经历的是一个从唯物主义演变成唯心主义的逻辑进程。

英国经验派的本体论在它的创始人那里,采取了比较纯粹的唯物主义的形式。古希腊著名智者普罗塔哥拉曾经提出过一个主观主义的本体论公式,这就是:"人(实际上是指人的感觉——引者注)是万物的尺度。"培根坚决反对这个公式,斥之为"种族假相",并强调指出:

> "种族假相"的基础就在于人的天性之中,就在于人类的种族之中。因为认为人的感觉是万物的尺度,乃是一种错误的论断,相反地,一切知觉,不论是感官的知觉或者是心灵的知觉,都是以人的尺度为根据的,而不是以宇宙的尺度为根据的。人的理智就好像一面不平的镜子,由于不规则地接收光线,因而把事物的性质和自己的性质搅混在一起,使事物的性质受到了歪曲,改变了颜色。①

针对普罗塔哥拉的这一公式,培根提出了"知识就是力量"以及人为要"命令自然"就必须"服从自然"、做"自然的仆役"的观点。培根在其代表作《新工具》中写道:

> 人的知识和人的力量合二为一,因为只要不知道原因,就不能产生结果。要命令自然就必须服从自然。在思考中作为原因的。就是在行动中当做规则的。②

> 人,既然是自然的仆役和解释者,他所能做的和了解的,就是他在事实上或思想上对自然过程所观察到的那么多,也只有那么多;除此以外,他什么都不知道,也什么都不能做。③

霍布斯在批判笛卡尔二元论哲学的活动中继承和发展了培根的这条唯物主义路线。霍布斯对培根唯物主义的发展主要表现在下述几个方面:(1)在人类认识史上第一次明确地提出了机械唯物主义的物质观,强调了物体的广延性和客观实在性。他写道:

---

① 北京大学哲学系外国哲学史教研室编译:《西方哲学原著选读》上卷,第350页。

② 同上书,第345页。

③ 同上。

> 物体的定义可以这样下:物体是不依赖于我们思想的东西,与空间的某个部分相合或具有同样的广延。①
>
> 一个物体的广延,就是它的大小,也就是所谓真实空间。但是这个大小不像想象空间那样依赖我们的思维。因为想象空间是我们想象的结果,而大小却是想象空间的原因,想象空间是心灵的一种偶性,而物体的偶性是存在于心灵之外的。②

(2)贯彻世界的物质统一性原则,宣布作为物质实体的物体为世界上唯一的真实存在。他曾经将物体区分为“两类”:“其中一类是自然的作品,称为自然的物体,另一类则称为国家,是由人们的意志与契约造成的。”③并且因此而宣布:“实体一词和物体一词所指的就是同一种东西。”④(3)根本否定了精神实体的存在。既然霍布斯宣布物质实体是唯一实在,既然实体即物体,则笛卡尔所宣称的所谓“精神实体”或“无形体的实体”也就变成了一种在逻辑上自相矛盾的东西了。针对笛卡尔“我在思维”故“我是思维”的推论以及“我思故我在”的论断,霍布斯强调说:

> 一个在思维的东西是某种物体性的东西;因为一切行为的主体似乎只有在物体性的理由上,或在物质的理由上才能被理解……我们不能把思维跟一个在思维着的物质分开。⑤

(4)最后,从而从根本上否定了作为精神实体的上帝的存在,用霍布斯自己的话来说,“哲学排除神学”⑥。正因为如此,马克思在谈到霍布斯对于英国经验派本体论的贡献时不无赞扬地说道:霍布斯“把培根的唯物主义系统化了”,并且“消灭了培根唯物主义中的有神论的偏见”。⑦

应当指出,虽然培根和霍布斯都坚持从物质到意识、从外物到感觉和思想的唯物主义路线,但他们的物质观却不尽相同。培根是把物质理解为自身具有能动性和质的多样性的,他的物质观“在朴素的形式下包含着全面

---

① 北京大学哲学系外国哲学史教研室编译:《西方哲学原著选读》上卷,第392页。

② 同上书,第394页。

③ 同上书,第386页。

④ 霍布斯:《利维坦》,黎思复、黎廷弼译,商务印书馆1996年版,第308页。

⑤ 笛卡尔:《第一哲学沉思集》,第174—175页。

⑥ 北京大学哲学系外国哲学史教研室编译:《西方哲学原著选读》上卷,第386页。

⑦ 《马克思恩格斯全集》第2卷,第163—164、165页。

发展的萌芽”,而不是那样片面的①。但是,如前所述,由于这种物质观的朴素性,后来就让位于霍布斯的物质即广延的机械唯物主义的物质观。从培根的物质观向霍布斯的物质观的过渡,无疑是一个历史的进步,但同时也潜在地蕴含着英国经验主义从唯物主义导向二元论和唯心主义的契机。因为如果物质的本质属性只在于广延,则势必不能圆满地解释如下一些重大问题:这样的物质何以能够感觉和思维;仅具有量的规定性的物质何以能够成为我们心中各种不同质的感觉观念的原因;本身不具有能动性的物质何以能够作用于认识主体,成为我们心中观念的原因;它又何以能够成为我们认识的主体;如此等等。下面我们马上就会看到,正是解释这些问题的必要性和以机械唯物主义观点解释这些问题的不可能性导致了洛克经验主义的二元论倾向和巴克莱的主观唯心主义。

洛克的经验主义从总体、主流上看是唯物主义的。因为他不仅肯定物质世界的客观存在,而且还肯定我们关于物质世界的认识起源于感觉经验,并把感觉看做是外在事物作用于我们感官的结果。此外,他还在一定意义上主张灵魂也可能是物质性的,断言所谓灵魂完全可能是一种具有思维能力的物质。显然,在上述范围内,洛克是个唯物主义者,是个唯物主义一元论者。但是,洛克在其哲学体系中并未把上述唯物主义原则贯彻到底。因为他在主张灵魂可能是物质性的学说之外又容忍乃至肯定了灵魂是非物质性的学说,在“物质方面的有形实体”之外又容忍有精神方面的“无形实体”的存在。与此相关联,洛克还提出了他的著名的“两重经验”说,把感觉和反省,把外界的物质的东西和自己的心理活动看做是我们知识和观念的两个来源,并强调反省经验与外物完全无关。在这个范围内,洛克显然具有二元论倾向。洛克为什么会在唯物主义一元论和二元论之间游移徘徊呢?为什么他会兼收并蓄这样一些自相矛盾的观点呢?一个重要的原因就在于他对霍布斯机械唯物主义物质观的反思。洛克是力图站在唯物主义立场上去消化近代哲学的新概念的,但是他在这种消化中确实也遇到了不少难题。难题之一就是:如果依照霍布斯的物质观,物质只是一种具有“长、宽、高”

---

① 参阅《马克思恩格斯全集》第2卷,第163页。马克思说道:“唯物主义在它的第一个创始人培根那里,还在朴素的形式下包含着全面发展的萌芽,物质带着诗意的感性光辉对人的全身心发出微笑。”

不同度量的“有形体”，那么，只凭自己的力量，物质在自身中就连运动也不能产生出来，它又何以能够作用于感官和心灵，产生出感觉和思维呢？① 这样，霍布斯的“思维着的东西乃是某种物质的东西”的论断就难以立足，而他的唯物主义一元论就势必要转化为二元论。

英国经验主义发展到巴克莱，变成了主观唯心主义。因为他根本反对从外物到感觉的唯物主义路线，断言“事物是观念的集合”，“存在就是被感知”。这样，感觉在他那里，就不再是联系意识和外部世界的桥梁，而是隔离二者的屏障，不再是同感觉相应的外部世界的映象，而成了“唯一的存在”；而经验也就不再是认识外部世界的可靠手段，而只是自己的内省体验。值得注意的是，巴克莱否定霍布斯、洛克的唯物主义原则，否定他们的从外物到感觉的唯物主义路线，其根据也就在他们的哲学自身之中。巴克莱曾明确指出：如果物质即广延，物质本身不具有运动的能力，不具有能动性，那么，它就不能作用于我们的感官，不能成为我们心中观念的原因。② 就此而言，巴克莱的诘难是不无道理的，我们知道，霍布斯是用外物对感官的“压力或作用”来解释感觉的生成，洛克是用心灵接受感觉观念的被动性来保证他的感觉论的唯物主义性质的。可是，如果物质的本质属性只是广延，本身不具有能动性，那么，它何以能够对感官产生“压力或作用”呢？心灵接受感觉观念时的被动性又从何而来呢？被动性的认识对象和被动性的认识主体又何以能够相互作用，产生感觉和思想呢？由此可见，英国经验主义从培根、霍布斯的唯物主义开始经过洛克到达巴克莱的主观唯心主义，是有其内在的逻辑必然性的。如果我们把培根对普罗塔哥拉的“人（人的感觉）是万物的尺度”的“假相”的破除看做是英国经验主义的逻辑起点的话，那么，巴克莱的“存在就是被感知”则可以看做是这种逻辑运动的终点。英国经验主义从破除唯心主义确立唯物主义开始，到推翻唯物主义确立唯心主义告终。这一演变过程，在一定意义上，正是英国经验主义本体论或物质观的一个自否定过程。

不难看出，英国经验主义的这样一个自否定的发展过程，对莱布尼茨本体论思想的酝酿和形成的作用是多方面的。一方面，英国经验主义的这样

① 参阅洛克：《人类理解论》下册，关文运译，商务印书馆1981年版，第618—624页。

② 参阅巴克莱：《人类知识原理》，关文运译，商务印书馆1973年版，第51页。

一个自否定过程给莱布尼茨提出了如何以自己的方式超越机械唯物主义的物质观的问题;另一方面给莱布尼茨提出了如何在不陷入主观唯心主义的前提下恰当处理好“存在就是被感知”这样一类问题,如何恰当处理好洛克和巴克莱所讨论的那种相对于心灵而存在的经验现象与真正实存的关系这样一个任务。不难看出,第一个方面的问题更多地涉及莱布尼茨的单子论,而后一个问题则更多地涉及莱布尼茨关于本体同现象、单子主义同现象主义的内在关联学说。

3. 大陆理性派与英国经验派在本体论方面的论战

前面,我们分别考察了大陆理性派哲学和英国经验论哲学在本体论方面各自相对独立的发展,毫无疑问,它们的发展状况对莱布尼茨的本体论思想的酝酿和形成是有着极其深刻的影响的。然而,需要指出的是,无论是大陆理性派本体论思想的发展,还是英国经验论本体论思想的发展,都不是孤立地进行的,而是在同对方的论战中逐步向前推进的。因此,为了更具体、更深入地了解莱布尼茨本体论思想的理论背景,扼要地考察一下大陆理性派哲学和英国经验派哲学在本体论方面的论战是极其必要的。

大陆理性派哲学与英国经验派哲学在本体论方面的论战也同样经历了几个不同的阶段。经验派与理性派第一次公开的和短兵相接的论战是在霍布斯、伽桑狄为一方与笛卡尔为另一方之间进行的。论战的导火线是笛卡尔的一部当时尚待出版的著作《形而上学的沉思》(也被称做《第一哲学沉思集》,以下简称《沉思》)。1640 年,笛卡尔在《沉思》脱稿后,曾分别寄送霍布斯、伽桑狄等人征询意见。他们分别写了对《沉思》的“诘难”即反对意见。笛卡尔随即对这些“诘难”作了“答辩”,并将他的答辩连同诘难一同付印。霍布斯、伽桑狄与笛卡尔的辩难,内容很广泛,但是无论如何,本体论是其中一个非常重要、非常基本的问题。如前所述,笛卡尔不仅认为有三类实体:心灵实体、物质实体和上帝实体,而且还将上帝身体称做绝对实体,而霍布斯则除承认物质实体外,拒不承认心灵实体和上帝实体的存在,更不用说把上帝实体称做绝对实体。对于霍布斯来说,如果有什么绝对实体的话,那也只能是物质实体。伽桑狄则在恢复伊壁鸠鲁原子论的基础上,对笛卡尔的本体论学说进行了批评。伽桑狄虽然承认上帝的存在,并且也将上帝视为宇宙的“第一因”,但是,他却根本否认笛卡尔所说的那样一种与肉体完全脱离的“纯粹心灵”的存在。不仅如此,他的物质实体的观点也同笛卡尔的和霍布斯的有很大的区别。伽桑狄虽然同笛卡尔和霍布斯一样,也认为原子及其所组成的事物都是有广延的,因而并非一个抽象的数学的点,但是,他又认为原子是充实的,是不可分割的,是一种单纯的本质。此外,原子本身即具有重量,因而具有运动的倾向和能力。所有这些不能说对莱布尼茨的单子论学说的形成没有影响。

洛克对笛卡尔的批驳可以看做是经验派与理性派在本体论领域的第二次交锋。毋庸讳言,洛克在一定意义上,同笛卡尔一样,也是不仅承认物质实体的存在,而且也承认心灵实体和上帝实体的存在的。但是,他对笛卡尔的心灵的本质属性是在思想而无广延这一点进行了多方面的批评。一方面,洛克断言心灵并不是永远在思想的;另一方面,洛克又断言,上帝完全有可能把一种思想能力赋予物质实体。此外,在物质实体方面,洛克的观点与笛卡尔也不尽相同。因为按照洛克的理解,作为我们感觉对象的外界事物总是具有两类性质:“第一性质”和“第二性质”。所谓“第一性质”,洛克意指的不仅仅是广延,还包括“形相、运动、静止、数目”等。而所谓“第二性质”,洛克所意指的是物体所具有的种种“能力”,即当物体的“微细部分”作用于人的感官,使人产生颜色、声音、滋味等方面的感觉或观念的能力。这就是说,颜色、声音和滋味这些“性质”虽然不是物体本身所固有的,但是离开了物体,离开了物体的“第一性质”,它们是断然产生不出来的。

洛克反对笛卡尔本体论思想的斗争虽然取得了辉煌成就,但也遇到了新的强有力的对手。继洛克成功地批驳笛卡尔理性主义本体论之后,莱布尼茨开始了反对洛克经验主义本体论的论战。下面我们马上就会看到,正是莱布尼茨在反对洛克经验主义本体论的论战中,一方面批判了洛克的经验主义立场,另一方面又吸收和接纳了洛克思想中的一些合理因素,从而不仅继承而且也向前大大发展了理性派本体论思想:不仅进一步丰富和发展了他自己的实体学说和前定和谐学说,而且也促使他开始深层次地思考本体与现象之间的关系问题。

二、莱布尼茨的形而上学(一):单子论

如上所述,近代理性派哲学与近代经验论哲学在本体论领域争论的中心问题是“实体”问题,而争论的焦点又集中在实体的本质规定性上。然而,在实体的规定性问题上,最重要的是“一”和“多”的关系问题。首先这其中有一个“一”的问题。因为就物质实体来说,如果物质实体的本质属性是广延,而广延既然只有量的规定性,它何以能够成为“一”、构成“不可分的点”、构成作为终极实存的“实体”呢?其次,这其中还有一个“多”的问题,就心灵或精神实体来说,如果它的本质属性只是思想,只是一种思想能力,它又何以能够成为“多”,形成宇宙的无限多样性与“连续性”呢?前面,我们在讨论莱布尼茨哲学思想的主要旨趣或问题意识时曾经援引过莱布尼茨在《神义论》的序中所说的那段关于两个“迷宫”的非常著名的话。① 从这段话中,不难看出,莱布尼茨正是从实体概念入手、从“一”与“多”的关系以及从“连续性”和构成它的“要素”的“不可分的点”的矛盾的角度和高度来概括近代理性派与经验派的争论以及哲学史上关于形而上学的所有争论的。而且,事实上,莱布尼茨也正是从这样一个角度和高度来构建他的形而上学的和本体论的思想体系的。

莱布尼茨围绕着“连续性”与“不可分的点”的关系问题提出和展开的本体论或形而上学体系,虽然包含着许多复杂的细节,但是,为简约计,我们不妨把它概括为以下三个方面的内容,这就是:单子论,连续律以及前定和谐学说。在莱布尼茨的形而上学体系中,这三个方面并不是孤立的,而是相互联系、相互依存、相互渗透、相互支持的。其中单子论着重阐述的是构成连续性的要素的“不可分的点”,强调简单实体的观念或单子的观念,即肯定世界万物是由单子构成的,也就是肯定了“不可分的点”的终极实在性;只是他认为这种不可分的点不可能是物质性的原子,而是精神性的单子。连续律着重阐述的是由不可分的点所构成的世界本身的等级性和连续性。

---

① Cf. Leibniz, *Essais de Théodicée*, pp. 29 - 30;《〈神义论〉序》,见《世纪之交的宗教与宗教学研究》,第504页。

至于“前定和谐”学说，在莱布尼茨这里是被视为用来解决单子即不可分的点和连续性的矛盾的基本手段的。

下面我们首先就来介绍作为莱布尼茨形而上学基础的实体学说，亦即他的单子论。

在西方哲学史上，实体学说长期以来一直享有非常突出的地位，不仅构成种种形而上学体系的基础，而且还构成种种哲学体系的中心内容。其实，在西方哲学史上，从古希腊罗马时代到近代，实体学说与本体论、形而上学一直是三个同义词或近义词。实体的英文为“substance”，源自拉丁词“substantia”或“substare”（在……之下，在场，坚实，支撑），其基本含义为处于一切现象之下作为根基的实在的东西。而本体论的英文为“ontology”，源自拉丁词“ontologia”（真实存在），源自希腊词“ont-”、“einai”（存在）+“logos”，其基本含义为关于真实存在的事物的学说。形而上学的英文为“metaphysics”，源自希腊词“meta ta physica”，由“meta”（在……之后，在……之上）+“physickos”（关于自然）组成，其基本含义为研究作为存有的学说，也就是关于存在或实存本身的学说。诚然，在亚里士多德那里，尚没有出现“形而上学”这个字眼，但是亚里士多德那里却有一个对应词“第一哲学”。而在他那里，所谓第一哲学，所谓本体论，说到底，也是一种关于实体的学说。

实体学说不仅在亚里士多德的哲学中占有突出的地位，不仅在柏拉图、笛卡尔、洛克、斯宾诺莎等哲学家那里占有突出的地位，而且在莱布尼茨的哲学体系中也同样占有突出的地位，构成莱布尼茨形而上学的核心内容。黑格尔在谈到莱布尼茨的哲学时，曾说道“莱布尼茨的哲学是形而上学”，但是，他接着便强调指出：莱布尼茨的形而上学是“以绝对的、个体的实体”为“基础”的。① 费尔巴哈在谈道“莱布尼茨的哲学原则”时也强调指出：

> 与斯宾诺莎哲学中一样，实体概念也是莱布尼茨哲学的中心。莱布尼茨说：“实体概念是了解深奥哲学的关键。”“虽然，一般说来，理解关系、原因、活动这样一些形而上学概念，具有重要的意义（遗憾的是，尽管人们不得不经常使用这些概念，但对它们过分轻视；人们认为这些概念已众所周知，尽管它们的含义是极为模糊不清、模棱两可的），但

---

① 参阅黑格尔：《哲学史讲演录》第4卷，第169页。

实体是最重要的概念，因为对上帝、灵魂和物体本质的认识都取决于对这个概念的正确理解。”①

罗素在谈到实体概念在莱布尼茨哲学体系中的地位时，也同样强调指出：

实体概念支配着笛卡尔的哲学，而在莱布尼茨哲学中的重要性一点也不次于前者。……莱布尼茨本人就曾强调过这一概念在哲学体系中的重要地位。针对洛克，他极力主张实体概念并非模糊到哲学不可思考它的程度。他说，对实体概念的考察是哲学中最为重要又最富于成效的一点：最基本的真理，甚至那些关于上帝、灵魂和躯体（物体）的真理，都是从他的实体概念推证出来的。②

既然我们已经了解了实体概念在莱布尼茨哲学中或形而上学体系中的中心地位，我们也就了解了单子论在莱布尼茨哲学中或形而上学体系中的中心地位了。因为莱布尼茨的实体学说从本质上讲没有别的，也就是他的单子论。而单子在莱布尼茨这里也就是他的“简单实体”，他的“不可分的点”或“形而上学的点”。在莱布尼茨看来，宇宙之间的所有现象都是可以借单子的堆集或复合加以说明，而“连续性”同“不可分的点”的矛盾最终也是靠单子论加以说明的。

1. 单子乃“形而上学的点”

单子论，顾名思义，是关于单子的论说。因此，要了解莱布尼茨的单子论，首先就需要了解莱布尼茨关于单子的种种规定性。

需要注意的是，莱布尼茨是从处理和解决“连续性”与作为构成其要素的“不可分的点”的关系的角度和高度来对单子的特性作出规定的。如果我们站到这样的角度和高度看问题，我们马上就会发现，在单子的这种特性中，最基本的一对规定性乃是单子的单纯性和形而上学性这样两种相辅相成的属性。

莱布尼茨认为，既然存在的事物是复合的，它们就必须是由一些单纯的实体构成。所谓单纯，就是没有部分的意思。因此，他认为那种构成复合物的单纯实体，即“不可分的点”是必须存在的。可是，在肯定这种不可分的

① 费尔巴哈：《对莱布尼茨哲学的叙述、分析和批判》，第31页。

② 罗素：《对莱布尼茨哲学的批评性解释》，第45页。

点的同时,又不能因此就否认“连续性”。因为世界是一个连续的整体,在他看来也是不能否认的事实。但是,那种肯定世界万物都由物质性的“原子”构成的观点,却不能满足上述的要求。因为就一方面来看,这种物质的原子,不论说它是如何地小,总还是占有一定的空间,有一定的量,它就总不能是原则上不可分的。就这方面来看,笛卡尔对原子论的批评是正确的。因此,物质的“原子”事实上并不是真正“单纯”的即没有部分的不可分的点。而就另一方面来看,肯定有这种物质性的原子的人又都同时必须肯定有“虚空”作为原子运动的条件,并把原子来彼此隔开。因为不然的话,原子就都连成一块而不再成其为分离独立的单位或“点”了。而这样一来又必然会破坏了世界的“连续性”。

莱布尼茨认为笛卡尔等人的这种机械论观点之所以会陷入这样的困境,关键在于他们都只是就“量”的方面着眼来寻求这种不可分的点,而凡是有“量”的东西便总是无限可分的,因此便永远不可能找到真正“不可分”的点,也无法解除上述的矛盾。这样,他就认为应该根本撇开量的考虑,而另辟途径,从“质”的方面着眼,来寻求构成事物的单纯实体。于是,他就提出一种根本不具有量的规定性而只是具有一定的质的东西,来作为构成一切事物的始基。这也就是莱布尼茨的“简单实体”。

这种始基或简单实体,因为被看成是构成一切复合物的“真正单元”,所以也可以说是一种“不可分的点”,但它既不像“数学的点”那样,虽真正不可分但却只是“广延性的极限”或一种不能自己独立存在的“变形”,而真实独立存在的;也不像“物理学的点”即原子那样虽存在但却不是不可分,而是原则上不可分的;因此,莱布尼茨有时也称它为“形而上学的点”,认为它既是真正不可分,而又是真正存在的,或者也叫做“实在的及有生命的点”。由于它具有一定的质,在某种意义上和经院哲学中所讲的“形式”相似,因此莱布尼茨也把它作为就是某种经过改造了的“实体的形式”。此外,他也把它叫做“实体的原子”,或者叫做“真正的单元”等,最后才把它定名为“单子”。由于这种“单子”是根本撇开了量的规定性被考虑的,因此对它也就根本不能说有广延性、形状、可分性等。这样,莱布尼茨也就自然不把它看做物质性的东西了,因为它根本没有这些在当时被看成物质所固有的共同属性。相反地,由于莱布尼茨把它看成是经院哲学中所讲的“形式”一类的东西,而经院哲学向来是利用亚里士多德的观点把“形式”和“质料”

的关系和人的“灵魂”和“身体”的关系来比拟，有时就把“形式”和“灵魂”混淆起来的，也许就因为这样，莱布尼茨也就认为应该把这种单子和“对于灵魂的概念相仿地来设想”，甚至把它看成就是某种灵魂了。因此，莱布尼茨也就终于把构成事物的“真正单元”看成和灵魂一样的精神性的实体，这样他就确立了一个唯心主义的实体观念，并在这基础上来构建起自己的形而上学体系了。

实体的单纯性和形而上学性是莱布尼茨关于实体或单子的基本规定性。在很长一段时间里，莱布尼茨把发现和阐释实体的这些规定性看做自己哲学研究的一项中心工作。前面说过，莱布尼茨曾经说到过有三种不同的点，这就是：“物理学的点”，“数学的点”和“形而上学的点”。早年莱布尼茨在讨论实体问题时确实也曾用过“物理学的点”和“数学的点”这些措词，例如，他在1671年就曾经写道：

> 我的［关于不死以及关于上帝和心灵本性的］证明，是建立在关于点、片刻、不可分割之物以及意动等的困难学说的基础上的。因为正如躯体的活动由运动构成一样，心灵的活动则由意动所构成，或者也可以这样说，由运动的最小量或点所构成。然而，正确地说，心灵自身是存在于空间的仅仅一个点之中的，而躯体则占有一个场所。①

这说明，莱布尼茨在这里依然没有彻底摆脱近代机械论实体观的影响，没有彻底摆脱近代物理学的影响。然而，即使在这里，莱布尼茨努力表明实体的精神性和不可分割性的用心还是楚楚可见的。1686年，莱布尼茨在《形而上学论》中进一步强调了实体的“不可分性”或“单纯性”，指出：“一个实体是不可能分成两个的，而且两个实体也不能构成一个实体。”②而且，也正因为如此，“实体除非通过创造就不能产生，除非通过毁灭就不能消灭。”③无论如何，至1695年，莱布尼茨在《新系统》中终于发现了表述单子基本规定性的他自认为是最恰当不过的措辞了。因为正是在这一年，莱布尼茨在关于实体学说的说明中，在前面说到的两种点之外，又加上了第三种点，这就

---

① *Die philosophischen chriften* von *Gottfried Wilhelm Leibniz* I, hrsg. von C. I. Gerhardt, Hildesheim: Georg Olms, 1965, p. 52.

② *Gottfried Wilhelm Leibniz: Kleine Schriften zur Metaphysik*, p. 76.

③ Ibid.

是“形而上学的点”。而数学的点也就因此而不再是灵魂或心灵(即实体)存在于其中的点了,而仅只是它的“观点”了。关于这种“形而上学的点”,莱布尼茨写道:

> 只有实体的原子,也就是实在而绝对没有部分的单元,才是活动的源泉,才是构成事物的绝对的最初本源,而且也可以说是把实体性的东西分析到最后所得到的元素。我们可以把它们叫做形而上学的点(poits metaphysiques):它们具有某种有生命的东西以及一种知觉,而数学的点则是它们用来表现宇宙的观点。但是,当有形实体被收缩时,它们的所有器官一起在我们看来是变成了一个物理学的点。因此,物理学的点仅仅表面上看起来是不可分的。数学的点是精确的,但它们只是一些样式。只有形而上学的点或实体(它们是由形式或灵魂所构成的)才是既精确而又实在的。①

一旦莱布尼茨确定用“形而上学的点”来刻画他的实体概念,单子这个范畴也就呼之欲出了。事实上,也正是在这一年,莱布尼茨在致友人的一封信中便首次使用了“单子”这个范畴:

> 我的主体学说的关键在于这样一种观点,这就是:所谓主体真正说来就是实在的单元,即单子(une unitè reelle,Monas)。②

至此,我们可以说,莱布尼茨终于大体上完成了对实体的本质规定性的规定。

如上所述,莱布尼茨本来是看到了笛卡尔派和原子论派在实体观念方面把连续性和不可分的点割裂开来并对立起来的形而上学的局限性,而企图用使两者结合起来的辩证法观点来解决这个矛盾的,这本来有他正确的一面,但他自己在企图解决这个问题时却陷于另一种形而上学的观点,即把事物的质的规定性和量的规定性割裂开来,企图根本撇开量的方面单就质的方面来建立实体观念,这样,他就必然会导致唯心主义的结论。如果说撇开质而单纯就量方面来考虑或把一切还原为量就会陷于机械论,最后也会导致唯心主义;则撇开量而单纯就质方面来考虑也就同样会导致唯心主义。

---

① *Gottfried Wilhelm Leibniz*: *Kleine Schriften zur Metaphysik*, p. 214;莱布尼茨:《新系统及其说明》,第7页。

② *Leibnizens mathematische Schriften*, II, p. 295.

莱布尼茨反对当时机械唯物主义的斗争应该是为我们提供了这方面的理论思维的一个深刻的教训。

2. 单子的其他一些规定性:单子变化的内在性原则

就单子的最根本的规定性来说,它就是一种没有任何部分的、单纯的实体。从这一点出发,莱布尼茨立刻就引申出单子的其他一些规定性。

首先,单子是不能以自然的方式产生或消灭的。因为以自然的方式产生就意味着各个部分的组合,而自然的毁灭就意味着各个部分的分解或离散。单子既然没有部分,就既不能合成,也不能分解。于是,莱布尼茨就认为单子的产生只能是由于神的突然"创造",单子的消灭也只能是由于神的突然"毁灭"。总之,不是由于"自然"的方式而只能是由于"奇迹"。① 这实际上等于说自有世界以来,单子是不生不灭、永恒存在的。莱布尼茨从这里引申出"灵魂不死"的教义,甚至肯定一切生物都是没有真正的生死,而只有与灵魂相联系的机体的展开或缩小。②

其次,"单子没有可供事物出入的窗子"③。也就是说,各个单子都是彻底孤立或彼此互不依赖的,相互之间不能有任何真正的作用或影响。因为单子既没有部分,莱布尼茨就认为不可能有别的实体进入它内部而引起各部分之间的变化,同时莱布尼茨认为偶性是不能脱离实体漂游于实体之外的,所以也不能有其他实体的偶性离开其所依附的实体而进入某一单子之中。因此,"不论实体或偶性都不能从外面进入一个单子。"④

再次,单子本身必须具有一些性质,并且每个单子的性质都是不同的。因为单子既然没有部分,也就是没有量的规定性,自然也就没有量上的差别,而如果单子本身不是各具质的差别,则就无法说明它所构成的一切事物的任何差别了。莱布尼茨肯定地说:"在自然中绝没有两个东西完全相似,

---

① Cf. *Gottfried Wilhelm Leibniz: Kleine Schriften zur Metaphysik*, pp. 438, 440;北京大学哲学系外国哲学史教研室编译:《西方哲学原著选读》上卷,第 477 页。

② Ibid., p. 472;北京大学哲学系外国哲学史教研室编译:《西方哲学原著选读》上卷,第 489 页。也请参阅段德智:《西方死亡哲学》,北京大学出版社 2006 年版,第 160—163 页。

③ Ibid., p. 440;同上书,第 477 页。

④ Ibid.

在其中不可能找出一种内在的差别或基于一种固有特质的差别”,因此他也就肯定“每个单子必须与任何一个别的单子不同”。① 认为世界上没有任何两个东西是完全无差别的,甚至普天之下也找不出两片完全相同的叶子。莱布尼茨在致克拉克的一封信中曾经说道:

> 没有两个个体是无法分辨的。我的朋友中有一位很精明的绅士,在赫伦豪森(Herrenhausen)花园中当着选帝侯夫人的面和我谈话时,相信他准能找到两片完全一样的叶子。选帝侯夫人向他挑战要他去找,他徒然地跑了很久也没有找到。两滴水或乳汁用显微镜来观察也会发现是能辨别的。这是反对原子的一个论据,这些原子也和虚空一样受到了真正形而上学原则的打击。②

莱布尼茨是想用这个非常生动的例子告诉我们:世界上没有两个不可辨别的个体。这也是莱布尼茨的著名的重要观点之一,他把这叫做“不可辨别者的同一性”。莱布尼茨非常重视这项原则,有时把它与充足理由原则相提并论,认为充足理由原则和不可辨别者的同一性这两条“伟大的原则”,“改变了形而上学的状况。这门科学依靠这些原则而成为实在的和推理证明的了,反之,在此之前,它一般的只是一些空洞的语词构成的。”③“不可辨别者的同一性”和莱布尼茨所提出的“连续性原则”是直接相联系的,甚至就是他的“连续性原则”的另一种表现方式,这一点我们在下面还将谈到。

最后,“单子的自然变化是从一个内在的原则而来的”。全部单子不仅各各不同,因而是变化万状的,并且每一单子本身也是在不断变化中的。莱布尼茨明确地肯定:“一切创造物都是有变化的,因而创造出来的单子也是有变化的。”而单子既然没有部分,没有“窗子”可供别的事物出入,它的变化就不可能由于外在的原因,而只能是“从一个内在的原则(un principe interne)而来”④。

从上面这些观点,我们也就可以看出来莱布尼茨思想中那种形而上学

---

① Cf. *Gottfried Wilhelm Leibniz*: *Kleine Schriften zur Metaphysik*, p. 442;北京大学哲学系外国哲学史教研室编译:《西方哲学原著选读》上卷,第478页。

② 《莱布尼茨与克拉克论战书信集》,第29页。

③ 同上书,第31页。

④ *Gottfried Wilhelm Leibniz*: *Kleine Schriften zur Metaphysik*, p. 442;北京大学哲学系外国哲学史教研室编译:《西方哲学原著选读》上卷,第478页。

(方法论上的而非本体论上的)观点和辩证法思想交织在一起的特点。就他的根本观点来说,他首先是把事物的质和量的规定性分开,企图根本撇开量的规定性来考虑构成事物的实体,这本身就是一种典型的形而上学观点,并如上所指出的必然导致唯心主义;而由此他就进一步否定了单子之间的任何真正的彼此影响或作用,把每个单子都看成是彻底孤立的东西,这又显然是极端形而上学的观点,事实上已经根本否定了事物间普遍的有机联系。但与此同时,他又肯定了单子及其所构成的事物的质的多样性,反对了把一切归结为量而否定事物之间真正的质的差别的形而上学观点:并且肯定了单子及其所构成的事物的连续的、不断的变化,还肯定了变化的原则是在事物的内部而不是在事物之外,不仅反对了否定事物的运动变化的形而上学观点,也反对了"外因论"的形而上学观点;这些又是他的思想中光辉的辩证法因素。

3."单子的本性在于力"

既然每一个单子都是在不断变化的,并且这种变化的原因是由于"内在的原则",那么这种"内在的原则"究竟是什么呢?莱布尼茨认为就是力。

1695年,莱布尼茨在《新系统》中,曾经扼要地追溯了他自己是如何超越数学的和机械的观点而达到这一闪耀着辩证法光辉的观点的过程。莱布尼茨写道:

> 虽然我是一个在数学上花过很多工夫的人,但从青年时代起我就从来没有放弃过哲学上的思考,因为我始终觉得,哲学可能有办法通过清楚明白的证明来建立某种坚实可靠的东西。我以前曾在经院哲学领域钻得很深,后来,近代的数学家及作家们使我跳出经院哲学的圈子,那时我还很年轻。他们那种机械地解释自然的美妙方式非常吸引我,而我对那些只知道用一些丝毫不能教人什么的形式或机能(来解释自然)的人所用的方法,就很有理由地加以鄙弃了。但后来为了给经验使人认识的自然法则提供理由,我又对机械原则本身做了深入的研究,我觉得,仅仅考虑到一种有广延的质量(une masse étendue)是不够的,我们还得用力(la force)这一概念。①

① *Gottfried Wilhelm Leibniz*: *Kleine Schriften zur Metaphysik*, p. 202;莱布尼茨:《新系统及其说明》,第1—2页。

莱布尼茨在谈到自己发现单子变化的内在原则或单子的本性即在于力的探索活动中是借鉴了中世纪经院哲学和古希腊亚里士多德哲学遗产的。他写道，为了找到“真正的单元”(des unites véritables)，找到“实在的和有生命的点”(un point reel et animé)：

> 我们得把那些目前已身价大跌的实体的形式(les formes substantielles)重新召回，并使它恢复名誉，不过，要以一种方式使它可以理解，要把它的正当用法和既成的误用分开。因此，我发现这些形式的本性在于力，随之而来就有某种和感觉及欲望相类似的东西；因此，我们应该以仿照我们对灵魂所具有的概念的方式来设想它们。……亚里士多德称这些形式为第一隐得来希(entéléchies premières)，我则称之为原始的力(forces primitives)，或者更可理解，它不但是包含着实现(acte)或可能性的完成，并且还包含着原本的活动(activité)。①

强调每一个实体或单子都包含着内在的能动的力量，强调每一个实体或单子的本性就在于力，甚至把实体或单子本身直接称做原始的力，既是莱布尼茨的实体观区别于笛卡尔、斯宾诺莎的实体观的一项本质特征，也是莱布尼茨的实体观区别于英国经验派哲学家霍布斯、洛克的实体观的一项本质特征。这是我们研究莱布尼茨实体学说时必须时时牢记在心的。黑格尔在对莱布尼茨的实体观同斯宾诺莎的实体观进行比较时曾使用了“死板的实体”与“活动的实体”这样两个字眼，倒是非常贴切的。②

真正说来，莱布尼茨的这种观点是也正是为反对当时机械唯物主义的观点而提出来的。机械唯物主义者一般都把物质本身看成是死的、惰性的东西，而把物质运动的原因归之于某种外在事物的推动。特别是笛卡尔和斯宾诺莎，都把物质的属性仅仅归结于广延性，而从广延性本身是得不出运动来的，因此在说明运动的原因时都必然陷入极大的困难。这本是当时机械唯物主义者所共有的缺点和局限性。莱布尼茨确实抓住了机械唯物主义的这个致命的弱点。他早在1691年就写过《物体的本性就在于广延吗?》这样的作品，专门对笛卡尔派的这种观点进行了批评，认为把物体的本性看

---

① *Gottfried Wilhelm Leibniz: Kleine Schriften zur Metaphysik*, p. 204；莱布尼茨：《新系统及其说明》，第3页。

② 参阅黑格尔：《哲学史讲演录》第4卷，第102、169页。

成仅仅是广延性是不够的，而在此之外必须加上“实体”、“活动的力”的概念。应该指出，莱布尼茨对笛卡尔派的机械论观点的批评是有他正确的方面的，因为这种把物质仅仅归结为广延性的观点是把物质和运动割裂开来的形而上学观点，它既不合经验事实，而且也无法说明运动的起源，最后必然只能归之于神的第一次推动，从而陷入唯心主义，尽管他们自己也许并没有作出这样的结论。但莱布尼茨之对它提出批评，虽然也指出它之不合经验事实，却绝不是因为它最终会引向承认神的第一次推动的唯心主义或僧侣主义；事实上他自己不仅把一切事物的最后原因都归之于上帝，并且也借对机械论观点的攻击而最终否定了唯物主义本身，根本不承认有物质的实体了。因为在他看来这种能动的实体根本不是物质，而是精神性的和灵魂一样的单子。只是他之认为实体本身必须包含内在的能动的力的思想，毕竟是以歪曲的形式肯定了事物的自己运动，是有光辉的辩证法因素的。因此，列宁指出：“莱布尼茨通过神学而接近了物质和运动的不可分割的（并且是普遍的、绝对的）联系的原则”①，这是对莱布尼茨的这种观点的意义的深刻的揭示和科学的评价。

4. 单子变化的“本原”：知觉和欲望

由于莱布尼茨把这种包含着内在的能动的力的实体不是看做物质而是看做和灵魂一样的精神实体，因此他所说的这种“力”，实际上也并不是我们所了解的物理的力，而毋宁是一种精神能力。在《新系统及其说明》中，在他肯定“这些形式的本性在于力”之后，紧接着就说：“由此跟着就有某种和感觉（sentiment）及欲望（appetit）相类似的东西。”在后来的文献中，他通常是用“知觉”和“欲望”（或作“欲求”）的名词。例如，莱布尼茨在《以理性为基础的自然的与神恩的和谐》一文中就曾经强调指出：

> 每个单子自身，在一个特定的时刻，除非通过其内在的特质和活动，就不能把它和其他单子区别开来，这些内在的特质，除了是它的知觉（即复合物，或外在事物在单纯实体中的表象）和欲望（即它的从一个知觉过渡到另一个知觉的倾向）而外，不能是别的，这二者是变化的

---

① 列宁：《哲学笔记》，第427页。

本原(les principes du changement)。①

这里需要说明的是,莱布尼茨在这里所说的单子的变化,不是唯物主义者所理解的物理性质的变化,而是单子所包含的“知觉”的变化;而引起知觉变化的“内在的原则”也不是什么物理的力而是“欲望”。

由于莱布尼茨把单子看成是某种和灵魂相类似的东西,或毋宁说就是“特种的灵魂”,因此他也就认为每一单子都和灵魂一样有知觉和欲望。他也是企图用这种观点,来解释事物的质的多样性问题,特别是他所面临的主要问题,即连续性和不可分的点或全体与部分的矛盾问题的。

如上所述,单子既无量的规定性,它们之间就无所谓量的差别,而只有质的差别。那么,这种质是什么,这种质的差别又在于什么呢?简单说来,莱布尼茨认为就在于单子所具有的知觉及其变化。单子因为有知觉,就可以凭它的知觉像一面镜子一样“反映”整个宇宙。每一单子,莱布尼茨认为都可以说是反映整个宇宙的一个“观点”。在《单子论》中,莱布尼茨写道:

> 正如一座城市从不同的方面去看便显现出完全不同的样子,好像因“观点的不同”而成了许多城市,同样情形,由于单纯实体的数量无限多,也就好像有无限多的不同的宇宙,然而这些不同的宇宙乃是唯一宇宙依据每一个单子的各种不同“观点”(points de veve)而产生的种种景观(les perspectives)。②

因此可以说,单子之表现为质的不同,就在于它们“反映”这同一宇宙的“观点”的不同。这就是莱布尼茨用来说明单子的质的区别的一种办法。

与此同时,我们可以看到,这也是莱布尼茨用来解决连续性和不可分的点或全体与部分的矛盾问题的一种手段。莱布尼茨既认为单子是没有“窗子”可供其他东西出入,从而把单子彻底孤立起来了,那么他是否也将像他所批评的原子论者一样,因肯定了“不可分的点”就只好牺牲了“连续性”呢?事实上,我们毋宁说莱布尼茨确实只能这样,他由于把单子彻底孤立起来,实际已经否定了世界事物的“真实”的普遍联系。但在莱布尼茨自己,却是不愿达到这个结论,而正是力图来解决这个矛盾的。他用来解决这个

---

① *Gottfried Wilhelm Leibniz*: *Kleine Schriften zur Metaphysik*, p. 414.

② Ibid., p. 464;北京大学哲学系外国哲学史教研室编译:《西方哲学原著选读》上卷,第486页。

矛盾的办法之一，就是认为单子虽然是完全孤立而与其他单子没有“实在”的互相影响的，但它却凭它的知觉可以“反映”整个宇宙；就这个意义来说，也可以说整个宇宙也就在“每一单子”之中，甚至也可以说每一单子就是整个宇宙，整个宇宙也就是每一单子；或者说：“一即一切，一切即一。”黑格尔在谈到莱布尼茨的这种“一即一切”的普遍联系的观点时曾经说过：

> 每一个单子都是能表象的，同时也是宇宙的表象。每一个单子全都本身就是一个总体，本身就是一个完整的世界。不过这种表象还不是一个意识到的表象；那些赤裸裸的单子本身也同样是宇宙，区别就在于这个宇宙或总体在单子内部的发展。在单子中发展着的东西，同时也与其他一切发展处在和谐中；这是唯一的和谐。……如果我们完全认识了一粒沙，就可以从这粒沙里理解到全宇宙的发展。①

这就是说，在莱布尼茨看来，每一单子和整个宇宙或部分与全体是互相联系着的，只是这种联系不是“实在”的联系而是“理想”的联系。应该指出，莱布尼茨的这种观点，确实也还是表现了他力图把全体与部分、一般与个别辩证地结合起来的思想。但由于他是用唯心主义的观点来解决这个问题，因此他事实上只能把两者“理想地”，其实毋宁说是“虚假地”结合起来，而并不能“真实地”结合起来。

此外，照莱布尼茨看来，单子之间的区别，不仅在于每一单子反映宇宙的“观点”不同，也还在于它的知觉的“清晰程度”不同。这也是它用来解决不可分的点和连续性的矛盾问题的另一个更主要的手段，我们将在下面对此作比较详尽的阐述。同时，莱布尼茨还不仅认为所有单子之间，知觉清晰程度都各有不同，并且每一单子本身，也有知觉由不清晰到较清晰或由清晰到较不清晰的变化的，这在他看来也就是每一单子本身或单子所构成的事物本身的变化发展的过程。事物本身的变化发展过程，莱布尼茨事实上就都归结为单子的知觉的清晰程度的变化发展过程。不同清晰程度的知觉，也可以说就是不同的知觉。而莱布尼茨认为那种致使一个知觉变化或过渡到另一个知觉的内在原则的活动，可以称为“欲求”，也就是“欲望”。因此，欲望也就是推动事物变化发展的内在原则或原动力。尽管莱布尼茨在前面征引的《以理性为基础的自然的和神恩的和谐》中的那段话中，将知觉和欲

① 黑格尔：《哲学史讲演录》第4卷，第181页。

望并称为单子“变化的本原”，但是，通观莱布尼茨的哲学著述，我们就会发现，他实际上还是把“欲望”看做单子变化的最后的“本原”的。例如，他在《单子论》中就明确指出过：

> 使一个知觉变化或过渡到另一个知觉的那个内在本原可以称为欲求。诚然，欲望不能总是完全达到它所期待的全部知觉，但它总是得到一点，达到一些新的知觉。①

考虑到《以理性为基础的自然的和神恩的和谐》与《单子论》差不多是在同一个时期写出来的这样一个事实，我们不妨对我们所征引的这两段话作出一个统一的理解。这就是：一般地讲，知觉和欲望是单子变化的“本原”，而欲望由于其为知觉变化的“本原”，故而是单子变化的“本原”的“本原”，是单子变化的终极本原。毋庸讳言，莱布尼茨所强调的这种欲望，当然不是我们所了解的物理的力，而是一种精神能力。它和知觉一样，也属于莱布尼茨意义上的“形而上学的范围”。但是，也正因为如此，莱布尼茨的单子论同西方现代哲学史上的意志主义的逻辑关联就成了一件明显不过的事实了。

总之，莱布尼茨认为一切事物都是由一种具有“知觉”和“欲望”这种内在能力的精神性的单纯实体——“单子”构成的。这种单子由于没有部分，因此是真正不可分的。这样，他就认为是真正确立了那种“不可分的点”了。那么，莱布尼茨又是怎样来说明“连续性”，来进一步解决“不可分的点”和“连续性”的矛盾问题呢？这正是我们马上就要阐明的问题。

三、莱布尼茨的形而上学（二）：连续律

莱布尼茨不仅肯定有构成事物的单纯实体或不可分的点即单子的存在，而且也同时肯定了“连续性”。连续律或连续性的原则，是莱布尼茨形而上学体系的主要环节之一。除了上面已经说到莱布尼茨认为单子凭它的

---

① *Gottfried Wilhelm Leibniz*: *Kleine Schriften zur Metaphysik*, p. 444；北京大学哲学系外国哲学史教研室编译：《西方哲学原著选读》上卷，第 478 页。

知觉可以反映全宇宙，从而以某种特殊的方式来企图解决不可分的点和连续性的关系问题之外，莱布尼茨关于连续性的思想还别有内容，他在解决连续性和不可分的点的关系问题上，也还别有办法，并且可以说这才是他关于这方面的真正的和主要的思想。

彼此彻底独立而不能互相作用的单子，究竟又是怎样构成一个整体而成为连续的呢？莱布尼茨解决这个问题的办法，主要也是通过单子具有不同程度的“知觉”的观点。他认为，每一单子都具有知觉，但这并不是说每一单子都有清楚的意识或所谓“统觉”。他是把“知觉”(la perception)和“统觉”(l'apperception)区别开来的。只有动物的灵魂才有有意识的知觉，只有人的灵魂及比这更高级的单子才有“统觉”即清楚的“自我意识”或理性，而较低级的单子则是没有这种清楚的意识的。但莱布尼茨认为不能因此就否认其他单子也还有“知觉”，他认为即使通常看来显得最无生命的东西像石头之类也还是有某种知觉的，这种最不清楚的知觉他称之为“微知觉”(des petites perceptions)。因此，单子就由于这种知觉的清晰程度不同而有高低等级之分：越是低级的单子，知觉就越不清晰，而越是高级的单子，知觉也就越清晰。他又认为，每个单子既然都是不同的，因此表面看来属于同一等级的单子，其实其中每一个也都和其他单子在知觉的清晰程度上是不同的。而单子的数目是无限的，因此在每两个等级之间都永远可以插进无限等级的单子。这样，在相邻的单子之间，一方面仍有差别，另一方面其差别又是无限小而紧紧接近，并且因此而是相连的。这样，整个宇宙之中的无限数目的单子，就构成一个在知觉清晰程度上各各不同的无限的等级系列，而由于相邻等级的单子的无限接近而相连，整个系列就构成一个连续的整体。同时，就另一方面看，也可以说每一单子都是全宇宙这样一个连续的无限系列的一个环节或组成部分。这就是他用来解决“连续性”和“不可分的点”的对立统一问题的主要办法。

我们应当看到，莱布尼茨的连续律蕴含着两个不同的维度：一方面是静态的逻辑的维度，另一方面是动态的生成的维度。关于第一个维度，我们在前面已经作了初步的描述，下面我们就来扼要地谈谈第二个维度。关于从第二个维度理解的连续律，莱布尼茨在《人类理智新论》的“序”中曾作了很好的概括。这就是：

任何事物都不是一下完成的，这是我的一条大的准则(une de mes

grandes maximes),而且是一条最最得到证实了的准则,自然绝不作飞跃。我最初是在《文坛新闻》上提到这条规律,称之为连续律(la Loy de la Continuité)。这条规律是说,我们永远要经过程度上以及部分上的中间阶段,才能从小到大或者从大到小;并且从来没有一种运动是从静止中直接产生的,也不会从一种运动直接就回到静止,而只有经过一种较小的运动才能达到,正如我们绝不能通过一条线或一个长度而不先通过一条较短的线一样,虽然到现在为止那些提出运动规律的人都没有注意到这条规律,而认为一个物体能一下接受一种与前此相反的运动。①

很显然,莱布尼茨在这里所谈的涉及我们现在所说的量变质变规律。诚然,莱布尼茨的连续律所强调的是事物的量变,但是,我们也不能够据此而贸然断言莱布尼茨是根本反对任何形式的质变的。毋宁说,莱布尼茨想要表达的意思似乎在于:倘若没有必要的量变,是断然不可能发生任何形式的质变的。就此而言,莱布尼茨的观点并没有什么原则性的错误。如果有什么问题的话,那就是:莱布尼茨始终没有给质变以更其充分的肯定。

我们看到,莱布尼茨的这种观点,是和他所发明的微积分的观念有密切联系的,因此其中是包含着科学成分的。同时,他确实是看到了全体与部分或连续性与不可分的点以及量变与质变之间确实是既互相对立又互相结合的,因此也力图把它们辩证地结合起来,是包含着光辉的辩证法因素的。列宁对于莱布尼茨的这种观点,就曾经指出:"这里是特种的辩证法,而且是非常深刻的辩证法,尽管有唯心主义和僧侣主义。"②莱布尼茨的这种观点,包含着"深刻的辩证法",这是必须肯定的。但是,这种观点又是"唯心主义和僧侣主义"的。因为他这里所说的,不是物质世界的事物的全体和部分或一般与个别之间的"实在"的对立和统一,而是精神性的单子之间的既互不依赖又构成连续系列的关系,虽然他所指的实际上是客观世界中的关系,但却是以唯心主义的甚至是神秘主义的歪曲形式表现出来的。而由于他的唯心主义,也就窒息甚至破坏了他的辩证法,归根结底他的这种观点也还是

---

① *Die philosophischen chriften* von *Gottfried Wilhelm Leibniz* 5, p. 49;莱布尼茨:《人类理智新论》,第12页。

② 列宁:《哲学笔记》,第431页。

形而上学的。因为他把单子形而上学地孤立起来以后,尽管他想了许多办法,也终究难以把它们“真正”联系起来。他所说的这种“连续”,其实也还只能是一种虚假的连续。因为这种彼此孤立的单子,不管它们是怎么“无限”紧密地接近,也只是一种机械的并列或靠拢,而不是真正的连续或有机的结合。而当我们再来看看他在连续性的原则指导下如何来具体说明各类单子及其相互关系时,他的这种观点的唯心主义、僧侣主义和形而上学性就显得更清楚了。

1. 单子的等级阶梯与连续系列

全宇宙的单子,既构成一个无限的连续的系列,整个宇宙就是没有间断、没有空隙的。在这不间断的连续系列中,严格说来,每个单子都和别的单子不同而自成一个等级。但莱布尼茨又认为全部被创造的单子(即除创造其他一切单子的上帝之外,关于上帝这个特别的单子以下将另作阐述),也可以作大体上的分类,而把它们分成三类或三个等级。最低级的一类是无清楚意识的单子,较高级的一类是有意识的单子,而更高级的一类则是有理性或有自我意识的单子。既然如我们在前面所说到的,单子的本性就在于它们是一些形而上学的点,一种形而上学的力,一种知觉和欲望能力,则各个等级的单子的差异也就主要表现为知觉能力和欲望能力方面的差异。就一个意义来说,任何单子都是有知觉、欲望的,因此都可以叫做“灵魂”;同时任何单子也都是一个自足的、有某种圆满性的实体,因此莱布尼茨也借用亚里士多德的名词而称之曰“隐得来希”。但他认为一般仅只有模糊的“微知觉”而没有清楚的意识的单子,如通常认为无机物的东西以及植物的单子,可以就叫做“单子”或“隐得来希”;而有一些单子则有较清楚的知觉,即有意识的感觉乃至较简单的记忆,如作为动物灵魂的单子,则可以特别叫做“灵魂”;有更清楚的知觉的单子即有理性的、有自我意识的单子,如人的灵魂则可以叫做“理性灵魂”,或另外叫做“精神”或“心灵”。同样地,这三类单子的欲望,也可以相应地加以区分而各给以不同的名称。如最低级的单子的欲望可以叫做“本能”或盲目的欲望;更高级的单子即人的灵魂所具有的欲望则是自觉的欲望,可以叫做“意志”。为简明计,我们不妨将单子的三个等级及其有关规定性列表如下:

等级	名称	对象	知觉等级	欲望等级
最低等级	赤裸裸的单子	无机界、植物界	微知觉	本能(盲目欲望)
较高等级	灵魂(动物灵魂)	动物	感觉、记忆、想象	动物意欲
更高等级	心灵(理性灵魂、精神)	人、天使等	理性(必然真理)	意志(自觉意欲)

应当指出的是,莱布尼茨对于单子等级的这样一种区分在近代思想史上是有重大的理论意义的。我们知道,在近代,由于受力学和机械主义的影响,许多重要的思想家往往用机械论的观点来看待宇宙万物,从而从根本上无视人、动物同无机物的本质区别。例如,笛卡尔就从机械唯物主义的立场出发,提出了著名的“动物是机器”的口号。按照笛卡尔的理解,动物及其身体,同宇宙天体和世界上的一切事物一样,是由上帝用“混沌的物质”造成的,都只不过一架机器,区别仅仅在于它比我们人造的机器更加精致一些而已。他写道:

> 这架机器是由上帝的双手造出来的,所以安排得比人所发明的任何机器不知精致多少倍,其中所包含的运动也奇妙得多。①

他甚至认为,人同动物一样,也是上帝用“混沌的物质”造成的,并不是一开始就在人之中注入理性灵魂或任何别的东西来代替植物生长的灵魂和感觉灵魂,而只是在心脏中激起一种无光的火,它的性质如同一种发酵剂。全部这些无需我们的思维能力,从而无需我们灵魂就可以在我们之中存在。心脏和动脉的运动,是我们在动物身上见到的最基本、最普遍的运动。他设想道:

> 如果有这样一架机器,有着猴子或某种别的无理性动物的构造和外形,我们是根本无法知道它们的性质与这些动物有什么不同的。②

笛卡尔之后,拉美特里继承了他的这一思想。拉美特里非常赞赏笛卡尔关于动物,包括人的身体,都是一架复杂的自动机的观点。拉美特里对此高度评价道:

---

① 北京大学哲学系外国哲学史教研室编译:《十六——十八世纪西欧各国哲学》,第153—154页。

② 同上。

如果哲学的领域里没有笛卡尔，那就和科学的领域里没有牛顿一样，也许还是一片荒原。的确，这位有名的哲学家有很多错误，谁也不否认这一点。但是无论如何他把动物的性质认识清楚了；他第一个完满地证明了动物是纯粹的机器。在有了这一个重要的、需要很大的智慧的发现之后，如果不是忘恩负义，还能不原谅他的这一切错误！①

然而，拉美特里并不满足于笛卡尔的“动物是机器”的结论，他继续前进，进而得出了“人是机器”的结论。他的一部虽然篇幅不大但却很有影响的著作的标题即为《人是机器》。在这部著作中，他极其形象地写道：

人体是一架会自己发动自己的机器，一架永动机的活生生的模型。体温推动它，食料支持它。没有食料，心灵便渐渐瘫痪下去，终于倒下，死去。这是一枝蜡烛，烛光在熄灭的刹那，又会疯狂地跳动一下。②

不仅如此，拉美特里还从心灵的功能的维度论证了人是机器。他写道：

心灵的一切作用既然是这样地依赖着脑子和整个身体的组织，那么很显然，这些作用不是别的，就是这个组织本身；这是一架多么聪明的机器！因为即使唯有人才分享自然的法则，难道人因此便不是一架机器吗？比最完善的动物再多几个齿轮，再多几条弹簧，脑子和心脏的距离成比例地更接近一些，因此所接受的血液更充足一些，于是那个理性就产生了；难道还有别的什么不成？③

由此看来，如果说笛卡尔的“动物是机器”的错误在于模糊了动物与无机物之间的界限的话，那么，拉美特里的“人是机器”的错误则在于进一步模糊了人与一般动物乃至无机物之间的界限，尽管他们在用机械唯物论反对唯心主义方面还是有其可称道之处的，但是毕竟是把问题简单化了。相形之下，莱布尼茨关于单子或宇宙万物三个等级的划分显然要高明得多，在那个机械论盛行的时代，莱布尼茨的这样一种做法无疑是相当难能可贵的。

莱布尼茨不仅看到宇宙万物的差异性或等极性，而且还看到了它们之间的同一性和连续性。他断言，上述三个等级的单子虽然是有区别的，但它们之间也是连续的而并没有把它们截然隔开的鸿沟。高一级的单子除了自

---

① 拉美特里：《人是机器》，顾寿观译，商务印书馆1959年版，第66页。

② 同上书，第20—21页。

③ 同上书，第52页。

己特有的性质之外，也都包含着较低级单子的特性。例如，动物甚至人的灵魂，除了有自己的特有意识乃至理性之外也还是有那种模糊的“微知觉”，例如在睡眠中或将醒未醒时的那种状态，或如有些人所说的“下意识”或“潜意识”的状态，可以说就是莱布尼茨所指的这种“微知觉”；此外，如人的灵魂除了自己所特有的自觉的欲望即“意志”之外，也有和动物一样的“本能”，乃至更低级的“冲动”；如此等等。另一方面，低一级的单子也可以说包含着较高级的单子的性质，只不过是处于“潜在”的状态或者可以说是处在一种胚胎或萌芽的状态，而没有发展或实现出来而已。同时，说这三个等级的单子是互相连续而不是截然分开的，还因为照莱布尼茨的观点来看，每两个等级的单子之间都有无数的中间等级把它们联结了起来。莱布尼茨认为人和动物联结着，动物和植物联结着，植物和某种“化石”之类的东西联结着，“化石”又和那种看来完全像是无生命的、无机的物质联结着。有些东西就是介乎动物和植物之间，或介乎植物和矿物之间，很难确定它是动物还是植物，或者是植物还是矿物。莱布尼茨也引证了当时科学上的某些发现，特别是由于显微镜的采用而刚刚产生和发展起来的微生物学上的某些发现，来论证他的这种观点。

应该指出，莱布尼茨的这种观点，在一定程度上也是以当时的自然科学的最新成就为依据，并且包含着某些天才的猜测，对科学的进一步发展也有所启示，是有着合理的因素的。它在一定程度上就预示甚至包含着关于生物的进化发展的思想。同时，他也是既肯定了自然事物的区别和质的多样性，又力图把它们联系并统一起来，在一定意义下肯定了世界事物的普遍联系的原则，这也是光辉的、甚至深刻的辩证法思想。如果我们考虑到，例如关于生物的进化论观点的确立，还是19世纪的达尔文以后的事，而在17世纪正是林耐那种仅仅限于对生物作表面的机械的分类而否定物种的变化发展的典型的形而上学观点占统治地位的时代，则应该说莱布尼茨的观点的确是有超出他的时代的水平的地方，是闪耀着天才的光芒的。但是，由于时代的局限，他的这些观点，就其合理的方面来看，也至多只是一些天才的猜测，而未能成为真正科学的理论。因为他事实上把客观世界中的“物质”事物的区别和联系，都说成是具有不同知觉和欲望的“精神”性单子之间的区别和联系了。此外，他的观点虽有辩证法的因素，但总的说来也仍旧没有摆脱形而上学（方法论上的）的羁绊。例如，由于他的连续性原则片面地强调了各种事物的连续或共同性的方面,就有否认事物之间的本质区别以及相互对立的方面的倾向;特别是由于他片面地强调连续性,就否定了质的飞跃,而他也确实明确地肯定过“自然不作飞跃”。这样就使他的观点和辩证法的观点直接对立起来,也就不能说明客观事物的真相。事实上,自然事物既是互相联系或“连续”的,同时各类事物又是有本质区别并形成对立的;发展过程也既有连续性,又有连续性的中断,有质的飞跃。例如动物和植物,或有机物和无机物诚然也都有共同的方面,但又都有本质的区别,并且有其对立的方面;高等生物与低等生物以至生物与无机物之间,由于前者是由后者发展而来的,在一个意义上也的确是联结着的,但这整个发展过程却不是一个平稳的、没有质的飞跃的、只是量的增长的过程,而是在量变的基础上经过无数次质变,经过无数次飞跃的过程。而这些都是莱布尼茨所不理解也不承认的。不理解量变和质变的辩证法,也不理解连续性和间断性的辩证法,肯定了前者就否定了后者,这就不可避免地使莱布尼茨仍旧深深地陷于形而上学观点之中。显然,莱布尼茨之所以终究不能摆脱这种形而上学观点,是有它深刻的社会阶级根源的。因为莱布尼茨所代表的德国资产阶级,纵使也有发展资本主义的愿望,但却还完全不敢提出推翻封建主义制度的革命要求;反映在世界观上,也就至多只能承认量的增长或逐渐的进化,而不能承认质的飞跃,不能承认革命的变革。

2. 物质:“初级物质”与“次级物质”

莱布尼茨关于连续性的观点的形而上学性也直接使他得出了否认物质的实在性的唯心主义结论。这也是他的唯心主义理论的认识论根源之一。由于他片面强调连续性而否认了各类事物之间的本质性区别和对立,甚至也就否定了物质现象和意识现象之间的本质区别和对立。在他看来,既然连显得最无生命的石头之类也是和有生命的东西如植物、动物以至于人联结着的,因此生物和无生物也并无截然的不同,而毋宁说一切都是有生命的,甚至也都是有知觉、欲望等意识现象的。事实上他就把一切物质的事物都看成是有知觉、欲望的精神性的单子所构成的,而根本否定了非精神性的物质的实在性了。一般说来,莱布尼茨只承认那精神的单子是真正存在的实体,认为物质并不是实体,不是真实的存在,而仅仅是一种“现象”。

要了解莱布尼茨对于物质的观点,也必须了解他的这种观点形成的过程。他的物质观，也是在反对当时的机械唯物主义的物质观，特别是笛卡尔的物质观的斗争中形成的。上面已经提及，笛卡尔派把物质看做和广延性几乎是同一个东西，认为物质的唯一属性就是广延性，而把物质的一切变化都归结为空间中的机械运动。莱布尼茨反对这种观点，认为把物质仅仅看做广延性是不够的，也是不合经验事实的。因为如果物质的本性就只是广延性，则如一个运动着的较小物体甲，来和静止着的较大物体乙相撞，就该使这物体乙也以同样的速度和物体甲一起向前运动，而事实并不是这样，物体乙或者是阻止了物体甲的运动，或者至少使它减低了速度。可见物体之间除了广延性之外，还有一种"抵抗力"，或不可入性。应该说，莱布尼茨在这个范围内对笛卡尔派的批评是有道理的。莱布尼茨正是从这种观点出发，在物理学上修正、补充了笛卡尔关于运动量的学说，而对科学的发展作出了贡献，但再进一步，莱布尼茨就陷入唯心主义了。

莱布尼茨认为，物质除了具有广延性之外，还有一种占据一定的空间而抗拒别的物体同时占有这同一空间的属性，这就是不可入性。而这种仅仅具有广延性和不可入性的东西，他称之为"初级物质"（materia prima），并认为是完全消极被动的。这种完全消极被动的"初级物质"，照莱布尼茨看来，本身并不是现实存在的东西，正如数学上的点并不是现实存在的，而只是广延性的不可分的极限一样，这种"初级物质"也是物质的不可分的极限。没有一个部分的物质，没有一个物体是仅仅只有"初级物质"的，正如没有任何一部分的广延性仅仅只是一个数学上的点一样。因为所谓"初级物质"，只是就一个物体之纯粹消极被动方面来看，它就是物体的抽象的被动性。但照莱布尼茨看来，是并没有绝对的被动性这样的东西的。消极的抵抗力，不可入性、惰性，也永远是意味着有一种实在的力，一种活动的趋势。虽然这种趋势可能由于受到相反的力的阻碍而在这个或那个特定的瞬间没有实现出来。在他看来，这种被动性也是能动性的一种极限，正如静止是运动的极限一样。因此，每一个物体，归根结底除了广延性和不可入性之外，应该还有点什么，这主要就是某种能动的"力"或"能"。而这种力既是一种潜在的能动性，它是要趋向于实现它自身的，它本身中应该包含着实现它自身的原则，因此它应该是一种"隐得来希"，也就是某种能够实现它自身的目的的东西。因此，每一个现实存在的物体，就不仅仅是一种"初级物质"，而是"初级物质"加上"隐得来希"，也就是被动性加上能动性，莱布尼茨把这叫做“次级物质”(materia seconda),而“初级物质”则只是凭我们的思想从“次级物质”中抽象出来的东西,是不能独立存在的。

因此,这种“初级物质”,作为抽象的被动性,是不能被看做真正的实体的。而那种“次级物质”,就其为物质来说,是有广延性的,并且是无限可分的,因此也不能和那单一的、真正不可分的实体混为一谈。“次级物质”必须包含一个“隐得来希”——也就是单子,但并不就等于单子。照莱布尼茨看来,这种“次级物质”乃是许多事物的一种集合体,或许多单子的集合体。莱布尼茨常常用许多比喻来说明这个问题,说一个“次级物质”好像是一个羊群,或者好像是一个充满了鱼的池塘之类。照他看来,一个真正的实体,例如一个动物,是由一个非物质性的灵魂和有机的身体组合成的,这身体也就是“次级物质”,但他本身并不就是这个动物的灵魂,只是受这灵魂统治着的,并且这身体本身也不是单一的,它的各个部分或“肢体中又充满了别的生物、植物、动物,其中的每一个又有其统治着的‘隐得来希’或灵魂”。①

总之,不仅“初级物质”只是一种抽象而不是实在的东西,“次级物质”就其本身来说也不是实在的东西,而仅仅是若干单子之间的一种关系,或被当做一种暂时的堆集或集合体来看的东西而已。真正存在的只有单子,它是纯粹精神性的,也不是在空间中的,但在抽象的或不完满的思想中,也就是和真正“正确”的思想有别的“想象”之中,则呈现出各种在空间中以不同方式集合起来的事物的现象。这些集合体,就其为集合体来看,就是“次级物质”。

由此可见,不仅“初级物质”纯粹只是抽象而不是实在存在的实体,“次级物质”也只是呈现在我们的“想象”中的一种“现象”而不是实体。这样,莱布尼茨就把物质的实在性彻底否定,而成为彻头彻尾的唯心主义者了。而且,我们还看到,在这里,他又是从对当时机械唯物主义的物质观的批评开始而逐步达到唯心主义的结论的。

但是,对于莱布尼茨的物质观,我们还是应当依据他的原著作出十分具体的分析的。我们不应当把他的观点称做唯物主义的,但是也不能简单地把他的观点与巴克莱的唯心主义观点混为一谈。真正说来,莱布尼茨的物

---

① *Gottfried Wilhelm Leibniz*: *Kleine Schriften zur Metaphysik*, p. 470;北京大学哲学系外国哲学史教研室编译:《西方哲学原著选读》上卷,第489页。

质观是现象主义的,尽管这种现象主义归根结底是一种唯心主义。在物质观或物体观上,莱布尼茨有两个重要的相辅相成的观点,其中一个是:物体是"现象"而不是"实体";而另一个观点则是:物体是"现象"而不是"虚无"。物体是"现象"而不是"实体"是莱布尼茨反复强调的一个非常基本的观点。针对经院哲学的和机械唯物论的物体即是实体的观点,莱布尼茨在1679年的一篇手稿中明确指出:

> 然而,我认为,所谓物体,并不是经院哲学家所说的那种由物质和某种可理解的事物组合而成的东西,而是在一定意义上是德谟克利特派即原子论哲学家称之为团块的东西。我并不把这称做实体。因为我将证明,如果我们把团块看做一种实体,我们就将陷入矛盾。这正是由于连续律的迷宫所致。对此,我们必须予以特别的考察。……但是,如果我们到此为止,物体就是连贯的现象,从而废弃掉对那些无限小的知觉不到的事物的探究。但是,这里还是为我的那个海尔克林证明(that Herculean argument)留下了余地。我的这个证明认为,那些不能为任何人所知觉到的事物,不管它们是否被知觉,都是虚无。①

莱布尼茨的这段话除了表明他把物体理解为"连贯的现象"这一立场外,还表明他是持"存在就是被感知或被知觉"这样一种立场的。然而,我们也不能因此而断言莱布尼茨即是一位巴克莱主义者。因为,诚如莱布尼茨晚年在致德·波塞(Bartholomew Des Bosses)的一封信中所说,他是根本反对巴克莱把物质说成是虚无的观点的:

> 这里(巴克莱的唯心主义物质观——引者注)有许多观点是正确的,并且同我的观点相一致。但是,表达得太似是而非。因为我们无需说物质是虚无,而只需要说它是一种像虹一样的现象就够了。它不是实体,而只是诸多实体的结果。空间也不比时间更实在些。也就是说,它只是一种共存的秩序,就如时间是相继存在的秩序一样。真正的实体是单子或知觉者。但是,这位作者本来应当向前走得更远一些,也就是说,达到无限多的构成万物的单子,并且进而达到它们的前定和谐。他错误地至少是不得要领地反对了抽象观念,把抽象观念局限到现象范围,而鄙视算术和几何学的精妙。他最大的错误在于他反对了广延

① Quoted from Robert Merrihew Adams, *Leibniz: Determinist, Theist, Idealist*, p. 236.

事物的无限可分性，尽管他在反对无穷小的量方面是正确的。①

除了我们在前面讲到的各点外，在这段引文中还有两点值得注意。首先，莱布尼茨的物质观不仅有别于笛卡尔和斯宾诺莎的物质观，而且也有别于经验主义的物质观。经验主义由于无视了或贬低了人的抽象思辨能力总不能形成恰当的实体观念，他们或者像洛克那样，把物质实体理解为“不知其为何物之物”，或者像巴克莱那样，干脆把物质实体宣布为虚无。其次，莱布尼茨在讨论物体的“现象性”时提及了空间和时间问题。这一方面说明了空间和时间同莱布尼茨物质观的相关性；另一方面也说明了莱布尼茨是从现象的层面来审视空间和时间问题的。

3. 与连续律相一致的时空观：反对对“马德堡半球”的误读

莱布尼茨对空间和时间的现象主义的理解是同他对物体或物质的现象主义的理解密切相关的。莱布尼茨既已否定了物质的实在性，可以想见，他也必然要否定物质的存在形式——空间和时间的实在性。事实也确实如此。莱布尼茨认为空间和时间既不是真正的实体，也不是真实的实体的属性，它们都无非是并存或相继存在的事物或现象的秩序或安排而已。空间就是现象的并存性的秩序，而时间就是现象的相继性的秩序。离开了现象，空间和时间就纯粹是抽象。纯粹的空间和纯粹的时间根本不是实在的，在空间和时间中的事物并不是“单子”而是“现象”，而归根结底现象只是一种不完满的实在，是一种未经分析的、模糊的知觉。莱布尼茨的这种观点，当然是唯心主义的，因而也是根本上错误的。其错误就在于否定了物质本身的实在性。但也必须看到，就“现象”的范围内来说，莱布尼茨是肯定空间时间不能脱离事物的，而他就根据这样的观点反驳了牛顿派的“绝对空间”和“绝对时间”的观点，否定了有在事物之外自身绝对存在的空间和时间。而这却有他正确的方面。因为牛顿派这种把物质和时间空间割裂开来的观点的确是错误的形而上学观点，现代的相对论也已经否定了牛顿的这种绝对时空观。总之，在时间空间问题上，莱布尼茨的观点也表现了他一贯的以唯心主义反对唯物主义同时又以某种辩证法观点反对形而上学机械论观点

---

① *Die philosophischen chriften* von *Gottfried Wilhelm Leibniz* II, hrsg. von C. I. Gerhardt, Hildesheim: Georg Olms, 1965, p. 492.

的两重性。当然,他在这里的观点,即使有些辩证法的因素,也是唯心主义的,并且是不彻底的,不能和辩证唯物主义反对机械唯物主义的观点混淆起来。

关于莱布尼茨的空间观,哈茨曾经撰文发表了一种新的看法。哈茨坚持认为,莱布尼茨把空间、物体和实体分别安置在三个不同的形而上学的层次上。其中,实体处于形而上学的"基础"层次上;空间处于纯粹观念层次上,离开终极实存最远;而物体则处于"现象"层次上,介乎它们两者之间。① 哈茨还指出:1687 年莱布尼茨致信阿尔诺时是把空间和时间说成是有良好基础的现象的,但是自 17 世纪 90 年代中期开始,莱布尼茨就一直把空间和时间说成是"观念"性的东西。但在实际上,哈茨把空间和物体分置两个不同的形而上学的层次或维度的做法似乎有点把问题绝对化。诚然,莱布尼茨的确有时把空间说成是纯粹心理(观念)的,而有时又把现象,特别是把那些堆积而成的存在物(物体)说成是半心理(观念)的。但是,莱布尼茨在任何场合都没有把空间和物体或有良好基础的现象说成是两种相互孤立存在的东西,毋宁说莱布尼茨是认为它们是互渗互存的。即使在莱布尼茨的后期作品中,他也始终认为物体是处于空间之中的。莱布尼茨在 1705 年致德·沃尔德(De Volder)的一封信中就曾经指出:"如果不能把一定的空间指定给物质,那这物质就是空无(etsi nulla pars spatii assignabilis materia vacet)。"②莱布尼茨晚年在同克拉克的论战中把自己的时空观,特别是他的空间观表述得更加清楚明白了。大家知道,莱布尼茨对牛顿的绝对时空观是持激烈的反对态度的。他在致克拉克的第四封信中写道:

> 如果空间是一种绝对的实在,远不是一种和实体相对立的性质或偶性,那它就比实体更能继续存在了,上帝也不能毁灭它,甚至也不能改变它。它不仅在全体上是广阔无垠的,而且每一部分也是不变的和永恒的,这样就将在上帝之外还有无限多的永恒的东西了。③

但是,与此同时,莱布尼茨也同样激烈地反对了"空的空间"的说法。诚然,

① Cf. Glenn A. Hartz, "Leibniz's Phenomenalisms", *Philosophical Review*, 101 (1992), pp. 511 - 549.

② *Die philosophischen chriften* von *Gottfried Wilhelm Leibniz* 2, hrsg. von C. I. Gerhardt, Hildsheim: Georg Olms Verlag, 1978, p. 278.

③ 《莱布尼茨与克拉克论战书信集》,第 31 页。

就空间概念而言，或者就空间之为空间而言，我们是可以设想它离开事物或事物的秩序而存在的，故而我们是既可以设想有所谓“世界之外的空间”，也可以设想有所谓“世界之内的空间”的。但是，这些毕竟只是“想象的空间”，而非“现实的空间”。“现实的空间”与“现实的物体”是不可分离的，正如“现实的物体”与“现实的空间”是不可分离的一样。正是从这样一种立场出发，莱布尼茨坚决地批驳了“虚空观”或“空的空间”的观点。他写道：

> 人家用马德堡的盖利克先生发明的虚空来反驳我，那虚空是他把一个容器中的空气抽去而造成的；人家以为在这容器中就真正有完全的虚空，或无物质的空间，至少一部分是这样。亚里士多德派和笛卡尔派都不承认有真空，他们就已经回答了盖利克的这个实验，同样也回答了佛罗伦萨的托里折利的实验（他是利用水银把一根玻璃管内的空气排空），在这管子或在容器内根本就没有虚空，因为那玻璃有许多很细的孔，光线、磁线和其他很细的物质都可以穿过这些细孔进去的。①

由此看来，哈茨的错误在于离开了莱布尼茨的现象主义立场，片面地强调了空间和时间的非实体性，而忽视了空间和时间同物体的内在关联性，结果把莱布尼茨本人明确反对过的“虚空”或“空的空间”的观点误作莱布尼茨本人坚持的观点强加给莱布尼茨。事实上，只要我们考虑到莱布尼茨主张宇宙的连续性，我们就能够判断出莱布尼茨无论如何也是不会赞同“虚空”或“空的空间”观点的。其实，莱布尼茨的时空观同后来康德的时空观有点类似。在康德那里，时间和空间在一个意义上都具有“两重性”：既有先验的一面，又有经验的一面。说时间和空间有先验的一面，是说时间和空间具有“先验的观念性”，它们从心理上讲是先于经验的，从逻辑上讲是独立于经验的；外界感性材料经由这种主观先验形式方能得到安排整理，成为时间的同时或相继、空间的并列或间隔等有条理的客观对象或物体（现象）。说时间和空间有经验的一面，是说时间和空间具有“经验的实在性”，时间和空间必须与感性经验相联系（凡是不能与时间和空间相联系的，就不可能在经验中给予我们），都具有直接的客观性质（凡是通过时间和空间直观建立起来的现象界的经验秩序，就不是主观感知的经验秩序，而是具有客观实在

---

① 《莱布尼茨与克拉克论战书信集》，第63—64页。

性的经验秩序)。不仅如此,在康德那里,时间和空间也如在莱布尼茨这里一样,不是物自体(实体本身)的存在形式,而只是现象界的存在形式。

因此,在讨论和评价莱布尼茨的时空观的时候,应当尽可能全面地看问题,防止任何类型的片面性和主观性。我们还应该看到,莱布尼茨强调空间与时间同物体或物质事物的不可分离性这一点是有某种辩证法因素的,至少相对于主张机械主义的牛顿派所持的“绝对时空观”来说,还是有值得称道的地方的。此外,我们还应该看到,莱布尼茨之否定物质及其存在形式——空间时间的实体性或实在性,也是有其深刻的阶级根源的。由于他站在力图和封建的教会势力妥协的软弱资产阶级立场,本来就想以自己的哲学来为调和宗教和科学,调和两种不同教派的目的服务,企图为这种调和了的宗教建立一个新的哲学理论基础,这样就必然先抱着唯心主义、僧侣主义的偏见,而竭力要来攻击唯物主义。应该说,他和跟他约略同时的另一个唯心主义者英国的巴克莱主教一样,深知唯物主义的物质实体观念是一切反宗教的无神论思想体系的最主要基石,因此他也必然要集中力量来摧毁这块基石,竭力否认物质实体的实在性。但莱布尼茨的这种唯心主义观点也有其认识论根源。这根源主要就在于他在反对当时机械唯物主义观点的形而上学片面性的同时,自己又陷于另一种的形而上学片面性。例如,他反对机械唯物主义仅仅把物质看成是某种有广延性也就是仅仅有量的规定性的东西,这本来是正确的,但他因此就企图根本撇开量的规定性而单就质的规定性着眼来考虑实体,这就又陷入另一方面的片面性而终于达到唯心主义的结论了。又如他反对当时的机械唯心主义把各种自然事物看成只是外在的并列或机械的堆积,而要把它们看成是一个连续的、有机的整体,这本来也有他正确的方面,但他在片面强调连续性的同时,就抹杀了各类事物之间的本质区别和对立,把无机物质和有机物质及生命、意识现象也混同起来,这就又陷入另一种片面性,结果不仅陷入了认为一切事物都有生命的“物活论”这种唯心主义观点,并且可以说把一切“物质”都“精神化”,把一切“物质性”的东西都变成了“精神性”的东西,这样就终于达到完全否定物质的实在性而只肯定精神性的实体的存在这种彻头彻尾唯心主义的观点了。在认清这种唯心主义的阶级根源和社会作用的同时,也要揭露它的认识论根源,知道它是在什么地方失足,和从哪条歧途走向唯心主义的,这对我们吸取哲学史上理论思维的经验教训是很重要也会很有益处的。

4. 作为同单子连续系列相关的上帝

莱布尼茨的连续性观点，一方面使他把物质的东西精神化而否定了物质的实在性，否定了"绝对时空"和"空的空间"的观点；另一方面又使他得出肯定有超越人类精神的更高级精神实体的存在、肯定上帝存在的唯心主义结论，从而更明显地暴露出了他的形而上学体系同他的神学观的关联。

莱布尼茨既认为全宇宙是无数单子按高低等级排列的一个无限的连续系列，那么他就很自然地会认为除了从最低级的只有最模糊的"微知觉"到有清楚的自我意识即人的"理性灵魂"这种单子之外，应该还有比人的"理性灵魂"更高级的单子，否则这连续系列就将是不完全的了。事实上他也确实承认有比人的灵魂更高级的单子，这就是神或上帝。他把上帝看做就是这无限的单子系列中的最高级的单子。照他的连续性原则的观点来看，在上帝和人的灵魂之间应该还有无数中间等级的单子，这些他就叫做"精灵"。他认为"精灵"是可能存在的，而且有朝一日我们也有可能发展成为这种"精灵"。至于上帝，则不只是可能的存在，而是一种必然的存在。莱布尼茨使用各种不同的方式来对上帝的存在加以证明，连续性原则就是他用来证明上帝存在的手段之一。

如上所述，莱布尼茨所说的上帝，是他的"连续性原则"的一个直接的逻辑结论。因为他认为那单子的无限的连续系列，必须有一个顶端，而这顶端就是上帝。因此，上帝就是一个最高级的单子。而且，按照莱布尼茨连续律的观点，上帝作为一个最高级的单子，同其他单子，特别是同那些比较高级的单子，就没有什么本质的差别，如果有什么差别的话，那也只能是量的方面的差别，亦即"完满性""程度"方面的差别。正因为如此，莱布尼茨在谈到上帝同其他单子在内在结构方面的一致性时，强调指出：

> 在上帝之中有权力(la Puissance)，权力是万物的源泉，又有知识(la Connoissance)，知识包含着观念的细节，最后更有意志(la Volonté)，意志根据那最佳原则造成种种变化或产物。这一切相应于创造出来的单子中的主体或基础(le Sujêt ou la Base)、知觉能力(la faculté Perceptive)和欲望能力(la Faculté Appetitive)。不过在上帝之中这些属性是绝对无限或完满的，而在创造出来的单子或"隐得来希"(赫尔谟劳·巴尔巴鲁译作 perfectihabies[具有完满者])中，则只是按

照具有完满性的程度而定的一些仿制品。①

在这一节中，莱布尼茨把上帝与普通单子之间在内在结构方面的一致性交代得非常清楚。为明快计，我们不妨将其对应关系列表如下：

对应主体	上帝	单子(普通)
对应对象	权力	主体或基础(存在)
	知识	知觉(知觉能力)
	意志	欲望(欲望能力)

赫尔谟劳·巴尔巴鲁(Hermolaus Barbarus,1459—1493 年)是一个威尼斯派人文主义者，外交官，也是一个著名的专门研究和翻译亚里士多德著作的学者。他力图昭示亚里士多德著作的原始意义。莱布尼茨用巴尔巴鲁的“具有圆满者”来诠释“隐得来希”，显然意在表明单子同上帝一样也是一种“圆满者”，差别只在于一个是绝对圆满者，一个是相对圆满者。

但是，强调上帝与一般单子在内在结构方面的一致性或对应性只是莱布尼茨的上帝同单子连续系列的关系的一个方面，其另一个方面是莱布尼茨又把上帝看成是这整个系列之外并与这整个系列相对立的存在。因为莱布尼茨又把上帝看做是这整个单子系列，也就是整个世界的创造者，并把上帝和其他一切单子对立起来，把上帝看成是唯一的创造其他单子的单子，而其他一切单子都是被创造的单子。换言之，在这种语境下，上帝与一般单子的关系就不再是一种一致或类似的关系，而转换成了一种创造与被创造的关系。莱布尼茨说道：

> 只有上帝是原始的统一或最初的单纯实体，一切创造出来的或派生的单子都是它的产物，可以说是凭藉神性的一刹那的连续闪耀而产生的……②

这就是说，如果说上帝和其他单子都是单纯实体的话，则其中的一方面是以“最初的单纯实体”(la substance simple originaire)的身份出现的，而另

---

① *Gottfried Wilhelm Leibniz*: *Kleine Schriften zur Metaphysik*, p. 460；北京大学哲学系外国哲学史教研室编译：《西方哲学原著选读》上卷，第 484—485 页。

② Ibid., pp. 458, 460；同上书，第 484 页。

一方则是以“派生的单子”(les Monades derivatives)的身份出现的。这样，它们也就不再处于同一个层次上，而是处于两个不同的层次上，因而便很难说是同处在一个连续系列之中了。总之，说上帝既是单子系列之中的最高单子，又是这系列之外的创造其他单子的单子，这是自相矛盾的。莱布尼茨尽管竭力克服和掩盖这一矛盾，但是既然莱布尼茨不能从客观世界本身来说明客观世界，这种理论上的自相矛盾就是无法克服的和掩盖不了的。由于他无法说明上帝究竟是怎样创造其他单子即创造整个世界的，便只能借用最神秘主义的新柏拉图派这种“流溢说”的比喻，仿佛说单子是从上帝那里“放射”出来的，就像光线的“闪耀”那样。“神性的一刹那的连续闪耀”(Fulgurations continuelles de la Divinité de moment à moment)①这种说法也很容易使人想起奥古斯丁的“创世瞬间说”。莱布尼茨曾反复提到，上帝的心灵产生事物，同我们的心灵产生思想的方式大体相仿。莱布尼茨不仅把上帝理解为宇宙万物的创造者，而且也把上帝理解为宇宙万物的维系者。换言之，在莱布尼茨看来，上帝不仅是具有连续性的宇宙万物的创造者，而且也是宇宙万物之具有连续性的维系者。正是在这两个方面，我们看到了上帝这个最高级的单子对于整个单子系列的相关性和必要性。

四、莱布尼茨的形而上学(三)：前定和谐学说

当我们在反思上帝既在单子连续系列之中又在单子连续系列之外这样一个哲学—神学问题时，我们就在一定意义上接触到了莱布尼茨的前定和谐原则了。“前定和谐”原则是莱布尼茨形而上学体系中又一个重要环节。我们知道，莱布尼茨自己，是把他的哲学体系，就叫做“前定和谐的系统”，并把自己称做“前定和谐系统的作者”的。在一定意义下，也可以说“前定和谐”的原则是莱布尼茨形而上学体系的中心环节。在谈到莱布尼茨的形而上学体系的中心环节时，罗素曾经说过一段发人深省的话：

---

① *Gottfried Wilhelm Leibniz*：*Kleine Schriften zur Metaphysik*，pp. 485，460；北京大学哲学系外国哲学史教研室编译：《西方哲学原著选读》上卷，第 484 页。

> 为了说明知觉是怎样提供当前外物的知识的——虽然这种知识并不归因于这些事物——莱布尼茨发明了他的哲学的最高概念。他乐于称自己为“前定和谐体系的作者”。①

罗素的这段话之所以发人深省，主要在于他在这里提出了两个问题。一个问题是：前定和谐何以是、何以能够是莱布尼茨“哲学的最高概念”？另一个问题是：莱布尼茨的前定和谐学说究竟在什么意义上同他的单子或单子的知觉学说发生了联系？不难看出，罗素所提出的这样两个问题的意义是互相启发、互相发明的。而且，他提出的这些问题归根结底同我们在讨论连续律问题时所遭遇到的上帝同时在单子连续系列之中和连续系列之外的“悖论”也是密切相关的。

1. 前定和谐学说的酝酿过程：从身心平行说到前定和谐假说

普遍和谐虽然是莱布尼茨毕生关注的最重大的理论问题和现实问题之一，但莱布尼茨只从哲学和神学的理论高度系统思考这一问题却是从他完成微积分的发明之后才开始的。而他对这一问题的哲学—神学思考的最初动机则是旨在解决当时颇有争议的身心关系问题。莱布尼茨曾在他的著名的《形而上学论》中把身心关系问题或身心一致问题宣布为“伟大的奥秘”(ce grand mystere)②，而他的和谐学说的一个最重大、最直接的目标之一可以说就在于揭示这样一个“奥秘”。

莱布尼茨不仅在《形而上学论》、《新系统》、《人类理智新论》、《论生命原则》、《神义论》、《基于理性的自然的和神恩的原则》、《单子论》中反复探讨和阐述了这一“奥秘”，而且还在同阿尔诺(1686—1690 年)、富歇(1686 年)、赫辛—莱因费尔(1686 年)、巴萨涅(1696—1706 年)、培尔(1702 年)、克拉克(1715—1716 年)等人的通信中不厌其烦地讨论和阐述这一“奥秘”。莱布尼茨在这些论著和通信中在批判地继承笛卡尔和马勒伯朗士的身心关系理论的基础上先后提出和论证了他自己的身心平行论、身心一致假说和前定和谐假说。

身心平行论是莱布尼茨关于身心关系问题的一个早期说法。他在他的

---

① 罗素：《对莱布尼茨哲学的批评性解释》，第 165 页。

② *Cf. Gottfried Wilhelm Leibniz*: *Kleine Schriften zur Metaphysik*, p. 150.

一部最重要的早期哲学著作《形而上学论》中所使用的就是这一术语①，后来即使在他发明了“身心一致假说”和“前定和谐假说”之后，有时他还是使用这一术语。② 莱布尼茨的身心平行论的宗旨在于强调身体和心灵各自遵从自己的规律活动，前者遵从自然的运动规律或动力因规律行事，后者则遵从目的因规律行事。它们之间平行运作，互不干扰。正因为如此，他在阐述他的身心平行论时在发挥笛卡尔的“二元论”的基础上，集中批判了身心自然影响学说（influxus physicus）或交互作用说。

自然影响学说或身心交互作用说是解释身心关系一致现象的一种传统学说。按照这一学说，身体和心灵之间是可以相互作用的，心灵可以影响身体，身体也可以影响灵魂。这一传统观点虽然随着物质的本质即广延的这一近代物质观的确立而日益遭到人们的怀疑，但在近代却依然有很大的影响。即使近代哲学之父笛卡尔在阐扬他的二元论体系的同时，也还是不止一次地强调心灵可以作用于身体。按照笛卡尔的说法，心灵虽然改变不了身体（物体）运动的总量，但却可以改变身体（物体）运动的方向。莱布尼茨在他的一系列论著中，如在《形而上学论》、《新系统》、《新系统的阐明》、《论生命原则》、《神义论》、《单子论》以及致阿尔诺的信（1687 年）中，都曾点名批判了笛卡尔的上述观点。③ 莱布尼茨用以批判笛卡尔身心作用说的武器是他所发现的所谓动量守恒定律（the conservation of momentum），按照这一定律，不仅物体的运动（力）的总量是守恒的，而且其既定方向上的力的量也是守恒的，这就从根本上排除了心灵作用于身体的可能性。不管莱布尼茨的动量守恒定律在物理学史上有无价值，他的这一理论的哲学意义则是显然的，这就是：从根本上排除了身心交互作用的任何可能性，从而捍卫了他的身心平行论的立场。

莱布尼茨早期更喜欢用“身心一致假说”或“身心协调假说”来表述他对身心关系的进一步的理解。他在 1686—1690 年期间同阿尔诺和赫辛—莱因费尔的通信中频频使用这些说法。④ 莱布尼茨之所以要用“身心一致

---

① *Cf. Gottfried Wilhelm Leibniz*: *Kleine Schriften zur Metaphysik*, p. 150.

② *Cf. Gottfried Wilhelm Leibniz*: *Philosophical Papers and Letters*, p. 356.

③ Ibid., pp. 104, 106, 108; *Essais de Théodicée*, pp. 137 – 138; *Gottfried Wilhelm Leibniz*: *Kleine Schriften zur Metaphysik*, pp. 474, 476.

④ Cf. *Gottfried Wilhelm Leibniz*: *Philosophical Papers and Letters*, pp. 338, 345.

假说”取代“身心平行论”,不仅是因为“身心平行论”原本是斯宾诺莎的用语,更重要的还在于:莱布尼茨想借以表达出他对身心关系的更进一步的理解,这就是:身心之间的活动不仅相互独立、互不干扰,而且相互协调、相互呼应。他在1687年致阿尔诺的一封信中曾把身心之间的这样一种协调一致的关系比作一个管弦乐队,一方面管弦乐队的乐师们各自弹奏自己的乐器,他们既不相互看别人如何弹奏,也不听别人的弹奏;另一方面,从整体上看,他们弹奏的乐曲却又相互协调,非常和谐。

莱布尼茨对身心关系的更进一步的思考使他最后提出了“前定和谐假说”。因为在莱布尼茨看来,身体和心灵之所以能够在各自遵从自己的规律行事的情况下,相互协调一致,完全由它们各自的本性使然,由此也就提出了一个“先定”的问题。正如一个乐队的和谐来自事先谱就的乐章一样,身心之间的和谐也就来自上帝创世时事先的规定。由于上帝在创世时事先就预见到身体和心灵的全部发展过程,所以在他创造它们时就事先赋予了它们各自同对方和谐运作的本性。这样,身体和心灵便可以虽然各自依照自己的本性行事,但又相互协调一致。莱布尼茨1695年在《新系统》里首次提出和论证了这一假说。之后,在《神义论》、《基于理性的自然的和神恩的原则》、《单子论》中对这一假说作了更为详尽和系统的阐述和论证。①

莱布尼茨从来都是有破有立的。正如他在阐述他的身心平行论时集中批判了笛卡尔的运动理论一样,他在阐述他的身心一致假说和前定和谐假说时集中批判了马勒伯朗士的偶因理论。马勒伯朗士(Nicolas Malebranche,1638—1715年)虽然身为笛卡尔的信徒,但他却认为身心之间的和谐不可能通过心灵对身体的作用实现出来,而必须依靠上帝不断的调节。马勒伯朗士是在《真理的探求》(1674—1675年)中提出并论证这一身心关系理论的,而且也正是在阐述和论证偶因论的过程中提出了的“从上帝看一切”的著名观点的。在莱布尼茨看来,马勒伯朗士的偶因论有两个重大缺陷:一是破坏了或否认了身体和心灵活动的规律性,否定了和瓦解了它们活动的自主性;二是破坏了上帝的全知全能的形象。因为按照偶因论的观点,上帝只不过是一个手艺不高的钟表修理匠,一个整天为调节身心关系而疲于奔命的“救急神”(Deux ex machina)。在莱布尼茨看来,他的前定和谐学说的优

① Cf. *Gottfried Wilhelm Leibniz*: *Kleine Schriften zur Metaphysik*, pp. 220, 222, 416, 432, 434.

越之处,不仅在于它用上帝创世时的一次奇迹取代了偶因论的持续不断的奇迹,而且还在于它由此而一方面保证了身体和心灵活动和发展的规律性和自主性,另一方面又充分体现了上帝的全知全能,从而实现了身心之间的和谐的自主性和神恩性的自然的有机的统一。

莱布尼茨对他的前定和谐学说非常自信,认为这是对身心关系难题的最佳处置。他曾不止一次地强调:尽管在这个问题上人们可以提出一些其他假说,但是,唯有他自己提出的前定和谐假说才是"可理解的"和"自然的",才是"最荣耀上帝的"。① 尽管莱布尼茨在这里难免有自诩之嫌,但他的前定和谐学说在突出和谐在自主性和神恩性方面无疑是比较成功的。

2. 前定和谐的普遍性与层次性(一):单子之间的普遍和谐

莱布尼茨的前定和谐学说,虽然如上所述,是从身心关系的探讨中逐步酝酿产生出来的,但它却并不局限于身心关系,而是具有明显的普遍性或普遍适用性:不仅适用于一般的灵魂与身体之间的关系,而且也适用于赤裸裸的单子之间的关系以及自然的物理界与神恩的道德界之间的关系。其实,莱布尼茨的前定和谐学说的普遍适用性也正是从这样三个层面体现出来的。下面我们就来依次考察莱布尼茨前定和谐体系的这样三个层面或环节。

首先是单子之间的普遍和谐。所谓单子之间的普遍和谐是说所有的单子,即使是赤裸裸的单子或仅具有微知觉的单子,虽然全都自行其是,但它们之间却都始终存在着一种普遍的和谐关系。单子之间的这样一种普遍的和谐乃莱布尼茨的前定和谐体系的基础环节。因为按照莱布尼茨的观点,单子乃构成世界万物的终极单元。从这个意义上,我们可以说,整个世界归根结底是一个单子世界,而所谓"普遍和谐"首先是或归根结底是单子之间的和谐。

然而,问题在于:自行其是的单子之间何以可能存在着这样一种和谐关系。我们知道,单子的根本特性在于他的"没有部分"或"无广延性",在于它之"没有任何窗户",从而相互之间不可能有任何直接的影响或作用。而

---

① Cf. Nicholas Rescher, *G. W. Leibniz's Monodology*, Pittsburgh: the University of Pittsburgh Press, 1991, p. 258.

且按照莱布尼茨的连续律，世界上的所有单子，从赤裸裸的单子到全知全能的上帝依照它们知觉的清晰程度而构成一个单一的有序的链条。这样，如果单子自行其是，如果其中一个单子有所发展和变化，整个单子系列的连续性不就会因此而遭到破坏吗？

但是，既然单子是世界的终极存在，既然现实世界无非是一个单子世界，则单子之间普遍和谐的根源性也就只能从单子的本性中，从单子的更本质的规定性中去寻找。上面所说的单子"没有部分"虽然是单子的一项本质规定，但却只是对单子的一种消极规定，而对单子的更为积极的规定性则在于单子具有知觉能力，甚至可以说单子首先是或基本上是一种知觉能力。① 单子不仅能够表象自己的周围世界，而且还能够表象由被创造的单子所组成的整个世界，从而成为宇宙的一面镜子。单子虽然由于其知觉能力的差异而表象世界的清晰程度各各不同，但它们所表象的毕竟是同一个世界。这就为它们相互之间持守一种普遍的和谐提供了可能。再者，按照《单子论》的说法，单子首先是一种"单纯的实体"②，这不仅意味着单子的所有的"自然的变化"全部来自于"一种内在的原则"③，而且还意味着，在单子这种"单纯性"或"单一性"中内蕴了单子在后来的无尽活动中展现出来的所有的复多性，所有的属性和关系，包括同其他单子之间的所有的关系。④ 换言之，单子之间的普遍和谐原本就包含在每个单子的本性之中。这就是说，一个单子同所有其他单子之间的和谐始终是一种由其本性所规定的和谐，由其本性所从出的和谐，因而归根结底是一种"自主"的和谐。

单子之间的普遍和谐不仅是一种"自主的和谐"，而且还是一种"神恩的和谐"。这是因为每个单子之所以在其本性中就内蕴有它同所有其他单子的和谐不是偶然的，而是由上帝在创世时就预先设定了的。上帝由于其是全知和全能的，所以能在创造每个单子时，使它在以后的无穷变化中同所有其他单子保持着一种和谐的关系。如果离开了上帝的"先定"，单子之间的普遍和谐是不可设想的。再者，单子之间的普遍和谐的"神恩"性质也是

---

① Cf. *Gottfried Wilhelm Leibniz*：*Kleine Schriften zur Metaphysik*，p. 444；北京大学哲学系外国哲学史教研室编译：《西方哲学原著选读》上卷，第 478 页。

② Ibid.，p. 438；同上书，第 476 页。

③ Ibid.，p. 442；同上书，第 478 页。

④ Ibid.，pp. 442，444；同上书，第 478 页。

避免不了的。因为，既然如上所述，单子的本质规定性正在于它的“单纯性”，在于它之“没有部分”，则它便既不可能自然地（通过组合）产生，也不可能自然地（通过组合）消灭，而只可能通过上帝的创造而产生。① 由此看来，单子之间的普遍和谐不仅是一种自主的和谐，而且也是一种神恩的和谐，不仅是一种自主的和神恩的和谐，而且也必定是一种自主的和神恩的和谐。②

3. 前定和谐的普遍性与层次性（二）：灵魂与身体之间的和谐

与赤裸裸的单子之间的普遍和谐相比，灵魂与身体之间的和谐是一种更高层次的和谐。因为按照莱布尼茨的观点，单子依其知觉的明晰程度而划分成三种不同的等级，其中赤裸裸的单子属于最低等级。因为赤裸裸的单子（也被称做形式或隐得来希）仅仅具有微知觉和盲目欲望，它们虽然与灵魂有某种类似，但严格说来是不能称做灵魂的。灵魂则属于较高一级的单子，因为它具有较为明晰的知觉，具有感觉、记忆和注意力。再者，灵魂与身体之间的和谐不仅涵指动物的灵魂与身体（躯体）之间的和谐，而且也涵指人的灵魂与身体之间的和谐。因为人毕竟是一种“两栖性”动物，同时属于自然界和神恩界，作为一种肉体化的精神，他在神恩界中占有最低位置，但在自然界中却占有最高的位置。③ 人的灵魂（心灵）与身体的关系和动物的灵魂与身体（躯体）之间的关系，虽然在表现形式上很不相同，但就其本质而言，则属于同一类型。

灵魂与身体的和谐在莱布尼茨的和谐体系中之具有特别重要的地位，还在于唯有这一和谐直接触及单子与物质现象的关系问题。按照莱布尼茨的理解，所谓灵魂与身体之间的和谐，无非是说，灵魂与身体的活动一方面各行其是，另一方面又协调一致。灵魂作为一种较为高级的形态的单子，其由较不清晰的知觉向较为明晰的知觉的过渡是由它所固有的欲望推动的；故而它始终遵循目的因的规律活动；而身体既为一种物质现象，也就始终遵

① Cf. *Gottfried Wilhelm Leibniz*: *Kleine Schriften zur Metaphysik*, pp. 438, 440；北京大学哲学系外国哲学史教研室编译：《西方哲学原著选读》上卷，第 477 页。

② 参阅段德智：《论莱布尼茨的自主的和神恩的和谐学说及其现时代意义》，《世纪宗教研究》2000 年第 1 期。

③ Cf. Nicholas Rescher, *G. W. Leibniz's Monodology*, p. 289.

循物质现象所固有的动力因的规律活动。莱布尼茨反复强调说：

> 灵魂总是借助于欲望、目的和工具遵循目的因的规律活动。而身体也总是遵循动力因的或运动的规律活动。动力因和目的因这样两个领域是相互和谐的。①

结果,身体仿佛是根本不存在灵魂似的活动,而灵魂也仿佛是根本不存在身体似的活动。如果我们仅仅从身体的层面看世界,那我们就会成为一个伟大的伊壁鸠鲁主义者,如果我们仅仅从灵魂的层面看世界,那我们就会成为一个伟大的柏拉图主义者。伊壁鸠鲁是一个伟大的唯物主义者,柏拉图则是一个伟大的唯心主义者,而莱布尼茨的身体与灵魂的先定和谐学说无疑是伟大的唯物主义与伟大的唯心主义的"绝妙的结合"。②

这里的问题在于,在莱布尼茨的哲学—神学体系中,灵魂与身体、目的因的规律与动力因的规律、柏拉图主义与伊壁鸠鲁主义是如何统一在一起的,或者说是为何统一在一起的。为了解释这一难题我们不能不引进莱布尼茨的物质学说和莱布尼茨的主导单子学说。如前所述,莱布尼茨曾把物质(物体、身体)界定为有良好基础的现象,而它的基础就在单子里面,就在于存在于单子之内的作为单子要素的原初的被动的力或原初物质,作为物质团块的次级物质(物体、身体)无非是单子的这一原初的被动的力或原初物质的一种显现而已。诚然,作为人的身体的有机体是由无数多单子堆聚而成的,但它毕竟有一个主导单子,人的身体应该说就是存在于他的身体之中的主导单子的一种外在呈现,他的身体的活动自然也就是他的存在于身体之中的主导单子的活动的外在呈现。毫无疑问,人的身体的活动和人的主导单子的活动之间并非一种因果决定的关系,而是一种自然而然的平行和谐的关系。显然,这样一种关系的始作俑者依然是创造单子的上帝。

莱布尼茨如此重视灵魂与身体问题或身心关系问题并且以这样一种方式来解决这一问题不是偶然的,而是由莱布尼茨的理论背景决定的。身心关系问题,本来也就是哲学基本问题,即精神和物质的关系问题的一个重要方面或一种表现形式。这个问题在莱布尼茨当时的哲学界正是表现得最突

---

① *Gottfried Wilhelm Leibniz*: *Kleine Schriften zur Metaphysik*, pp. 474, 476;北京大学哲学系外国哲学史教研室编译:《西方哲学原著选读》上卷,第491页。

② *Cf. Gottfried Wilhelm Leibniz*: *Philosophical Papers and Letters*, p. 559.

出也最尖锐的问题。因为当时最流行，甚至可以说占统治地位的哲学，就是笛卡尔的哲学。而这个问题正是笛卡尔哲学中一个最主要也最尖锐的问题。如前所述，笛卡尔的哲学是一种典型的二元论学说，他把物质和精神看成两种截然不同的实体，彼此是绝对独立而不能互相影响、互相作用的。但笛卡尔作为一个科学家，又不能否认身体的状况影响心灵，心灵的活动也直接支配着身体的运动这种经验事实，而这种现象又是和他的二元论的根本观点直接相矛盾的。于是笛卡尔自己在这个问题上就陷于无法摆脱的矛盾困境：一方面在“形而上学”范围内是直接否定精神和物质、心灵和身体可以互相影响的；另一方面在他具体探讨生理学、心理学的问题时又处处否定了他在“形而上学”中的论断，而肯定身心的互相影响或“交感”。为了解决这个问题，他勉强臆造出一种学说，即认为心灵居住在身体中脑部的“松果腺”中，通过这里它与身体互相联结并互相影响。这个学说，如前所述，非但不能解决问题，反而把问题弄得更其复杂化了。鉴于这样一种情况，当时的笛卡尔学派便提出了其他各种不同的解决办法。莱布尼茨作为当时西欧重要的哲学家之一，并且历来也很关心笛卡尔哲学，自然不能不对这个当时哲学界存在的主要问题表现出关切。在一定意义上，他的哲学正是对笛卡尔所留下的这一问题的一种解决。他最初发表他的系统哲学观点的著作《新系统》，全名就叫做《论实体的本性和交通，兼论灵魂和身体之间的联系的新系统》。可见身心关系问题一开始就是他的哲学系统所要解决的主要问题之一。他之所以把自己的系统叫做“新”系统，正表明它是不同于笛卡尔派的“旧”系统的。具体说来，他的系统主要就是反对或企图用来代替笛卡尔派的马勒伯朗士等人所提出的“偶因论”系统的。

在《新系统》中，除了提出他的实体观念和其他思想之外，主要观点之一就是以“前定和谐”的学说来解决身心关系问题。只是在当时他还没有用“前定和谐系统”这个名词，而只称为“协调的假设”而已。但主要的观点已都具备。在《新系统》发表之后，他因与人论辩而对《新系统》作了几篇补充的“说明”，特别是在通常被称为《新系统》的第二和第三篇“说明”中，更明确地论述了这个问题，并把他自己的观点和“偶因论”的观点作了显明的对照。为了证明身心关系问题以及他自己的观点和“偶因论”观点的不同，莱布尼茨采用了两个时钟的比喻。这就是：把身体和心灵设想为两个时钟，它们之间的协调一致就像两个时钟的走得一致。他认为这种协调一致的情况可以有三种解释:第一种方式是两个时钟挂在同一块木板上,由于钟摆的振动通过木板的分子的实际传递而使两个钟互相调节以达到互相一致。他是因惠更斯实际做过这样的实验而得到启示,提出这种设想的。如果以这种方式来说明身心关系,这就是认为身体与心灵实际互相影响的观点,莱布尼茨说这是“通俗哲学的路子”,其实传统的经院哲学也就是这么看的。但莱布尼茨认为两个时钟看来是这样,但身心之间的关系却实际不能是这样的。因为他从实体即单子的独立性的观点出发,认为实体之间是不能有实在的互相影响的。第二种方式是永远用一个精巧的工匠来守着,时时刻刻来调节拨正两个钟,使它们走得一致。这就是“偶因论的路子”。因为马勒伯朗士等人所提出的“偶因论”,就是认为身体和心灵既是两种不同的实体,是不能实际互相影响的,而身心之间之所以能协调一致,是由于上帝的随时干预,即上帝藉身体某种运动的“机缘”(“偶因”)而使心灵产生某种相应的观念,或藉心灵产生某种观念的“机缘”而使身体产生某种相应的运动。因此,两者之能够协调一致,并不是直接互相影响的结果,心灵的状况对于身体或身体的状况对于心灵来说,都只是一种“偶因”,而其直接的、真正的原因,则在于上帝。照莱布尼茨看来,这种观点是在解释自然事物时引入了“救急神”(deus ex machina),并且是和上帝的“尊严”不相称的,因为这等于把上帝看成一个很笨拙的钟表匠,造成的钟表如此不准确,而必须时时刻刻守着来拨正它们。第三种方式就是这两个钟一开始就制造得非常精密,以致后来它们虽各走各的,却自然彼此一致。这就是莱布尼茨自己所提出的“前定和谐”系统的路子。在他看来,上帝既然是“万能”的,他就能够有这样的技巧,事先就以这样的精确性,使身体与心灵之间各按照自身原来所接受的法则自行发展,而又能够自然地互相一致,就好像有交互的影响一样。这也就是我们前面所说的“前定和谐”的办法。他认为他这种解决办法之所以比偶因论“优越”就在于它能“最好”地显示上帝的“万能”,是“最和上帝的尊严相配”的!

应该说明,莱布尼茨虽然确实是用两个时钟的比喻来说明身心关系问题的,但如果因此认为莱布尼茨是把身体和心灵看做两个钟一样是相同的实体,则是不符合莱布尼茨的原意的。他只是在有限范围内借用这种比喻来说明其间的关系而已。严格说来,灵魂诚然被看做是一个单一的实体,而身体照莱布尼茨的观点则根本不是一个单一的实体,而是一个复合物,它本身是由许多部分构成的。就一个人来说,灵魂就是他的占主导地位的单子,而他的身体则又由许多单位构成,每一单位又各有其"隐得来希"即单子。因此,严格说来,心灵与身体的关系,不是两个可以相比并立的单子之间的关系,而毋宁是一个占主导地位的单子(人的灵魂)与跟这个单子相结合的身体的无数构成单位的单子之间的关系。不管怎样,这种关系照莱布尼茨看来总不是直接互相影响的关系,而是"前定和谐"的关系。

至此,莱布尼茨用前定和谐学说来企图解决的,仅只是身心关系问题的一个方面,即身心的活动如何能彼此协调一致的问题。此外,身心问题也还有其他许多方面,如两者究竟是如何结合的呢?心灵为什么一定有它的身体呢?一个心灵是否可以和这个身体结合,又和另一个身体结合,即是否有灵魂的轮回呢?身体死亡后,灵魂究竟怎么样了呢?是否有死亡呢?对生死问题该怎么看呢?如此等等。对于这些问题,莱布尼茨也都有他特殊的看法。一般说来,莱布尼茨认为每个灵魂都必须有物质的身体与之结合。因为除了上帝之外,每个单子都既有某种完满性,又都不是绝对完满的,即它的知觉不是完全清晰的,而这种知觉的模糊表象,就是物质性的表现。因为只有上帝绝对完满,其知觉完全清晰,也就是没有物质性的形体,其他单子都与某种物质性相结合,也就是和一定的形体相结合。总之,形体是附属于一切被创造的单子的,形体与低级单子或"隐得来希"一起构成"生物",和"灵魂"一起构成"动物",而和"理性灵魂"一起就构成"人"。每个生物的形体都是有机物的,这种有机的形体乃是一种"神圣的机器",或一个自然的自动机,无限地优越于一切人造的自动机。他又主张不能认为每个灵魂有一块或一份物质,永远为它所固有或附属于它,因为一切形体都处于一个永恒的流之中,好像河流一样,持续不断地有些部分流出和流进,因此灵魂只是逐渐地和逐步地更换其形体,在动物中经常有形态的改变而绝对没有灵魂的更替,也就是绝对没有灵魂的轮回;更没有完全与形体分离的灵魂,也没有完全没有形体的精灵,只有上帝才完全没有形体。从这样的观点出发,并根据一切单子都不能自然产生和自然消灭的观点,莱布尼茨就否定了有绝对意义的生和绝对意义的死。在他看来,不仅灵魂是不死的,而且身体也是不死的,也没有灵魂完全离开了身体那种意义的死亡。所谓生,只是单子的与之相结合的身体的发展与增大,而所谓死,也就只是身体的器官缩小成一点,变得不可见了。莱布尼茨甚至引用了当时一些科学上的发现来企图论证他的根本否认有绝对的生和绝对的死的观点。当然,这种引用只能是被歪曲了的,他的这整套观点也充满了神秘主义的不可理解的怪诞想法。实际上这也正是他肯定单子因为是没有部分而不可分的,因而不能有自然的产生和消灭这一观点引申出来的荒谬的结论。这种观点,实际上否认了世界上任何旧东西的死亡和新事物的产生,也就实质上否定了真正的变化发展,是一种反辩证法的思想。莱布尼茨尽管承认单子本身也有某种意义的发展,但这种发展既不能超出一定范围而有旧事物的消灭和新事物的产生,归根结底就否定了真正的发展而陷于反辩证法的形而上学观点了。①

总之,莱布尼茨关于身心问题的看法,是从他的单子论的唯心主义观点出发,实际上否认了物质的身体的实在性,把物质的身体和精神或心灵的关系,也归结为完全是精神性的单子之间的关系,并用解决一般单子之间的关系问题的"前定和谐"原则来解决身心关系问题。这种观点,既是唯心主义和僧侣主义的,也是形而上学的,并由此引出了如根本否认身体和心灵有绝对的生和死等荒谬的结论。但是,在这看来十分荒诞不经的理论体系中,却也以歪曲了的形式,包含着某种排除神的具体干预,而肯定事物按照既定规律自行发展的思想,这实质上是对传统神学观念的某种背离甚至否定,并包含着一定的合理成分的。此外,它也在一种神秘主义的形式下,实际肯定了身体和心灵的密切结合,乃至一切事物之间的普遍联系,并在一定范围内肯定心灵、身体乃至一切事物的变化发展,这些也还是包含着辩证思维的因素的。而从心灵和身体既是彻底独立的,又都按照着某种既定的必然规律行事,并形成自然的"和谐"或"协调"这种观点出发,他也以自己的方式解决了人的行为或伦理学范围内的自由与必然的矛盾统一问题,这也是有光辉的辩证法因素的思想。②

4. 前定和谐的普遍性与层次性(三):自然的与神恩的和谐

自然的和神恩的和谐是莱布尼茨和谐体系中最高等级的和谐。这一方

---

① 关于莱布尼茨的生死观,请参阅段德智:《西方死亡哲学》,第160—163页;段德智:《死亡哲学》,(台北)洪叶文化事业有限公司1994年版,第190—194页。

② 参阅陈修斋:《陈修斋论哲学与哲学史》,第320—333页。

面是因为这种和谐是一种直接有关精神这一最高等级的被创造单子的和谐,另一方面是因为上帝同精神的关系特别密切的缘故。

按照莱布尼茨的连续律和单子的分类法,精神即理性灵魂,在被创造单子中等级最高。精神高于普通灵魂的地方在于一般灵魂作为宇宙的一面镜子,只能表象由被创造单子组成的世界,而精神则由于其具有理性而能进而表象创造单子的上帝本身,精神本身即具有上帝的形象,不仅能够认识上帝,认识上帝的作品,而且还能像上帝那样按照自己的意志创造事物,因而在他的有限领域里,他就是一个"小神"(une petite divinité)。① 正因为如此,上帝同他的关系至亲至密。如果说上帝同自然的关系是一种发明家(或工程师)同机器的关系,上帝同精神的关系则是一种君臣父子这样的社会关系和亲属关系。也正因为如此,莱布尼茨把由精神结合而成的社会团体称做神恩的道德界,甚至称做"上帝之城"(lla Cité de Dieu)。② 此外,由于自然的和神恩的和谐不仅关乎整个自然的物理界及整个神恩的道德界,而且还直接关乎上帝本身,因而是莱布尼茨和谐体系中内容最为广泛的"和谐"。莱布尼茨在《神义论》中曾把这一和谐说成是"最完满的臻于极致的(le plus parfait)和谐"。③ 也许正因为如此,莱布尼茨曾把他的单子论体系概括为"自然的与神恩的原则"。④

自然的物理界与神恩的道德界的和谐的根本问题是自然的物理界以自然的方式而不是以奇迹的方式满足于道德界的正义原则或公平原则。诚然,就上帝的最高职责言,他的根本任务就是促成自然的物理界的存在尽可能的完美,保证神恩的道德界的居民获得最大可能的幸福。在这个意义上,如果我们可以把尽可能的完美视为自然的物理界的存在的第一原则的话,则我们也不妨把保证居民们获得最大可能的幸福视为神恩的道德界的"第

---

① Cf. *Gottfried Wilhelm Leibniz: Kleine Schriften zur Metaphysik*, pp. 476, 478;北京大学哲学系外国哲学史教研室编译:《西方哲学原著选读》上卷,第 491 页。

② Ibid., p. 478. 同上书,第 492 页。

③ Leibniz, *Essais de Théodicée*, p. 118.

④ 如前所述,莱布尼茨于 1714 年先后写了两篇概括其哲学原则的短著,其中一篇题为《以理性为基础的自然的和神恩的和谐》,另一篇题为《单子论》。但是,由于第二篇论文原本没有标题(标题"单子论"系后人所加),故而在莱布尼茨本人的心目中,他毋宁是将自己的哲学原则称做"自然的与神恩的原则"。

一要旨"(le premier dessein)和"最高法律"(la supreme de ses loix)。[①] 但是若从城邦管理原则看,正义原则或公平原则无疑应当被视为第一原则。而按照这项原则,上帝对幸福的分配就必须严格地贯彻奖善惩恶的正义原则,而自然的与神恩的和谐的根本目标也正在于以完全自然的方式贯彻和落实这项原则。

和单子间的普遍和谐以及灵魂与身体之间的和谐一样,自然的和神恩的和谐也是通过上帝实现出来的。在这一脉络中,对于自然的物理界来说,上帝是一个发明家、设计师、工程师或工匠,而对于神恩的道德界来说,他又是一个慈善的君王,是众多的精神的父亲。这样,"自然的与神恩的和谐便演变成了作为自然的物理界的工程师的上帝同作为神恩的道德界的君王的上帝之间的和谐,一种存在于上帝本身的内在的自我的和谐。这是莱布尼茨和谐学说中最深刻的意涵之一。我们不仅可以把这看做是自然的与神恩的和谐的奥秘之所在,而且也可以把这看做是莱布尼茨整个和谐学说的奥秘之所在。"[②]

5. 前定和谐的一体两面性及其理论依据

在莱布尼茨的和谐体系中,和谐始终具有两面性,即始终同时具有自主性和神恩性,而且,和谐的这样一种两面性就其本质而言是一体的,也就是说,和谐的自主性即体现了和谐的神恩性,而和谐的神恩性也正是通过和谐的自主性表现出来的,并且也只有通过和谐的自主性才能表现出来;离开了和谐的自主性,和谐的神恩性即无从现实地存在,同样离开了和谐的神恩性,和谐的自主性也就无从发生。和谐的这样一种一体两面性,不仅可以从自然的和神恩的和谐以及灵魂与身体的和谐看得出来,而且也可以从单子之间的普遍和谐看得出来。然而,和谐的这样一种一体两面性不是偶然的,而是在莱布尼茨的整个哲学—神学体系中有其深刻的理论依据的。下面我们依次从莱布尼茨的关系理论、道德的必然性理论以及和谐的前定性观点来讨论和谐的一体两面性。

---

① *Cf. Gottfried Wilhelm Leibniz*: *Kleine Schriften zur Metaphysik*, pp. 160, 162.

② 段德智:《论莱布尼茨的自主的和神恩的和谐学说及其现时代意义》,《世纪宗教研究》2000 年第 1 期。

我们首先从莱布尼茨的关系理论来考察和谐的自主性。

所谓和谐的自主性,无非是说:无论是单子与单子之间的和谐,灵魂与身体之间的和谐,还是自然的物理界与神恩的道德界之间的和谐,处于和谐关系之中的任何一方都是自律的、自治的、主动的,而非他律的、他治的、从动的,而且归根结底是由各自的本性或"内在性原则"决定的。莱布尼茨对和谐的自主性的这样一种规定显然是与他的关系理论分不开的。

莱布尼茨的关系理论,主要包括下述几项内容:(1)关于真实存在的形而上学理论。按照这种理论,唯一真实的是实体及其属性。其他的事物,包括实体之间的关系,只是"心灵的产物",属于现象领域而不属于实在领域。(2)关系的观念性:关系既不是一种实体,甚至也不是一种偶性,而是一种观念性的事物。(3)关系是一种有"良好基础"的"现象",关系本身虽然没有原初的实在性,但在实体中,在实体的属性中却有其"坚实的基础"。(4)关系的可还原性:凡关系都可以还原为实体的属性,因而它们虽无原初的实在性,却有一种依赖的或从属的实在性,都可以还原为包含着它们的关系项。(5)关系陈述并非是无意义的,实体之间的关系是不容否认的,但实体之间所包含的关系却必定内在于它们的谓项或属性之中。

根据这样一种关系理论,和谐的自主性就不言自明了。因为既然关系只有一种依赖的或从属的实在性,既然关系都可"还原"为"关系项",则单子与单子之间的和谐关系便无一不可还原为实体及其属性。也就是说,这样一些奇妙的和谐关系无非是实体本性历时性的具体显现而已。

正如从莱布尼茨的关系理论这样一个视角我们可以很好地理解和谐的自主性一样,我们从莱布尼茨的道德的必然性理论这样一个视角也可以很好地理解和谐的神恩性。

按照莱布尼茨的必然性学说,共存在有三种不同类型的必然性。首先是形而上学的必然性,其反面是自相矛盾的。其次是假设的必然性,其结论是从偶然的前提以形而上学的必然性推断出来的。例如,物质的运动便具有假设的必然性,因为它们是运动规律的必然结论,而这些运动规律本身则是偶然的。最后是道德的必然性,这是一种上帝、天使以及圣贤借以选择善的事物的必然性。上帝也就是运用这种道德的必然性从无限多的可能世界中选择出我们这个最好的世界并把它创造出来的。

诚然,就上帝的存在和上帝的本性而言,他无疑是一种必然的存在,但是就其创世活动言,则具有某种偶然性和道德的必然性。这就是说,上帝同人一样,也具有两面性或两重性,即一方面他是必然的,另一方面他又是自由的。因为上帝既是全能的,他就可以在无限多可能世界里进行选择,并创造出其中任何一个世界。但是上帝的道德的完满性又使他决意按照最佳原则选择现存的世界,即从无限多的可能世界中选择出这样一个最好的世界。而所谓最佳原则,无非涵指这样两重意涵:一是涵指事物的无限多样性,一是涵指事物的普遍和谐性。这里把和谐与共存或可共存性区别开来是十分必要的。和谐的必定是可共存的,但可共存的却未必是和谐的。正如现存世界必定首先是个可能世界,可能世界却未必都是而且其中绝大多数都不可能是现存世界(因为现存世界只能有一个)。这就是说,可共存性属于可能世界,具有一种逻辑的或形而上学的必然性。而和谐则属于现实世界,具有一种道德的确定性。普遍和谐的世界乃仁慈上帝自由选择的结果,它充分体现了上帝的道德完满性。离开了上帝的仁慈或道德完满性,我们这个世界的普遍和谐就成了不可设想的东西了。正因为如此,从上帝创造世界的活动的道德必然性,我们可以最好不过地看到和谐的神恩性。

最后,我们从莱布尼茨的和谐的前定性观点来考察一下和谐的自主性与和谐的神恩性的一体性。

前面我们分别从莱布尼茨的关系理论和道德的必然性理论考察了和谐的自主性和和谐的神恩性。在一定意义上,我们不妨把它们看做莱布尼茨和谐学说的两个基本层面。但是,正如我们在前面所指出的,在莱布尼茨的和谐体系中,和谐的自主性与和谐的神恩性虽然从逻辑上讲各有其独立的意涵,但就其现实内容看,则是二而一、一而二的东西,具有明显的统一性和一体性。

而和谐的自主性与和谐的神恩性之相互统一的基础,不是别的,正在于和谐的"前定性"。这里所谓"前定性",从根本上讲,则是涵指上帝作为自由选择的创世活动。不难看出,正是上帝的这样一种创世活动既保证了和谐的自主性又体现了和谐的神恩性。

正如我们在前面所指出的,按照莱布尼茨的关系理论,普遍和谐的关系植根于作为实体的关系项,或者说植根于作为关系项的实体。但是实体由于其没有部分,是不可能通过组合自行产生的,而必须通过创世活动,由上帝创造出来。因此,离开了上帝的创世活动,也就不存在任何实体,从而也就根本不存在任何一种类型的和谐。因此,上帝的创世活动,上帝在创世活动中对实体本性的先定实乃和谐的自主性的根本保证。

不仅如此,和谐的神恩性也只有通过上帝的创世活动才能体现出来。诚然,上帝就其本性而言,是全知、全能并且是全善的。但是,如果上帝不作出自由抉择,不进行创世活动,不创造出一个具有无限多样性和普遍和谐的世界,不使他的作为上帝城邦的居民获得最大可能的幸福,则他的善良意志就只是一种善良意志。这样一来,我们也就根本无从谈论和谐的神恩性了。

由此看来,"和谐的前定性或上帝的创世活动实在是莱布尼茨和谐学说的根本基础。它不仅派生出了莱布尼茨和谐学说的两个基本层面,即和谐的自主性与和谐的神恩性,而且这一活动本身即同时为和谐的自主性与和谐的神恩性的载体。这样一种载体,恰如一块硬币,我们从它的一个方面看,看到的是和谐的自主性,而从它的另一个层面看,看到的将会是和谐的神恩性。莱布尼茨的和谐永远是一种'前定'的和谐。这可以看做是莱布尼茨和谐学说之谜的谜底。"①

6. 和谐的自主性、神恩性与前定性的三位一体:自然神论

莱布尼茨的前定和谐学说既强调和谐的自主性,又强调和谐的神恩性,强调和谐的自主性与和谐的神恩性的统一性,并且宣布这种统一性的基础在于和谐的前定性。莱布尼茨关于和谐的自主性、神恩性与前定性这种三位一体的理解就充分说明了莱布尼茨的前定和谐学说不仅具有形而上学的意义,也同时具有宗教的和神学的意义。尽管莱布尼茨在批评"偶因论"时,嘲笑偶因论者引入了"救急神"(deus exmachina),而标榜他自己的学说避免了这样一种悲剧。但是,真正说来,即使莱布尼茨的前定和谐学说同样也不可能完全避免使用"救急神"。因为不论是上帝时时调节也好,或者是上帝预先决定也好,都是把最后的原因归之于上帝,这在本质上有什么区别呢? 不论"偶因论"或"前定和谐"系统,都是把整个理论体系建立在一个莫须有的上帝的基础上的空中楼阁,因而也都在一定程度上具有僧侣主义的色彩。

---

① 段德智:《论莱布尼茨的自主的和神恩的和谐学说及其现时代意义》,《世纪宗教研究》2000 年第 1 期。

但是,如果只看到莱布尼茨的“前定和谐”系统在唯心主义、僧侣主义的实质上和“偶因论”乃至传统宗教神学的共同性的一面,而不看到它确实也有和它们不同、甚至是以曲折的、歪曲的形式表现了它背离宗教神学的一面,则也是不全面的,甚至是很表面的看法。因为这种“前定和谐”的学说,诚然最后是把一切都归因于上帝,但它在肯定最初是上帝预先赋予并决定了每一个单子也就是每一件事物以活动法则之后,在单子嗣后的活动及发展过程中,它就肯定是完全按照它自身所已接受的法则活动,而完全排除上帝的直接干预了。这就是它和“偶因论”的主要不同所在。但这点不同却有重大意义。因为不论是身体与心灵或其他事物,虽然其活动法则最初是上帝赋予的,但当它一旦接受了这种法则之后,就只是按照这种法则活动,而不需要上帝的随时插手干预。这样,莱布尼茨在具体解释事物的“自然”发展或运动过程时,事实上就完全只是按照事物本身所具有的法则或规律来解释,而排除了一切“奇迹”了。事实上,他是藉“和谐”已经“前定”,来否定了神对事物的具体发展的干预,也可以说是藉上帝创世之初的唯一一个最大的“奇迹”,来否定了其他的一切“奇迹”。

莱布尼茨对上帝和世界关系的这样一种理解和当时流行的“自然神论”的观点是非常接近的。“自然神论”也承认作为世界的最初原因或“第一推动力”的上帝的存在,但认为上帝对世界做了第一次推动以后,世界本身就按照其本身的必然规律运动,而完全不受上帝的干预,上帝就成了一个“不在家的主人”了。马克思主义的经典作家指出这种自然神论是在当时条件下摆脱宗教的一条方便道路,它实质上是一种披着神学外衣的唯物主义思想(当然有它的不彻底性)。而莱布尼茨的“前定和谐”学说不是也实质上否定了上帝对事物的自然过程的随时干预吗?当然,自然神论者是把世界本身看成物质及其运动过程的,而莱布尼茨所说的事物是精神性的单子构成的,这里还是有唯物主义与唯心主义的两条路线对立,绝不可混为一谈,但就其排除上帝对世界事物的随时干预来说,还是不能否认其具有某些接近之处。这种观点,尽管仍旧承认神的存在,但实质上是对传统宗教中的神的否定。正是在这种意义下,马克思甚至明确地指出过:“普鲁士的国家哲学家们,从莱布尼茨到黑格尔,都致力于推翻神。”①当然不能孤立地根据

① 《马克思恩格斯全集》第8卷,人民出版社1965年版,第468页。

这一句话就得出莱布尼茨是真正的推翻了神的无神论者的结论，但这至少表明莱布尼茨的观点毕竟不同于传统的封建宗教神学，在一定程度上不仅背离甚至是反对传统宗教神学的。这本来也毫不足怪。莱布尼茨所代表的德国资产阶级，虽然由于特殊的历史条件而异常软弱，但毕竟还是新兴的资产阶级，和封建势力在根本利益上是有矛盾的，它本身也还是向往着那些先进国家的资产阶级，还是有摆脱封建势力的束缚而走上独立发展道路的要求的。莱布尼茨这种排除上帝的具体干预思想，难道不可以看做正是资产阶级摆脱封建束缚这种内心要求的曲折反映吗？难道不是对上帝，实质上也就是对封建势力的一种反叛吗？只是由于他的软弱性，不敢表示公开的反叛，而可以说是一种“跪着的反叛”，是在神学的范围内对神学的背叛而已。这也就难怪莱布尼茨虽大力宣扬僧侣主义和唯心主义的哲学，虽大力反对唯物主义和无神论，却仍旧被某些教会人士看成是“什么也不信仰的人”了。

五、莱布尼茨的“形而中学”：现象主义与单子主义的内在关联

如前所述，形而上学虽然构成了莱布尼茨的本体论思想的一个根本维度，有着非常丰富的内容，但并不是莱布尼茨本体论思想的唯一的内容。在莱布尼茨的本体论思想中，还有一项非常重要的内容，这就是他的“形而中学”。也就是说，在莱布尼茨的哲学中，他的形而上学并不完全是彼岸的东西，而是存在于此岸的东西，是一种存在于现象界的东西。因此，在莱布尼茨这里，实体并非康德式的“物自体”，而总是借现象显现出来的东西，他的单子主义同现象主义之间存在着一种内在的关联。前面，我们既然已经对他的形而上学的三项基本内容，即单子论、连续律和前定和谐学说，作了扼要的叙述，现在便是我们具体讨论他的“形而中学”，即他的现象主义与单子主义的内在关联的时候了。

1. 国际莱布尼茨研究中的一个痼疾：“瞎子摸象”

众所周知，由于种种原因，对莱布尼茨思想的系统研究，差不多是从19

世纪中叶以后才起步的。[①] 这一百多年来,国际莱布尼茨的研究虽然取得了一些令人瞩目的成就,但是也确实存在一些需要改进的问题。例如,差不多从19世纪末起,就总有一些学者不断重复印度童话"瞎子摸象"的故事,对莱布尼茨的思想缺乏整体的和统一的理解和把捉,并以这样那样的方式"肢解"莱布尼茨。

早在20世纪初,罗素就在其奠基性著作《对莱布尼茨哲学的批评性解释》中把莱布尼茨"肢解"为"俗人莱布尼茨"与"学者莱布尼茨"以及"作为逻辑学家的莱布尼茨"与"作为素朴实在论者的莱布尼茨"。[②] 他的这样一种做法,虽然也遭到了一些非议,但是,似乎并未引起人们的足够重视。至20世纪下半叶,"肢解"莱布尼茨的"风"非但未曾停息,反而越刮越大。一些学者又将莱布尼茨哲学思想中的"现象主义"从其"单子论"体系中割裂出去,制造出一个新的所谓"中年莱布尼茨"与"晚年莱布尼茨"的对立。[③]

应当看到,当代国际莱布尼茨研究中,有一个值得特别称道的地方,这就是:许多莱布尼茨研究者,如爱立西·豪希斯德特、凯特林那·维尔森、罗伯特·摩尔日修·亚当斯、丹尼尔·伽贝尔、C. D. 布洛德、安德雷·洛比那特等,都以这样那样的方式把"过程"的思想引进莱布尼茨的研究中,努力

---

① 其中一个重要原因是莱布尼茨的大部分著作和书信在生前和死后很长一段时间一直没有公诸于世。直到19世纪中叶,随着爱尔德曼整理编辑的《莱布尼茨哲学著作全集》于1840年、格尔哈特整理编辑的《莱布尼茨哲学著作集》于1875—1890年的问世,莱布尼茨哲学思想的比较全面、系统研究才有了可能。20世纪初,伯特兰德·罗素的《对莱布尼茨哲学的批评性解释》(1900年)、路易·库图特拉的《莱布尼茨逻辑学》(1901年)和恩斯特·卡西勒的《莱布尼茨哲学体系》(1903年)可以看做是全面、系统研究莱布尼茨的"第一批收获"。

② Cf. Bertrand Russell, *A Critical Exposition of the Philosophy of Leibniz*, George Allen & Unwin Ltd., 1951, pp. 1 – 5.

③ "中年莱布尼茨"与"晚年莱布尼茨"至今仍是有歧义的说法。一些学者以1704年莱布尼茨致布尔谢尔·德·沃尔德的信为界线来划分,把17世纪80年代中期至1704年左右说成是莱布尼茨的"中年",而把此后的12年说成是莱布尼茨的"老年"或"晚年"。以为"中年莱布尼茨"比"晚年莱布尼茨"或"老年莱布尼茨"实在论思想多些,唯心论思想少些。(Cf. Daniel Garber, "Leibniz and the Foundation of Physics: the Middle Years", in Kathleen Okruhlik and James Robert Brown eds., *The Natural philosophy of Leibniz*. Dordrecht: Reidel, 1985, pp. 27 – 130.)本书在这两个短语的使用上基本上沿用这一说法。

把莱布尼茨的思想理解为一个包含着不同发展阶段在内的不断流动变化的发展“过程”。① 这些学者的这样一种努力对当代莱布尼茨研究已经产生了并且将会继续产生深广的影响。这是不容怀疑的。但是,他们中也有一些人过分地强调莱布尼茨哲学思想各个不同发展阶段的“差异性”,忽视乃至否认莱布尼茨哲学思想诸发展阶段的“连续性”和“统一性”,在新的时代又重复了当年罗素的错误,人为地制造出所谓“中年莱布尼茨”与“晚年莱布尼茨”的对立。只是他们“肢解”莱布尼茨的方式同罗素有所区别罢了。如果说,罗素主要是藉他的所谓“主谓项”逻辑学来肢解莱布尼茨的哲学思想的话②,当代莱布尼茨研究者则主要是从突出和强调所谓中年莱布尼茨的“现象主义”同晚年莱布尼茨的“单子主义”的差异来“肢解”莱布尼茨的哲学思想的。

而且,非常有趣的是,这些当代莱布尼茨研究者竟同当年罗素一样,也是从莱布尼茨的“外部世界”学说入手来开始其“肢解”莱布尼茨的工作的。虽然他们并不一致地称莱布尼茨的“外部世界”学说为“物质哲学”,但他们所谓的中年莱布尼茨的“现象主义”就其基本内容看同罗素所说的莱布尼茨的“物质哲学”并无什么本质上的差别。鉴于这样一种哲学现象,我们将不去泛泛地讨论莱布尼茨哲学思想的统一性,而是集中讨论中年莱布尼茨的“现象主义”或“物质哲学”③,探讨中年莱布尼茨“现象主义”的理论背景

① Cf. Erich Hochstetter, “Von der wahren Wirklichkeit bei Leibniz”, in *Zeitschrift für philosophische Forschung* 20(1966), pp. 41 – 46; Robert Merrihew Adams, *Leibniz: Determinist, Theist, Idealist*; Catherine Wilson, *Leibniz's Metaphysics: A historical and comporative study*; Charlie Dunbar Broad, *Leibniz: An Introduction*. Cambridge: Cambridge University Press, 1975; Andr Robinet, *Architectonique disjonctive, automates systemiques, et idéealité dans l' oeuvre de G. W. Leibniz*, Paris: Vrin, 1986.

② 罗素曾经把《对莱布尼茨哲学的批评性解释》一书的“主要论题”确定为“莱布尼茨哲学差不多完全来源于他的逻辑学”,并断言:莱布尼茨哲学的“主要的不一致性”正在于莱布尼茨的“主谓项”逻辑学同其他思想,特别是同莱布尼茨的“物质哲学”或“外部世界”学说“不一致”。Cf. Russell, *A Critical Exposition of the Philosophy of Leibniz*, Preface of the Second Edition, pp. 3 – 5.

③ 对中年莱布尼茨的现象主义既有狭义的理解,也有广义的理解。所谓狭义的理解是指那种把中年莱布尼茨的现象主义同中年莱布尼茨的“有形实体”学说对峙起来至少不将后者囊括进去的一种理解。所谓广义的理解,是指那种把中年莱布尼茨的“有形实体”学说也统摄进来的理解。本文对中年莱布尼茨的现象主义取后面一种理解。

和形而上学目标,以期昭示莱布尼茨的现象主义和单子主义的一致性及其内在关联,说明莱布尼茨的哲学思想虽然历史地看有一个不断深化的发展过程,逻辑地看有一个多层结构的问题,但从其思想的本质和主流看却呈现出一个前后一贯的相当完整的理论体系。

2. 中年莱布尼茨"现象主义"或"物体哲学"的理论背景

在我们对中年莱布尼茨和晚年莱布尼茨进行比较研究时,有一点是必须注意到的,这就是:莱布尼茨并不是到了晚年才提出"单子"概念和"单子论"思想的。就我们所知,莱布尼茨早在1689年在腊尔夫·库德华斯的《真正理智体系》的读书笔记中就曾思考过"单子"(Monades)问题,并强调了传统"单子"概念的物质性。① 而且,莱布尼茨于1695年就在自己的严格哲学的意义上使用了"单子"(Monas)这一术语,并明确宣布"单子"亦即"实在的单元",乃他自己的"主体学说"或"实体学说"的"关键"之"所在"。② 而且,更为重要的是:在这个时期甚至远在这个时期之前,莱布尼茨为了界定"无广延"的和"非物质"的存在而使用的"实体"、"单元"、"单一"、"统一体"、"个体实体"、"简单实体"、"灵魂"、"心灵"、"实体形式"和"隐得来希"等术语,就其基本意涵讲,同他的"单子"本质上并无二致③,乃至于在其晚年最为重要的哲学著作《神义论》(1712年)、《以理性为基础的自然的和神恩的原则》(1714年)和《单子论》(1714年)中,他还是用"单元"、"统一体"、"单一"、"灵魂"、"隐得来希"、"原初的力"、"实体形式"、"简单实体"、"生命"和"心灵"等术语来界定他的"单子"概念,或者把它们

---

① Cf. "Excerpta ex Cudworthii Systemate Intellectuali", in *Sämtliche Schriften und Briefe von Gottfried Wilhelm Leibniz*, VI, iv, Berlin: Akademie Verlag, 1999, p. 1946.

② 1695年7月在一封致德·豪斯丕达勒的信中,莱布尼茨宣布:"所谓主体真正说来就是实在的单元,即单子(une unité reelle, Monas)。"(Cf. "Leibniz an de L' Hospital", *Leibnizens mathematische Schriften*. II, p. 295.)尼古拉·雷谢尔先生断言莱布尼茨曾在1690年在一封致法尔德拉的信件中使用过"单子"这个词。可惜我们至今尚未发现。(Cf. Nicholas Rescher, *G. W. Leibniz's Monodology*, p. 46.)

③ 例如,莱布尼茨在《形而上学论》(1686年)中就先后用过"实体"(subsdance)、"个体实体"(une substance individuelle)、"实体形式"(formes substantielles)、"自在存在"(*Ens a se*)、"自身统一体"(*unum per se*)、"我"(ce moy)、"灵魂"(ames)、"心灵"(les esprits)等术语。此外,莱布尼茨早在1679年就正式恢复使用"实体形式"概念。

解释成“单子”的“同义词”。① 这表明,“单子”作为一个哲学术语是在莱布尼茨中年时代就开始使用,而作为一个哲学概念,在它与“单元”、“统一体”、“单一”、“简单实体”相统一的意义上,则是一个莱布尼茨早在青年时代就开始酝酿形成、并且在其中年时代和老年时代都始终在“终极实存”这一严格哲学意义上使用的哲学范畴。因此,那种用“单子主义”来界定晚年莱布尼茨哲学思想,并且因此坚持把突出“物体哲学”的中年莱布尼茨同所谓信守“单子主义”的晚年莱布尼茨对立起来的做法是不够妥帖的。

但是,毋庸讳言的是,“物体哲学”或“现象主义”在中年莱布尼茨乃至青年莱布尼茨的哲学思想中的确占有非常突出的地位。从认识论上讲,他不仅早在巴黎时期就先于巴克莱提出了“存在就是被感觉”的原理,宣布:“所谓存在没有别的,无非就是被感觉”(nihil aliud esse Existere quam Sentiri)②,并进而提出了所谓“海尔克林证明”(Herculeum illud argumentum),宣布“凡是不能被任何人知觉到的东西便是无,不管知觉它们的人是否存在”③。而且针对马勒伯朗士“从上帝看一切”的观点,莱布尼茨还相当明确地提出和论证了物体观念不仅存在于“上帝的心灵”中,而且还存在于“我们的心灵”中;并且进而断言:他所谓的“现象”并非意指作为心理活动的知觉本身,而是意指知觉的意向对象,如星光和土块的坚实性等;同时,他还把“生动性”、“复杂性”和“一致性(和谐性)”规定为现象实在性(realitas phenomenorum)

① 例如,在《以理性为基础的自然的和神恩的和谐》第1节中,莱布尼茨明确指出:他所谓的“简单实体”,如“生命、灵魂、心灵”等,也就是“单子”;而“单子”这个希腊词的意涵不是别的,正是“单元”、“统一体”和“单一”;所有的“简单实体”,包括“生命”、“灵魂”和“心灵”在内,都是“统一体”(Monas est un mot grec qui sigifie l'unité, ou ce qui est un…et les substances simples, les vies, les âmes, les esprits sont des unités.)。在《单子论》第1节中,莱布尼茨更是开门见山地指出:“我们这里所说的单子不是别的,只是一种组成复合物的简单实体”。此外,耐人寻味的是,莱布尼茨在《神义论》的一个地方竟一口气列举了“灵魂”(Les Ames)、“隐得来希”(Entelechies)、“原初的力”(forces primitives)、“实体形式”(formes substantielles)和“简单实体”(substances simples)等5个术语作为“单子”(Monades)的“同义语”。(Cf. Leibniz, *Essais de Théodicée*, pp. 349-350.)

② Cf. *Sämtliche Schriften und Briefe von Gottfried Wilhelm Leibniz*, VI, iii, Berlin: Akademie Verlag, 1981, p. 56.

③ *Sämtliche Schriften und Briefe von Gottfried Wilhelm Leibniz*, VI, iv, p. 1637.

的“最有力的证明”(potissimum iudicium)和“真理性”标志。① 从本体论上讲,他不仅于17世纪70年代末,恢复了“实体形式”概念,而且还于17世纪80年代正式提出和论证了“有形实体”新概念,甚至提出并论证了“物体即实体”(les corps…sont des substances)的思想。值得注意的是,莱布尼茨之所以提出“有形实体”概念正是基于“物体即实体”这一假说的。② 应当说,当代莱布尼茨研究者注重从“物体哲学”或“现象主义”的维度来考察中年莱布尼茨的哲学思想本身是非常自然的,也是有重大学术价值的。因此,那些“肢解”莱布尼茨的当代学者之过错并不在于他们从“物体哲学”或“现象主义”的角度研究了莱布尼茨,不在于他们看到了中年莱布尼茨与晚年莱布尼茨在某些具体问题上的一些差别,而在于他们从根本上割裂了中年莱布尼茨与晚年莱布尼茨,把莱布尼茨的“物体哲学”或“现象主义”看成了完全异于他的“简单实体”或“单子”学说的东西。但是,他们之所以割裂莱布尼茨的“物体哲学”和“实体哲学”、“现象主义”和“单子主义”,割裂“中年莱布尼茨”和“晚年莱布尼茨”,究其根本原因则正在于他们对中年莱布尼茨的“物体哲学”或“现象主义”的哲学性质和哲学价值作了错误的判断。因此,为了对他们的错误判断作出有一定分量的批判性分析,我们就必须对莱布尼茨提出和阐述他的物体哲学和现象主义的理论背景和哲学动机做一番考察,进而从根本上厘清中年莱布尼茨“物体哲学”和“现象主义”的哲学性质和本体论意义。

既然如上所说,莱布尼茨早在17世纪80年代,甚至更早些时候,就提出了“简单实体”学说,那他为什么在后来很长一段时间又花费那么多时间和精力来阐述他的“物体哲学”或“现象主义”呢?这无疑是我们在考察中年莱布尼茨提出并着力阐述他的“物体哲学”或“现象主义”的理论背景和哲学动机时必须首先予以回答的问题。众所周知,至17世纪,西方社会在经过文艺复兴的阵痛之后,已经由信仰时代进入了理性时代。在理性时代,哲学无论是取唯理论形态还是取经验论形态,从根本上讲都属于一种特别注重讲实体的哲学。实体概念不仅是唯理论哲学家笛卡尔的核心范畴,而且也是经验论哲学家霍布斯、洛克的基本范畴。那个时代的哲学争论,包括

---

① Cf. *Die philosophischen Schriften von Gottfried Wilhelm Leibniz* VII, Hildesheim: Georg Olms, 1965, pp. 319 – 320; *Sämtliche Schriften und Briefe von Gottfried Wilhelm Leibniz*, VI, iv, p. 1637.

② Cf. *Gottfried Wilhelm Leibniz: Kleine Schriften zur Metaphysik*, pp. 154, 156.

霍布斯同笛卡尔的争论,关于物体第一性质与物体第二性质关系的讨论,以及洛克对笛卡尔和霍布斯哲学的回应等差不多都集中在实体概念上。而且,还有一点对我们当前讨论的问题至关紧要,这就是:当时的争论虽然很激烈,但在肯认物体的本质属性为广延,肯认物质实体的存在方面似乎并没有什么异议。所不同的地方只是在于:笛卡尔认为除物质实体(res existensa)外还有精神实体(res cogitans),霍布斯则认为只有一种实体,这就是物质实体,洛克虽然和笛卡尔一样,承认物质实体和精神实体的存在,但他却从经验论的立场出发,断言"实体乃一种我们不知其为何物之物",我们知道的只是物体的"名义本质",而永远不可能知道物体的"实在本质"。

这样,当莱布尼茨步入欧洲哲学论坛的时候,如果他要作为一个哲学家进行独立哲学思考的话,他就必须面对并回应他的同时代哲学家提出和讨论的上述问题。这些问题概括起来就是:(1)物体能够作为实体独立存在吗?(2)物体的"实在本质"如果不是广延,那它究竟是什么?其中第一个问题是由笛卡尔、霍布斯共同从"负面"提出的问题,第二个则是由洛克独立从"正面"提出来的问题。不难看出,正是在对这些问题的追问和回应的过程中,莱布尼茨完成了他的单子论体系的构建工程,而且也正是在追问和回应这些问题、构建其单子论体系的过程中,莱布尼茨集中力量研究和发展了他的"物体哲学"或"现象主义"。而且,莱布尼茨对上述问题的追问和回应,在一定意义上,也是一种自我追问、自我清算和自我回应。因为早年莱布尼茨也曾一度是持守"物体即广延"的霍布斯的崇拜者。这些也是莱布尼茨不能不回答的问题。因为如果他不能成功地回答这些问题,那他就只能或者是笛卡尔和霍布斯的追随者,或者是洛克的追随者,而永远成不了莱布尼茨主义者,至少成不了一个名副其实的形而上学哲学家。① 下面我们就来看看莱布尼茨是如何在追问和回应上述两大问题的过程中发展他的"物体哲学"并构建他的形而上学的单子论体系的。

---

① 汉斯·波塞尔最近撰文,从讨论莱布尼茨的"现象"概念和"实体"概念入手,阐述了莱布尼茨"物体哲学"或"现象主义"的一般理论背景,具体地讨论了莱布尼茨的"物体哲学"或"现象主义"同笛卡尔和洛克哲学的关联和区别。(Cf. Hans Poser, "Phenomenon benefundatum, Leibnzens Monadologie als Phänomenologie", in Renato Cristin and Kiyoshi Sakai, eds., *Phänomenologie und Leibniz*, Freiburg: Karl Alber, 2000, pp. 19－41.)

3. 莱布尼茨现象主义的形而上学目标:对“物理学”的超越

近代西方哲学家,如笛卡尔、霍布斯、洛克等,重视“物体哲学”是十分自然的。因为西方近代既是一个特别崇尚(甚至迷信)理性的时代,也是一个特别崇尚(甚至迷信)以自然物体为研究对象的(自然)科学的时代。谈论“物体哲学”可以说是那个时代的一种时尚。但是,他们基本上是从“物理学”(自然哲学甚至自然科学)的角度或高度来谈论和阐述他们的“物体哲学”的。例如,笛卡尔虽然很重视“物体哲学”,但是却基本上把它放在“物理学”中予以讨论。这就是说,在笛卡尔眼里,“物体哲学”基本上属于“形而下学”的范畴。霍布斯的《论物体》虽然讨论了大量的自然现象和几何学问题,但他基本上是从经验论的立场上来讨论这些问题的。因此,他的“物体哲学”也是一种“形而下学”的东西,如果考虑到该书前面一部分的内容,充其量是一种“形而中学”的东西。① 莱布尼茨与他们不同,他不满足从“物理学”的角度或高度来谈论“物体哲学”,而要求从“形上学”的高度来看待和处理“物理学”中的重大问题,也就是说,他要求从他的“个体实体”或“简单实体”学说的高度,即从他的哲学本体论的高度来处理“物体哲学”问题。换言之,莱布尼茨是从物体哲学同他的“形而上学”体系的关联中来讨论和处理他的“物体哲学”的。尽管他也不厌其烦地谈论物体的形状、大小,谈论空间、位置、运动、力等,但是他的心中却是悬着一个至上的形而上学的目标的。在这个意义上,我们不妨把莱布尼茨看做近代西方哲学史上第一个始终站到唯心主义形而上学的高度来讨论和处理“物理学”问题的哲学家。②

莱布尼茨的“物体哲学”或“现象主义”内容虽然很丰富,但归结起来,无非是一句话,这就是:物体是现象,是由实体堆积而成的现象,是有“良好基础”的现象。③ 那么,莱布尼茨的“物体哲学”提出来的第一个问题便是:为什么以“广延”为本质属性的物质自身不能成为“实体”。这是莱布尼茨

---

① 该书已由段德智等人译出,不久将由商务印书馆出版。

② Cf. R. M. Adams, *Leibniz, Determinist, Theist, Idealist*, p. 217.

③ Cf. *Die philosophischen Schriften von Gottfried Wilhelm Leibniz* II, pp. 306, 435, 451; VII, p. 344; Leibniz, *Discours de Mètaphysique*, § 34; *Gottfried wilhelm Leibniz, Der Briefwechsel mit Antoine Arnauld*, Herausgegeben und übersetzt von Reinhard Finster, Hamburg: Felix Meiner Verlag, 1997, pp. 106 - 155, 308 - 349.

借以向当时整个欧洲哲学界提出挑战的一个重大问题。当时欧洲哲学界最具影响的哲学家如笛卡尔、霍布斯等,都宣布,物质实体的本质是广延。莱布尼茨则认为,如果物质的本质是广延,则以广延为其本质属性的物质就不足以成为"实体"。因为所谓实体即是独立自在的"终极单元"(Unum per se,亦即莱布尼茨常说的 unité reelle,substance individuelle,substance simple,或 la monade),而有广延的物体自身是不可能成为事物的"终极单元"的。他的最根本的理据不是别的,正是他所谓的有广延的物体之具有"无限可分性"。他于 17 世纪 80 年代同阿尔诺的通信中,90 年代在《新系统》中以及在 18 世纪初同布尔切尔·德·沃尔德等人的通信中都对此作过比较详尽的讨论和论证。① 按照莱布尼茨的理解,从有广延的物质团块本身是永远不可能达到"任何真正实在"的,因为由此出发的论证只能导致"无穷的恶性倒退"。② 但是,这样一来也就提出了另一个对莱布尼茨同样重要甚至更为重要的问题,这就是:真正的或终极的实在或实存究竟是什么?在莱布尼茨看来,问题很简单。既然有广延、有部分的事物不能构成实体,则构成实体的便只能是那些"没有广延"、"没有部分"的"简单"事物了。而这样的事物不是别的,恰恰正是他的"个体实体"、"简单实体"或"单子"。③ 莱布尼茨在其晚年著作《单子论》中把"单子"规定为"简单实体",又把"简单"界定为"没有部分"(Simple,c'est-à-dire sans parties)。这就把他中年的"物体哲学"或"现象主义"与他的"实体哲学"或单子论体系之间的内在关联性直截了当地表达出来了。因此,在莱布尼茨的物体哲学里,所谓物体是现象,也就是意指物体是由没有广延、没有部分的简单实体堆积而成的现

---

① 正因为如此,在《新系统》里,莱布尼茨把"没有广延"因而也"没有部分"的"简单实体"称做"形而上学的点"(points métaphysiques),以区别"具有广延"因而"具有部分"的"物理学的点"(point physique)。Cf. *Gottfried Wilhelm Leibniz: Kleine Schriften zur Metaphysik*, p. 214;《新系统及其说明》,第 7 页。

② Cf. *The Correspondence between Leibniz and Antoine Arnauld*, ed. and trans. By H. T. Mason, Manchester: Manchester University Press, 1967, pp. 72, 96; *Die philosophischen Schriften von Gottfried Wilhelm Leibniz*, II, pp. 261, 267.

③ 莱布尼茨曾明确指出:"简单实体"乃"广延的基础"("substantia nempe simplex" "est fundamentum extensionis")。因为在他看来,简单实体本身虽然没有广延,却有位置(positio),而广延不是别的,正是位置的连续不断的重复(cum extensio sit positionis repetitio simultanea continua)。Cf. *Die philosophischen Schriften von Gottfried Wilhelm Leibniz* II, p. 339.

象,所谓物体是有“良好基础”的现象(phenomena bene fundata, apparence bien fondée),也就是意指以“个体实体”、“简单实体”或“单子”为“基础”的现象。① 至少从这个层面看问题,莱布尼茨的物体哲学是不难“还原”为他的实体哲学或单子主义的。他的物体哲学或现象主义是他的实体哲学或单子主义的一个重要组成部分,甚至也就是他的实体哲学或单子主义。

莱布尼茨物体哲学的另一项重要内容在于他的力本论。他的力本论同他的实体观是一致的,也是以形而上学的单子主义为指向和归宿的。如果说,莱布尼茨的实体观是以反对有广延的物质原子主义为起点,以“形而上学”(“不可分”)的“点”(即简单实体或单子)为归宿的话,则莱布尼茨的力本论便是以强调广延的无能动性为起点,以“形而上学”的“能动”的和“被动”的“力”(即简单实体或单子的知觉或欲望能力)为归宿。莱布尼茨并不像有些人所想象的那样,从根本上否认物体及其广延属性的客观实在性。正相反,他早在17世纪70年代(例如在1672年和1679年)就不止一次地强调所谓现象就是“经由我们感觉”确定的东西,就是由“经验”证实了的东西。② 他甚至同笛卡尔、霍布斯和洛克一样,也认为事物的第一性质(广延及其样式,如大小、形状和运动等)比第二性质(声、色、味、香等)有更大的实在性。③ 但是,莱布尼茨并不满足这些,他要追问和回答的是究竟什么是“广延”的“原则(principium)”。④ “原则”这个词法文为principe,拉丁文为principium,其基本意思为“开端”、“源泉”或“根源”。⑤ 因此,当莱布尼茨

---

① Cf. *Die philosophischen Schriften von Gottfried Wilhelm Leibniz* II, pp. 306, 435, 451; VII, p. 344.

② Cf. Sämtliche Schriften und Briefe von Gottfried Wilhelm Leibniz, VI, iii, p. 3; Opuscules et fragments inéditts de Leibniz, ed. by Louis Couturat. Hildesheim: Georg Olms, 1966, p. 33.

③ 汉斯·波塞尔也曾经指出:“作为科学家,莱布尼茨非常重视经验(科学)意义上的‘现象’。这里所说的‘现象’,即是通过经验可以得到证实的位于时空之中的物质存在。在解释物质现象时,只能采用机械的即物理学的途径。在这个层面上,我们可以说莱布尼茨完全接受了笛卡尔的广延理论以及洛克的‘第一性质’学说。”Cf. Hans Poser, “Phenomenon benefundatum, Leibnzens Monadologie als Phänomenologie”, in Renato Cristin and Kiyoshi Sakai, eds., *Phänomenologie und Leibniz*, pp. 20－21.

④ Cf. *Die philosophischen Schriften von Gottfried Wilhelm Leibniz* II, p. 306.

⑤ 莱布尼茨也正是在“开端”、“源泉”或“根源”的意义上使用“原则”这个词的。例如,他曾说到“上帝构成了万物的原则”(“Deus non facit partem rerum: sed principium”)。(Cf. *Sämtliche Schriften und Briefe von Gottfried Wilhelm Leibniz*, VI, iii, p. 392.)

说“广延原则”这个短语时，他便是在追问广延的源泉或根源是什么。换言之，他是在追问：是什么东西使有广延的东西成为有广延的东西？正是这一追问和回答使他超越了笛卡尔和霍布斯，进入了近代物体哲学的更深的理论层次，使“动力学”取代“广延论”成了物体哲学的一个根本概念。但是，莱布尼茨并没有就此止步。他继续追问：“动力学”中的“物理的力”的“原则”或“源泉”究竟是什么。于是，他发现了作为有广延的物体的“更高原则”或“最高原则”不是别的，正是作为简单实体或单子的本质规定性的“原初”的“形而上学”的“力”。① 这样，莱布尼茨的实体哲学和物体哲学就在他的“原初的力”的学说的基础上统一起来了。

莱布尼茨的物体哲学或现象主义的第三项重要内容是他的知觉理论。前面说过，莱布尼茨曾经把“有广延的物体”称做“现象”，他在反驳马勒伯朗士时还曾强调说，“物体的观念”不仅存在于“上帝的心灵”中，而且也存在于“我们的心灵”中。这是什么意思呢？原来，在莱布尼茨看来，有广延的物体作为“现象”总是“知觉着的实体”的一种“性质”或“变形”，总是我们“心灵”（作为“主导单子”的“灵魂”）的一种“意向对象”。② 这里的关键

---

① 莱布尼茨常把“原初”的“形而上学”的“力”称做实体的“本性”或“本质”。例如，他早年在谈到“个体实体”的“本性”时，曾经说道：“每个实体的本性就在于它凭借它自身的作用与被作用的力（“ut vi sua agendi aut patiendi”），即凭借它的一系列内在活动，来表象整个宇宙。”（Cf. *Die philosophischen Schriften von Gottfried Wilhelm Leibniz* VII, pp. 316f.）当讨论实体的“两种形态”时，他明确地把“原初的力”理解为“实体”的“本性”或“本质”，断言：“当我们说原初的力构成物体的实体（“la force primitive fait la substance des corps”）时，它们的本性或本质就得到理解了。”（Cf. *Sämtliche Schriften und Briefe von Gottfried Wilhelm Leibniz*, I, vii, p. 248.）1695 年，他曾经谈到他恢复“实体形式”这一传统概念的根本用意正在于强调作为“真正单元”（“des unités véritables”）的实体的“本性”在于“力”，在于“原初的力”（“forces primitives”）。（Cf. Leibniz, *New System*, §3.）1710 年，在《神义论》里，如上所述，他更是把“原初的力”同“隐得来希”、“灵魂”、“实体形式”、“简单实体”和“单子”相提并论。（Cf. *Essais de Théodicée*, §396.）而在另一方面，他又称“原初的力”为有广延的物体及其运动的“更高”（superieur）的“原则”，甚而称之为“第一原则”（“le premier principe”）。（Cf. Robert Merrihew Adams, *Leibniz: Determinist, Theist, Idealist*, p. 350.）

② 莱布尼茨本人虽然没有像后来的康德那样大谈“对象”概念，但他确实也曾说过“有限心灵的对象”一类的话。（Cf. *Die Philosophischen Schriften von Gottfried Wilhelm Leibniz* VII, p. 563.）蒙高摩利·福尔施曾撰文强调，在莱布尼茨那里，作为“现象”的“物体”是一种“意向性对象”。（Cf. Montgomery Furth, *Monadology*, in *Philosophy Review*76, 1967, p. 172.）

在于对空间观念的理解。莱布尼茨虽然在1687年致阿尔诺的信中曾把空间和时间理解为"有良好基础"的"现象",在此前的1676年,他甚至称空间里面有"某种""神圣的和永恒的""可以和上帝的无限性相提并论"的"东西"("quemadmodum id quod in spatio divinum atque aeternum est, idem est cum Dei immensitate"),①但从17世纪90年代中期起,他便开始把它们理解为"观念"的事物。② 而"观念"总是有知觉能力的"心灵"或"灵魂"的"观念"。这样,通过"空间观念",作为"知觉对象"的"有广延的物体"同作为"知觉主体"的"简单实体"或"单子"的内在关联性以及与此直接相关的莱布尼茨的物体哲学或现象主义同他的实体哲学或单子论体系的内在关联就明白无误地昭示出来了。③

4. 莱布尼茨现象主义与单子主义相互关联的基本中介:"有形实体"、"次级物质"与"派生的力"

我们既然已经初步考察了中年莱布尼茨的现象主义与他的实体学说或单子主义的统一性或内在关联性,则我们现在就有必要也有可能去进一步考察莱布尼茨现象主义与单子主义相互关联的基本中介了。说有必要,乃是因为既然我们这里所说的关联不是同类性质事物的趋同,更不是同类事物的归并,而是"有广延"的事物同"无广延"的事物、"有部分"的事物同"无部分"的事物的这样一些性质截然相反的事物的"内在关联",这就提出了一个它们究竟是如何关联的问题,亦即它们相互关联的具体"中介"问题。说有可能,乃是因为既然我们已经初步考察了中年莱布尼茨的现象主义与他的实体学说或单子主义的统一性和内在关联性,则我们面对的就不再是中年莱布尼茨的现象主义与他的实体学说或单子主义之相互关联"是

---

① Cf. *Sämtliche Schriften und Briefe von Gottfried Wilhelm Leibniz*, VI, iii, p. 391.

② 例如,莱布尼茨1705年在致德·沃尔德的信中就明确地把空间理解为"观念"的事物。(Cf. *Die Philosophischen Schriften von Gottfried Wilhelm Leibniz* II, pp. 278, 379; III, p. 595.)

③ Cf. Glenn A Hartz, "Leibniz's Phenomenalisms", in *Philosophical Review* 101 (1992), pp. 527 – 537; Glenn A Hartz and J. A. Cover, "Space and Time in the Leibnizian Metaphysic", in *Noûs* 22 (1988), pp. 493f.; J. E. McGuire, "Labyrinthus Continui: Leibniz on Substance, Activity, and Matter", in Machamer and Turnbull, eds., *Motion and Time, Space and Matter*, Columbus: Ohio State University Press, 1976, pp. 308 – 311.

否可能”这样一个问题，而只是一个“如何可能”的问题。这样，我们处理的问题就简单和容易多了。那么，中年莱布尼茨的现象主义同他的实体学说或单子主义相互关联的基本中介究竟有哪些呢？真正说来，莱布尼茨的现象主义与单子主义相互关联的中介问题是一个可以从不同的角度予以考察并予以言说的问题，因而也是一个并不十分简单的问题。① 但是，为了简明起见，我们还是从莱布尼茨两类实体、两类物质、两类力的学说谈起。

首先是莱布尼茨的两类实体学说。莱布尼茨的两类实体学说如果说从他 1679 年决定恢复“实体形式”之时起就提了出来有些为时过早，那么说自 1686 年他在《形而上学论》和致阿尔诺的信里明确提出“有形实体”(substance corporelle)概念之后就在事实上提了出来，则一点也不勉强。② 此后，在《新系统》等论著中更是对“有形实体”与作为“实体的原子”和“形而上学的点”的“绝对没有部分”的“构成事物的绝对的最初本原”的“实体”或“简单实体”与“有形实体”的区别和联系作了更为明快也更为详尽的表述。③ 他 1703 年 6 月 20 日在致沃尔德的信中所提出的著名的“实体结构”的解释框架，最根本的内容便是“单子”即简单实体(第三层面)同“有形实体”(第五层面)的区别和关联问题。④ 甚至到了晚年(1712 年乃至 1714 年)，他还坚持认为，实体有“简单实体”和“复合实体”(“有形实体”)

① 例如，正如哈尔特穆·赫希特先生(Hartmut Hecht)在 2002 年 1 月 19 日柏林理工大学哲学所主办的莱布尼茨学术研讨会上，在回应本篇论文的时候所指出的，“实验”也是莱布尼茨用以沟通现象界与本体界的一个重要“中介”。

② Cf. Leibniz, *Discours De Métaphysique*, §17－22; Leibniz an Antoine Arnauld (14.7.1686), in *Gottfried wilhelm Leibniz Der Briefwechsel mit Antoine Arnauld*, p. 154.

③ Cf. *Gottfried Wilhelm Leibniz*: *Kleine Schriften zur Metaphysik*, pp. 206, 212, 214, 216；莱布尼茨：《新系统及其说明》，第 3—4、6—8 页。

④ 莱布尼茨在讨论到“实体”和“有形实体”的“结构”时，明确区分了五个层面的“内容”：(1)原初的隐得来希(Entelechia primitiva)；(2)原初物质(Materia nempe prima)；(3)由这两者构成的“单子”(Monade)；(4)由无数“从属单子”堆积而成的“有形团块”(Massa)；(5)由“主导”着该有形团块的“单子”构成的“动物”或“有形实体”(Animal seu substantia corporea)。(Cf. *Die Philosophieschen Schriften von Gottfried Wilhelm Leibniz* II, p. 252.)

两种。[1] 莱布尼茨的两种实体学说,特别是他的"有形实体"学说的"中介"功能是相当明显的。因为"有形实体"既是"有形"实体,又是有形"实体"。而由于其是"有形"实体,便势必同具有部分的可分的有广延的作为"现象"而存在的"物体"有内在关联;而又由于其是有形"实体",便势必同"绝对没有部分"的、没有广延的作为"本体"而存在的"构成事物的绝对的最初本原"的"单元"即"单子"或"简单实体"有内在关联。这也许是莱布尼茨重视两种实体学说,特别是他的"有形实体"学说的根本动因。

现在我们接着来考察莱布尼茨的两种物质学说。莱布尼茨的两种物质学说是他在他的两种实体学说,特别是在他的有形实体学说的基础上提出来的。根据史料,莱布尼茨最早是在 1687 年 9 月致阿尔诺的一封信的"边注"上提出他的两种物质学说的。莱布尼茨在这封信中区分了"物质"的三种意义:(1)"作为有形团块本身的物质"("la matiere prise pour la masse en elle même");(2)"次级物质"(une matiere seconde);(3)"原初的被动的力"(la puissance passive primitive),亦即莱布尼茨后来称谓的"原初物质"(la matiere primitive)。[2] 其中,第一种"物质",是笛卡尔的,也是阿尔诺一度坚持的。后两种则是莱布尼茨自己的。之后,莱布尼茨在 1690 年致法尔德拉、1692 年致保罗·珀利森—冯塔尼尔、1698 年致约翰·贝奴伊、1700 年、1703 年和 1704 年致沃尔德等人的信件中,以及在《动力学的一个样本》(1695 年)、《论自然本身》(1698 年)等论著中都反复讨论和阐述了他的两种物质学说。可以说,两种物质学说也是中年莱布尼茨反复思考和琢磨的一个问题。按照莱布尼茨的理解,笛卡尔的"有形团块"本身既不是原初物

---

① 莱布尼茨 1712 年在《形而上学推证》中明确地把实体分为两类,断言:"实体或者是简单的,如一个灵魂,没有部分,或者是复合的,如一个动物,由一个灵魂和一个有机体构成。"("Substantia est vel simplex ut anima, que nullas habet partes, vel composita ut animal, quod constat ex anima et corpore organico.")(Cf. *Opuscules et fragments inédits de Leibniz*, p. 13.)1714 年,莱布尼茨在《以理性为基础的自然的和神恩的和谐》第 1 节里进一步明确地表达了两种实体之间的关系,指出:"实体是一种能够活动的存在。它或者是简单的或者是复合的。简单实体是那种没有部分的实体。复合实体则是诸多简单实体或单子的集合。"("La substance est un être capable d' action. Elle est simple ou composée. La substance simple est celle qui n' a point de parties. La composée est l' assemblage des substances simples, ou des monades.")

② Cf. Leibniz an Antoine Arnauld(9. 10. 1687), in *Gottfried wilhelm Leibniz, Der Briefwechsel mit Antoine Arnauld*, pp. 326, 328.

质,也不是次级物质。“有形团块”涉及的是作为“现象”的事物的“物理性质”,如形状、大小等。次级物质则意指诸多有形实体或从属单子的堆积。它构成了“有形团块”的“原则”(“源泉”)。但次级物质尚不是有形团块的“终极原则”。有形团块的“更高原则”或“最高原则”是“简单实体”,是构成“简单实体”的“原初形式”和“原初物质”。因而,“原初物质”也是“次级物质”的“原则”。但是,由于“内在性原理”(principe interieur)乃原初物质活动的一项根本原理,它的形而上学活动便不能越出“实体”本身;它对“有形团块”的“管辖权”与“裁判权”便只有通过“次级物质”来表达和行使了。[①] 于是,凭借“原初物质(简单实体或单子的内在规定性之一)—次级物质——作为有形团块本身的物质(以及有形物体)”这样一个逻辑链条,莱布尼茨的两种物质学说,特别是他的“次级物质”学说便自然地充当了他的“物体哲学”或“现象主义”与他的“实体哲学”或“单子主义”相互关联的“中介”。

最后,我们来扼要地考察一下莱布尼茨的两种力的学说。既然按照莱布尼茨的观点,实体的本性全在于一种形而上学的“力”,则我们在讨论他的物体哲学(现象主义)与他的实体哲学(单子主义)相互关联的中介时其地位便不言自明了。莱布尼茨在1695年的《动力学的一个样本》与《新系统》和1698年的《论自然本身》中,以及在1699年、1704年致沃尔德的信和1703年致依萨克·亚可洛特的信中都从不同层面讨论和阐述了他的两种力的学说。不仅如此,此后,晚年莱布尼茨在1706年、1709年和1715年致巴托罗缪·德·波塞、1710—1711年期间致克里斯提安·沃尔夫、1715年致尼古拉·德雷蒙的信件中以及在《神义论》(1710年)中都反复讨论和阐述过这一学说。这说明两种力的学说不仅是中年莱布尼茨关心的问题,也是晚年莱布尼茨关心的问题。按照莱布尼茨的理解,“原初的力”,包括“原初能动的力”(对应于“第一隐得来希”)和“原初被动的力”(对应于“原初物质”),都是简单实体或单子的基本规定性,既是“物理的力”的“原则”,也是“派生的力”的“原则”。“派生的力”则是“原初的力”的“变形”。“派生的力”,作为“原初的力”的“变形”,具有明显的“分叉”性质(the quality of

① Cf. R. M. Adams, *Leibniz: Determinist, Theist, Idealist*, p. 350.

bifurcation)或“混合”特征(“the ‘mixed’ chracter”)。[①] 一方面,“派生的力”作为“实体”的变形,它是一种“内在于实体”、“内在于单子”的力,是一种“实体的力”,具有“实体的实在性”和“内在性”。另一方面,“派生的力”作为实体的“变形”,是一种“偶性的力”,具有“现象的实在性”和“外在性”。莱布尼茨在1704年致沃尔德的信中曾经用“持续主体”和“当下状态”、一个“系列”的规律和“指定”该系列“某项”来解说原初的力与派生的力的关系倒是十分中肯并十分形象的。[②] 无论如何,凭借着“派生的力”的这样一种“分叉”性质和“混合”特征,“物理的力”同“单子内部”的“形而上学”的力的内在关联性就揭示出来了。

5. 莱布尼茨的本体论思想的整体性与层次性

我们既然初步地考察了中年莱布尼茨“现象主义”的理论背景、形而上学目标,考察了莱布尼茨“物体哲学”或“现象主义”与他的实体学说或单子主义的“内在关联”及其“基本中介”,则我们就有可能对一些莱布尼茨研究者“肢解”莱布尼茨,将中年莱布尼茨的“物体哲学”或“现象主义”同他的“实体哲学”或“单子主义”对置起来的做法作出进一步的评论,以便从中吸取一些必要的经验教训。

首先,我们应当看到,无论是注重从主谓项逻辑学的角度还是注重从中年莱布尼茨的“现象主义”或“物体哲学”的角度来考察莱布尼茨,都是必要的,都曾给并将继续会给莱布尼茨研究带来积极的影响。没有他们进行的这样一类研究,对莱布尼茨的研究工作就很难深入地和多方位地展开。但是,他们的结论却是片面的,是我们不能苟同的。而他们之所以在莱布尼茨研究中“陷入片面性”,一个根本的原因就在于他们采取了一种片面的“分析”方法,缺乏一种宏观的“整体主义”的立场和视野,“只见树木而不见森林”,“囿于一端而暗于大全”。如果说罗素的片面性在于他之“囿于”莱布尼茨的“主谓项逻辑学”而对莱布尼茨的“物体哲学”、“实体哲学”或“前定和谐学说”缺乏深刻的体认,则上述当代莱布尼茨研究者的片面性主要在

---

① Cf. Leibniz an Antoine Arnauld(9. 10. 1687), in *Gottfried wilhelm Leibniz, Der Briefwechsel mit Antoine Arnauld*, pp. 378 – 393; also cf. Martial Gueroult, *Leibniz: Dynamique et Métaphysique*. Paris: Aubier-Montaigne, 1967, p. 199.

② Cf. *Die philosophischen Schriften von Gottfried Wilhem Leibniz* II, p. 262.

于他们之“囿于”中年莱布尼茨的“现象主义”或“物体哲学”而对莱布尼茨的“实体哲学”或“单子主义”缺乏深刻的体认。由此看来，我们在莱布尼茨研究中应当采取一种“整体主义”的立场和视野，并注意把“分析”的方法同“综合”的方法结合起来。片面地采取“综合”的方法是有害的，同样，片面地采取“分析”的方法也是有害的。

上述莱布尼茨研究者“陷入片面性”的另一项重大原因在于他们在莱布尼茨研究中对莱布尼茨的思想缺乏层次性的分析，往往把莱布尼茨不同层面的东西放到同一个层面来处理，结果把莱布尼茨的思想“平面化”，到处看到的是“矛盾”、“冲突”和“对立”。莱布尼茨哲学思想的一个根本特征在于它的多层次性。例如，莱布尼茨的两种实体学说，就关涉逻辑的、本体的层次和现实的、现象的层次。他的简单实体或单子关涉的是他的实体学说的逻辑的和本体的层次，而他的有形实体关涉的则是他的实体学说的现实的、现象的层次。就实体的现实形态言，凡实体都是“有形实体”，正如在海德格尔那里，凡现实的“在”都是“在者”（“此在”也是一个“在者”）。因为在现实世界里，除了上帝之外，没有一个被创造的简单实体或单子是没有形体的。由此可见，至少从实体的现实形态看，“简单实体”和“有形实体”恰如一块硬币的两面。对它的观察效果全凭观察者的方位而定。所以，当莱布尼茨说“物体是现象（而不是实体）”时，他是从逻辑的和本体层次看“物体”的；①而当他说“物体是实体”时，他是从现实的和现象的层面看“实体”的。② 而上述当代莱布尼茨研究者由于缺乏层意识，于是在统一的莱布尼茨那里“发现”了“两个莱布尼茨”。我们相信，如果上述当代莱布尼茨研究者能够在莱布尼茨研究中注意采取“整体主义”的立场和视野，注重莱布尼茨哲学思想的层次性，则他们就一定会发现他们和我们之间原本是可以有更多共识的。

---

① 在17世纪70年代的中后期，莱布尼茨有一个重要短篇手稿，其标题即为“物体不是实体，而只是一种存在的样式或前后连贯的现象”（“Corpus non est Substantia sed modus tantum Entis sive apparentia cohaerens”）（Cf. *Sämtliche Schriften und Briefe von Gottfried Wilhelm Leibniz*，VI，iv，p. 1637.）。

② 正如我们在前面就已经明确指出过的，莱布尼茨早在17世纪80年代中期完成的《形而上学论》第34节里就明确地提出了“物体即实体”的假设，而且，他的“有形实体”学说正是在他的这一假设的基础上提出来的。

当我们讨论莱布尼茨现象主义与单子主义的内在关联时有一点是必须予以说明的，这就是：我们虽然强调了莱布尼茨的“现象主义”或“物体哲学”与他的“实体哲学”或“单子主义”的“统一性”，但是，这丝毫不意味着我们意在把莱布尼茨的“现象主义”或“物体哲学”简单地“归结”为他的“实体哲学”或“单子主义”。对于莱布尼茨来说，这种“归结”是不允许的。因为这样一种“归结”既损害了“物理的自然界”的独立性，又从根本上损害了“神恩的道德界”的独立性，并且从根本上否定了他的“前定和谐”学说，也没有为他的神学思想留下任何余地。① 如果我们在研究莱布尼茨的“现象主义”或“物体哲学”与他的“实体哲学”或“单子主义”的内在关联时，既注意到了它们之间的“统一性”，又注意到了它们之间的“统一性”的“相对性”，②则我们对莱布尼茨哲学的总体把握就要健全得多了。

---

① 中年莱布尼茨在《论自然本身》(1698 年)中在谈到他的哲学抱负时，曾经很有激情又相当理智地写道，他希望凭借“建立少许提升得很高、扩张得很远”的“新原则”，来建立“一种介乎形式哲学(“forma philosophiae”)与物质哲学(“materia philosophiae”)之间的中间体系(“Systema mediae”)”，“在这种体系中，形式哲学和物质哲学各自真实的东西都将予以保持，并把它们结合起来。”晚年莱布尼茨的两部主要哲学著作《以理性为基础的自然的和神恩的和谐》(1714 年)和《单子论》(1714 年)都突出地强调了“自然领域”与“神恩领域”和“自然的物理界”与“神恩的道德界”的相对独立性以及它们之间的“前定和谐”。(参阅《论自然本身》第 16 节、《以理性为基础的自然的和神恩的和谐》第 15 节以及《单子论》第 87—90 节。)

② 莱布尼茨的哲学思想是相当复杂的。前面说到的莱布尼茨哲学思想的多层次性以及我们这里所说的莱布尼茨的“现象主义”或“物体哲学”与他的“实体哲学”或“单子主义”的“统一性”的“相对性”，都是莱布尼茨哲学思想的“复杂性”的重要表征。

第四章

莱布尼茨的认识论思想

除本体论外，莱布尼茨哲学思想还有一个非常重要的维度，这就是认识论。莱布尼茨不仅是一个多有创见的本体论思想家，而且还是一个多有创见的认识论思想家。其实，莱布尼茨的本体论思想与莱布尼茨的认识论思想是紧密地结合在一起的，它们并不是像两个没有任何通道的房间那样孤立地并存于他的哲学体系中，它们之间事实上存在着一种互存互动的关系。逻辑地看，我们固然可以说，莱布尼茨的哲学体系中，不仅有丰富的本体论思想，而且有丰富的认识论思想，它们是莱布尼茨哲学的两项基本内容，但是就莱布尼茨的思想体系本身讲，这两者往往是很难严格地区分开来的。例如，离开了莱布尼茨的"知觉"（一方面是作为认识能力的知觉能力，另一方面是作为认识活动的知觉活动）学说，我们便既无从具体深入地理解莱布尼茨的单子论（因为知觉能力和知觉活动即是莱布尼茨的单子的最基本的规定性），也无从具体深入地理解莱布尼茨的连续律（因为构成单子等级阶梯和连续系列的根据的东西不是别的，正是单子知觉的明晰程度的差异性和连续性）和前定和谐学说（因为单子知觉整个宇宙不仅同时是一个本体论问题和认识论问题，而且也是单子之间普遍和谐的一项重要理据），甚至也无从具体深入地理解莱布尼茨的物体哲学或现象主义，因为离开了知觉能力和知觉活动，也就根本无所谓"现象"或"物体"。同时，离开了莱布尼茨的本体论思想，离开了莱布尼茨的单子论、连续律和前定和谐学说，我们便很难对莱布尼茨的认识论思想有任何深入的了解。例如，不理解莱布尼茨的实体学说或单子论，我们便既不可能深层次地理解莱布尼茨的认识对象理论，也不可能深层次地理解莱布尼茨的认识主体理论。再如，离开了莱布尼茨的单子论和连续律，我们便不可能深层次地理解莱布尼茨的从"知觉"到"统觉"的认识过程理论；离开了莱布尼茨的"前定和谐"学说和

"物体哲学",我们便不可能深层次地理解莱布尼茨的真理观,既不可能深层次地理解莱布尼茨的必然真理学说,也不可能深层次地理解莱布尼茨的偶然真理学说。莱布尼茨的本体论思想同认识论思想之间的这样一种互存互动关系,不仅使我们在对莱布尼茨的本体论思想作出上述概括介绍之后,具体地考察莱布尼茨的认识论思想,成为一件完全可行的事情,而且也使之成了一件完全必要的事情了:我们之所以说具体地考察莱布尼茨的认识论思想因此而变得可行,乃是因为当我们概括地介绍莱布尼茨的本体论思想时,我们就同时勾勒了的莱布尼茨的认识论思想的本体论基础和理论背景;我们之所以说具体地考察莱布尼茨的认识论思想因此而显得必要,乃是因为当我们具体地考察莱布尼茨的认识论思想时,我们就因此而具体深入地阐释着莱布尼茨的本体论思想:一方面是在具体地阐释着莱布尼茨的单子论和连续律;另一方面又是在具体地阐释着莱布尼茨的前定和谐学说和物体哲学。

然而,莱布尼茨的认识论思想,甚至莱布尼茨的认识论思想同莱布尼茨的本体论思想的这样一种内在的关联,都不是偶然的,都是他的时代的产物,也都是有其理论渊源的。因此,在具体地考察莱布尼茨的认识论思想之前,先行地考察一下他的认识论思想的理论渊源和理论背景将是非常必要的和非常有益的。

一、莱布尼茨认识论的理论渊源与理论背景

莱布尼茨的认识论思想是西方认识论思想史上的一个重要环节。他之所以能够享有这样的地位,一方面在于他积极回应了他所在的时代向他提出的种种认识论问题;另一方面则在于他作为一个"为往世继绝学"、"对什么也不鄙弃"的思想家积极地借鉴了西方认识论思想史上所有比较重大的研究成果。

1. 莱布尼茨认识论的理论渊源

认识论问题和其他重大哲学问题一样,是一个古已有之的问题。早在古希腊时代,人们就对认识对象、认识途径、认识方法、真理标准诸方面进行了

不同程度的探索，提出了不少很有意义的见解。例如，巴门尼德（Parmenides，公元前6—5世纪）就曾提出过两条哲学道路的问题，断言有两条哲学道路，其中一条为“真理之路”，另一条则为“意见之路”，显然是从认识论的角度来谈论哲学本体论的。在希腊的“古典时期”，认识论有了一定程度的相对独立的发展。阿那克萨哥拉（Anaxagoras，约公元前500—428年）继承了巴门尼德的认识论路线，断言作为“本体”的始基（即“种子”）“只能为理性所认识，因为不能把一切归结到感官”①。柏拉图（Plato，约公元前428—约前848年）则进一步提出了著名的“回忆说”。柏拉图断言：“灵魂在取得人形之前，居于理念世界之中，对理念早已有了认识。”但是，由于我们在“出生”时将这些“出世前获得”的“知识”“丢了”，则我们为要“重新得到”这些“原来具有的知识”，就需要“学习”，就需要“恢复我们固有的知识”。② 鉴此，他提出了“学习即是回忆”的认识论公式，宣称：

> 一切研究，一切学习都只不过是回忆罢了。③

但是，柏拉图也并没有因此而完全忽视感觉经验的作用。他在《斐多篇》中就曾经强调指出：“除非通过视觉、触觉或其他的感觉，我们就得不到、也不可能得到”关于事物本身（即理念）的“知识”。④ 这是因为：“用视觉、听觉或者其他的感官感觉到一个东西的时候，这个感觉就可以在人的心中唤起另一个已经忘记了的、但是和这个感觉到的东西联系在一起的东西，不管它们彼此相似不相似”。⑤ 例如，我们看到某人的画像就可以想起某人，看到一个亡友的七弦琴可以想起这个亡友。下面我们将会看到，柏拉图的这些思想对莱布尼茨有极其深刻的影响，以至于莱布尼茨本人说他的认识论“比较接近柏拉图”（le mien à Plaqton）。⑥

---

① 北京大学哲学系西方哲学史教研室编译：《古希腊罗马哲学》，第68页。

② 柏拉图：《斐多篇》，72E—77A，见北京大学哲学系西方哲学史教研室编译：《古希腊罗马哲学》，第182—190页。

③ 柏拉图：《美诺篇》，81D，见北京大学哲学系西方哲学史教研室编译：《古希腊罗马哲学》，第191页。

④ 柏拉图：《斐多篇》，75A，见北京大学哲学系西方哲学史教研室编译：《古希腊罗马哲学》，第186页。

⑤ 同上书，76A，见北京大学哲学系西方哲学史教研室编译：《古希腊罗马哲学》，第188页。

⑥ *Die philosophischen chriften* von *Gottfried Wilhelm Leibniz* 5，p. 41；莱布尼茨：《人类理智新论》上册，第2页。

而另一些哲学家则发展了经验论路线。例如,恩培多克勒(Empedocles,公元前5世纪)便认为,感官是唯一可靠的认识途径,“你要用各种感官来考察每一件事物,看看它在多大范围内是明白的,……因为只有一条认识的途径。”①他用所谓“流射说”来解释感觉,认为在认识对象与感官之间存在着“感官的通道”,眼睛中由此流射出火而看到发光物,流射出水而看到黑暗的东西。“智者”派代表人物普罗塔哥拉(Protagoras,公元前481—前411年),如前所述,则把人的感觉看做“万物的尺度”。古代原子论代表人物德谟克利特(Democritus,公元前460—前370年)则依据其唯物主义哲学路线,提出了所谓“影像说”的反映论观点,认为物体本身不断地放射出与本身相似的“影像”,进入我们的感官和心灵,从而产生出感觉和思想;认识是通过从物体到感觉再到思想的途径发生的。他强调说:“感觉和思想是由钻进我们身体之中的影像产生的;因为任何一个人,如果没有影像来接触他,是既没有感觉也没有思想的。”②但是,德谟克利特并不是一个狭隘的经验论者,他认为,感觉只是认识的开始,其本身只是一种“暗昧的认识”,只有理性才能认识事物的本质,达到“真理的认识”。③ 亚里士多德(Aristotle,公元前384—前322年)虽然是柏拉图的学生,但是却发展了经验主义认识论。亚里士多德提出了著名的“蜡块说”,极其形象地把人的灵魂比喻为“蜡块”,认为灵魂在进行思维活动时物体或思维对象就在心灵上留下了痕迹,好比文字刻到蜡板上一样。他强调说:

> 心灵所思维的东西,必须在心灵中,正如文字可以说是一块还没有写什么东西的蜡板上一样:灵魂的情形完完全全就是这样。④

但是,正如柏拉图的认识论接纳了一定的经验论思想一样,亚里士多德的认识论在很大程度上保留了柏拉图的认识论思想。在亚里士多德看来,人的理性灵魂包含着两个部分:一个部分为受动的理性或被动的理性,另一个部分为能动的理性或创造的理性。前者是依赖人的肉体的,是以外界事物为对象,在感觉、知觉、记忆的基础上发展起来的。但是,后者作为一种思想能

---

① 北京大学哲学系西方哲学史教研室编译:《古希腊罗马哲学》,第68页。

② 北京大学哲学系外国哲学史教研室编译:《西方哲学原著选读》上卷,第50页。

③ 同上书,第51页。

④ 同上书,第152—153页。

力，却不依赖于感觉、知觉和记忆，也不以外界事物为对象，它既是思者又是思维对象；而且，这种能动的理性是不朽的和永恒的，是不依附于人的肉体的，因而可以说是“神圣”的，是“神的理性”。我们只有凭借这种神圣的和能动的理性，才能够获得哲学知识，获得这种“最高尚”的、“神圣”的知识。下面我们将会看到，在莱布尼茨的认识论研究中，亚里士多德的这些认识论思想是不时地作为参照系出现在他的视野之中的。

西方认识论在希腊化时期和古罗马时期又有了进一步的发展。其典型特征在于这个时期的认识论同伦理学建立了非常紧密的关系。在这个时期，向来被认为是为知识而知识的追求真的认识论也被称做逻辑学，在一个意义上，成了人们谋取幸福或善的工具或手段，成了一门从属于伦理学的学问。原子论者伊壁鸠鲁（公元前341—前270年）沿着经验主义路线发展了德谟克利特的“影像”说，强调感觉不仅是认识的起源、认识的依据，而且也是判别真假的最后标准，宣布：“永远要以感觉以及触觉作根据，因为这样你将会获得最可靠的确信的根据。”①不难看出，在伊壁鸠鲁的感觉主义或经验主义与他的快乐主义幸福观之间是存在着明显的联系的。如果说伊壁鸠鲁继承和发展的是德谟克利特的认识论思想的话，则斯多亚派哲学家继承和发展的便主要是亚里士多德的认识论思想。斯多亚派哲学家坚持从知觉到思想的认识论路线，坚持亚里士多德的“蜡块说”。一方面宣称：“知觉是领路的，然后是思想”②；另一方面又宣称：“所谓知觉，乃是来自真实对象的东西，与那个对象一致，并且是被印在心灵上，被压成一定形状的”，“知觉是在心上产生的印象，这名称是很恰当地从印章在蜡上所作的印迹借来的”③。不仅如此，他们还把知觉或感觉当做检验真理的标准，宣称：“确定事实的真理性的标准是一种知觉”，“真理的正当标准是具有说服力的印象，那就是说，这印象是来自真实的对象”。④ 皮浪的怀疑主义是希腊化时期一个影响很大的认识论流派。皮浪（Pyrrho，约公元前360—前270年）是这种怀疑主义的创始人。他坚持相对主义和不可知主义的立场，宣称：“我

① 北京大学哲学系外国哲学史教研室编译：《西方哲学原著选读》上卷，第168页。

② 同上书，第180页。

③ 同上书，第180、179页。

④ 同上书，第179、180页。

既不能从我们的感觉也不能从我们的意见来说事物是真的或假的"①,"我们对任何一个命题都可以说出相反的命题来"②。因此,他主张"无言"(aphasia),即对任何事物都不要作任何判断。他宣称:"我们不应当相信它们,而应当毫不动摇地坚持不发表任何意见,不作任何判断,对任何一件事物都说,它既不不存在,也不存在,或者说,它既不存在而也存在,或者说,它既不存在,也不不存在。"③他认为,唯其如此,我们才能避免无谓的烦扰,进入与世无争的"不动心"的宁静境界。所以,他宣布:"最高的善就是不作任何判断,随着这种态度而来的就是灵魂的宁静,就像影子随着形体一样。"④古罗马时代的埃奈西德穆(Aenesidemus,公元前 1 世纪)和塞克斯都·恩披里可(Sextus Empiricus,约 160—210 年)分别为这种怀疑主义提供了十个"论式"和五个"论据",要求人们努力避免"独断主义",对一切都取保留态度。⑤

至中世纪,由于"种"和"属"的问题以及由此引起的唯名论与实在论之争,认识论问题始终受到普遍关注。黑暗时代最著名的哲学家波爱修(A. M. S. Boethius,480—525 年)在其《波尔费留〈引论〉注释》中就曾经将"种"和"属"究竟"仅仅寓于单纯的理智之中"还是"寓于感性事物之中"规定为哲学中"最高级的问题"。他写道:

> 我现在不谈"种"和"属"的问题,不谈它们是否独立存在,是否仅仅寓于单纯的理智之中,如果存在,它们究竟是有形体的还是无形体的,以及它们究竟是与感性事物分离,还是寓于感性事物之中,与感性事物一致。这类问题是最高级的问题,需要下很大的工夫研究的。⑥

后来的实在论哲学家一般都强调"共相"的实在性,唯名论哲学家一般都否认"共相"的实在性。例如,克比因的洛色林(Roscellinus,约 1050—1112 年)便认为"共相"只不过是一些空洞的"词"(vox)或者是作为"词"的物质载体"声响"(flatus vocis)。其后的阿伯拉尔(Peter Abelard,1079—1142 年)提出了一种被称做"概念论"的观点。按照他的这种观点,"共相"既不

① 北京大学哲学系外国哲学史教研室编译:《西方哲学原著选读》上卷,第 177 页。
② 同上。
③ 同上。
④ 同上。
⑤ 参阅北京大学哲学系西方哲学史教研室编译:《古希腊罗马哲学》,第 456—457 页。
⑥ 北京大学哲学系外国哲学史教研室编译:《西方哲学原著选读》上卷,第 227 页。

是实在论者所说的独立存在或柏拉图的“理念”，也不仅仅是洛色林所说的“声响”，而是“众多事物的一个共同的、模糊的印象”①。中世纪最著名的经院哲学家托马斯·阿奎那(Thomas Aquinas，约1225—1274年)继承和发展了亚里士多德的认识论路线。他坚持“亚里士多德关于我们的知识开始于感觉的教导”，努力走出一条既有别于德谟克利特又有别于柏拉图的中间路线。他把人的认识理解为一个过程：一个藉外感觉、内感觉与理智活动逐步由感觉进展到理智认识、由认识有形事物逐步进展到认识可感形式和抽象形式的过程。在谈到作为抽象形式的“共相”时，托马斯提出了共相的三种存在形式的问题，宣称：共相既可以存在于有形事物之先和有形事物之中，也可以存在于有形事物之后。换言之，共相既可以作为获得存在的本质存在于有形事物之先，作为与质料共同构成有形实体的形式存在于有形实体之中，也可以作为被人的理智抽象出来的普遍概念存在于有形事物之后。正如阿伯拉尔的认识论是一种温和的唯名论观点一样，托马斯的认识论则是一种温和的实在论观点。不难看出，莱布尼茨的认识论思想同托马斯的这些观点也有不少相似之处。14世纪著名的英国唯名论者奥康(William of Ockham，约1285—1349年)则从唯名论的“共相是词”的命题发展出“词项逻辑”，将词项区分为书写符号、口语符号和概念符号，强调概念符号并非一种约定符号，而是一种自然符号，是一种“指示对象”的符号。在奥康看来，“口语词项是取决于思想概念或内容的符号”的，也就是说，作为口语词项的“词”固然也同共相相关，但它毕竟是在同作为概念词项的“词”相关的意义上相关于共相的。在谈到殊相与共相的区别时，奥康区分了概念的两种逻辑功能，这就是“指称”功能和“指代”功能。“指称”是符号自身具有的代表功能，而“指代”则是符号在命题中才具有的代表功能。按照奥康的说法，共相与殊相的区别并不在于它们所指称的实在是普遍的还是个别的，而在于指称同样的个别的实在的不同的逻辑功能，殊相直接指称个别事物，共相则是对个别事物指称的指称，即指称的指代。莱布尼茨的“普遍字符”和“综合科学”的设想不能说同奥康的“词项逻辑”没有关系。

中世纪认识论的另一个重要特征在于其特别注重对终极实存、对作为

---

① 阿伯拉尔：《波菲利注集》，转引自赵敦华：《基督教哲学1500年》，人民出版社1994年版，第270页。

终极实存的上帝及其神性的考察和探讨。早在教父哲学时期,奥古斯丁(Augustine,354—430 年)就提出了著名的“光照论”。“光照”本来是柏拉图用过的一个比喻。柏拉图所说的“理念”的原意即是“看见的对象”,引申为“心灵的眼睛”看见的对象,而最高的理念“善”是“看”所需要的光源,则被喻为太阳。奥古斯丁仿效柏拉图,把上帝比作真理之光,认为人的心灵好比眼睛,理性好比视觉。正如只有在光照之下眼睛才能有所见,心灵只有在上帝之光的照耀下才能有所认识。《圣经》中本来就有“道”是“普照一切生在世上的人的真光”(《约翰福音》9:17)以及“上帝就是真理”(《约翰福音》14:6)的说法,奥古斯丁的“光照论”显然是《圣经》的这一说法的理论化。在奥古斯丁这里,光照不仅是人类知识的源泉和人类知识活动的先决条件,而且也就是认识的对象和认识的标准。因为,在奥古斯丁看来,“真理就是我们的上帝。”①显然,笛卡尔和莱布尼茨的“天赋观念”论同奥古斯丁的光照论是有明显的逻辑上的关联的。但是,从另一个方面看,在中世纪的经院哲学中,始终存在着一种用理性认识和论证神学的传统。辩证神学的重要代表人物阿伯拉尔(Peter Abelard,1079—1142 年)不仅主张“信仰寻求理解”,而且还主张“理解导致信仰”。托马斯·阿奎那则进一步在“启示神学”之外,另提出了“自然神学”思想。他认为存在着两种类型的神学,一种是“包含在神圣学问中的神学”,另一种是“作为哲学一部分的神学”。② 哲学和神学有着共同的认识对象,如上帝、创世等,但是,其认识的方式却不同,其中哲学是以理性的方式认识它们的,而神学则是以天启的方式认识它们的,因此它们分属两个不同的独立的学科。托马斯所谓“包含在神圣学问中的神学”即我们现在通常所说的“教理神学”,而托马斯所谓“作为哲学一部分的神学”,也就是我们现在通常所说的“自然神学”。这就是说,在托马斯看来,我们藉自然理性或理性方法也能够认识部分的神学真理:例如,我们不仅可以藉由果溯因的后天演绎推证上帝的存在(亦即通常所说的关于上帝存在的“宇宙论证明”),而且还可以藉作为“去障之路”的理性否定方法以及作为“卓越之路”的理性类比的方法认识上帝的某些本质和某些属性。正是在这个意义上,托马斯·阿奎那承认“两重真理”的说法。他曾经说道:

---

① Augustine, *On Free Will*, II, iii, 7.

② Cf. Thomas de Aquino, *Summa Theologica*, I, Q. 1, a. 1.

> 基督教神学来源于信仰之光，哲学来源于自然理性之光。哲学真理不能与信仰的真理相对立，它们确有缺陷，但也能与信仰的真理相类比，并且有些还能预示信仰真理，因为自然是恩典的先导。①

但是，托马斯·阿奎那却没有因此而将哲学真理同信仰的真理完全并列起来。他强调说：

> 我说关于神圣对象的双重真理，在上帝方面，却无双重真理，他是单一、简单的真理，只是在对应于神圣真理的人类知识多样性之中，才有双重真理。②

因此，在托马斯·阿奎那看来，与其说有哲学真理和信仰真理，毋宁说存在有“神学真理的双重规则”③。总之，用哲学服务于神学，理性服务于信仰，乃经院哲学的基本性质、基本倾向和基本宿命。诚然，在莱布尼茨这里，哲学获得了其独立性，但是，哲学同神学的内在关联还是以这样那样的形式存在着的。莱布尼茨哲学的这样一种品格无疑是中世纪经院哲学的上述品格的一种陈迹。

2. 莱布尼茨认识论的理论背景（一）：哲学中心的转移

如前所述，虽然早在古希腊罗马时代和中世纪，人们就对认识论的一系列问题，如认识对象、认识途径、认识方法和真理标准诸方面，进行了不同程度的探索，提出了不少发人深省的见解。但是，总的来说，在前资本主义时代，哲学的中心问题基本上是本体论问题。也就是说，古代哲学家们的注意力，主要的是放在本体论方面，而不是放在认识论方面。在他们那里，对于认识论的研究，通常是作为论证本体论的一种方式而隶属于本体论的。只是到了近代，这种状况才有了根本改变，认识论问题获得了前所未有的地位，变成了日益突出的问题，一跃而成为哲学的主要问题，至少是主要问题之一。

在欧洲哲学史上，认识论问题的崛起，是与人们对于哲学的概念即关于什么是哲学或什么是哲学的对象等问题的看法的演进直接相关的。古代对

---

① Thomas de Aquino, *Super Boetium De Trinitate*, Q. 2, a. 3.

② Thomas de Aquino, *Summa Contra Gentiles*, I, Q. 1.

③ Ibid., I, Q. 3.

于哲学的看法虽然几经变易,但大体说来,不出亚里士多德关于"第一哲学"的定义的规范。在《形而上学》中,亚里士多德曾把他的"第一哲学"定义为专门"研究'有'本身",亦即"研究作为'有'的'有'"的科学。基于这种对哲学的看法,最重大的哲学问题便是"作为'有'的'有'"或世界的根本实在是什么的问题,例如德谟克利特派认为它是"物质的原子",柏拉图派则认为它是"精神的理念",而"原子论"和"理念论"便分别构成这两个派别的基本理论。近代对于哲学的看法则不同,他虽然也包含"作为'有'的'有'"即世界的本原是什么的问题,但它并未囿于这一点。在近代哲学家看来,哲学不仅要回答世界的本原是物质还是精神的问题,而且,更重要的,是要回答我们如何才能正确地认识现实世界的问题;于是,研究如何才能正确地认识现实世界的问题,即认识论问题,便成为哲学的一个非常重要的问题,甚至成为哲学的最主要的问题。弗·培根把自己的主要著作称做《新工具》,在他看来,哲学的主要任务就是要为人类认识自然、"解释"自然提供可靠的方法和工具。笛卡尔发表的第一部重要哲学著作叫《方法谈》,他和培根一样,也把认识方法和思维方法看做哲学的首要任务,以为确立科学的方法论原则,乃是"世界上最重要的事"。至于比他们稍后的洛克更是明确地把哲学宣布为认识论,宣布为考察"观念和文字"的"标记之学"。他的主要哲学著作《人类理智论》就是以研究人类理智,研究人的认识能力,研究观念和语词的本性,研究人类知识的起源、确实性和范围为中心内容的。可以说,16—18 世纪的哲学代表人物,无一不把认识论当做重大的哲学课题进行认真的探讨,无一不注目于认识论的发展过程。

哲学概念的这样一种演进,以及认识论之成为哲学的突出问题,在哲学发展史上无疑是一个巨大的进步。因为,正是由于这种演进,正是由于哲学巨子对认识论广泛、精密和系统的研究,才使人们逐步摆脱了古代哲学家的狭隘眼界,而达到对思维与存在的关系问题(哲学最高问题)的"完全"的了解,使自觉地、系统地探讨和力求解决哲学的最高问题最终成为可能。

然而,认识论之成为哲学的突出问题,欧洲哲学之取得如此重大的进步,绝非仅仅出于 16—18 世纪哲学家们的个人兴趣,而是有其更为深刻的历史根源的,质言之,归根结底是由在当时生产力发展基础上所形成的自然科学的发展状况和资产阶级为反对封建制度建立资本主义制度而必须反对经院哲学的需要决定的。首先,哲学的这种进步根源于近代自然科学的进步。在16—18世纪早期资产阶级革命时期,随着资本主义工场手工业和海外贸易的迅速发展,自然科学,首先是天文学、力学和数学进入了“大踏步前进”的时代。这就使认识论变成哲学的一个独立部门,成为哲学的突出问题不仅成为必要,而且有了可能。因为正是自然科学的这种发展状况不仅为自然科学研究方法的系统化和认识理论的深入探讨提出了紧迫的要求,而且也为人们对认识方法和认识理论的深入探讨提供了蓝本和启示。其次,资产阶级反对为封建制度服务的经院哲学斗争的需要,也是认识论崛起的重要原因。经院哲学是一种以神为中心,宣扬信仰至上的哲学,而近代认识论则是以研究人、人的认识能力、人对自然界的关系为中心内容,崇尚人的理性的哲学。因而,它本身就具有非常革命的性质,不仅是资产阶级促进自然科学、发展资本主义工商业的重要手段,而且也是资产阶级反对经院哲学对抗宗教神学的有力的思想武器。

近代认识论是在近代自然科学日益迅速进步的基础上和在资产阶级反对经院哲学的斗争中产生和发展起来的。但它自始就分裂为两大对立的哲学派别:经验派和理性派。前者强调观察、实验,倡导经验归纳法,后者则强调数学方法的普遍意义,倡导理性演绎法;前者强调感性认识的重要性和实在性,强调认识的经验来源;后者则强调理性认识的可靠性和必要性,强调认识的理性来源。正如在古希腊城邦奴隶制形成时期唯物主义派别与唯心主义派别的对立带有地域性质一样,近代哲学中经验派和理性派的对立也带有某种地域性质。经验派的主要代表人物集中在英国,理性派的主要代表人物则产生在法国、荷兰、德国等欧洲大陆诸国,因此哲学史上通常称做英国经验派和大陆理性派。经验派和理性派的对立带有地域性质,这一点也并非纯属偶然,而是有其深刻的历史背景的。英国成为近代经验论的发祥地,与这个民族的理论传统和自然科学的发展状况有直接关系。13、14世纪欧洲唯名论思潮的主要阵地在英国。此外,英国素有自然科学实验的风气与崇尚工匠学问的传统,罗吉尔·培根(Roger Bacon,约1214—1292年)曾是欧洲13世纪风靡一时的实验风气的代表人物,16世纪末、17世纪初的威廉·吉尔伯特是与学术知识相结合的工匠学问的范例。而这些正构成滋生经验主义认识论和经验归纳法的肥沃土壤。大陆各国则不同。在那里,唯名论的影响远不如英国深厚。同时,与英国自然科学家注重定性归纳法不同,大陆各国自然科学家自哥白尼到伽利略、开普勒在天文学、力学研究中都十分注重数学的应用，十分注重对事物的定量分析。而这些正是理性主义认识论在大陆各国产生和发展的重要根由。当然，这种地域性质只说明一般趋势而并不是绝对的，因为在欧洲大陆也有属于经验派的哲学家，而英国哲学家和自然科学家中也不乏重视理性和数学方法的代表人物。

经验派和理性派是16—18世纪欧洲各国哲学的两个基本派别。长期以来，在反对经院哲学的共同斗争中，在对科学的认识法则和认识理论的共同探求中，这两大哲学派别一方面相互对立、反复论争，另一方面又相互贯通、相互吸收，由此推动了这一时期欧洲各国哲学的前进运动。可以说，16—18世纪的欧洲哲学史就是一部经验主义和理性主义既相互斗争又相互促进的矛盾发展史。经验派和理性派之构成这个时期哲学的两个基本派别，从根本上说，是由认识论成为当时哲学的突出问题这一点决定的。正如在中世纪，共相问题是哲学的一个突出问题，因而在经院哲学内部便形成了唯名论和实在论两个基本哲学派别一样，在近代，由于认识论成为哲学的突出问题，在近代哲学内部便产生了经验派和理性派这两个基本的哲学派别。

当我们在考察作为莱布尼茨认识论理论背景的16—18世纪欧洲各国哲学中的哲学派别和哲学斗争时，有几点是需要特别予以注意的。首先，这一时期哲学战线上的斗争，就其基本阵线来说，是新兴的资产阶级哲学同没落的天主教神学及经院哲学的对垒。经验派和理性派之间尽管有种种分歧和矛盾，但它们在反对没落的天主教神学及经院哲学方面是有共同性一面的，尽管两派的各个代表人物中有些人反对神学、经院哲学较为坚决，有些则表现出妥协倾向，但总的看来，两派是同属于新兴资产阶级哲学阵营的。其次，理性主义有狭义的和广义的分别。当我们把理性主义看做一个与经验主义正相反对的近代哲学派别时，我们是按狭义使用理性主义这个术语的。如果就其广义而言，就其推崇人的理性、反对中世纪那种以神为中心、宣扬信仰至上的经院哲学而言，我们这里所讲的经验派和理性派则可以说是同属于理性主义哲学派别。最后，无论在经验派内部还是在理性派内部都存在着唯物主义和唯心主义的对垒、矛盾和斗争。而在16—18世纪欧洲各国哲学的现实运动中，这种斗争是同经验主义与理性主义之间的斗争错综复杂地交织在一起的。唯物论经验主义与理性主义之间的斗争，有时就在经验派与理性派的斗争中体现出来，但有时则出现在各派的内部。这是这个时期哲学战线上的一个显著特点。那种把经验主义与唯物主义、理性主义与唯心主义等同起来，并且因此而把经验主义与理性主义的斗争和唯物主义与唯心主义的斗争等同起来的看法和做法是把复杂的哲学斗争简单化，是不符合事实的。反之，把经验主义与理性主义的斗争和唯物主义与唯心主义的斗争截然割裂开来、对立起来，或者以经验派与理性派的斗争取代、掩盖或抹杀唯物主义与唯心主义这一哲学基本派别之间的斗争也是错误的。

3. 莱布尼茨认识论的理论背景（二）：大陆理性派认识论

大陆理性派的代表人物，如上所述，主要有笛卡尔、斯宾诺莎和莱布尼茨。他们的认识论思想，虽然也是各各相异甚至正相对立，例如有的持唯心主义立场，有的持唯物主义立场，有的混杂有较多的经验主义成分，有的则保持较为纯粹的理性主义形态。但是，无论如何，他们具有一些共同点。而且，正是由于他们的认识论思想有许多共同点，他们才一起被称做大陆理性派哲学家。

大陆理性派认识论的一个最为基本的特征在于他们一致否认经验知识的可靠性，强调理性知识的可靠性。笛卡尔是明确否定感觉经验的可靠性的。在他看来，"感官"所提供的"证据"都是"恍惚不定"的。① 其实，他的"普遍怀疑"所怀疑的主要就是感觉经验的可靠性。他强调说："除了通过自明性的直觉和必然性的演绎以外，人类没有其他途径来达到确实性的知识。"②斯宾诺莎在其主要著作《伦理学》中将知识分成三类，将由经验得来的知识称做"意见"和"想象"，不仅不被视为"真理"，反而被视为"错误的原因"，而仅将由推理得来的知识和"直观知识"称做"必然真实"的和"可靠"的"真知识"。③

大陆理性派认识论的另一个特征在于他们在方法论方面一致地倡导理性演绎法。大陆理性派哲学家认为我们为要获得"确定"的和具有"必然性"的"科学知识"，就必须运用理性演绎法。笛卡尔曾强调说："离开精神

① *Philosophical Writings of Descartes*, Vol. I, Cambridge: Cambridge University Press, 1911, p. 7.

② Ibid. , p. 45.

③ 参阅斯宾诺莎：《伦理学》，第 73—74 页。

直觉或演绎,就不可能获得科学知识。"①斯宾诺莎则把那种由理性演绎而来的知识宣布为"理性知识"或"真知识"。他在《理智改进论》中说:

由于一件事物的本质从另一件事物推出……而得来的知识。获得这种知识是由于由结果来求原因,或者由于见到某种普遍的事物常常具有某种特质,便拿来当做判断的根据。②

斯宾诺莎在《伦理学》中也说道:

从对于事物的特质(Propria)具有共同概念和正确观念而得来的观念。这种认识事物的方式,我将称为理性或第二种知识。③

由此可见,理性演绎法是理性派哲学家普遍运用的哲学方法。也正因为如此,大陆理性派哲学家普遍推崇数学方法,特别是普遍推崇几何学方法。笛卡尔本人是一个在数学方面造诣很深且很有成就的哲学家,而斯宾诺莎更是一个坚持用几何学方法来研究和阐述自己哲学思想的哲学家。他的最主要的著作《伦理学》以及最早出版的《笛卡尔哲学原理》,就都是采用写作几何书籍的方式写出来的。在这些著作中,斯宾诺莎先是对一些普遍性的东西列出定义和公理,然后再逐次列出一系列命题,并对每一个命题加以证明,证明以后还往往加以推论("绎理"),即由命题再推出必然的结果来。

大陆理性派认识论的第三项特征在于他们因此而特别推崇直觉知识或直观知识。大陆理性派哲学家既然执著于理性演绎法,他们也就因此而必然特别推崇直觉知识或直观知识。因为所谓"演绎"按照笛卡尔的说法,无非是"从业已确切知道的其他事实所进行的任何带必然性的推理"。④ 既然如此,"业已确切知道"的东西就是任何一种推理的必要的前提,而"业已确切知道"的东西到最后便只能是一种"直觉"知识。关于"直觉",笛卡尔曾给它作了如下的界定:

我所了解的直觉,不是感官所提供的恍惚不定的证据,也不是幻想所产生的错误的判断,而是由澄清而专一的心灵所产生的概念。这种

---

① *Philosophical Writings of Descartes*, Vol. I, p. 45.

② 斯宾诺莎:《理智改进论》,转引自北京大学哲学系外国哲学史教研室编译:《西方哲学原著选读》上卷,第406页。

③ 斯宾诺莎:《伦理学》,第74页。

④ *Philosophical Writings of Descartes*, Vol. I, p. 8.

概念的产生是如此简易而清楚，以致对于认识的对象，我们完全无须加以怀疑。①

笛卡尔所说的“直觉知识”无非是我们心灵中那些简单自明的观念，如三角形有三条边的知识以及上帝存在的知识，其实这些也就是他所说的“天赋观念”。斯宾诺莎更是明确地把直觉知识宣布为最高等级的知识。他在《理智改进论》中，在谈到“直觉”知识时说道：

（所谓直觉知识）就是纯粹从一件事物的本质来考察一件事物，或者纯粹从对于它的最近因的认识而得来的知识。②

斯宾诺莎举例说，“当我知道一件事物时，我便知道我知道这件事物”就属于直觉知识。斯宾诺莎认为，理性知识虽然有一定的可靠性，但是，“这种知识却并不必然正确”，唯有直觉知识才是“必然正确”的知识，才是“真观念”。直觉主义是理性主义的最后支柱和内在本质。

理性派认识论虽然在上述三个方面有其共同的特征，但是，在许多别的方面却是有许多重大的差异的。例如，理性派哲学家虽然都强调理性认识的可靠性，否定感性认识的可靠性，但是，他们对感性认识的态度却不尽相同。笛卡尔在讨论“观念”的来源和种类时，虽然强调“天赋”观念，但同时却也承认“有些是外来的，来自外界的”③。而且他似乎也并没有排除感性认识在认识事物方面的必要性。因为他在谈到感官认识能力的有限性时只是说“如果没有我们的理智参加，是都不能使我们确知任何事物的”。④ 他的这种表述似乎有“如果有我们的理智参加”，我们的感官还是能够“确知”一些事物的言外之意。但是，斯宾诺莎便从根本上排除了这样一种可能性。因为如上所述，他是明确地把感性认识宣布为“错误的原因”的。再如，在真理标准问题上，笛卡尔把观念自身的“清楚明白”宣布为真理的标准。笛卡尔在谈到“我思故我在”的“确定性”时，指出：

我觉得在“我思想，所以我存在”这个命题里面，并没有任何别的

① *Philosophical Writings of Descartes*, Vol. I, p. 7.

② 斯宾诺莎：《理智改进论》，转引自北京大学哲学系外国哲学史编译：《西方哲学原著选读》上卷，第406页。

③ 笛卡尔：《第一哲学沉思集》，第37页。

④ 北京大学哲学系西方哲学史教研室编译：《十六——十八世纪西欧各国哲学》，第151页。

东西使我确信我说的是真理,而只是我非常清楚地见到:必须存在,才能思想;于是我就断定:凡是我们十分明白、十分清楚地设想到的东西,都是真的。我可以把这条规则当做一般的原则。①

但是,斯宾诺莎在谈到真理的标准时,却在观念自身的清楚明白这样一个"内在标志"之外,另提出了真理的"外在标志",这就是:"真观念必定符合它的对象。"②他甚至还进而宣布:"观念的次序和联系与事物的次序和联系是相同的。"③这就明确地肯认了理性认识的客观实在性。无论是笛卡尔的天赋观念学说还是斯宾诺莎的"两重标志"的思想都对莱布尼茨的认识论思想产生了明显的影响。

4. 莱布尼茨认识论的理论背景(三):英国经验派认识论

英国经验派认识论的代表人物,如前所述,主要有弗兰西斯·培根、霍布斯、洛克、巴克莱和休谟。他们之所以被视为英国经验派的代表人物,主要是因为他们共同持有下述一些认识论观点。

首先,他们一致相信感觉经验的可靠性,强调理性认识对于感性认识的依赖性。英国经验派的始祖是弗兰西斯·培根(Francis Bacon,1561—1626年)。培根认为人的认识只能来自感官对于外部世界的感觉。他强调说:"人们若非想着发狂,则一切自然的知识都应求之于感官。"④他确信,只要人们"肯严肃地直接从感觉出发,通过循序渐进和很好地建立起来的实验进程",我们就一定能够认识对象及其本质。⑤ 霍布斯根本否认笛卡尔式的"天赋观念",努力把一切理性认识还原为感性认识,宣布:"我们所有的一切知识都是从感觉获得的",⑥而所谓"推理"也无非是感觉观念的"加减"或"计算"。⑦ 洛克在批判天赋观念的基础上,在借鉴亚里士多德"蜡块说"的基础上,提出了著名的"白板(tabula rasa)说",强调:

---

① 北京大学哲学系外国哲学史编译:《西方哲学原著选读》上卷,第369页。

② 斯宾诺莎:《伦理学》,第4、28页。

③ 同上书,第45页。

④ 培根:《新工具》,沈因明译,上海商务印书馆1935年版,第72页。

⑤ 北京大学哲学系西方哲学史教研室编译:《十六——十八世纪西欧各国哲学》,第30页。

⑥ 北京大学哲学系外国哲学史教研室编译:《西方哲学原著选读》上卷,第395页。

⑦ 同上书,第383页。

我们的一切知识都是建立在经验上的,而且最后是导源于经验的。①

巴克莱更是极力否定一切抽象观念的实在性,把感觉经验上升到本体论的高度,提出了"存在就是被感知"的著名公式,断言"真正讲来,对象和感觉是同一个东西,因此,两者是不能彼此分离的"。② 他强调说:

天上的星辰,地上的山川景物,宇宙中所含的一切物体,在人心灵以外都无独立的存在;它们的存在就在于其为人心灵所感知、所认识。③

其后的休谟同他一样,只承认感觉经验的存在。他在《人类理解研究》中写道:

哲学教我们说,除了影像或知觉而外,什么东西也不能呈现于心中,而且各种感官只是这些影像所由以输入的一些入口,它们并不能在人心和物像之间产生什么直接交通。……任何人只要一反省,就会相信,当我们说"这个屋"和"那个屋"时,我们所考究的存在,不是别的,只是心中的一些知觉,只是别的独立而齐一的一些事物在心中所引起的迅速变化的一些摹本或表象。④

由此可见,知识起源于感觉经验实在是英国经验派认识论一以贯之的一项基本原则。

在方法论上,正如大陆理性派哲学家强调理性演绎法一样,英国经验派则强调经验归纳法。既然英国经验派哲学家坚持知识起源于感觉经验的原则,则他们之拒绝理性演绎法坚持经验归纳法也就是一件十分自然的事情了。培根是经验归纳法的创始人,也是经验归纳法的经典表述者。他所谓的经验归纳法就是对丰富的感觉材料进行一系列理性加工,一步步从感觉材料和特殊事例上升到最普遍的公理,达到对事物的内在结构和内在规律的认识。他认为这样的理性加工工作主要包括两个方面的内容,首先是"拒绝和排斥的工作",尔后是"肯定"的工作。而为了保证归纳工作的可靠性和确定性,培根还精心设计了"三表法",认为人们在作出一般的概括之

---

① 洛克:《人类理解论》上册,关文运译,商务印书馆 1981 年版,第 68 页。

② 北京大学哲学系外国哲学史教研室编译:《西方哲学原著选读》上卷,第 504 页。

③ 巴克莱:《人类知识原理》,第 22 页。

④ 休谟:《人类理解研究》,关文运译,商务印书馆 1981 年版,第 134 页。

前，不仅要大量收集正面的例证（“存在表”），而且要大量收集表面相似而实际不同或相反的反面的例证（“缺乏表”），还要大量收集某种现象随另一种现象的程度不同而共变的例证（“程度表”）。他还进而认为，即使人们在运用归纳法从经验材料中导和形成公理之后，也还须从这种普遍公理中推导和引申出新的实验，以便“考察”、“试验”、“修改”已经获得的公理。

英国经验派哲学家虽然在认识论方面有上述一些共同点，但是在许多具体问题上也是许多差异的。例如，培根既反对“独断主义”，也反对狭隘的“经验主义”，要求在“经验”和“理性”之间建立“合法的婚姻”，既不要像“蜘蛛”那样“从他们自己把网子造出来”，也不要像“蚂蚁”那样，只知道“收集”材料，而是要像“蜜蜂”那样，“采取一种中间的道路”：既“从花园和田野里面的花采集材料”，又用“自己的一种力量”“来改变和消化这种材料”。① 但是，在巴克莱和休谟那里，情况就发生了很大变化。例如，巴克莱就曾从极端经验论和唯名论的立场出发，根本否认理性的认识功能，他甚至根本否认人的理智的概括功能，否认抽象的一般观念的存在。他强调说：

> 我承认我自己可以在一种意义上实行抽象，就如各种特殊的部分或性质虽然联合在一个物体中，而又可以各自独立存在时，我就可以抽出其中的一个特殊的部分或性质来单独思考。但是各种性质如果不能单独存在，则我便不能把它们分别开来加以存想。②

按照巴克莱对“抽象”的理解，我们是既不可能形成没有“一种特殊的形相和颜色”的“人的观念”，形成“非快非慢、非曲线、非直线的抽象运动观念”，也不可能形成一个既非钝角也非锐角的抽象的三角形概念，一句话，我们的理智不可能在知觉范围之外作出任何事情。

需要指出的是：正是由于英国经验派哲学家对经验的这样一种不同的理解，英国经验论从培根、洛克到巴克莱、休谟便经历了一个从可知主义到不可知主义的发展过程。

英国经验主义在它的创始人那里，特别是在培根那里，采取了明确的可

---

① 北京大学哲学系西方哲学史教研室编译：《十六——十八世纪西欧各国哲学》，第41页。

② 巴克莱：《人类知识原理》绪论§10。参阅傅有德：《巴克莱哲学研究》，人民出版社1999年版，第274页。

知论形式。培根以科学史上的哥伦布自居，对他所倡导的经验归纳法的威力深信不疑。在他看来，人们只要遵循他所开辟的“新道路”，不要很久科学就会兴盛起来，人类就会获得对自然的支配权。他认为穷尽自然奥秘并非什么难事。因为自然现象虽然变化万端，但产生和支配这些现象的“形式”和构成这些现象的所谓“简单性质”却为数不多。这些为数不多的“形式”之构成变化万端的自然现象，就如为数不多的字母构成成千上万的语词以及为数不多的音符构成成千上万的乐曲一样。

英国经验主义从培根发展到洛克，便出现了复杂的局面。洛克是英国经验论哲学家当中把研究人的认识能力、确定知识的范围当做哲学中心内容的第一人。他同时在两个方面作战：一方面他反对独断论，另一方面又反对彻底的怀疑论。洛克是反对独断论的。他从经验主义的立场出发，把直接起源于感性经验的感觉观念和反省观念看做我们关于特殊事物的知识的最后界限，断言：

> 人心虽然涉思玄妙，想入非非，可是尽其驰骋的能力，亦不能稍微超出感官或反省所供给它的那些思维的材料——观念——以外。①

洛克还认为我们只能认识事物的“名义本质”，而达不到它们的“实在的本质”，实体是我们不知其为何物之物；我们的知识是极其缺乏的，概然性的意见是我们人生的指南，如此等等。就此而言，洛克可以说是一个不可知论者。但是，洛克的认识论还有另外一个方面，这就是他还明确地反对彻底的怀疑论。他虽然否认实体的可知性，但是却肯定实体的存在，断言我们关于物质事物的存在有三层：一是关于物质事物的存在的知识；二是关于我们自己（心灵）的存在的知识；三是关于上帝存在的知识。我们凭借感觉就能认识物质事物的存在，凭借直觉或反省就能认识我们自己（心灵）的存在，凭借推证就能认识上帝的存在。他自信地指出：

> 感觉使我们相信有坚实性的、有广延的实体，反省使我们相信有能思想的实体。经验使我们相信两者的存在，并且使我们相信，一种有能力来借推动力运动物体，另一种有能力来借思想运动物体；这是不容怀疑的。②

① 洛克：《人类理解论》上册，第83页。

② 同上书，第284页。

显然,就此而言,洛克是一个可知论者。

洛克动摇游移于可知论与不可知论之间:他一方面断言实体是不可知的,另一方面又断言实体是必然存在着的。不难看出,这两个认识论命题是相互矛盾的。因为如果我们否认了实体的可知性,说我们的认识不能超越我们的感性观念一步,则我们就因此而失去了判断实体是否存在的依据。巴克莱首先意识到了这种矛盾,他指出:既然物质实体是不可知的,则我们说物质实体存在就是没有根据的。但是,他对洛克实体学说的批评是片面的,而且也是不彻底的。因为巴克莱仅仅注目于洛克的物质实体学说,而不去稽考洛克的有限精神实体(心灵)学说和无限精神实体(上帝)学说。他仅仅否定物质实体而并不否定反而明确肯定精神实体的存在。同时,他在批评洛克的物质实体学说时,还贸然得出物质是虚无、物质实体不存在的结论。一方面主张物质实体不可知,另一方面又主张物质实体存在固然不合逻辑,但是,从物质实体不可知引出物质实体必然不存在也同样不合逻辑。站在经验主义立场上对洛克实体学说作出全面的、首尾一贯的、合乎逻辑的批评的,是休谟。休谟修正了巴克莱的批评。在他看来,从洛克关于我们不能超越我们的感性观念一步、实体不可知的原则出发,我们是无权讨论实体是否必然存在的问题的,因为从我们根本就没有我们心中的观念与实体的"必然关系"的感觉印象,我们能够得出的合乎逻辑的结论只能是:我们对实体是否必然存在不可知。休谟还进而指出,我们不仅不知道物质实体是否必然存在,而且也不知道精神实体(心灵和上帝)是否必然存在。巴克莱一方面否定物质实体的存在,另一方面又肯定精神实体的存在,两方面都是不合理的。因为,所有这些问题的解决都依靠经验,而经验在这些地方,是完全默不作声的。这或许是莱布尼茨尽管也认同经验论的一些看法,但是却从根本上持反对经验主义的立场的根本缘由。

5. 莱布尼茨认识论的理论背景(四):英国经验派与大陆理性派的论战

英国经验派同大陆理性派的论战,不仅如上所述构成了莱布尼茨本体论思想的理论背景,而且也构成了莱布尼茨认识论思想的理论背景。

英国经验派同大陆理性派的论战,如前所述,是由霍布斯等与笛卡尔的辩难拉开序幕的。诚然,如前所述,霍布斯等与笛卡尔的辩难主要是围绕着本体论展开的,但是也涉及不少认识论方面的问题。例如,霍布斯就曾同笛卡尔就我们心中究竟有无上帝观念的问题进行了论战。我们知道，笛卡尔从理性主义和观念天赋的立场出发，是主张我们心中存在有上帝观念的，但是，霍布斯却从感觉论和经验主义的立场出发，宣称："对于上帝我们没有任何影像或观念。"①笛卡尔在"答辩"中敏锐地看出，霍布斯诘难的症结在于对"观念"的两种不同的理解。他指出：

> 用观念这个名称，他（指霍布斯——引者注）只让人在这里指任意描画为物体性的物质东西的影像；这样一来，他就不难指出人们不能有任何真正的上帝观念，也不能有任何真正的天使观念。不过我经常提醒过，主要是就在这个地方我用观念这个名称指精神所直接领会的东西说的。因此，在我想要和我害怕时，由于我同时领会到我想要和这种害怕，我把它们放在观念之列里。②

然而，霍布斯继续反驳说："当有人想要或害怕的时候，事实上他真有他害怕的东西的影像和他想要的行动的影像，不过他想要或害怕的是什么东西，比他的思维包含有更过的东西，在这里没有得到解释。"③霍布斯例证说，"当一只狮子对着我们来的时候，如果不是这只狮子的观念，以及这样的一种观念在心里产生的结果，由于这些结果，害怕的人就作出了我们称之为逃跑的这种动物性动作的话，那么这种怕还能是什么别的吗？"④笛卡尔则"答辩"说："事情本来是非常明显的：看见一只狮子同时害怕它，这跟仅仅看见它不是一回事；同样，看见一个人跑和确信看见他也不是一回事。"⑤由此看来，霍布斯同笛卡尔的论战，就认识论范围看，最主要的还是一个对"观念"的理解、"观念"的起源以及与之相关的认识的方式和途径问题。

如果说霍布斯等对笛卡尔的诘难以及笛卡尔对霍布斯的"答辩"是英国经验派同大陆理性派在认识论问题上的第一次交锋的话，那么，洛克对笛卡尔主义的批驳则可以看做是他们之间进行的第二次交锋。洛克对笛卡尔主义的批驳主要表现在是有无天赋原则和天赋观念、普遍原则和共相（抽象观念）的起源以及作为认识主体的心灵的本性等问题。洛克对笛卡尔

---

① 笛卡尔：《第一哲学沉思集》，第181页。
② 同上书，第182页。
③ 同上书，第183页。
④ 同上。
⑤ 同上书，第184页。

主义的批驳,特别是他对笛卡尔天赋观念学说的批驳,获得了极大的成功,产生了广泛、深远的影响。他的《人类理智论》成了当时发行量最大的哲学畅销书,在他生前就一版再版,并很快被译成了法文和拉丁文等其他文字。

洛克反对笛卡尔主义的斗争虽然取得了很大的成功,但也遇到了新的强有力的对手。继洛克成功地批驳笛卡尔理性主义之后,莱布尼茨开始了反对洛克经验主义、捍卫笛卡尔理性主义的论战。洛克的代表作《人类理智论》是于 1690 年公开出版的。当时,莱布尼茨正忙于思考物体的本性以及身心关系的"新系统"问题。1696 年,莱布尼茨在完成对《新系统》及有关说明的写作之后,便开始批评性地考察洛克的这部著作。当年,他写下了短篇评论《论洛克的〈人类理智论〉》,曾托人将它转交给洛克。两年后,即 1698 年,他又写下《概评洛克〈人类理智论〉第一卷》和《概评洛克〈人类理智论〉第二卷》,再次托人转交给洛克。1700 年,英文版《人类理智论》第 4 版问世,拉丁文版和法文版也相继问世。莱布尼茨读到《人类理智论》的法文版后,先是对洛克作了重要增补的两章,即"论观念的联合"的第 2 卷第 33 章和"论狂信"的第 4 卷第 19 章,作了一个摘要和简评,发表在《每月文摘》(*Monatliche Auszug*)上。接着就着手来写《人类理智新论》。为了论辩的方便以及避免使读者不断地去翻阅洛克的原著,他采取了两个朋友对话的方式,其中德奥斐勒则代表莱布尼茨本人,菲拉莱特则代表洛克。德奥斐勒的原文为 Theophile,由源出希腊文的 theos 即"神"、"上帝"和 philos 即"爱"两个词合成,亦即"爱上帝者"。菲拉莱特的原文为 Philalèthe,由源出希腊文的 Philos 即"爱"和 aletheia 即"真"或"真理"两个词合成,意即"爱真理者"。他之所以要将洛克称做菲拉莱特,乃是因为在莱布尼茨看来洛克的主要问题在于囿于认识论,而忽视了道德学和神学。① 而莱布尼茨之所以自称为"爱上帝者",乃是因为他觉得他虽然也重视认识论,但是,他却必须由认识论出发,进而达到道德学和神学,将"神学、伦理学和理性"结合在一起。② 莱布尼茨坦承,他年轻时是"倾向于斯宾诺莎这一边的,他们只留

① *Cf. Die philosophischen chriften* von *Gottfried Wilhelm Leibniz* 5, p. 66;莱布尼茨:《人类理智新论》上册,第 35 页。

② Ibid., p. 64;同上书,第 31 页。

给上帝一种无限的能力,既不承认上帝的圆满性,也不承认上帝的智慧,并且轻视对目的因的寻求,他们就从盲目的必然性中引申出一切"。[①] 但是,后来在其对"上帝的伟大和圆满性"有了新的认识之后,他自己就成了一个真正的"爱上帝者"。[②] 莱布尼茨大约在1704年写完了初稿。他一方面把稿子给一位法国朋友作文字上的润色,另一方面又打算按照一位朋友的建议在《人类理智论》的新的译本的基础上对《人类理智新论》再作一些修改,故而《人类理智新论》的出版事宜便被拖延了下来。同时,《人来理智论》的作者洛克于1704年去世,莱布尼茨不愿意出版一部反驳一位已故作者的作品,而想另写一部独立发挥自己思想的著作。这样,《人类理智新论》便被搁置下来,生前一直未曾出版。直到莱布尼茨逝世后约50年,即1765年。拉斯普(Raspe)在编辑出版莱布尼茨的拉丁文和法文哲学著作集时,才首次将该著公诸于世。

站在唯心主义唯理论的立场上反对唯物主义经验论,这是莱布尼茨认识论的主要倾向。对此,莱布尼茨自己也是有相当清楚的表示的。在他系统反驳洛克认识论的《人类理智新论》的"序言"中,莱布尼茨十分坦率地说:"他(指洛克——引者)的系统和亚里士多德关系比较密切,我的系统比较接近柏拉图,虽然在许多地方我们两个人离这两位古人都很远。"[③]应该说这是如实地反映了实际情况的。如上所述,亚里士多德的哲学虽然是动摇于唯物主义和唯心主义之间,但在认识论上,至少就其出发点来说,是接近于唯物主义经验论的。他也肯定了认识必须从对外物的感觉经验开始。经验论的主要原则,即"凡是在理智中的,没有不是先在感觉中的",通常就认为是亚里士多德首先提出来的(虽然有人也认为这种说法并不合乎事实)。至于柏拉图,则确实可以说是唯心主义唯理论在古代条件下最典型的代表。他断言我们对一切真理的认识,都不是靠对感性事物的感觉经验得来,而是靠灵魂"回忆"它进入身体以前在"理念世界"中所已认识的"理念"——即被神秘化、绝对化了的一般概念——而得来的。这种神秘主义

① *Cf. Die philosophischen chriften* von *Gottfried Wilhelm Leibniz* 5, p. 65;莱布尼茨:《人类理智新论》上册,第34页。

② Ibid.;同上。

③ Ibid., p. 41.;同上书,第2页。

的“回忆说”，正是近代唯理论者的“天赋观念”学说的思想渊源或最初表现。由此可见，莱布尼茨不仅在世界观上和柏拉图一样是客观唯心主义者，在认识论上也是继承着柏拉图路线的唯心主义唯理论的。就古代的思想渊源说，他的观点导源于柏拉图，而就其在近代的思想先驱来说，则无疑是直接继承了笛卡尔。莱布尼茨在许多地方也明白地把自己和笛卡尔派相提并论，自认在反对洛克时在许多观点上是和笛卡尔派站在一条战线上的。

但是，如果认为莱布尼茨仅仅只是简单地继承了笛卡尔的唯理论观点，或仅仅只是站在唯心主义唯理论的立场反对了唯物主义经验论，则也是不符合莱布尼茨的实际情况的。就一方面来说，莱布尼茨对笛卡尔的唯理论，也不仅仅是简单的继承，而是向唯心主义的方面作了进一步的发展。而就另一方面，或毋宁是更重要的一方面来说，莱布尼茨在继承笛卡尔的同时也修正和反对了笛卡尔的某些唯理论观点，而在反对洛克的同时也接受和容纳了洛克的某些经验论思想。这种情况，也有它的两面性：就一方面来看，是莱布尼茨作为软弱资产阶级思想代表所具有的一贯的妥协性和调和倾向的明显表现；而就另一方面来看，也因为莱布尼茨是有丰富的辩证法思想的哲学家，因此也确实表现了他竭力想克服唯理论和经验论的形而上学片面性，而将两者以某种方式结合起来的企图。虽然他的这种企图没有成功，也是不可能成功的，但当他在攻击经验论乃至批评笛卡尔的某些唯理论观点的片面性时，也确实抓住了一些他们各自的形而上学性的真正弱点，而闪耀着莱布尼茨的辩证法思想的光辉。因此，如果因为莱布尼茨的认识论体系，作为一种唯心主义唯理论，就其全体来说是错误的，就予以简单的否定或抛弃，而不对整个体系做具体的分析，积极剥取其内蕴的合理因素，是不当的，甚至是有害的。

在具体地讨论莱布尼茨的认识论思想时，我们必须看到：莱布尼茨的认识论思想是极其丰富的也是极其珍贵的。他不仅在认识的对象和起源、认识的主体、认识的过程、真理学说等传统认识论的各个领域进行了艰苦卓绝的思考，创造性地提出了一系列观点，而且还第一个系统地提出和初步论证了“普遍文字”与“综合科学”的设想，无论是他的“天赋观念潜在说”和“统觉”概念，还是他的“偶然真理”学说和“普遍文字”设想，都是人类认识思想史上弥足珍贵的精神财富。此外，虽然我们在讨论莱布尼茨认识论思想的理论背景时着重突出了他同英国经验派的主要代表人物洛克的论战的特殊意义，特别强调了《人类理智新论》之为莱布尼茨在认识论领域的代表作，但是，这绝不意味着《人类理智新论》是莱布尼茨的唯一的认识论论著，也不意味着莱布尼茨仅仅针对洛克的认识论观点来思考他的唯理论观点的，即使我们在特别提到洛克及其《人类理智论》时，情况也是如此。因为在事实上，莱布尼茨从开始思考哲学问题之日起，就开始思考起认识论问题来了，他不仅十分关注同时代的哲学家的认识论思想，而且对过去时代的哲学家的认识论思想也同样十分关注。莱布尼茨是一个既有极其开阔的世界眼光又有极其浓重的历史感的哲学家。下面，我们将依次对莱布尼茨认识论思想的几个主要环节，即莱布尼茨的天赋观念学说、"微知觉"与"统觉"学说、"偶然真理"概念和"普遍文字"设想，作出说明，看看莱布尼茨是如何在与英国经验派的斗争中来维护和发展唯心主义唯理论以反对唯物主义经验论，又如何企图把唯理论和经验论的观点结合起来，把近代认识论提升到一个新的水平的。

二、莱布尼茨关于认识起源的思考："有纹路的大理石"

认识起源的问题在认识论诸多问题中是一个非常基本、非常突出的问题。它不仅如上所述决定着和制约着经验派认识论和理性派认识论的分野，决定着和制约着唯物主义认识论和唯心主义认识论的分野，而且因此也构成了莱布尼茨认识论思想中一个最为根本的问题。因此，当我们考察莱布尼茨的认识论思想时，我们将首先考察莱布尼茨关于认识起源的观点。

1. 莱布尼茨的问题意识(一)："天赋观念"还是"白板"

如何深层次地理解经验派认识论和理性派认识论的根本分歧和对立是莱布尼茨在讨论认识论问题所面临的首要问题。如前所述，理性派认识论的根本特征在于否认感觉经验的可靠性和实在性，强调理性知识的可靠性和实在性，强调人类知识的理性来源，强调理性演绎法的认知功能以及直觉知识的在先性；而经验派认识论的根本特征则在于强调感觉经验的可靠性和实在性，强调理性知识对于感性知识的依赖性，强调经验归纳法的认知功能。但是,问题在于:在所有这些特征中,首要的和根本的东西究竟是什么?换言之,我们究竟怎样才能高屋建瓴地把捉住认识论的核心问题?如何才能高屋建瓴地把捉住经验派与理性派哲学家争论的焦点问题?应该说,如果我们想把人类认识论研究向前推进一步,我们就不能不认真地思考这一问题。事实上,莱布尼茨就是在认真反思这样一类问题的基础上来理解和处理一系列认识论问题,并作出自己的特殊贡献的。

莱布尼茨从基础主义和还原主义的立场出发,在思考认识论问题时,将认识论的有关问题划分解成两个基本层面的问题予以考察。首先是在认识论的诸多问题中,究竟何者为第一位的或首要的问题?莱布尼茨通过考察认识论诸问题之间的逻辑关系,看出了认识的起源问题乃认识论的首要的和第一重要的问题。这也是非常自然的。因为从理性派的观点看来,不仅他们对理性认识的可靠性和实在性的强调意在得出认识的起源于理性的结论,不仅他们倡导的理性演绎法明显地以认识起源于理性为其逻辑前提,而且作为其理性演绎法的逻辑前提的直觉知识或直觉主义更可以看做是对认识起源于理性的一种“同语反复”。从这个意义上讲,理性派认识论之所以被称做理性派认识论,其根本缘由正在于他们主张认识起源于理性。同样,经验派认识论之所以被称做经验派认识论,其根本缘由也正在于他们主张认识起源于感觉经验。他们之强调感觉经验的可靠性和实在性以及他们之倡导经验归纳法,所表明的无非都是他们的这样一个主张。

然而,当我们得出认识起源问题乃认识论的首要的和第一重要的问题这样一个结论之后,我们的考察工作是否就应该就此结束了呢?在莱布尼茨看来,我们的考察工作并不应当到此为止,我们还应当继续前进,去进一步考察所谓认识的起源问题的实质即“认识的起源的起源”问题究竟是什么这样一个层面的问题。当然,对于认识起源的实质即认识的起源的起源这样一个问题,人们是可以作出不同的结论的。因为人们完全可以对感觉经验和理性认识的本源问题或起源问题作出不同的理解和说明。例如,对于一元论哲学家来说,他们将会从各自理解的世界本体的维度思考和回答认识的起源的起源问题。对于一个有二元论倾向的哲学家来说,他们将会有可能从精神实体和物质实体两个维度来思考和回答认识的起源的起源问题。而对于不可知论者来说,他们将会对认识的起源的起源这样一个问题保持沉默,拒绝作出任何判断。

在有二元论倾向的哲学家的态度方面，洛克无疑是一个极好的典型。我们知道，洛克虽然坚持我们心中的一切观念都是从“经验”来的，但是，他却把人类的经验区分为两种，一种是“外在”的“（外）感觉”经验，一种是“内在”的“反省”经验，他有时又把“反省”经验称做“内感觉”或“对内的感觉”。而且，在洛克看来，我们之所以具有这样两种“经验”不是偶然的，归根结底是由存在着两种不同的实体这样一种情况决定的。其中同我们的感觉观念相对应的是外界的物质的事物以及与之相关的物质实体，而同我们的反省观念相对应的则是我们心灵的内在的活动。例如，“我们对于黄、白、热、冷、软、硬、苦、甜以及我们称之为可感性质者的观念”就是我们依靠感官从外界事物获得的感觉观念；而我们心灵中所有的关于知觉、思维、怀疑、信仰、推理、认识、意愿等各种心灵活动的观念，就是我们藉反省我们自己心灵活动所获得的观念。因此，关于认识的起源的起源的问题，洛克给出的答案是：

> 总而言之，外界的物质的东西，是感觉对象，自己的心理作用是反省的对象，而且，在我看来，我们的一切观念所以能发生，两者就是它们唯一的来源。①

但是，在洛克的这一观点中也存在有一种内在的矛盾，这就是一方面洛克既然坚持其经验论，他便没有理由确证物质实体和精神实体的存在，但是，在另一方面，他的经验论又要求物质实体和精神实体的确定存在作为其认识的起源的起源。休谟也正是从彻底的经验论立场出发，断言：既然我们无力确证物质实体和精神实体的必然存在，我们因此也就没有资格来谈论认识的起源的起源问题。基于这样一种观点，休谟对那种断言我们的感觉观念起源于外在事物的唯物主义观点诘问道：

> 我们借什么论证能够证明人心中的知觉定是由和它们相似（如果这是可能的）而实际完全差异的一些外物所引起呢？我们凭什么论证来证明它们不能由人心的力量生起呢？我们凭什么论证来证明它们不能由一种无形而不可知的精神的暗示生起呢？我们凭什么论证来证明它们不能由更难知晓的一种别的原因生起呢？②

---

① 参阅洛克：《人类理解论》上册，第 69—70 页。

② 休谟：《人类理智研究》，第 135 页。

在休谟看来，由感官传来的这些知觉究竟是否是由相似的外物所产生这个问题是一个"事实"问题，而"事实"问题是只能借助于经验才能够解决的，"但是，经验在这里，事实上，理论上，都是完全默不作声的。"这是因为，"人心中从来没有别的东西，只有知觉，而且人心也从不能经验到感觉和物象的联系。"①这就是说，对于不可知论者休谟来说，认识的起源的起源问题是一个我们根本无法回答的假问题。

但是，对于那些主张可知论的一元论的哲学家来说，认识的起源的起源问题就是一个必须回答的问题，而且事实上也是这些哲学家都明确地予以回答的问题。例如，唯物主义哲学家霍布斯既然根本否认"非物质的实体"的存在。既然视由物质的有广延的物体为世界上的唯一的真实存在，则他也就势必将物体及物体之间的相互作用看做认识的起源的起源。他不仅明确宣布"思维着的东西乃是某种物质的东西"，"我们所有的一切知识都是从感觉获得的"，而且，在给感觉下定义时，还进而明确指出：

> "感觉"是一种形象，由感觉器官向外的反应及努力所造成，为继续存在或多或少一段时间的对象的一种向内的努力所引起。②

但是，既然莱布尼茨与霍布斯相反，根本否认物质实体的存在，他也就从精神实体来寻求认识的起源的起源了。当然，就人类的认识范围讲，认识的起源的起源也就是要从有比较清楚的知觉的单子即心灵来寻求这种起源了。毫无疑问，莱布尼茨的这样一种思考不仅是有深度的，而且也是有较强的历史感的。说莱布尼茨的这样一种思考是有深度的，乃是因为他的这样一种做法不再仅仅是一般地从"经验"和"理性"的角度来谈论经验派和理性派，而是直接地从从事感觉经验活动和理性直觉及理智推证的认知主体的高度和深度来理解和把握经验派和理性派的分歧和对立。这无疑能够达到高屋建瓴的效果。说莱布尼茨的这样一种思考具有较强的历史感，乃是因为他的这样一种看法是大体上符合西方认识论历史的。例如，当我们在阐释柏拉图的"回忆说"时，固然可以用他的"一切学习只不过是回忆"予以搪塞，但是，这样一种搪塞中毕竟有一个"一切学习只不过是回忆""何以可能"这

① 休谟：《人类理智研究》，第135页。

② 北京大学哲学系外国哲学史教研室编译：《西方哲学原著选读》上卷，第395—396页。

样一个更深层次的问题。然而，为要回答这一问题，我们就不能不回答柏拉图的“灵魂”学说了。这就是我们在前面业已强调指出过的，乃是因为我们的“灵魂”在我们出世之前就“已经在肉体以外存在着，并且具有着知识”。如果柏拉图对其灵魂学说缺乏这样一种说明，则他的“回忆说”就将不再是一种哲学学说或认识论学说，充其量不过是一种宗教信条。同样，当我们谈论亚里士多德的经验论的时候，我们立刻就会想到他的“蜡块说”。这既是非常自然的，又是非常智慧的。因为亚里士多德的“蜡块说”正是亚里士多德经验论及其经验归纳法的“理据”之所在。正因为如此，亚里士多德在讨论认识论问题时是花费了很大的力气来讨论他的“灵魂”学说，具体地说，是花费了很大的力气来讨论“灵魂用来进行认识和思维的那个部分”。尽管亚里士多德从“(1)把这一部分区别开来的是什么”以及“(2)思维如何能够发生”这样两个方面来进行考察，但是，他仍然把问题集中到“灵魂”本身的规定性上。他强调指出：

> 既然每件东西都可能是一个思想对象，心灵为了要(像阿那克萨戈拉所说的那样)统治，亦即为了要认识，就必须是纯洁而不与任何东西混杂的；因为有与它的本性迥异的东西并存，乃是一种阻碍；所以，它也像感觉的部分一样，除了具有某一种能力这个本性之外，不能有它自己的本性。所以，灵魂中被称为心灵的部分(心灵的意思是指灵魂借以思维和判断的东西)，在它尚未思维的时候，实际上并不是任何现实的东西。
>
> 心灵在一种意义下，潜在地是任何可思维的东西，虽然实际上在已经思维之前它什么也不是——难道我们不是已经消除了“互相作用必定牵涉一个共同因素”这个困难吗？心灵所思维的东西，必须在心灵之中，正如文字可以说是在一块还没有什么东西写在上面的蜡板一样：灵魂的情形完完全全就像这样。①

由此看来，亚里士多德认识论路线与柏拉图认识论路线的分歧主要还是集中到人的灵魂的学说上：人的灵魂在进行现实的思维之前究竟是如柏拉图所说是“已经具有着知识”还是如亚里士多德所说仅仅是“一块还没有什么东西写在上面的蜡板”呢？

---

① 亚里士多德：《论灵魂》，见北京大学哲学系西方哲学史教研室编译：《古希腊罗马哲学》，第281、283页。

历史是不会完全重复的，但是，历史却往往有某种惊人的相似。至近代，洛克认识论同笛卡尔认识论的对抗在新的形势下再次采取了柏拉图认识论路线与亚里士多德认识论路线的对抗的形式：问题重新集中到心灵的本质规定性上。如果说笛卡尔在"天赋观念"的形式下恢复了柏拉图的"灵魂固有知识说"，那么洛克便可以说是在"白板说"的名义下恢复了亚里士多德的"蜡块说"。我们知道，笛卡尔虽然曾把我们的观念三分为天赋的、外来的和自己制造的，但在他看来，唯有天赋的普遍观念、基本原则、第一原理才是人们获得确定性知识的根本前提。因此，从认识论的角度，批判笛卡尔的天赋观念学说，最要紧的，就是要否定笛卡尔加给普遍概念、基本原则、第一原理的所谓"天赋性"①，而洛克在《人类理智论》中一开始就旗帜鲜明地向这种"天赋性"宣战。他以三个整章的篇幅集中批判了笛卡尔的"天赋观念"或"天赋原则"学说，宣布人心中没有任何形式的天赋原则，既没有天赋的思辨原则，也没有天赋的实践原则。洛克的认识论是有破有立的，而且，他对笛卡尔等人的"天赋观念"学说的批判，其目的也正在于论证他自己的"白板说"。洛克"白板说"在洛克经验论中的"基础"作用是十分明显的。因为他的经验论的基本原理就是直接从他的"白板说"演绎出来的：

> 我们可以假定人心如白纸似的，没有一切标记，没有一切观念，那么它如何会又有了那些观念呢？人的匆促而无限的想象既然能在人心上刻画出几乎无限的花样来，则人心究竟如何能得到那么多的材料呢？他在理性和知识方面所有的一切材料，都是从哪里来的呢？我可以一句话答复说，它们是从"经验"来的，我们的一切知识都是建立在经验上的，而且最后是导源于经验的。②

在《人类理智论》中，他也曾将人的心灵比作一个"暗室"：

> 就我看来，知识进入理智的道路，实在只有内外两种感觉。就我们所能发现的，只有这些感觉能成为暗室中的窗子，把光明透进来。因为我想，人的理智正同暗室差不多，与光明完全绝缘，只有小孔能从外面

① 参阅段德智：《简论洛克的"白板说"》，见中国社会科学院哲学研究所西方哲学史研究室编：《外国哲学史研究集刊（五）：经验论与唯理论研究》，上海人民出版社 1982 年版，第 298 页。

② 洛克：《人类理解论》，第 68 页。

> 把外界事物的可见的肖像或观念传达出来。进到那样一个暗室中的画片如果能停在那里，并且能有秩序地存在那里(如有时所见的)，则那正同人的理智中一切视觉的对象以及物像的各种观念差不多。①

"暗室"也好，"白板"也好，都不过是一种比喻罢了，其所蕴含的内容同亚里士多德的"蜡块"并没有什么两样。因此，洛克对于笛卡尔天赋观念学说的批判，实在是亚里士多德"蜡块说"批判柏拉图"回忆说"的一个近代版。

莱布尼茨在认识论领域的过人之处正在于他不是陶醉于一般地讨论认识论的许多枝节问题，而是单刀直入抓住认识论的核心问题，即认识的起源的起源问题。莱布尼茨在《人类理智新论》的序言中自述他和洛克的根本分歧时，非常明快地写道：

> 我们的差别是关于一些相当重要的主题的(des sujets de quelque importance)。问题就在于要知道：心灵本身是否像亚里士多德和《理智论》作者所说的那样，是完完全全空白的，好像一块还没有写上任何字迹的板(Tabula Rasa)；是否在灵魂中留下痕迹的东西，都是仅仅从感觉和经验而来；还是灵魂原来就包含着多种概念和学说的原则，外界的对象是靠机缘把这些原则唤醒了。我和柏拉图一样持后面一种主张，甚至经院学派以及那些把圣保罗(《罗马书》2:25)说到上帝的法律写在人心里的那段话用这个意义来解释的人，也是这样主张的。② 斯多葛派称这些原则为设准(Prolepses)，也就是基本假定，或预先认为同意的东西。数学家们称之为共同概念。近代哲学家们又给它们取得了另外一些很美的名称，而斯加利杰(Julius Caesar Scaliger,1484—1558年)特别称之为永恒的迸发火花的种子(Semina aeternitatis, item Zopyra)，好像说它是一种活的火，明亮的闪光，隐藏在我们内部，感官与外界对象相遇时，它就像火花一样显现出来，如同打铁飞出火星一样。认为这种火花标志着某种神圣的、永恒的东西，它特别显现在必然真理中，这

---

① 洛克：《人类理解论》，第129页。

② 《罗马书》第2章中在谈到"律法"问题时说道："原来，在神面前不是听律法的为义，乃是行律法的称义。没有律法的外邦人，若顺着本性行律法上的事，他们虽然没有律法，自己就是自己的律法。这是显出律法的功用刻在他们心里，他们是非之心同作见证，并且他们的思念互相较量，或以为是，或以为非。"

是不无理由的。①

莱布尼茨之所以致力于维护“天赋观念”学说的这样一个道统，从根本上讲，如上所述，是由他自己的单子论学说决定的。既然单子是唯一的实体，既然知觉即为单子的本质规定性，既然单子是没有窗户的，则单子所具有的观念也就只能是来自他自身的，也就只能是在上帝创造他时赋予他的。但是，倘若从认识论角度看，他是想用“天赋观念”学说来批判经验归纳法，来论证他的理性主义认识论的。正因为如此，莱布尼茨在提出是“白板说”还是“天赋观念”说这样两条根本对立的认识论路线之后，紧接着便强调指出：

> 由此就产生了另外一个问题：究竟是一切真理都依赖经验，也就是依赖归纳与例证，还是有些真理更有别的基础(un autre fondement)。②

莱布尼茨在这里提出的主要是普遍必然性知识的来源问题。莱布尼茨承认感觉对于我们的一切现实认识活动的必要性，但是，他想要强调指出的是：感觉经验“不足以”使我们获得普遍必然性的知识；为要获得普遍必然性的知识，我们就必须依靠理性，依靠我们心灵中固有的天赋观念。我们人类之所以高于禽兽，就在于我们具有理性，就在于我们具有天赋观念。

这里应该予以说明的是：我们说莱布尼茨和笛卡尔等唯理论者把认识的对象归结为心中固有的东西，只是就这种唯理论观点所必然要导致的逻辑结论来说的，而在笛卡尔和莱布尼茨，特别是唯物主义的唯理论者斯宾诺莎，他们本人则都并不直接作出这一结论，而毋宁是竭力想逃避这一结论的。在笛卡尔，固然心灵本身作为一种思想实体是他所肯定的认识对象，而和心灵截然不同的物质实体或物质世界以及这两种相对实体所依赖的绝对实体——上帝，也是他所肯定的认识对象；在斯宾诺莎，也是肯定认识的对象就是唯一的“实体”(即客观自然界)及其“样式”(即存在于自然界中的个体事物)，认为我们凭天赋的理性认识能力，通过“理性的直观”就能够直接把握自然界及其各种事物的本质；而在莱布尼茨，我们看到，诚然他认为只是心灵(即单子)固有的知觉凭“内在的原则”自行发展的结果，但他也认

---

① *Die philosophischen chriften* von *Gottfried Wilhelm Leibniz* 5, p. 42；莱布尼茨：《人类理智新论》上册，第2—3页。

② Ibid., p. 42；同上书，第3页。

为这种"知觉"也是"反映"整个宇宙,并通过"前定和谐"而和宇宙万物的发展变化相一致。因此,毋宁说他所肯定的认识对象也是并不依赖个人的心灵而客观存在的宇宙万物,只是这宇宙万物不是什么物质实体,而是由精神性的实体——单子构成的而已。

这样就出现了一种看来似乎矛盾怪诞的情况:唯理论者否认认识起源于对外物的感觉,本来应该把认识对象仅仅归结为心中固有的东西,但他们却又都以这样那样的形式肯定某种心外客观存在的实体(物质实体或精神实体)是认识的对象;相反地,经验论者如洛克本来是肯定认识起源于对外物的感觉,因而应该肯定(在一定程度上他也确实还是这样肯定的)外界存在的客观事物是我们认识的对象,但他片面坚持经验论的结果,却得出了"物质实体"和"精神实体"都不可知的结论,实质上已把认识的对象归结为仅仅是我们心中的观念(虽然他还是肯定"观念"是反映某种虽不可知但确实存在的"实体"的"性质"的),循着这样的思想路线发展,经验论到了巴克莱和休谟那里,就事实上否认了客观事物的存在,而把认识对象完全归结为我们心中的知觉、印象或观念了。这一现象表明:唯理论和经验论、不论是唯物主义的或唯心主义的,不但都是一种片面的形而上学观点,并且也都包含着内在的矛盾;而且,正是由于这种内在的矛盾运动,在其理论的现实发展过程中,就会各向其对立的方面转化。

2. 莱布尼茨的问题意识(二):洛克对天赋观念学说的挑战

如果说在要不要恢复和继承柏拉图—笛卡尔的天赋观念学说方面,莱布尼茨的精神动力主要来自柏拉图认识论传统的启示的话,那么,在要不要发展柏拉图—笛卡尔的天赋观念学说方面,莱布尼茨的精神动力则主要来自洛克对天赋观念学说的挑战。

我们在前面已经说过,笛卡尔曾经断言我们有三种观念,这就是"外来"的、"自己制造"的和"与生俱来"的或"天赋"的。而同这三种观念相对应的也有三种心理功能或认识能力。其中,外来的观念对应于"感觉",虚构的观念对应于"想象",天赋观念则对应于"纯粹理智"。而在这三种认识能力中,感觉和想象是依赖于身体和外部对象的,而纯粹理智则和身体与外部对象没有任何联系,是非物质的。在谈到我们所拥有的与生俱来的天赋观念以及与之相应的纯粹理智时,笛卡尔特别强调指出:

> 我有领会一般称之为一个东西、,或一个真理,或一个思想的功能,我觉得这种功能不是外来的,而是出自我的本性的。①

在笛卡尔看来,天赋观念主要有这样几种。首先是关于事物简单性质的观念。所谓简单性质,是指事物中心灵不能对之加以分析的构成事物的基本单位,心灵对它们有最清楚明白的认识。其次是关于事物本质的概念。再次是上帝的观念。最后是公理、普遍原则、第一原则和道德原则(实践原则)。这些天赋观念主要有这样一些特征:首先,就来源讲,它们绝对不能来自感觉经验或想象,只能来自纯粹的理性思维,仅仅存在于我们的理智之中。其次,就适用范围讲,它们具有普遍有效性,是永恒不变的真理。最后,就内在标志看,它们是清楚明白、无可怀疑的。清楚明白是天赋观念的本质规定性。这一点是由笛卡尔的真理观决定的。因为在笛卡尔这里,真理的标准不是别的,正在于它自身的清楚明白。换言之,在笛卡尔看来,凡清楚明白的观念,都是真的,也都因此而是天赋观念。

这样,在笛卡尔的天赋观念学说中便明显地存在着一个悖论。这就是,一方面他强调了天赋观念的天赋性即与生俱来的特征以及其普遍适用性,另一方面他又强调了天赋观念的清楚明白性或简单性。这在事实上就向传统的天赋观念说提出了一个必须予以解答但是却难以解答的问题:既然如此,人生在世何以需要进一步“学习”?如果套用柏拉图的话说,便是对这样一种知识,“遗忘”何以可能?“回忆”何以必要?应该说,笛卡尔天赋观念说中存在着的这样一个悖论实在是他的认识论思想中的一根软肋。而这不仅构成了人们批判天赋观念说的最为重要的口实,而且也构成了人们批判天赋观念说的最为重要的一个根据。

当年霍布斯就曾经由此出发向笛卡尔的天赋观念说提出诘难的。我们知道,笛卡尔是在《第一哲学沉思集》的“第三个沉思”即“论上帝及其存在”中首先提到“天赋观念”的。霍布斯自然地从经验主义的立场上对此反驳道:

> 他(指笛卡尔——引者注)说上帝的观念和我们的灵魂的观念是从我们心里产生的,并且居住在我们心里。我倒要知道,那些睡得很深,什么梦也没做的人,他们的灵魂思维了没有。如果他们的灵魂一点

① 笛卡尔:《第一哲学沉思集》,第37页。

> 也没思维，那么他们的灵魂就什么观念也没有；从而没有什么观念是从我们心里产生并且居住在我们心里的，因为从我们心里产生并且居住在我们心里的东西在我们的思维里永远是当前的。①

由此看来，霍布斯反驳笛卡尔天赋观念说的基本论据是“灵魂中的观念总是与灵魂中的当前的思维活动共在的”。据此，倘若我们的灵魂在某个时刻没有任何思维活动，则我们的灵魂在这一时刻便没有任何观念，从而也就谈不上有什么天赋观念了。而且，据此我们能够引申出的另一个结论便是：如果上帝的观念和我们的灵魂的观念是伴随着我们的当前的思维活动而出现的观念，则这些观念便也不再是什么天赋观念，而只能是一些后天观念了。

面对着霍布斯的诘难，笛卡尔则从“观念天赋论”倒退到“能力天赋论”。他答辩道：

> 当我说，某种观念是与我们俱生的，或者说它是天然般地印在我们灵魂里的，我并不是指它永远出现在我们的思维里，因为，如果是那样的话，就没有任何观念；我指的仅仅是在我们自己心里有生产这种观念的能力。②

然而，当笛卡尔用“能力天赋论”来搪塞霍布斯时，他非但没有解决问题，反而把问题复杂化了。因为如果笛卡尔一旦采用了“能力天赋论”，则“与生俱来”的观念亦即天赋观念说也就不能成立了。这就是说，笛卡尔提出“能力天赋说”不仅没有消解掉存在于观念的“天赋性”与观念的“清楚明白性”之间的“悖论”，反而又新添了存在于“能力天赋说”与“观念天赋说”之间的“悖论”。

鉴此，当洛克批判笛卡尔的天赋观念学说时，他便自然地着重揭露内蕴在笛卡尔天赋观念学说之中的这样两个悖论。洛克用以昭示存在于天赋观念的“天赋性”与天赋观念的“清楚明白性”之间的悖论的基本武器是“凡是在人心中的都必然被知觉”。他耐心地分析道：

> 一个人在谈说理智中的天赋观念时，如果他是指着任何一种明晰的真理而言，则他一定不是说，理智所不曾知觉、所完全不晓得那些真

---

① 笛卡尔：《第一哲学沉思集》，第189页。

② 同上书，第190—191页。

理是在理智中的。因为"在理智中"这四个字如果有任何适当的意义，则它们一定是指"被理解的"四个字而言。因此，要说"在理智中"而"不被理解"，"在人心中"而又"不被知觉"，那就无异于说，一件事物同时在心中或理智中，同时又不在里面。①

洛克在具体地昭示了笛卡尔天赋观念学说中存在着的这一悖论之后，便立即对"观念天赋说"展开了批评。他在考察天赋观念论者所常常标榜的"凡存在者存在"、"一切事物不能同时存在而又不存在"这样两个天赋观念或天赋原则时，分析道：人们既然说这两个命题是天赋原则，是自然地印入人心中的，则儿童就不该不知道它们；而且，一切婴儿同所有有心灵的动物，便必然在理智中都有这些命题，必然都知道这些命题，同意这些命题。但是，在事实上，儿童和白痴等是根本不知道这些命题的，更谈不上同意这些命题。既然如此，则把这些命题说成是天赋的，就是一件很不恰当的事情了。洛克还进而批评说，如果我们把根本不为理智所知觉的东西也说成是印在理智中的和天赋的，则我们也就看不出天赋原则或天赋观念同所有其他原则或观念有什么重大的"差异"或"区别"了。在这种情势下，笛卡尔把一些观念说成是"天赋"的，而把另一些观念说成是"从外面来"的，也就没有任何理据了。用洛克的话说，便是："我们要妄加分别，亦只有徒劳无功罢了。"②洛克给出的理由是：

人心所不曾知道的命题，所不曾意识到的命题，根本就不能说是在人心中的。如果有一个命题在不被人心所知时，可以说是在人心中的，那么，根据同一个理由一切真实的命题，人心所能同意的一切命题，都可以说是在人心中的，原来印入的。③

洛克在批判笛卡尔的天赋观念学说时不仅揭示了其中内蕴着的存在于天赋观念的"天赋性"与天赋观念的"清楚明白性"之间的悖论，而且也揭示了其中内蕴着的存在于"观念天赋说"与"能力天赋说"之间的悖论，强调指出了"能力天赋说"的取消主义实质。洛克指出：

如果人心所不知道的一个命题，可以说是存在于人心中的，那一定

① 洛克：《人类理解论》上册，第 9 页。

② 同上。

③ 同上书，第 8 页。

> 是因为人心有知道它的可能性;不过若是这样,则人心将来所要知道的一切命题,也都可以说是人心所能知道的。不止如此,就是人心以前所不曾知道,以后永不会知道的真理,也可以说是原来印在人心中的。因为一个人虽然可以活得很久,可是到临死时仍然不知道他的心理所能确实知道的许多真理。因此,如果认识的能力就是人们原来所争执的那个自然的印象,则人们所能知道的一切真理全都因此说是天赋的。不过人们所争的这一点,归结起来,只不过是一种不妥当的说法罢了。这样,则人们虽然妄辩有天赋的原则,实际上就无异于说没有那些原则。①

洛克在揭露了“能力天赋说”的取消主义实质之后,还嘲笑了“能力天赋说”主张者的无的放矢。因为“能力天赋说”既然使得我们在他们所说的天赋真理与其他真理之间看不出任何差别,则我们也就因此而很难发现他们所说的“能力是天赋的,知识是后得的”何以能够成为他们为某些公理之为“天赋”的提供出任何根据。

3. 莱布尼茨的答辩:“天赋观念潜在说”

面对着理性派哲学家笛卡尔与英国经验派哲学家霍布斯和洛克在天赋观念问题上的激烈论争,莱布尼茨的立场是极其鲜明的,这就是批判亚里士多德—洛克的“白板说”,继承、维护和发展柏拉图—笛卡尔的观念天赋说。关于莱布尼茨对于洛克“白板说”的批判,我们在前面已经作出了扼要的说明,这里我们也就不予以赘述了。现在,我们就来着重考察一下莱布尼茨是如何继承、维护和发展柏拉图—笛卡尔的观念天赋说的。

如果说霍布斯和洛克对笛卡尔观念天赋说的批判主要在于昭示其中内蕴着的上述两个悖论,亦即存在于“观念的天赋性”与“观念的自明性”之间的悖论以及存在于“观念天赋说”与“能力天赋说”之间的悖论,那么,莱布尼茨所做的工作则主要在于回应霍布斯和洛克的挑战,并且在这种回应中不仅努力维护和捍卫柏拉图—笛卡尔的天赋观念学说,而且努力消除存在于笛卡尔天赋观念学说中的这两个悖论,发展出一种新的形态的天赋观念学说。

---

① 洛克:《人类理解论》上册,第8页。

莱布尼茨认为,洛克在《人类理智论》中尽管用了很大的篇幅来批判天赋观念学说,但是,从洛克本人的两重经验学说看,他也并非完全排除或拒绝天赋观念。这是因为在莱布尼茨看来,洛克既然承认在感觉经验之外还另有反省经验,既然这些由反省得来的观念并非来自外界事物,而是来自我们心中,那就意味着洛克也是承认我们心中存在有天赋观念的。他在《人类理智新论》中写道:

> 也许我们这位高明的作者(指洛克——引者注)的意见也并不完全和我不同。因为他在用整个第一卷驳斥某种意义下的天赋知识之后,在第二卷的开始以及以后又承认那些不起源于感觉的观念来自反省。而所谓反省不是别的,就是对于我们心里的东西的一种注意(une attention),感觉并不给予我们那种我们原来已有的东西。既然如此,还能否认在我们心灵中有许多天赋的东西吗?因为可以说我们就是天赋于我们自身之中的。又难道能否认在我们心中有存在、统一、实体、绵延、变化、行为、知觉、快乐以及其他许许多多我们的理智观念的对象吗?这些对象既然直接而且永远呈现于我们的理智之中(虽然由于我们的分心和我们的需要,它们不会时刻为我们所察觉(appercevoir),那么为什么因为我们说这些观念和一切依赖于这些观念的东西都是我们天赋的,就感到惊讶呢?①

当然,莱布尼茨的目标并不仅仅在于通过批评洛克捍卫天赋观念学说,而是在于通过回应霍布斯、洛克对笛卡尔的天赋观念学说的批评,进一步发展天赋观念学说。

莱布尼茨对天赋观念学说的发展最重要的就在于他提出了"天赋观念潜在说",希望借此来消除笛卡尔天赋观念学说中存在于"观念的天赋性"与"观念的自明性"之间的悖论。因为如果天赋观念是"潜在"的,则它的"非自明性"也就是一件非常自然的事情了。而且,天赋观念的这样一种非自明性也丝毫不妨碍它进一步成为"清楚明白"的观念。换言之,莱布尼茨通过把天赋观念理解为一个过程而非一个现成的永恒不变的东西,通过"时间差",把天赋观念区别为潜在的和现实的,而把非清楚明白的天赋观

---

① *Die philosophischen chriften* von *Gottfried Wilhelm Leibniz* 5, p. 45;莱布尼茨:《人类理智新论》上册,第6页。

念与清楚明白的天赋观念和谐地统一在天赋观念的发展过程中，则天赋观念的“天赋性”与天赋观念的“清楚明白性”之间的矛盾也就因此而被消解掉了。

关于天赋观念潜在说，莱布尼茨在《人类理智新论》中曾有过一段经典的说明。他写道：

> 我也曾经用一块有纹路的大理石（une Pierre de marbre qui a des veines）来作比喻，而不把心灵比作一块完全一色的大理石或空白的板，即哲学家们所谓白板（Tabula rasa）。因为如果心灵像这种空白板那样，那么真理之在我们心中，情形也就像赫尔库勒（Hercule）的像之在这样一块大理石里一样，这块大理石本来是刻上这个像或别的像都完全无所谓的。但是如果在这块石头上本来有些纹路，表明刻赫尔库勒的像就可以说是以某种方式天赋在这块石头里了，虽然也必须要加工使这些纹路显现出来，和加以琢磨，使它清晰，把那些妨碍其显现的东西去掉。也就是像这样，观念和真理就作为倾向、禀赋、习性或自然的潜能天赋在我们心中，而不是作为现实天赋在我们心中的，虽然这种潜能也永远伴随着与它相应的，常常感觉不到的某种现实。①

在莱布尼茨对天赋观念潜在说的这一经典说明中有几个细节是需要特别予以说明的。其中最为关键的自然是“潜在”这个术语了。当然，这里首先是“潜在”（东西）的有无问题，其次便是“潜在”的形式问题。

我们知道，洛克既然主张“白板说”，他便认为我们的心中是没有任何潜在的东西的，甚至没有什么不是我们永远现实地察觉到的东西。关于这一点，莱布尼茨指出：虽然获得的习惯和我们记忆中储存的东西并非永远为我们所察觉，甚至也不是每当我们需要时总是招之即来，但是，“我们确实常常一有使我们记起的轻微机缘就可以很容易地在心中唤起它，正如我们常常只要听到一首歌的头一句就记起这首歌。”②既然如此，就不能说我们的心灵只是一块白板。诚然，洛克对此也作出过一个说明，说他的意思是说，我们心中没有什么东西不是我们在过去曾经察觉过的。莱布尼茨对此

---

① *Die philosophischen chriften* von *Gottfried Wilhelm Leibniz* 5，p. 45；莱布尼茨《人类理智新论》上册，第6—7页。

② Ibid.，pp. 45－46；同上书，第7页。

诘问道：

> 为什么一切都必须是我们由对外物的察觉得来，为什么就不能从我们自身之中发掘出点什么呢？难道我们的心灵就这样空虚，除了外来的影像，它就什么都没有？……况且，我们又到哪里去找本身毫无变异的板呢？因为绝对没有人会看见一个完全平整一色的平面。那么，当我们愿意向内心发掘时，为什么就不能从我们自己心底里取出一些思想方面的东西呢？①

应该说，不管莱布尼茨在这里的论证可能存在有这样那样的漏洞，但是在揭示洛克“白板说”的形而上学性质方面确实收到了极好的效果。尽管把心灵描绘成一块“白板”，如果就用它来表明在人的心灵的原初状态中没有任何现成的观念和知识这一点来说是有效果的，但是，如果在更广泛的意义上，使用“白板”这个字眼来描述人的心灵的原初状态，则是不甚贴切的。“因为把心灵描绘成一块‘白板’，描绘成‘完全平整一色的平面’，就势必不能解释作为个体的认识主体的最初的认识能力的先天存在，不能解释人的认识能力的千差万别，不能解释人类智力的历史发展。”②诚然，就一般的意义而言，就作为人类的认识主体而言，才能、能力也属于知识范畴，也是基于实践，后天才有的。但是，就作为个体的认识主体而言，他的最初的认识能力则是天赋的。试想，如果人脑果真是一块“白板”，不具有思维的机能和属性，后天的认识活动何以发生？恩格斯讲“理论思维无非是才能方面的一种生来就有的素质”③，这是具有普遍意义的，对于认识的其他方面的能力也是适用的。显而易见，“白板说”对于这种认识能力先天存在的现象，是不便解释的。再者，“白板说”也是不便解释人的先天的认识能力的千差万别的。我们知道，人的大脑的生理素质和心理机制总是不同的。这不仅表现在大脑的重量上，而且还表现在神经系统的某些特征上。例如，根据著名的俄国生理学家巴甫洛夫的学说，“人类所特有”的高级神经活动具有三

---

① *Die philosophischen chriften* von *Gottfried Wilhelm Leibniz* 5, p. 46；莱布尼茨：《人类理智新论》上册，第 7—8 页。

② 段德智：《简论洛克的“白板说”》，见中国社会科学院哲学研究所西方哲学史教研室编：《外国哲学史研究集刊（五）：经验论与唯理论研究》，第 305 页。

③ 恩格斯：《自然辩证法》，《马克思恩格斯选集》第 4 卷，人民出版社 1995 年版，第 284 页。

种类型：一种是第一信号系统占相对优势的“艺术型”，再一种是第二信号系统占相对优势的“思维型”，最后一种是两种信号系统相对平衡的“中间型”。因此，无视人的思维器官的先天特征，抹杀人的智力的先天差异，并不是唯物主义者应取的态度。洛克的“白板说”，虽然就其体现“天赋能力人人平等”方面，在当时的反对封建制度的斗争中有着积极作用，但从认识理论角度来考察，则是缺乏科学根据，违背客观事实的。最后，人类的认识能力以及作为认识能力的生理基础的思维器官——大脑也是不断发展变化的。已经发展了的人类同刚刚从猿演化过来的人的大脑的重量和神经系统显然是存在着重大差别的。恩格斯在谈到这个问题时，曾经指出：“脑和为它服务的感官，越来越清楚的意识以及抽象能力和推进能力的发展……并不是在人同猿最终分离时就停止了，而是在此以后大体上仍然大踏步地前进着。”①“白板说”显然是不足以解释已经发展了人类同刚刚产生的人类的大脑的差异，以及“大踏步地前进着”的人类认识能力的历史发展的。总之，在上述三种意义上，把心灵的原初状态描写成一块“白板”，是不贴切的。莱布尼茨批评说，“完全平整一色”的“空白板”在现实中是找不到的，只是一种“抽象”和“虚构”，这是不无道理的。

在论证了天赋观念在心灵中的存在之后，莱布尼茨接着论证了天赋观念在心灵中的存在形式问题。这个问题也是非常重要的，是莱布尼茨非回答不可的。前面说过，在批判笛卡尔的天赋观念学说时，霍布斯就曾提出过人在熟睡时何以具有观念的问题，洛克更是提出了“凡是在心灵中的无不被知觉”这样一个原则。在《人类理智新论》中，莱布尼茨是用他的“微知觉”学说来回应霍布斯和洛克的诘难的。莱布尼茨同笛卡尔一样，也主张我们的心灵是永远在思想的，即使在我们熟睡之时，心灵也有自己的知觉活动，也有自己的观念，只是在这个时候，我们心灵中只有“微知觉”，我们心中的观念不那么“清楚明白”而已。在谈到“微知觉”时，莱布尼茨指出：

> 此外，还有千千万万的征象，都使我们断定任何时候在我们心中都有无数的知觉（une infinité perceptions），但是并无察觉和反省（sans apperception et sans reflexion）；换句话说，灵魂本身之中，有种种变化，是我们察觉不到的，因为这些印象或者是太小而数目太多，或者是过于千

① 《马克思恩格斯选集》第4卷，第378页。

篇一律，以致没有什么足以使彼此区别开来；但是和别的印象连接在一起，每一个也仍然都有它的效果，并且在总体中或至少也以混乱的方式使人感觉到它的效果。①

莱布尼茨曾用我们在海岸上听到的波浪或海啸的声音作为例证来解说微知觉的存在。他指出，当我们要像平常那样听到波浪或海啸的声音时，就必定同时听到了构成这整个声音的“各个部分”，换句话说，就必定同时听到“每一个波浪”的声音。虽然每一个小的声音只有和别的声音结合在一起构成整个混乱的声音时，也就是说，只有在这个怒吼中，才能为我们听到。如果发出这声音的波浪只有单独一个，是听不到的。然而，我们却必定对这个波浪的运动“有一点点感受”，不论这声音多么小，也就是说，必定对其中的每一个声音都有点知觉。因为，不然的话，我们就不能对成千上万的波浪的声音有所知觉。因为从数学的观点看，成千上万个零加在一起也不可能构成任何东西。莱布尼茨认为，笛卡尔和洛克尽管都非常优秀，但是在论说天赋观念问题时都有一个共同的缺陷，这就是他们都没有注意到微知觉这样一个问题。然而，一旦我们注意到了微知觉现象，则霍布斯和洛克所说的那种存在于观念的“天赋性”与观念的“清楚明白性”的悖论也就不复存在了。

至于我们前面谈到的存在于“观念天赋说”与“能力天赋说”之间的“悖论”，也由于莱布尼茨提出和论证了“天赋观念潜在说”以及与之相关的“微知觉”学说也可以说是在一定程度上被消解掉了。这一方面是因为“天赋观念潜在”这种说法本身便在事实上化解了原来存在于笛卡尔天赋观念学说中“观念天赋说”与“能力天赋说”之间的张力；另一方面是因为在莱布尼茨这里，洛克批评笛卡尔天赋观念学说的这样一种口实也因此而业已不复存在。如前所述，洛克批评笛卡尔的天赋观念学说中存在有“观念天赋说”与“能力天赋说”的悖论的一个重要理由是按照笛卡尔的说法，天赋观念与其他类型的观念的差异会因此而得不到说明。但是，众所周知，既然，按照莱布尼茨的天赋观念潜在说，至少在单子没有窗户的意义上，我们可以把单子所具有的一切观念都说成是天赋的，从而在莱布尼茨的认识论学说中也就根本不存在非天赋观念的问题。当然，这并不是说，按照莱布尼茨的认识

① *Die philosophischen chriften* von *Gottfried Wilhelm Leibniz* 5, pp. 46－47；莱布尼茨：《人类理智新论》上册，第8—9页。

论学说，我们心灵中所有的观念都是没有什么差别的，而只是想借此说明，原来存在于笛卡尔天赋观念学说中那样一种悖论由于莱布尼茨提出了天赋观念潜在说而消解掉了。至于单子之间在知觉的清楚明白方面的差异、单子的潜在知觉与现实知觉方面的差异以及把认识理解成一个观念由较不清楚到比较清楚、由潜在到现实的发展过程等，则是笛卡尔、霍布斯和洛克等诸多近代哲学家尚未充分注意到的问题，并不在他们讨论的话题的范围之内，因而属于另外一回事，构成了我们下面将要着力讨论的话题。

三、莱布尼茨的认识过程思想与微知觉理论

除天赋观念潜在说外，在莱布尼茨的认识论中还有一个与之密切相关的非常革命的思想，这就是：他在机械主义盛行的时代，把“过程”概念和“无意识”概念引进到认识论研究中，一方面，把我们的认识理解为一个“过程”：一个从感觉到理性或从感觉到察觉的过程；另一方面，又第一个把我们的有意识的认识活动奠基于无意识的微知觉活动中。

1. 莱布尼茨的认识过程思想：从感觉到察觉

在对莱布尼茨认识起源思想亦即他的“天赋观念潜在说”的考察中，我们已经发现，与同时代的其他哲学家片面割裂感性认识与理性认识，无视认识的生成过程不同，莱布尼茨则不仅把“天赋观念”理解成一个从潜在到现实的发展过程，而且还注意到了感性认识在这发展过程的地位和作用，这在当时实在是难能可贵的，在人类认识思想史上也是有其光辉地位的。既然如此，专门探讨一下莱布尼茨的认识过程思想就是非常必要的和有意义的。

如前所述，莱布尼茨同时代的哲学家洛克和笛卡尔，分别作为经验论和唯理论的代表人物诚然是互相对立的，但他们之间也还是有些共同之处，即他们都是以完全形而上学的观点来处理感性和理性的关系问题。他们或是把两者形而上学地截然割裂和对立起来，或是在某种意义下把两者混同起来而抹杀它们之间的质的差异；而且，他们两个还都把认识或观念看成是一下子完成的，实质上否认了认识本身有一个由不清楚到清楚或由低级到高级的发展过程。

洛克把观念区分为“简单观念”和“复杂观念”，在一定意义下是想来区分感性认识和理性认识，并探讨两者的关系。他所说的从“感觉”和“反省”两个来源得来的“简单观念”，大体上相当于感性认识，而他所谓“复杂观念”，即关于“实体”、“样式”和“关系”的观念，大体上属于或者至少包含着理性认识。但他一方面把两者截然割裂开，认为“简单观念”是心灵完全被动地接受的，而“复杂观念”则是心灵用简单观念“任意”造成的。这样就在简单观念方面完全陷于消极被动的反映论，而在复杂观念方面又引进了主观随意性而有了唯心主义的因素。另一方面，他又把复杂观念看做仅仅是把简单观念加以机械的组合、并列或分开而造成的，实质上抹杀了理性认识和感性认识的本质差别，把理性认识也还原为和感性认识属于同一水平的东西，而有把两者混同的嫌疑。此外，无论简单观念或复杂观念，在他那里都是一下子完成的，本身并没有一个发展过程。这些都显然是他的观点的形而上学性的表现。

在笛卡尔那里，感性认识和理性认识也是截然分开的。感觉照笛卡尔看来是骗人的，是完全不可靠的，它根本不是我们真理性认识的来源而毋宁是错误的来源；唯一可靠的认识只是理性认识；而理性认识则根本不是依靠感觉得来，它的最初的原则是天赋的，至于其余的真理性认识则都是藉理性演绎从这些天赋原则推论出来的。这显然是把理性认识和感性认识形而上学地割裂开来并对立起来了。但笛卡尔既然否认理性起源于感觉，实质上把理性认识变成了心灵主观自生的靠不住的东西，则他就实际上无法区别真正反映客观实际的真理性认识和错误的主观幻想，而只能把真理的标准看成观念本身的清楚明白，这样也可以说他实质上还是把真正反映事物的本质的理性认识和靠不住的感觉印象等也混同起来了。此外，笛卡尔心目中认为真理的那种天赋观念或从之演绎出来的理性观念也是一成不变而没有什么发展过程的。可见，在认识论上笛卡尔的观点和洛克的观点一样是形而上学的。

然而，照莱布尼茨看来，认识首先不是一成不变的，而是一个发展变化的过程。我们不是一下就得到一个完全成熟的、清楚明晰的观念，我们的观念都是由原来不清楚的、模糊的知觉，由于内在原则的推动，逐渐发展成为清楚明晰的观念。正因为他在认识论中引进了这种有辩证法意义的发展的观点，才使他有可能在一定程度上把感性认识或理性认识联系起来，把它们看成一个统一的认识过程的两个不同的阶段，这样也就在一定程度上既克服了洛克也克服了笛卡尔的观点的某些形而上学的片面性。

在莱布尼茨的系统中，作为认识主体的心灵，也就是单子，本来就具有知觉，因此可以说认识本来就是心灵天赋的本性，心灵生来就是要从事认识的。而这种知觉有清楚的和不清楚的程度之分，并且在每一个单子中，知觉也有由不清楚到清楚的发展过程。就人的心灵来说，它既有一切单子都具有的最不清楚的"微知觉"，也有和动物灵魂共同具有的较清楚的知觉，即一般属于感觉范围的东西，此外还有人所特有的更清楚的知觉，即有自我意识的知觉，也就是理性，莱布尼茨也称之为"察觉"。这种"察觉"，也是由较不清楚或较低级的知觉即感觉发展而来，它也是和感觉联结着的，在一定意义下也只有程度上的差别而没有什么截然分开的鸿沟；但在另一意义下它又已经不同于那种较低级的知觉，而是有自我意识的清楚的知觉，也就是理性了。因此，人的认识是一个由较低级的知觉即感觉达到察觉的发展过程，也就是一个由感觉到理性的发展过程。为了说明这一过程，莱布尼茨常常要求我们把"察觉"或"察觉"同"知觉"区别开来。在《人类理智新论》中，他写道：

> 我毋宁更喜欢对知觉（perception）和察觉（s'appercevoir）加以区别。例如，我们察觉到的光或颜色的知觉是由我们察觉不到的一些微知觉构成的，又如一种噪音，我们对它是有知觉的，但是，没有注意，只要再稍微增加一点（par une petite addition ou augmentation）就变得是可察觉的了。①

其后，在《基于理性的自然的与神恩的原则》中，莱布尼茨对知觉和察觉做了更为明确更为深刻的区别。他指出：

> 最好是在知觉和察觉之间作出一种区别：知觉是单子表象外部事物的内在状态；察觉则是对这种内在状态的意识，或反省的认识（la Conscience，ou la connoissance reflexive）。它并不是赋予所有灵魂的，也不是永远赋予同一个灵魂的。②

---

① *Die philosophischen chriften* von *Gottfried Wilhelm Leibniz* 5，p. 121；莱布尼茨：《人类理智新论》上册，第110—111页。

② *Gottfried Wilhelm Leibniz*：*Kleine Schriften zur Metaphysik*，p. 420；《莱布尼茨自然哲学著作选》，第130页。

需要特别予以说明的是:莱布尼茨在这两处所说的“知觉”实际上相当于他在别处所说的“感觉”,即一种“与记忆相伴随出现的知觉”(une perception accompagnée de memoire)。[①] 因此,莱布尼茨在这里所阐释的“知觉”与“察觉”的区别和过渡也就是他在大多数场合下所说的“感觉”与“察觉”的区别和过渡。

总之,认识过程的思想是莱布尼茨反复强调的一个非常重要的认识论思想。在莱布尼茨看来,人的认识之所以区别于动物,正在于人的灵魂或心灵能够实现或完成从感觉到察觉的过渡或转变。而在这一认识发展过程的理论框架内,感觉和理性一方面相互联结,另一方面又相互区别;一方面给了感觉以一定的地位,另一方面又强调了从感觉发展到察觉、从感性发展到理性的必要性。所有这些都是具有辩证精神的。

2. 天赋观念的两重意涵与认识过程的双重路向

当我们说莱布尼茨把过程的概念引进近代认识论,把我们的认识理解为一个从感觉到察觉或从感性到理性的发展过程时,我们是从莱布尼茨与笛卡尔和洛克的宏观的纵向比较中得出这一结论的。应该说,我们的这一结论是有根据的,一般说来也是无可厚非的。但是,当我们对莱布尼茨的认识过程思想做更为具体、更为深入的考察时,我们便会发现莱布尼茨的认识过程思想比这要复杂得多,至少我们还可以进一步从中区分出“藉感觉到察觉”与狭义的“从感觉到察觉”这样两条不同的认识路向来。在这里,我们将首先依据莱布尼茨的天赋观念思想对莱布尼茨认识过程思想的这样一种复杂性作出解释,以期表明在莱布尼茨的认识论思想中天赋观念的两重意涵与认识过程的双重路向的内在关联。

所谓“藉感觉到察觉”或“藉感性到理性”的认识路向是说,我们的理性认识或察觉是通过感性认识或感觉这样一种认识“手段”或“机缘”而得到的。如前所述,柏拉图的“回忆说”所持的就是这样一种认识路向。按照柏拉图的说法,感觉并不构成我们知识的起源,但是却构成我们知识的“机缘”,因为只有藉感觉才能唤醒我们心中原本已经存在的知识或理念。所

---

① *Gottfried Wilhelm Leibniz: Kleine Schriften zur Metaphysik*, p. 418;《莱布尼茨自然哲学著作选》,第 130 页。

以，我们说，在柏拉图那里，是“藉感性到理性”而不是“从感性到理性”的。同样，如前所述，莱布尼茨在其天赋观念潜在说中所持的也是这样一种认识路向。因为在莱布尼茨看来，那些“天赋在我们心中”的观念并不是“每当我们需要时就可以总是招之即来”的，而是常常需要“使我们记起的记忆”的“轻微机缘”（quelque occasion legere）来“唤起”它们的。[①] 而这种唤起我们心中的天赋观念，使之由潜在观念转化为现实观念的“机缘”不是别的，正是“感觉”，尽管“感觉”并不是天赋观念或理智观念的“起源”：

> 至于理智的观念以及依赖于它们的真理，则是清楚的，并且两者都不以感觉为其起源；虽然要是没有感觉我们也许的确永不会想到它们（quoyqu'il soit vray que nous n'y penserions jamais sans les sens）。[②]

所以，我们说：从天赋观念潜在说这样一个视角看，莱布尼茨的认识过程思想是遵循“藉感觉到理性”的认识路向的。

但是，在莱布尼茨的认识论体系中，“天赋观念”一词还另具有别的含义。我们前面说过，笛卡尔是在天赋观念之外还承认有“来自外面”的感觉观念的。莱布尼茨的天赋观念潜在说中的天赋观念显然同笛卡尔的做法基本相同，也是把天赋观念看做是一种与感觉观念并列存在的一种观念，尽管它们在认识真理的效用上不尽相同。然而，从莱布尼茨的整个认识论体系本身看，莱布尼茨毋宁更喜欢把天赋观念理解为我们心灵中存在的一切观念。这是不难理解的。既然莱布尼茨宣布我们的心灵作为单子是单纯的，没有任何部分的，因而是没有可供外物出入的任何窗子的，则我们的心灵中也就因此而不可能具有任何来自外物的感觉观念，我们心灵之仅仅具有天赋观念就是一件在所难免的事情了。

莱布尼茨在其早年也确实同笛卡尔一样，承认过我们心灵中除天赋观念外还另有所谓感觉观念的，但是，后来随着自己哲学体系的形成，他就在原则上放弃了这种观点。莱布尼茨在谈到自己的认识论观点同洛克的对立时，曾提到自己的这一思想历程，他非常明确地说道：

> 我是长期以来持另一种意见的：我一向是并且现在仍然是赞成有

① Cf. *Die philosophischen chriften* von *Gottfried Wilhelm Leibniz* 5，pp. 45－46；莱布尼茨：《人类理智新论》上册，第7页。

② Ibid.，p. 77；同上书，第50页。

> 笛卡尔先生所曾主张的对于上帝的天赋观念,并且因此也认为有其他一些不能来自感觉的天赋观念的。现在,我按照这个新的体系走得更远了;我甚至认为我们灵魂的一切思想和行动(toutes les pensées et actions de nostre Ame)都是来自它自己内部,而不能是由感觉给予它的。①

但是,莱布尼茨虽然向前走出很远,但是他却为了考虑到他讨论问题的语景,而常常倒退回来同人讲话的。这也就是说,莱布尼茨即使在改变了自己的观点之后,也仍然没有放弃以前惯用的说法。他自比哥白尼派,说哥白尼派虽然主张太阳中心说反对地球中心说,但他还是常常像主张地球中心说的人一样讲“太阳的运动”。他曾经对自己的这样一种做法作出过认真的说明。他在说完前面我们刚刚引用过的那段话之后,紧接着说道:

> 但当前我将把这方面的探讨撇在一边,而沿用已被接受的说法,因为事实上这些说法是好的,可以采取的,而且我们在一定意义下也可以说外部感觉部分地是我们思想的原因,我将来考察一下,怎么照我的意见我们应该说,即使在通常的体系中(谈到身体对灵魂的作用,就像哥白尼派也和旁人一样谈到太阳的运动,并且是有道理的),也有一些观念和原则,并非来自感觉,而我们发现他们是在我们心中,却并非我们把它们形成的,虽然感觉给了我们机缘,使我们察觉到它们。②

我们知道,在中国佛教中有所谓“世俗谛”和“圣义谛”的区别。例如,在一个意义上,佛教是讲“善有善报”的,但是从更高的境界讲,佛教是不讲“善报”的,是专讲“无我”和“涅槃寂静”的。在这里,我们不妨借用中国佛教的这一术语,把莱布尼茨的与天赋观念潜在说相对应的那样一种狭义的天赋观念称做莱布尼茨的“天赋观念的世俗谛”,而把莱布尼茨的那种广义的本体论意义上的天赋观念称做莱布尼茨的“天赋观念的圣义谛”。

总之,在莱布尼茨的认识论体系中,莱布尼茨的认识过程思想是明显地存在着两种不同的认识路向的:一条是“藉感觉到理性”,而另一条则是“从感觉到理性”;其中“藉感觉到理性”的认识路向是与莱布尼茨的天赋观念

---

① Cf. *Die philosophischen chriften* von *Gottfried Wilhelm Leibniz* 5, p. 66;莱布尼茨:《人类理智新论》上册,第36页。

② Ibid., p. 67;同上。

潜在说相一致的,所关涉的是"天赋观念的世俗谛",而"从感觉到理性"的认识路向则是与莱布尼茨的本体论相一致的,所关涉的是"天赋观念的圣义谛"。故而我们说,莱布尼茨的认识过程的两条路向说是同他对天赋观念的两重规定相对应的,并且归根到底是由后者决定的。当然,我们说在莱布尼茨这里,天赋观念有两种意涵,这并不是说,在莱布尼茨这里,有两种截然不同的两种天赋观念,而只是说,莱布尼茨是从两个不同的角度来看天赋观念的:一方面,莱布尼茨从发生学的角度来看天赋观念,于是就出现了"天赋观念的世俗谛";另一方面,莱布尼茨从本体论的角度来看天赋观念,于是就出现了"天赋观念的圣义谛"。但是,我们对所谓"藉感觉到理性"和"从感觉到理性"的认识路向究竟应当做更具体更深层次的理解呢?而且,"藉感觉到理性"和"从感觉到理性"这些认识路向又何以可能呢?而要弄清这些问题,我们就必须对于莱布尼茨的"微知觉"理论做一番具体深入的考察。

3. 微知觉的两重意涵:类型学的与本体论或动力学的

就我们当前所讨论的认识过程的双重路向直接相关的而言,我们要着力阐述的莱布尼茨的"微知觉"理论,将主要是微知觉的双重意涵及其认识论意义问题。

关于莱布尼茨的微知觉理论,我们在讨论莱布尼茨的本体论时已经论及。在那里,我们已经从"单子等级阶梯与连续系列"的角度,讨论了作为"单子变化'本原'"的"知觉"与"欲望"的三种类型,这就是"微知觉"、"感觉"(含记忆、想象)、理性以及与之相关的"本能"、"动物意欲"与"意志"。而且,我们还指出:单子知觉和变化的这样三种类型分别是同单子与宇宙事物的三个等级相对应的:其中,微知觉与本能对应于赤裸裸的单子和无机界和植物界的事物,感觉和动物意欲对应于一般灵魂或动物灵魂以及与之相关的动物,而理性和意志则对应于心灵(理性灵魂和精神)以及与之相关的人类和天使等。不难看出,在这样一个等级阶梯和等级系列中,微知觉(本能)一方面是一种与其他两种知觉以及与之相关的欲望,亦即感觉(本能)和理性(意志),相并列的知觉和欲望;另一方面又是在单子知觉和欲望的这三种形态中等级最低的一种知觉和欲望。

毫无疑问,在这种讨论中,我们业已关涉微知觉的类型学的问题。然而,这还尚未构成与认识过程的双重路向相关的微知觉的类型学。因为当我们从认识过程双重路向的角度来讨论微知觉时,我们只能套用文艺复兴时期的人文主义者彼特拉克(Francesco Petrarch,1304—1374 年)的话来说:“我们自己是凡人,我们只要求凡人的认识。”而从人类的角度来看这个问题时,我们就会发现,理性虽然构成了人类认识区别于无机界、植物界和动物界的事物的特殊本质,但是,人类也并不因此而不具有微知觉,正如感觉虽然构成了动物的特殊本质,但是动物也并不因此而不具有微知觉一样。事实上,莱布尼茨也是比较实事求是地强调较高等级的单子不仅具有自己所属等级的特殊本质,而且还同时兼有较低等级的单子所具有的属性的。例如,莱布尼茨在《基于理性的自然对于神恩的原则》中,在谈到动物时就曾经指出:

> 确实,动物有时处在单纯生物(simples vivans)的情况下,而它们的灵魂处在单纯单子(simples Monades,即我们通常所说的“赤裸裸的单子”——引者注)的情况下,即是当它们的与记忆相伴随出现的知觉不够明确,像发生在一个无梦的酣睡或昏迷之中。①

更值得注意的是:在《单子论》中,莱布尼茨正是通过对人的精神状态的分析来解释微知觉的存在的。他写道:

> 因为我们在自身之内经验到一种状态,在这种状态中,我们什么都不记得,也没有任何清楚的知觉,像我们陷入昏迷或酣睡而无梦时就是这样。在这种状态中,灵魂(l' ame)与一个单纯的单子(une simple Monade)并无显著的区别……②

他紧接着继续写道:

> 但是不能因此就说,那时单纯实体(la substance simple)是没有任何知觉的,根据以上所说,这是绝不可能的;因为单纯实体是不能消灭的,它也不能没有特殊状态而存在下去,特殊状态不是别的,就是它的知觉。可是当我们有许多细微的知觉(une grande multitude de petites

---

① *Gottfried Wilhelm Leibniz*: *Kleine Schriften zur Metaphysik*, p. 418;《莱布尼茨自然哲学著作选》,第 130 页。

② Ibid. ,p. 446;北京大学哲学系外国哲学史教研室编译:《西方哲学原著选读》上卷,第 480 页。

> perceptions),而其中一个清楚的也没有时,我们就是昏迷了;譬如当我们向同一方向继续旋转若干次,便发生一阵晕眩,可以使我们不省人事,使我们什么也分辨不清。①

他还进而更明确地得出结论说:

> 由此可见,我们的知觉中如果没有什么特出的、可以说高级的和有较高趣味的东西,我们就总是处在昏迷状态中。这就是一切赤裸裸的单子(des Monades toutes nues)状态。②

由此看来,单子的知觉及其欲望的三种类型在我们所谈论的认识路向的语景下,就不再简单地对应于宇宙三种不同等级的单子和事物,而转换成刻画人类各种精神状态的东西了。我们所谓"类型学意义上的微知觉",即是谓此。

但是,除了这种类型学意义上的微知觉外,还有另外一种微知觉,我们可以称之为"本体论意义上的和动力学意义上的微知觉"。我们之所以称之为"本体论意义上的微知觉",乃是因为人类的感觉和理性其实都只不过是这种微知觉的变形,故而微知觉相对于感觉和理性而言具有本体论意义。我们之所以称之为"动力学意义上的微知觉",乃是因为我们的认识之所以能够"从感觉到理性",完全是微知觉活动的结果。

莱布尼茨在《基于理性的自然的与神恩的原则》中,在谈到处于昏迷状态、暂时失去感觉功能的动物由无意识的微知觉状态向感觉的"发展"时,曾经强调指出:"在动物中,已经成为完全混乱的知觉(即微知觉——引者注)肯定会再次发展(se doivent redevelopper)。"③究其原因,则不是别的,正是在于每个单子,每个实体的中心,都必定具有它自己的微知觉。在《单子论》中,莱布尼茨进一步具体地谈到了我们人类身上存在的这样一种"本体论意义上和动力学意义上的微知觉"。诚然,当我们陷入昏迷或酣睡而无梦时,我们在自身之内便能够经验到一种"没有任何清楚的知觉"的精神状态,但是,莱布尼茨紧接着强调说:"不过这种状态不是持久的,所以当它摆

---

① *Gottfried Wilhelm Leibniz*: *Kleine Schriften zur Metaphysik*, p. 448;北京大学哲学系外国哲学史教研室编译:《西方哲学原著选读》上卷,第480页。

② Ibid.;同上书,第480页。

③ Ibid., p. 420;《莱布尼茨自然哲学著作选》,第130页。

脱这种状态时，它仍然是一种较高的东西（quelque chose de plus）。"①这句引文相当重要。因为它不仅告诉我们人类的精神状态由昏迷的微知觉的无意识状态转向更高级的感觉和理性的必然性，而且还告诉我们即使在人类的精神状态发生了这样一种转变之后，作为这种转变之结果的"较高的东西"，亦即感觉和理性，也只不过是那种微知觉的一种变形，也就是说，人的精神状态的变化和发展只不过"微知觉"的一种"自发展"。

特别值得注意的是，由微知觉的这种"自发展"而产生的是一种伴随着这种"自发展"而出现的一种崭新的时间概念，一种时间的三维亦即过去、现在、未来相互贯通的概念。莱布尼茨在《人类理智新论》中，在谈到单子的这种自发展时，就曾明确地归因于"微知觉"：

> 由于这些微知觉的结果（consequence de ces petites perceptions），现在孕育着未来，并且满载着过去，一切都在协同并发（如西波克拉底所说的"一切都在协同并发"），只要有上帝那样能看透一切的眼光，就能在最微末的实体中看出宇宙间事物的整个序列：现在的、过去的、将来要发生的事物（Quae sint，quae fuerint，quae mox futura trahantur）。②

而且，很显然，莱布尼茨这里说的现在"满载着过去"中的"过去"所意指的从根本上说无疑是一种"微知觉"状态。从这个意义上，我们不妨把单子的发展理解为一种不间断的从微知觉到感觉再到理性的无限循环往复的过程。因为如果从发展的观点看问题，则知觉的不清楚、较清楚和清楚总是相对的，并且是相互转换的；人的认识过程也正是这样一个不断转换的过程。也正是在这个意义上，莱布尼茨在《单子论》中更明确地指出：

> 既然一个单纯实体的任何现在状态都自然地是它以前状态的后果，那么，现在中就包孕了未来（le present y est gros de l'avenir）。③

由此看来，单子以及由单子构成的事物的发展序列其实也就是一个知觉的系列，一个基于微知觉的自发展的由微知觉、感觉和理性构成的知觉系

① *Gottfried Wilhelm Leibniz*：*Kleine Schriften zur Metaphysik*，p. 446；北京大学哲学系外国哲学史教研室编译：《西方哲学原著选读》上卷，第 480 页。

② *Die philosophischen chriften* von *Gottfried Wilhelm Leibniz* 5，p. 48；莱布尼茨：《人类理智新论》上册，第 10 页。

③ *Gottfried Wilhelm Leibniz*：*Kleine Schriften zur Metaphysik*，p. 448；北京大学哲学系外国哲学史教研室编译：《西方哲学原著选读》上卷，第 480 页。

列。关于莱布尼茨的这样一种观点，如果从单子论的立场看，就没有什么不好理解的。因为事情如莱布尼茨所解释的，"只有"在单子的"知觉和它的变化"里面，"才能有单纯实体的一切内在活动"：

> 知觉以及依赖知觉的东西，是不能用机械的理由来解释的，也就是说，不能用形状和运动来解释。假定有一部机器，构造得能够思想、感觉、具有知觉，我们可以设想它按原有比例放大了，大到能够走进去，就像走进一座磨坊似的。这样，我们察看它的内部，就会只发现一些零件在彼此推动，却找不出什么东西来说明一个知觉。因此，应当在单纯的实体中，而不应当在复合物或机器中去寻找知觉。因此，在单纯实体中所能找到的只有这个，也就是说，只有知觉和它的变化(les perceptions et leur changemens)。也只有在这里面，才能有单纯实体的一切内在活动(toutes les Actions internes des substances simples)。①

既然如此，则摆在我们面前的任务便是去解释：单子的微知觉的这样一种"自发展"何以可能？换言之，在单子的"知觉和它的变化"中何以能够有"实体的一切内在活动"？关于这一层，莱布尼茨在《单子论》的接下来的一节中曾经给出了一个说明。这就是：

> 我们可以把一切单纯实体或创造出来的单子命名为"隐得来希"，因为它们自身之内具有一定的完满性，有一种自足性使它们成为它们的内在活动的源泉，也可以说，使它们成为无形体的自动机(des Automates incorporels)。②

这就是说，单子之所以能够使它们成为它们自身的"内在活动的源泉"，完全在于它们自身之内即具有"一定的完满性"，有"一种自足性"。那么，这样一种"完满性"和"自足性"在单子中又表现为何物呢？既然在前面的引文中，莱布尼茨说过，"在单纯实体中所能找到的"，"只有知觉和它的变化"，那么我们便只能把这种"完满性"和"自足性"理解为"知觉和它的变化"的属性和品格了。

然而，接踵而至的问题便是：如何恰当地理解"知觉和它的变化"之具

---

① *Gottfried Wilhelm Leibniz*：*Kleine Schriften zur Metaphysik*，pp. 444－446；北京大学哲学系外国哲学史教研室编译：《西方哲学原著选读》上卷，第479页。

② Ibid.，p. 446；同上书，第479页。

有“完满性”和“自足性”这样的属性和品格？以及如何恰当地理解“在单纯实体中所能找到的”“只有知觉和它的变化”？莱布尼茨不是说过，在单子中或在单纯实体中还有欲望吗？原来，按照莱布尼茨的本体论学说，虽然我们逻辑地讲，在单子中或在单纯实体中有所谓“形而上学的力”、“知觉能力”和“欲望能力”，但是，这三者作为实存其实是三位一体的。从这个意义上讲，单子的知觉能力同时也就是单子的“形而上学的力”和“欲望能力”。一如我们离开单子的“知觉能力”在单子之中寻找单子的“形而上学的力”显得非常荒唐一样，同样地，倘若我们离开单子的“知觉能力”在单子之中寻找单子的“欲望能力”也是十分荒唐的。真正说来，单子的“欲望能力”只能是单子的“知觉”所具有的一种能力。如是，则我们就能够比较容易地理解莱布尼茨所说的“在单纯实体中所能找到的”“只有知觉和它的变化”，同时也就能够比较容易地理解“知觉和它的变化”之具有“完满性”和“自足性”这样的属性和品格以及微知觉之何以可能构成“实体内在活动的源泉”，不断地推动单子或单纯实体从事感觉活动和理性活动等诸多本体论和认识论谜团了。

总之，在莱布尼茨的认识论思想中，不仅有类型学意义上的微知觉，而且还有本体论意义上和动力学意义上的微知觉。具体深入地了解莱布尼茨对微知觉的这两种意涵的规定和区分，不仅对于我们具体深入地理解莱布尼茨的认识过程思想是十分必要的，而且对于我们具体深入地理解莱布尼茨的整个哲学体系都是非常重要的。

4. 作为类型学意义上的微知觉的“效用”

无意识的微知觉理论是莱布尼茨在人类思想史上所作出的最为杰出的贡献。因为是他虽然如上所述是近代理性派认识论的一个重要代表和集大成者，但他却是人类思想史上第一个从哲学本体论和哲学认识论高度提出并系统论证无意识的微知觉理论的第一人。巴克拉捷在其《近代哲学史》一书中曾说莱布尼茨第一次系统地研究了“无意识的活动”①，而罗素则突出强调了微知觉理论在莱布尼茨认识论乃至整个哲学体系中的基础地位。罗素断言：

① K. C. 巴克拉捷：《近代哲学史》，愚生译，上海译文出版社 1983 年版，第 220 页。

> 无意识的知觉是最基本的(the most fundamental),如果我们接受了这一点,则其他各点也就都会接受下来了……我们所知的一切都是由我们的本性发展而来的,就是说它是通过反省,通过对以前是无意识的知觉加以意识而获得的。因此,一切归根到底都依赖于无意识的知觉(all in end depends upon unconscious perception),这种知觉的可能性被洛克所否认,而其必要性却为莱布尼茨所证实。①

罗素的这个评论乍看起来有点绝对,但却大体上符合莱布尼茨本人的观点和意图。莱布尼茨本人就不止一次地强调他的无意识的微知觉理论在他的认识论思想和整个哲学体系中的基础地位。他在《人类理智新论》的"序"中强调说:

> 这些微知觉,就其后果来看,效力要比人所设想的大得多(plus grande efficace par leur suites qu'on ne pense)。②

他还拿无意识的微知觉同"感觉不到的分子"作比,宣称:

> 这种感觉不到的知觉之在精神学或心灵学、心理学(la Pneumatique)上的用处,和那种感觉不到的分子在物理学上的用处一样大;如果借口说它们非我们的感觉所能及,就把这种知觉或分子加以排斥,是同样不合理的。③

因此,具体地阐述一下微知觉在莱布尼茨哲学体系,特别是在他的认识论思想中的"效用",是非常必要的。下面我们就按照莱布尼茨对微知觉意涵的两种规定,依次对微知觉在莱布尼茨哲学体系,特别是在莱布尼茨的认识论思想中的巨大"效用"作出阐明。

作为类型学意义上的微知觉的"效用"是极其巨大的。这首先是因为在莱布尼茨看来,离开了微知觉我们就不可能构建起"一种说明一般事物的本性的物理学",换言之,离开了微知觉我们就根本无从理解莱布尼茨的物体哲学或现象主义。我们常常把物体理解为一种"复合体",理解成单纯实体的"一种堆集",或"作为由堆集所产生的结果的东西",这是就认识对

---

① Bertrand Russell, *A Critical Exposition of the Philosophy of Leibniz*, pp. 157 - 158.

② *Die philosophischen chriften* von *Gottfried Wilhelm Leibniz* 5, p. 48;莱布尼茨:《人类理智新论》上册,第10页。

③ Ibid., p. 49;同上书,第12页。

象的意义上讲的。从这个层面看,物体,作为“复合体”,无疑是一种“有良好基础的现象”,而其基础虽然可以说是“黏合”在一起的诸多实体,但是归根到底是一些以微知觉为基本规定性的形而上学的点。如果我们从认识主体的角度看问题,物体则无非是单子的一种“混乱的知觉”,亦即我们在这里所讨论的微知觉。

作为类型学意义上的微知觉的另一个更为重大的效用表现为:离开了微知觉我们更不可能构建起“一种包含上帝、灵魂以及一般单纯实体的知识的好的精神学(une bonne Pneumatique)”。① 如前所述,按照莱布尼茨的观点,单子的本性不是别的,而是“表象”。但是,单子表象的内容是什么呢?毫无疑问,是“宇宙”,而且是整个宇宙。因为事情诚如莱布尼茨所说,“任何东西都不能限制单子只表象事物的一部分”。② 这就是说,不仅上帝表象整个宇宙,而且我们的心灵,甚至动物灵魂以及一块石头,也都能够表象整个宇宙。但是,如果上帝同我们的心灵以及动物的灵魂乃至一块石头表象的对象和内容完全一样,那么创造所有单子的上帝同我们这些被创造的单子之间的差别究竟何在呢?这是否意味着我们的心灵同上帝的理智毫无二致呢?很显然,其差别完全不在于表象的内容,而在于表象的方式。因为,如莱布尼茨自己所说,虽然“每一个单纯实体具有表象其他一切事物的关系,并且使它因而成为宇宙的一面永恒的活的镜子(un miroir vivant perpetual de l' univers)”③,但是,这并不意味着他们在表象宇宙方面的能力是没有差别的,这就好像虽然许多人对一个城市都有所了解,但是却由于其观点不同而形成种种不同的“景观”。就上帝的理智与我们的心灵而言,虽然所表象的都是同一个“唯一的宇宙”,但是,唯有上帝才能“清楚地了解”整个无限或整个宇宙,而我们的心灵则只能以“混乱的方式”表象整个无限和整个宇宙。在谈到上帝与我们的心灵在认识无限或整个宇宙方面的差别时,莱布尼茨强调指出:

只有一种包揽无遗的最高理性(la supreme Raison),才能清楚地了

---

① *Die philosophischen chriften* von *Gottfried Wilhelm Leibniz* 5, p. 50;莱布尼茨:《人类理智新论》上册,第 14 页。

② *Gottfried Wilhelm Leibniz*: *Kleine Schriften zur Metaphysik*, p. 464;北京大学哲学系外国哲学史教研室编译:《西方哲学原著选读》上卷,第 487 页。

③ Ibid., p. 464;同上书,第 486 页。

> 解整个无限,了解一切原因和一切结果。我们对于无限的东西所能做到的,只是混乱地(confusement)认识它,以及至少清楚地知道无限的东西是存在的,否则我们就太不认识宇宙的美和它的伟大了。①

后来,莱布尼茨在《基于理性的自然的与神恩的原则》和《单子论》中对这一点做了更其充分的强调。他指出:

> 每个灵魂都认识无限,认识一切,但它却是混乱地认识到的(Chaque Ame connoit l'infini, connoit tout, mais confusement)。正如我走在海岸上,听到海作出大的喧闹声,我听到来自每个波涛的独特的音响,它们构成整个的音响,但我无法辨别它们彼此的不同。我们的混乱的知觉是整个宇宙对我们造成的许多印象的结果。这对每个单子也是一样。唯独上帝才具有一切清晰的知识,因为他是一切的源泉。前人说得很好,即上帝像一个中心那样无处不在,但他的圆周却到处都不在,因为一切都立刻向他呈现,而不用从这个中心的任何距离呈现。②

> 上帝在规范全体时注意到每一个部分,特别是注意到每一个单子。单子的本性既是表象,所以任何东西都不能限制单子只表象事物的一部分,虽然这种表象确乎在整个宇宙的细节方面只是混乱的,而只能在事物的一个小部分中是清晰的,就是说,只能在那些对于每一个单子说或者最近或者最大的事物中,才是清晰的;要不然单子就会是一个神了。单子之受到限制,并不是在对象方面,而是在认识对象时所采取的方式方面。单子都以混乱的方式(confusement)追求无限,追求全体,但是它们都按照知觉的清晰程度而受到限制和区别。③

作为类型学意义上的微知觉的第三个重大效用在于唯有这样一种微知觉才能解说"实体之间的交通"。这是不难理解的。因为既然如上所述,单纯实体或单子的本性在于表象,而每个实体或单子所表象的都是同一个"唯一的宇宙",则实体之间的交通与和谐就是一件非常自然的事情了。事

① *Die philosophischen chriften* von *Gottfried Wilhelm Leibniz* 5, p. 50;莱布尼茨:《人类理智新论》上册,第14页。

② *Gottfried Wilhelm Leibniz: Kleine Schriften zur Metaphysik*, p. 432;《莱布尼茨自然哲学著作选》,第135页。

③ Ibid., p. 466;北京大学哲学系外国哲学史教研室编译:《西方哲学原著选读》上卷,第487页。

实上,我们在前面提到的心灵或灵魂与身体之间的前定和谐,乃至一切单子或单纯实体之间的前定和谐都可以据此得到解说。莱布尼茨在《人类理智新论》中也就是这样把微知觉视为灵魂与身体之间的和谐以及一切单子或单纯实体之间的和谐的"理由"的。他写道:

> 也就是用这些感觉不到的知觉(les perceptions insensibles),说明了灵魂与身体之间的这种奇妙的前定和谐,甚至是一切单子或单纯实体之间的前定和谐,这种前定和谐代替了它们彼此之间那种站不住脚的影响,并且照那部最优美的《辞典》的作者(即培尔——引者注)的看法,把那种神圣圆满性的伟大提高到了超乎人从来所曾设想过的程度之上。①

由此看来,作为类型学意义上的微知觉在莱布尼茨的本体论思想中和认识论思想中都是享有极其重要的地位的,离开了这样一种微知觉,我们便不仅不能很好地理解莱布尼茨的物体哲学,而且也不能很好地理解莱布尼茨的心灵学说和上帝学说以及他的著名的关于实体之间交通的前定和谐学说。

5. 作为本体论和动力学意义上的微知觉的"效用"

不仅作为类型学意义上的微知觉在莱布尼茨的哲学中扮演着极其重要的角色,发挥着重大的作用,而且作为本体论和动力学意义上的微知觉在莱布尼茨的哲学中也同样扮演着极其重要的角色,发挥着重大的作用。

作为本体论和动力学意义上的微知觉,除了我们前面说到的在解释莱布尼茨认识过程的双重路向方面有着无可替代的作用外,在莱布尼茨哲学中还有其他一些极其重要的作用。如果从莱布尼茨的实体学说的角度看,最突出的表现即为:唯有通过微知觉才能够对认识主体或认识活动的统一性和人格的同一性作出恰当的说明。心灵的本质问题在近代哲学中是一个相当重大的热门话题。前面说过,笛卡尔从二元论的立场出发,把"自我"或"心灵"界定为"一个在思想的东西",断言:自我或心灵这个实体的"全部本质或本性只是思想"。诚然,在笛卡尔那里,所谓思想也并非完全局限于

---

① *Die philosophischen chriften* von *Gottfried Wilhelm Leibniz* 5, p. 48;莱布尼茨:《人类理智新论》上册,第11页。

理性思维，也包括感觉在内。因为他曾经对他在这里所说的“思想”做过一个解释：所谓“在思想”，也就是“在怀疑，在领会，在肯定，在否定，在愿意，在不愿意，也在想象，在感觉”①。但是，无论如何，笛卡尔的“思想”并不包含任何“无意识的微知觉”活动。这是笛卡尔心灵学说的根本缺陷之一，也是先前时代各种类型的心灵学说的根本缺陷之一。洛克在批判笛卡尔的天赋观念学说时就曾经对笛卡尔的这样一种心灵学说做过认真的批评。按照洛克的观点，思维或知觉并不构成心灵的本质，而只是它的一种功能或作用。他写道：

> 心灵之不必永远思想，正如身体之不必永远动作似的；因为我想，心灵之知觉观念，正同身体之发为运动似的；知觉并不是心灵的一种本质，乃是它的一种作用。因此，我们虽可以假定，思维是心灵所特有的一种作用，可是我们并不必假定，它是永远思想，永远动作的。②

洛克同后来的莱布尼茨一样，也是从神人之间的差异的角度来看待人类的心灵之是否永远思想这样一个问题的。他虽然以或然的口气说，这种永久思维的能力，“或者是全能的造物者的特权”，其原因在于他是“既不打盹也不睡觉的”，然而，与此同时，他却斩钉截铁地说：“不过任何有限的存在着，都不能有这种能力，至少人的心灵是不能有此能力的。”③

洛克否定我们的心灵永远在思想的推证大体是这样的。其大前提是：我们在思想时是必须意识到心灵的。其小前提是：心灵是不能永远意识到自己的。其结论是：所以，我们的心灵是不能永远在思想的。关于大前提，洛克写道：

> 我并不曾主张说：因为人在睡中感觉不到心灵，所以他就没有心灵。我只是说，他无论在睡时或在醒时，如果觉察不到心灵，他就不能思想。我只是说，我们在思想时，是必须意识到心灵的，并不是说心灵是依赖于意识的。④

至于小前提“心灵是不能永远意识到自己的”，洛克也是从人的睡醒方面予

---

① 笛卡尔：《第一哲学沉思集》，第27页。
② 洛克：《人类理解论》上册，第72—73页。
③ 同上书，第73页。
④ 同上书，第74页。

以论证的。洛克承认我们在醒时的心灵是不能不思想的,总是能够意识到自己的,但是我们在睡时的心灵就不是那么一回事了,是对自己缺乏意识的。既然如此,洛克便得出了我们的心灵是不能永远在思想的结论。

值得注意的是,洛克还从维护人格同一性的高度向笛卡尔的心灵永远在思想的观点提出了诘难。他写道:

> 在身体睡了以后,灵魂如果能单独有思想、享受、顾虑、利益或快乐,而且这些感情又是那人完全意识不到的、分享不到的,则我们可以说,睡时的苏格拉底便不是醒时的苏格拉底。他因此就成了两重的:一重是他睡了以后的灵魂,一重是醒时由身体和灵魂所合成的苏格拉底其人。因为醒时的苏格拉底并不知道、并不关心他在睡时灵魂单独所享的快乐或痛苦,正如他不曾关心自己所不知道的一个印度人的幸福或痛苦似的,因为他根本就不知道那一回事,我们如果完全意识不到自己的行为和感觉,尤其是意识不到各种快乐和痛苦,以及由此发生的顾虑,则我们真难确定人格同一性是由何成立的。①

这就是说,笛卡尔的心灵永远在思想的一个根本弊端就在于它必然导致人的人格分裂。因为一如洛克所指出的:"如果睡者只思想而却不知道自己思想,则人在睡时和醒时,便成了两个人。"②

但是,既然莱布尼茨提出了微知觉学说,他也就因此而有了回击洛克的上述诘难的武器了。诚然,我们的心灵并不是永远在思想的,但是,他却是永远有知觉的。因为即使我们在熟睡时也有无数无意识的微知觉,而我们醒时所具有的有意识的感觉和思维无非是我们睡时所具有的无意识的微知觉发展而来的,则我们的人格分裂的问题便因此而不复存在了。莱布尼茨在谈到微知觉的这一重大效用时,曾经非常明确地指出:

> 这些感觉不到的知觉,更标志着和构成了同一的个人(Ces perceptions insensibles marquent encor et constituent le même individu)。它们从这一个人的过去状态中保存下一些痕迹或表现,把它与这一个人的现在状态联系起来,造成这一个人的特征。即令这一个人自己并不感觉到这些痕迹,也就是不再有明确的记忆的时候,他们也能被一种

① 参阅洛克:《人类理解论》上册,第74页。

② 同上书,第74页。

> 更高级的心灵所认识，但是它们（我是说这些知觉）凭借有朝一日可能发生的一些定期发展，在必要的时候，也提供出恢复这种记忆的手段。①

毫无疑问，莱布尼茨这里所说的“感觉不到的知觉”不是别的，正是我们所讨论的微知觉。后来，莱布尼茨在“同一性或差异性”的标题下针对洛克割裂人格的诘难，对于微知觉在构建人格同一性方面的功能又做了进一步的强调。他指出：

> 一个非物质的东西或一个心灵是不能被除去对它过去的存在的一切知觉的。它对以往为它所发生的一切都留有印象，并且甚至对将来要为它发生的一切都有预感；不过这些感觉在最通常的情况下都太小，以致不能识别，和没有被察觉（trop petits pour ester distinguables, et pour qu'on s'en apperçoive），虽然它们也许有朝一日能发展起来。这种知觉的连续或连接造成实在的同一个体，但那些察觉（这就是说，当人们察觉那些过去的感觉时）还证明一种道德的同一性，并使实在的同一性显现出来。②

由此看来，论证人格的同一性确实是莱布尼茨反复强调的他的微知觉理论的一项重要功能。

与此相关，本体论意义和动力学意义上的微知觉的另一项重要功能在于它在近代哲学史上第一次把发展的观点和时间观念引进了近代认识论。我们知道，在近代机械论物质观的支配下，近代哲学家从霍布斯到洛克，从笛卡尔到斯宾诺莎，无一不从空间的角度来界定物质，把空间的三维性即广延性理解为物质的本质属性，使空间的观点成了近代哲学的一个中心观点。莱布尼茨与他们不同，则把空间流放到现象界，努力从时间的角度来理解和阐释他的实体学说，把单纯实体或单子理解为一个动态的发展过程，把它们的现在状态理解为和诠释为一个满载着过去、孕育着未来的知觉的不断演进的过程。这在人类认识思想史上无疑具有重大的革命性的意义。而莱布尼茨用以革新传统时空观的最为重要的武器，如上所述，不是别的，正是他

---

① *Die philosophischen chriften* von *Gottfried Wilhelm Leibniz* 5, p. 48；莱布尼茨：《人类理智新论》上册，第10—11页。

② Ibid., p. 222；同上书，第246—247页。

的微知觉理论。关于这一点,我们在前面已经多所论述,这里就不予赘述了。联想到现代哲学家柏格森的"绵延"学说以及海德格尔的"时间"观念,莱布尼茨的思想的深邃的确是令人肃然起敬的。

本体论意义和动力学意义上的微知觉的第三项重要功能在于它为莱布尼茨的"连续律"以及与之相关的"不可辨别者的同一性原则"提供了理论基础。对莱布尼茨的连续律我们是既可以做静态的理解,也可以做动态的理解的。如果我们对其做静态的理解,则莱布尼茨的连续律所关涉的主要是诸单子之间或宇宙万物之间的差异问题。毫无疑问,在诸多单子之间,如前所述,是存在着一个等级阶梯或等级系列的。这就是从赤裸裸的单子到动物灵魂和理性灵魂再到作为创造众多单子的单子的上帝。然而,在这些阶梯或等级之间以及在每个阶梯或等级之间也都是存在着无数多个阶梯或等级的。很显然,离开了微知觉,这无限多个阶梯或等级之间的差异就是不可能得到说明的。根据莱布尼茨的"不可辨别者的同一性原则",宇宙诸多单子之间没有不存着差别的:

> 每一个单子必须与任何一个别的单子不同。因为自然界绝没有两个东西完全一样,不可能在其中找出一种内在的、基于固有本质的差别来。①

然而,所有这些差别的根本造因不是别的,正是我们在这里谈论的微知觉。因为事情如莱布尼茨所反复强调指出的:"由于那些感觉不到的变异(des variations insensibles),两件个体事物不会完全一样,并且应该永远不止是号数不同。"②

如果我们对莱布尼茨的连续律仅仅作这样一种静态的理解,则我们便尚未接触到它的深处。因为莱布尼茨首先是从"运动"、"运动规律"、"生成"和"发展"的角度和高度来阐释他的连续律的。在一段我们在前面曾经引用过的莱布尼茨关于连续律的比较正式的定义中是不难看出这一点的。因为在莱布尼茨看来,所谓连续律是说"自然绝不作飞跃"(la nature ne fait

---

① *Gottfried Wilhelm Leibniz*: *Kleine Schriften zur Metaphysik*, p. 442;北京大学哲学系外国哲学史教研室编译:《西方哲学原著选读》上卷,第 478 页。

② *Die philosophischen chriften* von *Gottfried Wilhelm Leibniz* 5, p. 49;莱布尼茨:《人类理智新论》上册,第 13 页。

jamais des sauts)，是说“任何事物都不是一下完成的”，是说“我们永远要经过程度上以及部分上的中间阶段，才能从小到大或者从大到小；并且从来没有一种运动是从静止中直接产生的，也不会从一种运动直接就回到静止，而只有经过一种较小的运动才能达到”①。显然，在这里，所谓“较小的运动”正是一种同微知觉相对应的“感觉不到”的运动。正是在对莱布尼茨的连续律的这样一种“动态”的理解中，我们发现了一种与机械论的宇宙观迥然有异的在莱布尼茨时代十分新奇的动态的宇宙图式。在这幅宇宙图式中，所有被创造单子的“追求”上帝的所有活动，我们的从感性到理性、从感觉到察觉的认识过程都无非是这幅动态的宇宙图式中的生动的内容。所有这些都无疑是莱布尼茨哲学思想超时代意义的又一项重要表征。

6. 莱布尼茨微知觉理论和认识过程思想的基本立场

在我们对莱布尼茨的微知觉理论和从感觉到察觉的认识过程思想的上述考察中，我们着重阐述了蕴含在其中的合理内核，昭示了蕴含在其中的辩证法因素，说明莱布尼茨的这些认识论思想不仅把过程和发展的概念引进了近代认识论，而且还在对英国经验论的批评中接纳了其中不少合理的内容，但是，尽管如此，我们也不能因此而认为莱布尼茨是一个彻底的辩证法思想家，是一个完全超越大陆理性派和英国经验派的思想家。事实上，我们的努力只在于表明：莱布尼茨尽管依然是一个理性派哲学家，尽管也在许多方面受到他所在时代的机械论宇宙模式的影响，但是他却是一个努力为辩证思维的发展开辟新径的极富创见的思想家。鉴此，我们在对莱布尼茨的微知觉理论和认识过程思想中的辩证法因素作出比较充分的肯定的基础上，对他的基本立场作出扼要的说明，就是一件非常必要的事情了。

首先，如前所述，莱布尼茨的认识论思想中是接纳了一些英国经验论内容的。因为在莱布尼茨看来，认识是从感觉开始的，理性认识是从感觉发展而来的，而且这种感觉也并不是骗人的而是可靠的。这就使他的观点同笛卡尔有了很大区别，甚至和笛卡尔对立起来了。在这一点上，莱布尼茨甚至似乎是反对笛卡尔那种唯理论观点而毋宁是更接近洛克的经验论观点的。

---

① *Die philosophischen chriften* von *Gottfried Wilhelm Leibniz* 5，p. 49；莱布尼茨：《人类理智新论》上册，第 12 页。

确实,莱布尼茨甚至认为洛克所论证的“凡是在理智中的没有不是先在感觉中的”这一经验论的古老原则,也是完全可以接受的,只是他觉得必须加上一点限制,即“理智本身除外”。但在加上这样一个限制之后,实际上就把洛克学说的精神整个颠倒过来了。莱布尼茨毕竟仍旧是站在唯理论立场反对经验论的,他不过是企图在一定程度上容纳一些经验论的因素,克服一些唯理论的片面性,以便更好地维护唯理论的立场而已。

这是因为,莱布尼茨虽然似乎对洛克做了一些让步,也承认我们的认识是从感觉开始的,甚至不仅承认感觉对认识来说是必要的,而且还承认感觉不是骗人的而是可靠的,但是他的观点归根到底还是和洛克根本对立的:首先,莱布尼茨虽承认我们的认识开始于感觉,但这种感觉根本不是像洛克所说是由外物引起的,而是作为单子的心灵内在固有的,这就根本否定了洛克感觉论的唯物主义前提,而成为唯心主义的了。其次,莱布尼茨虽然也承认这种感觉是和外物相符合的,因而也是可靠的,但他说的这种符合是由于“前定的和谐”而并不是如洛克所主张是直接由外物所决定的,这里也有唯物主义和唯心主义的根本对立。最后,更重要的是莱布尼茨虽表示可以接受“凡是在理智中的没有不是先在感觉中的”这一原则,但又认为“理智本身除外”,这就仍旧从根本上否认了这一原则。因为这一原则的根本精神,无非在于肯定心灵在接受任何感觉印象之前,只是一块“白板”,是没有任何“天赋观念”的。而莱布尼茨加上这一限制,实际上就是肯定“理智观念”的许多对象是作为潜在的“倾向,禀赋、习性”等“天赋在我们心中”,即归根结底他是在维护“天赋观念”学说而反对“白板说”的。这就实际上否定了经验论的根本立场。他之表示接受认识要从感觉开始的观点,其实质无非是把某种感觉作为“唤醒”心灵内在固有的认识的手段或阶梯而已。这并没有超出唯理论所能容许的范围。因为甚至像柏拉图也并不否认我们对“理念”的“回忆”可以是由某种感性事物引起的,就像一个人看到一个朋友常用的六弦琴而“回忆”起这位朋友一样。但这把六弦琴显然并不是那位朋友。因此,我们对“理念”的理性认识仍旧并不是由感性的东西得来而是别有来源的。同样地,莱布尼茨即使承认了认识是从感觉开始,但他说的这种感觉其实也只是达到真理认识的某种“跳板”,而并非一切真理认识都要以之为根据的必要基础,相反地他是肯定“有些真理是更有别的基础的”。

由此可见,莱布尼茨虽然确实也有反对笛卡尔的片面唯理论观点而向经验论做某种让步的地方，但归根到底仍旧是反对唯物主义经验论而维护唯心主义唯理论的。

还应该指出，莱布尼茨之反对经验论，虽然仍旧是站在同样有形而上学片面性的唯心主义唯理论的立场，但他也确实抓住了一些经验论的弱点。例如，他在《人类理智新论》序言的第 3 节中曾经拿“单纯的经验主义者的联想”同“禽兽的联想”作比，指出：

> 他们以为凡是以前发生过的事，以后在一种使他们觉得相似的场合也还会发生，而不能判断同样的理由是否依然存在。人之所以如此容易捕捉禽兽，单纯的经验主义者之所以如此容易犯错误，便是这个缘故。①

他还进而强调说：

> 诚然理性也告诉我们，凡是与过去长时期的经验相符合的事，通常可以期望在未来发生；但是这并不因此就是一条必然的、万无一失的真理，……只有理性才能建立(la raison est seule capable d'etablir)可靠的规律，并指出它的例外，以补不可靠的规律之不足，最后更在必然后果的力量中找出确定的联系。②

把“单纯的经验主义者”和禽兽相提并论，这诚然也表现出莱布尼茨敌视唯物主义的情绪，但应该说莱布尼茨在这里确实还是道出了单纯经验主义的真正局限性，而他认为要认识事物的“可靠的规律”，找出事物之间“确定的联系”则不能单靠经验而只有运用理性，这是有他正确之处的。而他之所以能提出这样的观点，也和他把认识看做一个发展过程，认为认识应由感性发展到理性，或由“感觉”发展到“察觉”这种有辩证法意义的思想分不开。

总之，莱布尼茨认为认识是一个由“感觉”到“察觉”的发展过程。这种观点一方面使他和笛卡尔那种完全否认理性认识起源于感性认识的片面唯理论观点有区别，也使他和洛克那种把认识局限于感觉经验而忽视或抹杀理性认识重要性的片面经验论观点相对立，这说明莱布尼茨有把经验和理性两个环节结合起来的企图，也说明他的观点是有一定的辩证法因素的。

---

① *Die philosophischen chriften* von *Gottfried Wilhelm Leibniz* 5, p. 44. 莱布尼茨:《人类理智新论》上册，第 5 页。

② Ibid.；同上。

但他的整个学说不仅是建立在唯心主义的基础上，而且归根结底也仍旧是站在片面的唯理论立场来反对经验论的；并且他虽然也似乎把“感觉”和“察觉”或“感觉”和“理性”做了区别，但由于他片面地看待连续性原则，否认发展过程中的“飞跃”，因此仍不免把两者只看做是某种程度上的区别，而未能真正明确地说明两者本质上的区别，并不能真正理解两者既有联系又有区别的辩证关系，因此他的观点终究也还是形而上学的。此外，由于他把“实体”的本性看做就是能动的，因此作为精神实体的心灵的认识活动，也不是消极被动的而是自身能动发展的过程，这在一定意义下也包含着认识的主观能动性的思想，但也是完全在唯心主义的歪曲的形式下表现出来的。莱布尼茨作为一个唯心主义者当然并不能真正正确地发挥认识的主观能动作用的思想，也不可能了解社会实践在认识过程中的意义，因此即使他的观点包含着某些有价值的辩证法因素，但就全体来说则依然是具有形而上学性质的。

四、莱布尼茨的真理观：“原初的真理”与“派生的真理”

莱布尼茨不仅对我们的认识活动做了上述的历时性的考察，指出我们的认识是一个过程，一个从感觉到察觉、从感性到理性的过程，而且还对我们的认识活动做了同时性的逻辑性的分析：不仅考察了认识真理的基本途径，而且还探讨了真理的类型和标准等问题。如果说在上一节里我们着重阐述的是莱布尼茨对认识的历时性的考察，亦即他的认识过程思想的话，那么在这一节里我们将着重阐述莱布尼茨对认识的共时性考察，亦即他的真理观。在这样的考察中，我们将会发现，莱布尼茨在真理问题上吸收和接纳英国经验派的合理因素、把唯理论和经验论两种因素结合起来的意图和努力，比他在认识过程思想方面还要突出和富于成效。因为他不仅继笛卡尔、斯宾诺莎之后大力倡导“理性的真理”，而且在“理性的真理”之外，还另提出了“事实的真理”。

1. 莱布尼茨真理观的两个维度：“知”与“所知”

如前所述，古希腊罗马时代是一个以本体论为哲学中心内容的时代，哲学的这样一种时代特征表现在真理观方面便是：哲学家们往往是首先着力讨论真理的本性问题，尔后再进一步讨论真理的认识问题。这在柏拉图身上表现得尤为明显。因为在柏拉图的哲学里，首先是一个真理的本性问题，尔后才是何以认识真理的问题或认识真理的途径问题。也就是说，在柏拉图的哲学里，首先是一个真正的实在是什么的问题，即理念论的问题，尔后才是理念存在于何处以及如何认识理念的问题，亦即他的"回忆说"的问题。

但是，至近代，由于哲学中心从本体论向认识论的转移，哲学家们的真理观也随之发生了根本性的变化。在近代哲学家这里，首要的问题不再是真理的本性问题，而是何以认识真理的问题或认识真理的途径问题。也就是说，对于近代哲学家来说，首先是一个"知"真理以及"如何知"真理的问题，尔后才是一个"所知真理"的本性问题。在这样一种情势下，甚至本体论问题在很大程度上也转化成了认识论问题。这在英国经验派哲学家那里是一目了然的。因为对于这些经验派哲学家来说，我们说某件事物存在或某件事物不存在，其根据何在呢？完全在于我们的感觉经验。对于唯物主义哲学家霍布斯和洛克来说是如此，对于唯心主义哲学家巴克莱以及不可知论哲学家休谟来说亦复如此。无怪乎霍布斯在讨论哲学的对象时，竟然把它规定为"我们能够认识"的"物体"：

> 哲学的对象，或者哲学所处理的材料，乃是每一个这样的物体：这种物体我们可以设想它有产生，并且可以通过对它的思考，把它同别的物体加以比较，或者是，这种物体是可以加以组合与分解的，也就是说，它的产生或特性我们是能够认识的。①

其实，不止英国经验派哲学家是如此，大陆理性派哲学家也同样如此。我们知道，笛卡尔的形而上学或第一哲学的根本目标在于确立自我、上帝和物质世界的存在，而他用以实现这一目标的主要手段或根本途径就是认识论或认识方法问题。众所周知，在笛卡尔的第一哲学的沉思过程中，他首先确立的是"自我"的存在，尔后再由"自我"的存在确立"上帝"的存在，最后是由"上帝"的存在来确立"物质世界"的存在。但是，笛卡尔究竟是怎样确

① 霍布斯：《论物体》第1章第8节，见北京大学哲学系外国哲学史教研室编译：《西方哲学原著选读》上卷，第385页。

立“自我”的存在的呢？最根本的就是他所谓“普遍怀疑”的方法。因为正是在这样一种普遍怀疑中，他发现了他无可怀疑的东西，这就是“他在怀疑”这样一个事实。于是，他由此得出了他借以“研究哲学”的“第一条原理”或“阿基米德点”，亦即他的著名的哲学公式“我思故我在”。从这个意义上，我们不妨说：笛卡尔的第一哲学就是一个“思维真理”的过程，也就是一种认识论。斯宾诺莎也同笛卡尔一样，也把认识论问题视为其哲学的根本问题。诚然，斯宾诺莎是把道德上的“至善”或实现“人生圆满境界”作为其哲学的出发点的，这也是他为什么把自己的代表作称做《伦理学》的根本缘由。但是，对于斯宾诺莎来说，最根本的则在于如何实现“至善”。然而，正是在这样一个至关紧要的问题上，斯宾诺莎突出地强调了理智的认知功能或认知效用。斯宾诺莎虽然也承认“建立一种适当的社会秩序”对于实现至善的重要性，但是，到最后，他毕竟还是把理智“正确圆满地认识事物”放到了首位。其次，斯宾诺莎虽然也曾谈到培养一种“品格”对于我们达到至善的重要性，但是，在具体地谈到这种“品格”的“性质”时，他却明确指出：这种品格无非是一种“认识”，一种对于“人的心灵与整个自然的相一致”的认识。① 再者，我们知道，斯宾诺莎的形而上学的三个最为重要的范畴为“实体”、“属性”和“样式”。但是，在斯宾诺莎对这样三个范畴的界定中，我们无一不能发现其中所内蕴的认识论内容。斯宾诺莎在其《伦理学》第一部分“论神”中在给这三个基本范畴下定义时，分别写道：

> 实体（substantia），我理解为在自身并通过自身而被认识的东西。换言之，形成实体的概念，可以无须借助于他物的概念。
>
> 属性（attributus），我理解为由知性（intellectus）看来是构成实体的本质的东西。
>
> 样式（modus），我理解为实体的分殊（affectiones），亦即在他物内（inalio est）通过他物而被认知的东西（per alium concipitur）。②

总之，大陆理性派哲学家无一不是在同我们的认识的关联中，从同认识论的关联中来谈论本体论问题的。

---

① 参阅斯宾诺莎：《理智改进论》，见北京大学哲学系外国哲学史教研室编译：《西方哲学原著选读》上卷，第406页。

② 斯宾诺莎：《伦理学》，第2页。

就真理问题而言,情况也大体如此。近代哲学家所讨论的真理观问题,主要的并不是“真理的一般条件”以及“命题的本性”这样一类问题,而毋宁是“更进一步的问题”:“我们和别人是怎样知道某些真理的?什么是作为时间中的事件的认识的起源?”等诸如此类的“明显地属于心理学”的问题。[①] 真正说来,“知真理”与“所知真理”虽然有关联,但并不是一回事。但是,在近代哲学家这里,事情确实如罗素所指出的:

> 无论怎样说,自从笛卡尔以来这两个问题已经被混淆了,因为人们曾设想如果没有人知道真理那它就不是真的,真理是由于被知道而成为真的(becomes true by being known)。[②]

诚然,一些近代哲学家也提出并讨论过“真理的一般条件”或“真理的本性”问题,但他们却又常常把这样的问题很快地归结为真理的认知问题。例如,洛克就曾经非常正式地提出和讨论过“真理是什么”或“什么是真理”的问题。他写道:

> “什么是真理”这个问题,乃是多少世纪以来的一个问题。它既是全人类所实在追求或冒充追求的,因此,我们很该细心考察它是由何成立的;并且应该极其熟悉它的本性,以便观察人心怎样把它和虚妄分别开。[③]

然而,在《人类理智论》中困扰着洛克的中心问题却依然是真理的确证和判别问题。他在谈到他的这种烦恼时,不无痛苦地写道:

> 显然,人心并不直接认识各种事物,它必然要以它对它们所有的观念为媒,才能知道它们。因此,我们的知识所以为真,只是因为在我们观念和事物的实相之间有一种契合。不过在这里,我们拿什么作为标准呢?人心既然除了自己的观念以外再不认知别的,那么它怎么能知道它们是和事物本身相符合的呢?[④]

如果说洛克曾为“如何确实知道真理”这样的“困难”感到棘手的话,那么休谟的主要哲学思考便表现为他的全部哲学工作便是在进行这样一类的思

---

① Cf. Bertrand Russell, *A Critical Exposition of the Philosophy of Leibniz*, p. 160.

② Ibid.

③ 洛克:《人类理解论》下册,第566页。

④ 同上书,第555页。

考,并且作为这样一种思考的结果的便是最终完全放弃了对解决这种“困难”的努力,选择了悬置任何判断、保持“沉默”的不可知论的或怀疑论的哲学立场。

大陆理性派哲学家又何尝不是如此呢?大陆理性派哲学家的真理观中最为突出的内容无非是两个,一个是真理的获得方式或认知途径问题,再一个是真理的判别标准问题。就真理的获得方式而言,最根本的就是我们在前面已经提出和论证过的直觉主义。理性派哲学家固然都强调理性演绎,但是由于理性演绎毕竟需要一个它得以进行的大前提,因此他们便把问题全部集中到这个大前提的获得方式上,这也就是理性派哲学家普遍重视直觉知识的根本缘由。在笛卡尔那里,“我思故我在”是一种直觉知识,天赋观念也是一种直觉知识。斯宾诺莎在“理性知识”之外另提出“直觉知识”,他把直觉知识称做“真观念”,视为我们人类所能获得的最高等级的知识。

他们的真理观中的另一项根本内容是真理的标准问题。当笛卡尔在《方法谈》中宣布说“凡是我们十分明白、十分清楚地设想到的东西,都是真的”时候,他就在事实上宣布了一条真理的标准。斯宾诺莎也十分注重真理标准问题。斯宾诺莎既然是一位理性派哲学家,他也就同笛卡尔一样,也把观念自身的清楚明白宣布为真理的标准。与笛卡尔稍有不同的是:斯宾诺莎一方面明确地把直觉知识即“真观念”宣布为真理的标准,另一方面又在真理的“内在标志”之外宣布还有所谓真理的“外在标志”。他强调说:

> 除了真观念外,还有什么更明白更确定的东西足以作真理的标准呢?正如光明之显示其自身并显示黑暗,所以真理即是真理自身的标准,又是错误的标准。①

斯宾诺莎虽然非常注重观念自身的清楚明白性,把他视为真理的“内在标志”,但是,他同时也注重观念与对象的符合问题,亦即真理的“外在标志”,并把后者宣布为真理的必要条件:“真观念必定符合它的对象。”②

在这样一种哲学情势下,莱布尼茨自然也把真理的认识或认识途径问题,亦即真理的“知”放到首位予以考虑,不仅把反省视为获得必然真理的基本途径,而且还提出的推证的基本原则以及与之相关的真理的两种类型

① 斯宾诺莎:《伦理学》,第76页。

② 同上书,第28页。

问题。但是,莱布尼茨的真理观毕竟还有另外一个层面的内容,这就是“所知”真理的命题的本性及其类型问题。所有这些便构成了莱布尼茨真理观的两个基本维度,也都是我们马上就要讨论的话题。

2. 认识真理的两条基本途径:反省与推证

在认识真理的基本途径问题上,莱布尼茨作为一位理性派哲学家,作为近代理性主义哲学的集大成者,总的来说,是继承了笛卡尔和斯宾诺莎的路线的。前面说过,在认识真理的途径问题上,笛卡尔和斯宾诺莎的基本立场是:首先是“理性直觉”,其次是以由理性直觉获得的天赋观念为大前提的“理性演绎”。笛卡尔讲:“除了通过自明性的直觉和必然性的演绎以外,人类没有其他途径来达到确实性的知识”①,即是谓此。斯宾诺莎把“理性知识”和“直觉知识”并称为“真知识”,他的这一提法本身就表明了他在认识途径方面的基本立场。应该说,在真理的认识途径问题上,莱布尼茨对笛卡尔和斯宾诺莎是既有所继承也有所批判和发展的。

首先,莱布尼茨特别重视“反省”在认知真理方面的作用,以为它是我们获得“必然的和永恒的真理的知识”的基本途径。一提到“反省”这个字眼,我们马上就会想到洛克。因为在近代认识学说史上,洛克是第一个把“反省”当做一条基本的认识途径的。不过,莱布尼茨认识论中的“反省”范畴虽然或许受到了洛克的启发,但是,“反省”这一认识论范畴的含义在莱布尼茨这里与在洛克那里却是有很大的差异的。这首先是因为在洛克那里,反省活动是一种经验活动,是一种同感觉经验并列的活动。而在莱布尼茨这里,反省则是一种区别并超越经验活动的活动,是一种纯粹的理智活动或精神活动。其次,在洛克那里,反省活动与感觉活动一样,是我们认识活动的绝对起点,如果有什么先决条件的话,那至多也只能以心灵之具有一些作为心灵运作对象的感觉观念为前提。但是,在莱布尼茨这里,反省活动则是我们之内的“理性灵魂”或“精神”的活动,这种活动是以我们的理性灵魂之中具有某种必然真理的知识或天赋观念为基本前提和先决条件。对此,莱布尼茨写道:

> 使我们与单纯的动物分开,使我们具有理性和各种科学、将我们提

① *The Philosophical Writings of Descartes*, Vol. I, p. 7.

高到认识自己和上帝的东西，则是对于必然和永恒的真理的知识。这就是我们之内的所谓“理性灵魂”（Ame Raisonnable）或“精神”（Esprit）。

也是凭着关于必然真理的知识，凭着关于这些真理的抽象概念，我们才提高到具有反省的活动（Actes reflexifs）。①

在这一点，差异是极其鲜明的：对于洛克来说，真理是从无到有的，对于莱布尼茨来说，真理是从有到有的，尽管是从潜在的有到现实的有。再次，在洛克那里，反省仅仅被局限于心灵的种种“活动”。洛克在把反省解释为我们观念的一个相对独立的来源时，是明确地把“心理活动”作为反省的对象和内容的。他写道：

经验在供给理智以观念时，还有另一个源泉，因为我们在运用理智以考察它所获得的那些观念时，我们还知觉到自己有各种心理活动。我们的心灵在反省这些心理作用，考究这些心理作用时，它们便供给理智以另一套观念，而且所供给的那些观念是不能由外面得到的。属于这一类的观念，有知觉、思想、怀疑、信仰、推论、认识、意欲，以及人心的一切作用。这些观念都是我们所意识到，都是我们在自身中所观察到的，而我们的理智所以能得到那些清晰的观念，乃是因为有这些心理作用，亦正如我们的理智所以能得到前面那种观念（意指感觉观念——引者注），是因为有影响感官的各种物象似的。这种观念的来源是人人完全在其自身所有的；它虽然不同感官一样，与外物发生了关系，可是它和感官极相似，所以亦正可以称为内在的感官。不过我既然叫前一种为感觉，所以应叫后一种为“反省”。因为它所供给的观念，只是人心在反省自己内面的活动时所得到的。②

但是，在莱布尼茨这里，理性灵魂所反省的则不仅仅是心灵的活动，而且“还扩展到心灵本身”，并且我们正是在“知觉心灵”中“知觉到实体”的。莱布尼茨在谈到我们的反省活动的广度和深度及其效用时，曾经强调指出：

这些活动使我们思想到所谓“我”（Moy），使我们观察到这个或那

① *Gottfried Wilhelm Leibniz*：*Kleine Schriften zur Metaphysik*，pp. 450，452；北京大学哲学系外国哲学史教研室编译：《西方哲学原著选读》上卷，第481页。

② 洛克：《人类理解论》上册，第69页。

个在“我们”之内；而且由于我们思想到自身，我们也就思想到存在、实体、单纯物或复合物、非物质的实体和上帝本身，理解到在我们这里是有限的东西在上帝那里则是无限的。①

其实，真正说来，莱布尼茨的反省范畴倒是更加接近笛卡尔的“直觉”范畴。这不仅是因为无论是反省活动还是直觉活动都属于理性活动而非感性活动，而且还因为无论是反省活动还是直觉活动，其目标都旨在获得关于实体、关于原始原则的观念。但是，与笛卡尔不同的是：笛卡尔把我们自己的存在宣布为自己哲学的第一原理，宣布为所有真理的终极的和基本的前提，并且，事实上，如前所述，他的关于上帝的存在以及物质世界的存在都是依赖于这样一条真理的存在的。但是，在莱布尼茨这里，“我在”不仅不能构成其他真理赖以存在的终极的和基本的前提，反而要以必然真理的存在以及在必然真理基础上所展开的反省活动为前提。因为在莱布尼茨这里，反省活动是以我们之具有必然真理的知识为前提的，而我们的反省活动则“给我们的推理提供了主要的对象”②。也正因为如此，在莱布尼茨这里，“我自己的存在之为一条真理，这是在无法证明的意义下讲的，而不是在必然的意义下讲的”③。这里，我们便已经转向了认识真理的另外一条基本途径即推证以及推证和真理的两种类型及其关系诸多话题上了。

3. 推证的两种类型：先天推证与后天推证

除反省外，我们还有另外一条认识真理的基本途径，这就是：推证。理性派哲学家没有不重视直觉或反省的，也没有不重视推证方法的。笛卡尔在谈到自己的方法论原则时，曾经说道：

按照次序引导我的思想，以便从最简单、最容易认识的对象开始，一点一点上升到对复杂的对象的认识，即便是那些彼此间并没有自然的先后次序的对象，我也给它们设定一个次序。④

---

① *Gottfried Wilhelm Leibniz*：*Kleine Schriften zur Metaphysik*，p. 452；北京大学哲学系外国哲学史教研室编译：《西方哲学原著选读》上卷，第 481 页。

② Ibid.；同上。

③ 罗素：《对莱布尼茨哲学的批评性解释》，第 203 页。

④ 笛卡尔：《谈方法》，见北京大学哲学系外国哲学史教研室编译：《西方哲学原著选读》上卷，第 364 页。

其实,笛卡尔在这里所谈的也就是一种"推证"的方法。不过,笛卡尔毋宁将这样一种理性次序称做"演绎"。而他所谓"演绎"也无非是理性或理性推理的一种别名。因为他给"演绎"所下的定义正是"从业已确切知道的其他事实所进行的任何带必然性的推理"①。斯宾诺莎也非常注重"观念的次序和联系"。在《理智改进论》中,斯宾诺莎不仅把推证的知识与直觉知识一起并称"科学的真知识",而且还明确地将推证的知识界定为"一件事物的本质从另一件事物推出"②。在《伦理学》中,斯宾诺莎不仅同样明确地宣布推证知识与直觉知识"必然是真知识",而且还精致将"推证"这样一种"认识事物的方式"宣布为"理性":"从对于事物的特质(propria)具有共同概念和正确观念而得来的观念。这种认识事物的方式,我将称为理性或第二种知识。"③

需要指出的是:尽管理性派哲学家普遍重视推理或推证,但是,他们对推理或推证的性质和效用的理解却是不尽相同的。例如,在笛卡尔那里,所谓"推证"就是理性演绎,一种从普遍到特殊的理性演绎。但是,在斯宾诺莎那里,尽管所谓理性主要意指的也是这样一种理性演绎,但是,他毕竟也曾对考虑到推证的另外一种形式。例如,在《理智改进论》中就曾经谈到推证的两种方式:其中一种是"由结果来求原因",而另一种则是"由于见到某种普遍的事物常常具有某种本质,便拿来当做推断的根据"④。他例证说:

> 当我们明白地见到,我们感觉到身体而不感觉到别的东西时,据这一点,我们便可以推出身体与心灵必定是联合的,而这种身体与心灵的联合就是造成我们的感觉的原因。但是这种感觉及联合究竟是怎样的,我们仍然不能绝对地知道。或者,当我明了视觉的性质时,我知道视觉有一种特点,能使同一个物体从远处看则小,从近处看则大,根据这一点,便可以推出太阳要比我们眼睛见到的为大,以及别的诸如此类的结论。⑤

---

① *The Philosophical Writings of Descartes*, Vol. I, p. 8.

② 斯宾诺莎:《理智改进论》,见北京大学哲学系外国哲学史教研室编译:《西方哲学原著选读》上卷,第406、408页。

③ 斯宾诺莎:《伦理学》,第74页。

④ 北京大学哲学系外国哲学史教研室编译:《西方哲学原著选读》上卷,第406页。

⑤ 同上书,第407页。

其次，在直觉与推证的关系问题上，笛卡尔更多地强调的是二者的统一性或同一性，而斯宾诺莎则更多地关注的是二者的差别性。例如，在《人类理智改进论》中，斯宾诺莎就强调指出：推证知识"仍然不是能够帮助我们达到所企求的完善性的工具"，因而仍然不是"最高级的知识"。[①] 再次，与笛卡尔不同，斯宾诺莎强调了推证知识相对于直觉知识的非可靠性和非正确性，认为"这种推论并不必然正确"。我们马上就会看到，斯宾诺莎的这种推证理论无论如何对莱布尼茨的理性理论是有一定的影响的。

在这里，我们将首先讨论的是斯宾诺莎的"推证"的两种类型问题。如前所述，斯宾诺莎主张我们的推证具有两种类型，其中一种是"由因求果"的理性演绎法，另一种则是"由果溯因"的方法。真正说来，这样两种推证方法，并不是斯宾诺莎首先提出来的。因为即使在古希腊罗马时代，哲学家们就已经注意到和讨论到这样两种推证方法。例如，亚里士多德就曾经不仅把推理界定为一种"推证"，而且还进而把逻辑推证二分为演绎推证（演绎推理）和归纳推证（归纳推理），并且强调了从一般到个别的演绎推证与从个别到一般的归纳推证的密不可分。[②] 至中世纪，这两种推证的最为经典的形式便是对上帝存在的本体论证明或先天证明以及对上帝存在的宇宙论证明或后天证明。很明显，在这两种证明中，前者的论证工具主要是一种"由因求果"的演绎推证，后者的论证工具则主要是一种"由果溯因"的归纳推证。至近代，大陆理性派哲学家如上所述，虽然在方法论原则方面也存在着某种差异，但就主流来看，他们采用的明显地是理性演绎法，例如，尽管斯宾诺莎也曾在《理智改进论》中提到过"由果溯因"的理性方法，但是在《伦理学》中他似乎放弃了他的这种想法。英国经验派哲学家在方法论原则方面虽然也有这样那样的差异，例如，无论在霍布斯、洛克那里，还是在巴克莱、休谟那里，都给理性演绎法保留了位置，但是就主流看，他们毕竟特别重视培根所奠基的作为后天推证的"经验归纳法"。因此，在近代哲学家当中，真正努力把演绎推证和归纳推证整合起来的便是莱布尼茨了。

---

① 北京大学哲学系外国哲学史教研室编译：《西方哲学原著选读》上卷，第408、409页。

② 亚里士多德在《论辩篇》中曾提出过四种推理，这就是：证明的推理，论辩的推理，强辩的推理，误谬的推理。在《辩谬篇》中又提出过四种论证：启导的论证，论辩的论证，检查的论证，强辩的论证。既然论证需要理性，则他在这里讨论的实际上也是理性问题或演绎理性与归纳理性问题。

莱布尼茨无疑是重视先天的理性演绎的。在他看来,理性演绎或推证不仅适用于数学,而且也适用于其他科学,包括逻辑学、物理学、法学、军事科学和哲学。但是,在莱布尼茨看来,人类在这方面所作的努力实在是太小了。莱布尼茨不无遗憾地写道:

> 必须承认,希腊人曾以数学中所可能的最正确的方式进行了推理,并且留给了人类推证技术的模范(les modeles de l'art de demonstrer);因为如果说巴比伦人和埃及人也曾有过一种稍稍超出经验的几何学的话,至少这种几何学什么也没有留下来;可是令人惊奇的是,同样的这些希腊人,只要稍稍离开了数和形而来到哲学的领域,就立即大大地掉下来了。因为奇怪的是,在柏拉图和亚里士多德(除了他的《前分析篇》之外)以及所有其他古代哲学家那里,我们都看不到推证的影子。普罗克洛是个好的几何学家,但当他来谈哲学时,简直就像是另一个人了。①

正因为如此,莱布尼茨才在自己的心头滋生出了一种历史责任感和使命感,推广应用理性演绎法,建立一种"普遍的代数学"。尽管莱布尼茨对"三段论的经院的形式"的实用性表示怀疑,但是,他依然满怀信心地指出:

> 我主张,三段论形式的发明是人类心灵最美好甚至也是最值得重视的东西之一。这是一种普遍的数学(Mathematique universelle),它的重要性还没有被充分认识;并且我们可以说,其中包含着一种不谬性的技术(un art d'unfaillibilité),只要是我们知道并且能够很好地加以运用的话。②

也许正是出于把推证的方法推广应用到自然科学、社会科学、道德科学和哲学等广大领域,建立"普遍的代数学"的勃勃雄心,莱布尼茨在先天演绎推证之外另提出了建立后天经验推证的问题。莱布尼茨承认,要在上述领域使用推证方法并不是一件十分容易的事情,这是因为:

> 使得在数学方面比较容易作这种推证式的理性的原因,大部分是

① *Die philosophischen chriften* von *Gottfried Wilhelm Leibniz* 5, p. 352;莱布尼茨:《人类理智新论》下册,第424页。

② Ibid., p. 460;同上书,第573页。关于莱布尼茨的普遍的代数学以及与之相关的普遍字符和综合科学的思想,我们将在下一节中专门讨论,这里就不予详述了。

由于在数学方面,经验每时每刻都能保证着理性,正如在三段论的格方面的情形也是这样。但在形而上学和道德学方面,就不再有这种理性和经验的平行了;而在物理学方面,实验是要求劳力和花费的。然而人们一旦失去了这种经验的忠实引导,就立即松弛了他们的注意力并因此陷入迷途了,这种经验在人们行进时能帮助并支持他们,就像那种小小的滚动的机械防止小孩在走路时跌倒那样,这里有某种"代用品",但人们过去没有现在也还没有足够考虑到它。①

此外,为了建立这样一种"普遍的代数学",莱布尼茨在三段论式的推证之外,还另提出了"非三段论式的推证"问题。例如,"如果大卫是所罗门的父亲,则无疑所罗门是大卫的儿子"这个推论即是一种非三段论式的推证,尽管这样一些推证的结论也仍然可以用通常的三段论本身所依据的那些真理来加以证明的。

莱布尼茨的努力集中到一点,就是要建立一种后天的"事实"的理性。我们知道无论是大陆理性派哲学家笛卡尔和斯宾诺莎,还是英国经验派哲学家洛克和休谟都是原则上否定我们能够在经验基础上建立起物体科学或自然科学的。休谟把我们人类可能拥有的知识分为两类,其中一类是关于"观念的关系"方面的,另一类是关于"实际的事情"方面的。几何、代数、三角等数学学科所提供的是前一类知识,物理学等各门自然科学所提供的是后一种知识。这两类知识的区别在于:前者具有"直觉的确定性或推证的确定性",后者则只具有或然性,而没有确定性。休谟之前的洛克虽然没有他极端,但也同样否定建立物体科学的可能性。他断言:

知识的等级就分为直觉和推证两种;任何思想如果缺乏了这两种中任何一种,则我们不论怎样确信它,它总不是知识,只是信仰或意见,至少在一切概括的真理方面,我们是可以这样说的。②

至于我们之所以没有"物体的科学"的具体理由,洛克写道:

在物理的事物方面,人类的勤劳不论怎么可以促进有用的、实验的哲学,而科学的知识终究是可望而不可即的。因为我们对于那些最近

---

① *Die philosophischen chriften* von *Gottfried Wilhelm Leibniz* 5, p. 352;莱布尼茨:《人类理智新论》下册,第424—425页。

② 洛克:《人类理解论》下册,第527页。

的物体，最易受我们支配的物体，并没有完全的、相应的观念。对于那些命了名、归了类的事物，对于那些我们自以为很熟悉的事物，我们只有很不完全、很不完备的知识……清晰的观念虽然可以供日常谈话之用，但是我们如果缺乏了相应的观念，则我们便得不到科学的知识，而且在各种事物方面也并不能发现出普遍的、有益的、无问题的真理来。①

莱布尼茨同洛克所争论的并不在于我们关于自然科学的知识是否具有概然性，而是在于：我们仅仅消极地以"习惯作为我们生活的指南"呢还是应当有更进一步的作为呢？莱布尼茨在回应洛克关于我们只有知识的两个等级即直觉和推证的观点时，强调指出：

基于似然的意见（L' opinion，fondée dans le vraisemblable），或许也值得称为知识的；否则几乎一切历史知识以及别的许多知识都将垮台了。但是，不要来争论名称，我主张关于概率的研究是非常重要的，而我们还缺少这种研究，这是我们的逻辑学的一大缺点。因为当我们不能绝对地确定问题时，我们永远可以根据所与材料（ex datis）来确定似然性的程度，并因此可以合理地来断定哪一方面是显得最可能的。②

也许正是基于这样的考虑，莱布尼茨肯认存在有直觉、推证和感性三种知识的看法，并且还明确地提出了两类"证明"和两种"知识"的问题。他说道：

在这几种可靠性或可靠知识（la connoissance certaine）之外您还可以加上似然的知识（la connoissance du vraisemblable）；这样就将有两类知识，正如将有两类证明（preuves）一样，其中一些产生可靠性（la certitude），而另一些只归结于概然性（la probabilité）。③

莱布尼茨承认概然性的知识缺乏理性知识所具有的那样一种可靠性，但也是明显地有别于梦境的，也属于一种类型的真理。他写道：

我认为在感觉对象方面的真正的标准，是现象间的联系，也就是在

① 洛克：《人类理解论》下册，第548页。

② *Die philosophischen chriften* von *Gottfried Wilhelm Leibniz* 5，p. 353；莱布尼茨：《人类理智新论》下册，第425页。

③ Ibid.，p. 354；同上书，第427页。

不同的地点和时间，在不同的经验中所发生者之间的联系……而现象间的联系，它保证着关于在我们之外的感性事物的事实的真理(les verités de fait àl' egard des chose sensibles hors de nous)。①

总而言之，在莱布尼茨这里是明显地存在着两种推证的：其中一种是关于我们心中观念的先天的理性演绎推证，另一种是关于我们之外的感性事物的后天的概然性推证，尽管后者在确定性和可靠性方面不及前者，但也是同样重要的，是我们应该予以充分重视的。

4. 推证的两项原则："矛盾原则"与"充足理由原则"

莱布尼茨不仅认为我们具有两种类型的推证：先天推证和后天推证，而且还认为这两项推证分别"建立在两个大原则上"，这就是矛盾原则和充足理由原则。②

矛盾原则，一如我们在前面所指出的，是一项关于本质和可能世界的大原则。按照这项原则，在同一时间、同一关系下对同一对象所作的两个矛盾判断不能同时都真，其中必有一假。它要求在同一议论中避免"自相矛盾"的错误，亦即不把两种互相矛盾的属性归于同一个对象，也就是不能既断定某对象是什么，又断定某对象不是什么。其公式为"甲不是非甲"或"甲不能既是乙又不是乙"。在《人类理智新论》中莱布尼茨曾同洛克讨论过矛盾律或矛盾原则的问题。洛克认为像"凡存在者存在"、"一种东西不能同时存在而又不存在"这样一些思辨原则，既然人们对之并非全都有明显的知觉，因而就不是天赋的。莱布尼茨则强调这些原则的天赋性质，尽管也认为它们并非对所有的人都具有一种"无可怀疑的显明性"，而且正因为我们每个人的心灵中都天赋有这样一类原则，我们才有可能通过理性作出正确的判断，获取诸多必然性的认识。诚然，为要获取这样一类必然性的知识，离开了原初的必然真理或原则作为大前提是不可能的，但是，倘若离开了矛盾律或矛盾原则也同样是不可能的。因为事情如莱布尼茨自己所说："凭借

① *Die philosophischen chriften* von *Gottfried Wilhelm Leibniz* 5，p. 355；莱布尼茨：《人类理智新论》下册，第429页。

② Cf. *Gottfried Wilhelm Leibniz*：*Kleine Schriften zur Metaphysik*，p. 452；北京大学哲学系外国哲学史教研室编译：《西方哲学原著选读》上卷，第482页。

这个原则,我们判定包含矛盾者为假,与假的相对立或相矛盾者为真。"①总之,离开了矛盾律或矛盾原则,我们就根本不可能由原初的必然真理获得派生的必然真理。

如果说基于矛盾律或矛盾原则的推证是一种先天推证,一种关于"观念关系"的推证,那么基于充足理由原则的推证则是一种后天推证,一种关于经验事实的推证。与矛盾律或矛盾原则相关于可能世界或概念世界不同,充足理由原则则相关于事物世界和现实世界,是一项关于存在的大原则。

至于充足理由原则的基本内容,一如我们在前面所指出的,简单说来,就是没有一件事情的发生是没有理由的。这就要求我们对于事情的存在提供理由。这样,如果我们要在经验的事实方面或在休谟所说的"实际的事情"方面进行判断或推理,我们就必须运用这项原则。按照莱布尼茨的观点,充足理由原则,与矛盾原则一样,也是一项天赋原则,尽管它也同样并非是对于每个人在任何时候都是清楚明白地知觉到的。但是,我们却没有一个人不运用这项原则的。因为,正是"凭着这个原则","我们认为:任何一件事如果是真实的或实在的,任何一个陈述如果是真的,就必须有一个为什么这样而不那样的充足理由。"②后面我们将会看到,任何一件事物之存在以及任何一件事情之发生都是需要一个无限系列的理由链的,对于这样一个理由链,并不是任何一个人都能够有完全充分的知识的。我们甚至可以说,我们绝大多数人对于这样一个理由链都是缺乏这样一种知识的。而且,我们马上就会看到,任何一件事物之存在以及任何一件事情之发生的最后的理由,不是别的,而是上帝。而对于上帝,我们是更其不可能对其有完全充分的知识的。诚然,为要运用这项原则进行推证,我们就需要一些基本的原初的事实的真理,然而,如果离开了这项原则,我们就不能正确地从原初的事实真理推证出任何派生的事实的真理的。

矛盾原则与充足理由原则作为我们进行推证的"大原则"的"效用"是极其巨大的,可以说 离开了这两项原则,我们的知识就永远停留在一些抽

---

① Cf. *Gottfried Wilhelm Leibniz*: *Kleine Schriften zur Metaphysik*, p. 452;北京大学哲学系外国哲学史教研室编译:《西方哲学原著选读》上卷,第482页。

② Ibid.;同上书,第482页。

象的原初真理的范围,而永远不可能对可能世界和现实世界有任何更进一步的认识,永远不可能享有任何派生的必然真理和事实真理。至于这两项原则之间的关系问题,在当下的语境下,也是一个相当重要的问题,因为它直接关涉莱布尼茨的两种推证及两种真理的关系问题。但是,在这里,我们不打算予以具体地讨论。这一方面是因为我们在前面已经对之作出了比较充分的说明,另一方面是因为我们在下面还将结合莱布尼茨的两种真理的思想加以必要的说明。

5. 真理的两种类型:“原初的真理”与“派生的真理”,“理性的真理”与“事实的真理”,“必然的真理”与“偶然的真理”

在真理类型问题上,人们往往有许多混乱的提法。例如,一些学者用由推证认识的“理性的真理”和“事实的真理”来概括莱布尼茨的真理类型理论,也有一些学者用“必然真理”和“偶然真理”来概括莱布尼茨的真理类型理论。这些做法虽然都有一定的根据,但是都容易引起这样那样的混乱。例如,当我们用由推证认识的理性的真理和事实的真理来概括莱布尼茨的真理类型理论时,便在事实上从根本上排除掉了“原初的真理”,而原初的真理作为一种直觉真理或反省得来的真理,不仅其本身即内蕴着“事实的真理”,而且还从根本上构成了我们得以推证出来“理性的真理”和“事实的真理”的基本前提。因为无论是基于矛盾原则的“理性的真理”,还是基于充足理由原则的“事实的真理”都是以直觉的或反省的“原初的真理”为大前提推演出来的。至于用“必然真理”和“偶然真理”来概括莱布尼茨的真理类型理论,这种做法固然无论对于我们理解莱布尼茨的原初的真理还是对于我们理解莱布尼茨的派生的真理都是有效的,但是,它的一个致命的弱点在于它忽视了真理的层次性。鉴此,在充分考虑到真理的层次性的基础上对于真理的类型作出更进一步的科学的分类是十分必要的。

如果考虑到真理的层次性,那么在莱布尼茨的真理谱系中,处于第一层次的便是由直觉或反省所认识的“原初的真理”或“原始的真理”以及以这种原初的真理为前提和出发点的“派生的真理”。在这两类真理中,前一种真理是一种由直觉或反省认识的真理,而后一种真理则是由推证认识的真理。

然而,我们又可以对这两种真理作出更进一步的分类。例如,我们可以将“原初的真理”进一步细分为“理性的真理”和“事实的真理”。关于这一点,莱布尼茨在同洛克讨论“我们的知识的等级”问题时,曾经非常明确地指出:

> 由直觉所认识的原始的真理(les verités primitives),和派生的真理(les verités derivatives)一样也有两种。它们或者是属于理性的真理(des verités de raison)之列,或者是属于事实的真理(des verités de fait)之列。理性的真理是必然的,事实的真理是偶然的。①

这就是说,在莱布尼茨看来,由直觉所认识的原始的真理与这里所说的理性的真理与事实的真理之间有一种主从关系:其中原始的真理为上位概念,原始的理性真理与原始的事实真理则为其下位概念。

莱布尼茨常常把原初的理性真理称做“同一陈述”。他明确地把它界定为:

> 原初的理性真理是那样一些真理,我用一个一般的名称称之为同一的(identiques),因为它们似乎只是重复同一件事而丝毫没有教给我们什么。②

莱布尼茨认为,我们还可以进一步把原初的理性真理细分为肯定的或否定的两种。原初的肯定的理性真理的例子如:每一件事物都是其所是。这样的例子很多,“你要多少就有多少”,如A是A,B是B,我将是我所将是,等边的矩形是一个矩形,理性的动物永远是一个动物等。这些是直言判断,还有假言判断和选言判断,等等。例如,如果正四边形是一个等边矩形,则这个图形是一个矩形。在谈到原初的否定的理性真理时,莱布尼茨认为这样的真理也有两类,一类是属于矛盾律的,另一类则是属于异类(disparates)的。矛盾律一般就是:一个命题或者是真的或者是假的。其中包含着两个真的陈述:一个是真和假在同一个命题中是不相容的,或者一个命题不能同时既真又假;另一个陈述是:真和假的对立面或否定是不相容的,或者在真和假之间没有中项,或者毋宁说:一个命题既不真又不假是不可能的。而这一切对于一切可想象的特殊的命题也是真的,如:是A的不能是非—A;AB

---

① *Die philosophischen chriften* von *Gottfried Wilhelm Leibniz* 5,p. 343;莱布尼茨:《人类理智新论》下册,第411—412页。

② Ibid.,p. 343;同上书,第412页。

不能是非—A；一个等边的矩形不能是非矩形；如果所有的人都是动物是真的，那么有人发现他不是动物就是假的；等等。至于异类的，是说一个观念的对象不是另一个观念的对象这样一些命题，如说热不是和颜色同样的东西，人和动物不是同样的。这一切都可以独立地加以断定而不依赖于一切证明，或依赖于归结到对立或归结到矛盾律，只要这些观念是被充分理解而无须在这里分析的；否则它们也容易被误解。这一切并不是在搞文字游戏，而是在我们认识和判断事物方面大有用处的。例如，逻辑的演绎，就要用同一律来作推证；而几何学家那种归结到不可能的证明就需要矛盾律。更何况"一切贴切的定义（les definitions adequates）都包含着原初的理性真理，并因此包含着直觉知识"。①

在谈到原初的事实真理时，莱布尼茨强调指出：它们无非是"一些内心的直接经验（les experirnces immediates）"②。原初真理的本质特征即在于"直接性"：不仅一切原初的理性真理都是直接的，而且一切原初的事实真理也都是直接的。所不同的只是在于：原初的理性真理所属的是一种"观念的直接性"（immédiation d' idées），而原初的事实真理所属的则是一种"感受的直接性"（immédiation de sentiment）。远在教父哲学时期，奥古斯丁在其名著《上帝之城》中就提出了"我受骗故我存在"（*Si fallor*，*sum*）的著名格言，至近代，笛卡尔在《第一哲学沉思集》中又提出了"我思故我在"（*cogito*，*ergo sum*）的著名原理。他们所表达的都是一种"原初的事实真理"而非"原初的理性真理"。莱布尼茨认为，原初的事实真理并不限于"我思故我在"这样一条，还有许多别的原理。正如原初的理性真理或同一性命题或者是一般的或者是特殊的，并且两种是一样明白的（因为说 A 是 A 和说一件事物是其所是是一样明白的），同样，那些原初的事实真理也是这样。因为不仅我思想对我来说是直接地明明白白的，而且我有不同的思想，以及有时我想着 A，有时我想着 B，如此等等，也都对我来说是完全一样明明白白的。

正如在由直觉或反省认识的"原初的真理"可以被区分为"原初的理性

---

① *Die philosophischen chriften* von *Gottfried Wilhelm Leibniz* 5，p. 347；莱布尼茨：《人类理智新论》下册，第 417—418 页。

② Ibid.；同上书，第 418 页。

真理”和“原初的事实真理”一样，由推证而认识的真理也同样可以区分为“派生的理性真理”和“派生的事实真理”。莱布尼茨在《单子论》中曾经简洁地说道：

> 也有两种真理：理性的真理和事实的真理，理性的真理是必然的，它们的反面是不可能的；事实的真理是偶然的，它们的反面是可能的。①

关于莱布尼茨的这一段语录，是需要做一点解释的。一些学者由于对于莱布尼茨的认识论思想和真理观缺乏全面、系统、完整的了解，他们往往把莱布尼茨在这里所说的理性真理和事实真理理解为莱布尼茨所说的理性真理和事实真理的唯一形式，这是不符合事实的，是非常表面的和肤浅的。其实，在莱布尼茨的真理观的内在结构中，这里所说的真理只不过是一种处于表层结构上的知识，只不过是一种“间接知识”，其源头或根据则在于前面我们刚刚解释过的那样一种直觉的或反省的“原初的真理”。这样两类真理（由直觉认识的原初真理与由推证认识的派生真理）的主从关系，在莱布尼茨的论著中是交代得非常清楚的。莱布尼茨不仅如我们在前面所指出的，把由直觉或反省认识的原初真理理解为我们的推证的前提和对象，而且还在事实上把由推证认识的理性真理和事实真理理解为原初的理性真理和原初的事实真理的一种变形。

在莱布尼茨看来，原初真理之为原初真理就在于它的直接性，在于它的不可证明性。莱布尼茨在谈到这一点时，曾经非常明确地指出：

> 一切理性的或事实的原初真理都有这一共同点，即它们是不能用某种更确实可靠的东西来证明的。②

至于推证知识则显然是一种从属于原初真理的知识。因为“推证的知识（connoissance démonstrative）无非是在中介观念的种种联系中的一连串知觉知识的一种连接。因为心灵常常不能直接地把一些观念彼此加以结合、比较或适应，这就迫使人要用其他中介的观念（一个或多个）以便来发现所寻

---

① *Gottfried Wilhelm Leibniz: Kleine Schriften zur Metaphysik*, p. 452；北京大学哲学系外国哲学史编译：《西方哲学原著选读》上卷，第482页。

② *Die philosophischen chriften* von *Gottfried Wilhelm Leibniz* 5, p. 348；莱布尼茨：《人类理智新论》下册，第418页。

求的符合或不符合;而这就是人们所说的推证。”①也正因为如此,莱布尼茨把推证认识的真理称做“派生的真理”。但是,既然推证是需要“中介观念”的,则为要获得这些派生的真理,为要进行推证,我们就需要有能力和技术来发现这样一些“中介观念”,从而我们不仅需要“自然的或由锻炼获得的机敏”,而且也需要具有某种“发现中介观念的技术”。莱布尼茨把这种发现中介观念的技术称做“分析”。他写道:

> 除了自然的或由锻炼获得的机敏之外,还有一种发现中介观念(les idées moyennes)的技术,这种技术就是分析。而在这里考察一下这一点是好的,就是:有时所涉及的是要找出一个已知命题的真或假,这无非是要回答是否的问题,也就是这究竟是是还是否?有的所涉及的是要回答一个较困难的问题,这里是要问例如由谁和如何?并且是有更多要补充的。而只有这些问题,在命题的一部分中留下空白的,数学家们才叫做问题(problèmes)。②

莱布尼茨认为,对于第一类问题,由于其中只涉及真和假,并且在主词与谓词中都没有什么要补充的,这里就缺少发明。但是,第二类问题,就不仅需要有发明才能,而且还需要有发明的技术。我们常常是通过综合,从简单到复杂,而达到一些美好的真理;但是当问题涉及正确地找出造成所提出的东西的办法时,综合通常是不够的,并且要想作所要求的全部组合,往往简直是等于要喝干大海,虽然我们常常可以借助于排除法,来除去一大部分无用的组合,并且自然也往往不允许有其他的方法。但我们也不是永远有办法来遵循这个方法的。因此,就要靠分析在可能时来给我们一条探索这条迷宫的线索。在莱布尼茨看来,这样一种推证的方法,不仅适合于数学,而且也适合于逻辑学、法律学、形而上学和道德学。

这种分析的方法,真正说来,从一个意义上说,是一种寻找“中介观念”的技术,从另一个意义上说,就是在“原初真理”与“派生真理”之间搭建桥梁。也正是在这个意义上,莱布尼茨说:“当一个真理是必然的时候,我们可以用分析法找出它的理由来,把它归结为更单纯的观念和真理,一直到原

---

① *Die philosophischen chriften* von *Gottfried Wilhelm Leibniz* 5, p. 348;莱布尼茨:《人类理智新论》下册,第418页。

② Ibid., pp. 348 - 349;同上书,第419—420页。

始的真理。”他举例说：“数学家们就是这样用分析法把思辨的定理和实践的法则归结成定义、公理和共设。”他还接着说：“最后，有一些单纯的观念，我们是不能给它们下定义的；也有一些公理和公设，总之有一些原始的原则，是不能证明的，也不需要证明。这就是‘同一陈述’，其反面包含着显然的矛盾。”①

莱布尼茨真理观有一个鲜明的特征在于他明确地区分了确定性与必然性，并在此基础上提出了必然真理与偶然真理的问题。我们知道，笛卡尔在谈“我思故我在”时所强调的只是这个命题的确定性和无可怀疑性。洛克虽然对这个命题做了不同的理解，但是，他除了把这个命题宣布为“直觉知识”外，除了强调我们对我们自己的存在具有“最高度的确实性”之外，似乎也没有做什么更进一步的工作。他在讨论“我们对于我们自己的存在所有的知识”时，写道：

> 说到我们自己的存在，则它是我们很明白地、很确定地所知觉到的，因此，它亦不需要别的证明，而且亦就不能再有所证明。因为任何东西都不能向我们的存在那样明显……因此，经验使我们相信，我们对于自己的存在有一种直觉的知识，而且我们由内心无误地知道，我们自己是存在的。在每一种感觉、推理或思想中，我们都意识到我们自己的存在，而且在这方面，我们正有最高度的确实性。②

然而，莱布尼茨则向前走了一大步：他明确否定了“我在”这个命题是一个必然命题和必然真理。他在说到“实在的存在”这个话题时，曾针对洛克的观点，强调指出：

> 我们永远可以说，我存在这个命题是最自明的，因为它是一个不能用其他命题来证明的命题，或者毋宁说是一条直接的真理。而说我思故我在，这真正说来并不是用思想来证明存在，因为思想和在思想是同一回事；而说我在思想，已经是说我在了。可是您可以有某种理由不把这个命题算在公理的数内，因为这是一个事实的命题，基于一种直接经验的，它不是我们在观念的直接符合中看到其必然性的那样一种必然

① *Gottfried Wilhelm Leibniz*：*Kleine Schriften zur Metaphysik*，pp. 452，454；北京大学哲学系外国哲学史教研室编译：《西方哲学原著选读》上卷，第482页。

② 洛克：《人类理解论》下册，第614页。

的命题……但如果把公理更一般地看做一种直接的或不能证明的真理，那我们就可以说，我存在这个命题是一条公理，并且无论如何我们可以肯定这是一条原初的真理，或毋宁说是在复杂名词中得出的一种最初的认识，也就是说，这在我们知识的自然秩序中来理解是最初的被认识的陈述之一，因为很可能一个人从未想到要明确形成这个命题，但它对他来说却是天赋的。①

莱布尼茨在这段语录中给我们透露出了一个非常重要的信息，这就是：并非所有直觉真理或直觉的原初真理都是必然真理。这样，莱布尼茨就像我们提出了在原初真理和派生真理中区分必然真理和偶然真理的标准和依据的问题。关于这一点，莱布尼茨在讨论“我们对于我们的存在所具有的知识”时，曾经给出了一个非常明确的答案。这就是：“哲学家们常常在那属于本质(l' Essence)的和属于存在(l' Existence)的之间做了区别，而把一切偶然的或可有可无的归于存在。”②这就是说一条真理究竟是必然的还是偶然的，并不是像通常人们所设想的那样，在于它究竟是来自直觉的或反省的还是来自推证的或感知的，而是在于它究竟是关于本质的还是关于存在的：如果它是关于本质的，则不管它是来自直觉的或反省的还是来自推证的，就一定是必然的；反之，如果它是关于存在的，则不管它是来自直觉的或反省的还是来自推证的，就一定是偶然的。

莱布尼茨认为，不仅关于存在的真理是偶然的，而且我们凭经验知道的普遍命题也可能是偶然的，因为我们的经验总是有这样那样的局限性。他举例说，在那些水不结冰的国度，人们便会作出水永远处于流动状态这一命题，但是一旦我们来到一个较冷的国家，就会发现事情不是这样。亚里士多德习惯于把偶然事物的源泉归之于物质，莱布尼茨则认为，我们应当把它归之于“次级物质”，亦即“物体的堆集或团块”。不仅如此，在莱布尼茨看来，事实上，关于存在的真理，总是以这样那样的形式同这种那种形式的经验相关联的。我们虽然通过直觉知道我们自己的存在，通过感觉知道其他事物的存在，但是，我们因此获得的知识却是不同类型的：其中一种属于原初真

① *Die philosophischen chriften* von *Gottfried Wilhelm Leibniz* 5, pp. 391 – 392；莱布尼茨：《人类理智新论》下册，第 478 页。

② Ibid., p. 414；同上书，第 508 页。

理,而另一种则属于派生真理。因此,对于我们自己的存在的直觉本身也就是一种后天经验,本身也就是一种事实真理。问题的症结并不在于它是否是一种事实真理,而是在于它是否是原初的事实真理。关于后面这一层,莱布尼茨曾经强调指出:

> 对于我们的存在(nostre Existence)和我们的思想的直接察觉,为我们提供了最初的后天真理(les premiers verités a posteriori)或事实真理,也就是最初的经验;正如同一性命题包含着最初的先天真理或理性真理,也就是最初的光明一样。这两者都是不能被证明的,并且可以称为直接的;前者因为在理智及其对象之间有一种直接性,后者则因为在主词和谓词之间有一种直接性。①

尽管原初的事实真理与派生的事实真理之间存在着上述差异,但是,它们在为偶然真理方面却是完全一致的。虽然从发生学的角度看问题,归根到底这是由事物之存在或存在之事物之何以可能这一点决定的,但是,无论如何,这也是同作为认识主体的人类心灵的认识能力的有限性密切相关的。诚然,我们的心灵对事物之存在的一些最直接的原因有一定的认识,但是,无论如何,我们对事物存在的所有原因,特别是对它的终极因永远是不可能有清楚明白的认识的。一如莱布尼茨所说:

> 充足理由也必须存在于偶然的真理(les verités contigentes)或事实的真理之中,亦即存在于散布在包含各种创造物的宇宙中的各个事物之间的联系中;在创造物的宇宙中,由于自然界的事物极其繁多,以及物体可以无穷分割,所以对特殊理由的分析是可以达到无穷的细节的。有无数个现在和过去的形相和运动,构成了我现在写字的动力因,也有无数个现在和过去我的心灵的倾向和禀赋,构成了目的因。②

总之,凡理性真理都是必然的,凡事实真理都是偶然的。这是莱布尼茨真理思想中的一项基本原则。

莱布尼茨不仅认为凡事实真理都是偶然的,凡理性真理都是必然的,而

---

① *Die philosophischen chriften* von *Gottfried Wilhelm Leibniz* 5, p. 415;莱布尼茨:《人类理智新论》下册,第 509 页。

② *Gottfried Wilhelm Leibniz*: *Kleine Schriften zur Metaphysik*, p. 454;北京大学哲学系外国哲学史教研室编译:《西方哲学原著选读》上卷,第 482 页。

且他还进而认为,事实真理非但不能构成理性真理的理论前提,反而要以理性真理为其存在的必要条件。因为很明显,如果离开了同一律或矛盾律,任何事实真理都失去了其存在的逻辑依据。不难看出,莱布尼茨的这一思想对于笛卡尔的形而上学是致命的。因为在笛卡尔那里,"我思故我在"这一事实真理似乎是一条不依赖于任何理性真理的第一原理;反之,倒成了所有其他真理(包含所有的必然真理)的前提。这是莱布尼茨的认识论和真理观比笛卡尔的认识论和真理观更其理性主义化也更其哲学化的一个重要表征。①

6. 真理的标准:充分、直觉的明白

从我们对于莱布尼茨关于真理类型的理论的概述中,我们不难看出,在真理观方面,莱布尼茨在三个方向上把笛卡尔的思想向前推进了。首先,莱布尼茨虽然依然是一个理性主义哲学家,但是,他却接纳了英国经验派哲学家的一些思想,不仅明确地肯认了事实真理,而且还明确地肯认了原初的事实真理,在事实真理领域区分了两个层次,亦即原初的事实真理和派生的事实真理(推证的事实真理)。其次,他不仅明确地提出了直觉的理性真理和推证的理性真理的范畴,而且还明确地刻画了这两种类型的理性真理之间的逻辑关系,把直觉的理性真理理解为原初的理性真理,而把推证的理性真理理解为派生的理性真理,从而昭示了直觉与推证之间的逻辑关系,进一步突出了直觉的理性真理的在先性和优先性。再次,他明确宣布理性真理为必然真理,而事实真理是则是一种偶然真理,并且进而指出事实真理以理性真理为前提,从而在新的广度和深度上凸显了直觉的理性真理即天赋观念在全部认识活动中以及在整个真理谱系中的超越地位或王者地位。所有这些都使得莱布尼茨在真理标准问题上不仅大大地区别于斯宾诺莎,而且也大大地区别于笛卡尔。

莱布尼茨关于真理标准的思考是与他对观念性质的思考结合在一起进行的。早在1684年,莱布尼茨在《关于知识、真理和观念的默思》中认真地批评了笛卡尔的真理概念的不完全性。笛卡尔认为,只要被设想为清楚明白的东西就是真的。莱布尼茨则指出,如果没有清楚明白的标准,则这条公

① 参阅罗素:《对莱布尼茨哲学的批评性解释》,第203页。

理就毫无用处。鉴此,他致力于对清楚明白的内涵和尺度作出具体的规定。他认为,知识或者是模糊的,或者是清楚的;而清楚的知识或者是混乱的,或者是明白的;明白的知识或者是充分的,或者是不充分的,或者是象征的,或者是直觉的。而"最完满的知识则是既是充分的又是直觉的"①。

莱布尼茨既然致力于对清楚明白的标准作出具体的说明,则他便对上述有关概念的含义作出力所能及的具体而明确的规定。按照他的说法,一个概念当它不能够使我们认识到它所描述的事物,或者不能把这一事物同别的事物区别开来时,它就是模糊的;当它能够使我们认识到所描述的事物时,它就是清楚的。当我们不能够分别列举出用来区分已知的事物同别的事物的特征时,尽管这样一些特征是存在着的,这种清楚的知识也还是混乱的。这一类的例子就是颜色和气味。虽然我们不能分解它们,但它们却肯定是复合的。因为我们可以通过考察它们的原因而知道这一点。因为知觉与它的对象总是具有同等程度的复杂性的,而且既然绿色可以由蓝色或黄色组合而成,那么绿色的对象也就一定是复合的。因此,我们关于绿色对象的知觉也就一定是复合的。当我们能够分别枚举出所认识的事物的标记,即当有一个名义定义时,或者在所认识的事物不可定义,而是一个原初的即最单纯的概念时,清楚的知识同时也就是明白的知识。因此,像黄金这样一个复合的概念,当它的所有标记或特征都被清楚地知道之后,它也就是明白的了。如果它的所有标记或特征也同样被明白地认知,它就是充分的。如果这些标记或特征不是明白地被认知,这一知识就是不充分的。莱布尼茨没有肯定是否存在着充分知识的完满的例证,但是他认为算术十分接近这样一种知识。明白的知识还可以按照它是象征的抑或直觉的而加以区分。当我们不能一下子领悟到对象的全部本性,而是用标记或符号代替,这种知识就是象征的或者是盲目的。当我们能够在思想上一下子把握住构成观念的所有的基本概念时,我们的思想就是直觉的。因此,如果我们具有了明白的而又是原初观念的知识,它就必然是直觉的,而我们的复合概念的知识一般而言就只是象征的。罗素认为,莱布尼茨的这样一种观念性质的学说是莱布尼茨把笛卡尔哲学精致化的一个重要手段和重要标志。

在谈到判别真假观念的具体尺度时,莱布尼茨指出:"一个观念当它是

① *Gottfried Wilhelm Leibniz*: *Philosophical Papers and Letters*, p. 291.

可能的时候，它就是真的；而当它蕴含着矛盾时它就是假的了。”①而一件事物的可能性或者是先验的或者是后验的。当我们把一个概念分解成它的必要的因素或其他一些其可能性已知的概念时，这样的知识就是先验的。在这种情况下，我们就认识到在其中没有什么不可共存的。例如，当我们理解了一件事事物得以产生的方法时，情况就是这样。而当我们经验到一件事物的现实存在时，我们就是后天地知道一个观念的。因为凡是现实存在的或已经存在的事物在任何情况下都是可能的。只要我们的知识是充分的，我们就对一种可能性有了先验的知识，因为如果我们把分析工作进行到底而没有发现任何矛盾，这样一个概念显然就是可能的。

莱布尼茨后来在同洛克的论战中，又重申和进一步发展了他在上述论文中所提出的真理标准思想。莱布尼茨同洛克的争论在当前这个话题中主要集中在如何看待清楚的观念与明白的观念之间的区别以及观念真假的标准这样两个问题。在谈到清楚观念和明白观念时，洛克指出：

> 所谓明白的观念，就是外界物像在配置适当的感官上起了作用后，人心所充分地、明显地知觉到的一种观念。同样，所谓清楚的观念，就是指人心所见为与别的观念厘然有别的一种观念。②

莱布尼茨则认为，如果按照洛克给清楚观念所作的界定，则在清楚观念和明白观念之间就没有什么本质的差别。然而，事实上一个观念往往是可以同时既是明白的又是不清楚的即混乱的。因此，“我们并不是把能作区别着对象的一切观念叫做清楚的，而是把那些被很好地区别开的、也就是本身是清楚的，并且区别着对象中那些由分析或定义给予它的、使它得以认识的标志的观念叫做清楚（distinctes）的；否则我们就把它们叫做混乱（confuses）的。”③

在观念的真假问题上，洛克坚持认为，观念本身是无所谓真假的。他断言：“我们心中所有的任何观念，不论其是否与事物的实在状况相契、是否与别人心中所有的任何观念相契，都不能只因为这一层被人认为是虚妄

① *Gottfried Wilhelm Leibniz*: *Philosophical Papers and Letters*, p. 293.

② 洛克：《人类理解论》上册，第 340—341 页。

③ *Die philosophischen chriften* von *Gottfried Wilhelm Leibniz* 5, p. 237；莱布尼茨：《人类理智新论》上册，第 267—268 页。

的。”[①]但是,一旦我们对之作出某种判断,便有了真假之分。例如,如果我们设定自己心中的某个观念同别人的观念相契合、符合于实在的存在、表象着实在的本质等,它就有可能成为假的了。但莱布尼茨却认为,观念之真假是相对于可能性而言的,这样,“可能的观念(les Idées possibles)就是真的,不可能的观念(les Idées impossibles)就是假的。”[②]由此看来,莱布尼茨与洛克在真理标准上的分歧是根本的。首先,洛克作为一个经验主义的哲学家和心理学家,强调的是观念本身无真假,是真假问题的某种主观特征,而莱布尼茨作为一个客观唯心主义哲学家,强调的则是真假问题的客观特征。其次,洛克作为一个唯物主义哲学家,他特别关注的是观念与外在事物的关系,而莱布尼茨作为一个唯心主义哲学家,他特别关注的是观念本身的性质。这是不难理解的。在莱布尼茨这里,既然所谓外在事物也无非是一种混乱的知觉,其本质自然也无非是一种精神性的观念,因此洛克所说的观念同外在事物的关系在莱布尼茨这里自然也就因此而转换成了一种观念同观念之间的关系乃至观念同其自身的关系了。而观念的自一致自然也就因此而成了真理的标准了。

7. 两种真理与两种命题:必然命题与偶然命题

在莱布尼茨的真理观中,还有一个值得我们注意的问题,这就是他的真理理论同他的命题理论的关联。

命题理论在莱布尼茨的哲学体系中占有非常突出的地位。早在《形而上学论》中,莱布尼茨就致力于对命题普遍本性的研究,并把这视为构建其哲学体系的一项基础工作。罗素在其《对莱布尼茨哲学的批评性解释》一书中的一个“序”中,曾断言:“莱布尼茨的哲学差不多完全源于他的逻辑学。”[③]然而,莱布尼茨的逻辑学最核心的内容是主谓项逻辑学。按照他的观点,每一个命题最终都可以还原为把一个谓项归属于一个主项的命题。在任何一个这样的命题里,除非存在本身是所考察的谓项,谓项便都以某种形式包含在这个主项里。这个主项是由它的谓项来界定的;如果这些谓项

---

① 洛克:《人类理解论》上册,第 371 页。

② *Die philosophischen chriften* von *Gottfried Wilhelm Leibniz* 5, p. 250;莱布尼茨:《人类理智新论》上册,第 284 页。

③ 罗素:《对莱布尼茨哲学的批评性解释》,“第二版序”之第 15 页。

不同,则它就会是一个不同的主项。因此,对主谓项的每一个真判断都是分析的;也就是说,谓项构成了这个主项的概念的一部分,只要不是在断言现实的存在,情况就必然如此。但是,问题在于:现实存在毕竟是另外一种东西。存在,只要属于谓项一类,就势必不包含在存在着的主项的概念中。因此,存在的命题,除非在上帝存在的情况下,都是综合的;也就是说,如果现实地存在着的主项不存在,就不会出现任何矛盾。必然的命题是这样一些分析命题,而综合命题则总是偶然的。

莱布尼茨非常重视分析方法,他的逻辑学在一定意义上也可以称做分析学。关于分析判断的范围,如前所述,莱布尼茨认为,所有逻辑学、算术和几何学的命题都具有这种性质,而所有关于存在的命题,除上帝的存在外,则都是综合的。决定着他在这个问题上种种意见的是这样一种发现:运动律而且事实上所有的因果律都是综合的,从而在他的体系中,也都是偶然的。"这是红的"和"红是一种颜色"就分别属于这样两种不同的命题。凡先验的真理都是分析的,这个概念本质上是同莱布尼茨关于主项和谓项的学说相关联的。分析判断是谓项包含在主项之中的判断。这个主项被设定为受到诸多谓项的界定,其中的一个或多个被选出来用作分析判断的谓语。"等边形是矩形"就是这样的分析判断。在极端情况下,这个主项只是在自行肯定,一如命题"A 是 A"以及"我将是我所将是"。因此,这个学说中有两点特别重要。首先,这个命题必定属于"红是一种颜色"这样一种类型的主—谓项命题,而不属于"这是红的"这样一种类型命题。换言之,这类命题跟属与种的关系有关,而跟种与个体的关系无关。在莱布尼茨看来,这正是每一个关于现存个体的命题都是偶然的理由。这就意味着,分析命题必然同本质和属种相关,而不同关于个体的论断相关。关于分析命题的第二个要点在于:除去"A 是 A"这样一类纯粹的同义反复外,主项必定是复合的。这个主项是诸多属性的一个集合体,而谓项则总是这个集合体的一部分。

然而,这种集合绝对不是任何一种任意的和偶然的集合,而是一种可共存的或可联合成为一主体属性的诸多谓项的集合。这种可共存性既然为分析判断所预设,它本身就不能是分析的。这就把我们引向了定义学说。很显然,定义只有对复杂观念而言才是可能的。宽泛地讲,它在于把复合观念分析成它们的简单要素。既然一个观念只能为另一个观念所界定,则倘若我们不承认有不可定义的观念,我们就会招致一种恶性循环。正因为如此,莱布尼茨提出了"普遍字符"的问题,其目的显然在于探究或"分析出"构成所有定义先决条件的简单观念。

莱布尼茨的分析命题理论的另一项重要内容在于它同必然命题的联系。莱布尼茨区分了各种不同的必然性,他把所谓形而上学的必然性即一种绝对的必然性解释成分析命题的特征。尽管如此,必然性除同矛盾律相关联外,必定还意指某些别的东西。分析命题是必然的,综合命题是偶然的。这可以说是莱布尼茨的一个基本观点。但是,在莱布尼茨这里,与在康德那里不同,必然性与先验并不是一回事。因为,在莱布尼茨看来,偶然命题也有其先验的根据。然而,无论如何,在必然命题与偶然命题之间的区别是存在的。数学命题是必然的,而那些断言特殊存在的命题则是偶然的。

莱布尼茨借以区别命题的原则,除矛盾律外还有一条重要原则,这就是我们前面谈到的充足理由原则。按照莱布尼茨的说法,偶然命题,一般地讲,是断言现实存在的命题。在上帝必然存在的情况下,这个陈述要求一个例外。因为,在莱布尼茨看来,上帝中的永恒概念完全不同于时间概念,因为它在于必然性,而时间概念则在于偶然性。这就是说,必然命题是那些同现实时间没有任何关联的命题,或者说,除了在上帝的情况下,是那些同现实时间没有任何关联的命题。莱布尼茨在谈到必然命题时常常采用"永恒真理"这样一个说法,其用意显然在于指出:这类命题并不关涉任何特殊的时间。因为这类命题本身,不论其具有什么样的本性,自然必定永恒地是真的或永恒地是假的。

但是,关于偶然性本身的命题,以及所有那些能够一般地说成是关于可能的偶然事件的本性的命题,都不是偶然的;相反,如果偶然事件是现实存在的事件,则凡是关于"可能"存在的命题都必定是必然的。阿基米德曾经要人把一个球放到他的坟头上。莱布尼茨解释说:除形状外,这个球还包含有它的构成材料以及地点和时间。他的这个例子相当典型。因为它蕴含了存在于关于一个存在物概念与关于现实存在的论断之间的区别。一个个体的概念,如莱布尼茨所指出的,在理性的范围内,包含着同存在和时间的关联,也就是说,这个概念只是意味着这个个体曾经存在过,而存在原本只是可能的;而且,它也不是在纯粹概念的意义上被判定为现实的。在莱布尼茨看来,可能的事物在上帝所有现实的命令发布之前都是可能的,区别只在于,永恒真理的可能性只依赖于上帝的“理智”,而个体事物的或偶然真理的可能性则不仅依赖于上帝的“理智”,而且还依赖于上帝的“意志”。这就是说,可能的存在包含着可能的原因,而且,可能的原因与可能的结果之间的关系也类似于现实的原因与现实的结果的原因之间的关系。但是,只要我们不去断言现实的存在,我们就依然滞留在永恒真理的领域里;并且,如我们将会看到的,尽管充足理由律也确实适合于可能的事物,但在这样的运用中,它同矛盾律就不在一个层次上了。只有在判断关于那个其概念受到考察的个体的现实存在时,它才成为不可或缺的,才提供出单靠矛盾律不足以提供的结果。这个个体一旦被设定,它的所有的属性,不管是必然的还是偶然的,也不管是现在的还是将来的,也就随之而来了,也就都包含在它的“主项的概念”中。但是,我们也不能由此得出结论说:这个概念代表了一个现实的主项:它只是一个关于主项的观念,这个主项所具有的是不同于现存东西的一般性质的。因此,“存在”在诸多谓项中是非常独特的。所有别的谓项都包含在这个主项的概念中,并且可以由纯粹分析的判断断言。然而,在所有的谓项中,唯有关于存在的论断是综合的,从而依照莱布尼茨的观点,是偶然的。这样,存在虽然并不像在康德那里,根本不是一个谓项,但是,无论如何,是一个非常特殊的谓项。

现实存在的特殊性不仅表现在某某主项的存在是偶然的,而且还表现在这一主项不同时间的状态的任何两个谓项间的联系也是偶然的。具体概念是莱布尼茨哲学中一个受到特别强调的概念。莱布尼茨认为,具体的谓项,亦即那些表达着一个实体在特定时间的状态的谓项同那些诸如“人”和“理性的”一类抽象概念迥然有异。具体的谓项,虽然它们之间是联系着的,但却并非必然地相联系。这些联系,也和诸谓项一样,都是偶然的。所有这些谓项都必然地同主项有联系,但是,任何具体的谓项却并不必然地相互联系。因此,莱布尼茨常常把它们说成是偶然的谓项。如果谓项的序列不同,则主项也就会不同;从而,谓项和主项的必然联系差不多是同一律。一个主项由它们的谓项来界定;因此,如果谓项不同,则主项也就不能是同一个。所以,从一个主项是它现在之所是,就能够推断出它将具有的所有谓项。但是,从其一个或多个谓项中,并不能必然地推断出什么结论。每一个别的谓项在每一个别瞬间的存在都是一个偶然真理,因为每一个在关于正好是这样一个主体存在的论断中都被预先的设定了。因此,在关于一个个体实体即一个概念完全的主项的存在的论断里,这个实体持续存在的瞬间有多少,这个论断也就包含有多少个个别的偶然命题。因为这实体在每一瞬间的状态是存在着的,而关于它的存在的命题则是一个偶然命题。偶然命题因此是关于存在的命题,而那些不断言存在的命题则是必然的。莱布尼茨是从本体论的角度和高度来理解和区分命题的,因此是值得称道的:

> 莱布尼茨把命题分为两种,确实堪称为命题所能容许的非常重要的划分,甚至是最重要的划分。①

由此看来,莱布尼茨的命题二分法主要由下述一些论断组成:所有不包含现实存在的只同本质或可能相关的真命题都是必然的;但是,断言存在(在上帝的情况下除外)的命题绝不是必然的,并且既不能够由任何一个别的存在命题必然推论出来,也不能够从主项具有区别于存在物的所有性质这一事实中必然地推论出来。既然如此,如果关于存在物的命题有什么相互关联的话,如果它们能够以什么方式系统化的话,那就必定基于某项原则。而这项原则不是别的,正是莱布尼茨所说的充足理由原则。因为正是这项原则为偶然命题提供了先验证据。关于这一点,莱布尼茨曾经非常明确地说道:

> 一般地说,每一个(不是自身同一的或真的)真命题都能够借助于公理或本身是真的命题而先验地证明出来,也能够借助于定义或概念先验地证明出来……它之究竟具有绝对的必然性还是只具有某种确定性,完全依赖于自由实体的某个被假定的命令;这种命令绝不是完全任意的和缺乏基础的,而是永远有某个理由(然而是倾向而非必然)能够提供出来:这理由本身是能够从对这些概念的分析中推演出来的(如果这总是为人的能力所及的话),而且,全知的实体是不可能注意不到这种理由的,因为它借助于观念本身以及他自己的命令就可以先验地看见每件事物。因此,肯定无疑的是,所有的真理,甚至最偶然的事物,都有一个先验的证据,都有某个它们何以存在而不是不存在的理由。而这本身就是人们通常所说的,如果没有一个原因就什么事情也不会发生。②

① 罗素:《对莱布尼茨哲学的批评性解释》,第32页。

② *Die philosophischen chriften* von *Gottfried Wilhelm Leibniz* VII, pp. 300 – 301.

这样，通过莱布尼茨的命题理论，我们便又回到了莱布尼茨的真理类型理论上。凡关于本质的命题都是必然命题，凡关于存在的命题都是偶然命题。关于本质的必然命题的推证是基于矛盾律的，而关于存在的偶然命题的推证是基于充足理由律的。理性真理与事实真理则分别对应于必然命题和偶然命题。但是，无论是关于本质的必然命题和理性真理，还是关于存在的偶然命题和事实真理，都是有其"先验证据"的，换言之，都是有其本体论基础的。从这个意义上讲，对于认识能力无限的上帝来说，偶然命题也是一种必然命题，事实真理也是一种理性真理。但是，对于认识能力有限的人类来说，无论是必然命题与偶然命题以及理性真理与事实真理，还是矛盾律和充足理由律，都是有明确的界限的。关于这一方面的内容，我们在本书的后面部分还将予以讨论。

8. 从阿维洛伊的双重真理论到莱布尼茨的两种真理思想

阿维洛伊(1126—1198 年)是中世纪西部亚里士多德主义最著名的代表人物。我们知道，至少从奥古斯丁时代起，哲学与基督宗教、哲学真理与宗教真理就成了一而二、二而一的东西，而且，整个说来，哲学真理开始沦为某种隶属于宗教真理或神学真理的东西了。阿维洛伊的一项影响至深至远的努力在于，他通过"亚里士多德的学说是最高真理"这样一个宣言，事实上在宗教真理之外，宣告了哲学真理的独立身份。阿维洛伊面对着宗教神学的强势，旗帜鲜明地说道：

> 亚里士多德的学说是最高真理，因为他的理智是人类理智的极限，正确地说，神的天意造成了他，并把他送给我们，使我们可以知道我们所能知道的一切。让我们赞美真主，真主让他卓绝超群，让这个人达到了人性可以获得的最高尊严。①

此外，他还认为，宗教是一切人都需要的真理，而哲学则是为极少数智力极高的人所寻求的真理。阿维洛伊本人虽然并未使用过"双重真理"这样的专门性的术语，但是，既然他在当时人们推崇的宗教真理之外另奉亚里士多德的哲学为"最高真理"，这就在事实上提出了两种真理的问题。无论如

---

① Avrroes, *Commentary on De Anima*, quoted from D. Knowles, *The Evolution of Medieval Thoughts*, London: Longmans, 1962, p. 200.

何,他的思想对后世人们的思想解放还是起了巨大的唤醒作用的。

就思想方向而言,莱布尼茨的两种真理思想同阿维洛伊的双重真理论是一致的。莱布尼茨既然把上帝理解为创造所有其他单子的单子,既然他把上帝理解为个体事物存在的最后的理由,他的真理观也就不仅关涉哲学真理,而且也关涉宗教神学真理。尽管阿维洛伊在其所在时代提出双重真理论,有着更其明显的张扬哲学真理的积极作用,而莱布尼茨在近代理性时代在一定意义上恢复阿维洛伊的双重真理论,是很难具有前者所具有的那样一种历史作用的。但是,我们必须看到,莱布尼茨所处理的对象,就其主流和本质方面而言,毕竟不是哲学真理与神学真理的关系问题,而是理性哲学内部两个不同流派的问题。就此而言,用阿维洛伊的双重真理观作为参照系来简单地批评莱布尼茨的真理思想并不是十分妥当的。

应该看到,莱布尼茨是在英国经验派同大陆理性派既相互对抗又相互吸收的大背景下提出他的两种真理的理论的;而他的基本的哲学立场和认识论立场,无论如何依然是理性主义的。尽管莱布尼茨认为有两种真理:一种是必然的、永恒的、"理性"的真理;另一种则是偶然的、"事实"的真理。但是,莱布尼茨所说的必然的真理是自明的,或者说自明的原则是依靠严格的演绎理性而得到的;"偶然的真理"或"事实的真理"则是靠归纳得来的关于经验的知识。必然的真理是"察觉"或"理性"的清楚明晰的观念:偶然的真理则是多少有些不清楚的知觉,这是因为它的对象所处的事物系统的关系无限复杂,我们不可能把它分析到完全清楚明晰的地步。但是,如果我们从全知的上帝的观点看问题,从完全孤立、"没有窗子可供别的东西出入"的"单子"的观点看问题,这样两种真理的界限也就都随之烟消云散了。因为对于全知的上帝来说,是根本不存在什么偶然真理或事实真理的。而从单子论的立场看问题,则一切真理也都只能是心灵内在固有的或天赋的,区别只在于:它们究竟是"现实"地天赋的呢,还是"潜在"地天赋的呢?从后面一种立场看问题,我们不妨把偶然真理或事实真理看做是一种"潜在"的天赋观念或天赋真理。

其实莱布尼茨关于必然真理的看法,也就是唯理论者一贯的看法。他认为像我们在纯粹数学中,特别是在算术和几何学中所见到的那些必然的真理,应该有一些原则不靠举例便可以得到证明,也不必依靠感觉的见证,虽然没有感觉我们是不会想到它们的。换句话说,这种必然的真理是不可能从经验的例证的列举或归纳得来的，因为印证一个一般真理的全部例子，尽管数目很多，也“不足以建立这个真理的普遍必然性”。这也是他用来论证必须有“天赋观念”或“天赋原则”的论据之一。他也不止认为纯粹数学有这种必然真理，其余如逻辑以及形而上学，乃至神学、伦理学、法理学等也都“充满”了这种真理。这种观点，就其指出单凭经验或仅仅停留在感性认识阶段就不可能有关于普遍必然的规律性的或本质的认识这一点来看，是有其正确的方面的；但它因此就否定了这种普遍必然的规律性知识仍须以经验为基础，而把它归之于“天赋原则”，则就是唯心主义的错误观点了。

莱布尼茨之不同于其他唯理论者如笛卡尔和斯宾诺莎的地方，在于他虽然也肯定并且强调有不依赖于感性经验的理性认识或必然真理，但并不因此就完全否定经验知识也有它的真理性，并在这种理性的必然真理之外，也还承认有“事实的真理”。虽然他显然也贬低了这种知识，认为它只是“偶然”的，但毕竟还是承认它是“真理”，而没有像笛卡尔或斯宾诺莎那样认为它是骗人的或完全不可靠的。特别值得注意的是，莱布尼茨之肯定这种关于事实的知识也是可靠的真理，甚至有时比经验论者还进了一步。例如，在《人类理智新论》的第四卷第十一章，当莱布尼茨和洛克辩论关于知识的可靠性和范围问题时，就不仅不否认我们直接当下看到或感知的东西是确实存在的，不否认我们对于它的认识是可靠的，而且还进而认为这种可靠性的范围不应该像洛克那样限于直接感知的东西还应当有所扩大。因为他认为未必有人能认真地怀疑，当他眼前没有见到一个人时，世界上真的就没有人存在。此外，如对君士坦丁堡在这个世界上，以及君士坦丁、亚历山大、恺撒曾经存在过等事实，他认为即使有些穷乡僻壤的农民由于没有知识也许可能怀疑，但只要是一个有一定文化知识的人，若不是神经错乱，是定然不会认真怀疑的。应该指出，莱布尼茨已经看到，那种单纯经验论的原则，如果贯彻到底，就必然会陷于怀疑论或不可知论。事实上以后休谟就正是走上了这条道路。而莱布尼茨是反对这种怀疑论即不可知论的。他在这里对洛克观点的反驳，虽然也是唯理论对经验论的斗争的一个组成部分，但他却并不是站在只承认理性的必然真理而否认事实真理或经验知识的立场来反对经验论，倒毋宁是站在另一个方面来反对经验论的。因为他也并不把世上有人存在或君士坦丁堡存在及亚历山大曾经存在过等“真理”看做是靠理性的演绎或推证得来的真理，而仍旧看做是“事实真理”。他认为像这样一类事实真理,虽没有像数学上的公理之类的那种必然性,却也是完全可靠而用不着怀疑的。

如何恰当地评价莱布尼茨的两种真理思想在人类认识思想史上的作用是一个需要进一步探究并加以系统阐述的重大课题。然而,不管在细节方面可能存在什么样的分歧,在下面一点倒是可以基本上达成共识的。这就是:莱布尼茨的两种真理思想与阿维洛伊的双重真理论一样在人类认识思想史上的功绩是不可磨灭的:尽管阿维洛伊的"双重真理观"的历史功绩主要在于向当时占主流的宗教真理提出了"挑战",而莱布尼茨的两种真理思想的历史功绩则主要在于对当时处于对抗状态中两种真理观的"综合"。从阿维洛伊的"双重真理观"到莱布尼茨的两种真理理论的这样一种历史的和逻辑的演绎再一次表明哲学中心的异动。如果说古代希腊罗马的哲学中心在于哲学本体论,中世纪的哲学中心在于宗教哲学,那么近代哲学的中心,至少就 16 世纪末到 18 世纪初的西方近代哲学来说,则在于哲学认识论。阿维洛伊的双重真理观和莱布尼茨的两种真理理论在内涵方面的本质差异正是这样一种哲学中心演绎的一种比较集中、比较典型的表达。

五、莱布尼茨的语言哲学:"普遍字符"与"综合科学"

莱布尼茨的认识论思想的独创性不仅体现在他关于认识起源、认识途径和真理问题的思考上,而且还体现在他对语言的哲学思考上。现在,当人们想到语言哲学的时候,人们便会立即想到罗素的逻辑原子主义、维也纳学派的逻辑经验主义、蒯因的新实用主义以及牛津学派,一句话,人们很自然地把语言哲学同这样那样的经验主义联系起来。但是,殊不知语言哲学还有另外一种形态,这就是理性主义的语言哲学。而在理性主义的语言哲学中,莱布尼茨无疑是一个典型的代表。莱布尼茨的理性主义立场不仅鲜明地表现在他关于认识起源、认识途径、真理问题的思考上,而且还特别鲜明地表现在他的语言哲学上,表现在他关于"普遍字符"和"综合科学"的天才设想上。因为他的这一设想的根本目标在于把向来奉为理性学问楷模的数学的原则和方法在更高的层次上比较严格、比较彻底地移植到科学和哲学中,并建立起一个涵盖人类知识各学科领域的理性主义大系统,亦即他的所谓的“普遍代数学”。

1.“摧毁巴别之塔”与构建“普遍代数学”

古代小亚细亚地区流传着一个著名的关乎我们现在所讨论的语言哲学的典故,叫“巴别塔”。这个典故说的是,诺亚借着方舟躲过特大洪灾后,三个儿子都人丁兴旺,其中雅弗成了北方民族的始祖,闪成了闪族人即希伯来人的祖先,而含则成了迦南民族及亚非一些民族的始祖。他们的后裔在迁移流动中来到底格里斯河和幼发拉底河流域的示拿平原,打算在这里建造一座通天的高塔,以便传扬人类的名。上帝对此非常愤怒,于是变乱了人们的口音,使他们彼此不通,建塔工作只好半途而废。由于该塔由于人们的语言“变乱”而不能竣工,故而被称做“巴别之塔”。因为“巴别”也就是“变乱”的意思。《圣经》在谈到这个故事时,是这样叙述的:

> 那时,天下人的口音、言语都是一样。他们往东边迁移的时候,在示拿地遇见一片平原,就住在那里。他们彼此商量说:“来吧,我们要做砖,把砖烧透了。”他们就拿砖当石头,又拿石漆当灰泥。他们说:“来吧,我们要建造一座城和一座塔,塔顶通天,为要传扬我们的名,免得我们分散在全地上。”耶和华降临,要看看世人所建的城和塔。耶和华说:“看哪,他们成为一样的人民,都是一样的言语,如今既作出这事来,以后他们所要做的事就没有不成就的了。我们下去,在那里变乱他们的口音,使他们的言语彼此不通。”于是,耶和华使他们从那里分散在全地上,他们就停工不造那城了。因为耶和华在那里变乱天下人的言语,使众人分散在全地上,所以那城名叫巴别。①

这个典故中最值得注意的是下述三点。首先,是语言的意义或价值。语言或言语是人们交流思想的必不可少的工具。人类的语言统一了,人类就能够统一行动,就没有什么干不成的事情。其次,语言或言语的混乱是人类的大敌。如果人类的语言或言语混乱了,人类就将一事无成。最后,人类倘若要恢复自己的力量和尊严,第一件应当做的事情就是在语言或言语方面“拨乱反正”:澄清语词的意义,重新表达和把握宇宙万物的规律。这是

---

① 《创世记》11:1—9。

人类必须履行的最有尊严的一件事情，一件在一定意义上是反上帝之道而行之的大事业。

真正说来，人类对语言或言语的一切研究工作，包括语音学、语义学和语形学的研究，都属于这类伟大的事业。就莱布尼茨所在的时代而言，随着认识论问题在哲学中的地位的不断突出，随着近代认识论研究的不断深入，语言学或语言哲学的问题越来越受到哲学家的关注。洛克在《人类理智论》中不仅以整整一卷的篇幅专门讨论了语词问题，而且他还把整个认识论，乃至整个哲学都称之为"标记之学"。他把人类理智所能达到的三大独立的知识领域概括成"物理学"、"实践之学"和"标记之学"。在洛克看来，物理学关涉的是"事物的本性，以及其各种关系和作用的途径"，实践之学关涉的是"一个人在追求一种目的时所应做的事情"，而标记之学所关涉的则是"达到和传递这两种知识的途径"。在谈到标记之学的更进一步的内容时，洛克还具体地说道：

> 这种学问的职务，在于考察人心为了理解事物、传达知识于他人时所用的标记的本性。因为人心所考察的各种事物既然都不在理智之中(除了它自己)，因此，它必须有别的一些东西，来作为它所考察的那些事物的标记和表象才行。这些标记就是所谓观念。不过构成一个人的思想的各种观念的模样，不能拿出来供他人直接观察，它只能存储于记忆中，而且记忆还有不是很妥当的储藏器。因此，我们如果相互传达思想，并且把它们记载下来为自己利用，则我们还必须为观念造一些标记。音节清晰的声音和文字是人们所认为最方便的，因此，人们常常利用它们。观念和文字既然是知识的伟大工具，因此，人们如果要想考察人类知识的全部，亦应当考察观念和文字，因为它们正是很重要的。在适当考察了它们之后，在清晰地衡量了它们以后，它们或许会供给我们以一向不曾见到的另一种论理学和批评学。①

这就是说，在洛克看来，语言问题既是一个关乎认识论的大问题，又是一个关乎人类所有知识领域或科学领域的大问题。不仅如此，洛克还从社会学和生存论的角度来理解和诠释语言哲学的巨大意义，将语言视为人类"组织社会的最大工具"。他在《人类理智论》专论语词问题的第三卷一开

---

① 洛克：《人类理解论》下册，第721—722页。

始就从人的社会性的高度精辟地指出：

> 上帝既然意在使人成为一个社会的动物，因此，他不仅把人造得具有某种倾向，在必然条件之下来同他的同胞为伍，而且他还供给了人以语言，以为组织社会的最大工具，公共纽带。①

由此也就不难理解洛克何以要用自己的主要精力来撰写《人类理智论》以及用整整一卷的篇幅来专门讨论语词问题了。而且，由此我们也不难窥见洛克构建其认识论体系的勃勃雄心：不仅要构建一种新的类型的“论理学”，而且还要构建一种新的类型的“批评学”。洛克构建新的类型的“论理学”的动机，已如上述，而洛克之所以要构建新的类型的“批评学”，用他在《人类理智论》中的话说就是，乃是因为语言或文字不仅具有“自然的缺点”，而且还在于语言或文字具有“人为的缺点”，这也就是所谓“语词的缺陷”及“语词的滥用”。这就表明，洛克在写作《人类理智论》时是有极强的使命感和承担意识的。

莱布尼茨尽管在哲学路线方面与洛克很不相同，但是在以极强的使命感和承担意识来从事语言哲学研究方面与洛克相比，却是一点也不逊色的。莱布尼茨把研究语言哲学、摧毁“巴别之塔”、发明“普遍字符”、创建“综合科学”当做自己一项极其重大的使命，并为之奋斗了一生。一如他自己所说，他早在孩提时代就陷入了对诸如此类问题的反思，不久就萌生了创造“人类思想字母”的“灵感”，作出了“令人惊奇的发现”：“必然会创造出一种人类思想的字母，通过它们组成的联系和词的分析，其他一切都能被发现和判断。”②后来他的这一天才发现由于他的学位论文《论组合术》于1666年的出版而公诸于世。1674年，他于旅居巴黎期间又写出《论普遍性的方法》一文，开始把他所要建立的普遍科学称为“字符”，并突出地强调了这种“字符”的普遍意义，指出“由于它是字符，它给语言以词，给词以字母，给算术以数字，给音乐以音符”。③ 1677年，他接连写出了《通向一种普遍字符》、《综合科学序言》及《关于物和词之间的联系的对话》等多篇论文，比较系统地表述了他自己的有关设想。此后，他又相继写出了《逻辑演算诸法

---

① 洛克：《人类理解论》下册，第383页。

② 莱布尼茨：《通向一种普遍字符》，见《莱布尼茨自然哲学著作选》，第2—3页。

③ 莱布尼茨：《论普遍性的方法》，见《莱布尼茨自然哲学著作选》，第42页注。

则》(约1679年)、《关于知识、真理和观念的默思》(1684年)、《发现的技术》(1685年)、《论哲学和神学中的正确方法》(约1686年)、《人类学说的前景》(1690年以后)、《论智慧》(约1693年)及《数学的形而上学基础》(1716年)等一系列论文,对他的普遍字符和普遍科学的设想做了更为具体更为详尽的阐述,特别是在《逻辑演算的诸法则》、《论智慧》、《数学的形而上学基础》中,相当具体地讨论了逻辑演算的一些基本概念和基本法则。需要指出的是,莱布尼茨之所以毕生"坚定不移"地从事于普遍字符和普遍科学的反思,不仅在于他之视普遍字符为完善人类理智的最伟大的工具,还在于他始终怀有一个高尚的道德动机,这就是对"人类普遍福利"的"热望"。他在《综合科学序言》中发誓:

如果上帝给我以足够的时间,我的志向之一就是去完成这个方案。因为我一心信奉的宗教向我确保,上帝的爱在于获得普遍福利的热望,而理智又教导我,没有任何东西能像理智的完善那样对人类的普遍福利作出更多的贡献。①

莱布尼茨想要创建的普遍字符或综合科学,就其最本质的内容讲,无非是超数学地运用数学原理、准则和方法,质言之,就是把数学的原理、准则和方法推广到数学范围以外的人类知识的全部领域。莱布尼茨曾经斩钉截铁地指出:幸福依靠科学,科学依靠论证,论证依靠数学。其所以如此,原因就在于"论证的技术迄今仅仅在数学中才能找到"②。这又是因为在现有的各门理性学问中"唯有数学本身带有对自己的检验"③。在数学中,当人们提出一个错误原理时,我们甚至无须检查甚至了解其论证,只需通过简易的试验,通过简单的演算就可以指出其错误。而在自然科学中,这种检验就相当困难,至于在形而上学中,这种检验则简直不可能。那么,为什么唯有数学本身能带有自己的检验呢?莱布尼茨给出的回答是:唯有数学是一门基于数字、符号和计算的科学。这一点,他在《综合科学序言》中讲得很明确:

我们务必注意到,这些在数学中防止推理错误的考察和实验,并非

---

① 莱布尼茨:《综合科学序言》,见《莱布尼茨自然哲学著作选》,第14页。
② 同上书,第11页。
③ 同上。

由事物自身所构成，而是由我们事先用以代替事物的字符所构成。[①]

自然，他这里所谓数学主要地和首要地是指代数和算术。因为在莱布尼茨看来，算术是一门计数的科学而代数乃是一门计量的科学，因而能够最典型地体现数学推证的简易性和确定性。既然如此，我们就不妨设想：如果我们在自然科学、形而上学、伦理学、神学、政治学、法学、医学以及人类知识的所有其他领域都严格地采用数学一类的原理、准则、符号和方法，则所有这些科学岂不就都有数学推证的简易性和确定性了吗？因此，全部问题就在于向自然科学、形而上学、神学等人类知识的领域移植数学的原理、准则、符号和计算方法是否可能以及如何可能。莱布尼茨本人也正是这样提出问题和思考问题的。他在"通向一种普遍字符"中曾经对这种移植的可能性提供了酷似带有本体论性质的证明。该文在劈头引用了早期拉丁文本《圣经》中"上帝依照重量、度量和数量创造了万物"[②]这句话后接着指出："没有东西不被包摄在数量之中"[③]。莱布尼茨的这句话很容易使我们想到以数为万物始基的毕达哥拉斯（Pythagoras，约公元前580—500年）。既然数学中隐藏了万物"最深奥的秘密"，既然数学具有无所不包的统摄性，则作为计数计量的代数和算术就和人类知识的所有其他领域有了一种共通性，则代数和算术的基本原理、准则和计算方法，就必然对人类知识的所有其他领域有一种普遍的有效性和适用性；而那种获得了普遍有效性和适用性的原理、准则、计算方法及字母、符号、数字等，不是别的，正是莱布尼茨所谓普遍语言或普遍科学的别名。莱布尼茨在谈到普遍语言同数学的内在关联时曾经不无深刻地指出：

> 一般说来，这种语言的符号和文字，将会起到像计数的算术符号和计量的代数符号一样的作用。真好像在上帝把这两门科学授予人类时，他要我们去认识在我们的理智中隐藏着一个极其深奥的秘密，这是通过这两门科学预示出来的。[④]

不仅如此，莱布尼茨还更加明确地宣布：

> 数量可以说是一个基本的形而上学的形式，算术是一种宇宙的静

---

① 莱布尼茨：《综合科学序言》，见《莱布尼茨自然哲学著作选》，第11—12页。

② 《圣经·智慧篇》11:20。

③ 莱布尼茨：《通向一种普遍字符》，见《莱布尼茨自然哲学著作选》，第1页。

④ 同上书，第2页。

> 力学,在其中显示出事物的诸动力。①

当莱布尼茨这样说时,他就在赋予数量以一种形而上学意义的基础上简直把数学看成了具有形而上学价值的适用于人类知识所有领域的“普遍科学”了。也许正因为如此,莱布尼茨曾把自己的“普遍科学”称之为“数学—哲学”。②

诚然,在莱布尼茨之前就已有人把数学引进认识论,引进哲学方法论。例如,远在经院哲学家中,雷蒙·鲁勒(Raymond Lully,1234 或 1235—1315 年)就已经初步提出了概念组合术的设想。至近代,霍布斯曾提出过“推理即计算”的思想,笛卡尔曾提出过“普遍数学”的概念,达尔格努斯(Georgius Dalgarnus,约 1626—1687 年)与威尔金(John Wilkin,1614—1672 年)先后于 1661 年和 1668 年提出了普遍的哲学语言的设想。但是真正比较认真和系统地用数学方法研究逻辑问题和认识论问题,决心在革新传统逻辑的基础上发明普遍符号、改进推理技术、创建适用于人类全部认识领域的文字系统或科学系统的,莱布尼茨还是第一人。这是因为虽然上述思想家在这方面都做过一些有意义的思考,但是他们却往往浅尝辄止。莱布尼茨在谈到这一现象时,也感到纳闷:

> 我常常感到惊奇的是,就任何书面证据所指出的而言,何以迄今还没有人着手于如此重要的题目。如果一个人只要从一开始一步一步地遵循程序的严格的方法,就会及时地促使他去考虑这种题目。③

莱布尼茨对此所作的解释是:“人们迄今未能前进的主要原因在于这个事实,即抽象的原理通常是枯燥的和不很动人的。在一度接触后,人们就不再理会它们。”④尽管如此,莱布尼茨对思想史上亚里士多德、约阿希姆·荣格和笛卡尔这三个人未能深入探究这个有意义的问题感到惊奇。亚里士多德在《工具篇》和《形而上学》中深入地考察了概念的最内在的性质。约阿希姆·荣格(Joachim Jungius,1587—1657 年)这位数学家和逻辑学家具有极其透彻的判断力,本来是可以对各门科学来一番“根本的革新”的。笛卡尔的智能是非凡的,在观念的领域里,他确实踏上了真实的和正确的道路,但

---

① 莱布尼茨:《通向一种普遍字符》,见《莱布尼茨自然哲学著作选》,第 1 页。

② 同上书,第 5 页。

③ 同上书,第 4 页。

④ 同上。

是之后却止步不前,他后来的事实,如他在他的论著《谈方法》中所表明的,他卸下了关于方法问题的担子,而满足于形而上学的沉思和他的解析几何学的应用。此外,他还决心为了医学的目的去研究身体的特性。正因为如此,莱布尼茨只好自己一个人承担起这样的学术事业和学术使命。莱布尼茨在谈到自己“单干”的决心时,不无激情地写道:

> 恰恰相反,不管我是如何忙碌或闲散,我总是坚定不移地持续在这方面的反思。在这个问题上,我总是单干的,因为我早已直觉到它的全部意义,并觉察到达到这个目标的一个惊人的和简易的方法。对我来说,它耗去了我的艰苦的反思,但我终于发现了这个方法,为了建立这种字符,换言之,我以后为了建立对所有观念都适用的特征数字(至少在关于这个惊奇的普遍语言的语法上和对于最大量和最重复的情况都适用的词典上),完全需要按照一种新的方法,去创立一种数学—哲学的研究过程。①

与洛克在构建“标记之学”时顾虑重重的情况不同,莱布尼茨对于“摧毁巴别之塔”、发明普遍字符、改进推理验算、创建综合科学抱着非常乐观的态度。1677 年,他在《通向一种普遍字符》中近乎盲目乐观地写道:

> 我所提供的这一新的方法,并不比任何其他程序包含更大的困难,也不过于远离熟悉的概念和通常的书写方式。它也不比当前早已花费在讲课和各门百科全书方面需要更多的工作。我相信有几个经过挑选的人,在五年内,就会完成全部的工作,而他们在任何情况下,只要两年工夫,就会精通这个在实际生活中最必需的学问,那就是,按照一个确实可靠的计算方法,掌握道德的和形而上学的命题。②

后来,在《人类理智新论》中,针对洛克的悲观情绪,明确提出了“摧毁巴别之塔”全在于我们自己的观点。洛克认为,文字的缺陷在于其“意义含混”,而意义含混的原因又在于下述四点:(1)当语词所意指的观念非常复杂时;(2)当组合成一个新观念的诸多观念在自然中并无联系的时候;(3)当文字的意义所参照的标准不容易认识的时候;(4)当语词的意义和实在本质并

---

① 莱布尼茨:《通向一种普遍字符》,见《莱布尼茨自然哲学著作选》,第 5 页。
② 同上。

不确切相同的时候。① 莱布尼茨虽然也承认干这样一番事业有一定困难，但他还是非常坚定地回应说：关于这四种缺点，"我要对您说，先生，这些全都是可以补救的，尤其是自从发明了书写以来，并且这些缺点只是由于我们的忽略才得以继续存在的。因为意义是靠我们来确定的，至少在某种学术语言中是如此，并且靠我们同意来摧毁这巴别之塔（detruire cette tour de Babel）。"②莱布尼茨的上述"方案"虽然由于上帝没有给他安排足够的时间（尽管也不止五年）而未能完成，但是他的这一天才设想和他在这一方面所作的坚忍不拔的努力，其实就是现代数理逻辑或符号逻辑的滥觞。罗素在其《西方哲学史》中曾经称赞莱布尼茨，说他是"数理逻辑的一个先驱，在谁也没认识到数理逻辑的重要性的时候，他看到了它的重要"。并强调说：莱布尼茨对数理逻辑很有研究，"他的研究成果当初假使发表了，会重要之至；那么，他就会成为数理逻辑的始祖，而这门科学也就比实际上提早一个半世纪问世。"③作为当代数理逻辑和语言哲学的一个主要代表人物，罗素的这个评论是值得重视的。

2. 普遍代数学（一）：以数学为蓝本发明普遍字符

莱布尼茨在语言哲学或普遍代数学方面的研究成果虽然比较零碎，但归结起来不外以下三个方面：以数学为蓝本发明普遍字符，以数学为蓝本改进推理演算，以数学为蓝本创建综合科学。

在莱布尼茨的普遍代数学或"数学—哲学"体系中，普遍字符也叫做普遍字母、普遍符号、普遍语词和特征数字，它们同普遍语言或综合科学的关系是一种构成系统的元素与由元素构成的系统的关系。莱布尼茨常用人类思想的"字母"与人类思想的"字母表"、人类思想的"密码"与人类思想的"密码学"来表达这种关系。莱布尼茨他在《综合科学序言》中讲"那些表达我们全部思想的字符将构成一种能写能说的新语言"④。他在《关于物和词

---

① 洛克：《人类理解论》下册，第463页。

② *Die philosophischen chriften* von *Gottfried Wilhelm Leibniz* 5 pp. 317－318；莱布尼茨：《人类理智新论》下册，第378页。

③ 罗素：《西方哲学史》下卷，第129、124页。

④ 莱布尼茨：《综合科学序言》，见《莱布尼茨自然哲学著作选》，第13页。

之间的联系的对话》中讲:如果没有符号,“思想就不能存在”①,更是直截了当地点出了普遍字符或普遍符号在普遍语言或综合科学中的元素地位和基础作用。既然如此,发明普遍字符或普遍符号就成了莱布尼茨创建“数学—哲学”系统工程中的一项基本工程。而在这方面他所提出的主要设想及其所作的主要工作有如下述:

第一,莱布尼茨强调了普遍字符或普遍符号的抽象性和普遍性。在传统逻辑里,推理的基础在判断,判断的基础在概念,而在莱布尼茨的“数学—哲学”系统里,普遍字符或普遍符号虽然也“不远离我们熟悉的概念”,但似乎当有更高程度的抽象性和普遍性。莱布尼茨在《通向一种普遍字符》中讲“建立对所有观念都适用的特征数字”,“我们的字符能把所有的问题简化成数字”。② 他在“综合科学序言”中讲“那些字符”“表达我们的全部思想”。③ 他在《人类学说的前景》中讲“全部人类知识都能通过字母表的字母表达出来,我们可以说,凡是懂得字母表的用法的人就能认识一切”④。这就是说,莱布尼茨所要发明的文字和符号,不只有别于仅仅表示个别事物的记号,而且也有别于传统逻辑中所谓的概念。因为他要求这些文字或符号“对所有的观念都适用”,能够“表达我们的全部思想”,亦即“表达人类的全部知识”,不仅适用于算术、代数,而且也适合于自然科学、形而上学、伦理学、神学、政治学、法学、医学以及人类知识的所有其他领域。换言之,这样的文字或符号必定具有相当程度的形而上学性质,这是普通的逻辑概念所无法比拟的。

第二,莱布尼茨强调了普遍字符或普遍符号的精确性和明确性。莱布尼茨在强调普遍字符或普遍符号当具有更高的抽象性或普遍性的同时也十分强调它们当具有更高的精确性和明确性。正是出于这样一种考虑,他在讨论普遍字符时提出了对一切对象指派其确定的“特征数字”、“用数字表达各种真理和推断”以及“把所有的问题简化成数字”的设想。寻求知识和概念的确定性本来是近代理性主义哲学的一项根本目标,但是在莱布尼茨

① 莱布尼茨:《关于物和词之间的联系的对话》,见《莱布尼茨自然哲学著作选》,第17页。

② 莱布尼茨:《通向一种普遍字符》,见《莱布尼茨自然哲学著作选》,第5、7页。

③ 莱布尼茨:《综合科学序言》,见《莱布尼茨自然哲学著作选》,第13页。

④ 莱布尼茨:《人类学说的前景》,见《莱布尼茨自然哲学著作选》,第40页。

看来,由于先前的理性主义哲学家没有认真地坚持“数学的严格性”,未曾用数字来表达真理,结果便半途而废,即使通常认为是“用数学方式来写作”的斯宾诺莎也不例外。莱布尼茨在《发现的技术》一文中曾对斯宾诺莎做了严厉的批评。他近乎苛刻地写道:

斯宾诺莎也从事于进行论证,它们被充分地包含在他所出版的《笛卡尔哲学原理》的部分论述之中。但他的观念却是如此的混乱,完全缺乏数学家的明晰,当他想要使它们作为无可辩驳的论证为人所接受时,往往令人不知所云。他所作的论证有时是极其复杂的,他所使用的藉以论证另一个命题的命题,往往比结论更加棘手。①

诚然,莱布尼茨所批评的,还涉及推理演算问题,但斯宾诺莎未用数字来表达真理无疑也是莱布尼茨批评的一项重要内容。

第三,莱布尼茨强调普遍字符或普遍符号的灵活性或可置换性。莱布尼茨在《人类学说的前景》中,特别是在《关于物和词之间的联系的对话》中具体地讨论了普遍字符或普遍符号的灵活性或可置换性,明确指出“这些可以被调换或相互替代而不致损害推理”。他还进一步解释说:“在这一方面,字母表的各个字母有时是有用的。”②应当指出:普遍字符或普遍符号的灵活性或可置换性在莱布尼茨的整个“数学—哲学”系统中占有举足轻重的地位,因为它直接关涉普遍符号间的关联性、一致性、可共存性(即相容性)、可传性、系统性和谐和性,此外,它同推理演算也不无关系。

第四,同普遍字符或普遍符号的灵活性和系统性相关联,莱布尼茨还提出了表示“关系”的符号问题。他认为符号不仅有表示一类事物或对象的功能,而且还有表示诸对象之间的关系的功能。他在《关于物和词之间的联系的对话》中曾以发光这个词为例来解说语词或符号的这种功能。他说:发光(Lucifer)这个词是由词干光(Lux)和产生(fero)合成的,但这个合成词肯定对它们有一个“限定的关系”;实际上,这种关系是由发光、光、产生所指的“诸对象之间特有的一种关系”。莱布尼茨还讨论了一些关系符号如“大于”等。他提出的关系符号扩大了符号之间的联系性和统一性,从

---

① 莱布尼茨:《发现的技术》,见《莱布尼茨自然哲学著作选》,第25页。

② 莱布尼茨:《人类学说的前景》,见《莱布尼茨自然哲学著作选》,第39页。

而扩大了逻辑演算的可传性，由于这后一个方面同他的逻辑演算思想相关，我们在后面还要讨论。罗素在《对莱布尼茨哲学的批评性解释》一书中曾批评莱布尼茨因为坚持主谓项逻辑学而忽视了关系问题。这是不太公允的。当然，罗素要批评的似乎并不在于莱布尼茨从根本上否认关系命题，因为他自己也承认莱布尼茨曾经"讨论了这类命题的所有的主要类型"，而是在于莱布尼茨"竭力把它们还原为主—谓项形式"，"否认关系的独立实在性"，把关系理解为"一种纯粹观念性的东西"①。毋庸讳言，罗素对莱布尼茨的批评也并非空穴来风。因为莱布尼茨确实如罗素所批评的，曾将关系理解为某种观念性的东西。例如，莱布尼茨在讨论两条线段之间的比率时，就曾经说过：

> 关于两条线段 L 和 M 之间的比率，可以设想有三种表达方式：可以设想成较长的线段 L 对较短的线段 M 的比率，也可以设想成较短的线段 M 对较长的线段 L 的比率，最后还可以设想成某种从这两者抽象出来的东西，即设想成 L 和 M 之间的比率，而不考虑何者在先，何者在后，何者为主项，何者为谓项……因此，我们必须说，这一关系，在考察它的第三种方式的情况下，实际上是"在"这些主项"之外"的；但是，由于它既不是一个实体又不是一个偶性，那就必定是一种纯粹观念性的东西。②

但是，莱布尼茨在说过这种关系是一种"纯粹观念性的东西"之后，紧接着又说："尽管如此，对它的考察还是十分有益的。"这究竟是为什么呢？莱布尼茨解释说：在这种情况下，尽管字符，包括表达关系的字符，是观念性的，但是，这种观念性的东西毕竟是以现实存在着的事物为基础和前提的，也就是说，在作为观念的字符与作为观念的字符所表达的事物之间毕竟存在着一种对应的关系或"亲属关系"，因而还是具有一定的客观基础的，还是内蕴着某种"确定的而不是独断的某些东西"的。就莱布尼茨所列举的上述例证来说，在第三种情况下，这两条线段之间的比率尽管是"观念性的"，但是，作为观念性的"比率"毕竟还是以这两条现实存在的线段为基

---

① 罗素：《对莱布尼茨哲学的批评性解释》，第 15—17 页。

② *Die philosophischen chriften* von *Gottfried Wilhelm Leibniz* VII，p. 401.

础和前提的。[①] 既然如此,我们对罗素的上述批评也就不能完全苟同。其实,莱布尼茨的普遍字符或普遍代数学所具有的科学的意义和价值,正是藉字符与事物之间的这样一种联系获得的。

第五,莱布尼茨提出和考察了符号的级别问题。莱布尼茨虽然未曾系统地论述过符号的级别问题,但他在有关讨论中也曾涉及它。他对"符号"曾有过种种不同的说法,如字、文字、词、语词、字母、数字、特征数字、算术符号、代数符号等,至于这些符号间的关系,他的说法前后也很不一致。例如,他在"通向一种普遍字符"中一方面讲要创造出一种"人类思想的字母",另一方面又讲"我们的文字能把所有的问题简化成数字"[②]。再如,他在"综合科学序言"中讲"用字符表达我们的全部思想"[③],而在"发现的技术"中又讲"用数字表达各种真理和判断"[④]。现代数理逻辑学家有人把非符号的事物叫做 0 级符号,把表示 0 级符号的符号叫做 1 级符号,把表示 1 级符号的符号叫做 2 级符号。莱布尼茨在自己的"数学—哲学"系统中尽管没有使用这些术语,关于符号等级的意识想必他还是有的。

第六,莱布尼茨虽然强调以数学为蓝本发明普遍字符,但他的普遍字符不仅在应用范围上(如上所说)不限于数学,而且在意涵上也与表示数量的算术符号和代数符号不尽相同。莱布尼茨在《通向一种普遍字符》、《论哲学和神学中的正确方法》、《人类学说的前景》及《数学的形而上学基础》等论文中都曾强调过这一点。例如,他在《通向一种普遍字符》中在强调"数量可以说是一个基本的形而上学的形式"的同时,又指出:

> 可是有许多东西,即凡是不受力或动力影响的东西,并不能加以估量;任何不可分割成部分的东西也难以度量。[⑤]

他在《人类学说的前景》中更明确地指出:

> 代数的最大的优点是字符的艺术这一唯一的实例,后者用途不限于数字或量值。因为如果这些字母表明许多点时,我们可以构成某一

---

① 参阅莱布尼茨:《关于物和词之间的联系的对话》,见《莱布尼茨自然哲学著作选》,第 19 页。

② 莱布尼茨:《通向一种普遍字符》,见《莱布尼茨自然哲学著作选》,第 3、5 页。

③ 莱布尼茨:《综合科学序言》,见《莱布尼茨自然哲学著作选》,第 12、13 页。

④ 莱布尼茨:《发现的技术》,见《莱布尼茨自然哲学著作选》,第 21 页。

⑤ 莱布尼茨:《通向一种普遍字符》,见《莱布尼茨自然哲学著作选》,第 1 页。

种计算或运算，它完全不同于代数，但仍然具有和代数同样的优点。① 他甚至强调说：

在某种意义上，符号逻辑或代数也隶属于这门科学。②

在《人类理智新论》中，莱布尼茨在阐述了逻辑并非是"一种学者的游戏"，而是一种"普遍的数学"之后，紧接着又强调指出：

代数要成为发明的技术还差得很远，因为它本身也还需要一种更一般的技术（un art plus general）；而我们甚至可以说，那种普遍语文（la Specieuse en général）即关于符号的技术对此是一种了不起的帮助，因为它有助于想象力。③

莱布尼茨在其《论哲学和神学中的正确方法》中曾对他作出这种强调的动机作出过说明：这就是"建立真正的和必然的实体概念"。因为在他看来无论如何不能把"物质的实质"仅仅归之于有量的规定性的"广延"，而为了完成"物质的概念"，我们就必须"对广延或多样化的概念"加上仅有质的规定性的"力"的概念或符号。④ 这或许是莱布尼茨的"数学—哲学"既超越传统逻辑又超越现代数理逻辑的优点。

第七，莱布尼茨的"数学—哲学"既超越传统逻辑又超越现代数理逻辑的另一个优点在于他注重和强调了普遍字符或普遍符号同事物及其关系的"亲属关系"。莱布尼茨曾十分详尽地讨论了这一问题。一方面他强调了普遍符号或普遍语词的人为性质，指出像"圆"或"椭圆"、"发光"这些词（普遍字符）显然都是人类和数学家造出来的，但是另一方面他又强调这些词或普遍字符都同对象或对象的关系有一种"相似性"或"亲属关系"，并把这种亲属关系或相似性看做"真理的基础"。他在《关于物和词之间的联系》中曾突出地强调了这一点。他说：

即使文字是如此独断，但在应用和联系中，仍然有确定的而不是独断的某些东西，那就是，在它们和事物之间存在着一种亲属关系，使得

---

① 莱布尼茨：《人类学说的前景》，见《莱布尼茨自然哲学著作选》，第39—40页。

② 同上书，第39页。

③ *Die philosophischen chriften* von *Gottfried Wilhelm Leibniz* 5, p. 471；莱布尼茨：《人类理智新论》下册，第587页。

④ 莱布尼茨：《论哲学和神学中的正确方法》，见《莱布尼茨自然哲学著作选》，第36、35页。

> 在所有不同的文字之中的限定的关系习惯于表达同样的事物，这个联系是真理的基础。因为它说明何以不管我们使用什么文字，结果都是同样的，或者至少我们发现的结果，在限定的方式中，彼此是相当的和相符的。①

他由此而得出的结论是：真理既存在于思想之中，也存在于事物之中，既存在于我们自己的本性中，也存在于事物的本性中。

3. 普遍代数学（二）：以数学为蓝本改进推理演算

莱布尼茨的“普遍代数学”或“数学—哲学”系统的第二项基本工程是以数学为蓝本改进推理演算。这是一项同发明普遍字符或普遍符号密切相关且以之为基础的极其重要的工作。他在许多篇论文中都曾讨论过推理演算或逻辑演算问题。例如，他在“综合科学序言”中不仅提出了“幸福依靠科学，科学依靠论证”的著名命题；在“逻辑演算诸法则”中枚举和证明了逻辑演算的一些基本公理；在“论智慧”中具体地讨论了运用科学原理的技术，特别是关于恰当推理技术和发现尚未了解的真理的技术，并把掌握这些技术视为智慧的根本表征；在《数学的形而上学基础》中集中讨论了比数学分析更为广泛的分析技术，即逻辑演算技术。我们可以把他的有关主要观点概述如下。

第一，莱布尼茨提出了推理即文字变换或符号演算的思想。他在“通向一种普遍字符”中曾提出过在把所有的问题简化成数字后进行“数字计算”，建立一种算术静力学的设想；在《综合科学序言》中又提出在数学中寻找“论证技术”的问题，并强调说：“所有依靠推理的探究都要通过字符的变换和某一种演算。”②应当强调指出的是：莱布尼茨所谓文字变换或符号演算并非是霍布斯推理即计算思想的简单重申。霍布斯的确在莱布尼茨之前非常明确地说过：

> 我所谓“推理”是指计算。计算或者是要把要加到一起的许多东西聚成总数，或者是求知从一件事物中取去另一件事物还剩下什么。

---

① 莱布尼茨：《关于物和词之间的联系的对话》，见《莱布尼茨自然哲学著作选》，第19页。

② 莱布尼茨：《综合科学序言》，见《莱布尼茨自然哲学著作选》，第12页。

所以推理是与加和减相同的。①

毋庸讳言，莱布尼茨的普遍字符与逻辑演算的思想不能说与霍布斯没有关联。但是，霍布斯的所谓推理即计算无非是讲一个命题中主项与其诸谓项间的加减关系，而莱布尼茨的所谓推理即字符变换或符号演算则包含着远为深广的意涵，它不仅是一项证明的技术，而且还是发现的技术，不仅是一项发现真理的技术，而且还是一项发现错误的技术。

第二，莱布尼茨制定了一套"恰当"推理的技术。在莱布尼茨看来，恰当推理的技术，作为"智慧"的一项基本内容，实际上是一种"应用"科学原理的"技术"。他认为这套技术主要由下列准则组成：首先，要避免武断和偏见，只承认毋庸置疑的事物，只把事物本身包含的东西归之于事物。他强调说：

> 除了那种显然不容置疑的事物而外，我们不承认任何事物是真实的。我们在进行探索时最好一开始就能设想我们自身位于反面，借此使我们了解，这样做是否促进我们发觉某些可靠的东西能被说成对反面有利。我们必须免除偏见，只把事物本身包含的东西归之于事物。我们永远不能武断。②

其次，如果无法达到上述确信或毋庸置疑，我们在等待更大的启发时必须满足于可能性。莱布尼茨认为，凡是从"仅仅可能的原理"中推演出来的东西，都保留着其来源的某种"不完善性"。不仅如此，我们还应当区分各种可能性或概然性的程度，凡是推演出来的东西的可能性或概然性都比作为其根据的可能性或概然性更少确定性，从而我们对之确信的程度应该更低一些。最后，从一个真理推断出另一个真理时，我们必须不间断地保持一定的链条。这是因为，我们之所以能够确定一个链条，只是由于我们能够确定其每个个别的环节都有完善的材料构成，从而能够扣住前后两个邻近的环节。同样，我们之所以能够确定判断的精确度，也只是由于问题是完善的，其中不包含任何可怀疑的东西，其形式由一个众多真理的连续不断的环节所构成而没有任何中断。例如，A 等于 B，B 等于 C，以及 C 等于 D，因此 A

---

① 北京大学哲学系西方哲学史教研室编译：《十六——十八世纪西欧各国哲学》，第 61 页。

② 莱布尼茨：《论智慧》，见北京大学哲学系西方哲学史教研室编译：《十六——十八世纪西欧各国哲学》，第 43 页。

等于 D。这就是说,决不能把前提中所没有的东西放到结论中去。这也就是著名的"莱布尼茨定律"。这无疑是避免"蒙面人谬误"(masked man fallacy)的一项有效措施。

第三,莱布尼茨不仅制定了一套"恰当推理的技术",而且还制定了一套"发现的技术"。莱布尼茨认为这套技术主要由十项准则组成,其中最主要的有下列三项。首先,为了认识一个事物,我们必须考察它的全部先决条件,包括先决条件的先决条件,最终达到通过事物自身才能理解的若干性质的考察,即达到所考察事物的"完全的知识"。莱布尼茨认为这是一个分析的过程。在谈到这种分析方法和分析过程时,莱布尼茨说道:

> 当我们把分析推向结束,那就是,我们考察了涉及被提出的事物的各种先决条件,甚至是先决条件的先决条件,最终达到只能通过事物自身才能理解的若干性质的考察,从而既不需要先决条件,也不需要设想超出事物自身的任何东西。这样,我们就达到了关于这个被提出的事物的完全的知识。①

其次,"完全的知识"的标志是被考察的事物必须是能被计算的,并且不会遇到这样的情况,即它的出现不能被事先预见。莱布尼茨非常乐观地认为,完成一个对诸多个体事物的分析是十分困难的,但是,要完成我们对所需要了解的诸事物的先决条件的分析却并不是非常困难的。这是因为,"我们一经发现命题的证明之后,真理的分析就完成了。常常是,对事物的分析一开始,就足以使我们分析出或完全认识到被认识的事物的真理。"②最后,我们必须经常从最一般的最简单的事物开始探究,也就是从那些易于进行实验和计算的事物开始探究,循序渐进,直到最后用完整的顺序和完全彻底的组合或综合由因推果地说明事物的根源。

第四,莱布尼茨不仅制定了一套恰当推理的技术和发现的技术,而且还制定了逻辑演算的一些基本法则。他把逻辑演算的一些基本公式或基本法则称做"公理"。他认为这样的公理主要有七条。它们是:A 包含 B 且 B 包含 C,所以 A 包含 C(公理 1);QB 包含 B 或 QB 是 B(公理 2);对一个项的

---

① 莱布尼茨:《论智慧》,见北京大学哲学系西方哲学史教研室编译:《十六——十八世纪西欧各国哲学》,第 44 页。

② 同上书,第 45 页。

双重否定是对它的还原:不是非 A 是 A(公理 3);非真是假(公理 4);如果一个结论是诸前提的结果,而那个结论是假的,则诸前提中之某一个将是假的(公理 5);如果 B 是真的,那么 QB 不是 C 是假的(公理 6);如果 B 是 C 是假的,则 QB 不是 C 是真的(公理 7)。①

第五,提出了一系列命题连接词。命题连接词是我们用简单命题组合复合命题进行逻辑演算(命题演算)的一项基本工具或基本媒介,因而也是莱布尼茨推理演算设计中的一项重要内容。现代数理逻辑中这种命题连接词主要有五个,即“非”(否定词,由它可以从 A 作出非 A),“且”或“与”及“和”(合取词,由它可以作出“A 且 B”或“A 与 B”或“A 和 B”),“或”(析取词,由它可以作出“A 或 B”);“如果——则”(蕴涵词,由它可以作出“如果 A 则 B”或“A 蕴涵 B”),“等于”或“等价于”、“等值于”(等值词,由它可以作出“A 等于 B”或“A 等价于 B”、“A 等值 B”)。令人惊奇的是,即使从莱布尼茨的《逻辑演算诸法则》中所论列的七项公理及其证明中我们就可以看出,莱布尼茨早在十七世纪末叶就已经发明和运用了这些命题连接词。例如,莱布尼茨从公理 1 直接得出的第一格的原始式中就有“B 不是 C,A 是 B,所以 A 不是 C”以及“B 不是 C,QA 是 B,所以 QA 不是 C”,显然是用了否定词。而公理 4、公理 5、公理 6 和公理 7 更是明显地用了否定词。无怪乎现代数理逻辑学家要把莱布尼茨看做自己的理论先驱。

第六,拓宽了逻辑推理的范围。我们知道传统形式逻辑囿于一种狭隘的主谓式命题结构,把任何语句都分析成“A 为 B”或“A 是 B”的形式,这就大大地缩小了逻辑的应用范围。莱布尼茨由于把数学中的关系词如“大于”、“小于”、“包含”、“等于”等引进了判断和推理中,这就大大地扩充了逻辑推理的范围及其可传性,从而得以建立起一切必要的推理链条。例如,我们在前面提到的“A 等于 B,B 等于 C,以及 C 等于 D,因此 A 等于 D”以及“A 包含 B 且 B 包含 C,所以 A 包含 C”等都是明证。

第七,深化了逻辑推理的意涵。莱布尼茨把关系词或关系符号引进逻辑推理不仅拓宽了它的范围,而且也深化了它的意涵。他在讨论量度时曾

---

① 参阅莱布尼茨:《逻辑演算诸法则》,见北京大学哲学系西方哲学史教研室编译:《十六——十八世纪西欧各国哲学》,第 48—49 页。

经指出，在量中有许多不同类的关系，例如，在两条直线间的使它们的总和完全等于一个不变长度的关系，而在两条直线之间，也能存在这样一种关系，那就是它们平方的和的平方根等于一个常数线：$x^2+y^2=a^2$。就前面一种关系言，会有无限多的直线的对子"x+y"能够满足 $x+y=a$ 的条件，就后一种关系言，它同样会有无限多的对子满足这个等式的值。莱布尼茨在这里谈的是否同现代数理逻辑中的"变元"或"函数"有什么直接关系对我们并不十分重要，重要的是莱布尼茨从中发现了它们的形而上学意义，从中"导出"了他的"连续性定律"。他非常得意也非常深刻地指出：

> 从这里，导致连续性定律，……由于它，静止中的事物的定律，在某种意义上，只是运动着的物体的普遍法则的一个特殊的事例，等式的定律，在某种意义上只是不等式定律的一个事例，曲线的定律同样是直线定律的一个亚种。①

这样看来，莱布尼茨从代数中借用过来的"关系"概念获得了一种远远超出通常数学概念所有的形而上学意义，即矛盾同一的意义。这样的关系概念是现代数理逻辑所或缺的也是它无法解释的。

4. 普遍代数学（三）：以数学为蓝本构建综合科学

莱布尼茨认为，一旦我们发明了普遍字符或普遍符号，一旦我们有了一套逻辑演算的规则和技术，我们就可以以数学为蓝本建立起涵盖人类知识所有领域的"综合科学"或普遍科学。

这里我们面临的第一个问题就是我们建立这样一种普遍科学或综合科学的可能性问题。莱布尼茨对此似乎毕生持守一种相当乐观的态度。他在《人类学说的前景》中曾经指出：既然我们能够发明所有的普遍字母，既然我们能够依照一定的规则制定出一个字母表，则我们就一定能根据字母表"计算出人类所能表达的真理的数目"，我们就能

> 确定可能包含所有可能的人类知识的一部著作的规模，在人类知识中会有的能被认识、书写或发现的一切，甚至比这些还要多，因为它不仅可能包含那些我们所能断言的真命题，也包含那些假命题，甚至还

---

① 莱布尼茨：《数学的形而上学基础》，见北京大学哲学系西方哲学史教研室编译：《十六——十八世纪西欧各国哲学》，第 59 页。

可能包含那些并不意味任何东西的表述。①

他还进而强调：

假定人类总是尽可能前进……最终一切也必然竭尽，一个未曾早已写成的小说再也不能被写成，一个新的梦也同样不可能。②

这样看来，莱布尼茨对人类认识能力的至上性毫不怀疑，他对人类知识的前景的乐观估计一点也不逊于弗兰西斯·培根。当年培根曾夸口说，只要通过一两代人的努力就可以发现全部自然规律（他称之为“形式”），现在莱布尼茨则进而宣布：“我相信有几个经过挑选的人，在五年内，就会完成全部工作”，他甚而夸口说只要上帝给他安排足够的时间，即使他一个人也可以单独地建立起这门“综合科学”。关于这一点，由于我们在前面已经有所论及，这里就不予赘述了。

接着而来的是建立综合科学的方法问题。数学方法无疑是莱布尼茨建构综合科学的一个基本方法，但是莱布尼茨从来没有把自己的“新方法”局限于数学方法，更没有把自己的“新方法”归结为数学方法。他在《综合科学序言》中声明说：

真正的方法，就其整个范围来说，对我一直是一个完全未知的东西。……我认为，即使在数学自身中，这种方法也是非常不完善的。③

他在“发现的技术”中似乎已经开始把数学方法放到“补充”或“从属”的地位，强调要以普遍字符来“确定”我们的观念，并补充以“数学的证明”或“数字的考查”。他甚而指出：“几何学中的代数的方法是可靠的，但却不是最佳的。”④尽管莱布尼茨的这句话也包含有几何学方法稍逊于算术和代数方法的意思，但是，毕竟也直接涉及数学方法的“缺陷”。如果说他在这里对数学方法的从属地位规定得还赚含糊的话，则他在《人类学说的前景》中就表述得相当明确了。他直接用普遍科学同数学（代数）对照比较，指出“普遍语文或普遍字符”是

---

① 莱布尼茨：《人类学说的前景》，见北京大学哲学系西方哲学史教研室编译：《十六——十八世纪西欧各国哲学》，第 41 页。

② 同上。

③ 莱布尼茨：《综合科学序言》，见北京大学哲学系西方哲学史教研室编译：《十六——十八世纪西欧各国哲学》，第 10 页。

④ 莱布尼茨：《发现的技术》，见北京大学哲学系西方哲学史教研室编译：《十六——十八世纪西欧各国哲学》，第 27 页。

> 那种关于同一和多样,相似和不相似,绝对和相对的科学,像通常数学论述一和多,大和小,整体和部分那样。我们甚至可以说,在某种意义上,符号逻辑或代数也隶属于这门科学。①

他接着说:

> 代数的最大优点是字符的艺术这一唯一的实例,后者的用途不限于数字或量值。因为如果这些字母表明许多点时(实际上常为几何学家所采用),我们可以构成某一种计算或运算,它完全不同于代数,但仍然具有和代数同样的优点。②

他甚至强调说:"我在一开始进行研究时,就想到这一点。"在谈到普遍字符或综合科学的表达方式时,莱布尼茨指出:

> 我也曾注意到,有一种组合的计算,其中成分不是一个集体,而是一个由个别组成的总体,那就是,其中组合的东西除了替换而外,并不结合在一起,这个计算也有完全不同于代数的六条规律,总之普遍语文包含无数的表达方式而代数只包含一种。③

值得注意的是,莱布尼茨在"数学的形而上学基础"中甚至宣称:"数学的大部分完善的方法"是从他所创造的新方法或新技术中"借用"来的。尤当注意的是莱布尼茨在同一篇论文中把"质"同"量"对照起来予以说明,指出:

> 量或量值是对事物的确定,这些事物在众多事物中,之所以能被认识,只是由于它们的直接的同时发生的连带性(或者通过对它们同时存在的观察)……可是,质是当我们各个地考虑事物和事物本身时,对可以被我们认识的事物的确定,因而,对它们假定共同存在是完全不必要的。全部属性都归之于质,对这些属性是能够通过它们所承认的一群特性来说明的。④

他由此得出的结论是:

---

① 莱布尼茨:《人类学说的前景》,见北京大学哲学系西方哲学史教研室编译:《十六——十八世纪西欧各国哲学》,第 39 页。

② 北京大学哲学系西方哲学史教研室编译:《十六——十八世纪西欧各国哲学》,第 39—40 页。

③ 同上书,第 40 页。

④ 同上书,第 52—53 页。

> 整个代数不过是量的组合科学的一个应用，是属于形而上学的或普遍字符的抽象学说的一个应用。①

莱布尼茨强调自己不囿于数学方法，其意图是不难理解的。因为数学的符号，即便是算术和代数的符号，是不可能完全适用于包括伦理学、神学在内的精神科学的，更不适用于完全没有量的规定性的"单子"以及莱布尼茨的以单子论为核心内容的形而上学的。由此也可看出，莱布尼茨不遗余力地寻求和建立新的推证技术，甚至把连续律和矛盾同一的思想引进到自己的方法论中绝非偶然，这是由他决意建立涵盖人类知识全部领域的勃勃雄心所驱使和推动的。

关于普遍科学或综合科学，莱布尼茨谈得较多的另一个问题是它的"巨大的效用"问题。他在《通向一种普遍字符》中曾满怀信心地说：

> 一旦人们对最大部分的概念建立起特征数字，那时人类将会拥有一种新工具，它提高智能的能力，远胜过光学工具之加于人眼，而理智之优越于视力，将和显微镜及望远镜之取代视力一样。它的用途之大，犹如给水手以指南针，它比星座带给所有在海上从事调查和实验的人的用途更大得多。②

接着他在《综合科学序言》中又重申和强调了这一观点，并且不无夸张地宣称："这是人类心灵的最高成果"，"这种语言肯定是理智的最伟大的工具"③。具体说来，从我们掌握的材料看，莱布尼茨认为普遍科学或综合科学的"巨大效用"主要有下述几点。

首先，由于普遍科学或综合科学能够提供出"惊人的简易方法"，所以人类凭借它可以极大地提高和完善自己的理智，以致在最短的时间内释读宇宙的"密码"，掌握最必需的学问。莱布尼茨在《通向一种普遍字符》中指出这种普遍的语言和文字既然包含发现新命题的技术，又能包含对这些命题的批判的考察的技术，因而它们将会起到像计数的算术符号和计量的代

---

① 北京大学哲学系西方哲学史教研室编译：《十六——十八世纪西欧各国哲学》，第58页。

② 莱布尼茨：《通向一种普遍字符》，见北京大学哲学系西方哲学史教研室编译：《十六——十八世纪西欧各国哲学》，第5—6页。

③ 莱布尼茨：《综合科学序言》，见北京大学哲学系西方哲学史教研室编译：《十六——十八世纪西欧各国哲学》，第14页。

数符号一样的作用，只要通过由它组成的联系和词的分析，我们就可以"发现和判断一切"。因此，掌握了它们就等于掌握了打开"宇宙最深奥的秘密"的合适的钥匙，就可以释读宇宙的全部密码，认识在我们的理智中隐藏着的"全部深奥的秘密"。① 他甚至强调说："我所提供的这一新的方法，并不比任何其他程序包含更大的困难，也不太远离熟悉的概念和通常的书写方式"，一些人"在任何情况下，只要两年工夫，就会精通这门在实际生活中最必要的学问。"②后来他在《人类学说的前景》一文中更是乌托邦式地说道：既然全部人类知识都能通过字母表的字母表达出来，那么我们便可以说："凡是懂得字母表的用法的人就能认识一切。"③

在莱布尼茨看来，普遍科学或综合科学的另一个"巨大的效用"在于它可以打破民族语言的界限，成为一种适用世界各民族的语言。例如，莱布尼茨在《通向一种普遍字符》一文中，就曾宣称：

> 在"普遍语言"或"文字"中，各种各样的概念和事物都能用一个合适的顺序加以组合，借助于它，不同民族的人才有可能相互交流思想，把一种外来语的书写符号译成他们自己的语言。④

再如，他在《综合科学序言》中也强调指出：

> 那些表达我们全部思想的字将构成一种能写能说的新语言；去创立这种语言是非常困难的，但学会它却是非常容易的。由于它的巨大的效用和惊人的灵巧，它将很快被人所接受，它还会在接受它的不同民族的交往中，极好地服务。⑤

普遍科学或综合科学的第三项"巨大效用"在于它不仅能够使我们的所有推理演算获得跟算术和代数一样的无比精确性和明晰性，而且它还是

---

① 莱布尼茨：《通向一种普遍字符》，见北京大学哲学系西方哲学史教研室编译：《十六——十八世纪西欧各国哲学》，第1—3页。

② 同上书，第5页。

③ 莱布尼茨：《人类学说的前景》，见北京大学哲学系西方哲学史教研室编译：《十六——十八世纪西欧各国哲学》，第40页。

④ 莱布尼茨：《通向一种普遍字符》，见北京大学哲学系西方哲学史教研室编译：《十六——十八世纪西欧各国哲学》，第2页。

⑤ 莱布尼茨：《综合科学序言》，见北京大学哲学系西方哲学史教研室编译：《十六——十八世纪西欧各国哲学》，第13页。

"校正我们推理的唯一途径"①。莱布尼茨认为我们的推理之所以往往错误,我们之所以对我们推理中的错误长期熟视无睹,我们之所以对许多问题争论不休,我们之所以缺乏校正推理的工具和手段,根本的问题就在于我们所使用的语言缺乏明晰性和精确性。既然如此,一旦我们掌握了普遍字符或普遍科学,我们的推理演算就能够获得和在算术及代数中同样的明晰性和精确性,我们就能够像在算术和代数中那样拥有检验我们推理演算的简易手段,从而获得校正我们推理的唯一途径。因为在莱布尼茨看来,一旦人们运用了普遍字符,则任何种类的不合逻辑的推理都无非是一种"计算的错误";这样,所有的争论,甚至两个哲学家之间的争论,也不会比两个会计之间的争论有更大的必要性。因为当人们将要争论时,只消他们拿枝笔,坐在计算桌旁,相互说一声:"先生,让我们来演算一下吧!"是非便立时澄清。这也就是他所谓"通过笔墨解决问题"。莱布尼茨对此是非常自信的。他说道:

> 所有依靠推理的探究都要通过字符的变换和某一种演算,它们会直接促进完美答案的发现。我们没有必要像今天所需要的那样绞尽脑汁,在已知的论据所容许的范围内,我们会确有把握地完成一切。此外,我们应该能说服世人我们将会发现或作出结论,因为不论是通过演算完毕,或是通过类似的用算术检验九点(casting out nines)那样,去核算计算结果都是容易的。如果有人怀疑我的答案,我将告诉他:"先生,让我们演算一下吧。"这样通过笔墨,我们就会立刻解决这个问题。②

不仅如此,莱布尼茨在《综合科学序言》中还通过对"化圆为方"推理的校正给我们做了一个示范。他指出要驳倒圆积法,要驳倒 π 的假值根本无须通过事物本身,只要通过代表事物的"文字",通过实验和计算就足可以了。令人惊奇的是,直到 1882 年哥尼斯堡的林德曼才对用圆规和直尺作出和一

---

① 莱布尼茨:《发现的技术》,见北京大学哲学系西方哲学史教研室编译:《十六——十八世纪西欧各国哲学》,第 22 页。莱布尼茨说道:"校正我们推理的唯一途径是使他们像数学家的推理那样明确,使得我们能一眼就找出我们的错误,当人们发生争论时,我们只不过说:让我们计算一下,立即就会看出谁是对的。"

② 莱布尼茨:《综合科学序言》,见北京大学哲学系西方哲学史教研室编译:《十六——十八世纪西欧各国哲学》,第 12—13 页。

个已知的圆面积相等正方形之不可能作出了证明，然而莱布尼茨却凭借他的普遍字符和综合科学早在一百多年前就指出了它的不可能性。

普遍科学或综合科学的“巨大效用”从根本上说来就在于它的内容本身，质言之，就在于它不仅是一套恰当推理的技术和发现的技术，而且还是一套唤起和提高人们识别能力和预见能力的技术。正因为如此，莱布尼茨也把普遍科学或综合科学称为“智慧”之学。他在《论智慧》一文中就曾把“智慧”定义为“所有科学原理以及应用它们的技术的完全的知识”①。而且也正是在这一篇论文中，莱布尼茨把拥有“事先预见”事物出现的能力看做“完全”认识事物的根本“标志”，断言：如果我们地被考察的事物有了“完全的知识”，我们就“不会遇到这样的情况，即它的出现不能被事先预见”。②

在莱布尼茨看来，促成哲学和宗教神学的内在和谐也是普遍科学或综合科学的一项“巨大效用”。如前所述，促成哲学和宗教神学之间的和谐一向是莱布尼茨从事哲学研究的一个根本目标，但是他认为为要实现这一目标就必须从根本上“革新”托马斯·阿奎那以来的神学，把数学引进神学研究中，“在神学研究中扮演数学家的角色”③。在他看来，笛卡尔虽然提出了上帝存在的证明，但由于他没有坚持“严格的科学性”，终究没有把他的哲学和神学协调起来。而他则由于坚持了恰当的推理技术，不仅从物体的体积、形状而且从物体的运动中推证出了“实体的真正的和必然的概念”，得出了“物体是延伸的活动力”的思想，这就不仅解决了“圣体共存”说中的“同一物体在几个地方”的难题，而且也解决了“化体”说中的“几个物体在一个地方”的难题，同时也就从根本上论证了作为“力”的目的因及万物终极因的上帝的存在，从而从根本上实现了哲学和神学的内在的和谐，促成了“人类心灵的持久的宁静”和人类的“普遍福利”。④

---

① 莱布尼茨：《论智慧》，见北京大学哲学系西方哲学史教研室编译：《十六——十八世纪西欧各国哲学》，第43页。

② 北京大学哲学系西方哲学史教研室编译：《十六——十八世纪西欧各国哲学》，第45页。

③ 莱布尼茨：《论哲学和神学中的正确方法》，见北京大学哲学系西方哲学史教研室编译：《十六——十八世纪西欧各国哲学》，第31页。

④ 同上书，第37页。

5. 莱布尼茨与洛克在语言哲学领域的论争

在语言哲学领域,一如在认识论的其他领域,莱布尼茨与洛克的论争也是激烈的和富有成效的。

莱布尼茨与洛克在语言哲学方面争论的第一个重大问题是一般名词的意义及其与专名的关系。洛克虽然也承认概括的字眼的功能,但他首先强调的却是特殊的字眼的功能。莱布尼茨则特别地强调了一般名词的功能,认为一般名词的语言功能是基本的和首要的,是语言得以形成的先决条件。他写道:

> 一般名词(les termes generaux)不仅仅是用来使语言完善,而且甚至是语言的基本构成所必需的。因为如果所谓特殊事物是指个体事物,那么,要是只有专名而没有通称,也就是说,要是只有一些指个体事物的语词,那就根本不可能说话。因为当涉及人们指称的最多的那些个体、偶性以及特别是那些活动时,就得每时每刻有新东西出现在心头;但如果所谓特殊事物是指最低级的种,则除了很难决定它们之外,显然这些已经是基于相似性的一些共相了。所以,由于问题只涉及按照人们所讲的是属或种而范围较广或较狭的相似性,指出一切种类的相似性或一致性并因此应用各种程度的一般名词,虽然相关于它们所适用的个体来说是包罗最广的,但就相关于它们所包含的观念或本质来说是负荷最少的,因此往往是最容易形成并且最有用的。①

莱布尼茨还解释说,小孩子在说话中总是先用一些一般名词,尔后才用一些专名或个体名词。例如,他们总是先说狗,尔后才说大狗小狗黑狗白狗,这条狗那条狗。莱布尼茨还强调说,“一切专名或个体名词原本都曾是通称或一般的名词。”②因为,“那些专名的起源通常本是通称即一般名词。”③他举例说,就曾当过罗马执政官的罗马将军的恺撒(公元前102/100—前44年)来说,恺撒(Caeser)显然是一个专名,但是它原本却是个一般名词,其意思是“一个从母腹中破腹取出的孩子”;就意指古罗马帝国第一代皇帝的奥

---

① *Die philosophischen chriften* von *Gottfried Wilhelm Leibniz* 5, pp. 254 - 255;莱布尼茨:《人类理智新论》下册,第292—293页。

② Ibid., p. 255;同上书,第293页。

③ Ibid., p. 267;同上书,第311页。

古斯都(公元前63—公元14年)而言,奥古斯都(Augustus)显然是个专名,但是它原本却是个一般名词,实际上是一个尊称,意为“神圣”、“尊严”、“可敬仰者”;阿尔卑斯(Alps)就其意指阿尔卑斯山脉而言,显然是一个专名,但是它同样原本是一个一般名词,意为覆盖着白雪的山脉。

很显然,莱布尼茨关于一般名词与洛克的这样一种争论涉及理性主义和经验主义的两条认识论路线,涉及关于认识起源的两种根本对立的观点。在莱布尼茨看来,我们根本不可能从经验到的个体上升到一般概念,所谓抽象也绝不可能从个体事物起步。他非常明确地写道:

> 我不反对抽象的这种用法,但这毋宁是从种上升到属而不是从个体上升到种。因为(不管这显得多么像悖论)我们是不可能有关于个体的知识的,也不可能找到办法来确切地决定任何事物的个体性,要是仅守着它本身的话;因为所有的情况都可能重新出现;最微细的区别我们是感觉不到的;地点和时间本身远不能作决定,它们本身倒是需要通过它们所包含的事物来决定的。其中最值得考虑的是:个体性包含着无限(l'individualité envelope l'infini),而只有能全部了解这无限的人才能有对于某一事物的个体性原则的知识;这是由于宇宙中一切事物彼此间的影响(照健全的方式来理解)。①

莱布尼茨认为,在我们平常的认识活动中,“仅仅很平常的有点相似”就有可能使我们对个体事物作出错误的判断,就足以说明我们的认识活动并不是从个体事物开始的。例如,一个小孩很容易把一个并非他母亲的妇女当做他母亲。欧洲历史上有过一个“马丁·盖尔案件”。这个案件说的是葛斯科尼(Gascony)地方有一个绅士,叫马丁·盖尔(Martin Guerre),从家里出走后就失踪了。过了很长一段时间,一个本名叫亚尔诺·杜·梯尔(Arnaud du Thil)的人突然出现,自称是马丁·盖尔,后者的妻子也误认为他就是自己的丈夫,并跟他生了两个孩子。

莱布尼茨与洛克争论的第二个重大问题是本质以及与之相关的实在本质与名义本质及其关系问题。洛克从经验论的立场出发,把本质界定为事物的“可感性质所依托”的“事物的内在组织”。这也就是他所说的“实在本

---

① *Die philosophischen chriften* von *Gottfried Wilhelm Leibniz* 5,p. 268;莱布尼茨:《人类理智新论》下册,第312页。

质”。另外，还有一种说法，把“那些类名和种名所表示的那些抽象观念”也叫做本质，这就是洛克所说的“名义本质”。莱布尼茨则从理性主义立场出发，根本否认有洛克所说的那样一种名义本质。他强调指出：

> 人们迄今确谈到名义的定义和原因的或实在的定义，但就我所知没有说本质除了实在的之外还有其他的，除非所谓名义本质被理解为假的或不可能的本质，它显得像本质而实际不是；就例如一个正十面体的本质那样，所谓正十面体，就是说一个由十个平面所包的一个正的体。本质归根到底不是别的，无非是人们所提出的东西的可能性（la possibilité）。①

莱布尼茨虽然强调只有一种本质，但是，他却认为人们往往可以用不同的定义来表达这同一个本质：

> 为了能更好地区别本质和定义，应该考虑到只有一种事物的本质，但有多个定义（plusieurs definitions）表明同一种本质，就像同一结构或同一城市，可以照着我们看它的角度不同而用不同的景色画面来表现它一样。②

从这样一种立场出发，莱布尼茨也承认有所谓名义定义，亦即洛克所说的由事物的可感性质所形成的定义，而把那种有关支撑事物可感性质的事物的内部结构或构造的定义称做“实在的或原因的定义”。但是，莱布尼茨认为，在一定意义上，我们也可以说名义定义也是“实在”的。只是名义定义的实在性不是由于名义定义本身，而是由于“经验”。“因为我们由实际经验认识到我们有一种物体，在其中这些性质都在一起。”因此。名义定义与实在定义的“区别”在于：“实在定义表明被定义者的可能性，而名义定义则否。”总之，在莱布尼茨看来，“本质”所涉及的“只是可能的东西”，实在定义所表明的只是被定义的事物的“可能性”。因此，凭借实在的定义，我们便可以“先天”地认识事物的可能性。这就是说，莱布尼茨在这里所持守的是一种鲜明的本质主义和先验主义立场。

莱布尼茨与洛克争论的第三个重大问题是实体的名称问题。既然实体

---

① *Die philosophischen chriften* von *Gottfried Wilhelm Leibniz* 5，p. 272；莱布尼茨：《人类理智新论》下册，第317—318页。

② Ibid.，p. 273；同上书，第318页。

学说是莱布尼茨本体论思想的一个核心,则他在实体的名称方面同洛克进行争论就是一件非常自然的事情了。洛克认为实体的名称所表示的都是"物种",而与个体事物无关。这是因为"本质仅仅和类相关联,而对个体来说,没有什么东西是本质的"。然而,理性主义哲学家莱布尼茨在这里却明确地用个体性原则来批评洛克的上述观点。他针锋相对地指出:

> 我认为对个体来说是有某种本质的东西(quelque chose d'essentiel)的,并且比人们所想的更多。活动对于实体,受动对于被创造的实体,思想对于心灵,具有广延和运动对物体,都是本质的东西。这就是说,有一些类或种,当一个个体一旦属于它们之后,则不论在自然中可能发生什么变革,都不能不再属于它们(至少就自然地来说是这样)。但有一些类或种,对于个体来说(我承认)是偶然的,它们可以不再属于这个类。①

莱布尼茨坚持这一点对于他来说是至关紧要的。因为这不仅涉及实体的本质规定性、实体的同一性等本体论问题,而且还涉及不可辨别者的同一性原则以及连续律等方法论问题。而所有这些对于实体的名称或定义都是非常重要的。

为了把问题引向深入,莱布尼茨提出了审视种差的两种视角或两种立场的问题。莱布尼茨断言:"对于种,我们可以从数学方面来看和从物理方面来看。"②如果从数学的立场看问题,则两个东西的根本不相似的一点"最小的区别"就能够形成"种的区别"。如果我们用严格的数学观点来看问题,则任何一个物理的个体都会是一个种,因为两个物理的个体永远不会完全一样;"尤有甚者,同一个个体(le mème individu)也将会从一个种过渡到另一个种,因为每一个体超出一刹那之外也永不会和它本身完全一样。"③这样,我们对任何物种的定义都将遇到困难。例如,当我们用"理性的动物"来界定人这个物种时,就会出现这样一种情况。因为"有些人一辈子像禽兽一般生活",更何况还有究竟白痴是否算人以及婴儿是否算人等问题。

---

① *Die philosophischen chriften* von *Gottfried Wilhelm Leibniz* 5, p. 284;莱布尼茨:《人类理智新论》下册,第333—334页。

② Ibid., p. 287;同上书,第338页。

③ Ibid., p. 288;同上书,第339页。

因此，莱布尼茨强调我们“在确立物理上的种”时不应当执著于这样一种数学上的严格性，只要事物具有“回复到它们最初形式”的东西就可以继续属于同一个种。这样，我们可以说水、金子、水银都继续保持是同一种东西，仅仅为通常的变化掩盖着。在有机体或植物与动物的种方面，我们则是据其世代生殖来确定种的，所以那来自或可能来自同一起源或种子的相似的东西就是属于同一个种。在人方面，除了人的世代生殖之外我们还着眼于理性的动物这种性质；而虽然有一些人，一辈子持续像禽兽一般生活，我们仍然可以推定这不是他们缺乏这种功能或原则，而是由于有一些障碍，妨碍了这种功能的发挥作用。

莱布尼茨反对把人物化的机械论倾向，在谈到判定事物的种的问题上，要求我们把人同一般自然事物区别开来。他认为，对一般的自然事物，我们只要根据“外部标志”就可以作出判断了，但是，就人来说我们则既可以根据“外部标志”也可以根据“内部本性”(la nature interieure)来加以判断。① 洛克曾经断言：既然有一些生物形状和我们一样，但多毛，有一些生物，据说会说话和有理性，但是却有长毛的尾巴，有一些生物虽然是雄的但是却没有胡子，而另一些别的生物则虽然是雌的，但是却有胡子，则我们对人这个物种则只能有名义的定义。莱布尼茨反驳说：“在人这个问题上我们是有一种同时既是实在的又是名义的定义的。”而莱布尼茨给出的理由正是：“没有什么比理性对人来说更内在的了，而通常它是可以认识的。因此，胡子和尾巴不应该和理性放在一起来考虑。”②他具体解释说：一个森林中的人虽然长了毛也能使人认出他是人，长了无尾猿(magot)的毛并不就使他被排除于人之外。白痴虽然缺乏理性的运用，但由于我们凭经验知道理性是常常受束缚和不能表现出来的，并且这种情况发生在那些曾表现出和将表现出理性的人身上，因此，我们大概会据其他的一些征象，例如，依据身体的形状，对这些白痴作出同样的判断。同样，我们根据身体的形状，再与出生相结合，我们就可以认定婴儿是人，并且可以推定他将表现出理性。莱布尼茨虽然强调人的内部本性，但是他也认为“理性动物的形态构造的变异”也不

---

① *Die philosophischen chriften* von *Gottfried Wilhelm Leibniz* 5, pp. 290－291；莱布尼茨：《人类理智新论》下册，第342—343页。

② Ibid., p. 293；同上书，第345页。

能“太过分”。《旧约圣经》中有一个故事叫“巴兰的驴子”(Balaam's ass),说的是巫师巴兰的驴子在巴兰去见摩押王的路上在遭受巴兰多次毒打后开口“申辩”的事情。[①] 莱布尼茨则声言说:“假使巴兰的母驴一辈子都能像那一次和它主人谈话(假定这不是一种先知所见的幻景)那样有理性地谈话,它要在女人之中取得一席之地也还是始终会有困难。”[②]尽管在实体名称的问题上莱布尼茨与洛克的争论不可能因为莱布尼茨对洛克的批评而终结,尽管莱布尼茨的语言哲学不是也不可能是语言哲学的“最后一言”,但是,无论如何,莱布尼茨要求把人与物区别开来,强调人具有区别于普通自然事物的特殊本质,这一点是明显地具有现时代意义的,他能够在机械主义盛行、形而上学猖獗的时代提出这样一种见解,是非常难能可贵的。

6. 莱布尼茨语言哲学的理性主义实质及其历史地位

如果说莱布尼茨的语言哲学有什么特征的话,则它的最本质的特征便在于它的理性主义。

莱布尼茨语言哲学的理性主义特征或实质在我们刚刚讨论过的莱布尼茨与洛克的论争中即可以明显地看出来。例如,洛克强调特殊名词或专名在人的认识活动或认识过程中的在先性和基础性,而莱布尼茨则强调一般名词在人的认识活动或认识过程中的在先性和基础性。其中显然有一个认识的起源问题或认识途径问题,有一个在语言哲学中是坚持经验主义的认识路线还是坚持理性主义的认识路线的问题。再如,在本质的规定性以及名义本质与实在本质的关系问题上,洛克强调的是事物的内在结构或内在组织,而莱布尼茨强调的是事物的可能性,洛克强调的是基于感觉经验的事物的名义本质,而莱布尼茨强调的则是为人的理性所理解和把握的事物的实在本质或可能性。在这里,莱布尼茨的理性主义立场也是极其鲜明的。最后,在讨论实体的名称问题时,莱布尼茨虽然区分了数学的立场和物理的立场,但是,即使从物理的立场看问题,莱布尼茨还是把事物的“内在本性”规定为种差的本质内容。这一点从莱布尼茨关于人的定义的诠释中是不言

---

① 《民数记》22:28—30。

② *Die philosophischen chriften* von *Gottfried Wilhelm Leibniz* 5, p. 300;莱布尼茨:《人类理智新论》下册,第355页。

自明的，即使从莱布尼茨关于一般自然事物的定义的诠释中也是如此。因为，莱布尼茨在谈到一般自然事物的定义时虽然突出地强调了事物的"外在标志"，但是莱布尼茨对"外在标志"的这样一种强调并不意味着事物的"内部本性"不重要，而是在于一般自然事物的"外在标志"与其"内部本性"的一致性。

莱布尼茨语言哲学的理性主义特征或实质更其鲜明地表现在莱布尼茨的语言哲学本身的基本内容和内在结构上，表现在他的"普遍字符"和"综合科学"或"普遍代数学"上。莱布尼茨的语言哲学或普遍代数学固然重视逻辑演算，但是构成其基础和要素的却是他的"普遍字符"。而莱布尼茨的"普遍字符"无疑是同莱布尼茨的基于直觉或反省的"原初的理性真理"相对应的东西。一如在真理观方面，我们可以把莱布尼茨所说的各种真理还原为基于直觉或反省的"原初的理性真理"一样，在语言哲学方面，我们同样也可以把莱布尼茨所说的包括形而上学、伦理学、神学在内的综合科学还原为各种简单的普遍字符。无怪乎莱布尼茨有把普遍字符视为真理基础的说法。不难看出，莱布尼茨的语言哲学或普遍代数学是一种典型的基础主义和还原主义，而莱布尼茨的贯穿其语言哲学或普遍代数学的基础主义或还原主义正是他的理性主义哲学或理性主义认识论的一种表现形式。

莱布尼茨的以理性主义为本质特征的语言哲学在整个人类语言哲学史上的地位无疑是极其重要的。因为他的这样一种形式的语言哲学本身向我们表明，语言哲学的存在形式是多种多样的：不仅有经验主义的语言哲学，而且还有理性主义的语言哲学。那种把经验主义的语言哲学视为唯一形式的观点是狭隘的，是不符合实际的。毫无疑问，构成现当代语言哲学主流的的确是罗素的逻辑原子主义、维也纳学派的逻辑经验主义、蒯因的新实用主义以及牛津学派，但是，我们并不能因此而把这样一种形式的语言哲学绝对化，更不能因此而根本否定其他形式的语言哲学的存在。事实上，语言哲学一如其他哲学的分支学科一样，其存在形式是多种多样的，而且事实上，各种形式的语言哲学也正是在同其他形式的论争中而不断地向前发展的，一如近代理性主义的语言哲学是在同近代经验主义的语言哲学的论争中不断向前发展，莱布尼茨在同洛克的论争中把理性主义的语言哲学向前推进了一大步一样。

从我们业已谈到的看来，莱布尼茨的语言哲学思想，他的普遍字符和综合科学的设想,其内容是十分宏富的。他的这一设想固然如罗素所说是现代数理逻辑的滥觞,但是罗素的这一评价绝对没有穷尽莱布尼茨关于普遍字符和综合科学设想的历史意义。诚然,在莱布尼茨的上述设想中,在许多方面都表现出一种盲目的乐观,都表现出一种唯有青年人才容易滋生的幻想,然而这一切正如后来康德在讨论先验理念时所说,这是一种出于人类天性的"自然的和不可避免的幻想",它充分表达了人类对自己所拥有的现存知识进行更高综合统一的自然本性和不可压抑的强烈欲望。我国当代著名科学家钱学森先生把思维科学看做是一个由多学科构成的有机联系的多层次的整体、现代科技的大部门,并把它分为工程技术层、技术科学层、基础科学层和哲学层四个层次。谁能保证他的这一思维科学巨系统的设想以及当代的人工智能系统研究同莱布尼茨的"综合科学"的设想毫无关联呢?如果说莱布尼茨的有关设想充满着种种乌托邦,那么在他那个时代当他想用代数的演算技术改进传统的三段式推理时,他的同代人不是也可能把他的设想看做乌托邦吗?而且当他发明二进制算术原理时,人们不是也有理由把那看做乌托邦吗?然而时至今日,人们不是把莱布尼茨尊为数理逻辑的创始人和"计算机之父"吗?如果再考虑到莱布尼茨关于普遍字符和综合科学的有些论著还未曾整理这样一个事实,我们便可以不无理由地说,莱布尼茨的普遍字符和综合科学的天才设想即使今天还依然是一个大有开发价值的宝藏。

在一个意义上,我们不妨将当代哲学的语言学转向看做是对莱布尼茨语言哲学思想的一个历史回应。我们虽然惊喜地看到,在这一历史回应中,人们不仅在许多方面推进和完善了莱布尼茨的思想,而且在许多方面,比莱布尼茨向前走得更远,然而,一如《莱布尼茨哲学:形而上学与语言》一书的作者本森·马塔斯所说:至今,"莱布尼茨的雄心勃勃的计划更多的还依然只是个梦!"①但是,只要有梦在,就有梦想成真的时候。

---

① Benson Mates, *The Philosophy of Leibniz: Metaphysics & Language*, p. 188.

第五章

莱布尼茨的道德学思想

现在,我们经过艰苦跋涉,终于挺进到了莱布尼茨哲学思想的核心部分,亦即他的道德学部分。莱布尼茨爱“真”,但他更爱“善”,把善看做高于真的东西。即使在他讨论“真”和认识论的专著《人类理智新论》中,面对着洛克的代言人“爱真理者”斐拉莱特,他也直言不讳地宣布:“您对思辨哲学家较为接近,我却更多地倾向于道德学(j' avois plus de penchant vers la morale)。”①而他之所以下苦工夫研究认识论,只不过是为了使道德学从“真正哲学的坚实原则”得到更多的“助力”而已。② 强调“道德哲学”“优越地位”的康德曾经断言:“我们自古以来也一直都把哲学家这个名称同时理解为、并且首先理解为道德学家。”③在莱布尼茨身上,康德的这句至理名言再次得到了验证。

莱布尼茨的“道德学”,从内容上看,与亚里士多德的“实践科学”的含义大体相当,意指的也主要是指导个人实践的伦理学和指导公共实践的政治学和法学。只是在莱布尼茨这里,除人学思想和社会思想外,还广泛地涉及神学思想,涉及他的自然神学和神义论。下面,我们就依次对莱布尼茨的人学思想、神学思想和社会思想作出扼要的说明。

---

① *Die philosophischen chriften* von *Gottfried Wilhelm Leibniz* 5, p. 63;莱布尼茨:《人类理智新论》上册,第 31 页。

② Ibid.;同上书,第 31 页。

③ 康德:《纯粹理性批判》,第 634 页。

一、莱布尼茨的人学思想：人的自由与人的快乐

上面曾经提到，莱布尼茨把自由与必然的问题，与连续性与不可分的点的问题一起，看做我们的理性最容易陷入迷宫的两个重大问题。而"自由与必然的问题"之所以重大，就在于它是一个"困惑着几乎整个人类"的问题，它不仅关涉"关于必然性的认识"问题，而且也关涉"人的自由和上帝的正义"问题。莱布尼茨之所以把他生前所发表的唯一一部篇幅较大的著作称做《关于上帝的善，人的自由和恶的起源的神义论》，其立意也正在此。可以说，莱布尼茨的整个人学思想，甚至他的整个社会思想和政治思想，都是紧紧地围绕着"自由与必然"这个中心问题展开的。

1."人的自由"与"道德的必然性"

自由与必然的关系问题历来是哲学中最棘手的且使哲学家们争论不休的问题，康德在《纯粹理性批判》里把它宣布为理性无力解决的一个二律背反，莱布尼茨在《神义论》里则把它宣布为使人类理性在其中常常迷路的一座"迷宫"，这些都是不无根据的。人们在自由和必然的关系问题上争论的焦点之一是对"必然性"概念的理解问题。古代唯物主义哲学家德谟克利特曾明确宣布过"一切都是由必然性而产生"①，强调说："只找到一个原因的解释，也比成为波斯人的王还好。"②跟莱布尼茨同时代的斯宾诺莎也宣扬这种机械决定论，断言："自然中没有任何偶然的东西(contingens)，反之一切事物都受神的本性的必然性所决定而以一定方式存在和动作。"③他强调说："其所以说一物是偶然的，除了表示我们的知识有了缺陷外，实在没有别的原因。"④他们的这样一种决定论思想，虽然在反对唯心主义的神学

① 北京大学哲学系西方哲学教研室编译：《古希腊罗马哲学》，第97页。

② 同上书，第103页。

③ 斯宾诺莎：《伦理学》，第27页。

④ 同上书，第31页。

目的论方面具有积极的意义，但是，却从本体论上完全否定了自由存在的可能性。对于德谟克利特等人来说，问题不在于他们强调了事物运动的必然性，而在于他们把这种必然性绝对化了，以致没有给偶然性，没有给人的自由和自由选择留下任何余地。

莱布尼茨高出他们一筹的地方，在于他一方面提出和坚持了一种决定论，另一方面又给人的自由和自由选择留下了广阔的余地。① 莱布尼茨之所以能在康德之前就对康德提出的自由与必然的二律背反给出自己的答案，最根本的就在于他没有使自己囿于德谟克利特和斯宾诺莎所强调的那种唯一的和绝对的必然性，而是明确地提出并区分了三种必然性。这就是"绝对的必然性"、"假设的必然性"和"道德的必然性"。莱布尼茨把"绝对的必然性"界定为"一种必然性之所以成为必然性，是因为其对立面蕴涵着矛盾"②。这就是说，凡是以矛盾原则或同一原则为基础的东西所具有的必然性都属于"绝对的必然性"。这样，既然"同一陈述"、"分析命题"、推理真理和数学真理，诸如"A 是 A"，"直角三角形是三角形"之类，都是以矛盾原则或同一原则为其基础的，则它们所具有的必然性便都属于这样一种"绝对的必然性"。因此，"绝对的必然性"又被莱布尼茨称做"逻辑的、形而上学的或数学的必然性"③。说这种必然性是"绝对"的，乃是强调这种必然性是毫无例外的，是无可更易的，其反面是包含矛盾从而是根本不可能的。"假设的必然性"，一方面与"绝对的必然性"不同，它所关涉的不是逻辑真理或数学真理，而是事实真理或偶然真理，不是必然的事物，而是偶然的事物。另一方面，它又与"道德的必然性"不同，它关涉的虽然是偶然事物，但却是"未来的偶然事物"，而非现存的或过去的偶然事物，并且因此总是与预见或先见密切相关。正因为如此，莱布尼茨把"假设的必然性"界定为"关于上帝的预见或预先安排的假定或假设，把它强加在未来的偶然事物上的必然性"④。假设的必然性是以承认"天道"和上帝的"全知"和"全能"为前提的。莱布尼茨认为，上帝的"天道"与上帝的"全知"和"全能"是

---

① 参阅《莱布尼茨与克拉克论战书信集》，第 53 页。

② 同上书，第 54 页。

③ 同上。

④ 同上。

密不可分的。因为"真正的上帝的天道"不仅要求一种"完满的预见",不仅要求上帝"预见一切",而且还要求上帝"为一切提供了事先已安排好的适宜的救治方法";换言之,不仅要求上帝具有"预见的智慧",而且还要求上帝具有"提供补救之方的能力"①。假设的必然性虽然以上帝的"天道"和上帝的"全知"和"全能"为前提,但是,其适用领域却相当广泛。罗素在谈到"假设的必然性"时,曾经指出:"在这种必然性中,其结论是以形而上学的必然性从偶然的前提推断出来的。"②他举例说,"物质的运动便具有假设的必然性,因为它们是运动法则的必然的结果;而这些运动法则本身却是偶然的。"③"道德的必然性"则是一种既区别于"绝对的必然性"又区别于"假设的必然性" 的必然性。道德的必然性之所以区别于绝对的必然性,最根本的就在于绝对的必然性所依赖的是"关于事物的本质的原则",亦即关于推理的"同一原则"或"矛盾原则",而道德的必然性所依据的则是"关于存在的大原则",亦即"充足理由原则"。④ 道德的必然性之所以区别于假设的必然性,如上所述,最根本的就在于它们所关涉的虽然都是偶然事物,但是,后者关涉的却是"未来的偶然事物",而前者关涉的则是现存的或当下的偶然的事物,尽管它也关涉现存或当下的偶然事物的未来。不仅如此,假设的必然性虽然与存在相关,但是就这种必然性本身而言却也同时具有明显的逻辑推演性质,而道德的必然性却不仅与活动主体的现实的自由抉择活动相关,而且它也就是活动主体的存在或存在活动本身。

鉴此,我们不妨将道德的必然性的本质特征归结为下述几点。首先,就必然性的主体而言,与假设的必然性和绝对的必然性总是相关于逻辑命题、数学命题和物理命题不同,道德的必然性则总是相关于"精神",相关于"道德主体",相关于道德主体的道德选择活动:不仅是一种上帝和天使据以选择善的必然性,而且也是作为精神的人据以选择善、据以成全善、据以成贤成圣的必然性。其次,与绝对的和假设的必然性所关涉的只是一种观念的存在或设定的存在不同,道德的存在所关涉的则是现存的和当下的存在;换

① 《莱布尼茨与克拉克论战书信集》,第 10 页。

② 罗素:《对莱布尼茨哲学的批评性解释》,第 80 页。

③ 同上。

④ 《莱布尼茨与克拉克论战书信集》,第 56 页。

言之,绝对的和假设的必然性归根到底是一种以矛盾原则或同一原则为基础的必然性,而道德的必然性则是一种以充足理由原则为基础的必然性。再次,道德的必然性所关涉的虽然是现存的和当下的而非未来的事物,但是它们却总是一种面向未来而在的事物,总是一种面对诸多现实的可能性、从而可以不断地自行抉择、自行筹划、自我实现的事物或精神存在。这种必然性非但不排除自由、意志和意志自由,反而是以自由、意志、自由意志、自由选择活动为其本质规定性。最后,与此相关,道德的必然性不是那种绝对的强制性的无可更易的必然性,它只"造成倾向"而非"迫使必然"①,或者说它只是"势有必至"而"理无固然"②。这样一种必然性,在一定意义下其实也就是偶然性。莱布尼茨对这种偶然性是非常重视的,他在讨论其哲学所依据的基本原则时提出充足理由原则和圆满性原则,在认识论中于"必然真理"之外另提出"偶然真理",要强调的也正是这样一种偶然性。在一定意义上我们甚至可以说,莱布尼茨在《神义论》里之所以要讨论必然和自由的问题,主要地也就是为了要解决这种道德的必然性或偶然性问题。因为正是这种偶然性问题提出了事物发展的诸多可能性问题,提出了认识主体和道德主体面对着诸多可能性进行自由选择的问题,提出了人的"自发性"和自由意志问题。

应当强调指出的是:莱布尼茨虽然把自由同"绝对的、形而上学的必然性"对立起来而仅仅同"道德的必然性"或偶然性联系起来,但这并不意味着他把人的"自由"理解为一种纯粹的随意性。因为在他看来所谓人的自由只是在于人在面对事物的诸多可能性时进行选择的自由,而这种选择并不完全是任意的,而是自觉不自觉地受圆满性原则支配的,也就是说是受对自认为最好的东西的欲望支配的。换言之,所谓人的自由也就是一种为自己的欲望所决定所驱使的活动。因此,自由的真谛不在于不受任何决定,而在于不受自身之外的"他物"的决定。更为重要的是,对于莱布尼茨来说,真正的自由还不止于此。因为在他看来,自发性或自由选择虽是自由的必要条件,但并非自由的充分条件。诚然,如果根本不是出于自发或自由选择

① 《莱布尼茨与克拉克论战书信集》,第55页。

② 参阅金岳霖:《论道》,中国人民大学出版社2007年版,第171页。其中,金岳霖在谈到"个体的变动"时,曾说过"理由固然,势无必至"的话。陈修斋先生生前常对笔者谈起这个典故。

而是由他物迫使或受他物限定，就根本无自由可言。但是，光有自发性或自由选择还不足以称为自由，它充其量只是无理智的实体如禽兽之类的行为的属性，只有自发性或自由选择加上理智才能构成真正的属人的自由。正因为如此，莱布尼茨对自由下的定义是："自由是自发性加上理智。"①

为什么理智能够成为构成真正的属人的自由的不可或缺的又一个条件呢？这是因为从根本上讲，唯有理智才能使人权衡诸多可能性事物，从中选择出最佳者，换言之，唯有理智才能使人作出合乎自己本来欲望的最佳选择，从而使自己的选择真正成为属人的和自由的选择。由于这个问题至关紧要，莱布尼茨在讨论人的自由问题时曾经详尽地讨论过与此紧密相关的"无区别状态"问题。

什么叫"无区别状态"呢？这是指两种事物没有自身的内在特点而只是"号数"上不同，即两个完全一样的东西，因此，似乎没有理由来让人决定选择其一而不选择其他，这样就使人处于犹豫不决或"平衡"的状态，仿佛一架天平，两边的砝码一样重，天平就不会偏向一边而处于"平衡"了。因此，这种状态也可以叫做"不偏不倚"或"不分轩轾"的状态。有人就以这种状态的存在作为自由的条件或依据。仿佛只有处于这种状态，人才能进行自由选择；或者两件事物本来不分轩轾，但人还是可以选择其一而不选择其他，仿佛只有如此才正好说明或证明人的意志自由。而莱布尼茨则反对这种观点。如上文所说，莱布尼茨根据他的"不可辨别者的同一性"原则，是肯定世界上不可能有两件毫无差别的事物的，世界上找不到两片完全一样的树叶。因此，实际上不存在"无差别状态"，若就抽象的理论上说来，则"最无差别状态"就是"无物"（Le Rien），这是一。其次，根据莱布尼茨所提出的"充足理由原则"，如果两件事物确实毫无区别，则人就没有理由来选择其一而不选择其他，如果肯定人在这种状态下还能进行选择，就是违背了"充足理由原则"。甚至上帝也不能毫无理由创造出两件毫无区别的事物。再次，如果世界上真有两种完全难以区别的事物而又要人作出选择，则事情就会像莱布尼茨曾指出的，这人就会像"布里丹的驴子"那样处在等距离的两袋麦子中间不知走向哪一边好而永远处于犹豫不决状态，即"平衡状态"或"无区别状态"，而这恰恰是最不自由状态。因此，"一种无区别的自由是

① 转引自罗素：《对莱布尼茨哲学的批评性解释》，第234页。

不可能的”，而自由恰恰在于摆脱这种“无区别”即“犹豫不决”的状态，而要自行作出决定。因此，自由不是以“无区别状态”为条件而是以“受理性决定”为条件，只是所受的决定是自身理性的决定而不是他物的决定而已。

莱布尼茨把自由定义为“自发性加上理智”，并从道德的必然性中引申出偶然性和自由，这同他的自由实现程度和获得自由途径的思想是紧密相关的。因为按照莱布尼茨的单子论学说，人的心灵和其他一切单子一样，是彻底孤立而完全依照自己固有的内在原则运动变化的。因此，每个人的心灵也就都是独立的、自主的和自决的，除了最初由上帝创造之外，根本就不存在受在它之外客观存在的事物及其规律所制约或决定的问题。如果把自由理解为不受自身之外的其他事物的约束，则照莱布尼茨的观点来看，应该说每个人以至每个单子、每件事物都是彻底自由的，或毋宁说根本就无所谓不自由的问题。因此，对于莱布尼茨来说，问题不在于人是否能够自由，而在于人如何获得更高程度的自由。莱布尼茨认为人类逐步获得更高程度的自由的可能性是存在的。因为依照他的单子论学说，一切单子都有知觉和欲望，而人的心灵作为一种较高级的单子，其知觉就表现为自觉的意识或理性，而其欲望就表现为自觉的意志。而且，人的心灵作为高级的单子除了本身特有的性质之外，也包含有一切较低级的单子的性质。因此，人的心灵同时也都包容有种种模糊的知觉、冲动和动物性本能。然而，根据他的“连续性原则”，这种模糊知觉和自觉的意识、盲目的冲动与自觉的意志之间并没有截然隔开的鸿沟，而只有程度上的高低之分。这样，每个心灵基于自己的“内在的活动原则”，就会有一个从模糊知觉向自觉意识、从盲目冲动向自觉意志的持续前进运动。而这种运动在一个意义上也就是一个不断提高自己自由程度的过程。

值得注意的是，莱布尼茨在讨论自由的实现程度和实现途径时还提出和区分了“法权上的自由”(liberté de droit)和“事实上的自由”。他在谈到“法权上的自由”时说：“照法权上的自由(liberté de droit)来说，一个奴隶是毫无自由的，一个臣民也是不完全自由的，但一个穷人则是和一个富人一样自由的。”①这说明莱布尼茨在讨论自由时不仅注意到了自由的个体性，而

① *Die philosophischen chriften* von *Gottfried Wilhelm Leibniz* 5，p. 160；莱布尼茨：《人类理智新论》上册，第162页。

且也注意到了自由的社会性，看到了从根本上讲人的自由的实现程度是由他所在的社会制度，尤其是由他所在的社会的政治法律制度决定的；人们在不同的社会制度下会享受程度不同的自由。这是很有见地的。同时这也充分表达了他的从根本上彻底废除农奴制度和封建君主专制制度的强烈愿望，表达了他对一个能够保证法律面前人人平等的未来社会的憧憬。这在当时是有明显的进步意义的。在谈到"事实上的自由"时，莱布尼茨指出"事实上的自由（liberté de fait）或者在于如一个人所应当的那样去意愿的能力（la puissance），或者在于做一个人想做的事的能力。"而且，这种自由"是有程度的不同和各色各样的"①。如果说莱布尼茨在谈到"法权上的自由"时关涉的是自由的社会性，那么当他在谈"事实上的自由"时则关涉的主要是自由的个体性。在莱布尼茨看来，"法权上的自由"主要同社会制度的完满性相关，而"事实上的自由"则主要同个人的完满性相关。如上所述，人的心灵虽然属于同一等级之内的单子，但其完满性程度却大不相同。这种差异性首先表现在各个心灵"知觉"的清晰程度方面。人的本性越完满，其知觉越清晰，具有自觉的意识即理性的程度越高，他也就越加自由。因此，同样属于人类，每一个人由于完满程度不同，按理性行事的能力不同，其自由的程度也就不同。至于人类以下的动物或其他实体，由于其知觉未达到自我意识或理性的程度，就充其量只有自发性而无自由可言。人的心灵的完满性程度的不同除知觉清晰程度的差异外，还表现在欲望层次的差异上。一般来说，人的心灵作为人的心灵虽属于同一等级，都具有程度不同的自觉的意志，但是各人的意志的自觉程度及其同理性的协调程度也不尽相同，同时如果考虑到"连续性原则"，则大多数人就难免或多或少地具有一定程度的动物本能乃至更低级单子所具有的冲动。既然根据圆满性原则，真正的自由不仅在于做自己所意欲的，不仅在于去实现自己所认为最好的或最圆满的，更在于去做对自己真正是最好的或真正是最圆满的，这就要求追求自由的道德主体具有高度的自觉的意志，具有一种融自己的意志与自己的理智于一体的睿智或玄览，具有一种渴望人类普遍福利的"善"。因为在莱布尼茨哲学里，最圆满者无非是"存在的最大的量"的同义语。一个

① *Die philosophischen chriften* von *Gottfried Wilhelm Leibniz* 5，p. 160；莱布尼茨：《人类理解新论》上册，第 162 页。

人越是具有这种自觉的意志，越是具有对人类普遍福利的热望，越是具有善的意志，他具有的自由也就越多。因此，虽然同属于人类，每一个人由于其所具有的自觉的和善的意志不等，其所选择的对象不同，其自由实现的程度也就不同。至于有些人完全缺乏自觉的和善的意志，单凭动物的本能办事，看起来十分自由，充其量只是一种盲目冲动而已。这样，莱布尼茨就在讨论人的自由的实现程度时提出和讨论了自由的实现途径问题。关于这后一个方面的问题，我们可以把莱布尼茨的思想归结为如下两点，人们要想获得和保持自己的自由，一是要依靠社会制度的完善，依靠法律制度的完善，二是要依靠社会成员自身在理智上和道德上的完善。应该说，莱布尼茨的这些见解至今还是十分耐人寻味的。

如果我们把莱布尼茨的自由观与他同时代的斯宾诺莎的自由观比较一下，就更可看出莱布尼茨自由观的划时代意义了。我们知道，斯宾诺莎虽然也谈自由，并在实质上把自由理解为“对必然的认识”或“认识了的必然”。但由于他片面地强调必然性而完全否认偶然性，宣布“自然中没有任何偶然的东西”，这就难免会同否定自由的宿命论合流。而且，像他那样片面地强调必然性而完全否认偶然性，尽管看起来是要抬高必然性，而恰恰是把必然性降低到偶然性的水平，贬低乃至毁坏了必然性。而就自由与必然的关系问题而言，如果把必然性理解为完全排斥偶然的、无可改易、也无选择余地的绝对的必然性，那么就理论上说也就只能是与自由根本对立，从而完全否定了自由。这样的必然性即使被认识了，应该说对人的行为也并无多大意义。因为既然一切都是必然的，都是无可改易也无选择余地的，则人就完全没有主观能动性可言，不仅不能主动地改变环境或客观事物，连主动地顺应必然性也不可能。因为是否顺应也是被必然性决定了的，人对此也并无发挥主动性的可能。这样认识了的必然即使称之为“自由”，实际上又有何意义，有什么真正的自由可言呢？斯宾诺莎一方面强调一切都是必然的而完全否认偶然性的客观存在，另一方面又仍旧承认了人的自由。他这样做如果不是把自由变成了一句无意义的空话，就是陷入了自相矛盾，不管他自己是否觉察到这一点。在自由和必然的关系问题上，莱布尼茨超越斯宾诺莎的根本之处，正在于他在承认必然性的同时也承认了偶然性和事物发展变化的多种可能性，从而为自由和自由选择留下了余地。同时，他把形而上学的必然性同道德的必然性区别开来，把绝对必然性和“受决定”区别开来，一方面承认自由的活动是偶然的而非绝对必然的，另一方面又承认自由的活动仍是受决定的，不过不是受他物的决定而是受自身的自觉的意识(即理智)和自觉的意志的决定。① 这就避免了斯宾诺莎的上述矛盾，同时使自由成为可以实现的、有实际意义的了。此外，如果我们考虑到斯宾诺莎只是把自由理解为“服从统治权的命令”，理解为一种“不受政权支配”的“心的自由”即“思想的自由”或“哲理思辨的自由”②，如果我们再考虑到莱布尼茨之后的康德所要捍卫的也只是“笔的自由”，宣称：“笔的自由是人民权利的唯一保护者。”③那么莱布尼茨在“事实上的自由”之外甚至在其之前提“法权上的自由”，我们对莱布尼茨的自由观就更应该刮目相看了。

2. 人的自由的个体性与主体性

前面说过，莱布尼茨的自由学说超越斯宾诺莎的地方，在于他区分了绝对的或形而上学的必然性与道德的必然性，在于他于必然性之外提出了偶然性，从而为自由和自由选择提供了现实的可能性。然而，莱布尼茨的自由学说的优越性并不止于此。他对斯宾诺莎的超越更根本的也更重要的，乃在于他提出和强调了人的自由的个体性与主体性。

真正说来，斯宾诺莎虽然把必然绝对化，但他也确实并没有因此而完全否认“自由”，他所否认的与其说是自由本身，毋宁说是作为普遍实体样式的个体事物(包括个体的人)的自由。因为，他对于普遍实体的自由或神的自由倒是非常强调的。他在其主要著作《伦理学》的“论神”部分中曾经给自由下了一个明确的定义。这就是：“凡是仅仅由自身本性的必然性而存在、其行为仅仅由它自身决定的东西叫做自由(Libera)。”④依照这个定义，究竟什么东西才能享有自由呢？这就是他所说的唯一普遍的实体或神。因为根据他的理解，唯有实体才是“在自身内并通过自身而被认识的东西”，唯有神才是“绝对无限的存在，亦即具有无限‘多’属性的实体”，而且“神是

① 参阅陈修斋：《陈修斋论哲学与哲学史》，第357页。

② 参阅斯宾诺莎：《神学政治论》，温锡增译，商务印书馆1982年版，第270—272页。

③ 康德：《论俗谚：道理说得通，实际行不通》Ⅱ，转引自李泽厚：《批判哲学的批判——康德述评》，人民出版社1979年版，第16页。

④ 斯宾诺莎：《伦理学》，第4页。

唯一的”,“宇宙间只有一个实体”。[1] 这样,在他这里,那种“仅仅由自身本性的必然性而存在,其行为仅仅由它自身决定的东西”就不可能是任何别的东西,而只能是这唯一的普遍实体或神,从而,也只有这个唯一普遍实体或神才有真正的自由。换言之,在斯宾诺莎看来,从根本上讲,从本体论上讲,所谓自由就只是唯一实体的自由,他常常把唯一的实体或神称为“自由因”也正是基于这一理由。[2] 至于世界上现实存在的个体事物,包括个体的人,从它(他)本身讲,从本体论上讲,是根本谈不上享有这种自由的。因为在斯宾诺莎看来,所有的个体的事物,包括所有个体的人,其存在和活动都是按一定的方式为他物所决定,以他物为原因,因而也就都是必然的,都是处于一条不间断的因果必然锁链之中的。因为所谓必然,在他看来没有别的,只是意指一物的存在及其活动均按“一定方式为他物所决定”。正因为如此,他断然否定任何形式的偶然性,并断言,一些人把一些事物看成偶然的,这除了暴露出他们的知识有“缺陷”,对个体事物产生的原因无知外,不能说明任何问题。斯宾诺莎沿着否定个体事物或个体的人的存在及其活动的偶然性和自由的道路比这走得更远。因为他不仅一般地否认作为实体样式的个体事物或个体的人的存在及其活动的自由,而且还从根本上否认作为实体样式的人的心灵的自由和意志的自由。他断然宣布:

> 在心灵中没有绝对的或自由的意志;而心灵之有这个意愿或那个意愿乃是被一个原因所决定,而这个原因又同样为别的原因所决定,如此递进,以至无穷。[3]

由此看来,斯宾诺莎所强调的只是一种属神(即唯一实体)的自由,在他的形而上学体系中,在他的本体论里,是根本没有个体的人及其意志的自由的地位的。

与斯宾诺莎不同,莱布尼茨强调的不是那种唯一普遍实体的自由或作为“类概念”的神的自由,而是一种个体性的自由,一种个人的自由。诚然,他们之间也有某种共识。例如,他们两个都把实体概念看做自己哲学的最高概念。这在斯宾诺莎那里是不言而喻的,在莱布尼茨亦复如此。我们知

---

① 同上书,第 13 页。
② 参阅斯宾诺莎:《伦理学》,第 19 页。
③ 同上书,第 80 页。

道，莱布尼茨也是十分推崇实体概念的，他自己就曾明确说过“实体概念是［了解］深奥哲学的关键”，①而他把自己的哲学叫做“单子论”，也正是表明他自己的哲学实质上就是一种关于实体的学说。不仅如此，他们两个还都把自己的自由学说同自己的实体学说联系起来，都把自由理解为属于实体的自由或基于实体的自由。因为莱布尼茨和斯宾诺莎一样，也把实体（对他来说就是单子）宣布为是“自因”的，也把“实体”理解为“是仅仅由自身本性的必然性而存在、其行为仅仅由它自身决定的”，是“在自身内并通过自身而被认识的”。因为他曾不止一次地宣布“单纯的实体是一定存在的”，单子是彻底独立和彻底孤立的，因而是彻底自立、彻底自由的。因为单子既然是一种“不可分割”的“单纯实体”，既然它“没有可供事物出入的窗子”，任何一种外在的原因“都是不可能影响到它的内部的”，都是不可能“在它的内部造成变化或改变”的。因此，单子只能是“自因”的，其自然变化也就只能是“从一个内在的原则而来”的。② 但是，他们的实体概念也还是有原则性的差别乃至对立的。就斯宾诺莎的实体概念来说，它要强调的是一种唯一的抽象的统一性和普遍性。虽然斯宾诺莎的形而上学内蕴着普遍实体、特殊者（思维和广延）和个别者（样式）这样三个基本环节，但他并不把个别性或个体性所寄托的样式看成本质的东西，他的样式（个体性）在本质中并不是本质本身的一环，而是消失在本质中，即归于他那个“唯一的实体”。这就是说，在斯宾诺莎这里，只有神这个“类概念”是唯一的实体，自然界中的所有个体事物都只不过是实体的变相、样式，因而并不是实体的东西和自由的东西。所以，黑格尔曾尖锐地批评斯宾诺莎把个体事物不理解为实体而仅仅理解为实体的样式，是把个别性或个体性理解成了一种“恶劣的个别性或个体性”，他甚至批评“斯宾诺莎主义是无世界论”，谴责“斯宾诺莎的普遍实体违背了主体的自由的观念”③。与斯宾诺莎的这种整体主义不同，莱布尼茨则把实体加以个体化，或把个体加以实体化；在他看来，个体就是本质，就是实体。对莱布尼茨来说，哲学中最重要的原则不是

① 转引自费尔巴哈：《对莱布尼茨哲学的叙述、分析和批判》，第30页。

② Cf. *Gottfried Wilhelm Leibniz*: *Kleine Schriften zur Metaphysik*, pp. 438, 440, 442；北京大学哲学系外国哲学史教研室编译：《西方哲学原著选读》上卷，第476—478页。

③ 黑格尔：《哲学史讲演录》第4卷，第99页。

别的，正是个体性原则。如前所述，莱布尼茨学生时代的一篇论文就是以“论个体性原则”为题的，后来他把自己的实体概念称作单子（即不可分割的单纯实体），并提出“不可辨别者的同一性”原则，都是在进一步强调和论证他的哲学的个体性原则的。黑格尔在谈到莱布尼茨和斯宾诺莎在实体学说方面的差别时，深刻地指出：

> 莱布尼茨的哲学是形而上学，是与斯宾诺莎主义根本地、尖锐地对立着的；斯宾诺莎主张一个唯一的实体，认为在这个实体中一切确定的东西都是暂时的东西。莱布尼茨与斯宾诺莎的单纯普遍的实体相对立，以绝对的众多性、个体的实体为基础，他依照古代哲学家们的先例，把这种个体的实体称为单子。①

他还指出：

> 斯宾诺莎是主张普遍的唯一实体的。……莱布尼茨的基本原则却是个体。他所重视的与斯宾诺莎相反，是个体性，是自为的存在，是单子。②

这是颇中肯綮的。应该说，反对抽象的普遍的无视个体存在的自由观，突出和强调具体的和个体的人的自由，突出和强调本身即为普遍者的个别者的自由，是莱布尼茨自由观的最鲜明的特征之一，也是莱布尼茨自由观的最重大的优点之一，是他的自由观超越斯宾诺莎的自由观的又一突出表现。

这是因为肯定个体性原则以及由此派生出来的人的个体性原则是肯定人的自由的必要的理论前提。如果人根本不具有独立性，不是一个独立的个体，而是依附于别的东西的东西，则就势必为别的东西所决定，严格说来也就无自由而言。在宗教世界观下人不仅是上帝的创造物而且时时事事都依赖于上帝，本是根本无自由可言的。而某些神学家既宣扬天道神意决定一切的宿命论，又硬要人为自己的行为负责以便接受上帝的赏罚，就硬说上帝决定人的意志是自由的，这自然只能是自相矛盾的诡辩。斯宾诺莎虽反对那种神学观点，但他把人看做仅仅是依附于唯一实体的“样式”，是受实体决定的，而并非独立的“实体”，严格说来就很难肯定个人的自由，他的关于人的自由学说也就不能不包含矛盾。莱布尼茨既然肯定了每个人都是一个独立的实体，这就为个人行为的“自发性”或“自主性”提供了必要的条

---

① 黑格尔：《哲学史讲演录》第4卷，第169页。

② 同上书，第164页。

件,也就从根本上避免了上述矛盾。尤为难能的是,莱布尼茨虽然十分突出地肯定和强调了自由的个体性即个人的独立性和自由,但他也并不把人看做可以不顾他人、不顾整体而一意孤行、任意行事的,而是通过其“前定和谐”学说实际上肯定了个人与宇宙万物,也包括与社会人群是处在普遍和谐的关系中,而构成一个和谐的整体;同时,如上所说,他所强调的个人自由是以其按照理性行事为条件,是受自己理性决定的。这就在理论上克服了斯宾诺莎自由观中的一些困难而向前迈进了一步。这种进步既是理论上的一个贡献,在社会作用上也更符合资产阶级反封建的利益。我们知道,封建制度是以封建主土地财产所有制为基础的一种人身依附制度。要打破这种过时的落后制度就必须否定人身依附制度而使个人从封建关系束缚下解放出来,成为自由独立的个人。以突出和强调个人自由为基础的个人主义在当时是最足以表现资产阶级的阶级本性和阶级利益的意识形态。它在资本主义初期反封建的斗争中是有强烈进步意义的革命的思想武器。而莱布尼茨的强调个体性原则的单子论,以及他的以单子论为基础的人的个体性和独立性的思想,可以说是为资产阶级的个人主义建立最适合的哲学基础的理论,在当时也还没有任何其他理论能更好地为个人主义提供这样的哲学基础。而在这样的哲学基础上建立起来的关于个人自由的思想,也可以看做是当时最“完满”的关于自由的哲学和政治、伦理思想。因此,它的社会进步作用,也有胜过他同时代其他资产阶级思想家的理论之处。

莱布尼茨的自由观超越斯宾诺莎的地方不仅在于他提出和强调了自由的个体性问题,还在于他提出和强调了自由的主体性问题。诚然,斯宾诺莎和莱布尼茨一样,都把实体的自由同实体的“自因”联系起来。但是斯宾诺莎把实体的“自由”同实体的“自因”的复杂关系简单化了,而且他对这两个概念的理解也太狭隘了。他说:“自因(causa sui),我理解为这样的东西,它的本质(essentia)即包含存在,或者它的本性只能设想为存在着。”①至于自由,如上所述,他也把它仅仅理解为“由自身本性的必然性而存在”。这就是说,在斯宾诺莎这里,自由成了自因的同义语,而自由和自因又都成了“自在”的同义语。黑格尔在谈到这一点时,说斯宾诺莎的这个思想很伟大,因为它“直接扬弃”了外因,一方面使结果与原因对立,另一方面在这个

---

① 斯宾诺莎:《伦理学》,第1页。

概念里由于“自因只是产生出自身”,原因和结果就又“合一”了。所以,他肯定自因是个很重要的名词,是“一切思辨概念中的一个根本概念”①。但是,黑格尔又认为,斯宾诺莎的自因或自由的概念太空泛、太干瘪了,因为他没有进一步去发展自因和自由里面所应当包含的东西,这样他的实体就是“僵化”的和“死板”的实体,他的自由也就成了没有主体性的自由了。②

黑格尔的这种批评主要基于下面两个理由:其一是斯宾诺莎只把实体的自由理解为自因,理解为自身的独立存在,而没有进而把它理解成“自身活动的、活生生的”东西,因而成了一种“没有任何发展”、“没有任何能动性”的东西。其二是斯宾诺莎虽然看到了普遍者(实体)、特殊者(属性)和个别者(个体事物)的区别,但他没有进而看到个别者就是普遍者,没有从自因和自因概念里引申出个别者向普遍者的“回归”运动。这就是说,在黑格尔看来,斯宾诺莎的实体学说的根本弊端就在于他只是把实体理解为实体,而没有进而又把它理解为主体,由此而来的是,斯宾诺莎的自由学说的根本弊端也就在于他只是把自由理解为普遍实体的自由而没有进而又把它理解为主体的自由。

当然,我们也不能简单地把这种片面的实体观和自由学说单单归咎于斯宾诺莎。因为自亚里士多德以来,实体历来被规定为与主体相区别同时又与主体相对立的东西。不管哲学家们对实体的看法如何对立,但有一点是共同的,这就是,实体都只是被看成独立存在的自满自足的东西,只是被看成万物的基础与本质。亚里士多德就是把实体理解为“既不可以用来述说一个主体又不存在于一个主体里的东西”③。他的这个定义在18世纪以前的哲学中是有代表性的。然而事情正如黑格尔所指出的:“一切问题的关键在于:不仅把真实的东西或真理理解和表述为实体,而且同样理解和表述为主体。”④值得注意的是,黑格尔的这句话是在他批评谢林和斯宾诺莎一样犯了把实体与主体对立起来的错误时讲的,但是莱布尼茨在黑格尔之先就早对斯宾诺莎的这种错误作出过类似的批评,并在自己的自由学说里

① 黑格尔:《哲学史讲演录》第4卷,第104页。

② 参阅上书,第102—103页。

③ 亚里士多德:《范畴篇 解释篇》,方书春译,商务印书馆2003年版,第12页。

④ 黑格尔:《精神现象学》上卷,贺麟、王玖兴译,商务印书馆1979年版,第10页。

事实上提出了实体和主体的统一及自由的主体性问题。

跟斯宾诺莎的实体自因的观点不同,莱布尼茨的实体的"内在的原则"不仅是一个实体独立存在的原则,更根本的乃是一个实体的"自然变化"的原则。我们知道,莱布尼茨毕生都在反对笛卡尔和斯宾诺莎的实体概念。在他看来,无论是广延也好,无论是独立性和自在性也好,都不是实体的本质属性,离开了"自己活动"的概念,离开了"力"的概念,是不可能阐明实体概念的。因此,他在自己的哲学观点定型以后反复强调的就是这一思想。例如,他在给佩利松(Paul Pellisson-Fontanier)的信中写道:"没有活动,就不可能有实体。"他在给布克(Louis Bourguet)的信中写道:"如果从实体那里抽掉活动,那就不能断言实体的存在应当是怎样的。"他在《动力学实例》中说:"活动是实体的特性。"他在《神义论》中说:"如果把活动从实体那里抽掉,从而把实体和偶性混为一谈,那就陷入斯宾诺莎主义,即一种以夸大形态表现出来的笛卡尔主义。"他在给汉施(Michael Gotllieb Hansch)的信中说:"只有活动才构成真正实体的基础"①。他在《人类理智新论》中说:"能动性是一般实体的本质(l'activité est l'essence de la substance en general)。"②他在《单子论》里到处强调的都是"单纯实体的内在活动(les Actions interns des Substances Simples)"③。他在《以理性为基础的自然的和神恩的和谐》中把实体定义为"一种能活动的存在(un Etre capable d'Action)"。④ 此外,莱布尼茨之所以把"力"的概念引进他的实体学说中来,之所以强调"实体的形式的本性在于力",之所以宣布单子即为"力的中心",其目的也正在于强调实体的活动本质,强调实体的主体性质。因为在莱布尼茨看来,唯有这种"力"才是实体的"内在活动的源泉(sources de Leur actiones internes)",才能使实体成为"无形体的自动机(des Automates incorporels)"⑤。

莱布尼茨的实体学说的主体性质,更突出地表现在他所说的实体活动

① 转引自费尔巴哈:《对莱布尼茨哲学的叙述、分析和批判》,第31页。

② Leibniz, *Kleine Schriften zur Metaphysik*, p. 58;莱布尼茨:《人类理智新论》上册,第24页。

③ Ibid., p. 446;北京大学哲学系外国哲学史教研室编译:《西方哲学原著选读》上卷,第479页。

④ Ibid., p. 414.

⑤ Ibid., P. 446;北京大学哲学系外国哲学史教研室编译:《西方哲学原著选读》上卷,第479页。

是一种本身为普遍者的个体者向普遍者的前进运动，一种作为主体的实体自己实现自己的运动。如前所述，在莱布尼茨看来，凡实体固然都是单纯实体，都是不可分割的单一，但是单纯实体的这种单一并非只是一种抽象的单一，而是一种自身就包含着"多"的单一，一种能够表象整个宇宙的"单一"。这种包含并表现单纯实体里面的一种"多"的暂时状态，莱布尼茨称之为知觉，这种知觉能力虽为所有的实体（单子）所具有，但由于其所属的等级不同，各个实体对宇宙的知觉的明晰程度也就不同，尽管人的心灵属于同一等级，但各人的心灵表象宇宙的明晰程度也有很大的差异。不过，由于我们心灵的内在活动原则即自觉的意志的推动，我们的心灵就能不断地从一种知觉进展到另一种知觉。一如莱布尼茨所说："诚然，欲望不能总是完全达到它所期待的全部知觉，但是它总是得到一点，达到一些新的知觉（des perceptions nouvelles）。"①这就表明，按照莱布尼茨的观点，实体的变化运动尽管未必都能如愿，但它终归是一种实现自己欲望（意志）的活动，一种努力向主体所设定的目标前进的活动，一种自我实现的活动，一种自主自由的活动。黑格尔把莱布尼茨的"实体"称为"自为的存在"，是很有道理的。

需要指出的是，莱布尼茨强调实体的主体性质，强调自由的主体性原则同他强调实体和自由的个体性原则是一而二二而一的东西。因为那里没有区别的原则，那里没有既区别于他人又区别于旧我的原则，那里就没有个体性原则，就没有自我活动和自我实现的原则，也就没有人的自由的主体性原则。反过来讲也是如此。莱布尼茨也是这样看待自由的主体性原则和自由的个体性原则的关系的，也就是说，他也是把自由的主体性原则看做是一种更为基本的原则的。而且，在他看来，正是由于这条原则，他的实体学说和自由学说才同笛卡尔和斯宾诺莎明显地区别开来。他曾经强调指出：

> 事物的实体本身就在于它的活动力和被动力。如果把事物的这种力量抽掉，那么事物就仅仅是上帝的短暂的变体和幻影，或者上帝本身就是唯一的实体。——这是一种声名狼藉的学说。②

由此便可看出实体的主体性质及自由的主体性原则在莱布尼茨心目中的地

---

① Leibniz, *Kleine Schriften zur Metaphysik*, p. 444；北京大学哲学系外国哲学史教研室编译：《西方哲学原著选读》上卷，第478页。

② 转引自费尔巴哈：《对莱布尼茨哲学的叙述、分析和批判》，第31页。

位了。

我们说斯宾诺莎强调唯一普遍实体即神的自由，从原则上（或从本体论上）根本否定人的自由的个体性和主体性，这在任何意义上都不是说斯宾诺莎根本不谈“人的自由”；相反，他在其主要著作《伦理学》的最后部分里曾专门地讨论了“人的自由”问题，只是他所说的人的自由不是一种基于人的意志的自由，不是一种属于道德——实践主体的自由，而只是一种为理性所决定的自由，一种纯粹属于认识主体的自由，一种认识论上的自由。我们知道，在斯宾诺莎的自由观中，是根本没有人的意志的地位的。如上所述，斯宾诺莎曾明确宣布“意志不能说是自由因，只能说是必然的或被强迫的”①。他给出的理由是：“无论怎样理解意志，有限的也好，无限的也好，都有原因以决定它的存在与动作。”②不仅如此，他还把意志同欲望绝对对立起来而同理智简单等同起来。他在《伦理学》第二部分中断然宣布：

> 意志与理智是同一的。③

他解释说：

> 我认为意志是一种肯定或否定的能力，而不是欲望，我说，意志，是一种能力，一种心灵藉以肯定或否定什么是真、什么是错误的能力，而不是心灵藉以追求一物或避免一物的欲望。④

因此我们还可看出：斯宾诺莎所谓“意志与理智的同一”还有更深一层的含义，这就是他由于把意志同欲望完全对立起来，并在事实上使意志成了理智的附属品。这就在原则上否定了人的意志在人的自由中的积极作用。当谈到“布里丹的驴子”问题时，他毫不含糊地说：

> 我宣称我完全承认，如果一个人处在那种均衡的状态，并假定他除却饥渴外别无知觉，且假定食物和饮料也和他有同样的距离，则他必会死于饥渴。假如你问我像这样的人究竟应认为是驴子呢还是认作人？那我只能说，我不知道：同时我也不知道，究竟那悬梁自尽的是否应认为是人，或究竟小孩、愚人、疯子等是否应该认为是人。⑤

---

① 斯宾诺莎：《伦理学》，第29页。
② 同上。
③ 同上书，第82页。
④ 同上书，第81页。
⑤ 同上书，第87页。

斯宾诺莎不仅提出和强调“意志与理智的同一”，而且还提出和强调“欲望与理智的同一”。欲望问题是斯宾诺莎人的学说尤其是其人的自由学说中的一个至关紧要的问题。他在其《伦理学》中甚至宣布“欲望即是人的本质”。但是他的这一说法并不意味着他在把人的欲望同人的自由直接联系了起来。因为在他看来，即使我们所有的欲望本身也都只是一种“出于我们性质的必然性”。因此，人能否有主动性、能否有自由从根本上讲并不在于他是否有欲望，而在于他到底有的是什么样的欲望：是“起于理性的欲望”呢还是一种“盲目的欲望”？所以他说：“人的主动性固由于某种意欲，而人的被动，也由于同种意欲。”①一个人只有有了“起于理性的欲望”，即有了理性指导下的欲望，他才有主动性和自由可言。相反，一个人如果没有“起于理性的欲望”，则对他来说就只有“人的奴役”而根本谈不上“人的自由”。因此，对于斯宾诺莎来说，自由的问题从根本上讲是一个理性问题，一个对必然的认识问题。他在《伦理学》中说：“只有通过理智的力量，我们才可以说是主动的。”②又说：“自由人，亦即纯依理性的指导而生活的人。”③他有一句名言，叫做“至善在于知神”。他所谓的“至善”涵指个人的最高德性和人的最大自由，而他所谓的“神”，主要地就是涵指统摄一切的普遍性和必然性。因此，他最终还是把人的自由归结为一种对普遍性和必然性的认识，归结为一种认识论上的自由，一种认识主体的自由。

与斯宾诺莎把人的自由仅仅理解为人的作为认识主体的自由的片面做法不同，莱布尼茨不仅把人的自由同时理解为人的作为认识主体的自由与人的作为道德实践主体的自由，而且同斯宾诺莎极力把人的作为道德主体的自由归结为或还原为人的作为认识主体的自由的做法相反，他极力强调人的作为实践主体的自由。如前所述，在莱布尼茨的实体学说中，欲望或意志居于更为重要的地位。他在《单子论》中曾经明确地指出：

> 在上帝之中有权力（la Puissance），权力是万物的源泉，又有知识，知识包含着观念的细节，最后更有意志（enfin la Volonté），意志根据那最佳原则造成种种变化或产物。这一切相应于创造出来的单子中的主

① 斯宾诺莎：《伦理学》，第225页。

② 同上书，第246页。

③ 同上书，第206页。

体或基础、知觉能力和欲望能力。①

在莱布尼茨的这段话中有两点值得特别注意：一是他不是像斯宾诺莎那样把“意志”和“欲望能力”看做相互对立的东西，而是把它们看做是相互一致的东西；二是他使用了“最后更有意志”这个短语，这就是说，在他的实体学说和形而上学体系中，“意志”或“欲望能力”是一种高于“知觉能力”的东西。必须指出：莱布尼茨在这里使用这一短语，把“意志”或“欲望能力”看做是一种比“知觉能力”更为重要的能力绝不是偶然的，这是因为他的这一说是直接从他的实体本性的思想里推断出来的。既然实体（亦即他的认识主体和道德主体）的本质属性是“活动”，既然实体活动和变化的内在原则不是别的，正是欲望或意志，则欲望或意志之为莱布尼茨的人的自由的基础和源泉的地位也就不言自明了。

诚然，我们也不能因此而得出结论说，在莱布尼茨的自由学说中，理性或人的知觉能力无关紧要，但是，这至少可以表明莱布尼茨是反对斯宾诺莎把意志和人的欲望同一于或隶属于理性或人的知觉的做法的，而是极力想在这两者之间建立一种互存互动的和谐关系的。而且，在这种努力中，他也确实表现出高扬人的意志、把人的意志或人的欲望看做自为存在的人的更基本的一面的倾向。在他看来，人作为一个认识主体，作为一个具有知觉能力的主体，一个有自我意识或理性的主体，固然是一个自为的存在，是一个不断地从一个知觉变化或过渡到另一个知觉的活动或过程。但是，人之所以能够具有这种作为认识主体的自由，从根本上讲首先就在于他是一个道德——实践的主体，一个具有自觉意志的主体，换言之，首先就在于他享有一种道德主体的自由。“那种致使一个知觉变化过渡到另一个知觉的内在原则的活动，可以称为欲求（Appetition）。”②莱布尼茨在《单子论》中所说的这句话强调的正是这个意思。

还需指出的是：莱布尼茨在他那个时代里，尤其是在那个当时农奴制度普遍复辟的国度里，提出并强调人的自由的个体性和主体性问题，而且在人的作为认识主体的自由之外提出和强调人的作为道德—实践主体的自由，

---

① Leibniz, *Kleine Schriften zur Metaphysik*, p. 460；北京大学哲学系外国哲学史教研室编译：《西方哲学原著选读》上卷，第484—485页。

② Ibid., p. 444；同上书，第478页。

且初步地提出了人的意志能力高于人的知觉能力(理性能力)的思想,是相当难能可贵的。他的这些思想对于他所在的时代是伟大的和重要的,对于后来哲学发展的影响是相当深广的。因为他的这些思想不仅开了康德之实践理性高于理论理性的观点的先河,而且他也先于黑格尔在事实上提出了实体与主体同一的哲学原则。至于他所强调的人的自由的个体性和主体性及人的意志能力高于人的理性能力诸观点,更对现当代西方哲学,尤其是现当代西方哲学人本主义产生了重大的影响。至少从他的自由学说方面看,我们有充分理由宣布:莱布尼茨是位划时代的哲学家。

3."人的快乐"与"人生智慧"

莱布尼茨的人学思想,除了"人的自由"之外,还有一个基本点,这就是"人的快乐"。

幸福或人的幸福是莱布尼茨人学或伦理学的一个核心概念和根本目标。在一个意义上,我们可以把莱布尼茨的人学或伦理学理解成一种幸福学,一种关于幸福(félicité,felicitas,bonheur)的科学。诚然,莱布尼茨也常常用"善的生活"来刻画他的人学或伦理学的主旨,但是,他所谓善的生活归根到底也就是一种关于人的幸福的生活。然而,如果事情到此为止,莱布尼茨的这样一种道德思想或伦理思想似乎也就没有什么值得特别阐释的价值了。因为早在殷周时期,《尚书》"洪范"篇中就有"向用五福,威用六极"的说法;它所谓"五福",指的是"寿"、"富"、"康宁"、"攸好德"和"考终命",而它所谓"六极",指的则是"凶短折"、"疾"、"忧"、"贫"、"恶"和"弱"。① 这就把"幸福"问题提升到了道德哲学和政治哲学的核心层面。在西方伦理思想史上,"福"的问题也同样是一个始终受到深切关注的问题。即使在"西方诗圣"荷马的史诗《伊利亚特》和《奥德赛》里,我们也同样可以看到幸福这样一个道德和伦理主题。《伊利亚特》和《奥德赛》虽然内容十分丰富,情节迤逦曲折,但是,无论如何,幸福问题都是其恒常不变的主题。就《伊利亚特》而言,尽管整个故事是紧紧地围绕着特洛亚战争展开的,但是,不难看出,构成战争起因、推进战争进程、促成战争终结的,最根本的,还是诸神和英雄心中的幸福观,特别是他们心目中的作为幸福基本元素

① 参阅郭齐勇主编:《中国古典哲学名著选读》,人民出版社2005年版,第11、15页。

的美人和财富。至于《奥德赛》,虽然就故事的情节而言,描述的主要是希腊英雄俄底修斯在特洛亚战后还乡的故事,但是,构成其核心内容的则是一个夫妻恩情和家庭幸福问题。无怪乎作者在概括其史诗的内容时不无明快地写道:“神给可怜的人以恐惧和痛苦,神自己则幸福而无忧地生活着。”①

莱布尼茨的人学和伦理学出众的地方在于,他在用幸福学诠释伦理学的同时,又进而用快乐学来诠释幸福学。在《论智慧》中,莱布尼茨曾经给“幸福”下了一个著名的定义,这就是:“幸福乃一种持久快乐的状态。”②在《人类理智新论》中,莱布尼茨又重申了这一定义,强调指出:“幸福不是什么别的,无非是一种可持续的快乐而已(La felicité n'est autre chose qu'une joy durable)。”③莱布尼茨给幸福所下的这样一个定义很容易使我们想到古希腊时期的著名伦理学家伊壁鸠鲁(Epicurus,公元前341—前270年)。伊壁鸠鲁及其学派的伦理学的基本公式不是别的,正是幸福即快乐。伊壁鸠鲁在其致美诺冠的信中,曾经对他的这一伦理学公式作出了经典的表达。他写道:“只有当我们痛苦时,我们才需要快乐,因为快乐不在场;而当我们不痛苦时,我就不需要快乐了。因为这个缘故,我们说快乐是幸福生活的开始和目的。因为我们认为幸福生活是我们天生的最高的善,我们的一切取舍都从快乐出发;我们的最终目的乃是得到快乐,而以感触(παθοs)为标准来判断一切的善。”④也正是由于在幸福观上莱布尼茨与经验主义哲学家伊壁鸠鲁在幸福观上的这样一种接近,使得莱布尼茨对他同时代的经验主义哲学家洛克的幸福观和快乐观也有一定程度的认同。在《人类理智新论》中,洛克的代言人菲拉莱特曾经宣布:“善是适于在我们之中产生和增加快乐,或减少和缩短一些痛苦的东西。恶是适于在我们之中产生或增加痛苦,或减少一些快乐的东西。”而作为莱布尼茨代言人的德奥斐勒则当即表示认同:“我也是同样的意见(Je suis aussi de cette opinion)。”⑤因此,罗素在

① 转引自杨周翰等主编:《欧洲文学史》上卷,人民出版社1979年版,第17页。

② Leibniz, *Philosophical Papers and Letters*, p. 425.

③ Leibniz, *Die philosophischen Schriften*, 5, p. 82;北京大学哲学系外国哲学史教研室编译:《西方哲学原著选读》上卷,第56页。

④ 北京大学哲学系外国哲学史教研室编译:《古希腊罗马哲学》,第367页。

⑤ Leibniz, *Die philosophischen Schriften*, 5, p. 149;莱布尼茨:《人类理智新论》上册,第147页。

《对莱布尼茨哲学的批评性解释》中曾经用“意志的和快乐的心理学”(the psychology of volition and pleasure)来概括莱布尼茨的伦理学或道德哲学。①而当代著名的莱布尼茨哲学专家尼古拉·雷谢尔也将莱布尼茨将其用快乐学诠释幸福学视为莱布尼茨的伦理学的基本程式(a basic convention)。② 强调人的快乐,用快乐学诠释幸福学,不仅是莱布尼茨人学和伦理学中最具特色的内容,而且也是其人学和伦理学中特别具有时代气息的内容。

但是,在莱布尼茨给出的关于幸福的上述定义中,有一点是需要指出来予以认真讨论的。这就是,莱布尼茨所说的作为幸福的快乐不是那种短暂的转瞬即逝的快乐,如酗酒的快乐,而是一种“可持续的快乐”,一种具有持续性的快乐,一种可持续发展的快乐。因此,对于莱布尼茨的幸福学来说,重要的并不是“快乐”,而是“可持续”的“快乐;进而言之,对于莱布尼茨的幸福学来说,重要的是我们如何才能获得“可持续”的“快乐”。那么,我们究竟怎样才能获得“可持续”的快乐呢?莱布尼茨告诉我们说,唯有藉智慧一途。他强调说:所谓幸福学就是一种智慧,就是一种智慧学。③

在获取可持续快乐的问题上,人生智慧首先就体现为它能够帮助人们正确处理好自我与他我的关系。莱布尼茨虽然也和洛克一样,也非常重视考察与快乐相关的各种情感,也注重从爱的角度来审视快乐,宣称:“爱是倾向于从所爱对象的圆满、善或幸福中得到快乐。”④但是,与洛克不同,莱布尼茨提出并区分了两种爱:“自得之爱”和“仁慈之爱”。“自得之爱(L'amour de conquiscence)”“不是什么别的,无非是对那种能给我们快乐的东西的欲望或感情,而我们是不关心它是否接受我们的爱的”。而“仁慈之爱(L'amour de bienveillance)”则是“对那种以其快乐或幸福也给了我们某种快乐或幸福者的感情”。这两种爱的根本区别在于一种“着眼于我们自己

① Cf. B. Russell, *A Critical Exposition of the Philosophy of Leibniz*, p. 194.

② Cf. Nicholas Rescher, *Leibniz: An Introduction to his Philosophy*, p. 137.

③ Cf. Nicholas Rescher, *The Philosophy of Leibniz*, Englewood Cliffs: Prentice-Hall, Inc., 1967, p. 141.

④ Leibniz, *Die philosophischen Schriften*, 5, p. 149;莱布尼茨:《人类理智新论》上册,第148页。

的快乐”,一种“着眼于他人的快乐”。[①] 在莱布尼茨看来,自得之爱是并不是一种真正的爱,因为其中只有享乐,而没有真正的伦理学上的快乐。当我们欣赏一幅画时,着眼的只是这幅画本身的完美,而不是也不可能是这幅画对我们的欣赏的反应。莱布尼茨的自得之爱其实也就是这样一种片面的单向度的爱。仁慈之爱就不是这样。它着眼于他者的快乐、他者的善和他者的爱,并从他者的快乐、他者的善和他者的爱中感受到快乐或获得快乐。诚然,莱布尼茨也承认为他人的善、为他人的快乐和对他人的爱对于个人的善和个人的快乐在一定意义上也具有工具或手段的价值或意义,但是,他强调的却是它所具有的超工具或超手段的价值和意义。莱布尼茨在其早期写作的一篇讨论自然法原理的论文中曾经区分了欲求他者之善的两种理由,他指出:“欲求他者之善,有两种理由:一种是为了我们自己的善(one *is* for our own good),另一种则仿佛为了我们自己的善(the other *as if* for our own good)。”[②]其间的区别在于:前者是一种理性的算计,而后者则属于爱或爱的奉献;前者属于主人对奴隶的情感,后者则属于父亲对儿子的情感;前者关涉的是满足其需要的工具,后者所关涉的则是一个对待其朋友的友情;前者为的是实现所追求的某一期待的善,而后者则是为了他者的善本身的缘故。然而,问题在于,他者的善究竟在什么条件下才能由于它自身的缘故而同时成为我们自己的善、与我们的善同一呢?莱布尼茨给出的说明是:当他者的善不仅构成我们自己的善的工具而且也构成我们自己的善的目的时,这种同一性就会呈现。因为“凡是令人愉快的东西都是由于自身的缘故而被追求的,凡是为自身的缘故而被追求的东西则都是令人愉快的”。[③] 这样的人生智慧也就是我们常说的德性或仁慈,其实质在于:将人我关系由“我—它”关系转换成我国古代哲学家张载所说的“同胞”关系,或西方现代思想家布伯(1878—1965年)所说的“我—你”关系。

智慧在莱布尼茨幸福学或快乐学的另一项重要表征在于超越感性达到理性,实现伦理学与知识论的统一。众所周知,早在古代希腊,苏格拉底就提出了“德性就是知识”的口号。莱布尼茨的幸福学完全继承了这一理性

---

① Leibniz, *Die philosophischen Schriften*, 5, pp. 149 - 150;莱布尼茨:《人类理智新论》上册,第148—149页。

② Leibniz, *Philosophical Papers and Letters*, p. 136.

③ Ibid.

传统。他反复强调说，只有超越感性和欲望，凭借理性和意志，我们才能获得持久的快乐或幸福。这一点归根到底是由人的本性决定的。如果一个人受到伤害，最能帮助这个伤员的人不是别人，而是懂得人的生理结构和生理本性、掌握一定医术的人。同样，我们要想获得幸福，最好的办法莫过于认识我们自己的本性（理性）并遵循我们的本性（理性）行事。因此，理性的原则乃莱布尼茨伦理学的一项根本原则。如前所述，莱布尼茨虽然用快乐学来诠释幸福学，但他还是在幸福和快乐之间作出了区分，强调只有“持久”的快乐才能构成幸福，断言：“幸福是一种持续的快乐；要不是有一种向着新的快乐的连续的进程（une progression continuelle），这是不会发生的。”① 针对洛克的感性幸福论或感性快乐论，莱布尼茨指出：人们追求幸福和快乐可以走两条不同的道路：一条是“感觉和欲望”的道路，一条是“理性和意志”的道路；前者“趋向当前的快乐”（au plaisir present），后者则“趋向幸福即持久的快乐”（au plaisir durable）。② 莱布尼茨解释说：走感觉和欲望道路的人总是“按照当前的印象”力求“走最短的路”，力求获得眼前的最大的快乐。但是，这种人往往不能获得持久的快乐和真正的幸福。“人们想走最短的路就可能不是走在正路上，正如那石头照直线前进可能过早地遇到障碍，阻止它向地心前进到足够的距离那样。”③莱布尼茨的结论是：“这就使人认识到，是理性和意志，引导我们走向幸福，而感觉和欲望只是把我们引向（当前的）快乐。”④

4. 道德推理与道德“本能”

莱布尼茨虽然强调理性和意志对于我们的幸福的极端重要性，但是，他却并没有因此而陷于狭隘的理性主义。事实上，莱布尼茨在其构建道德学和伦理学理论体系的过程中，提出并且比较系统地阐述了他的道德本能学说，不仅超越了前此的经验主义，而且也超越了前此的狭隘理性主义，把西方近代伦理学提升到了元伦理学的层次。

---

① Leibniz, *Die philosophischen Schriften*, 5, p. 180；莱布尼茨：《人类理智新论》上册，第188页。

② Ibid., pp. 180, 185；同上书，第188、195页。

③ Ibid., p. 180；同上书，第188页。

④ Ibid.；同上书，第188页。

道德本能问题说到底是一个道德推理何以可能的问题。在《人类理智新论》中，作为洛克的代言人的菲拉莱特明确宣布“道德学是一门推证的科学”。然而，凡推证的科学都是以不可推证的原则为其理论根源或理论前提的。这样，洛克也就提出了另外一个更为根本更为原则的问题，这就是这种不可推证的原则究竟来自何处的问题。莱布尼茨也正是在对洛克问题的回应中，提出了他的道德本能学说的。针对洛克的经验主义立场，莱布尼茨开门见山地说道：

> 绝对不可能有什么理性的真理是和那些同一的或直接的真理一样显明的。而我们虽然能够真正地说道德学有一些不能加以推证的原则，并且最首要和最得到实践的原则之一就是应该追求快乐和避免痛苦，但必须加一句说这并不是纯粹靠理性认识到的一条真理。因为它是以内心经验或混乱的认识为根据的；因为我们并不知道快乐和痛苦是什么。①

应该说，莱布尼茨的这个论证在他那个时代是有很强的说服力的。既然按照洛克的观点，单单凭借经验我们根本不可能认识到事物的实在本质，既然我们对于何为快乐何为痛苦常常是见仁见智的，则我们就根本不可能指望从我们自己的内省经验来获得人应该追求快乐和避免痛苦这样一条不可推证的道德原则或实践原则。既然这样一条道德原则既不可能来自理性推证，又不可能来自内省经验，那么，它究竟来自何处呢？莱布尼茨也正是在这种情势下给出了自己的答案的：

> 我刚才所引述的那条公则（即人应该追求快乐和避免痛苦）却显得是属于另一种性质：它不是由理性所认识，而可以说是由一种本能（par un instinct）所认识的。这是一条天赋原则，但它不并不成为自然之光的组成部分；因为人们并不以一种明亮的方式认识它。可是，这条原则一经设定，人们就能从它引出一些科学的结论；而我极其赞赏您刚才所说的，道德学是一门推证的科学。也让我们注意看到道德学教人

① Leibniz, *Die philosophischen Schriften*, 5, p. 81.；莱布尼茨：《人类理智新论》上册，第54—55页。

一些如此明显的真理，以致小偷、海盗、土匪也不得不在自己人之间遵守它们。①

在这段语录中，最值得注意的是莱布尼茨以“本能”与“自然之光”相对照。本能与自然之光所关涉的都是人的灵魂官能。不过在这种对照中，本能显然属于一种较高的官能，而自然之光则属于一种较低的官能。与此相一致，与本能这种灵魂官能相对应的是不可推证的道德原则，与自然之光相对应的是则是可推证的道德规则；与本能相对应的是道德顿悟，与自然之光相对应的则是道德推理；与本能对应的是原始真理，与自然之光对应的是派生真理。莱布尼茨强调天赋的不可推证的道德公则相形于天赋的可推证的道德规则“属于另一种性质”，即是谓此。

在莱布尼茨关于道德推理和道德本能的讨论中，还有两点需要特别提出来加以阐释。首先，是莱布尼茨始终强调道德本能对道德推理的优越性和优先性。莱布尼茨非常重视道德学或伦理学的理论体系的逻辑关联性和层次性。尽管莱布尼茨承认，无论是不可推证的道德原则（基于道德本能）还是可推证的道德规则（基于道德推理）都是先天存在于人们灵魂之中的天赋真理，但是，它们的逻辑地位却是不同的。莱布尼茨尽管十分重视道德推理，重视可推证的道德规则，肯认它们的伦理意义和社会价值，但是，他始终强调的却是道德推理对于道德本能、道德规则对于道德原则在逻辑上的从属关系和从属地位。针对那些将不可推证的道德原则和可推证的道德规则混为一谈的人（洛克），莱布尼茨诘问到：“您以为我们是要把那些真理之在理智中，看做是彼此独立的，就像审判官的法令在告示上或布告牌上那样的吗？”②他强调说：“有些公道规则，要不是假定上帝存在和灵魂不死，是无法充分和完满地证明的；而且这些规则，在人类的本能没有推动我们的场合，也只是和别的派生出来的真理一样铭刻在灵魂之中的。”③莱布尼茨曾经以“己所不欲，勿施于人”这条道德规则为例来解说道德规则的非自足性、不完满性及其对于道德原则的从属性。他指出，“己所不欲，勿施于人”（qui porte qu'on ne doit faire aux autres que ce qu'on voudroit qu'ils nous

① Leibniz, *Die philosophischen Schriften*, 5, p. 81.；莱布尼茨：《人类理智新论》上册，第54—55页。

② Ibid., p. 81；同上书，第55页。

③ Ibid., p. 82；同上书，第55—56页。

fissent)这条规则“不仅需要证明(de preuve),而且还需要予以宣告(de declaration)”。莱布尼茨给出的理由是:“一个人要是自己做得了主,所欲的就会过多;那么施于人的是否也就该过多呢?你会对我说,这条规则无非意味着一种正当的意愿。但这样一来这条规则就远不足以用作衡量标准,倒是它自己就需要有一个衡量标准了。这条规则的真正意义是:当一个人要来作判断时,得以旁人的地位作为看问题的真正立足点才能判断公平。”①

不可推证的道德原则(基于道德本能)在实践层面的普遍适用性和效用性也是莱布尼茨非常重视并特别强调的一个思想。莱布尼茨曾经对道德学和算术做过一番比较。他指出,在一定层次上,我们可以说,道德学和算术“并无两样地是天赋的”。因为道德学也同样依赖“内在的光”(La lumier interne)所提供的推证。这些推证,与数学推证一样,也不是“一下跳到眼前来的”。② 因此,正如许多数学公则或数学公式虽然天赋在我们的心灵中,但是却并不总是为我们所察觉一样,我们每个人也并不总是能够“很快”地读出照圣保罗所说“上帝刻在人们心里的那些自然法的字迹”的。③ 但是,在莱布尼茨看来,这丝毫无碍于道德实践原则发挥其至关紧要的社会功能和道德伦理功能。他从道德本能的立场解释说:“因为道德比算术更重要,所以上帝给了人那些本能,使人得以立即并且不必经过推理就能处理理性所要求的某些事。”④莱布尼茨打比方说,这就好像我们走路,在通常情况下,当我们走路时我们并未想到有关力学规律,但是,我们却总是“按照力学的规律”在走路。莱布尼茨承认,由于道德的必然性和道德的自由选择的缘故,我们虽然天赋有这些道德本能和道德原则,但是我们却未必人人在任何情况下都能遵从这些道德本能,践履这些道德原则。用莱布尼茨自己的话说,就是:“这些本能并不是以一种不可克服的方式来促使我们行动的;我们得以情感来抗拒它们,以成见来模糊它们,以相反的习惯来改变它们。”⑤但是,莱布尼茨强调说:“可是我们最通常的情况是符合这些良心的

① Leibniz, *Die philosophischen Schriften*, 5, pp. 83 – 84;莱布尼茨:《人类理智新论》上册,第58页。

② Ibid., p. 84;同上书,第59页。

③ 参阅《新约》“罗马书”2:15,1:19。

④ Leibniz, *Die philosophischen Schriften*, 5, p. 84;莱布尼茨:《人类理智新论》上册,第59页。

⑤ Ibid.;同上书,第59页。

本能(ces instincts de la conscience),并且当更大的印象并没有压倒它们时也还是顺从它们。"①莱布尼茨以"东方人以及希腊人或罗马人,《圣经》和《古兰经》",以"人类之中最大部分和最健康部分"来为他的这一立场和观点佐证。由此看来,莱布尼茨的道德本能思想不仅对于道德学或伦理学的学科体系的构建具有不可替代的价值和功能,即使对于人类道德和文明社会的维系和改进也有巨大的不可替代的价值和功能。

5. 人的自由与上帝的前定

对莱布尼茨的人学思想或道德伦理思想的批评长期以来主要集中到下述两个问题上。既然上帝是根据完全的个体概念创造世界万物,特别是作为精神的个人的,则:(1)我们何以能够言说个体的人的"意愿活动"或"自由意志"?(2)我们何以能够将道德意蕴赋予其存在,乃至其活动能力都不依赖于其本身而仅仅依赖于上帝的实体或个人呢?尽管按照莱布尼茨的哲学体系回答这两个问题有点困难,但是我们还是可以从中找到某种答案的。

我们知道,与莱布尼茨同时代的斯宾诺莎是根本反对"意志自由"这个说法的。按照斯宾诺莎的说法,意志和理智一样,都不过是思想的一种样式,因此,都只有当其为另一个原因所决定时,才可以存在和动作,从而也就根本无自由可言。然而,按照莱布尼茨的道德的必然性学说,作为有欲望和知觉的人则是完全有意志自由和意愿活动的。诚然,人也有其被决定的一面,这首先就表现为他的个人的存在。人,作为一个个体实体,其存在完全是由上帝决定或前定的,是与其个人的意志和意志自由完全无涉的。当海德格尔宣布人是被抛在世时,他所强调的也正是这个意思。然而,莱布尼茨所说的自由意志和意愿活动所关涉的却并非个体的人的存在或出生,而是作为个体实体的人的活动样式和活动方式。显然,就活动样式和活动方式而言,人作为精神,既然具有理性和意志,则在其确定的个体实体概念的范围内,他是完全具有自由意志和意愿活动的能力的。在《人类理智新论》里,莱布尼茨曾经区分了两种意义不同的"意志的自由"(la liberté de vouloir)。其中的一种意义是就我们把"意志的自由"与"心灵的不完善"和"心灵的受役使"相对立而言的;这实际上是一种"强制或束缚",虽说是一

① Leibniz, *Die philosophischen Schriften*, 5;莱布尼茨:《人类理智新论》上册,第59页。

种来自内部的强制和束缚。来自情感的强制和束缚就是这样一种情况。另一种意义则是就我们将自由和必然相对立而言的。① 在第一种意义下,斯多葛派说只有哲人才是自由的。而事实上,当一个人心灵为巨大的情感完全控制时,他就是毫无自由的。因为在这种情势下,他根本不可能像他应该的那样去意愿,根本不可能经由所必需的深思熟虑来意愿。从这个意义上讲,只有上帝才是完全自由的,凡是受造的心灵便只有在其超出情感控制的意义上和范围内才享有一定程度的自由。

然而,第二种意义上的自由,即那种与必然相对立的心灵的自由,就不是这样。这种自由"是相关于赤裸裸的意志,是作为与理智区别开来的意志"来说的。这也就是所谓的"意志自由"(le Franc-arbitre)。而这种"意志自由"就在于:

> 人们意欲理智呈现于意志之前的最强有力的理由或印象,也不阻止意志的活动成为偶然的,而不给它一种绝对的、和可以说是形而上学的必然性,而正是在这种意义下,我习惯于说,理智能够按照占优势的知觉和理由来决定意志,其决定的方式是:即使它是确定无误的,它也只是使意志倾向于什么而不是必然地逼使它怎样。②

不难看出,这种意义上的意志自由不是别的,正是那种与道德的必然性相关的个人的自由。然而,无论是前面那种"与理智相关的自由",还是这种"与赤裸裸的意志相关的自由",都是一种与人这种个体实体的确定个体概念相关的自由。因为无论如何,知觉和欲望,或理智和意志,在任何情况下,都是作为个体的人的主导单子的基本规定性。

在《神义论》中,莱布尼茨对个人自由与上帝的前定的关系给出了更为直接的说明。在莱布尼茨看来,既然人的个体自由是一种与道德的必然性相关的自由,则问题就不难理解了。道德的必然性毕竟也是一种必然性。这种必然性的特殊性并不在于它不是一种必然性,而是在于它是一种面对诸多必然性的活动主体可以对这诸多必然性进行自由选择的必然性。当我们说道德的必然性在一个意义上是一种偶然性时,我们的意思并不是说活

---

① Cf. Leibniz, *Die philosophischen Schriften*, p. 160;莱布尼茨:《人类理智新论》上册,第163页。

② Ibid.;同上书,第63页。

动主体可以逃避任何形态、任何种类的必然性,而是说他可以凭借其自由意志从其所面对的诸多必然性中任意地去选择其中的一种。在谈到这个问题时,莱布尼茨强调说,自由意志是一种决断行为,而构成自由意志这种决断行为的对象的,归根到底,并不是我们的自由意志,并不是我们的意愿和决断,而是我们的行动以及与之相关的各种不同的可能性状态。

> 至于意愿(volition)本身,把它说成是自由意志的对象则是不恰当的。严格地说,我们意愿的是去活动(agir),而非去意愿(vouloir)。否则,我们就还得继续说,我们意愿去具有去意愿的意愿。这就永远说不到头了。此外,当我们决意去意愿的时候,我们虽然并不总是遵循实践理智的最后的判断,但是,在我们的意愿活动中,我们却总是遵循来自理智方向和来自情感方向的所有倾向的结果,而且,这也常常是在理智没有作出明晰判断的情势下发生的。①

这就为我们合理解释人的自由与上帝的前定的辩证关系提供了空间和可能。

不仅如此,在《神义论》中,莱布尼茨还直接回应了人的自由与上帝的前定的关系这个问题。既然人的自由与上帝的前定关涉的是问题的不同的层面,则从次协调逻辑的角度看问题,它们之间就不是那种相互排拒的关系,而是那种相互兼容的关系,就像一个人可以同时成为他的父亲的儿子和他的儿子的父亲一样。也正是在这个意义上,莱布尼茨写道:

> 在人身上,也如在任何别的地方一样,一切都是事先确定的和决定了的,人的灵魂就是一种精神的自动机(d'automate spirituel)。尽管一般意义上的偶然活动和特殊意义上的自由活动并不会由于这个原因而成为必然的,具有一种绝对的必然性。绝对的必然性才确实与偶然性不相容。不论是未来性(la futurition)本身(它实际上是确定的),还是上帝的绝对无误的先见(la prévision),不论是由原因形成的前定,还是由上帝的命令(des décrets de Dieu)颁布的前定(la prédétermination),都不可能毁掉这种偶然性和自由。②

不仅如此,莱布尼茨还通过将上帝创造世界的自由活动转换成一种自由选

---

① Leibniz, *Essais de Théodicée*, p. 132.

② Ibid.

择活动而对上帝的创世命令与人的自由的兼容性作出了更为具体的说明。莱布尼茨强调说,上帝的命令仅仅在于在其对所有可能世界进行比较之后形成的一种“决断”(la résolution),去选择其中那个最好的世界,并且凭借全能的词“决心”(Fiat),使这个世界连同其所包含的一切得以存在。既然如此,我们就可以明白无误地看到,这种天命在事物的构成方面“没有改变任何东西”:“上帝完全听任它们像其处于纯粹可能状态那样存在,也就是说,既不对它们的本质或本性作出任何改变,甚至也不对它们的偶性作出任何改变,这些东西在这一可能世界的观念中都完整无缺地展现出来了。”① 莱布尼茨的结论是:偶然和自由的东西与上帝的创世命令的关系同这些东西与上帝的先见的关系是一模一样的。既然上帝的先见丝毫不妨碍偶然事物的存在和人的自由,则上帝的创世的命令也就同样丝毫不妨碍偶然事物的存在和人的自由。

一旦对第一个难题作出了解释,第二个难题也就迎刃而解了,至少解答起来就比较容易、比较顺畅了。因为人的行为的道德意蕴归根到底是由人的行动的自主性和自由程度决定的。如果人的行为完全没有自主性和自由,则他的行为也就不可能具有任何道德意蕴;反之,如果人的行为具有自主性和自由,则他的行为之具有道德意蕴就是一件在所难免的事情了。既然我们在回答第一个难题时,就已经表明上帝的前定根本无损于人的自主性和人的自由,则在上帝前定的情势下,人的行为之具有道德意蕴也就顺理成章了。然而,对于我们眼下这个难题,关键的事实在于:对于上帝的受造物来说,存在与本质不是一回事,而上帝决定的是受造物的存在,而非受造物的本质,是受造物的是,而非受造物的是其所是。因此,上帝对受造物之所是和之所为是不承担任何责任的。如果从基督宗教神学的立场看问题,我们对这一点就更其容易理解了。如果上帝决定我们每个人的行为,决定我们每个人的本质,对我们每个人的行为和本质负责,则末日审判就无从谈起了。

尽管如此,莱布尼茨的人学思想和伦理学思想还是受到了一些现代思想家的批评。罗素就曾经从莱布尼茨的前定说出发对他的人学思想和伦理学思想作出过强烈谴责。他批评说:“所有这些议论都是一些不光彩的遁词,意在掩盖这样一个事实,即对莱布尼茨来说,所有的罪恶都是原罪,任何

① Leibniz, *Essais de Théodicée*, p. 132.

被创造的单子所固有的有限性,它对善的事物所知觉的混乱,都使它以真诚的不可避免的错觉引导着去寻求较坏的东西而不是较好的东西。"①不过,当代著名的莱布尼茨专家雷谢尔也曾对罗素的这样一种观点作出过反批评,称罗素的批评缺乏正当性和公正性。② 诚然,对于莱布尼茨哲学体系中前定说(决定论)与自由说的关系是可以从不同的视角进行审视并予以评论的,因为这种关系本身即是人学和伦理学的一个久经不衰的话题,但是,无论如何,莱布尼茨在讨论这一话题时着力强调人的个体性、主体性、道德性和人的自由,无论如何都是值得称道的。

二、莱布尼茨的神学思想:自然神学与神义论

莱布尼茨既然将"善的生活"规定为道德学和伦理学的主旨,也就将他的道德学和伦理学与他的神学思想紧密地结合在一起了。因为"善的"总是由"善"或"善本身"决定和制约的,并且归根到底是以善或善本身为归宿的。而善和善本身不是别的,正是上帝。因此,在对莱布尼茨的人学思想和伦理学思想作出初步解说之后,我们必须进而对他的神学思想作出解说。由于篇幅所限,这里我们将集中阐述莱布尼茨的自然神学(la théologie naturelle)和神义论(la théodicée)。

1. 自然神学:作为造物主的上帝

所谓自然神学,按照《世界宗教牛津字典》的说法,无非是指那种主张"关于上帝的知识无须借助启示单凭人的理性即可获得"(Knowledge of God obtainable by human reason alone without the aid of revelation)的理论或学说。③ 但是,在讨论和阐述自然神学史时,有两个人物却不时地被人们忘却。这就是中世纪的意大利人托马斯·阿奎那和近代的德国人莱布尼茨。

---

① B. Russell, *A Critical Exposition of the Philosophy of Leibniz*, p. 197.

② Nicholas Rescher, *The Philosophy of Leibniz*, p. 147.

③ John Bowker, *The Oxford Dictionary of World Religions*, Oxford: Oxford University Press, 1997, p. 687.

说起自然神学的历史，人们往往会想到15世纪的巴塞罗那的雷蒙·萨班特（14世纪末—1437年）。因为他写过一本题为《自然神学》（*Theologia Naturalis*）的书，算是人类思想史上自然神学的第一部专著。熟悉《圣经》的人甚至将其上溯到公元1世纪下半叶至2世纪期间成书的《罗马书》。《罗马书》第2章第14—15节说："没有律法的外邦人，若顺着本性行律法上的事，他们虽然没有律法，自己就是自己的律法。这是显出律法的功用刻在他们心里，他们是非之心同作见证，并且他们的思念互相较量，或以为是，或以为非。"不仅如此，《罗马书》第1章第19—20节还进一步强调说："上帝的事情，人所能知道的，原显明在人心里。因为上帝已经给他们显明。自从造天地以来，上帝的永能和神性是明明可知的，虽是眼不能见，但藉着所造之物，就可以晓得，叫人无可推诿。"既然按照保罗的这两句话，上帝的旨意、律法、永能和神明不仅刻在我们的"心里"，"显明"在我们的"心里"，而且我们人藉"所造之物"对之也"可以晓得"，且"叫人无可推诿"，则有谁能够说这些不是自然神学的精髓和要理呢？但是，无论如何，在人类思想史上，第一个对自然神学作出比较全面比较系统的哲学论证的则是中世纪的托马斯·阿奎那。托马斯·阿奎那（Thomas Aquinas，约1225—1274年）不仅提出了关于上帝真理的两种认识方式，即由上帝的启示认识的真理和由人的理性认识的真理①，而且还在《反异教大全》和《神学大全》等著作中，提出和阐释了迄今为止"最为全面"、"最有希望"的自然神学体系。② 按照克雷茨曼的说法，阿奎那的自然神学体系由四个部分组成，不仅涵盖上帝存在和上帝属性的知识，而且还涵盖万物与上帝以及人类与上帝的关系问题。阿奎那的自然神学思想的提出和阐释不仅在西方基督宗教哲学史上，而且在西方思想史上都具有极其重大的变革性质。汉斯·昆称赞它在思维范式上实现了"整个神学的解放转换——朝向被造物的和经验主义的转换"③，蒂利希称赞它推出了宗教哲学的一种全新的类型，即"宇宙论方式"④，所有这些是一点也不为过的。可以毫不夸张地说，阿奎那的自然神学思想对包括

---

① Cf. Thomae de Aquino, *Summa contra Gentiles*, I, 3, 1; *Summa Theologiae*, Ia, Q. 1, a. 1.

② Cf. Norman Kretzmann, *The Metaphysics of Theism*, Oxford: Clarendon Press, 1997, p. 2.

③ Hans Kung, *Great Christian Thinkers*, New York: The Continuum Publishing Company, 1994, p. 110.

④ 保罗·蒂利希：《文化神学》，陈新权、王平译，工人出版社1988年版，第19页。

莱布尼茨在内的几乎所有的后世的自然神学思想家都打上了这样那样的烙印。

自然神学运动虽然在宗教改革运动中受到了挑战,在近现代的发展中又受到了休谟、康德等重要哲学家以及新正统主义者卡尔·巴特的抵制,但是,作为西方宗教哲学的传统,却一直延绵了下来,特别是至 20 世纪下半叶,随着英美分析哲学的衰落,自然神学更是呈现出了复兴的态势。① 不仅出现了《自然神学》(1802 年)的作者威廉·佩利(1743—1805 年)这样一些自然神学的正宗的继承人,而且,《真理论》的作者赫尔伯特(1583—1648 年)、《基督宗教的合理性》的作者约翰·洛克(1632—1704 年)、《基督宗教并不神秘》的作者约翰·托兰德(1670—1722 年)、《基督宗教与创世同样古老》的作者马修·廷德尔(1655—1733 年)、《形而上学论》的作者伏尔泰(1694—1778 年)、《自然宗教之首要真理》的作者 H. S. 莱马卢斯(1694—1768 年)、《精神与力量的证明》的作者 G. H. 莱辛(1729—1781 年)、《存在者的他》的作者 E. S. 马斯科尔(1905—1993 年)、《作为一门经验科学的神学》的作者 D. C. 麦金托什(1877—1948 年)、《宗教经验与科学方法》的作者 H. N. 韦曼(1884—1975 年) 等,在一种较为宽泛的意义上,也都属于自然神学运动中的人物。所有这些思想家,几乎无一例外地在宗教神学问题上比较充分地考虑了自然神学的三大要素,即理性、自然和经验。

但是,大多数讨论自然神学和自然神学运动史的著作却比较普遍地忽略了莱布尼茨这个极其重要的人物。真正说来,莱布尼茨算得上是自然神学史上少数几个最值得重视的人物之一。大卫·布鲁姆菲尔德(David Blumenfeld)将莱布尼茨称做自然神学的"最著名的倡导者和辩护者之一"(one of its most distinguished propenents)是一点也不过分的。② 那么,作为一个自然神学思想家,莱布尼茨主要做了哪些工作呢? 在具体阐述这个问题之前,我们有必要先行谈一下我们应当从什么角度理解和阐述自然神学的问题。许多学者常常将自然神学仅仅理解成一个认识论问题。说自然神学问题是一个认识论问题,这个说法本身并没有什么大错。因为离开了人对上帝的

---

① Nicholas Jolley, *The Cambridge Companion to Leibniz*, Cambridge: Cambridge University Press, 1995, p. 353.

② Ibid.

理性认识这个话题,也就不存在自然神学了,然而,如果事情仅仅如此,则我们对自然神学的认识就不仅是片面的,而且还是肤浅的了。因为当我们说我们的理性能够认识上帝时,这个说法本身就内蕴有一个更深层次的问题,这就是我们的理智何以能够认识上帝的问题,亦即这样一个神学本体论问题。因此,如果我们要对自然神学有一个深层的理解和把握,我们就必须首先从神学本体论层面思考问题。鉴此,当我们理解和阐述莱布尼茨的自然神学思想时,我们便当首先着眼于他的神学本体论,着眼于他在神学本体论方面所做的开创性工作。那么,莱布尼茨在神学本体论方面究竟做了哪些工作呢?

莱布尼茨在神学本体论方面所作的工作首先就在于他对上帝与人和万物同构的强调上。在《单子论》第 48 节中,莱布尼茨断言,在上帝之中有三样东西,一个是"权力"或"力量",一个是"知识",一个是"意志",而"这一切都相应于创造出来的单子中的主体或基础、知识能力和欲望能力"。① 既然人与上帝同构,则根据恩培多克勒的"同类相知说",人就有望认识上帝,至少通过类比,借助于"卓越之路",能够对上帝的属性有一定程度的了解;既然万物与上帝同构,则人就有望通过认识万物而进而对上帝有所认识,人借助于"推演之路"对上帝存在作宇宙论证明也就成了可以理解的事情了。

莱布尼茨虽然非常注重万物和人与上帝的同构,但同时却也强调万物和人与上帝的差异。不过,在莱布尼茨对万物和人与上帝的差异的强调中有三点值得特别注意。一是莱布尼茨对上帝与万物和人的差异的强调是建立在对上帝与万物和人同构的基础之上的。在《单子论》第 48 节中,莱布尼茨正是在强调受造的单子中的"主体"、"知识能力"和"欲望能力"相应于上帝之中的"权力"("力量")、"知识"和"意志"之后,紧接着写道:"不过在上帝之中这些属性是绝对无限或完满的,而在创造出来的单子或'隐德来希'(赫尔谟劳·巴尔巴鲁译作 perfectihabies[具有完满性者])中,则只有按照具有完满性的程度而定的一些仿制品。"②这一点至关紧要。二是

---

① Leibniz, *Kleine Schriften zur Metaphysik*, p. 460;北京大学哲学系外国哲学史教研室编译:《西方哲学原著选读》上卷,第 484—485 页。

② Ibid.;同上书,第 485 页。

与此相一致,莱布尼茨强调上帝与万物和人的差别,就其现实的形态看,主要表现为完满与不完满。在莱布尼茨看来,上帝本身即为一个完满者,上帝即是完满性本身。诚然,万物和人也都有一定程度的完满性,但是,他们或它们与上帝的差别,就其现实的形态看,最根本的就在于他们或它们与上帝相比较,总是不够完满。莱布尼茨之所以将上帝理解为善本身,而断言万物和人总具有一定程度的恶,归根到底就在于万物和人身上对完满性的缺乏。莱布尼茨曾将世界上的恶区分为三种,即道德的恶、物理的恶和形而上学的恶。在莱布尼茨看来,形而上学的恶不仅是所有的人和所有的事物都必定具有的恶,而且它还是物理的恶和道德的恶的"源头"。① 但是,在谈到形而上学的恶时,莱布尼茨却鲜明地强调说:"形而上学的恶就在于单纯的不完满性(Le mal métaphysique consiste dans la simple imperfection)。"②这就把完满性作为界定上帝与受造物分界线的地位鲜明地突出出来了。三是莱布尼茨不仅将完满性用于区别上帝与受造物的尺度,还进一步将其细化为无限存在(无限性)和必然存在。就上帝的完满性即为上帝的无限性而言,莱布尼茨在《单子论》第 41 节中曾经给出过明确的说明。他写道:

> 上帝是绝对完满的,完满性不是别的,就是严格意义下的最高量的积极实在性。它排除有限制的事物所具有的限度或限制。在没有限制的地方,就是在上帝之中,完满性是绝对无限的。③

其实,莱布尼茨用无限性界定完满性的意图在前面引证的那条语录(《单子论》第 48 节)中就已经明白无误地表达出来了。因为"绝对无限或完满"(absolument ou parfaits)这个断语已经将无限性与完满性的近义性或同一性清楚不过地表达出来了。莱布尼茨不仅用无限性来界定上帝,而且还进而用必然性或"必然实体"来界定上帝。在《单子论》第 37 节和第 38 节里,莱布尼茨强调凡宇宙间的万物都是偶然的事物或偶然的实体,但是,这些偶然事物或偶然实体的"充足理由"或"最后的理由"不能存在于"这个偶然事物的系列""之内",而只能处于"这个偶然事物的系列""之外",只能存在于

---

① 参阅罗素:《对莱布尼茨哲学的批评性解释》,第 239 页。

② Leibniz, *Essais de Théodicée*, p. 116.

③ Leibniz, *Kleine Schriften zur Metaphysik*, p. 456;北京大学哲学系外国哲学史教研室编译:《西方哲学原著选读》上卷,第 483 页。

“一个必然的实体(une substance necessaire)里面”,而这个必然的实体不能是别的,只能是“我们所谓上帝”(c’est ce que nous appellons Dieu)①。这样,万物和人与上帝的差异最后就被莱布尼茨简化为“有限存在”与“无限存在”、“偶然存在”与“必然存在”之间的差异了。这就不仅为他通过“推演的方法”对上帝存在的存在作宇宙论证明铺平了道路,而且也为他用“否定的方法”在一定程度上认识上帝的本质、踏上“去障之路”做了铺垫。

莱布尼茨在神学本体论方面所作的第三件工作在于他对上帝及其创世活动的和所创世界的理性特征做了明确的规定。这首先表现为莱布尼茨对上帝理性属性或理性特征的强调上。且不要说莱布尼茨到处将知识、理性、认识能力规定为上帝的本质属性,即使在他对上帝的意志属性的强调上,我们也可窥视出莱布尼茨的这样一种努力。在我们前面引用的《单子论》第48节的那条语录中,莱布尼茨在谈到创造出来的单子时用的是“欲望能力”(la Faculté Appetitive),而在谈到上帝时却使用了“意志”(la Volonté)这个词。莱布尼茨为何要在上帝和创造出来的单子之间作出这样一种区别呢?原来,莱布尼茨也和中世纪的阿奎那一样,一方面,把欲望区分为感性欲望和理性欲望;另一方面又把理性欲望称做意志。因此,莱布尼茨之所以作出这样一种区分,完全是为了突出和强调上帝的理性属性。诚然,莱布尼茨在谈到人的意志时,曾经区分了两种情况,这就是与理智相统一的意志和“与理智相区别(distinguée de l’tendememnt)的意志”。但是,上帝就是单纯的“一”,在他身上,是根本不存在什么与理智或理性相区别的意志的。因此,理性实乃上帝的一个本质规定性。其次,莱布尼茨对上帝及其活动理性特征的强调还表现在他对所创造的世界的理性性质的规定上。众所周知,莱布尼茨是把现存世界称做“可能世界中最好的世界”的。然而,这一说法本身即表明莱布尼茨是把现存世界首先理解为一种可能世界的。究竟何为可能世界?可能世界说到底是一种观念世界或理性世界。尽管按照莱布尼茨的说法,现存世界是上帝凭借他的善良意志和自由选择才由可能世界转换出来的。但是,上帝凭借他的善良意志和自由选择实现出来的毕竟还是一个理性世界。再次,按照莱布尼茨的观点,上帝创造的世界不仅是合乎理性

① Leibniz,*Kleine Schriften zur Metaphysik*,pp. 454,456;北京大学哲学系外国哲学史教研室编译:《西方哲学的著选读》上卷,第482—483页。

的,而且上帝一旦创造出这个世界,世界也就不再接受上帝意志的任何干预,而是按照上帝创造世界时所赋予世界万物的本性和规律而自行运动。罗素在谈到莱布尼茨的上帝观时,曾经指出:"粗略地说,基督宗教的上帝不得不完成两项使命。他必须既是天道,又是创世主。莱布尼茨把第一项使命合并进了第二项","单子论必然是无神论的原因"①,即是谓此。然而,正因为如此,在莱布尼茨这里,受造的世界便势必始终是一个受理性规律或"逻各斯"支配的世界。最后,按照莱布尼茨的理解,即使上帝创造世界的活动本身也同时是一种理性活动。因为上帝创造世界的活动虽然从一个意义上看是自由的,但是,倘若从另一个角度看,它又是完全必然的。因为上帝创世世界的活动虽说是自由的,但却不是随意的,因为上帝在创造世界的活动中也是必须遵循"最佳原则"的。在无限多的可能世界中,可能有无限多个很好的世界,但是,无论如何也只有一个最好的世界。既然如此,上帝也就不能不选择这个最好的世界,而不能选择任何一个别的世界。在自由选择问题上,上帝与人没有什么两样,所不同的只是在于,由于他的全知和全能,他所选择的世界就一定是最好的,并且他所选择的这个世界是一定能够实现出来的。众所周知,莱布尼茨在《神义论》中曾经突出地强调和阐述了"信仰与理性的一致性"(la conformité de la foi avec la raison):"信仰超乎理性但不反乎理性。"②他对信仰与理性的一致性的这样一种强调不仅表明他的神学思想的理性性质或自然神学性质,而且也表明他对上帝及其创世活动和所创世界的理性特征的上述规定实在是莱布尼茨自然神学思想中的一项基本内容。莱布尼茨对上帝及其创世活动和所创世界的理性特征的这些规定对于我们认识上帝及其属性的可能性的解说和论证无疑是有重大意义的。这不仅由于我们人作为创造出来的单子也具有理性认识能力,从同类相知的立场看,我们因此便获得了认识上帝及其创造活动的可能性,而且我们作为具有理性能力的认知主体,因此也就有望认识其实质为理性世界的现存世界,并且进而有望由我们对现存世界的认识推演出我们关于具有理性属性的上帝的知识。

莱布尼茨在神学本体论方面所做的第四件最有意义的工作在于他对人

---

① B. Russell, *A Critical Exposition of the Philosophy of Leibniz*, pp. 183, 185.

② Leibniz, *Essais de Théodicée*, p. 50.

与上帝的亲缘关系的特别强调。关于这一点,我们只要读一下他的《单子论》就非常清楚了。人与禽兽的区别问题无论对于人学还是对于神学都是一个至关紧要的问题。早在先秦时期,孟子就发出过"人之所以异于禽兽者几希"的感慨,但是,他着眼的只是中国的人学或道德哲学。在这个问题上,莱布尼茨似乎更进了一步,他竟将这个问题与人神关系挂起钩来。他写道:

> 使我们与单纯的动物分开,使我们具有理性和各种科学、将我们提高到认识自己和上帝的东西,则是对于必然和永恒的真理的知识。这就是我们之内的"理性灵魂"或"精神"。①

根据莱布尼茨的不可辨别者的同一性和连续性规则,上帝创造的宇宙万物是由无数个等级组合而成的。上帝为何不仅创造的无机物、植物和动物,而且还创造了具有理性认知能力的人呢?按照《圣经》的目的论的说法,上帝之所以创造人,乃是为了让人颂扬他。但是,倘若依据莱布尼茨的这段话,我们似乎可以说,上帝之所以要创造有理性认知能力的人,很可能就是为了让人更好地认识他。

不仅如此,莱布尼茨还引进基督宗教的"肖像说"来强化他的上述观点。尽管按照莱布尼茨的单子论学说,所有的单子都是宇宙的一面镜子,但是,正是在这个问题上,莱布尼茨再次强调了人的灵魂即心灵或精神的"特权":

> 一般的灵魂是反映创造物的宇宙的活的镜子,而心灵则又是神本身或自然创造主本身的形象,能够认识宇宙的体系,并能凭借建筑模型而模仿宇宙体系的若干点;每一个心灵在他自己的范围内颇像一个小小的神(une petite divinité)。②

既然人的心灵或人被提升到"小小的神"的地位,则具有理性灵魂的人之认识上帝就成了一件非常自然的事情了。

由是观之,不仅是万物和人与上帝的同构,还是万物和人与上帝的差异,无论是上帝及其创世活动和所创世界的理性特征,还是人与上帝的亲缘

---

① Leibniz, *Kleine Schriften zur Metaphysik*, pp. 450, 452;北京大学哲学系外国哲学史教研室编译:《西方哲学原著选读》上卷,第481页。

② Ibid., pp. 476, 478;同上书,第491页。

关系，都将我们引向一点，这就是具有理性认知能力的人认识上帝存在、本质和属性的现实可能性。

2. 上帝存在的哲学证明：宇宙论模式

在对莱布尼茨自然神学思想的本体论层面作过上述初步考察之后，我们就有可能对其认识论和方法论层面作出具体的探讨了。

莱布尼茨自然神学思想的认识论和方法论层面涉及多方面的内容：不仅涉及上帝的存在论，而且还涉及上帝的属性论和上帝的本质论。例如，我们究竟能否认识上帝的属性？如果能，我们又是通过什么途径认识上帝的属性的；以及我们究竟能否认识上帝的本质；如果能，我们又是通过什么途径并且在什么意义上认识上帝的本质的，如此等等。事实上，与此相关的许多内容，我们在上一节里就已经论及了。例如，在上一节里，我们是从上帝与人和万物"同构说"的角度来讨论上帝的理性、意志和权力（力量）的，又是从"肖像说"的角度来理解上帝的真和善的。然而，构成上帝与人和万物的"同构说"和"肖像说"基础的东西，不是别的，正是我们常说的"类比"方法。"类比法"，在很多情况下，体现为一种弱化了的"拟人法"。由于上帝的超越性，我们是不可能直接把捉上帝的属性的，但是，我们可以由受造物，首先是由我们人自身来设想上帝的属性。用阿奎那的话说，就是：我们是"依照类比（analogiam），即依据比例关系（proportionem）"，"来说明上帝和受造物"的。① 但是，类比既然被称做类比，我们就不能因此而将类比对象等同起来，不能将上帝说成是受造物，说成是人。因此之故，莱布尼茨虽然说过受造物的"全部细节"都存在于上帝这个"必然的实体"里面，但他却强调说，所有这些细节都"只是卓越地（qu'eminemment）存在"于上帝这个"必然的实体"里面。② 也正因为如此，人们将我们藉类比方法认知上帝属性的致思路线称做"卓越之路"。再如，在上一节里，在提到作为绝对必然实体的上帝及其完满性和无限性时，我们采用的无疑是一种否定的方法，一种为否定神学所使用的方法。什么叫绝对必然实体？我们只能说它是一种

---

① Cf. Thomae de Aquino, *Summa Theologiae*, Ia, Q. 13, a. 5.

② Cf. Leibniz, *Kleine Schriften zur Metaphysik*, pp. 454, 456；北京大学哲学系外国哲学史教研室编译：《西方哲学原著选读》上卷，第 483 页。

非偶然的事物和非偶然的实体。什么叫完满性?我们只能说它不是一种不完满的东西。什么叫无限性?我们只能叫它不是那种有限的东西。在基督宗教神学史上,《迷途指津》的作者迈蒙尼德(1135—1204 年)和《有学问的无知》的作者库萨的尼古拉(约 1400—1464 年)都提出过史称"否定神学"的理论。按照他们的理论,我们作为人,不知道上帝之所是,但是却能够知道上帝之所不是;而且通过上帝之所不是,我们就可以一步步地逼近上帝之所是,尽管我们永远不可能达到上帝之所是。应该说,这种否定的方法恰恰是我们逐步扫除神人之间的隔障、逐步接近上帝本质的方法。所以,这种方法、这种逐步接近上帝本质的致思路线又被称做"去障之路"。需要注意的是,无论是类比方法,还是否定方法,无论取"卓越之路",还是取"去障之路",有一点是相同的。这就是它们都是以受造物(包括人)为始发点,以造物主(上帝)为归宿点,所采取的都是一种由阿奎那所开创的从受造物到造物主的宇宙论致思范式。

这样一种致思范式在莱布尼茨的上帝存在的哲学证明中甚至有更为典型的显现。应该说,莱布尼茨在上帝存在的哲学证明方面是下了大力气的。莱布尼茨曾经宣称:"我也相信几乎所有用来证明上帝存在的办法都是好的和可以有帮助的,如果我们把它们弄完善的话,我也完全不同意(Je ne suis nullement d'avis)人们应该忽视从事物的秩序提出的那种证明。"①罗素极其重视莱布尼茨对上帝存在所作的证明。他对莱布尼茨神学思想的介绍可以说完全是在这个范围内进行的。在《关于上帝存在的证明》的大标题下,罗素比较详尽地讨论了莱布尼茨关于上帝存在的四个证明,这就是:"对上帝观念之可能性的证明"(即通常所说的本体论证明)、"宇宙论证明"、"从永恒真理作出的证明"和"从前定和谐作出的证明"。② 雷谢尔在他的《莱布尼茨哲学》和《莱布尼茨哲学导论》中也一口气开出了莱布尼茨上帝存在哲学证明的清单:"本体论证明"、"宇宙论证明或充足理由证明"、"来自永恒真理的证明"、"来自设计的证明"以及"模态证明"。罗素和雷谢尔的努力表明,莱布尼茨确实如他自己所说,他是"相信几乎所有用来证

① Leibniz, *Die philosophischen Schriften*, 5, p. 420;莱布尼茨:《人类理智新论》下册,第 515 页。

② Cf. B. Russell, *A Critical Exposition of the Philosophy of Leibniz*, pp. 172 - 190.

明上帝存在的办法”的。然而，无论是罗素还是雷谢尔在充分肯认了莱布尼茨自然神学思想的一种倾向的同时，却完全忽视了他的自然神学思想中的另一种倾向，亦即他从阿奎那那里承继下来的“宇宙论”倾向。莱布尼茨之所以对笛卡尔和斯宾诺莎强烈的不满，正在于他们两个都忽视了阿奎那的自然神学或宇宙论范式。基于对基督宗教神学史的这样一种理解，莱布尼茨本人虽然也承认本体论证明的功用，但是，他始终强调的却是上帝存在哲学证明的这样一种“宇宙论范式”。

虽然罗素和雷谢尔给莱布尼茨关于上帝存在的哲学证明许多名号，但是，在我看来，真正打上莱布尼茨烙印的则只有“来自充足理由的证明”和“来自前定和谐的证明”。换言之，如果说在阿奎那那里，有所谓关于上帝存在的“五路证明”，在莱布尼茨这里则有关于上帝存在的“两路证明”。但这两路证明却无不带有阿奎那“宇宙论范式”的印记。

作为近代理性主义哲学的集大成者，莱布尼茨坚信“世界上没有任何事情是没有理由而发生的（Nihil est seine ratione）”，因此，他特别重视充足理由律，特别重视“来自充足理由的证明”。在与克拉克的论战中，莱布尼茨曾满怀信心地宣布：“我敢说，要是没有这条伟大原则，就不能达到对上帝的存在的证明，也不能为其他许多重要的真理提供理由。”①然而，“来自充足理由（La Raison suffisante）的证明”显然是以偶然事物的现实存在为前提的。众所周知，所谓充足理由，在莱布尼茨这里，是就“偶然的真理或事实的真理”（les verités contingents ou de fait）而言的，是说世上任何事实或偶然的事物都有其存在的理由，而它们存在的理由虽然也可以追溯到“另外一些在先的或更细的偶然因素”，但是，它的“充足的理由或最后的理由”（La raison suffisante ou derniere）却不可能存在于“这个偶然事物的系列”之内，而必定存在于“这个偶然事物的系列之外”，必定存在于“一个必然的实体里面”（dans une substance necessaire），而这个“必然的实体”也就是“我们所谓上帝”。② 既然偶然事物的存在是一个事实，既然凡偶然的事物之存在都需要有一个最后的或充足的理由，既然这个最后的或充足的理由只能是

① 莱布尼茨：《莱布尼茨与克拉克论战书信集》，第 94 页。

② Leibniz, *Kleine Schriften zur Metaphysik*, pp. 454, 456；北京大学哲学系外国哲学史教研室编译：《西方哲学原著选读》上卷，第 482—483 页。

作为“必然实体”的上帝，则上帝因此也就成了一件不能不存在的东西了。毫无疑问，这样一个推证所遵循的显然是阿奎那的宇宙论范式而非安瑟尔谟的本体论范式。

与来自充足理由的证明不同，来自前定和谐的证明所关涉的不是一件偶然的事物，而是偶然事物之间的关系或偶然事物之间的和谐：从最低层次看，它关涉的是单子之间的普遍和谐；从中间层次看，它关涉的是灵魂与身体之间的和谐，从较高层次看，它关涉的是自然的物理界与神恩的道德界之间的和谐。这些事物之间的和谐之所以被称做“前定和谐”，乃是因为这些偶然事物之间的和谐虽然是自主的，但却是在上帝创造这些偶然事物之初就确定下来的。① 不难看出，前定和谐说提出的前提不是别的，而是和谐共存的偶然事物或现存世界。正是人们对现存世界及存在于其中的众多偶然事物的和谐关系的追问导致了“前定”和谐的上帝的存在的必要性和必然性的确认，导致了前定和谐学说的提出。事实上，只要我们阅读一下莱布尼茨的《新系统》及其有关说明，我们就会明白促使莱布尼茨提出前定和谐假设的，不是别的，正是他对人的身心和谐关系的哲学思考。离开了莱布尼茨对人的身心关系的哲学思考，离开了他对流行的“相互影响论”（物理学方法）和“偶因论”（救急神式的协助法）的批判，他之提出“前定和谐设想”就成了一件不可设想的事情了。② 因此，来自前定和谐的证明，与来自充足理由的证明一样，所遵循的也是阿奎那所倡导的“宇宙论范式”。而且，虽然从表面上看，在来自前定和谐的证明中，莱布尼茨谈论的不是单个的偶然事物，而是偶然事物之间的关系，但是，既然按照莱布尼茨的单子论和他的关系学说，单子根本没有“窗户”，而所谓关系不过是一种具有“良好基础”的“现象”，而且凡关系都可还原为“关系项”，亦即凡偶然的事物的关系或秩序都可还原为单子或单个偶然的事物本身③，则存在于来自前定和谐的证明中的“宇宙论范式”的理论倾向就一点也不弱于存在于来自充足理由的证明中的“宇宙论范式”的理论倾向。

---

① 参阅段德智：《论莱布尼茨的自主的和神恩的和谐学说及其现时代意义》，《世界宗教研究》2000 年第 1 期。

② 参阅莱布尼茨：《新系统及其说明》，第 55—58 页。

③ 参阅段德智：《论莱布尼茨的自主的和神恩的和谐学说及其现时代意义》，《世界宗教研究》2000 年第 1 期。

3.“上帝的善”与“恶的起源”

莱布尼茨的神学思想,如上所述,除自然神学外,还有另一项中心内容,这就是神义论。① 莱布尼茨生前出版过的唯一一部鸿篇巨制,其题目即为《神义论》(*Essais de Théodicée*)。而《神义论》的副标题则为“论上帝的善、人的自由和恶的起源”(sur la boné de Dieu, la liberté de l' homme et l' origine du mal)。这说明莱布尼茨的《神义论》包含三个主要话题,这就是:“上帝的善”、“人的自由”和“恶的起源”。鉴于我们在前面已经讨论过人的自由,在这里,我们将集中讨论上帝的善和恶的起源。

按照基督宗教神学和伦理学,“善的”总是与“善”或“善本身”密切关联的。而“善”或“善本身”不是别的,正是上帝。在这种话语体系里,既然上帝即为“善”或“善本身”,则“上帝的善”就变成了同语反复。如前所述,莱布尼茨既然将“善的生活”规定为伦理学的基本目标,他也就不能不重视“上帝的善”或“善本身”。但是,对于“上帝的善”或“善本身”,莱布尼茨在他的著作中似乎并没有给出明确的、正面的和系统的说明。以致罗素抱怨说:“大多数哲学家都假定如果他们能证明上帝的存在,那么上帝的善就将是不言而喻的。因此,莱布尼茨虽然在一些地方对在形而上学意义上可以称做完满性的东西提供了一些论证,但是却从来不曾花费力气去证明上帝的善。”②看来,罗素的抱怨虽然事出有因(因为莱布尼茨的确没有对上帝的善作出过系统的说明),但毕竟是难以自圆其说的。因为既然如上所述,上帝即为善或善本身,既然“大多数哲学家”都认同了这种观点和立场,既然在这种语境中,孤立地“论证”上帝的善已经成为一件不必要的事情了,则我们也就大可不必抱怨莱布尼茨在这个问题上的“不作为”了。尽管如此,我们还是可以从莱布尼茨的有关论述中,抽绎出他对上帝的善的核心思想的。从莱布尼茨的有关著作中,我们可以发现,上帝的善主要取两种形式:一种是形而上学的善,一种是道德的善。上帝的形而上学的善所意指的其实就是上帝的形而上学的完满性。在早期论著《形而上学论》中,莱布尼茨

---

① 《阿尔弗雷德·诺斯·怀特海的神义论》一书的作者巴里奴欧称:“发明‘神义论’这个词的荣誉属于莱布尼茨,他是在一封致一位著名的图书馆学专家安东尼·玛利亚伯奇的信中第一次使用这个词的。这封信的日期是1697年9月。”Cf. R. Maurice Barineau, *The Theodicy of Alfred North Whitehead*, New York: Lanham, 1991, p. 4.

② B. Russell, *A Critical Exposition of the Philosophy of Leibniz*, p. 189.

开门见山地指出:“我们所具有的关于上帝的得到最广泛认可又最有意义的概念,在上帝是绝对完满的存在(un ester absolument parfait)这样一句话里便相当充分地表达出来了。”他还驳斥了那种认为上帝的完满性出于上帝的意志的观点。他强调说:“在我看来,正相反,它们恰恰是上帝理智的结果(des suites de son entendement)。而且,它们是根本不依赖上帝的意志的,一如上帝的本质不依赖他的意志。”①而在其晚年著作《单子论》中,莱布尼茨则进一步将上帝的形而上学的善或形而上学的完满性界定为“最高量的积极实在性”。他写道:

> 上帝是绝对完满的,完满性不是别的,就是严格意义下的最高量的积极实在性,它排除有限制的事物所具有的限度或限制。②

不难看出,上帝的善的这样一种规定性与我们后面将要谈到的“形而上学的恶”的规定性形成鲜明的对照。与上帝的形而上学的善不同,上帝的道德的善,所意指的则无非是上帝的道德的完满性。上帝的这种完满性所意指的不是上帝之存在的完满性和绝对必然性,而是上帝作为造物主所具有的那种完满性,不是作为上帝理智的结果的那样一种完满性,而是作为上帝意志、作为上帝自由选择所具有的完满性。由于上帝不仅全善而且全能,上帝的道德的完满性便不仅表现为上帝能够如愿地选择所有可能世界中最好的世界,而且他也能够如愿地创造出这样一个世界。上帝的善的这样两种类型虽然逻辑地看存在有上述区别,但在实际上却是存在有内在的和密不可分的联系的。因为按照雷谢尔的说法,既然上帝的道德的善或道德的完满性是一种偶然的完满性,则它就必定需要一个充足理由,而对这种充足理由的追溯便势必要回到上帝本身,“回到上帝的形而上学的完满性”(this sequence of sufficient reasons converges on God's metaphysical perfection)③。用莱布尼茨的话说,便是:“如果没有必然的存在,也就没有偶然的存在。”④事实上,莱布尼茨的上帝的道德的善虽然主要地是上帝的意志的结果,但却

---

① Leibniz, *Kleine Schriften zur Metaphysik*, pp. 56, 60.

② Ibid., p. 456;北京大学哲学系外国哲学史教研室编译:《西方哲学原著选读》上卷,第481页。

③ Nicholas Rescher, *The Philosophy of Leibniz*, p. 153.

④ C. I. Gerhardt, *Die philosophischen Schriften von G. W. Leibniz* Ⅶ, p. 310; Quoted in Nicholas Rescher, *The Philosophy of Leibniz*, p. 153.

与上帝的理智不无关系。因为倘若离开了上帝的理智，上帝是断然不可能在无限多可能世界中选择出最好的世界的，从而上帝的善便因此而断然实现不出来。

在莱布尼茨的神学和伦理学中，善恶是在相互对照中得到界定的。既然我们对上帝的善已经有了初步的了解，则我们对何谓恶就容易理解了。既然如上所述，莱布尼茨是用"完满性"和"积极实在性"来界定"善"或"上帝的善"，则恶便自然地被他界定为"不完满性"、"消极实在性"或"缺乏"了。[①] 这也正是莱布尼茨之所以反复地强调"恶的缺乏性质"（la nature privative du mal）的根本缘由。[②] 需要指出的是，肯认和强调恶的"缺乏"性质并非莱布尼茨的首创。在莱布尼茨之前，普罗提诺和奥古斯丁都已发现了"这条真理"。早在公元3世纪，新柏拉图主义哲学家普罗提诺（约205—270年）就在他的《九章集》中提出了恶是一种"非实在"的观点，并将恶的特性规定为：

> 相对于规范的无规范性，相对于限定的无限定，相对于形式创造力的无形式，相对于自身充足的永远不足，永不确定，从不停驻于一处，易受一切影响，从不满足，完全地贫乏；这些都不是它的偶然表现，而以某种方式就是它的实在。[③]

不难看出，普罗提诺在对恶的本性的说明中所使用的"缺乏"概念所蕴含的完全是亚里士多德的内容，亦即一种既非质料又非形式、既非实体又非属性、既非实存又非虚无的存在状态或生成状态，它是应该有的没有，应该存在的非存在。但是，普罗提诺是在讨论恶的本性和恶的起源的语境下使用"缺乏"这个概念的，从而赋予它一种崭新的伦理意义和神学意义。普罗提诺之后，奥古斯丁对恶的本性和恶的种类做了更具体的规定。与普罗提诺一样，奥古斯丁也十分强调恶的否定性质。他明确地把恶界定为"背离本体，非存在的东西。……它倾向于造成存在的中断"。[④] 他还强调说："事实

---

① Cf. Leibniz, *Essais de Théodicée*, pp. 38, 48, 120.

② Ibid., p. 38.

③ 普罗提诺：《九章集》，Ⅰ，Ⅷ，3，12—16；转引自张映伟：《普罗提诺论恶》，华东师范大学出版社2006年版，第139页。

④ 奥古斯丁：《摩尼教之路》，2章，2节；转引自赵敦华：《基督教哲学1500年》，第165页。

上，我们所谓恶，岂不就是缺乏善吗？在动物的身体中，所谓疾病和伤害，不过指缺乏健康而已。”①奥古斯丁还进一步将“缺乏”的意义具体化为三种不同类型的“恶”：“物理的恶”、“认识的恶”和“伦理的恶”。所有这些都对莱布尼茨的恶的学说产生了重大影响。莱布尼茨不仅将这样一种恶的本性学说的发明权指定给了奥古斯丁，而且还对奥古斯丁发明的这个学说的巨大影响给予了鲜明的强调。他写道：

> 在这里，我们必须重视这条由奥古斯丁宣布出来的在众多学派里都引起如此轰动的真理，这就是：恶是存在的缺乏（le mal est une privation de l'être）。②

莱布尼茨虽然以奥古斯丁的恶的学说的继承人自居。但是，他在强调和阐述恶的学说的本体论意义方面却远远超过了他的前辈。这首先表现在莱布尼茨对作为恶的本性学说的神学本体论的特别强调。在《神义论》的序中，莱布尼茨曾藉他所修正过的琐罗亚斯德教的善恶一元论对恶的非实在性作了比较具体、比较深入的说明。他以阿拉伯作家的口吻说道：

> 阿拉伯的作家们说道，琐罗亚斯德相信：无与伦比的上帝创造了一切，并且使光明同黑暗分离开来，而其中的光明同上帝的原初的设计相一致，而黑暗则是作为物体产生的一种结果，甚至是作为物体产生的阴影而出现的。其实，它不是任何别的东西，只不过是一种缺乏而已（ce n'est autre chose que la privation）。这些同摩西的宇宙起源学说如出一辙。③

其次，从莱布尼茨对恶的分类中也可以看出他的本体论意图。与奥古斯丁将恶区分为物理的恶、认识的恶和伦理的恶不同，莱布尼茨将恶区分为“形而上学的恶”、“物理的恶”和“道德的恶”。莱布尼茨不仅新增了“形而上学的恶”，而且还将形而上学的恶放在诸恶之首，把它看做物理的恶和道德的恶的“源头”。如果我们用罗素的话说就是：“形而上学的恶是万恶之源（metaphysical evil is the source of the whole）。”④

---

① 奥古斯丁：《教义手册》，11 章；转引自赵敦华：《基督教哲学 1500 年》，第 166—167 页。

② Leibniz, *Essais de Théodicée*, p. 120.

③ Ibid, p. 48.

④ B. Russell, *A Critical Exposition of the Philosophy of Leibniz*, p. 198.

问题的这后一个方面对于我们似乎更为重要,因为它触及了我们话题的主体,即恶的起源问题。如果物理的恶和道德的恶均来自形而上学的恶,而按照莱布尼茨的说法“形而上学的恶在于单纯的不完满性”(le mal métaphysique consiste dans la simple imperfection)①,则恶的来源问题也就因此而解决了。莱布尼茨本人也正是从恶的来源这个角度来思考形而上学的恶的理论价值的:

> 我们首先要问,恶是从哪里来的?如果上帝存在,怎么会有恶?如果没有上帝,怎么会有善?古人把恶归因于物质,而且相信物质是非创造的和独立于上帝的;如是,我们这些认为一切都来自上帝的人又到哪里去寻找恶的源头?答案是:恶只能在创造的观念的本性中去寻找。因为如果这种本性被包含在永恒真理之中,而这种永恒真理又在上帝的理智之中,而且独立于上帝的意志。因为我们必定注意到在创造物里有一种原初的不完满性(une imperfection originale)。它是先于罪的,因为凡创造物在本质上都是受到限制的。②

这样,我们就终于看到的莱布尼茨给出的恶的来源的答案:这就是形而上学的恶,这就是形而上学的或存在的不完满性,这就是受造物的“原初的不完满性”,这就是存在和完满性的缺乏。

4.“恶的存在”与“最好世界”

善恶问题或恶的起源问题长期以来一直是困扰基督宗教神学的一个基本问题。在古代希腊,无论是哲学还是神学都是比较强调善恶二元的。大多数哲学家将善归因于灵魂和精神,而把恶归因于物质和身体。大多数宗教思想家也取这样一种理路。应该说,对于主张善恶二元和神学二元的宗教思想家来说,恶的本性和恶的起源问题原本是一个不成问题的问题。例如,摩尼教既然主张善恶“二宗”,既然主张存在有善恶二神(光明之神与黑暗之神),则恶的本性和恶的来源问题便在这种善恶二元论和神学二元论中自然而然地挑明了。但是,基督宗教既然反对神学二元论而主张神学一元论,主张一神论和神创世论,它就不能不重新审视恶的本性问题以及恶的

---

① Leibniz, *Essais de Théodicée*, p. 116.

② Ibid.

来源这样一个棘手的问题。当年,普罗提诺和奥古斯丁也正是为了解决这一理论难题而提出"缺乏论"的。同样,现在莱布尼茨之所以重新提出和重新阐释恶的本性和恶的起源,其目的自然也在于此。

但是,将恶的本性界定为"缺乏",将恶的来源归诸形而上学的恶,归诸受造物的"原初的不完善",问题就一了百了了吗?既然上帝是造物主,则他对受造物的"原初的不完善"能脱得了干系吗?对于这样一个非常现实的问题,莱布尼茨并没有采取完全回避的态度,而是直接给出了自己的答案的。这就是上帝"不愿意"恶存在但却"允许"恶存在这样一个神学公式。在《神义论》的序中,莱布尼茨将这一神学公式及其语境做了如下明白无误的表述:

> 在同上帝的关联中讨论恶的起源时,我将证实上帝的完满性,不仅赞扬他的伟大、力量和独立,而且也颂扬他的神圣、正义和善。我将表明下述这一切是如何可能的,诸如万物都依赖于上帝,上帝参与被创造事物的活动。甚至,如果你愿意的话,上帝是持续不断地创造这些事物的,然而却不是恶的创造者,等等。……我还将进而解释在上帝的意志之外恶如何另有别的来源。而且如果有人因此而主张有上帝不愿意其存在而只是允许其存在(Dieu ne le veut point et qu'il le permet seulement)的"道德的恶",他便无疑是正确的。然而,最重要的还在于表明下面一点是完全可能的,这就是:上帝允许罪和苦难,甚至参与并促成它们,然而却无损于他自己的神圣性和至上的善。①

但是,现在的问题是:既然按照莱布尼茨的上帝的完满性学说,上帝是全善的,那么为什么一个全善的上帝,一个既不作恶也不意愿恶的上帝竟然会"允许"恶呢?为了解答这个问题,就有必要对上帝的意志的本性或上帝意志的类型学做一番解释。原来上帝的意志也是有其等级或类别的。按照莱布尼茨的说法,上帝的意志有两个大的等级或类别,这就是"前件意志"和"后件意志"。

> 如果从一般的意义上来理解意志的话,我们可以说"意志"就在于去做那种同其所包含的善成比例的事情的倾向。当意志是超然的并且个别地看待每一个善的大小的时候,我们就称它为"前件的"。在这个

① Leibniz, *Essais de Théodicée*, pp. 37 - 38.

意义上，我们可以说上帝倾向于一切作为善的善，用经院哲学家的话说就是，上帝只倾向于单一意义上的单纯完满性，从而他是藉前件意志(une volenté antécédente)倾向的。他热切地倾向于免除所有人的罪恶并拯救所有的人，排除他们犯罪的所有可能性，预防他们罚入地狱。甚至可以说，前件意志是自身有效、自己产生自己的结果的，只要没有更强的理由来阻止它，它的结果就会接踵而至：因为这种意志并不进入最后的实施或运行，否则上帝既然是万物的主人，他的前件意志就决不会不产生出它的充分的结果。完全的和无误的成功只属于所谓"后件意志"(la volonté conséquente)。它是一种完成的东西。后件意志总是遵循和落实下面这条规则：一个人只要他有力量，他就决不会不去做他所意愿的事情。这种最后的和决断性的后件意志，是从所有倾向于善，甚至拒绝恶的前件意志的冲突中产生出来的；而且这种总体意志也是从所有这些个别意志的共同发生或一致中产生出来的。在机械中组合运动也就是这样从在同一个运动物体中共同发生作用的所有倾向中产生出来的；就它能够在同一个时间里作所有这一切运动言，它能够同等地满足每一个个别倾向。……在这个意义上，我们也可以说，前件意志在一个意义上也是灵验的，甚至是成功有效的。①

从莱布尼茨的这一节话中我们至少可以把上帝的前件意志与后件意志的区别归结为以下几点：(1)上帝的前件意志是一种"超然"的东西，而上帝的后件意志则是一种"决断"的东西和"确定"的东西。(2)上帝的前件意志关涉的是"个别的善"，而上帝的后件意志关涉的则是"复合的善"或"总体的善"。(3)上帝的前件意志关涉的是意志行为的前提或可能性，而上帝的后件意志关涉的则是意志行为的现实性、具体实施、结果以及意志行为的最后完成。(4)上帝的前件意志的"灵验性"只有通过他的后件意志才能充分地和完全地实现出来。(5)然而，上帝的前件意志与后件意志的最重大的差别则在于："上帝前件地意愿善的东西(le bien)，后件地意愿最善的东西(le meilleur)。"②

当莱布尼茨说"上帝前件地意愿善的东西，后件地意愿最善的东西"这

---

① Leibniz, *Essais de Théodicée*, p. 117.

② Leibniz, *Essais de Théodicée*, pp. 117 - 118.

句话时，他究竟想告诉我们一些什么样的思想呢？他无非在说：（1）上帝的前件意志所关涉的只是“一般的善”，而上帝的后件意志所关涉的则是“最大的善”。（2）从上帝的前件意志的维度看问题，我们便会得出结论说：“上帝根本不意愿恶”，既不会意愿“道德的恶”，也不会意愿“物理的恶”。（3）但是，倘若从上帝的后件意志的维度看问题，我们便可以得出结论说：“上帝虽然根本不意愿恶，但他却允许恶。”例如，上帝会允许物理的恶。因为上帝可以把物理的恶当做道德的恶的一种处罚，当做达到“阻止更大的恶或去获得更大的善”这样一种“目的”的“手段”。惩罚也有助于改正。恶常常有助于我们更多地体验善，帮助人们臻于更大的完满性，就像一个为人播下的种子在它萌芽之前需先行地腐烂掉一样（这是耶稣基督本人曾经用过的一个相当美妙的类比）。至于道德的恶或罪，也是可以用作“获得善或防止另外的恶”的“工具”的。诚然，在通常情况下，道德的恶或罪不足以使成为神的意志的充分的对象，或被创造物的意志的合法对象，但是一旦它被视为“不可推卸的责任”的“某种结果”时它就必须被“允许”或“认可”。这就有点像一个在一个重要岗位上值班的官员，在非常危险的时刻，为了阻止城镇内两个想要互相杀害的驻军战士的争吵而暂时地离开他的岗位一样。尽管“以获得物质的善为目的而允许道德的恶”的做法必须予以禁止，但是，就上帝来说，是根本不存在这样的问题的。在上帝的自由抉择和创世过程中，是根本不存在什么能够同这条“最佳规则”相反对的东西的。正是在这个意义上，上帝允许罪。因为如果他追求不到他的向善的所有倾向的巨大结果，如果他不能够选择绝对是最好的东西，那他就在他本该做的事情方面，在他的智慧、他的善、他的完满性本该达到的领域方面失败了。由此我们便可以得出结论说：“上帝前件地意愿所有的善在他自身之中，他后件地以最善的东西为目的。”

上帝之允许恶存在不仅与上帝的意志类型学有关，与上帝意志的结构或机制有关，而且还与上帝允许恶存在的两种情态直接相关。首先，上帝之允许恶存在也有他的必然性，即也有他的不得不允许恶存在这样一种情势。上帝的创世活动是一种完全自由的活动，我们的现存世界完全是上帝自由选择的结果。从基督宗教神学的观点看问题，这是毋庸置疑的。这里需要强调指出的是，上帝创造世界虽然是自由的，但却不是随意的，而是有条件和前提的。因为为要创造出一个“一切可能世界中最好的世界”，他首先就必须依据“最佳原则”在无限可能世界中挑选出这样一个世界。这里就出现了两个问题。首先,用作他的选择对象的“无限可能世界”既然是上帝自由选择的对象,则它们便势必作为上帝自由选择活动的对象和前提而存在于在上帝的自由选择活动之前,从而便不可能是上帝意志的结果或产物,用一句流行的话说就是,这些可能世界的先行存在是一个不以上帝的意志为转移的客观事实。就像我们在一个篮子里挑选苹果,是以这个篮子里有多个苹果存在为前提的一样。其次,上帝虽然万能,虽然可以创造一个在完满性上低于现存世界的世界,他甚至也完全可以不创造世界,但是,一旦他决意按照最佳原则创造一个“一切可能世界中最好的世界”,则创造一个什么样的世界也就是一件他不由自主的事情了。因为可能世界虽然有无限之多,但是一切可能世界中最好的世界则只能有一个。既然如此,上帝在创世活动中也就不能不挑选这样一个世界,并决意创造出这样一个世界。否则,无论是上帝的全知还是上帝的全能便都成了一个值得怀疑的东西了。这就好像一个篮子里尽管可以有多个苹果,但是最好的苹果在最佳标准确定的情况下也就只能有一个,从而如果让我们中任何一个人来挑选,我们也就不能不挑选这一个。同时,我们还必须注意到,既然所谓可能世界无非是一个由合乎矛盾律或同一律的相互之间具有可共存性的事物组成的世界,既然不完满性是世界上除上帝外任何事物都不可能摆脱的恶,则可能世界,包括上帝选定并决意创造的我们这个世界之具有恶就是一件再自然不过的事情了。在这种情势下,上帝若是完全拒绝恶,完全不允许恶存在,那就势必意味着上帝完全放弃自由选择活动和自由创造活动。然而,这样一来,上帝因此也就放弃了“有比无好”这样一个根本信条,从而也就既不再是作为善本身的上帝,也不复是作为造物主的上帝了。或许正是基于这样的考虑,莱布尼茨在谈到恶的三种存在形态后,紧接着便将其纳入了论证上帝允许恶存在的轨道:

> 恶可以形而上学地、物理学地和道德地看。形而上学的恶在于纯粹的不完满性,物理的恶在于苦难,而道德的恶则在于罪。虽然物理的恶和道德的恶不是必然的,但凭借永恒真理它们就是可能的。而既然真理的这一广阔的领域包含着所有的可能性,那就必定存在有无限多的可能世界,而恶便因此而进入它们中的一些,甚至一切可能世界中最好的世界也包含有一定分量的恶。这也就就决定了上帝去允许恶存在

(c'est ce qui a déterminé Dieu à permettre le mal)。①

莱布尼茨特别批判了从上帝所选中的最好世界里排除掉恶的设想的空想性。针对"整个世界本来能够没有罪和苦难"的这样一种乌托邦观念,莱布尼茨斩钉截铁地回答说:"但是,我否认那样就会更好些。"他给出的理由是:"必须知道,所有的事物在任何一个可能世界里都是相互关联的:这个宇宙,不管怎么样,都是一致的,就像一个大洋一样,最小的运动都会把它的结果扩展到无论怎么远的地方。……因此,如果这世界上所发生的最小的恶在其中被错过了,那它就不再是这个世界了。这个世界,只有在当其中的任何东西都没有丧失,所有的东西都被允许造出来的情况下,才能被裁定为它即是造物主所决意创造的那个最好的世界。"②莱布尼茨所说的恶的存在"独立于上帝的意志",即是谓此。

但是,我们也不能因此说恶的存在与上帝的意志毫无关系。因为,既然上帝的意志,如上所述,可以区分为前件意志和后件意志,既然所谓上帝的后件意志即是一种追求"总体的善"和"最大的善"的意志,一种旨在创造"一切可能世界中最好的世界"(le meilleur des mondes possibles)的意志,则恶的也就势必构成上帝后件意志允许存在且充分利用的东西。

这首先是因为一个恶的世界,一个没有不幸和罪恶的世界决然不可能"是"一切可能世界中最好的世界。其所以如此,首先就在于这样的世界根本不符合上帝的无限理性,不符合上帝在选择中所依据的理性原则,亦即我们在前面所提到的完满性原则。按照莱布尼茨的理解,所谓完满性原则就是一条关于存在的最大量的原则,或者说是一条肯定无限多样性和无限丰富性的原则。而一个没有恶、没有不幸和罪的世界因此就势必是一个不符合完满性原则的世界,从而也就势必不是一个最好的世界。诚然,美德和幸福是创造物的最珍贵的品质,但它们并非事物的唯一美好的品质。即使是最珍贵、最美好的东西,如果仅有此物而别无他物,则这个世界也就必定依然是一个最贫乏的世界。当愚蠢、贪婪的国王米达斯(Midas)在从狄俄尼索斯那里学到点物成金术因而仅仅拥有黄金后,他便成了世界上最贫穷的

① Leibniz, *Essais de Théodicée*, pp. 116 - 117.

② Ibid., p. 119.

人了，以致他几乎要因此而被饿死。①

恶的存在的意义不仅在于它能够使一个世界具有多样性，从而符合完满性原则，"是"一个一切可能世界中最好的世界，更重要的还在于它能够使一个可能世界"成为"一个一切可能世界中最好的世界。恶的存在对于一个可能世界中最好世界的生成作用不仅表现为恶的存在能够使一个世界的善得以彰显，更重要的还表现为恶的存在对于善的生成的助推功能。莱布尼茨曾以"混合有痛苦的感官快乐"为例来解说物理的恶在生成物理的善方面的积极功能。他写道："一些酸、辣和苦往往比糖更能令人快乐，暗影使色彩更鲜亮，甚至不和谐在正确运用的地方也能够增加和谐。跳绳者在绳子接近落点时往往感到害怕，悲剧往往引起我们哭泣。"②莱布尼茨认为，道德的恶也同样具有生成善的功能。他强调说："我们知道，一种恶往往能产生出一种倘若没有这种恶人们便不可能达到的善。"③莱布尼茨甚至援引《新约》中关于"作恶以成善"、"罪在那里显多，神恩就更显多了"(《罗马书》3:8,5:20)的经文来为道德的恶的生成善的积极功能辩护。④ 按照《圣经》，我们作为亚当的后代，都是有罪的，至少都是有原罪的。问题在于你能否觉悟到这一点，有没有勇气承认这一点。只有觉悟到我们自己有罪并且敢于承认自己有罪的人，才能够谦卑，才能够对上帝有信仰，才能够得到救赎。《约翰福音》第 8 章里记载着一个故事，说的是一群人把一个正在行淫的妓女带到耶稣面前，要用石头当着耶稣的面将这个妓女砸死。耶稣对这群人说："你们中间谁是没有罪的，谁就可以先拿石头打她。"接着，这群人"从老到少一个一个的都出去了，只剩下耶稣一人"。这个故事寓意深刻。只有作为善本身的上帝，即耶稣，没有不完满性，没有恶，没有罪。而除此之外的所有的人都有不完满性，都有恶，都有罪。问题在于认不认罪，一个人一旦认罪，就能够得到善，就能够享福，甚至能够得到永福。因此，对恶的存在的允许和肯认是改善人生的关键一着，也是使现存世界成为可能世界中最好世界的关键一着。

总之，在莱布尼茨看来，上帝之允许恶的存在与上帝之创造一个可能世

---

① Leibniz, *Essais de Théodicée*, p. 181.

② Ibid., p. 110.

③ Ibid., p. 109.

④ Ibid., p. 110.

界中最好的世界的自由意志非但不相抵触,反而相得益彰。莱布尼茨的这样一种神学思想虽然有浓重的护教学色彩,但也不乏辩证法因素。

三、莱布尼茨的社会思想:普遍正义与乐观主义

莱布尼茨的自然神学和神义论思想不仅与他的人学思想,特别是与他的人的自由的思想密切相关,而且与他的社会思想密切相关。莱布尼茨的社会思想内容虽然丰富,但是最有特色的则是他的普遍正义、乐观主义以及他的物理的自然界与神恩的道德界相和谐的思想。下面,我们就依次阐述他的这些思想。

1. 普遍正义:社会正义与法律正义

作为一位法学博士,莱布尼茨毕生都关注社会问题和法学问题,特别是关注法律哲学问题和正义问题。莱布尼茨的法律哲学思想和正义思想非常丰富,帕特里克·赖利在他的《莱布尼茨的普遍法学》中曾对此做过比较全面的介绍和阐述。① 限于篇幅,我们只打算对莱布尼茨的社会正义、法律正义和作为爱的智慧的正义作扼要的说明。

从学理上看,莱布尼茨的正义思想是以他的上帝正义的思想为制高点和出发点的。在莱布尼茨看来,正义乃上帝的本质规定性。他生前出版的唯一一部大部头著作《神义论》所强调和系统阐述的就是上帝的正义。这一点不仅对于我们正确地高屋建瓴地理解他的自然宗教和自然神学思想极为重要,而且对于我们正确地高屋建瓴地理解他的道德哲学、政治哲学和法律哲学也极其重要。在莱布尼茨看来,既然正义是上帝的一项本质规定性,既然上帝所创造的世界是一切可能世界中最好的世界,则我们这个世界势必就应当是一个实现了普遍正义的世界。莱布尼茨正是从这样一个角度和高度来理解和看待普遍正义的。

---

① Cf. Patrick Riley, *Leibniz' Universal Jurisprudence*, Cambridge: Harvard University Press, 1996, pp. 105 - 112, 124 - 129, 200 - 205, 221 - 230.

然而，建构一个普遍正义的世界或社会涉及一个如何理解正义的问题，换言之，其中有一个正义观的问题。正义的问题虽然一向受到哲学家和神学家的重视，但是，却很少有人从社会本身的角度和高度来理解和看待正义问题，来理解和看待社会正义问题。诚然，早在古代社会，就已经有许多杰出的思想家关注正义问题了。但是，他们基本上都是从"德性"的角度加以理解和阐释正义和社会正义的。这并不是说，这些思想家完全不重视正义和社会正义，而是说，他们不是从社会本身出发来审视正义和社会正义，而主要是从"德性"的角度来审视正义和社会正义，从而，也就都在一定程度上，将正义问题还原成了德性问题，将政治问题还原成了一个道德和伦理问题。例如，在西方社会思想史上，柏拉图可以说是第一个全面系统谈论正义的思想家。他不仅明确地提出了"城邦的正义"问题，而且还强调"城邦正义"相对于"个人正义"是一种"更大"的正义。① 但是，柏拉图并没有因此而就城邦正义来谈城邦正义，甚至也没有因此从城邦正义来谈个人正义，而是将城邦正义还原成个人正义，还原成作为个人德性之一的与智慧、勇敢、节制这些德性共存的正义。因为，在柏拉图看来，城邦的正义问题，归根到底，是作为城邦组成成分的统治者、武士和生产者相应地具有智慧、勇敢和节制这样一些德性的问题。也正是在这个意义上，柏拉图才宣布说："正义是德性和智慧，不正义是邪恶和无知。"②在古希腊哲学家中，亚里士多德对正义的兴趣似乎一点也不逊于柏拉图。亚里士多德不仅将正义区分为"分配的正义"和"惩治的正义"，而且还专门讨论了"政治的正义"。但是，亚里士多德所说的正义，与柏拉图一样，也是"作为德性一个部分的正义"③。如果说亚里士多德的正义观与柏拉图的正义观有什么区别的话，那就是，他似乎比柏拉图更其重视正义德性，更其重视正义德性在德性体系中的地位。他反复强调说："正义自身是一种完全的德性"，"正义是一切德性的总汇。"④但是，倘若就其将正义归结为一种德性而言，则与柏拉图并无二致。或许这也正是亚里士多德在《尼各马可伦理学》中而不是在《政治学》中讨

---

① 柏拉图：《理想国》，434D—435B。

② 同上书，350D—E。

③ 亚里士多德：《尼各马可伦理学》，1130a10—15。

④ 亚里士多德：《尼各马可伦理学》，1129b25—30.

论正义的根本缘由。与柏拉图和亚里士多德不同，莱布尼茨虽然也从德性的角度来谈论正义，但他主要的却是从政治学的角度来审视和讨论正义的。莱布尼茨始终强调的是"公共的善"(bien commun)和"普遍的善"，并将其视为社会和国家的首要责任和根本责任。不仅如此，在许多场合，莱布尼茨还把在尘世实现"公共的善"直接等同于"上帝的荣光"，宣称："公共的善不是别的，只不过是上帝的荣光而已。"这就将社会正义和公共的善提升到了神学本体论的高度。莱布尼茨写道：

> 真正的虔诚，乃至真正的福运，在于对上帝的爱。……因为当一个人尽其职责、遵从理性时，他就在实现着最高理性的秩序。一个人把所有的旨趣都投到那公共的善，那上帝的荣光所在，他就会发现：维护整个社会的利益，也正是他个人的最大利益，在为人类谋取真实利益的乐趣中，他自己就获得了满足。①

这几乎是一个前所未有的理论高度：不仅是古希腊哲学家柏拉图和亚里士多德未曾达到的理论高度，也是包括基督宗教神学家和哲学家奥古斯丁和托马斯·阿奎那在思考社会正义时所未曾达到的理论高度。古希腊哲学家柏拉图和亚里士多德之所以做不到这一步，归根到底在于他们的哲学思想不允许这样一个理论维度和致思路线。基督宗教神学家和哲学家奥古斯丁和托马斯·阿奎那之所以做不到这一步，乃是因为他们的基督宗教神学框架根本不允许他们将尘世的社会正义提升到超越天国世界的高度，提高到上帝荣耀的首要标志的高度。②

莱布尼茨的普遍正义思想不仅体现在对"公共的善"和社会整体利益的上述强调上，而且还进一步体现为他对法律正义的思考上。社会正义要落实下去，固然需要许多路径，但是，无论如何，法律正义是一个相当根本的不可或缺的路径。法律正义之被称做"实践正义"，即是谓此。③ 如果说在社会正义问题上，莱布尼茨的普遍正义思想主要是基于对古希腊哲学家的有关理论的否定和扬弃提出来的，那么在法律正义问题上，莱布尼茨的普遍

---

① Leibniz, *Essais de Théodicée*, pp. 27 – 28.

② 关于阿奎那的正义观，请参阅段德智：《试论阿奎那公平价格学说的理论基础和基本维度及其现时代意义》，《晋阳学刊》2010 年第 4 期。

③ Cf. Patrick Riley, *Leiniz' Universal Jurisprudence*, pp. 199 – 200.

正义思想则主要是基于对罗马法的借鉴和扬弃提出来的。作为一位法学博士,他赋予罗马法新的意涵。按照中世纪特别是按照阿奎那的法学思想,各种法律按照其实在性和效用性的程度高低依次组成一个多层次的立体性的法律体系。其中,处于法律体系之巅的是"永恒法",是上帝身上存在的"掌管万物的理性"或"指导万物一切行为和活动的上帝的神圣智慧的筹划";接着是上帝直接置于我们灵魂之中的"自然法";再其次是"神法",亦即上帝在《圣经》中所宣讲出来的法;最后是"教规"和"民法"。[①] 按照这样一个法律体系,罗马法作为民法,是诸多法律中档次最低的一种,不仅低于永恒法,而且还低于自然法和神法。然而,在莱布尼茨写于1695—1697年间的《永恒法原理》中,却不仅将罗马法或民法提升到了自然法的高度,而且还将之提升到了永恒法和神法的高度。他写道:"被称作自然的永恒法的戒规,不是别的,无非是完满国家的法律。"[②]"每一种道德的德性,就其相关于公共的善,毋宁说相关于宇宙的完满和上帝的荣光而言,都包含在普遍的正义之内,这种普遍正义是绝对的。这些就是完满的法律,将每一种德性的责任都指定给了人。"[③]正因为如此,赖利很有理由地在引用了莱布尼茨的这两段话后,明确地指出,在这几段话中,莱布尼茨一改其典型的谨慎风格,将"永恒法"、"自然法"和"罗马法"等同起来,构建了这个"法学上的三位一体"(that jurisprudential Trinity)[④]。莱布尼茨还进而指出:作为与永恒法和自然法一起构成三位一体的罗马法的根本原理主要有三条。第一条是"不伤害他人"(neminem laedere),第二条是"把每个人应得的给予他"(suum cuique tribuere),第三条是"虔诚地生活"(pie vivere)。而所谓"不伤害他人",其实是一个"和平"问题,"把每个人应得的给予他",其实是一个"富裕生活"问题,"虔诚地生活"则是一个"救赎"问题。而这三条原理的核心问题则是一个"公共的善"的问题。[⑤]

---

① 参阅赵敦华:《基督教哲学1500年》,第406—407页。

② Leibniz, *Elementa Juris Perpetui* (*1695 - 1697*), quoted from Patrick Riley, *Leiniz' Universal Jurisprudence*, p. 200.

③ Ibid.

④ Ibid.

⑤ Ibid.

在私有财产问题上,他年轻时或许受柏拉图的影响,坚持认为完全没有私有财产是最好不过的事情了。但是,到后来,他认识到由于人性的缘故,私有财产与法律正义一样,对于一个不够完满的社会也是绝对必要的。在这样的国家里,所谓分配正义,即将每一个人应该得到的给予每一个人,也就是根据每一个人的德性和他对公共善所作贡献的大小分配给他们不等的财产。① 在这里,法律正义所保证的并不是每个人都获得同样的财产,而是说每个人不仅有同样的权利获得自己应当得到的财产,而且还有同样的权利来保存自己合法获得的财产,所谓"不伤害任何一个人"②,即是谓此。不过,在莱布尼茨看来,除了分配正义,国家的根本任务还在于保持国家富强和积极发展科学和教育问题,前者重在解决民生问题和公共福利问题,后者重在开发民智。为此,莱布尼茨长期呼吁各国建立两个机构:其中一个是"经济理事会",另一个是"艺术和科学院"。经济理事会的任务不仅在于监督制造业和农业,而且还在于监督公共卫生事业和教育。莱布尼茨非常重视教育事业,他强调说:"倘若没有最好的教育,便根本不可能有最好的公益(optima respublica intelligi non potest sine optima educatione)。"③莱布尼茨一再宣称:"贫穷和苦难乃犯罪活动之母",用教育强国的国策来预防贫穷和苦难要比在贫穷和苦难出现后再来解除它们"好得多"。他多年奔走呼号,极力推动在欧洲各国的首都仿效英国建立科学院,虽然他在世时,只有德国柏林响应他的呼吁建立了科学院,但毕竟也引起了诸如俄国彼得大帝、德累斯顿的萨克森选侯、神圣罗马皇帝对建立科学院的兴趣,充分展现了他对作为公益事业的科学事业的热忱。这里,对于我们重要的是,在莱布尼茨看来,全力以赴做这些事情实在是国家统治者的分内之事。因为国家统治者的道德底线不是别的,正在于全力以赴推动这种"公共的善"或"公共福

---

① 莱布尼茨的按照德性分配财产的观点后来遭到罗尔斯的批评。罗尔斯指出:"按照德性来分配的观点不能区分道德应得和合法期望","调节社会基本结构和规定个人义务和责任的原则并不涉及道德应得,分配的份额并不倾向于要与它相称。"参阅罗尔斯:《正义论》,何怀宏、何包钢、廖申白译,中国社会科学出版社 1988 年版,第 300 页。

② Patrick Riley, *Leiniz' Universal Jurisprudence*, p. 203.

③ Leibniz, "De Tribus Juris Naturae", quoted from Patrick Riley, *Leiniz' Universal Jurisprudence*, p. 223.

利事业”,而不是谋取个人的特殊利益。①

然而,在莱布尼茨看来,为要实现社会正义和法律正义,我们还必须切实落实作为智慧之爱的正义。而为要树立作为智慧之爱的正义,单靠罗马法是远远不够的,非借助于宗教或宗教的虔诚不可。正是在这个意义上,莱布尼茨发出了“将自然宗教转换成法律”(de faire passer la religion naturelle en loi)的呼吁。② 莱布尼茨对宗教虔诚的呼吁、对自然宗教转换成法律的呼吁,从本质上讲,属于近代宗教改革的范畴。莱布尼茨与路德一样,都反对中世纪宗教的形式化和礼仪化。莱布尼茨与路德不同的地方只是在于:路德反对中世纪宗教的形式化和礼仪化,目的在于强调“因信称义”,而莱布尼茨反对中世纪宗教的形式化和礼仪化,目的在于强调“因爱称义”、“因智成义”和“因诚成义”。莱布尼茨认为,真正的宗教虔诚,不在于墨守教会礼仪,不是亚伯拉罕用儿子向上帝献祭那样的虔诚,而是践行“爱人如己”这种美德的虔诚。耶稣在《马太福音》第22章中强调说:“你要尽心、尽性、尽意,爱主你的上帝。这是诫命中的第一且是最大的。其次也相仿,就是要爱人如己。这两条诫命,是先知和律法一切道理的总纲。”在莱布尼茨看来,耶稣这些话的精髓在于教导我们要从爱上帝的高度来看待和践行爱人如己。如前所述,莱布尼茨曾经区分了两种爱,这就是“自得之爱”(l' amour de conquiscence)和“仁慈之爱”(l' amour de bienveillance)。二者的根本区别在于:前者着眼的是“己”,后者着眼的是“人”。③ 然而,《圣经》里所说的“爱人如己”之“爱”正是一种着眼于“人”的“爱”,一种“仁慈之爱”。这种爱甚至超越我国儒家所说的“爱有差等”之“爱”,而颇具我国墨家学派所倡导的“泛爱”或“无差别之爱”的神韵。在这里,莱布尼茨想要强调的是,他所谓的仁慈之爱,既不是霍布斯所说的那种以利己之爱为基础的“慷慨”,也不是功利主义者边沁的合理的利己主义,甚至也不是边沁所说的那种作为由“对他人的完满性的鉴赏”中所感受到的“快乐”之“爱”④,而是一

---

① Cf. Patrick Riley, *Leiniz' Universal Jurisprudence*, pp. 223 – 226.

② Cf. Leibniz, *Essais de Théodicée*, p. 27.

③ Leibniz, *Die philosophischen Schriften*, 5, p. 149;参阅莱布尼茨:《人类理智新论》上册,第148—149页。

④ Cf. Bentham, *Principles of Morals and Legislation*, London: The Athlone Press, 1970, pp. 381ff.

种毫无利己动机的爱,一种对"爱人如己"的爱,一种对"上帝荣光"的爱,一种对上帝的"爱",一句话,一种圣保罗话语中的爱。莱布尼茨常常把这种"仁慈之爱"称做"智慧之爱(caritas sapientis)"和"正义本身"。他之所以将这种仁慈之爱称做智慧之爱和正义本身乃是因为在莱布尼茨看来,一个人只有凭借理性,只有有了知识和智慧,才有可能认识并虔诚地爱作为最高理性和善本身的上帝,从而才有可能致力于"公共的善",致力于普遍正义。对此,莱布尼茨在一封致韦西诶特的信中曾经明白无误地写道:

> 最大的快乐在于对最大的完满性和美的爱和享有……而上帝实际上就是最高的理性……认识上帝之爱的真正的果实和标志即为对邻人之爱,一种朴实无华的能够产生出普遍最好结果的努力。[①]

赖利曾经用"爱=最高理性=上帝=普遍的善(charity=highest reason=God=the general good)"来表述莱布尼茨这段话的思想[②],应该说还是中肯的。只要我们遵循这样一种哲学—神学程式,我们对莱布尼茨将仁慈之爱归结为对上帝之爱,将普遍正义、社会正义和法律正义归结为"作为智慧之爱的正义",进而归结为"真正的虔诚",就比较容易理解了。

2. 乐观主义与社会向善论

从对莱布尼茨的普遍正义思想的上述考察中,我们可以发现,莱布尼茨的根本努力在于使现存社会成为一个荣光上帝的社会,一个充满爱和正义的社会,一个一切可能社会中最好的社会。这也就是我们通常所说的莱布尼茨的乐观主义。

莱布尼茨的乐观主义是针对向来流行的宗教的和世俗的悲观主义提出来的。悲观主义在西方文化中可谓源远流长。古希腊诗人赫西俄德(约公元前8世纪)在其著名诗篇《田功农时》中将西方社会的演进史描述成一个从"黄金时代"依序退化成"白银时代"、"黄铜时代"、"英雄时代"和"黑铁时代"的历史进程。而柏拉图在《理想国》中也将希腊政治体制的演变史描绘成一个由"受到广泛赞扬"的"荣誉政体"或"斯巴达政体"到"对它的赞

---

① Leibniz,"Von der Weisheit"(c. 1694 - 1698), quoted from Patrick Riley, *Leiniz' Universal Jurisprudence*, p. 111.

② Cf. Patrick Riley, *Leiniz' Universal Jurisprudence*, p. 111.

扬次于第一种”且有“许多害处”的“寡头政体”再到“与之对立”的“民主政体”和作为“国家的最后的祸害”的“僭主政体”的历史进程。① 教父哲学家奥古斯丁虽然由于立足于基督宗教的末世论而避免了赫西俄德和柏拉图的历史退化论,但是,他的基督宗教立场同时又使他对人类社会陷入了更为严重的甚至可以说是不可救药的悲观主义。因为按照奥古斯丁的“双城说”,与作为“敬神之人的团契”的“上帝之城”不同,人类社会或“地上之城”则是由依旧深陷黑暗之罪的上帝的“弃民”组合而成的。如果我们可以将上帝之城界定为“光明之城”和“荣光之城”的话,我们就不妨将地上之城界定为“黑暗之城”和“罪恶之城”。② 由此看来,所谓悲观主义所意指的无非两个方面的内容:一方面是就现存社会的性质而言的,是说它不是一个善的社会而是一个恶的社会;另一个方面则是就社会的发展态势而言的,是人类社会是逐步趋向善呢还是逐步趋向恶这样一个问题。显然,在这两个问题上,莱布尼茨都采取了完全相反的立场。

首先,就现存社会的性质而言,莱布尼茨既然认为现存世界是一切可能世界中最好的世界,则他就势必因此而认为现存社会是一切可能社会中最好的社会。诚然,莱布尼茨也认为人类社会确实存在有物理的恶和道德的恶,确实存在有苦难和罪恶。但是,所有这些似乎并不影响我们这个社会的善的性质和它之作为一切可能社会中最好的社会的这样一种性质。这首先是因为在莱布尼茨看来,既然恶只是善的一种缺乏,则善恶便只具有一种相对的性质,用莱布尼茨的话说便是:“正如比较轻微的恶(un moidre mal)是一种善,同样地比较微末的善(un moidre bien)如果它妨碍较大的善,则它也就因此而成了一种恶。”③换言之,我们大家通常所说的恶原本只是一种“微末的善”而已。既然“微末的善”毕竟也是一种善,则我们这个具有恶的世界也就因此而依旧是一个善的世界了。这样,问题便归结到我们这个世界所具有的恶的分量或比重,也就是说,它们是否只是一些“轻微的恶”。在这个问题上,莱布尼茨的答案显然是肯定的。他批评了那种主张世界上善多于恶的观点。莱布尼茨指出,在通常情况下,人们的注意力是靠一些恶

---

① 参阅柏拉图:《理想国》,544C－D。

② 参阅奥古斯丁:《上帝之城》14:28。

③ Leibniz, *Essais de Théodicée*, p. 108.

事激发起来的,结果就产生了世上善少恶多的错觉。如果我们换位思考,专注于善或善事,人们对世界的观感就大不相同了。他举例说,当一个人很少害病时,他并不特别珍惜健康,把健康视为大善,但是,一个疾病不断、很少健康的人,一旦健康,“便会真切感受到健康这一大善”。莱布尼茨因此诘问道:“尽管如此,健康常驻,病痛少些,岂不更好?”①莱布尼茨还举例说:“我相信很少有人在死亡时刻会感到不满意”,假如有望重活一次,他未必要求过一种比他曾经经历过的生活更好的生活。② 莱布尼茨曾经明确反对培尔过分渲染现存世界存在恶的做法,说培尔等人在这个问题上“言过其实”(le vulgaire outre les choses)。③ 后者在其《历史批判辞典》中专门有一个条目:“到处都是监狱和医院,到处都是绞架和乞丐。”莱布尼茨批评说:培尔在世界上只看见医院和监狱;可是,住宅比监狱多得多。④ “欧里庇得说得很对:人所获得的幸福胜过灾祸(Mala nostra longe judico vinci a bonis)。”⑤

在社会的发展态势方面,莱布尼茨提出了著名的社会向善论,坚信社会会变得更好,会越来越好。莱布尼茨的社会向善论是以他的宇宙进化论,以他的宇宙完满性状态的可改进性的看法为理论背景的。莱布尼茨对宇宙进化论和宇宙完满性状态的可改进性深信不疑。他在致布尔格特的一封信中写道:

> 我们可以形成两个假设:一个说自然始终是同等完满的,另一个则说自然在完满性方面始终在增长(elle croit tousjours en perfection)。如果自然虽然作为一个整体始终是同等完满的,但就其各个部分而言却是可以变化的,则宇宙没有开端就更其可能了。但是,如果宇宙在完满性方面始终在增长(设定宇宙不可能一下子就获得其所有的完满性),则这个问题就同样可以以两种方式予以说明……⑥

---

① Leibniz, *Essais de Théodicée*, p. 110.

② Ibid., pp. 110 - 111.

③ Ibid., p. 271.

④ 参阅费尔巴哈:《对莱布尼茨哲学的叙述、分析和批判》,第125页。

⑤ Leibniz, *Essais de Théodicée*, pp. 270 - 271.

⑥ Leibniz, "Leibniz an bourguet", Leibniz, *Die philosophischen Schriften* Ⅲ, Hildesheim: Georg Olms Verlag, 1965, p. 582.

莱布尼茨所说的两种方式为:(1)完满性无限的增长,既然这种增长不可能终结,也就必定是渐进的;(2)完满性是从创世的那一瞬间开始增加的。众所周知,莱布尼茨是肯认创世的,既然如此,则他之肯认宇宙完满性的增长以及肯认完满性是从创世的那一瞬间开始增长的就成了一件可以理解的事情了。关于他的这一立场,莱布尼茨本人在他的致克拉克的第五封信中也有过相当明白的交代:"如果万物的本性整个来说是在完满性上齐一地增长,则受造物的宇宙就必定有一个开端。……因此,为了确保无限造物主的品格,为宇宙设立一个开端,要比承认它有界限更为合理。"①莱布尼茨还通过他的幸福学和心理学来佐证他的宇宙进化论和社会向善论。依据莱布尼茨的观察,人的幸福在于其对未来的更大的善的期盼。人们的烦恼,虽然是一种暂时的恶,但是,它却能推动人们去获得更大的善,因而往往是人们获取更大的善的"捷径"。恶固然有彰显善的意义和价值,但更为重要的则在于促成善,促成更大的善的产生,使人生和社会更美好。莱布尼茨的社会向善论不仅有助于人们在任何情况下对社会和社会的未来前景持存一种信念,而且还有助于人们对人生和社会采取奋发进取的态度和立场,为推动人类社会的不断改进,为在人世间实现普遍正义,建立"上帝之城"而不懈奋斗。就莱布尼茨本人而论,他之所以反复地批判悲观主义,反复地批判宿命论,反复地批判"懒惰理性"(la raison paresseuse),并将之谴责为"一种十足的诡辩"(un vrai sophisme),反复地强调"道德的必然性"、"人的自由"和"真正的虔诚",反复地呼吁法律正义和社会正义,不懈地为国家设立经济理事会和科学院而奔走呼号,其目的无不在于社会的向善和改进。

毋庸讳言,莱布尼茨的乐观主义和社会向善论也为一些思想家所诟病。18 世纪法国启蒙运动中最杰出的思想家之一伏尔泰(Voltaire,1694—1778 年)就在其著名的哲理小说《老实人》中对之做过无情的讥讽和嘲笑。伏尔泰在这篇小说里安排了两个主要人物,一个是莱布尼茨乐观主义的鼓吹者邦葛罗斯,一个是莱布尼茨乐观主义的信奉者老实人。他们两个的经历却都证明了现实世界的不完善。邦葛罗斯口口声声"天下尽善尽美",但现实世界却狠狠嘲笑了他:先是染病烂掉半截鼻子,继而又被宗教裁判所施以火

① 参阅莱布尼茨:《莱布尼茨与克拉克论战书信集》,第 79 页。

刑,险些被烧死。老实人的教训也极其惨痛:先是被误认为异教徒差一点被宗教裁判所活活烧死,后又在巴黎被骗子神甫等一伙几乎盘剥一空,他与贵族小姐的自由恋爱也遭到了贵族偏见极深的封建家长的打击和破坏。老实人最后不仅得出了"地球上满目疮痍,到处都是灾难"的结论,而且还得出了尽管乐观主义很"美妙",但"种咱们的园地要紧"(Il faut cultiver notre jardin)的结论。[①] 但是,我们也不能因此而对莱布尼茨的"乐观主义"和社会向善论取全面否定的观点。因为即使老实人种地,也依然有一个对来日更好收成的期盼问题,也依然有一个善的社会和社会向善的问题。诚然,如果我们把莱布尼茨的这一思想放进他当时所处的具体历史场景中看,其保守作用是相当显然的。因为当时的德国正如恩格斯在其《德国状况》中所说,是"一堆正在腐朽和解体的讨厌的东西","简直没有一线好转的希望",[②]而莱布尼茨却把这样一个世界说成是一个"一切可能世界中最好的世界",其保守性自不待言。但是,我们还必须看到问题的另一面。恩格斯在《费尔巴哈与德国古典哲学的终结》这一著作中曾对黑格尔的"凡是现实的都是合理的;凡是合理的都是现实的"这一哲学命题做过全面深刻的分析。他指出,这个命题虽有替现存的一切辩护、替专制制度祝福的一面,但它同时也内蕴着革命的内容,因为它其实也意味着"凡在人们头脑中是合乎理性的,都注定要成为现实的,不管它同现存的、表面的现实多么矛盾"。[③] 这就是说,现存的东西,尽管有它存在的理由,但当条件变化了时,它就变成不合理,也就不是现实了,就应该而且必然要为合理的东西所代替,而那合理的东西就是现实的了。诚然,黑格尔自己并没有明确地作出这样的结论,但这却是他的命题根据他的方法必然要得出的结论。对于莱布尼茨的"现存世界是一切可能世界中最好的世界"这个命题,大体上也可以作如是观。莱布尼茨的命题除了它显然为现存制度辩护的一面之外,确实也包含着另一方面的意义。因为他的这种乐观主义思想,毕竟不是腐朽没落阶级所能有的思想,而是某种新兴的、有前途的阶级的思想。事实

---

① 参阅伏尔泰:《伏尔泰小说选》,傅雷译,人民文学出版社 1980 年版,第 168 页。

② 恩格斯:《德国状况》,《马克思恩格斯全集》第 2 卷,第 633、634 页。

③ 恩格斯:《路德维希·费尔巴哈和德国古典哲学的终结》,《马克思恩格斯选集》第 4 卷,第 216 页。

上当时真正反映反动没落的封建阶级的世界观的乃是天主教教义，而天主教毋宁是宣扬这个现实世界充满了罪恶和痛苦，教人对现世不存在任何希望，因而本质上是一种悲观主义而非乐观主义。莱布尼茨虽然有同现存世界妥协的一面，但他内心终究也积蕴着对现存制度的愤懑而向往着一个更为完满的世界。因而，他的这种乐观主义和社会向善论，毋宁是反映了近代资产阶级对一个"最好"世界的神往，同时也反映了它对在这现实世界里就能实现这样一个最好世界的信心。莱布尼茨在《人类理智新论》中写道：

> 当我考虑到，在所有那些一旦处于这种几乎毫无可以感觉到和当下的吸引力的生活进程中的人们之中，野心或贪欲能完成多少事业时，我一点也不失望，并且我主张，德性既伴随着那样多坚实的善，将会产生无限地更多的效果，要是人类的某种可喜的革命（heureuse revolution）一旦使德性流行起来并且成为好像是时髦的东西的话。①

看！莱布尼茨不是也明明看到"野心"、"贪欲"等坏事吗？而他不是也希望来一个"人类的某种可喜的革命"，深信"德行"终将"流行起来"并且终将产生出"无限地更多的效果"，因而"一点也不失望"吗？应该说，这才是他的"乐观主义"和社会向善论的精髓和真谛。

3. 自然的与神恩的王国

如前所述，奥古斯丁在《上帝之城》中曾经提出过一个"双城说"，即断言存在有"地上之城"和"天上之城"，亦即"上帝之城"。从一个意义上说，莱布尼茨也有一个"双城说"，这就是"自然的王国"和"神恩的王国"。

与奥古斯丁完全从神人关系、从强调神人之间的差异乃至对立的角度来谈双城不同，莱布尼茨则是从人与普通宇宙万物的差异以及人与上帝的一致来谈"双城"的。奥古斯丁在谈到上帝之城或天上之城与地上之城的差异乃至对立时，曾经强调指出："两种不同的爱分别建立了两个不同的城；爱自己以至轻视天主则产生了地上之城，爱天主以至舍弃自己则产生了

---

① Leibniz, *Die philosophischen Schriften*, 5, P. 177；莱布尼茨：《人类理智新论》上册，第184页。

天上之城。前者因自我而夸耀,后者把荣耀归还天主;因为前者追求的是人的赞赏,而后者却以天主的光荣自豪。前者追求的是人的赞赏,后者却向天主说:'你是我的光荣,你使我昂首路阔步'。"[①]但是,莱布尼茨却是从对"人的赞赏"开始他的上帝之城的论说的。在《单子论》中,莱布尼茨曾经将上帝之城界定为由"所有精神"(tous les Esprits)组合而成的"城邦"或"国家"。[②] 那么,为何唯有精神才能进入上帝之城并组合成上帝之城,而其他受造物,甚至动物都不能进入上帝之城呢?用莱布尼茨的话说就是,为什么独独人享有这种"特权"(la prérogative)呢?莱布尼茨回答说,这是因为人作为理性灵魂或精神"区别"于其他受造物。这种区别首先表现为人作为理性灵魂或精神具有其他受造物所没有的理性能力。其他受造物虽然也具有知觉能力,但是,由于其认知能力的低下,却只能反映由其他单子组成的受造世界,只能成为受造世界的"活的镜子"(des mirois vivans)。由于人作为理性灵魂或精神具有其他受造物所没有的理性能力,所以人不仅具有"自我意识",不仅认识人自己,认识"宇宙的体系",而且"作为神本身或自然创造主本身的形象"(des images de la Divinité meme,ou de l' Auteur meme de la Nature)对上帝也有所认识,"并能凭借建筑模型而模仿宇宙体系的若干点",致使"每一个精神在它自己的范围内颇像一个小小的神(une petite divinité)"。[③] 此外,人作为理性灵魂或精神还有一种其他受造物所没有的基于对善的事物的睿见进行理性选择的道德能力。凭借这种能力,人作为理性灵魂或精神"便能够以一种方式与上帝发生社会关系(une manière de Société avec Dieu),上帝对于精神的关系,不仅是一个发明家对于他的机器的关系(如同上帝对其他创造物的关系),而且是一位君主对他的臣民的关系,甚至是一个父亲对他的子女的关系(un pere à ses enfans)"。[④]

在上帝之城中所存在的作为理性灵魂或精神的人与上帝的这样一种君主与臣民的关系乃至父亲与子女的关系并不是一种单向的施惠的关

---

① 奥古斯丁:《上帝之城》14:28

② Cf. Leibniz, *Kleine Schriften zur Metaphysik*, p. 478;北京大学哲学系外国哲学史教研室编译:《西方哲学原著选读》上卷,第 492 页。

③ Ibid.;同上书,第 491 页。

④ Ibid., p. 478;同上书,第 491—492 页。

系，而是一种双向的互惠的关系。不仅作为理性灵魂或精神的人凭借这种关系可以获得恩典，享受到福利乃至永福，而且作为善本身的上帝无疑也可以凭借这种关系获得荣耀。而构成这种双向互惠关系基础的东西不是别的正是我们刚刚谈到的作为理性灵魂或精神的人所独有的理性能力和道德能力。因为不仅作为理性灵魂或精神的人之所以能够进入上帝之城，如上所述，就在于作为理性灵魂或精神的人的上述两种能力，而且上帝之所以能够因此而获得荣耀，也完全在于作为理性灵魂或精神的人之具有这样两种能力。因为如果作为理性灵魂或精神的人如果没有超出其他受造物的理性能力，他就既根本不可能"认识"上帝的伟大和善，也不可能"崇拜"上帝的伟大和善，从而上帝的荣耀也就因此而无从谈起。正是在人与上帝的这样一种双向互惠的意义上，莱布尼茨才强调说：

> 就是在这个王国中真正包含着上帝的荣耀(la gloire de Dieu)，因为如果上帝的伟大和善不为精神所认识和崇拜(connues et admirées)，就根本没有上帝的荣耀可言。也正是由于对这个神圣的城邦的关系，上帝才特别具有善，至于上帝的智慧和权力则是无处不表现的。①

既然精神是最高等级的单子，既然上帝之城是由所有精神"集合"(assenblage)而成的，既然上帝本身即为精神，则上帝之城高于自然世界，神恩的道德王国高于物理的自然王国就是一件非常自然的事情了。正因为如此，莱布尼茨才鲜明地强调说："这个上帝的城邦……乃是上帝的作品中最崇高和最神圣的部分。"但是，值得注意的是，莱布尼茨非但没有因为突出和强调上帝之城或神恩的道德界的崇高和神圣而将神恩王国与自然王国简单地割裂开来和对置起来，反而同时突出和强调两者之间的关联性，强调它们之间不是那种外在的关系，而是一种内在的关系，宣布："这个上帝的城邦，这个真正普遍的王国，乃是自然世界中(dans le Monde Naturel)的一个道德世界。"②不仅如此，莱布尼茨还进而将存在于道德王国和自然王国之

---

① Cf. Leibniz, *Kleine Schriften zur Metaphysik*, p. 478；北京大学哲学系外国哲学史教研室编译：《西方哲学原著选读》上卷，第 492 页。

② Ibid.；同上。

间的这样一种内在关系规定为“和谐”关系。不过,莱布尼茨强调的是,存在于道德王国和自然王国之间的和谐乃是一种有别于存在于自然领域之间的那样一种和谐。在莱布尼茨看来,在自然领域之间虽然也存在一种“完满的和谐”(une Harmonie parfaite),但是,这是一种存在于“动力因与目的因”之间的和谐。在《单子论》中,莱布尼茨曾经对于自然界域之间的这样一种和谐作出过比较具体的说明:

> 灵魂依据目的因的规律,凭借欲望、目的和手段而活动。形体依据动力因的规律或运动而活动。这两个界域,动力因的界域和目的因的界域,是相互协调的。①

然而,存在于“自然的物理界和神恩的道德界”之间的和谐则是一种“存在于建造宇宙机器的上帝与君临精神的神圣城邦的上帝之间”的一种和谐。上帝作为至上的单子,虽然是世界上所有别的单子的创造者,但是,他在创造世界的过程中却是扮演着两种不同的角色的:上帝是以“建筑师”(Architecte)的身份创造自然的物理界,是以“立法者”(legislateur)的身份创造和治理神恩的道德界的。但是,尽管如此,在作为建筑师的上帝与作为立法者的上帝之间却始终存在着一种“完满的和谐”。把上帝说成是一个“建筑师”,并非是莱布尼茨的发明,而是莱布尼茨时代的一个非常流行的做法。波义耳和牛顿都曾把世界比作一个时钟,而把上帝说成是神圣的时钟的制造者。莱布尼茨的独特的地方在于,与那些将社会运动和道德运动化简为自然运动和机械运动的机械唯物论不同,不仅突出和强调了社会运动和道德运动的特殊性和优越性,而且还强调了社会运动和道德运动与自然运动和机械运动的关联性和统一性,尽管他是在神学的名义下突出和强调这种关联性和统一性的。

莱布尼茨在阐述自然王国和神恩王国的和谐时,特别地强调了神恩王国的主导地位。他强调说:“这种和谐使事物通过自然的途径本身而引向神恩。”关于这一点,莱布尼茨区别了两种情况。第一种情况是末世论,说的是:“当精神的政治要求毁灭和重建地球以惩罚一些人和奖励另一些人

---

① Cf. Leibniz, *Kleine Schriften zur Metaphysik*, pp. 474, 476;北京大学哲学系外国哲学史教研室编译:《西方哲学原著选读》上卷,第 491 页。

时,这个地球就通过自然的途径本身而得到毁灭和重建。”①第二种情况是现世论和来世论的,说的是:“作为建筑师的上帝,在一切方面都是满足作为立法者的上帝的。因此罪恶必然凭借自然的秩序,甚至凭借事物的机械结构而带来它的惩罚;同样地,善良的行为则通过形体方面的机械途径而获致它的报偿,虽然这是不能也不应当经常立刻达到的。”②莱布尼茨的末世论的和谐说很容易使人想到《圣经》中的《启示录》,其神学性质昭然若揭。但是,基督宗教的末世论的积极意义并不在于末世,而是在于现世,在于它对身处现世的人的警醒,其道德伦理功能是十分显著的。希望神学家莫尔特曼(Jürgen Moltmann,1926—　)在谈到末世论的社会功能时,曾经指出:“正确的神学应当以未来为目标来建设,末世论不应当是它的编后记,而应当是其卷首语。”③这可以看做是莱布尼茨的基于末世论的和谐说的一个不错的注释。至于莱布尼茨的基于现世论和来世论的和谐说,康德的关于上帝存在的道德论证明无疑可以说是它的一个不错的注脚。

在莱布尼茨的和谐说中最为难能可贵的是,他并未因为突出和强调神恩王国的主导地位而陷入人类中心主义。法国哲学家培尔在他的《对外省人的问题的答复》中曾经明确地提出过一种鲜明的人类中心主义的观点:“既然造物主在创造世界时为一种无限的善所指导,则在他的工作中所展现出来的知识、技巧、力量和伟大的所有特征便全都注定以理性受造物的幸福为目的。”莱布尼茨批驳说:

> 我承认,理性受造物的幸福是上帝设计的主要目的。因为理性受造物最像他。但是,我还是看不出人们何以能够证明这是上帝的唯一目的。诚然,自然王国必须服务于神恩王国。但是,既然在上帝的伟大设计中,一切都是联系在一起的,则我们就必须相信,神恩王国也必须以某种方式适应(accommodé)于自然王国,致使自然保留有最大限度的秩序和美,致使这两大王国的结合臻于最大限度的完满。而且,我们没有任何理由来设定,上帝会为了减少某种道德的恶,而颠倒整个自然

---

① Cf. Leibniz, *Kleine Schriften zur Metaphysik*, p. 480;北京大学哲学系外国哲学史教研室编译:《西方哲学原著选读》上册,第492页。

② Ibid.;同上。

③ 莫尔特曼:《希望神学》,见刘小枫主编:《20世纪西方宗教哲学文选》下卷,上海三联书店1996年版,第1776页。

> 秩序。受造物中的每一种完满性和不完满性都有其自身的价值,但是,其中任何一种都不可能有一种无限的价值。所以,理性受造物身上的道德的和物理的善恶都不可能无限地超出单纯形而上学的,亦即在于其他受造物完满性的善恶。然而,如果上述公理(即培尔的上述观点——引者注)是绝对正确的话,我们也就不能不这样说。当上帝向先知约拿证明他宽恕尼尼微的居民的正当性时,他甚至也论及了那些一起被卷入这个大城市的毁灭之中的动物的利益。① 在上帝面前,没有一个实体可以是绝对不齿的,也没有一个实体可以是绝对珍贵的。……无疑,上帝对一个人会比对一头狮子更加重视,但是,我们也不能因此而确定地说,上帝在所有的方面都宁愿要一个单个的人而不要整个的狮子族类。②

莱布尼茨的结论是:"上帝在其筹划中有不止一个的目的。所有理性受造物的幸福固然是他所思量的目的之一,但是,这并不构成他的整个目的,甚至也不是他的最后的目的。"③

人类思想史上,有一些思想虽然轰动一时,但是为时不久就被人完全忘却了,但是,也有一些思想,它的伟大却与逝去的时间的久远成正比。莱布尼茨在这里提出的人类应当适应自然,道德王国应当适应自然王国的思想应该说是属于后一种类型。也许在18世纪初,当莱布尼茨提出这些理论的时候,人类还有理由对此置之不理,但是,时至今日,随着越来越多的物种灭绝或濒临灭绝,我们才真切地感受到他的这些理论的真理性。莱布尼茨是1710年写出上述思想的。170年之后,另一个德国人恩格斯于1883年在讨论"自然与社会"的关系时也表达了类似的思想。恩格斯在指出"人同其他动物的最终的本质的差别"在于人不仅仅"利用"自然界,而且还"通过他所作出的改变来使自然界为自己的目的服务,来支配自然界"之后,便立即告诫我们说:"但是我们不要过分陶醉于我们人类对自然界的胜利。对于每一次这样的胜利,自然界都对我们进行报复。"④现在,人类是越来越强烈地

---

① 参阅《约拿书》4:11。

② Leibniz, *Essais de Théodicée*, pp. 170 – 171.

③ Ibid., p. 171.

④ 恩格斯:《自然辩证法》,《马克思恩格斯选集》第4卷,第383页。

感受到自然界对人类的种种报复了。在这种情况下,认真体悟一下莱布尼茨的这些思想,特别是认真体悟一下他所说的上帝"连麻雀都在乎"(qu' ayant soin des passereaux)[1]的提示对于我们预防自然的种种报复,进一步建设人与自然的和谐,进一步建设生态文明,不是没有益处的。

① Leibniz, *Discours De Métaphysique*, § 37, in Leibniz, *Kleine Schriften zur Metaphysik*, p. 162.

第六章

莱布尼茨对后世哲学的深广影响

作为西方近代大陆理性主义哲学的最大代表和集大成者,作为西方近代理性主义和经验主义发展最后阶段的主要代表,作为西方思想史上最后一个百科全书式的思想家,莱布尼茨对后世哲学的影响极其深广。篇幅所限,在本章,我们将从德国古典哲学、意志主义、现象学与存在主义、分析哲学、直觉主义美学以及现代道德哲学和政治哲学六个方面对莱布尼茨对后世哲学的深广影响作出扼要的说明。

一、莱布尼茨与德国古典哲学

莱布尼茨的哲学自其作为"前定和谐的体系"和"单子论"问世以来,就对当时欧洲哲学家产生了广泛的影响。例如,法国启蒙思想家和自然神论思想家孔狄亚克(1715—1780 年),18 世纪法国唯物主义的最早代表拉美特里(1709—1751 年),"百科全书派"的主要代表人物狄德罗(1713—1784 年)、爱尔维修(1715—1771 年)和霍尔巴赫(1723—1789 年)等,都程度不同地受到过莱布尼茨哲学的熏陶。陈修斋先生在《从莱布尼茨与狄德罗的哲学看对立统一规律在哲学发展上的表现》(1979 年)、《从莱布尼茨与以往及同时代思想家的关系看哲学思想的继承性和相互影响》(1980 年左右)和《从 18 世纪法国唯物主义的起源看对待本民族文化和外来文化的态度问题》(1990 年)等论文中曾经对此做过相当全面、相当深入和相当精彩的梳理和阐释。① 鉴此,本著作对莱布尼茨哲学对西方近代哲学影响的这样

① 参阅陈修斋:《陈修斋论哲学与哲学史》,第 83—96、257—267、370—381 页。

一个层面就不再予以赘述，而只专注于莱布尼茨对德国古典哲学的影响。

关于德国古典哲学，恩格斯曾将之称做“19 世纪的德国”所发生的一场“哲学革命”。[①] 而这场革命的导火索或“唤醒”人不是别人，正是莱布尼茨。被恩格斯誉为“德国当代最杰出的诗人”的海涅在《论德国宗教和哲学的历史》一书中曾经既公正又中肯地指出：

> 自从莱布尼茨以来，在德国人中间掀起了一个巨大的研究哲学的热潮。他唤起了人们的精神，并且把它引向新的道路。由于赋予莱布尼茨著作以生气的内在温和性和宗教气息，即便反对他的人也或多或少对这些著作中的大胆思想表示了一定程度的宽容；因此，他的著作的影响是很大的。[②]

作为 1848 年德国资产阶级革命“哲学先导”的从 18 世纪末到 19 世纪 40 年代的德国古典哲学，可以区分为前后两个历史时期。“从康德到黑格尔是德国古典哲学发展的第一时期”，其主要代表人物除康德和黑格尔外，还有费希特和谢林。“德国古典哲学发展的第二时期”则“产生了费尔巴哈的唯物主义哲学”。[③] 可以毫不夸张地说，无论是致力于“推翻”“17 世纪的形而上学”的德国古典哲学的创立者康德[④]，还是致力于对“17 世纪的形而上学”“曾有过胜利的和富有内容的复辟”的费希特、谢林和黑格尔[⑤]，以及致力于“体现了和人道主义相吻合的唯物主义”的费尔巴哈[⑥]，都以这样那样的方式接受了莱布尼茨哲学思想的影响，都是在与莱布尼茨的对话和“视域融合”中创立和推进德国古典哲学的。因为一如伽达默尔所强调指出的：“如果没有过去，现在视域就根本不能形成。”[⑦]而构成德国古典哲学之“过去”的主要东西，不是别的，正是莱布尼茨哲学或沃尔夫（Christian Wolff，1679—1754 年）化了的莱布尼茨哲学。然而，限于篇幅，在这一节里，

---

① 恩格斯：《大陆上社会改革运动的进展》，《马克思恩格斯全集》第 1 卷，人民出版社 1956 年版，第 588 页。

② 海涅：《论德国宗教和哲学的历史》，海安译，商务印书馆 1974 年版，第 60—61 页。

③ 参阅杨祖陶：《德国古典哲学逻辑进程》，武汉大学出版社 1993 年版，第 6—7 页。

④ 参阅恩格斯：《大陆上社会改革运动的进展》，《马克思恩格斯全集》第 1 卷，第 588 页。

⑤ 参阅马克思、恩格斯：《神圣家族》，《马克思恩格斯全集》第 2 卷，第 159 页。

⑥ 参阅上书，第 160 页。

⑦ 伽达默尔：《真理与方法》，第 393 页。

我们只打算扼要地阐述一下莱布尼茨对康德和费尔巴哈的影响。

1. 康德:“蜕变了的莱布尼茨”

卡尔·福尔伦德在他的《康德生平》一书中将1781—1790年说成是“康德精神活动的全盛时期”。这是颇中肯綮的。因为康德不仅连续出版了全面系统阐述其“批判哲学”的三部著作:《纯粹理性批判》(1781年)、《实践理性批判》(1788年)和《判断力批判》(1790年),而且也因此赢得了越来越多的声誉:不仅有人宣称“康德的批判哲学”“开创了一个哲学革命运动的新纪元”,而且还有人将康德视为“前无古人,后无来者的伟人”。[①] 但是,正当一切皆大欢喜的时候,却有学者发表批评文字,不仅宣称康德的“批判哲学”由于“早先进行过而属多此一举”,并且还进而强调“康德的哲学差不多是莱布尼茨思想的一种蜕变的产物(Kant's philosophy was merely a degenerate product of Leibnitian thought)”。[②]

说批判哲学是莱布尼茨思想蜕变的产物虽然有贬低康德批判哲学的成分,但也是“事出有因”的。众所周知,从一个意义上,我们可以讲莱布尼茨的哲学思想是在批判和扬弃洛克的经验主义的基础上系统化并发展起来的。例如,在认识的起源问题上,洛克主张白板说,笛卡尔主张天赋观念说,莱布尼茨在批判洛克白板说时,虽然在一定程度上也接纳了洛克的思想,肯认感觉经验在理性认识活动中的“唤醒”作用,并且因此而提出了我们的心灵是“有纹路的大理石”的观点,但是,无论如何,莱布尼茨还是坚持了观念天赋的理性主义立场。再如,在实体学说问题上,众所周知,洛克是持弱不可知主义的立场的,按照洛克的说法,我们对事物的实体或实在本质是一无所知的,我们所知道的只是事物的名义本质,他给实体所下的定义即为“一种不知其为何物之物”。但是,莱布尼茨既然肯认了天赋观念说,他也就因此而肯认我们完全有能力认识事物的实体或实在本质。

然而,在上述问题上,在一个意义上,我们都不妨说康德是处在莱布尼茨和洛克之间的,是处在从莱布尼茨退回到洛克的路途之中的。例如,在知

---

① 卡尔·福尔伦德:《康德生平》,商章孙、罗章龙译,商务印书馆1986年版,第118—119页。

② Cf. *The Monadology and Other Philosophical Writings*, p. 208.

识的来源问题上,特别是在具有普遍必然性的科学知识的来源问题上,康德无疑与莱布尼茨一样都是非常注重理智的作用,注重先验范畴的作用的。当他宣布"自然界的最高立法必须是在我们心中,即在我们的理智中","理智的(先天)法则不是理智从自然界得来的,而是理智给自然界规定的"时候①,我们俨然看到了莱布尼茨的甚至笛卡尔的天赋观念说的投影。但是,我们必须看到,康德的先天范畴说与莱布尼茨的天赋观念说是有原则区别的,这就是在莱布尼茨那里,天赋观念即为普遍必然性知识本身,而在康德这里,先天范畴则只构成普遍必然性知识的"形式",从而尚不是普遍必然性知识本身,甚至尚不是对普遍必然性的认识活动。为要形成对普遍必然性的认识活动,为要达到普遍必然性知识本身,我们就必须借助于对于认识对象的经验或感性直观活动。康德说:"直观和概念构成我们一切知识的要素,以至于概念没有以某种方式与之相应的直观、或直观没有概念,都不能产生知识"②,即是谓此。诚然,莱布尼茨也未曾完全否认经验或感性直观的作用,但在他那里,经验或感性直观的作用仅仅在于"唤醒"或"刺激"人的理智,而在康德这里,经验或感性直观却与人的理智或人的理智中的先验范畴一起构成知识的"要素",说得具体一点,是作为知识的"质料"参与知识的形成过程,且最后构成知识的。我们知道,在经验主义哲学家洛克那里,感性与理性的关系往往被简化成简单观念与复杂观念的关系,人的从感性认识上升到理性认识的活动也就因此被简化成由简单观念形成各种复杂观念的过程。这样看来,在康德这里,经验或感性直观与理智或先验范畴的关系就与洛克的经验主义认识论无疑有了某种接近。因为在康德这里,也如在洛克那里,经验或感性直观在人的认识活动中所担当的功能都不是像在莱布尼茨那里一样,仅仅限于"唤醒"或"刺激",而都发挥着为知识提供质料的构成性或构建性的功能。这样,我们就明显地看到了康德从莱布尼茨向经验主义哲学家洛克的"倒退"。

在实体问题上,情况也大体如此。如前所述,实体学说构成了莱布尼茨整个哲学体系的基础,而且一如他反复强调指出的,既然我们人具有理性灵魂,是最高等级的受造单子,则我们就不仅能够认识我们自己,而且也能够

① 康德:《未来形而上学导论》,庞景仁译,商务印书馆1978年版,第92、93页。
② 康德:《纯粹理性批判》,第51页。

认识“实体”,包括“非物质的实体”。[①] 在一定意义上,康德也可以说是认同莱布尼茨的这一观点的。因为康德既然断言我们的理智中先天具有实体范畴,并且宣称“在现象的一切变易中,实体是永恒者;它的量在自然中既不增加也不消灭”[②],则我们之具有关于实体的知识就是一件自然的事情了。然而,康德所说的实体与莱布尼茨所说的实体毕竟不是一回事。首先,就认识的途径而言,在莱布尼茨,我们是藉理性达到对事物的实体知识的,而在康德,我们则是藉理智和感性的联合作用获得关于事物的实体知识的。其次,更为重要的是,在莱布尼茨,我们藉理智获得的是关于作为事物自身或事物本体的实体的知识,是关于事物实在本质的知识,而在康德,我们藉理智和感性的联合作用所获得的则不是关于作为事物自身或事物本体的知识,不是关于事物实在本质的知识,而毋宁是关于事物现象的知识,关于事物名义本质的知识。更何况,康德将构成我们认识“先验对象”和“超验对象”的“不能知之,只可思之”的“物自体”直接称做“X”。[③] 这就差不多与洛克的作为实在本质的被称做“不知其为何物之物”的实体概念完全合流了。[④] 这样一来,在康德这里,所谓事物实体的知识实际上也就是洛克所说的作为事物名义本质的实体的知识。其差异只在于:对我们所具有的关于作为事物名义本质的实体的知识,洛克并不宣称其具有普遍必然性,从而并不认为我们关于自然的知识能够构成科学,而康德则满怀信心地断定其具有普遍必然性,从而宣布我们关于自然的知识能够构成科学。尽管如此,在实体方面,康德从莱布尼茨向洛克“倒退”的轨迹还是依稀可见的。

由此看来,康德在一个意义上从莱布尼茨向洛克的“倒退”是一个不争的“事实”。因此,对于我们来说,重要的问题不在于康德的批判哲学中是否存在有“倒退”现象,而是我们究竟应当怎样哲学地看待这样一种“倒退”现象。那么,我们究竟应当怎样哲学地看待这样一种“倒退”现象呢?我们至少可以从下述两个方面来审视这一现象。首先,在对康德批判哲学的研究中,我们会发现一个很有趣的现象,这就是被康德在认识论领域、在《纯

---

① Cf. Leibniz, *Kleine Schriften zur Metaphysik*, p. 452;北京大学哲学系外国哲学史教研室编译:《西方哲学原著选读》上卷,第481页。

② 康德:《纯粹理性批判》,第170页。

③ 参阅上书,第118、121页。

④ 参阅洛克:《人类理解论》上册,第206页。

粹理性批判》中批判或悬置了的东西,却又在道德哲学领域、在《实践理性批判》中被肯定了下来。例如,善的理念、普遍正义、人的幸福、自由意志、灵魂不死、上帝存在等等这些莱布尼茨哲学体系中的核心概念无一不在康德的《实践理性批判》以一种新的形式受到肯定,得到阐释。许多康德研究者指出:康德在《纯粹理性批判》中着力批判的是唯理论或独断论,而他在《实践理性批判》中着力批判的则是经验论。① 如果事情果真如此,我们似乎就不应当过重看待在认识论领域康德从莱布尼茨向洛克的"倒退"。更何况康德在《实践理性批判》曾郑重声明:"在纯粹思辨理性与纯粹实践理性结合为一种知识时,后者领有优先地位"②,这就在很大程度上拉近了康德和莱布尼茨的距离。因为无论如何,不管是康德还是莱布尼茨毕竟都是当时德国新兴资产阶级的哲学代表,都承担着革新传统哲学的历史使命。

不仅如此,我们还可以从另一个维度来思考康德从莱布尼茨向洛克的"倒退"。这就是:这种"退步"在很大程度上同时也是一种"进步"。例如,康德的一般伦理学和政治伦理学有许多超出前人之处,其中最为突出的要算是他提出和强调的"人格"问题。"人格"(person,Persönlikeit)这个词在德语中的基本含义在于意指"个人"。从这个意义上讲,我们可以说莱布尼茨也同样注重"人格"问题。因为不仅早在学生时代,莱布尼茨就提出和思考过"个体性"问题,并且以题为《论个体性原则方面的形而上学争论》(*Disputatio Metaphysica De principio individui*)的学位论文获得硕士学位,而且他后来建构的整个哲学体系也可以说是奠定在"个体性原则"的基础之上的。但是,在莱布尼茨这里,人格问题主要的是一个本体论和认识论问题,是一个"个体的人"(un individu)或人的"个体性"(l' individulisation)问题,是一个与他的不可分辨者的同一性原则相关联的问题,尚不具有康德赋予的道德伦理意义、社会意义和政治意义。而且,在莱布尼茨的社会思想和道德伦理思想中,至为重要的与其说是"人格"问题,毋宁说是"神格"问题,是作为"善本身"的上帝问题。莱布尼茨之所以反复强调作为"智者之爱"(caritas sapientis)的仁义,归根结底,就是要求人们将"爱人如己"提升到"爱上帝"的高度,提高到"真正的宗教虔诚"的高度。与莱布尼茨从上帝的

① 参阅李泽厚:《批判哲学的批判》,第269页。

② 康德:《实践理性批判》,邓晓芒译、杨祖陶校,人民出版社2003年版,第166页。

高度来审视善恶不同，康德要求人们从“人格”的高度来审视善恶问题。因为在康德看来，善恶问题归根到底是一个以是否尊重“人格”为根本尺度的问题。诚然，善恶问题，在康德这里，并不像在莱布尼茨那里，甚至也不像在柏拉图那里，是一个哲学和伦理学中至上的问题，而是一个取决于人们对道德律令或绝对命令是否服从的问题。但是，道德律令也好，绝对命令也好，无非是一个尊重“人格”的问题，一个尊重和恪守“人是目的”这一“普遍立法原理”问题。因为在康德看来，那种“使人类提升到自身(作为感官世界的一部分)之上的东西”，那种使人类藉以“摆脱整个自然的机械作用”，赢得“自由和独立”的东西，“不是别的，正是人格”。[①] 也许正因为如此，康德在谈到“人格”或“人是目的”时，将之称做“人类意志”的“最高的实践原则”、“普遍的实践规律”、“能够由之推演出意志所有规律”的“最高的实践根据”。[②] 在谈论道德感情时，康德不是泛泛地谈论爱人如己，而是明确地将其归结为对人格的“敬重”。[③] 也许也正是因此，康德在阐述自己的社会理想时，才主张用“在任何情况下把人当做目的，决不只当做工具”的“目的王国”取代莱布尼茨的奉上帝为“君王”和“父亲”的“神恩的王国”，用代议制共和政体取代莱布尼茨所倡导的开明君主制。他的“政治伦理学”在许多方面甚至比黑格尔都激进得多。无怪乎康德享有“最后一位雅各宾派”的美誉。

但是，康德的批判哲学无论是就他从莱布尼茨向洛克的“倒退”而言，还是就其对莱布尼茨的超越而言，都有一个以莱布尼茨的哲学思想为参照系的问题。“莱布尼茨的学说形成了康德心灵中的一种经常的气氛”，这种说法实在是言之有据的。事实上，康德对莱布尼茨一直是十分敬重的。例如，康德在讨论人类行为的“道德正确性”和“意向的道德性”时，曾由衷地感叹到：“莱布尼茨在用显微镜仔细地观察了一只昆虫后将它爱惜地重新放回它的叶子上去，因为他想通过自己的观看感到自己获得了教益，并仿佛从它身上得到了愉快的享受”[④]，从而“赋予德行和按照道德律的思维方式

---

① 康德：《实践理性批判》，第 118 页。

② 参阅康德：《道德形而上学基础》，孙少伟译，鹿林译校，九州出版社 2007 年版，第 85 页。

③ 参阅康德：《实践理性批判》，第 103 页。

④ 同上书，第 217 页。

以一种美的形式"①。即使在讨论到他与莱布尼茨的分歧时,他对莱布尼茨哲学的"原创性"也给予相当充分的肯定。例如,康德在1790年4月发表的对批判哲学的批评文字的回应文章《评一个新发现,即发现新近对纯粹理性的批判由于早先进行过而属多此一举》中,就既深刻又较为公正地指出:莱布尼茨的思想"包含着三项伟大的原创性原则:(1)充足理由原则……(2)单子论;(3)前定和谐学说"。② 而且,这三项原则在莱布尼茨的哲学体系中并不是孤立存在、互不相属的,而是相互关联、相互支撑、紧密地结合在一起构成一个有机的整体的。作为整个体系的黏合剂的东西,不是别的,正是上帝。因为创造所有单子,包括所有理性单子的,是上帝;上帝是作为受造物得以存在的"充足理由"而被认为存在,他创造的由受造单子组合而成的世界也被认为是所有可能世界中最好的世界,从而是一个前定和谐的世界。同时,康德认为,莱布尼茨像所有伟大的哲学家一样,也是一位道德学家。③ 在莱布尼茨的哲学体系中,上帝是以智慧、仁慈的君王和统治者的身份君临由理性单子或精神组合而成的道德世界、上帝之城或神恩王国的,这不仅是前定和谐学说的应有之义,而且还突出和强调了上帝与精神或人的"道德关系"。但是,一个哲学体系的"严谨性"或严密性与一个哲学体系的真理性并不是一回事。更何况莱布尼茨的哲学体系存在着严重的独断论倾向,是一个"作者所言多于作者所知"的体系,④尽管这是一个为康德所见过的最为精妙、最为审慎、最为精致的独断主义思想体系。⑤ 因此,在康德看来,他的任务就是要将作者所言多于作者所知的东西清理出去,将莱布尼茨哲学体系中的独断的东西清理出去,推动哲学在真正为"真"的东西的基础上逐步形成一个崭新的体系。事实上,康德批判哲学所承担的也正

---

① 康德:《实践理性批判》,第217—218页。

② Kant, *Über eine Entdeckung, nach der alle neue Kritik der Reinen Verunft durch eine ältere entebehrlich gemacht warden soll*, in Werk, ed. Cassirer, Ⅵ, pp. 68ff. Quoted from *The Monadology and Other Philosophical Writings*, p. 208.

③ 参阅康德:《纯粹理性批判》,第634页;Cf. Patrick Riley, *Leibniz' Universal Jurisprudence*, p. 6。

④ Cf. Kant, *Über eine Entdeckung, nach der alle neue Kritik der Reinen Verunft durch eine ältere entebehrlich gemacht warden soll*, in Werk, ed. Cassirer, Ⅵ, pp. 68ff. Quoted from Lattaa, ed., *The Monadology and Other Philosophical Writings*, pp. 208 - 211. ??? Cf. Patrick Riley, *Leiniz' Universal Jurisprudence*, p. 6.

⑤ Cf. Patrick Riley, *Leiniz' Universal Jurisprudence*, p. 6.

是这样一个任务。《莱布尼茨的形而上学》一书的作者威尔森讲“康德重写了单子论”(Kant rewrites the Monadology),[1]实在是一个比较贴切的说法。诚然,康德在对莱布尼茨哲学的批判中,确实也误伤了一些本来可以借鉴和扬弃的东西,如对作为西方道德哲学中至关紧要的德性“爱”和构成莱布尼茨哲学基本原则的“个体性”问题,都被他在“病理”和“恶”的名义下堂而皇之地否定了或贬抑了,这无疑是值得反思的。但是,尽管如此,康德对莱布尼茨的哲学的借鉴、批判和超越,是康德对德国古典哲学和整个西方哲学乃至对整个人类哲学所作出的最为杰出的贡献之一。

2. 费尔巴哈:“我欲故我在”与“这个”

莱布尼茨对唯物主义和人本主义哲学家费尔巴哈(1804—1872 年)的影响也是相当巨大的。费尔巴哈早年曾对莱布尼茨做过系统、深入的研究,即便在他成为唯物主义哲学家以后,他对莱布尼茨的研究也没有停止。写于 1836 年的《对莱布尼茨哲学的叙述、分析和批判》一书,在一定意义下可以说是费尔巴哈的第一部哲学专著。后来,他在编纂自己的全集时,把这部著作收入《全集》第 5 卷,并从唯物主义观点补写了“对莱布尼茨的灵物学的批判”和“对莱布尼茨的神学和神义论的评论”两节及许多注释。费尔巴哈写这部著作时虽然还是个唯心主义者,但他对莱布尼茨的理解却相当深刻,以致向来对唯心主义哲学持激烈批判态度的列宁 1914 年阅读《费尔巴哈全集》(波林版)时,唯一对其中这部著作作了“摘要”,并极力称道费尔巴哈对莱布尼茨的叙述非常“精彩”,非常“出色”,而且该著作大部分章节都很“出色”,竟使得他从中摘“某些特别出色的地方”时感到“很不容易”。[2]费尔巴哈对莱布尼茨的精心研究对他的唯物主义的和人本主义的哲学框架,及一些基本观点的形成无疑有重大的和直接的作用。

费尔巴哈在叙述自己的哲学思想发展过程时曾经指出:“我的第一个思想是上帝,第二个是理性,第三个也是最后一个是人。”[3]这就是说,费尔

---

① Catherine Wilson, *Leibniz's Metaphysics*: *A Historical and Comparative Study*, pp. 321 - 329.

② 参阅列宁:《哲学笔记》,第 427 页。

③ 费尔巴哈:《费尔巴哈哲学著作选集》上卷,荣震华、李金山等译,商务印书馆 1984 年版,第 247 页。

巴哈是由一个神学家逐步转变成一个人本主义哲学家的。究竟是什么动力推动费尔巴哈实现这种转变呢？能归因于笛卡尔、斯宾诺莎和黑格尔这些思辨哲学家吗？不能。因为尽管这些哲学家对费尔巴哈也产生过这样那样的影响，但既然费尔巴哈看出"思辨哲学的秘密是神学"①，则他们的思辨哲学便断然不能把他引向人本主义，而只能成为他的一种批判对象。而费尔巴哈用以批判传统神学和思辨哲学的许多重要武器就是从莱布尼茨那里取来的。因为费尔巴哈通过对莱布尼茨的研究终于从莱布尼茨哲学里发现了"人"，发现了"比较令人舒畅的人类学的神学"。② 他在《关于哲学改造的临时纲要》(1842 年)中明确宣布："只有人""才是莱布尼茨的'单子'的根据和基础"。③ 后来他在增补《对莱布尼茨哲学的叙述、分析和批判》时又强调指出：莱布尼茨的神学是对下述见解的一个相当通俗的证明，"神学的秘密就是人类学"。因为莱布尼茨在一封信中说过，"上帝观念包含在人们的观念之中"，这就清楚表明所谓神不是别的，只是排除了完满性限制的人。④ 他还强调说：莱布尼茨即使在《神义论》里主要谈的也是人，也是人的今世生活，"仅仅 en passent(附带地)谈到来世生活"。⑤

尤其值得注意的是，莱布尼茨不仅促成了费尔巴哈"将神学转变为人本学"，而且还促成了费尔巴哈把人本主义建立在自然主义基础之上。我们知道，在费尔巴哈的人本主义哲学里，不只有人还有自然，而且人的基础和根据不是别的，正是自然。费尔巴哈的这些观点显然也受到过莱布尼茨的启示。因为在费尔巴哈看来，莱布尼茨虽然把人看做自己哲学和神学的基础和根据，但他还是承认自己的哲学和神学另有根据。他认为上帝关怀人、爱人、希望人幸福，这是很真实的，可是人并不是上帝的唯一对象，他还关怀整个自然或"整个宇宙"。费尔巴哈还援引了莱布尼茨《神义论》中的一段话："上帝没有忽视那些没有生命的事物；它们没有感觉，可是上帝代

① 费尔巴哈：《费尔巴哈哲学著作选集》上卷，荣震华、李金山等译，商务印书馆 1984 年版，第 101 页。

② 参阅费尔巴哈：《对莱布尼茨哲学的叙述、分析和批判》，第 199 页。

③ 费尔巴哈：《费尔巴哈哲学著作选集》上卷，第 118 页。

④ 参阅费尔巴哈：《对莱布尼茨哲学的叙述、分析和批判》，第 199—200 页。

⑤ 同上书，第 203 页。

替它们具有感觉。上帝没有忽视动物,动物没有理性,可是上帝代替它们具有理性。"[①]费尔巴哈的结论是:在莱布尼茨这里,上帝不仅代表人,而且代表非人的存在物,他不仅是人的上帝或人的本质,而且是自然界的上帝或自然的本质。正是基于对莱布尼茨哲学与神学的这样一种评价,费尔巴哈把莱布尼茨宣布为"半个基督教徒",说他"既是有神论者或基督教徒,又是自然神论者"。又说:"他用智慧、理性来限制上帝的恩惠和万能。但这种理性无非是自然科学的研究室,无非是关于自然界各个部分的联系、整个世界的联系的观念。因此,他用自然论来限制自己的有神论,他通过对有神论的否定来肯定、维护有神论。"[②]需要注意的是,费尔巴哈是在肯定莱布尼茨批评培尔把上帝想象得过于像人,而他自己又把培尔宣布为"一个地道的基督教徒,地道的有神论者"的场景下讲上述一番话的。如果考虑到这种语言环境,则费尔巴哈对莱布尼茨关于自然在人之外的思想的肯定、欣赏,以及这种思想同费尔巴哈的基于自然主义的人本主义的关联,就益发显然了。诚然,莱布尼茨毕竟是个有神论者,他的自然论也同费尔巴哈的基于无神论和唯物论的自然主义有原则的区别,但其间的潜在联系还是隐然可见的。

更为重要的是,费尔巴哈的"人性"学说也同莱布尼茨的哲学有一种比较直接的联系。我们知道与先前的思辨哲学家仅仅把人理解为一种思维实体,理解为一种理性存在的做法不同,费尔巴哈不仅把人理解为一种理性存在者,更把人理解为一种自然存在者或感性存在者,特别强调人的欲望和其他自然属性。在《未来哲学原理》中,他指出:

> 人之与动物不同,决不只在于人有思维。人的整个本质是有别于动物的。不思想的人当然不是人;但是这并不是因为思维是人的本质的缘故,而只是因为思维是人的本质的一个必然的结果和属性。[③]

他明快地把"无意志的存在"宣布为"漠不关心的存在",而把人理解为一种"借助于意志的存在,作为意志的存在"。他甚至进而把他所说的"人性"同思辨哲学所说的"自为的理性"对立起来,宣称"新哲学的认识原则和主题"

---

① Leibniz, *Essais de Théodicée*, p. 265.

② 同上书,第202页。

③ 同上书,第184页。

不是“自为的理性”，而是“实在的和完整的人的实体”。“如果旧哲学说：只有理性的东西才是真实的和实在的东西，那么新哲学则说：只有人性的东西才是真实的和实在的东西。”晚年他在《幸福论》中针对思辨哲学家“我思故我在”的命题，鲜明地提出了“我欲故我在”的著名命题。他写道：

> 人的最内秘的本质不表现在“我思故我在”的命题中，而表现在“我欲故我在”的命题中。①

他的这些思想显然同莱布尼茨的哲学有某种联系。因为正是莱布尼茨在其“单子论”中冲出传统思辨哲学的樊篱，把“欲望”（意志）同知觉（理性）并置起来，同等地看做“单子”（亦即个体的人）的最内在最基本的规定，并进而把欲望宣布为“使一个知觉变化或过渡到另一个知觉的内在本原”②，这无疑等于宣布欲望是“单子”（个体的人）的更内在更基本的规定。诚然，作为一个理性主义哲学家，莱布尼茨的目的只是在于在理性和意志、知觉和欲望之间建立起一种和谐，但他毕竟是近代大哲学家中第一个把欲望或意志抬高到与知觉或理性并列的地位，把前者理解为理性运动的动因，并在事实上把欲望和意志理解为先于理性且使理性实现出来的东西。费尔巴哈在其《对莱布尼茨哲学的叙述、分析和批判》中反复地讨论并引申了莱布尼茨的上述有关思想。例如，他在讨论“单子的规定性”一节中，在转述了“欲望、愿望、情欲是内在原则的活动，通过这种活动引起变化，使表象相继出现”之后，接着引申说：“欲望和表象之间的联系，或者说得更确切一点，欲望和表象的不可分割性，表现在：表象表现为决断，而心灵的规定性直接表现为情绪，表象这样或那样地、愉快或不愉快地刺激着心灵。”③

人的问题历来是西方哲学的一个中心问题。但是，长期以来，西方哲学和西方人学一直强调的是人的作为理性存在的一面，而非其作为欲望、情感或意志的一面。古代希腊哲学家亚里士多德的“人是理性的动物”和近代法国哲学家笛卡尔的“我思故我在”无疑都可以看做这种哲学倾向的经典表达。即使德国古典唯心主义哲学似乎也未能跳出这种传统。众所周知，

---

① 费尔巴哈：《费尔巴哈哲学著作选集》上卷，第591页。

② Leibniz, *Kleine Schriften zur Metaphysik*, p. 444；北京大学哲学系外国哲学史教研室编译：《西方哲学原著选读》上卷，第478页。

③ 费尔巴哈：《对莱布尼茨哲学的叙述、分析和批判》，第50页。

康德曾经将自己的“纯粹哲学的领域”区分为四个不同的问题:“1. 我能(kann)知道什么?(形上学)2. 我应(soll)做什么?(道德学)3. 我该(darf)希望什么?(宗教学),接着是第四个,最后一个问题:人是(ist)什么?(人类学,二十多年来我每年都要讲授一遍)。”①但是,对于康德来说,人的最本质的规定性还是“理性存在”。因为康德的形上学阐述的无非是人的思辨理性,道德学阐述的无非是人的实践理性,宗教学阐述的无非是《理性范围内的宗教》所强调的东西,无非是一种理性神学。因此,费尔巴哈的“我欲故我在”的人学公式在西方人学史上所具有的革命意义便一点也不逊于康德的“人为自然界立法”在西方认识论史上的革命意义。

事实上,费尔巴哈的“我欲故我在”给人性论带来的影响是多方位的:不仅提出了人的肉体性问题,而且还提出了人的个体性问题。在费尔巴哈看来,既然我们肯认了欲望之为人的本质规定性,我们也就不能不肯认人的肉体性,既然我们肯认了人是理性和欲望的统一,我们也就同时肯认了人是灵魂与肉体的统一。费尔巴哈从哲学革命的高度强调说:

> 旧哲学的出发点是这样一个命题:“我是一个抽象的实体,一个仅仅思维的实体,肉体是不属于我的本质的”;新哲学则以另一个命题为出发点:“我是一个实在的感觉的本质,肉体总体就是我的自我,我的实体本身。”②

但是,在费尔巴哈高度赞扬新哲学的革命性质的时候,他并没有忘掉对新哲学的莱布尼茨来源的追溯。他强调说:“莱布尼茨肯定地说道:‘只有上帝才是一个真正与物质相分离的实体。’‘除了上帝之外,一切被创造的精神都有肉体。’”③毫无疑问,在人的肉体性这个问题上,也如在许多别的问题上一样,费尔巴哈对于莱布尼茨是既有继承又有所发展的。因为在莱布尼茨看来,“物质构成了我们的肉体或血肉,形成了我们的不完善。”④而在费尔巴哈看来,物质构成了我们的肉体或血肉,形成了我们的完善。因为,只有作为灵魂与肉体相统一的人才能被说成是一个完善的人。

---

① 康德:《未来形而上学导论》,第204—205页。

② 费尔巴哈:《费尔巴哈哲学著作选集》上卷,第169页。

③ 同上书,第495页。

④ 同上书,第496页

人作为有欲望的存在者不仅势必同时是一个有肉体的存在者，而且势必也同时是一个个体存在者。肯认、突出和强调这一点也是费尔巴哈的人学明显高出康德人学的一个地方。如上所述，康德是从恶的角度来看待个体或人的个体性的。然而，在费尔巴哈看来，这也正是旧哲学的一项根本缺陷，这也正是旧哲学片面地将人视为思维存在或理性存在的一个在所难免的结果。费尔巴哈坦言：

> 新哲学将我们所了解的存在不只是看做思维的实体，而且看做实际存在的实体——因而将存在看做存在的对象——存在于自身的对象。作为存在的对象的那个存在——只有这个存在才配称为存在——就是感性的存在，直观的存在，感觉的存在，爱的存在。①

费尔巴哈强调说："只有在感觉之中，只有在爱之中，'这个'——这个人，这件事物，亦即个别事物，才有绝对的价值，有限的东西才是无限的东西：在这里面，而且只有在这里面，才有爱的无限的深刻性，爱的神圣性，爱的真理。"②费尔巴哈也承认，即使那些思辨哲学家也讲"这个"，但是，他们所讲的"这个"并不是费尔巴哈所讲的"这个"。因为思辨哲学家们所讲的"这个"只是逻辑上的某种"等值性"和"无别性"，依然是某种概念的抽象，而不是"实际的存在"，甚至也不是莱布尼茨所讲的那种基于不可分辨者的同一性的个体或个体性。他感叹到："在作为抽象思维对象的'这个'与作为实际对象的'这个'之间，存在着多么巨大的差别！例如说：这个女人是我的女人，这个房子是我的房子，虽然每一个人听到他的女人和他的房子时也都和我一样说：这个房子，这个女人。因此逻辑上的'这个'的等值性和无别性，在这里就被健全常识打破了和扬弃了。"③在费尔巴哈这里，人的个体性也和人的非理性或有欲望性以及人的肉体性一样，都是人的一种本质规定性。对费尔巴哈的这些人学思想的革命意义，也许我们在当代人本主义哲学里，在萨特的"自为存在"和海德格尔的"此在"学说里，能够体味一二。

---

① 费尔巴哈：《费尔巴哈哲学著作选集》上卷，第167页。
② 同上。
③ 同上书，第158页。

二、莱布尼茨与意志主义

莱布尼茨不仅对德国古典哲学产生了直接的和巨大的影响,而且还以或直接或间接的方式对现代西方哲学产生了深广的影响。这首先表现为他对意志主义的深刻影响。意志主义思潮不仅是现代非理性主义思潮的开启者,而且还可以说是整个现代哲学思潮的开启者。然而,莱布尼茨的哲学思想不仅哺育了这一思潮,而且还推动了它的发展。莱布尼茨的哲学思想与这一思潮的两个主要代表人物,即叔本华和尼采,都有着千丝万缕的关系。

1. 叔本华:"充足理由律"的四重根与"我思我所欲"

我们知道,现代西方哲学主要有两大思潮,一是哲学人本主义思潮,二是分析哲学—科学哲学思潮。如果说莱布尼茨对分析哲学—科学哲学思潮的影响首先是通过罗素实现出来的话,那么,莱布尼茨对现代西方哲学人本主义思潮的影响则首先是通过叔本华(Arthur Schopenhauer,1788—1860年)实现出来的。叔本华是意志主义的创始人,因而也是现代西方哲学人本主义思潮的创始人。然而,他的意志主义哲学却是以经他改造过的莱布尼茨的充足理由律为基本前提的。事情的确如康德所说,充足理由律自莱布尼茨提出后,便一直受到"普遍的注意",[①]尤其是为富于思辨精神的德国哲学家们所重视和讨论。首先是莱布尼茨的门徒沃尔夫,他虽然对充足理由律的形而上学意义缺乏认识,有把充足理由律还原为矛盾原则的倾向,但他毕竟注意到并强调了莱布尼茨基于这一原则所作出的"可能的"与"可共存的"的区别,并进而对"生成因"、"存在因"和"认识因"做了严格划分。接着是康德。康德作为批判哲学家高度评价了莱布尼茨的充足理由律,把它说成是莱布尼茨形而上学的主要"特点",说莱布尼茨找出这样一个原则"可以算是一个新发现",并进而宣布:这个基本原则不只是个"主观的原则",不只是个"关于理性的批判的原则",而且还是一个"综合原则",即"综合判断的原则",亦即一条给事物提供出"实在根据"的原则。这样,他

① Cf. *The Monadology and Other Philosophical Writings*, p. 208.

就把充足理由律同他的先天综合判断如何可能的问题,同他的整个先验唯心主义及他的物自体学说联系了起来,以至于有学者认为充足理由律"在康德的哲学里"比在莱布尼茨的哲学里得到了"更加彻底的应用"。①

至于黑格尔,更是赋予莱布尼茨所提出的这项原则以辩证的意涵。他在《小逻辑》第 8 章第 121 节的附释里不无肯定地说:

> 像这种自在自为地规定了的,因而自我能动的内容,就是后面即将达到的概念。当莱布尼茨说到充足理由律劝人采取这个观点考察事物时,他所指的,正是这种概念。莱布尼茨心目中所要反对的,正是现在仍甚流行的、许多人都很爱好的、单纯机械式的认识方法,他正确地宣称这种方法是不充分的。②

依照后面这种方法,人们在寻求充分具体的概念式的知识时仅满足于"抽象的理由",例如把血液循环的有机过程仅解释为心脏的收缩。他断言,对于如此空疏的充足理由律,莱布尼茨自然是不会满意的,"也就是从这方面着想,莱布尼茨才区别开 Causas efficientes(致动因)与 Causas finales(目的因)彼此间不同的性质,力持不要停留于致动因,须进而达到目的因。"③这里,照黑格尔的解释,莱布尼茨的充足理由律还不仅只是个存在的原则,而且还是一个从"致动因"达到"目的因"、从"必然"达到"自由"、从"在他"达到"在己"的原则,一句话,是一条"本身自决"的原则。④

叔本华和沃尔夫、康德、黑格尔一样,也很重视充足理由律的研究。他宣称,充足理由律是"一切科学之母",断言:"充足理由律的确具有极其重要的意义,因为它可以真正地被称之为一切科学的基础。"⑤他的博士论文如其标题《论充足理由律的四重根》所示,就是专门讨论充足理由律的。他对充足理由律的理解和解释显然是受了他的德国前辈(主要是沃尔夫和康德)的影响的。例如,他之强调充足理由律的"根"(die Wurzel)在知觉或理

① Cf. *The Monadology and Other Philosophical Writings*, pp. 168 - 178.

② 黑格尔:《小逻辑》,贺麟译,三联书店 1981 年版,第 262—263 页。

③ 黑格尔:《小逻辑》,第 263 页。

④ 参阅陈修斋:《黑格尔对莱布尼茨思想中矛盾律与充足理由律二元并列问题的解决》,见陈修斋:《陈修斋论哲学与哲学史》,第 270—296 页。

⑤ 叔本华:《充足理由律的四重根》,陈晓希译,洪汉鼎校,商务印书馆 1996 年版,第 6—7 页。

智中以及他之强调充足理由律的先验性，断言“充足理由律既是说明所依据的原则，它自身就不能再加以说明，也不需要说明。每个说明都要先假定它，只有通过它才有意义”，显然是受了康德的影响。再如，他之断言充足理由律的“根”虽然只有一个，但却有四种表现形式，因而有他所谓充足理由律的四重根，即“存在的充足理由律”，“生成的充足理由律”，“行为的充足理由律或动机律”以及“认识的充足理由律”，这显然是受了沃尔夫的影响。因为沃尔夫不仅如前所说对生成因、存在因和认识因作过严格划分，而且还曾在“因果”这一题目下讨论过“冲动因或决定意志的理由”。然而叔本华在对充足理由律的理解方面，也不只是简单地因袭前人的研究成果，而是有所发现、有所推进因而有别于前人的。

叔本华区别于前人的地方首先就在于他跟沃尔夫、康德和黑格尔不同，充足理由律不只是他诸多研究对象中的一个东西，而是把他带上哲学道路的东西，一个为他自己明确宣布为构成其哲学起始点或哲学基础的东西。这一点叔本华在其代表作《作为意志和表象的世界》的序里曾经非常明白地交代过。其中他在谈到向读者提出的“第二个要求”时，明确指出：“在阅读本书之前，请先读本书的绪论。”而他所谓“绪论”如他自己随后解释的，正乃他的博士论文《论充足理由律的四重根——一篇哲学论文》。他强调说：

> 不先熟悉这个绪论，不先有一段预习的工夫，要正确理解本书是根本不可能的。本书也处处以那篇论文的内容为前提，犹如该论文就在本书的篇幅中似的。①

事实上，充足理由律还不只是他的哲学的一个“绪论”，而是构成其哲学真正基础乃至哲学主体的东西。因为他的这部代表作用了近乎一半的篇幅来讨论充足理由律以及与此相关的东西。例如，其中第一篇“世界作为表象初论”讨论的是“服从充足理由律的表象”，而其中第三篇“世界作为表象再论”讨论的是“独立于充足理由律以外的表象”。

如果说在把充足理由律看做自己哲学的出发点和基础方面，叔本华跟康德有某种类似，至少可以说大体上还是跟着康德走的，那么在无情地反对充足理由律的僭越使用方面，叔本华则大大地超越了康德。叔本华在其博

---

① 叔本华：《作为意志和表象的世界》，石冲白译，商务印书馆1982年版，第3页。

士论文里曾作出两个结论:(1)既然充足理由律的"根"在知觉或理智中,则它就只对相对于知觉或理智来说的客体有效,而不能超出这个范围使用。① (2)既然它不能超出自己的范围僭越使用,那就表明在其适用的领域里不可能有什么普遍的、绝对的根据。叔本华强调说:"既然我们只有四个作出了明确划分的对象层次,并且此外就不可能还有什么层次,理由本身也就只得把自己列入这四个层次之内,理性本身也就只得把自己列入这四个层次之内;因为只要我们运用了一个理由,我们就假定了有四个层次和进行表象的能力(即世界整体),并且必须把我们自己限制在它们的范围之内,而不能超越它们。"②这就十分突出地强调了充足理由律的相对性及其应用范围的有限性,明确表达了他的反对这一原则僭越使用的哲学立场。

其实,叔本华之所以要对充足理由律作出自己的阐释,其目标正在于表明这种立场,因为在他看来这正是他超越康德之处。他在批评康德的《纯粹理性批判》时曾经指出,康德这部著作的"主要缺点"就是"他所选择而用以提出自在之物的方式",因为他把自在之物的假定建立在"遵守因果律的推论"之上,即是说建立在经验的直观"必须有一个外因之上"。③ 这就把因果律即把充足理由律僭越地用到了表象范围之外。他强调说:客体和主体作为"认识"的"首要条件"时,便已经走在一切认识之前,因之也根本走在充足理由律之前;因为充足理由律只是一切客体的形式,只是客体所以显现的一贯方式;可是一提到客体就已先假定了主体,所以"这两者之间不可能有根据和后果的关系"。"我"的论充足理由律那篇论文"正是要完成这一任务"。④ 然而,宣布自在之物在充足理由律的有效范围之外,也就等于宣布自在之物在理性应用的范围之外,宣布理性不仅不能达到自在之物的"本质",而且也不能达到自在之物的"存在"。可见,正是他的这种极端的"不可知论"立场竟使他得以反转过来克服了康德的"不可知论"。因为正是他的这种立场逼使他彻底抛弃对人类理性认识能力的"幻想",去探求自在之物"存在"的独特方式以及获得自在之物本质认识的独特途径。

① 参阅叔本华:《充足理由的四重根》,第163—165页。
② 同上书,第166页。
③ 叔本华:《作为意志和表象的世界》,第593—594页。
④ 同上书,第40页。

那么，在叔本华看来，我们获得自在之物的本质认识的途径究竟在哪里呢？自在之物存在的方式究竟如何呢？叔本华正是在对这两个问题的探求中，一方面使他走向了直觉主义，另一方面又使他走向了意志主义，从而开创了他的生命意志哲学。在对康德哲学的批判中，叔本华发现如果说康德的“最大功绩”在于“划清现象和自在之物[两者之]间的区别”，则康德的最大过错便在于“没有适当地分清直观的和抽象的认识”，不懂得“直观是悟性之事”，①从而使他将自在之物推向了认识的彼岸，成了“不能知之，只可思之”的东西。“这就好比一个人枉自绕着一座王宫走而寻不到进去的入口，只落得边走边把各面宫墙素描一番。”②关于这种直觉主义的方法，关于达到自在之物的“入口”，在《充足理由的四重根》中，叔本华在解释“行为的充足理由律或动机律”时将之称做“内部感觉”和“最直接的认识”，③在《作为意志和表象的世界》中将之称做“自我认识”和“自我主义”。④ 宣称：凭借这种方法，我们就会立即发现，我们人的本质不是别的，正是欲望或意志。因为“身体对于任何一个人都是最实在的东西”，但是，身体及其活动的实在性究竟在哪里呢？我们的身体及其活动一方面是表象，但是另一方面它同时又是作为它的“自在的自身”或“本质自身”的我们的欲望或意志。⑤ 这也就是叔本华所说的意志的客体化问题。在叔本华看来，不仅我们的身体及其活动与欲望或意志有同一性，是意志的客体化，而且整个客观世界与欲望或意志也有同一性，也是意志的客体化。这也就是叔本华的意志主义。

值得注意的是，叔本华在阐述他的意志主义学说时，针对康德的理性主义人学和理性主义道德学，提出了“我思我所欲”这一人学新公式，特别地强调了欲望或意志对理性或认识的优先性：

> 意志是第一性的，是原始的；认识只是后来附加的，是作为意志现象的工具而隶属于意志现象的。因此，每一个人都是由于他的意志而是他，而他的性格也是最原始的，因为欲求是他的本质的基地。……在

---

① 叔本华：《作为意志和表象的世界》，第569、595、607页。

② 同上书，第40页。

③ 参阅叔本华：《充足理由的四重根》，第148、149页。

④ 参阅叔本华：《作为意志和表象的世界》，第157页。

⑤ 同上书，第158—159页。

> 旧说，人是要他所认识的（东西），依我说，人是认识他所要的（东西）。①

而且，正是出于意志主义与康德理性主义的这种根本对立，叔本华在谈到康德的“普遍的道德原则”、“无条件的应然”或“绝对命令”时，一改其对康德的敬重态度而刻薄地嘲笑到：

> 既说意志是自由的又要为意志立法，说意志应该按法则而欲求：“应该欲求呀！”这就[等于]木头的铁！可是根据我们整个的看法，意志不但是自由的，而且甚至是万能的。从意志出来的不仅是它的行为，而且还有它的世界；它是怎样的，它的行为就显为怎样的，它的世界就显为怎样的。②

这样，在西方哲学史上，我们就再次听到了“我欲故我在”的呐喊。与我们在费尔巴哈那里听到的格调小有差别的地方在于：在费尔巴哈那里，“我欲故我在”是在感性主义和自然主义的旗帜下喊出来的，而在叔本华这里，“我欲故我在”在升格为“我思我所欲”之后，便成了意志主义的一面旗帜。欲望学说从莱布尼茨的理性论经过费尔巴哈的感性论而达到叔本华的非理性论和反理性论，想必是莱布尼茨始料不及的。

2. 尼采：“权力意志”与“第一个悲剧哲学家”

植根于希腊文化传统和希伯来文化传统的西方哲学在长期的历史发展中逐步形成了两个哲学传统，这就是以柏拉图为代表的理性主义传统和以奥古斯丁为代表的意志主义传统。③ 尽管西方哲学在后来的发展中，这两种传统往往是交织在一起的，但是，自托马斯时代起，便逐步形成了一种理性主义的意志主义。托马斯·阿奎那用“理性意欲”来界定“意志”，宣称：“意志即理性意欲（Dicendum quod voluntas nominant rationalem appetitum）。”④他所主张的实际上是理性对于意志的优先性，是一种意志的理智主义。司各脱反对阿奎那的理智优先论，在康德之先提出了意志优先说，因为“意志可

---

① 叔本华：《作为意志和表象的世界》，第401—402页。

② 同上书，第373页。

③ Cf. Patrick Riley, *Leiniz' Universal Jurisprudence*, pp. 262 - 263.

④ Thomae de Aquino, *Summa Theologiae*, I - II, Q. 6, a. 2.

以决定理智去思考这一个或那一个对象,改变这一个或那一个对象"①。但是,司各脱却没有因此而否认理智的在先性,没有因此而否认意志对理智的依赖性。因此,司各脱的意志学说虽然被人称做意志主义,但实际上是一种理性主义的意志主义。无论是莱布尼茨的意志学说,还是康德的意志学说,都程度不同地具有这种理性主义的意志主义的倾向。只是莱布尼茨的意志学说(就其强调上帝为最高理性而言)更多地带有托马斯思想的色彩,康德的意志学说(就其强调实践理性的优先性而言)则更多地带有司各脱思想的色彩罢了。这样看来,在西方意志学说史上,叔本华的"我思我所欲"与司各脱和康德的意志优先说是最为接近的了。但是,深究起来,他们之间的差别却是必须正视的。因为叔本华不仅从认识论上否定"我欲我所思",强调"我思我所欲",而且从本体论上否认意志与理性(思维)的兼容性。用叔本华自己的话说就是:"世界和人自己一样,彻头彻尾是意志"②,"纯粹就其自身来看的意志是没有认识的,只是不能遏制的盲目冲动"③。这样,叔本华就在西方意志学说史上实施了哥白尼式的革命:如果说托马斯、司各脱、莱布尼茨、康德和费尔巴哈的意志学说本质上是一种理性主义的意志主义的话,我们就不妨将叔本华的意志学说称做非理性主义的意志主义。④

然而,就非理性主义的意志主义的类型学的角度看,叔本华的意志主义还是有不少缺憾的。它的最根本的缺憾即在于它只是一种否定的或消极的意志主义。它的否定性或消极性首先就表现在它的极端悲观主义。因为按照叔本华的说法,所谓生命不是别的,就是意志或欲望(他还因此而说"生命意志"是同语反复);⑤而意志或欲望的后果无他,唯有"痛苦"二字,故而"人生只是痛苦","任何一部生活史也就是一部痛苦史"。⑥ 而它的否定性或消极性的更直接的表现则在于它不以意志的肯定而以意志的否定为根本宗旨,宣称:"无欲是人生的最后目的。"⑦可以说,叔本华的意志主义整个来说就是以发现"有欲"始、以实现"无欲"终。而且,它之发现"有欲"的目

---

① 转引自赵敦华:《基督教哲学1500年》,第484页。
② 叔本华:《作为意志和表象的世界》,第233页。
③ 同上书,第376页。
④ 参阅赵敦华:《基督教哲学1500年》,第480页。
⑤ 叔本华:《作为意志和表象的世界》,第377页。
⑥ 同上书,第443、444页。
⑦ 同上书,第220页。

的,也不在于实现“所欲”,而是在于将这种发现或认识转化成一种实现“无欲”的“清净剂”或“灭欲剂”。[①] 因此,叔本华的意志主义的本质内容不是别的,就是佛教的“苦、集、灭、道”的“四圣谛”或“解脱之道”。它的否定性或消极性的第三个根本表现在于它的宗教气质。在叔本华看来,为要实现意志的否定或无欲,世俗的方法,如“自愿的、彻底的不近女色”、乐贫、禁欲和“自愿的公道”等,虽然也有功效。但是,宗教的方法似乎是远为根本的方法。在《作为意志和表象的世界》的最后部分,叔本华之所以不厌其烦地强调佛教的“解脱之功”和基督宗教的“天惠之功”,概源于此。[②]

然而,难道非理性主义的意志主义就必定是消极的意志主义?就必定是悲观的、否定的和宗教的意志主义?第一个站出来对叔本华这一类型的意志主义说不的哲学家在叔本华的《充足理由律的四重根》(1813 年)发表 31 年后出世了。这就是叔本华的德国同胞尼采(Friedrich Nietzsche,1844—1900 年)。

尼采的意志主义的最突出的特征在于它的鲜明的反宗教性质。宗教性的问题历来是西方哲学和西方人学的一个普遍问题。且不要说中世纪的哲学,即便是古代希腊哲学和近代哲学也莫不如此。柏拉图的《蒂迈欧篇》中有“造物主”之说。[③] 亚里士多德的《物理学》和《形而上学》中有“不动的推动着”、“第一推动者”、“神”和“神圣学问”之说。[④] 至近代,不仅莱布尼茨的哲学讲神和神学,即使康德的批判哲学也讲上帝这个道德公设。费尔巴哈尽管以无神论者自居,但是,到最后他还是主张一种“爱的宗教”。[⑤] 无怪乎黑格尔要发出“神在近代哲学中所起的作用,要比古代哲学中大得多”的感慨。[⑥] 然而,在尼采这里,“上帝之死”却成了他的一个一以贯之的思想。在其最早的著作《悲剧的诞生》(1870—1871 年)中,尼采就提出了“一切神都必然走向死亡”的观点。[⑦] 其后,在《快乐的科学》(1881—1882 年)中,尼

---

① 叔本华:《作为意志和表象的世界》,第 520 页。

② 参阅上书,第 553—559 页。

③ 参阅柏拉图:《蒂迈欧篇》,27C—31B。

④ 参阅亚里士多德:《物理学》,259a13—15;《形而上学》,983a3—12。

⑤ 费尔巴哈:《费尔巴哈哲学著作选集》上卷,第 786 页。

⑥ 参阅黑格尔:《哲学史讲演录》第 4 卷,第 184 页。

⑦ 转引自海德格尔:《海德格尔选集》下卷,孙周兴选编,上海三联书店 1996 年版,第 768 页。

采进一步贴出了“上帝之死”的讣告:“上帝死了！永远死了!”[①]鉴于“听众默然”这样一种情势,三年之后,尼采在《查拉图斯特拉如是说》(1883—1885年)中再次宣告了这一讣告。[②] 尼采不仅宣告了“上帝之死”,而且还以“疯子”的口吻宣告:杀死上帝的凶手是“我们”,是“你们和我”,是“咱们大伙儿”。更让整个世界感到震惊的是:尼采竟将人们杀死上帝视为人类“从未有过比这更伟大的业绩”,他进而诘问道:“这伟大的业绩对于我们是否过于伟大?”[③]尼采的这些话即使到了今天还依然是振聋发聩和惊世骇俗的。

尼采的意志主义的第二个重要特征在于它的对意志的无所顾忌的肯定。与叔本华强调意志的否定不同,尼采强调的则是对意志的肯定,而且这也正是他的上帝之死之谜的谜底。我们杀死上帝何以被尼采看做是一项“从未有过比这更伟大的业绩”?何以会使尼采发出“这伟大的业绩对于我们是否过于伟大?”的感慨?按照《快乐的科学》的说法,最根本的就在于我们既然杀死了上帝,“我们自己”因此“也就必须变成上帝”。[④] 那么,人变成上帝究竟是什么意思呢?莱布尼茨说:“在上帝之中有权力,权力是万物的源泉,又有知识,知识包含着观念的细节,最后更有意志,意志是根据那最佳原则造成种种变化或产物。这一切相应于创造出来的单子中的主体或基础、知觉能力和欲望能力。不过在上帝之中这些属性是绝对无限或完满的,而在创造出来的单子或隐德来希中,则只是按照具有完满性的程度而定的一些仿制品。”[⑤]现在,既然受造的人要变成创造者上帝,他的欲望能力一方面就必须获得一种“绝对无限性”和“绝对完满性”,另一方面,根据意志主义的原则,他的欲望能力,亦即他的意志,也就必须同时即构成他的“主体或基础”,换言之,就必须同时又是他的作为“万物源泉”的“权力”。这也就是尼采的“权力意志”(Der Wille zur Macht)。事实上,在尼采这里,意志即是权力,而权力亦即意志。因此,一如生命意志在叔本华那里是一种同语反

① 尼采:《快乐的科学》,黄明嘉译,漓江出版社2007年版,第122页。

② 参阅尼采:《查拉图斯特拉如是说》,余鸿荣译,北方文艺出版社1988年版,第4页。

③ 参阅尼采:《快乐的科学》,第122页。

④ 同上。

⑤ Leibniz, *Kleine Schriften zur Metaphysik*, p. 460;北京大学哲学系外国哲学史教研室编译:《西方哲学原著选读》上卷,第484—485页。

复一样,权力意志在尼采这里也是一种同语反复。然而,既然意志是即是权力,即是“万物的源泉”,它也就必定是一种创造力。尼采从康德的和叔本华的“行高于思”的立场出发,把人定位为“创造者”;并且强调说:“人们甚至不该去认识一个事物,除非能够创造了它。”“唯一的幸福在于创造。”“我们的幸福不在于认识,而在于创造。”①但是,为要成为创造者,我们就必须成为价值评估者。因为在我们重新创造世界之前,上帝已经为我们创造了一个世界。所以,尼采呼吁“价值重估”,呼吁:“一切事物的价值必将重新得到评估。”②也正是在这个意义上,尼采强调说:“唯有先评估价值,然后才有价值可言。”“评价价值便是创造”。③ 创造什么呢?创造“善和恶”,创造万物的“属于人类的意义”,创造“人类的目标”。④ 在叔本华的生命意志哲学的“跋”(即《作为意志和表象的世界》的结尾处)中,我们看到了叔本华的悼词:“对于那些意志已倒戈而否定了它自己的人们,则我们这个如此非常真实的世界,包括所有的恒星和银河系在内,也就是——无。”⑤而在尼采的权力意志或强力意志的“跋”(即《权力意志》)中,我们却听到了权力意志的凯歌:“这个世界就是权力意志——岂有他哉!”⑥

尼采的意志主义的第三个重要特征在于:相对于叔本华的悲观主义,尼采的意志主义洋溢着一种悲壮精神。既然在尼采看来,幸福就在于创造,而人之为人就在于他是一个创造者,则生活因此便不复是痛苦,人的生活史也因此而不复是一部痛苦史。相反,生活因此便成了幸福,而人的生活史也就因此而成了一部幸福史。而且,人为要成为创造者,为要将自己的意义赋予万物和世界,他首先就必须成为他自己,首先就必须将自己创造出来,并且使自己超出人类,并且不断地超出自己。“我们要成为我们自己——新颖、独特、无可比拟、自我立法、创造自我的人。”⑦他的“超人”哲学,即是谓此。这样,尼采的人生哲学就走出了叔本华人生哲学的消极悲观的阴影,而焕发

① 转引自周国平:《尼采:在世纪的转折点上》,上海人民出版社 1986 年版,第 103 页。
② 参阅尼采:《快乐的科学》,第 166 页。
③ 参阅尼采:《查拉图斯特拉如是说》,第 59 页。
④ 同上书,第 59—60 页。
⑤ 叔本华:《作为意志和表象的世界》,第 584 页。
⑥ 转引自洪谦主编:《西方现代资产阶级哲学论著选辑》,商务印书馆 1982 年版,第 24 页。
⑦ 参阅尼采:《快乐的科学》,第 205 页。

出了一种积极进取、昂扬奋斗的气息。但是,但尼采憧憬新天新地新人新世界时,他的心头不时地掠过一片片阴影,这就是他的"永恒轮回"思想。关于永恒轮回,尼采在《快乐的科学》中说道:"你现在和过去的生活,就是你今后的生活。它将周而复始,不断重复,绝无新意。"①在《查拉图斯特拉如是说》里,尼采在谈到永恒轮回时又强调说:"万物去了又来,存在之轮永远在转,花儿谢了又开,存在之时光一直在走。万物分了又合,同一存在之物不停地在自建;一切离了又聚,存在之环始终对自己忠实无欺。"②但是,如果事情果真如此,则人的创造活动何以可能?他的创造活动又有什么意义呢?甚至,他作为创造者如何可能?因此,到了晚年,永恒轮回一直像一场场可怕的梦魇笼罩在尼采的心头。但是,尼采超越叔本华的品格和气质在这里再次表现了出来:即便永恒轮回,我们还是要不懈地评估,不懈地创造;即便永恒轮回就是我们人类的命运,我们也要满怀热情地去拥抱这样的命运,去爱这样的命运,去肯定这样的命运。他将这种人生态度称做"衡量伟大的公式",称做"将事物的必然性视为至美"的"热爱命运"或"命运之爱"。③ 尼采的权力意志学说的宗旨在于呼吁我们永远作人生的辩护者和肯定者。因此,他特别强调:在永恒轮回的命运之前继续做人生的辩护者和肯定者乃是权力意志的最高表现,是"一个来自充盈和超充盈的、天生的、最高级的肯定公式"④,是为了实现"创造的游戏"生命所需要的"一个神圣的肯定"⑤。因此,弥漫于尼采人生哲学中的始终是这样一种悲壮的气氛。也许正是在这个意义上,尼采才自命为作为"悲观哲学家的敌人和对手"的"第一个悲剧哲学家"。⑥

然而,无论是作为"悲观哲学家"的叔本华的生命意志学说,还是作为"悲剧哲学家"的尼采的权力意志学说,都是一种反传统的非理性的意志主义学说。对于非理性的意志主义学说的具体观点我们固然可以见仁见智。

---

① 参阅尼采:《快乐的科学》,第 210 页。

② 参阅尼采:《查拉图斯特拉如是说》,第 239 页。

③ 参阅尼采:《看哪这人:尼采自述》,张念东、凌素心译,中央编译出版社 2010 年版,第 61 页;也请参阅尼采:《快乐的科学》,第 171 页。

④ 尼采:《看哪这人:尼采自述》,第 86—87 页。

⑤ 尼采:《查拉图斯特拉如是说》,第 23 页。

⑥ 参阅尼采:《看哪这人:尼采自述》,第 89 页。

但是，作为整体，这个学说毕竟以一种空前尖锐的方式向我们提出和强调了人学中的一个根本问题，这就是如何更为妥当地理解和处理存在于人的理性与人的非理性（欲望、情感和意志）之间的张力关系或张力结构，如何更为妥当地理解和处理人的理性与人的非理性之间的协调、统一和和解。如果说“复仇女神”这个希腊神话就已经在告诉我们即使在古代希腊人们就不仅有了调解人的理性与人的非理性的强烈愿望，而且也初步认识到非理性（复仇女神）对于我们人来说，并非一种“外在的精灵”，而是“我们自己的一部分”。① 那么，时至今日，当我们面对着莱布尼茨、康德、费尔巴哈、叔本华和尼采的欲望或意志学说时，我们总应该超出古代希腊人，在人的自我认识方面向前迈出一步才是。

三、莱布尼茨与现象学和存在主义

胡塞尔所开创的现象学运动，如果算不上现代西方哲学中最伟大的运动，至少可以说是现代西方哲学中最伟大的运动之一。因为这一运动不仅提出了构建“作为普遍科学的哲学”的宏大理想，而且在其后来的发展中还产生了作为存在主义的“存在论现象学”和作为哲学解释学的解释论现象学这样一些影响巨大的现象学分支派别；从而“在很大程度上改变了”整个世界的“思想史地图”。② 然而，当我们在审视现象学运动时，我们仍然可以惊奇地发现莱布尼茨的身影。

1. 胡塞尔：“作为单子的自我”与“交互单子论”

胡塞尔（Edmund Husserl，1859—1938 年）被誉为“20 世纪一位最伟大的哲学家”和现代思想史上一位“世界历史个人”。③ 当人们谈及胡塞尔曾经受惠的思想家时，人们关注的较多的往往是笛卡尔、休谟和康德，而很少

---

① 参阅威廉·巴雷特：《非理性的人：存在主义哲学研究》，段德智译，陈修斋校，上海译文出版社 2007 年版，第 296—301 页。

② 参阅泰奥多·德布尔：《胡塞尔思想的发展》，李河译，三联书店 1995 年版，“中文版前言”之第 1 页。

③ 同上书，“序言”之第 9 页。

有人注意到莱布尼茨。其实,在胡塞尔的心目中,笛卡尔、休谟和康德固然重要,但他们是作为他的现象学的过去式存在从而有其历史地位的,唯独莱布尼茨是作为他的现象学的现在式和未来式存在的。胡塞尔在其最后一部著作(也是一部未竟著作)《欧洲科学危机和超验现象学》中在谈到近代物理主义的客观主义与超验的主观主义的对立时,曾经说过一句令人震惊的话。这就是:“莱布尼茨远远超出他的时代。”①而这样的评价,他是从未用于莱布尼茨以外的任何一个人身上的。

胡塞尔之所以如此高度评价莱布尼茨,首先就在于莱布尼茨在西方思想史上第一个以“相对成熟”的形式提出了“普遍科学”概念。② 对此,胡塞尔解释说:

> 莱布尼茨远远超出他的时代,首先看到普遍的、自身完备的、他称之为“mathesis univeralis”(普遍的科学)的作为代数思想的最高形式的理念。他认为这是将来的任务。只有到了我们的时代,它才有了一个较为系统的发展。在它充分的和完全的意义上,它无非是普遍地加以贯彻的(更确切地说,在它自己本质的整体中加以无限贯彻的)形式逻辑,即一种关于“一般的东西”的意义形式的科学。③

其实,胡塞尔这里所说的莱布尼茨首先看到的“科学”或“普遍科学”,也就是我们在本书第四章里所讨论过的莱布尼茨的作为“宇宙静力学”的“普遍代数学”、“普遍字符”和“综合科学”。那么,胡塞尔何以会对莱布尼茨的这样一种发现或认识给以如此高的评价呢?原来莱布尼茨的这样一种发现与胡塞尔的哲学抱负密切相关。在我们看来,西方哲学从泰勒斯起至胡塞尔时代,至少已经有了2500年的历史了。但是,在胡塞尔看来,哲学至今尚未有过历史,因为真正的哲学尚未产生。而他的现象学所致力的正在于构建一门真正的哲学,一门可以称得上“科学”的哲学,一门作为“普遍科学”的哲学。前此的种种形态的哲学之所以还称不上真正的哲学,最根本的就在于它们总是以这样那样的形式委身于某门具体科学从而未能上升到作为普

---

① 胡塞尔:《欧洲科学危机和超验现象学》,张庆熊译,上海译文出版社1988年版,第54页。

② 同上书,第87页。

③ 同上书,第54页。

遍科学的哲学。然而,哲学要成为一门普遍科学,它就必须以绝对存在为自己的研究对象。既然只有“本质的存在”、“形式的存在”或“逻辑的存在”才能够构成这种绝对存在,则作为普遍科学的哲学便势必要以本质的存在、形式的存在或逻辑的存在作为自己的研究对象。换言之,作为普遍科学的哲学所关注的是事物“是什么”,而不是事物“是否存在”。因为构成事物的普遍本质的东西不是别的正是事物的“是什么”或事物的“是其所是”。胡塞尔讲:现象学是一种“关于本质的学说”①,即是谓此。在莱布尼茨看来,既然唯有上帝才是事物是否存在的充足理由,既然事物之是否存在归根到底是由上帝的意志决定的,则我们的任务自然便在于利用上帝赋予我们的自然理性来探究事物的本质,致力于获得关于事物的本质知识,即获得那些具有普遍性和必然性的理性真理了。也许正是在哲学中心任务方面的共识,使得胡塞尔对莱布尼茨另眼相看。与此相关,使胡塞尔格外看重莱布尼茨的还有一点,这就是莱布尼茨明确区分了形式存在或观念存在和自然存在或事实存在,强调了前者对于后者,主观性对于客观性的在先性,从而为先验现象学的问世做了铺垫。在谈到先天数学与应用数学之间的差别时,胡塞尔强调说:

> 这是纯(先天的)数学与应用数学之间的差别,是(在纯数学意义上的)“数学的存在”与数学地形式化了的实在(在那里数学形式也是一种具有实在的特性成分)的存在之间的差别。然而,即使像莱布尼茨那样杰出的天才也为了真正把握这两种存在(即作为纯粹几何存在的普遍时空形式的存在和具有事实的、实在的形式的普遍的数学的自然的存在),以及为了真正理解它们之间的相互关系,煞费苦心了很长时间。②

不难看出,莱布尼茨想要把握的先天存在与自然存在之间的差别,正是胡塞尔在构建现象学时所反复强调的作为普遍科学的哲学与其他具体科学,甚至是作为普遍科学的现象学与其他形态的哲学之间的一项原则差别。

---

① Husswerl, *Die Idee der Phänomenologie* I, The Hague: Martinus Nihoff Publishers, 1950, p. 154;胡塞尔:《现象学与哲学的危机》,吕祥译,国际文化出版公司 1988 年版,第 60 页。

② 胡塞尔:《欧洲科学危机和超验现象学》,第 66 页。

然而,对与作为普遍科学的哲学或现象学来说,注意到先天存在与自然存在的差别固然重要,更为重要的是我们究竟如何超越自然存在达到先天存在,进而达到关于事物的具有普遍必然性的本质的知识。这个问题在胡塞尔这里事实上涉及两个方面,即问题的否定方面和问题的肯定方面。这里所说的问题的否定方面,指的主要是反对传统的实体主义,反对自然主义、心理主义和狭隘经验主义等。这里所说的问题的肯定方面,指的主要是普遍必然性的理性来源,观念的客观性、普遍性和必然性,认识的内在超越性、认识的绝对被给予性和认识对象的意向性构建等。不难看出,所谓问题的否定的方面,其实也就是胡塞尔所说的现象学的"悬置"或"中止判断"(epoche)。胡塞尔想要悬置或中止的究竟是一种什么样的判断呢?简言之,就是经验判断,就是自然主义、心理主义和狭隘经验主义。因为经验判断根本不可能给我们带来普遍必然性知识,甚至根本不可能给我们带来任何确定性知识。莱布尼茨在《单子论》中曾经明确地将真理区分为两种:"推理的真理"或"理性的真理"与"事实的真理"或"偶然的真理",并且将来自经验的真理称做"事实的真理"或"偶然的真理",①在《人类理智新论》中也曾反复地批评洛克的经验主义,其根本宗旨即在于指出:来自经验的知识缺乏普遍必然性。在莱布尼茨提出两种真理学说 30 多年后,休谟在《人类理解研究》(1748 年)中也区分了我们的两种认识和两种认识对象,宣称:"人类理性(或研究)的一切对象可以自然分为两种,就是观念的关系或实际的事情。"②不难看出,休谟这里谈到的两种认识对象学说无非是莱布尼茨两种真理学说的一个变种。从现象学生成史的角度看,莱布尼茨的两种真理学说和休谟的两种认识对象学说,可以看做是对包括自然主义和心理主义在内的传统实体主义的最早的批评、悬置或否决。昆丁·劳尔在谈到莱布尼茨、休谟与胡塞尔在这一问题上的关联时,曾经中肯地指出:"正是由于对休谟关于知识问题的深刻分析的极大尊敬使得胡塞尔相当认真地看待休谟,并且在他的理论中看出了对哲学的严格科学最富于意义的否决。休谟追随莱布尼茨,严格地区分了'理性的真实性'与'事实',只是由于前

---

① Cf. Leibniz, *Kleine Schriften zur Metaphysik*, p. 452;北京大学哲学系外国哲学史教研室编译:《西方哲学原著选读》上卷,第 482 页。

② 休谟:《人类理解研究》,第 26 页。

者才有严格认识的可能。……关于事实不可能有任何知识，因为对它们所说的一切都可能是别的样子。"①其实，无论是在胡塞尔这里，还是在休谟和莱布尼茨那里，问题的否定方面与问题的肯定方面都是紧密地联系在一起的。因为我们固然可以说，既然作为普遍科学的哲学的知识，即普遍必然性知识的外在性和他给予性被否定了，它的内在性和自给予性也就因此而受到肯定了。但是反过来，我们又可以说，正因为我们的理性是普遍必然知识的唯一来源，则我们为要使哲学真正成为一门普遍科学，我们就必须反对任何形式的自然主义、心理主义和狭隘经验主义，就必须悬置和中止与此相关的任何判断。事实上，无论是休谟还是莱布尼茨都是强调理性的自给予性和观念的客观有效性的。休谟在谈到观念的关系的知识时，曾经明确地指出："任何断言，凡有直觉的确定性或解证的确定性的"，如几何、代数、三角诸科学，都属于这一种。"这类命题我们只凭思想作用，就可以把它们发现出来。"②休谟在这里强调的无疑是人类理性在普遍必然知识方面的自足性和绝对自给予性。莱布尼茨在《人类理智新论》中针对洛克的白板说，强调指出："我们灵魂的一切思想和行动都是来自它自己内部，而不能是由感觉给予它的。"③他在《单子论》中不仅宣称单子是宇宙的一面镜子，而且还强调说："由于我们思想到自身，我们也就思想到存在、实体、单纯物或复合物，非物质的实体和上帝本身。"④他所强调的也是我们"理性灵魂"或"精神"的认知活动的内在性、自足性和绝对自给予性。所有这些无一不是胡塞尔意向性理论、本质直观学说的思想源泉。劳尔在谈到胡塞尔先验现象学思想的形成过程时曾经说道："是布伦塔诺布置胡塞尔阅读鲍尔查诺、莱布尼茨和笛卡尔，而胡塞尔正是在这三人中发现了'观念的客观性'，这种'观念的客观性'把布伦塔诺的有局限的'意向性'概念转变为彻底研究'本质'的工具。"⑤胡塞尔后来在谈到学习和研究莱布尼茨单子论的心得体会时，曾经对照康德作出了如下的评论：

---

① 胡塞尔：《现象学与哲学的危机》，第38—39页。

② 休谟：《人类理解研究》，第26页。

③ *Die philosophischen chriften* von *Gottfried Wilhelm Leibniz* 5, p. 66；莱布尼茨：《人类理智新论》上册，第36页。

④ Leibniz, *Kleine Schriften zur Metaphysik*, p. 452。

⑤ 胡塞尔：《现象学与哲学的危机》，第44页。

> 要想使一门具有充分科学性的关于先验意识的和理性的理论成为可能,这里有一个至关重要的问题,而在这个问题上,康德落后于莱布尼茨。莱布尼茨的长处在于,他在近代是第一个理解了柏拉图唯心主义的最深刻和最重要的意义的人,因而也是第一个认识了观念(Idee)便是在特有的观念直观(Ideenschau)中自身被给予的统一性的人。人们可以说,对于莱布尼茨来说,作为自身被给予意识的直观是真理和真理意义的最终源泉。所以,对他来说,任何在纯粹明证性中被观察到的一般真理都具有绝对的意义。①

这就足以说明莱布尼茨对于胡塞尔的现象学,特别是对于胡塞尔的先验现象学的至关紧要性。

莱布尼茨不仅对于胡塞尔的现象学思想的形成或生成具有至关紧要的作用,而且即使在其先验现象学发展的最后阶段和最高阶段我们也能够发现莱布尼茨的印记,甚至是更为鲜明的印记。例如,胡塞尔的晚年著作《笛卡尔式的沉思》(1929 年),特别是其中的"第四沉思"和"第五沉思",无疑是其先验还原方法的比较集中和比较系统的表达。但是,正是在胡塞尔这部至关紧要的现象学著作中,我们看到了胡塞尔对莱布尼茨单子论思想的多方面的借鉴。我们可以将胡塞尔对莱布尼茨单子论思想的借鉴归结为下述三点。

首先,胡塞尔用莱布尼茨的单子来称呼他的先验自我,提出了"作为单子的自我"的概念。胡塞尔在"第四沉思"的第 33 节"作为单子的自我的充分具体化及其自身构造问题"中写道:

> 从作为同一极和作为习性之基底的自我(Ich)中,我们将区分出在充分具体化中被看待的自我([Ego]我们打算用莱布尼茨的"单子"一词来称呼它),因为我们在此之上还需补充的是:若没有后者则自我恰好就不能是具体的。也就是说,自我只有在其意向生活的流动的多种形态中,以及只有在其中被臆指着的,也许会被构造为为它自身存在着的诸对象中,才能成为具体的。②

---

① 胡塞尔:《形而上学和认识论。莱布尼茨的单子论和康德理性批判的意义》,见《胡塞尔选集》(下),倪梁康选编,上海三联书店 1997 年版,第 1174 页。

② 胡塞尔:《笛卡尔式的沉思》,张廷国译,中国城市出版社 2002 年版,第 92 页。

众所周知，现象学的先验还原的最重大的目标即在于发现作为纯粹自我的先验自我。因为倘若没有先验自我，便既不可能有作为意向性活动的意识活动（Noesis）也不可能有作为意向性活动的意识活动之结果的意识内容（Noema）。因此，用莱布尼茨的单子来称呼先验自我，或者说，将先验自我定格为莱布尼茨的单子，对于胡塞尔的现象学无疑是一个重大事件。长期以来，胡塞尔一直非常重视笛卡尔的"怀疑考察方式"和"我思故我在"，并在笛卡尔这里看到了"思维"、"直观"和"最初的绝对被给予性"。但是，胡塞尔发现笛卡尔的"怀疑考察方式"只能成为他的现象学考察的"起点"，他必须由此出发继续前进。因为在胡塞尔看来，笛卡尔的"怀疑考察方式"与其说是哲学的或现象学的，毋宁说是心理学的，笛卡尔的"思我"与其说是一种"先验主体"，毋宁说是一种"经验主体"。一如胡塞尔在谈到笛卡尔的思维时所说："体验着的自我、客体、世界时间中的人、诸事物中的一事物等不是绝对的被给予性，因而也不是对他的体验的体验。"①现在，胡塞尔在经过一系列的现象学的考察之后，在其晚年，终于在莱布尼茨的单子论中发现了具有自觉能力、欲望能力和绝对自给予性的、以意识活动为其本质规定性的作为宇宙一面镜子的单子即是他的作为现象学剩余的先验自我的最恰当不过的名称。

其次，是借助于莱布尼茨的单子论提出和论证了先验自我的"主体建构"或"主观构造"问题。在胡塞尔看来，这是非常自然的：

> 由于单子性的具体的自我包括了全部现实的和潜在的意识生活，所以很清楚，对这个单子性的自我进行现象学解释的问题（即自我对自身而言的构造问题），也必须包括所有一般的构造性问题。进一步的结果就是导致这种自我构造的现象学与一般现象学相吻合。②

这样，在胡塞尔的现象学中也就出现了一种与对象的意向性建构不同的主体建构。在胡塞尔看来，就像意识对象不是现成的而是建构出来的一样，意识主体也不是现成的而是建构起来的。区别在于，作为先验主体的单子性

① 胡塞尔：《现象学的观念》，倪梁康译，夏基松、张继武校，上海译文出版社1986年版，第11页。

② 胡塞尔：《笛卡尔式的沉思》，第93页。其中"所有一般的构造性问题"被译成"所在一般的构造性问题"，译有误。Cf. Hussel, *Cartesian Meditations*, Trans. by D. Cairns, The Hague: Matinus Nijhoff, 1973, p. 103.

的自我不是一下子就将自身建构起来的，“不像密尼瓦女神（Minirva）从朱庇特的头中流出来那样装备齐全地来到世界中”，[①]而是永远生成着的，而且是在对对象的不断的意向性建构中不断地自生成和自发展的。[②] 因此，先验自我的主体建构问题就不仅是一个与我们的周围世界或生活世界相关的问题，而且也是一个与“他人及他人的构造”相关的问题，换言之，也是一个与“交互主体性”及其构造相关的问题。[③]

最后，是胡塞尔借用莱布尼茨的单子间的前定和谐说，用“单子交互论”或“单子论交互主体性”来解说他的先验的交互主体性及其构造问题。按照莱布尼茨的前定和谐学说，上帝所创造的单子虽然千差万别，虽然各自按照上帝赋予自己的本性活动，但是它们之间却相互一致或相互和谐，就像一个乐队的成员虽然各自演奏自己的谱子，但是却演奏出一部和谐的乐曲一样。这自然非常适合胡塞尔用来解释交互主体性及其构造的问题。所以，胡塞尔的“第五沉思”就是在“对作为单子论交互主体性之先验存在领域的揭示”的标题下展开的。胡塞尔声明，他的先验自我虽然是一种绝对存在，但是却不是“一个独存的我”（solus ipse）。也就是说，胡塞尔承认，在“自我”之外还“其他的自我”存在。然而，“其他的自我恰好就是一个他人（Andere）”。而这也就要求胡塞尔在先验现象学的框架内找到“一条从自我的内在性通往他人的超越性的道路”[④]。现在，胡塞尔终于在莱布尼茨的前定和谐学说中找到了这样一条道路，或者说找到了这样一条道路的疑似物。尽管胡塞尔为了在他的交互主体性学说中贯彻莱布尼茨的前定和谐说的精神花费了不少气力。但是无论如何，胡塞尔为完成他的现象学的先验还原，还是要特别感谢他的德国同胞莱布尼茨的。胡塞尔之使用“单子交互论”和“单子论交互主体性”实在是他的一种深思熟虑后的理性抉择，而在这里我们也不妨将这视为胡塞尔向莱布尼茨及其单子论的一种致谢方式。

---

① 胡塞尔：《现象学与哲学的危机》，第 49 页。

② 参阅段德智：《主体生成论——对“主体死亡论”之超越》，人民出版社 2009 年版，“前言”之第 1—3 页。

③ 胡塞尔：《笛卡尔式的沉思》，第 92—93、106、118 页。

④ 同上书，第 122 页。

2. 海德格尔:"单子论意在说明存在者之存在"

胡塞尔开创的现象学在后来的发展中产生了存在论现象学这一现象学的分支学派,产生了一个颇有声势的被称做存在主义的哲学思潮。德国的海德格尔,法国的梅劳—庞蒂、卡缪和萨特,都是这一哲学思潮的著名代表。海德格尔虽然从社会影响上逊于萨特,但就存在主义的理论深度言,当被视为存在主义哲学第一人。

海德格尔(Martin Heidegger,1889—1976 年)曾经做过胡塞尔的学生,协助胡塞尔编辑出版杂志《哲学与现象学研究年鉴》,他的奠基之作《存在与时间》也是在胡塞尔主编的《哲学与现象学研究年鉴》上首次发表的。该书正式出版时,海德格尔在其扉页上题词:"谨以此书献给埃德蒙特·胡塞尔,致以友情和敬意。"海德格尔与胡塞尔一样,也非常注重考察莱布尼茨的哲学,注重用莱布尼茨的哲学来诠释自己的现象学。在马堡大学的最后一个学期,即 1928 年夏季学期,海德格尔接连作了关于莱布尼茨哲学的两个讲座:其中一个讲座为《以莱布尼茨为起点的逻辑学的形而上学基础》,另一个讲座为《最后一次马堡讲座》。重返弗莱堡大学后,海德格尔又以莱布尼茨的充足理由律为主题,写作、出版了《论根据的本质》(1929 年)一书;二十多年后,鉴于对莱布尼茨充足理由律的新领悟,他又在 1955 年和 1956 年期间连续作了十多次学术讲演,并于 1957 年将其集结成另一部专著《根据律》。

但是,不能不指出的是,在对现象学的理解上,他与胡塞尔之间是存在着显而易见的分歧的:在胡塞尔,现象学是一种关于本质的学说,而在海德格尔,现象学则是一种关于存在的学说。正因为如此,在对莱布尼茨的单子论的理解和借鉴方面,海德格尔表现出了一种明显地区别于胡塞尔的理论倾向:与胡塞尔将莱布尼茨的单子论理解为一种主谓词逻辑和关于先验自我的学说不同,海德格尔将莱布尼茨的单子论理解成一种本体论和关于存在者之存在的学说。海德格尔承认,莱布尼茨的单子论中确实存在有罗素和胡塞尔所说的那样一种逻辑学维度,但是,海德格尔想要强调指出的是,在莱布尼茨的单子论中同时还存在有一种本体论或存在论维度,存在一种形而上学,而莱布尼茨的逻辑学正是以这种本体论、存在论或形而上学为其理论基础的。海德格尔之所以将其讲座取名为《以莱布尼茨为起点的逻辑学的形而上学基础》(*Metaphysische Anfangsgründe der Logik im Ausgang von*

Leibniz),就在于强调莱布尼茨的本体论、存在论或形而上学对于他的逻辑学的基础地位。用海德格尔自己的话来说,就是他之所以要开办这一讲座,就是“为了探求一种哲学逻辑学,毋宁说是逻辑学的形而上学基础(initia Logicae)”,就是为了突破传统逻辑学的藩篱,达到它的“受到遮蔽的基础”,达到“哲学本身”。[①] 关于这一基础,海德格尔在“判断理论与存在概念。逻辑学与本体论”一节中曾做过比较具体、比较深入的解释:

> 判断是连接(connectio),更确切地说,是包含(inclusio);主谓词关系的主要特征虽然是同一,但是,真的存在,在莱布尼茨看来,其本身无他,只不过是同一而已。……多样性的结合,为要适当地关联在一起,就需要有一种统一性来事先规范它们。向作为相互可共存的和相互结合的限定的整体的同一性的还原,只有在存在者自身由一种原初的统一性所构成时,作为关于存在者的判断的一种样式,才形而上学地是可能的。莱布尼茨在实体的单子的结构中看到了这种统一性。从而,存在者的单子结构乃判断理论和真理的同一性理论的形而上学基础。[②]

海德格尔由此得出的结论是:

> 莱布尼茨的真理的逻辑因此只有在实体的单子论的形而上学的基础上才是可能的。这一逻辑本质地具有形而上学的基础。事实上,一如彻底地考察能够推证出来的那样,它不是任何别的东西,无非是真理的形而上学。[③]

由此看来,将罗素和胡塞尔关于莱布尼茨的主谓词逻辑的讨论引向深处,引向它的形而上学基础,实在是海德格尔的一项根本的努力。

海德格尔不仅执意将莱布尼茨的主谓词逻辑引向它的形而上学基础,而且还对这一形而上学基础的实质作出了相当深入的说明。在《以莱布尼茨为起点的逻辑学的形而上学基础》的讲座中,海德格尔就将单子论视为“对真正存在者的存在”的规定,视为“一般形而上学”:

> 作为对实体的实体性解释的单子论规定了真正存在者的存在。它

---

① Heidegger, *The Metaphysical Foundations of Logic*, trans. Michael Heim, Bloomington: Indiana University Press, 1992, p. 21.

② Ibid., p. 102.

③ Ibid., p. 103.

> 是本体论，形而上学。而且，它还是一般形而上学。因为我们发现一个存在概念能够应用到每一个真正的存在者身上，不论是物理的自然界，生物（植物，动物），还是像人那样存在的存在者，上帝。①

在《最后一次马堡讲座》中，海德格尔用更为简洁的语言宣称：

> 单子概念具有形而上学的存在学的意图。②
>
> 单子论意在说明存在者之存在。③

然而，说明“存在者之存在”，说明“存在的意义”不正是海德格尔的《存在与时间》以及他的作为存在主义的“基本本体论”的根本目标吗？因此，当海德格尔如此界定单子论时，他岂不是在肯认莱布尼茨作为存在主义理论先驱的历史地位吗？

不仅如此，莱布尼茨还从他的作为存在主义的“基本本体论”的诸多细节入手来阐释莱布尼茨与他的存在主义哲学的内在关联。例如，按照海德格尔的说法，莱布尼茨的单子论就已经在事实上提出了“在世界之中存在”（In-der-Welt-sein）这一“此在的基本机制”。因为单子的意涵不是别的，正是表明它既是一个“个别之物”，又具有“他者”或“多样性”，且本身“就是给予统一性的东西”，作为“宇宙的一面镜子”就是“世界”或“世界整体”。④“每个单子自身就是一个集中的世界（mundus concentratus）。”⑤在《以莱布尼茨为起点的逻辑学的形而上学基础》中，针对一些人对莱布尼茨“单子没有窗户”观点的误读，海德格尔回应道：

> 单子之所以“没有窗户”，乃是因为它们根本无需任何窗户。之所以没有任何注入，并非是因为这会莫名其妙，而是因为毫无必要。⑥

海德格尔由此得到的启发是：“无论是把‘世界’这个表达用作自然物之全体的名称（自然的世界概念），还是把它用作表示人类共同体的称号（人格性的世界概念），都是同样荒谬的。不如说，κοσμος、mundus，即世界，它的

---

① Heidegger, *The Metaphysical Foundations of Logic*, trans. Michael Heim, Bloomington: Indiana University Press, 1992, p. 72.

② 海德格尔：《最后一次马堡讲座节选》，《路标》，孙周兴译，商务印书馆 2000 年版，第 90 页。

③ 同上书，第 96 页。

④ 同上书，第 89 页。

⑤ 同上书，第 114 页。

⑥ Heidegger, *The Metaphysical Foundations of Logic*, p. 99.

大体上已经清晰地显突出来的含义的形而上学本质乃在于:它指的是关于与存在者整体相关联的人之此在的解释。"①再如,海德格尔还从单子的"力—欲望—知觉"的本体结构中引申出"此的生存论结构"。海德格尔反复地强调"冲动"和"欲望"的本体论地位。在《以莱布尼茨为起点的逻辑学的形而上学基础》的讲座中,海德格尔就专门讨论过莱布尼茨的"作为冲动的单子",指出:"(1)作用力(vis activa)意指冲动;(2)这种冲动被设定为每一个作为实体的实体中所固有的;(3)某种完成或实行连续不断地由冲动涌出。"②在《最后一次马堡讲座》中不仅重申了这一观点,而且还进一步明确地将"实体之本质"解释为"单子",将"单子"解释为 vis primitiva[原始力],解释为欲望、conatus[欲求]、nisus prae-existens[先在的冲动力]",进一步明确地得出"欲望乃是实体的本性或本质"的结论。③ 这就使得在胡塞尔那里表现为静态逻辑学的莱布尼茨的单子论转换成了一种动态的存在论或动态的生存论,终于还原出了莱布尼茨的动力学。

正如胡塞尔既然将现象学理解为关于本质的学说,他就特别重视莱布尼茨的关于本质的"理性真理"及其根据主谓词逻辑一样,海德格尔既然将现象学理解为关于存在的学说,他也就因此不仅特别重视单子论的存在论性质,而且还特别重视在莱布尼茨那里作为"存在的大原则"的"充足理由律"。在《论根据的本质》中,海德格尔不仅将"根据律"视为"最高原理",不仅断言:莱布尼茨是既把"根据原理"(principium rationis)"看做一个'逻辑学的'原理",又把它"看做一个'形而上学的'原理"的,④而且还进一步将根据的"本质"规定为"超越"和"自由"。莱布尼茨写道:

> 关于根据律,我们已清楚地看到,这一原理的"诞生地"既不在陈述的本质中,也不在陈述真理中,而是在存在学上的真理中,亦即在超越本身中。自由是根据律的本源;因为作为存在学上的真理而自行构成的论证就建基于自由中,建基于超溢和抽离(Überschwung und Entzug)的统一性中。⑤

---

① 海德格尔:《论根据的本质》,见《路标》,第 181—182 页。

② Heidegger, *The Metaphysical Foundations of Logic*, p. 84.

③ 参阅海德格尔:《最后一次马堡讲座节选》,见《路标》,第 93、107 页

④ 参阅海德格尔:《论根据的本质》,见《路标》,第 146—148 页。

⑤ 海德格尔:《路标》,第 200 页。

值得注意的是,海德格尔还直接依据莱布尼茨自己对根据律的规定来解说根据的超越本质和自由本质。他写道:

> 恰恰在莱布尼茨那里,我们可见到对这个定律的特性的说明,它们表达出这个定律的内涵的一个表面看来无关紧要的要素。概括地汇集起来,莱布尼茨作了以下几种说明:ratio est cur hoc potius existit quam aliud[“根据就是为什么宁可此物存在而非别物”];ratio est cur sic potius quam aliter[“根据就是为什么宁可这样存在而非别样”];ratio est cur aliquid potius existit quam nihil[“根据就是为什么宁可某物存在而非一无所有”]。这个“cur”[“为什么”]在此表达为“cur potius quam”[“为什么宁可”]。即便在这里,第一性的问题也不是:这些总是实际地在存在者状态上的行为中被提出来的问题,以何种途径并且借助于何种手段才能够得到决断。需要说明的倒是:何以根本上这个“cur”[“为什么”]能够与“potius quam”[“宁可”]结伴相随。①

海德格尔由此得出的结论是:

> 自由乃是根据之根据(Grund des Grunds)。

在1957年出版的《根据律》一书中,海德格尔强调指出:我们不应当把莱布尼茨提出的充足理由原则表达为“没有什么东西是没有什么理由的”,而应当把它表达为“没有什么东西无理由而存在”。这就是说,他在告诫我们无论如何不要漏掉这条原则中最重要的东西——“存在”。他指出:就这条原则所表达的内容看,它是一个自古以来为人们最熟悉最受信赖的观念,然而它竟在人们的意识中潜伏了两千三百年之久,只是到了17世纪,莱布尼茨才把“这个小小的几乎未被人专门考虑过的命题”,变成了“完整地和严格地把握住的强有力的根本命题”,变成一项“伟大的,强有力的、众所周知的、最崇高的原则”。② 这条原则之所以“崇高”,就在于它是同人的主体性联系在一起的。因为只有“完整地说明理由”,才能使人从整个世界中超拔出来,并支配和统治它。正因为如此,自近代以来,在人类历史上便开始了一个由充足理由原则进行强有力统治的时代。充足理由原则向人们发出了普遍的几乎不容否定的“递交理由”的要求,正是由于听命于这种要求人们

---

① 海德格尔:《路标》,第200—201页。

② Cf. Heidegger, *The Principle of Reason*, pp. 4 - 5.

不倦地追问为什么,因而造成了科技的巨大进步,使人类进入了原子时代。于是人们在处处感受到充足理由原则的近乎无限的威力的同时,也逐步感受到充足理由原则的无限僭越与无限威胁。因为在“没有什么东西无理由而存在”中人们逐渐体悟到它不仅是个关于存在者的命题,而且还是个关于存在者“存在”以及它们如何“存在”的命题,因而归根到底是个关于“什么叫存在”的命题,一个使“存在”沦为“理由”的“同僚”甚至“仆役’的命题,一个使“存在”不再成为“存在”的命题。于是,海德格尔代表“此在”(权且这么说)向充足理由原则的贪婪要求和僭越行为提出抗议,要求充足理由原则即理性放弃自己的无限要求,收敛自己的僭越行为,恢复它曾经有过的同“此在”的“对话”。这样看来,面对着充足理由原则的无限要求和僭越行为,康德所作的是对传统理性哲学的抗议,叔本华所作的是对康德的矫正和对黑格尔思辨哲学的抗议,而海德格尔则以一个受害者的身份,直接向这条原则所支配和统治的时代和社会提出了抗议。正因为如此,海德格尔所抗议的似乎并不完全是莱布尼茨加以规定的充足理由原则本身。因为就莱布尼茨本人来说,他是已经充分注意到了充足理由原则的相对性和应用范围的有限性的。他反复强调,就人来说我们并不能够对个体的存在者或存在,提供什么充足的或绝对必然的理由,唯有上帝才能做到这一步。因为上帝本身就是世界上所有个体存在者或存在所以存在的“充足理由”。这样,他便借助上帝宣布了人的理性的有限性,宣布了人的自由的有限性,宣布了属人的充足理由原则的有限性。在他看来,上帝是一种绝对必然的存在,他的存在是无须给出也是不能给出什么理由的,这正像在海德格尔那里“在者”之所以“有”其充足理由就是“在”,而“在”或“此在”本身之所以“在”是无须给出也是给不出什么理由一样。因此,在这个意义上,我们可以说,莱布尼茨的充足理由原则并没有向人提出无限递交理由的要求,他在这一方面倒是同叔本华和海德格尔一致的。

四、莱布尼茨与分析哲学

莱布尼茨,作为近代早期西方理性主义哲学的集大成者,对现代西方哲学的影响是多方面的,不仅对现象学和存在主义有深广的影响,而且对分析哲学也有重大的影响。

1. 罗素:"莱布尼茨的哲学源于他的逻辑学"

莱布尼茨对分析哲学思潮的影响,首先是通过罗素实现出来的。

我们常常说罗素(Bertrand Arthur William Russell,1872—1970 年)是现代数理逻辑逻辑主义分支的主要代表,说他是现代分析哲学的重要代表,但是我们不能忘记,罗素首先是一位莱布尼茨研究者。他的 1900 年出版的《对莱布尼茨哲学的批评性解释》是他写作和出版的最早的两部著作之一,至今还被西方哲学界公认为研究莱布尼茨的权威性著作。而他也把莱布尼茨看做自己在所有先哲中研究最努力、研究成果超人的唯一一位哲学家。对此,他在 1947 年出版的《西方哲学史》的"美国版序言"和"英国版序言"中都曾申明过和强调过。[①] 问题并不在于罗素曾经写过《对莱布尼茨哲学的批评性解释》这个简单的事实,因为如果这本书是在于 1970 年临终前他感到无事可做时而随意写出来的,则这样一个事实对于我们现在讨论的问题就几乎没有什么意义。然而,我们所面对的事实却正相反:罗素是在他研究莱布尼茨的过程中走上哲学之路的,这就使得他的莱布尼茨研究给他后来的哲学观点造成这样那样的影响,打上这样那样的烙印。罗素在《我的哲学的发展》一书中,曾把 1899—1900 年看做他的哲学著述活动的"一个主要的分界线",说这几年他哲学思想的变化是"一场革命",而"其后的改变"则只具有"演进"的"性质"。[②] 诚然,从表面上看来,罗素思想上的这场革命的标志,是他在这几年"采纳了逻辑原子主义的哲学和皮阿诺在数理逻辑中的技术",但是我们完全可以追问:是什么动因促使他采纳原子主义的哲学和皮阿诺(1858—1932 年)在数理逻辑中的技术呢?如果我们考虑到 1899—1900 年正是他写作和出版《对莱布尼茨哲学的批评性解释》的年代,问题便不言自明了。罗素在 1900 年以后在哲学方面主要干了些什么呢?主要是两件事:一是确立逻辑和数学的联系,建构"数理逻辑";二是确

---

① 参阅罗素:《西方哲学史》上卷,第 6、8 页。在"英国版前言"中,罗素写道:"对于我所论述的每一个哲学家,莱布尼茨可能例外,都有人比我知道得更多。"在"美国版前言"中,罗素重申道:"我毫不怀疑,很多人对于我所述及的任何一个哲学家,——除了莱布尼茨之外——都比我知道得多。"

② 罗素:《我的哲学的发展》,第 7 页。

立逻辑和哲学的联系,建构分析哲学。可以说,他的这两项工作都是在他所理解的莱布尼茨哲学的"阴影"下或规范下进行的。

在完成《对莱布尼茨哲学的批评性解释》以后,罗素接着就在前人取得已有成果的基础上,发展和推进数理逻辑。他的这项工作从形式上看是直接接着皮阿诺而来的。皮阿诺是逻辑演算论的系统化者和初步完成者,罗素则继承他的研究,从各个方面把他的工作和理论完善化了。皮阿诺利用前人关于命题演算和谓词演算的成果来推导数学,而罗素则把这两部分搞完备了。皮阿诺对自然数给出五个公理,罗素则从集合论而对自然数作出定义,证明(而不是假设)自然数满足皮阿诺的五个公理。他在这些方面的一系列研究成果,最初表现在于1903年出版的他一个人独著的一卷本《数学原理》里,随后又汇总在于1910—1913年出版的他与怀特海合著的三卷本《数学原理》中。但是如果从本质上看问题,我们就会发现,罗素作的所有这些工作在一定意义下也可以看做他的莱布尼茨研究工作的继续和发展。因为如果我们要想对罗素在《对莱布尼茨哲学的批评性解释》出版后立即投入数理逻辑研究这件事作出一个比较合理的解释,我们把这归因于罗素在这一研究中充分体悟到了数理逻辑的巨大的认识功能,以及他对一直湮没了二百年之久的莱布尼茨的有关研究成果的震惊,是再自然不过了。罗素对莱布尼茨在数理逻辑方面的成就是一直给予高度评价的,即使在他本人在这一领域已经取得了巨大成就后他还是不改初衷地宣布:莱布尼茨是"数理逻辑的一个先驱,在谁也没认识到数理逻辑的重要性的时候,他看到了它的重要"。[①] 罗素甚至断言:"莱布尼茨的研究成果当初假使发表了,他就会成为数理逻辑的始祖,而这门科学也就比实际上提早一个半世纪问世。"[②]既然如此,谁能说罗素对莱布尼茨数理逻辑研究成就的发现及随之而来的震惊,不是他随后从事数理逻辑研究的一项直接动因呢?谁能说莱布尼茨关于普遍符号和综合科学的种种设想,对罗素的数理逻辑研究没有什么影响呢?

跟当初莱布尼茨以把代数和算术方法引进逻辑始引进哲学终的思路相一致,罗素在大体完成了自己的数理逻辑研究工作之后便立即用这种新的

---

① 罗素:《英国哲学史》下卷,第119页。

② 同上。

逻辑分析方法来改造哲学，建构一种与逻辑同格的分析哲学。他在1914年出版的《我们关于外部世界的知识》中，首次明确地把逻辑分析规定为哲学的基本任务。他写道：

> ……只要是真正的哲学问题，都可以归结为逻辑问题。这并不是由于任何偶然，而是由于这样的事实：每个哲学问题，当经受必要的分析和澄清时，就可以看出，它或者不是真正的哲学问题，或者是具有我们所理解的含义的逻辑问题。①

我们知道，罗素在这里所强调的与哲学同格的"我们所理解的含义的逻辑问题"，不是别的，正是他的以命题演算和谓词演算为基础的"逻辑原子主义"。在哲学史上，对哲学的任务和目标提出这样一个新的看法，罗素算是第一个。他之所以要以逻辑分析取代哲学，固然同他陶醉于现代逻辑在处理传统哲学中的某些问题时所取得的表面成就有关，但同他对莱布尼茨的研究也不无关系。因为即使在罗素研究莱布尼茨哲学的早期，在他的心目中事实就已经模模糊糊地把莱布尼茨的哲学逻辑化了。在写作《对莱布尼茨哲学的批评性解释》时，罗素给自己设定的目标并不在于对莱布尼茨哲学作"历史"的考察，而是在于对其作"哲学"的考察，在于对莱布尼茨哲学的"根据"或"基础"做一个深入的探讨，在于将莱布尼茨的哲学展示为一个逻辑演绎的系统。罗素在追溯自己的准备写作的过程时曾经心情激动地写道：

> 在这期间，我读了《形而上学论》和致阿尔诺的信。一束强烈的光线突然照射进莱布尼茨哲学大夏的最幽深处。我感到豁然开朗。我看到它的基础是如何奠定的，它的上层建筑是如何拔地而起的。看来，这个似乎幻想出来的体系也能够从一些简单的前提推演出来。②

需要注意的是，将莱布尼茨的哲学展示为一个逻辑演绎系统，对罗素来说，不仅是一种期盼，而且还是一种切实的行动。在该书的第一章中，罗素不仅指出"莱布尼茨哲学的主要前提在我看来有5个"，而且还将这5个前提一一列了出来。它们是："(1)每一个命题都有一个主项和一个谓项。(2)一

---

① 罗素：《我们关于外部世界的知识》，见洪谦主编：《西方现代资产阶级哲学论著选辑》，第221页。

② 罗素：《对莱布尼茨哲学的批评性解释》，"第一版序"之第23页。

个主项可以具有若干个关于存在于不同时间的性质的谓项。(这样的主项被称做实体。)(3)不断言处于特定时间的存在的真命题是必然的和分析的,而那些断言处于特定时间的存在的命题则是偶然的和综合的。后者依赖于终极因。(4)自我是一个实体。(5)知觉产生关于外部世界即关于除了我自己以及我的状态之外的存在物的知识。"①

事实上,罗素不仅枚举了这些前提,而且在这一整部著作中,他都努力表明:"莱布尼茨哲学的其余部分是如何由它们推演出来的。"②不仅如此,罗素在《对莱布尼茨哲学的批评性解释》中还明确指出:"莱布尼茨的哲学开始于命题的分析",并特别地强调了"命题分析"对哲学的基本重要性。他写道:

> 是否凡命题都可以还原为主谓项形式这个问题对于所有的哲学都具有基本的重要性,对于运用了实体概念的哲学更是如此。因为实体这个概念,如我们将会看到的,是由主谓项的逻辑概念派生出来的。③

罗素由此得出的结论是:"莱布尼茨哲学差不多完全源于他的逻辑学。"④后来罗素在其《西方哲学史》中又重申了他的这一论断:莱布尼茨坚信逻辑不仅在它本学科范围内重要,当做形而上学的基础也是重要的。他拿"矛盾原则"和"充足理由原则"这两个逻辑原则作为他的"哲学的基础"。这两条原则就依据"分析命题"这个概念。所谓"分析命题"就是谓项包含在主项中的命题,例如"所有白种人是人"。这话甚至对必须看成是关于事实问题的经验命题也适用。⑤ 罗素的结论是:"就莱布尼茨的隐秘的思想来说,他是利用逻辑作为解决形而上学的关键的哲学的一个最好的实例。"⑥因为这类哲学从巴门尼德发端,柏拉图用相论来证明种种逻辑范围外的命题,把它

---

① 罗素:《对莱布尼茨哲学的批评性解释》,"第一版序"之第4—5页。

② 同上书,第4页。

③ 罗素:《对莱布尼茨哲学的批评性解释》,第13页。

④ 同上书,"第二版序"之第15页。

⑤ 莱布尼茨在《单子论》中曾经明确地将"矛盾原则"和"充足理由原则"分别宣布为"本质"与"推理真理"的大原则和"存在"与"事实真理"的大原则。罗素从分析哲学的立场上将后者还原为前者,有片面性之嫌。参阅段德智:《对莱布尼茨的逻辑学的再解释——对罗素关于莱布尼茨的逻辑学的解释的一个批评》,《武汉大学学报》1999年第2期。

⑥ 罗素:《西方哲学史》下卷,第123页。

又推进一步。斯宾诺莎属于这一类,黑格尔也在这类之内。但是在根据句法给实在世界作出推论方面,他们两人谁也不像莱布尼茨作得那么鲜明清楚。由此看来,无论是在其行动上,还是在其心目中,罗素都是以莱布尼茨的"基于命题分析"的哲学为样板来构建他自己的分析哲学或"逻辑原子主义"的。甚至在他的分析哲学的一些具体细节方面,例如"绝对多元论"、"理想语言"、"不对称关系"、"语言与世界在结构上的同型性"以及"主观空间与客观空间的关系"诸问题,我们都隐然可见莱布尼茨"数学—哲学"的投影。

2. 斯特劳森:作为"一种殊相本体论尝试"的单子论

斯特劳森(Peter Strawson,1919—2006 年)是一个典型的学院派哲学家。早年就读于牛津大学,其后又长期在牛津大学任教,1968 年接替赖尔(Gilbert Ryle,1900—1976 年)担任牛津大学形而上学教授,直至 1979 年退休。斯特劳森生活在分析哲学发展史上一个极其重要的时期。一方面,罗素和维也纳学派所倡导的逻辑分析方法或逻辑语言(理想语言)分析方法开始受到牛津日常语言学派的挑战。另一方面,分析哲学的反形而上学理论倾向也开始遭遇到挑战。而在这两个方面,斯特劳斯都成了分析哲学发展史上的一个坐标性或里程碑式的人物。

1905 年,罗素在《论指谓》一文中为解决虚拟事物的存在问题,亦即哲学史上的"存在悖论"或"金山难题"而提出和论证了他的摹状词理论。他首先将个体词区分为专名(逻辑专名)和摹状词,然后对它们的逻辑地位作出区别,强调摹状词不能用作命题主词,只有专名(逻辑专名)才能用作命题主词,最后得出"存在"不能用作命题谓词的结论,从而"澄清了从柏拉图的《泰阿泰德篇》开始的、两千年来关于'存在'的思想混乱。"①罗素的摹状词理论一时受到普遍好评,被誉为"开辟了形而上学的新纪元"②,被奉为"分析哲学的典范"。然而,45 年后,斯特劳森却在他的成名作《论指称》(1950 年)中向罗素的摹状词理论提出挑战,指责罗素的摹状词理论"包含

---

① 参阅罗素:《西方哲学史》下卷,第 392 页。

② 参阅麦克斯韦·约翰·查尔斯沃斯:《哲学的还原:哲学与语言分析》,田晓春译,四川人民出版社 1987 年版,第 97 页。

有某些根本性的错误"[①]。按照斯特劳森的观点,无论是专名(普通专名),还是摹状词"都能作为传统上被认作是单称的主—谓词语句的那种语句的主词出现"[②]。斯特劳森这篇文章在《心灵》杂志发表后引起了较大的反响,以至于罗素"不得不"发表一篇题为《斯特劳森先生论指称》的文章予以回应,1959年罗素在出版他的《我的哲学的发展》时,又将他的这篇文章收录进该书第18章"对于批评的几个答复"[③]。尽管我们不能说在这场争论中有什么谁胜谁负的问题,但是,至少有一点是清楚的,这就是:斯特劳森是以日常语言学派的身份说话的,因而,他的这篇论文的发表等于发出一个信号:日常语言学派开始向逻辑分析学派的话语霸权发起挑战。关于这一点,争论的双方倒是都有非常明确的意识。斯特劳森在他的论文的结尾处写道:"无论是亚里士多德的逻辑规则还是罗素的逻辑规则,都未给出日常语言中任何表达式的精确逻辑;因为日常语言本来就没有这种精确的逻辑。"[④]罗素在他的回应文章中则答复道:"这把我引到一个基本分歧之点,这是我和斯特劳斯先生所附和的那许多哲学家们之间的分歧。他们认为普通的语言就够好的,不但对日常生活说是如此,而且对哲学来说也是如此。"[⑤]

然而,除了分析哲学和语言哲学方面的派别之争外,在斯特劳斯和罗素之间毕竟还有一个认识论和本体论上的分歧。斯特劳斯认为,"正确的解决办法"在于:(1)应当在"语句"、"语句的使用"和"语句的表达"以及"语词"、"语词的使用"和"语词的表达"之间作出"区别"[⑥];(2)要认识到:定义的问题固然重要,但是,"使用的问题要比分析和意义的问题更宽广"[⑦],而且,"生活比逻辑更伟大"[⑧]。罗素的问题因此便在于:一方面"未能注意到"使用及其领域问题,另一方面则在于他混淆了"语词"和"语词的使用"。斯特劳森谴责道:"罗素所犯错误的根源在于,他以为指称或提到(如果它

---

① 参阅斯特劳森:《论指称》,见涂纪亮主编:《语言哲学名著选辑》,三联书店1988年版,第87页。

② 同上书,第85页。

③ 罗素:《我的哲学的发展》,第218—225页。

④ 斯特劳森:《论指称》,见涂纪亮主编:《语言哲学名著选辑》,第116页。

⑤ 罗素:《我的哲学的发展》,第222页。

⑥ 参阅斯特劳森:《论指称》,见涂纪亮主编:《语言哲学名著选辑》,第91页。

⑦ 同上书,第107页。

⑧ 罗素:《我的哲学的发展》,第224页。

们的确出现的话)必定是意义。他没有把B1(语词)和B2(语词的使用)区别开来,而是在某一特定语境中把语词同它们的使用混淆起来了,把语词的意义同提到或指称混淆起来了。"①然而,横在他们之间的真正鸿沟却在于他们对理性认识范围的估量问题,或者说是他们对形而上学的态度问题:究竟是完全拒斥形而上学呢还是对它有所肯认呢?罗素在他的《论指谓》的结尾处得出结论说:"关于指谓的上述理论所产生的一个令人感兴趣的结果便是:当我们对任何一个东西没有直接亲自、而仅有通过指谓词组所下的定义时,通过指谓词组将这个东西引进其中的命题并非真实地包含有这个东西作为它的一个成分,而是包含有由指谓词组的几个词语所表达的成分。"②罗素在这里表达的显然正是洛克的甚至是休谟的狭隘经验论立场。而斯特劳森在谈到罗素的拒斥形而上学的哲学立场时,曾经愤懑地谴责道:

> 不过有一个区别(指与经验哲学家洛克和休谟的区别——引者注),这就是,罗素承认从句法到实在的推断到了这样一种地步,以致使他感到,只要他能一并净化语言的所有指称功能,那么,他就能摆脱掉"实体"这种形而上学的未知物,所以,他拟定了一个旨在"清除属相"(abolishing particulars)的计划;这个计划事实上是要消除我于此正在尽力加以强调的逻辑使用的区别。③

平心而论,斯特劳森的这段话是入木三分的。然而,斯特劳森并不想就此止步,他要进而追溯罗素的思想渊源,对罗素的"专注于形式系统"的逻辑主义的先驱莱布尼茨大加挞伐:

> 对数学和形式逻辑的关注所造成的影响,在莱布尼茨和罗素那里可以十分清楚地看到。微积分的建立者莱布尼茨不关心或者说没有被要求作出关于事实的陈述,而是带着偏见来看待逻辑的应用问题。他自然地假定,他熟悉其他某一领域中的恰当性的那些类型的约定,在完全不同的、关于事实的陈述的领域中也应当是真正恰当的(但愿有人能看到是何以至此的)。这样,就导致莱布尼茨极其努力地把唯一指称的唯一性问题变成狭义上的逻辑问题,并导致罗素为了唯一性和存

---

① 斯特劳森:《论指称》,见涂纪亮主编:《语言哲学名著选辑》,第95页。

② 罗素:《论指谓》,见涂纪亮主编:《语言哲学名著选辑》,第83页。

③ 涂纪亮主编:《语言哲学名著选辑》,第110页。

在性的涵义,也以不同的方式极其努力地去做同样的事情。①

但是,无论如何,莱布尼茨并不是一个逻辑主义者,至少并不仅仅是一个逻辑主义者。因为尽管莱布尼茨有构建“宇宙代数学”和“综合科学”的雄心,但是,他同时对存在、偶然真理、自由等问题也给予了极大的关注。

从斯特劳斯的学术思想生成史的角度看,《论指称》虽然尚未提出“描述的形而上学”这个术语,但也的确为描述的形而上学的问世作出了铺垫。“纯粹的名称不具有任何描述性意义(除了它作为对它这样一个名称所进行的某一种使用的结果而可能获得的那种意义之外。”②既然在罗素那里唯一能够承当命题主项的“纯粹名称”缺乏“任何描述性意义”,既然如上所述,罗素的摹状词理论旨在“清除殊相”,他也就因此而应当对“殊相”、对语词的“描述性意义”作出更为全面,更为系统的说明了。而斯特劳森的这一目标不久便在他于 1959 年出版的《个体:论描述的形而上学》中实现出来了。

如果说在《论指称》中,斯特劳斯的工作主要是“破”,则在《个体》中,他的工作便主要是“立”;如果说在《论指称》中,斯特劳斯主要是在批判摹状词理论的提出者罗素,顺便才对莱布尼茨的逻辑学思想作出批判的,那么,在《个体》中,斯特劳斯则主要是在对莱布尼茨的单子论作出批判性考察的背景下展开对描述的形而上学的论证的。该书分为两个大的部分,即“殊相”和“逻辑主词”,因此,其内容与《论指称》是有明显的衔接的。但是,莱布尼茨却被放到了相当突出的地位。在全书的八章中,第四章就是是专门用来讨论莱布尼茨的“单子”的。斯特劳森之所以如此重视莱布尼茨,乃是因为在他看来,莱布尼茨的体系是“一种殊相本体论的尝试”③。应该说,从整个西方哲学史的角度看,斯特劳森的这个看法是不无道理的。尽管在西方哲学史上,类的原则和共相的原则在大多数情况下,是哲学的一项主导原则。但是,自从中世纪唯名论思潮出现以后,个体性原则或殊相的原则就不时地走向哲学的前台,成为哲学的一项主导原则。在中世纪,罗色林、阿伯拉尔、奥卡姆,乃至托马斯·阿奎那和司各脱都是比较重视殊相和个体

---

① 涂纪亮主编:《语言哲学名著选辑》,第 107 页。

② 同上书,第 108 页。

③ 斯特劳森:《个体:论描述的形而上学》,江怡译,中国人民大学出版社 2004 年版,第 91 页。

性原则的。至近代，霍布斯、洛克、巴克莱、休谟等经验主义哲学家也都是比较重视殊相和个体性原则的。莱布尼茨虽然是个理性主义哲学家，但是他却始终重视个体和个体性原则。一如《莱布尼茨论个体和个体性》的作者劳伦斯·B.麦克库拉夫（Laurence B. McCullough）所说："莱布尼茨的毕生哲学生涯中都有两个最基本的哲学关切，这就是他的关于个体的形而上学和个体性原则。"①

但是，由于莱布尼茨哲学中存在有明显的独断论色彩和神学色彩，也由于斯特劳森本人的狭隘的经验论偏见，莱布尼茨的体系或他的单子论在这里便遭到了相当严厉的批评。斯特劳森的批评主要集中在下述几点。(1)莱布尼茨虽然用不可分辨者的同一性来解释其体系中的"基本殊相"，即单子的殊相，但是，他对单子的殊相的描述"就是他有时所称的个体的'完全概念'(complete notion)"。"这种描述的特征正在于它是对一个个体的描述，但在某种意义上，却又是对这个完整宇宙的描述。从某种观点看，它是对整个宇宙的描述或表象。"②然而，"只有上帝"才能比较完满地做到这一点。"这就导致可能的个体化依赖于神学原则。"③(2)"莱布尼茨体系的基本个体不是物质的；它们没有空间部分；事实上，它们是意识，是知觉和统觉的主体。"④(3)"单子除了作为非空间的实体之外，它们还是非时间的实体。……这就是说，个体化原则无须指称个人或身体，仅仅以其状态，即以类似的这些单子或意识状态，就可以构成实体。"⑤(4)"莱布尼茨体系中最为模糊不清的问题是，现实个体的聚合与最为丰富的概念聚合之间的一致，是否被看做是纯粹分析的。如果它是分析的，那么这整个体系就是趋于逻辑纯粹性的理想，或许达到了以往任何形而上学所无与伦比的程度，因为它讨论的完全就是概念的关系，没有触及任何偶然的东西。"⑥斯特劳森承认莱布尼茨的体系"精美绝伦"，有许多"长处"，具有"吸引力"，⑦而且，对莱

---

① Laurence B. McCullough, *Leibniz on Individuals and Individuation*, Boston: Kluuwer, 1996, Preface, p. xi.

② 斯特劳森:《个体:论描述的形而上学》，第83页。

③ 同上书，第87页。

④ 同上书，第84页。

⑤ 同上。

⑥ 同上书，第89页。

⑦ 参阅上书，第91、84、87页。

布尼茨的任何反对意见,都“可以用这个体系加以解决”。[①] 然而,斯特劳森想要强调指出的是:虽然用莱布尼茨的体系“也可以”解决所有的反对意见,“但却只能是以极高的代价,这个代价就是要承认,这个体系中的个体根本就不是殊相,而是共相或类型或概念。这或许正是具有数学心智的形而上学家很愿意付出的代价。”[②]

不难看出,斯特劳森所批评的莱布尼茨其实就是罗素所片面化了的莱布尼茨,一个比罗素所理解的片面的莱布尼茨更为片面的莱布尼茨。因为罗素虽然比较喜欢把莱布尼茨理解成一位持守主谓词逻辑的分析哲学家,但他还是承认莱布尼茨体系中还是内含着一些与此不相协调、不相一致的东西[③],但这些东西却完全淡出了斯特劳森的理论视野。克利福德·布朗在《莱布尼茨与斯特劳森:描述形而上学新论》(1990年)中关于“斯特劳森与斯特劳森对莱布尼茨的说明是不同于莱布尼茨”的说法是言之有据的。[④] 但是,无论如何,斯特劳森的理论目的还是达到了,这就是在批判莱布尼茨的“修正的形而上学”的基础上建构起他的“描述的形而上学”,建构起他的“个体”哲学。我们不妨将《个体》一书的理论要点归结为如下几个方面:(1)描述形而上学的首要问题是一个“殊相确认”问题,而殊相确认的问题归根到底是一个“概念图式”和“时空框架”问题。[⑤](与主张非时空的个体的单子论形成鲜明对照。)(2)从“殊相确认”的立场看问题,“作为物体和拥有物体的事物就必定是基本殊相”[⑥]。(这与单子论将物体视为表象的立场形成鲜明对照。)(3)人是另一种基本殊相。“人的概念在逻辑上先于个体意识的概念。人的概念并不能分析为有生命的身体或具体的灵魂概念。”“人们的意识状态一定要被赋予到”“与某些肉体特征、某个物理场景等完全相同的东西上”。[⑦](这既与笛卡尔的二元论也与莱布尼茨的一元论形成鲜明对照。)(4)对于描述的形而上学来说,殊相对于共相具有优越性:“关于殊相的思想是一个完整的思想,而关于共相的思想则是不完整的或

---

① 斯特劳森:《个体:论描述的形而上学》,第86页。

② 同上。

③ 参阅罗素:《对莱布尼茨哲学的批评性解释》,第5页。

④ Cf. Laurence B. McCullough, *Leibniz on Individuals and Individuation*, p. 11.

⑤ 参阅罗素:《对莱布尼茨哲学的批评性解释》,第24页。

⑥ 同上书,第25页。

⑦ 同上书,第70、61页。

不必是完整的，……就是说：‘殊相是由事实构成的，而共相则是来自事实的抽象’。”①（这与罗素的逻辑主义观点形成鲜明对照。）（5）尽管主谓区分有两个标准，即语法标准和范畴标准，但从“殊相引入”的立场看问题，范畴标准将是一个主要标准。②（这与罗素的“逻辑句法”思想形成鲜明对照。）（6）“殊相在逻辑主词中占据着核心位置，因为殊相是逻辑主词的范例。”③（这与罗素的摹状词理论形成鲜明对照。）（7）“基本殊相”，即“人和物质物体”，是“基本存在的东西”。④ 这“在某种意义上正是一种信念，是许多人在最初的反思水平上坚持的信念；……如果形而上学是对我们的知觉信念的推理结果，无论是好的还是坏的或无关紧要的，那么，这就始终是形而上学。”⑤

这样，斯特劳森在《个体》的结尾处所肯认的存在论或形而上学，与他同时代的蒯因（Willard Van Orman Quine，1908—2000 年）在《从逻辑的观点看》中所提出的“本体论的承诺”一样，也是一种“相对的本体论”，一种羞羞答答的形而上学。⑥ 但是，相对于罗素的拒斥形而上学的态度和立场来说，毕竟是一种“异动”。从这个意义上，我们也不妨借用马克思在谈到德国古典唯心主义哲学时所说过的一句话，把斯特劳森的描述的形而上学看做是对莱布尼茨所代表的传统形而上学的一种“胜利的和富有内容的复辟”⑦。

五、莱布尼茨与直觉主义美学

莱布尼茨不仅对意志主义、现象学和存在主义、分析哲学有重大的影

---

① 罗素：《对莱布尼茨哲学的批评性解释》，第 149—150 页。

② 同上。

③ 同上书，第 176 页。

④ 同上。

⑤ 同上。

⑥ 参阅蒯因：《从逻辑的观点看》，江天骥、宋文淦、张家龙、陈啓伟译，上海译文出版社 1987 年版，第 12 页。蒯因指出：“当我们说有个东西（约束变项）是红的房屋和落日所共同具有的，或者说有个东西是一个大于一百万的素数时，我们就可能十分容易地卷入本体论的许诺。”

⑦ 马克思、恩格斯：《神圣家族》，《马克思恩格斯全集》第 2 卷，第 159 页。

响,而且对美学,尤其是对直觉主义美学也有重大的影响。

1. 鲍姆嘉通:从"微知觉"到"感觉学"

在西方哲学史上,美学也是一门相当古老的学问。在古代希腊,柏拉图在《会饮篇》中就借女巫狄奥蒂玛(Diotima)提出了"以美为对象的学问"这个说法:

> 由此(即"发现了各种美之间的联系与贯通"——引者注)再进一步,他的注意力应当从体制被导向各种知识,使他能看到各种知识之美。凭借对美的广大领域的了解,他不会再像一个卑微的奴隶,把爱情专注于一个别的美的对象,爱一个少年,爱一个男人,爱一种体制。这时候他会用双眼注视美的汪洋大海,凝神观照,他会发现在这样的沉思中能产生最富有成果的心灵的对话,能产生最崇高的思想,能得到丰富的哲学收获。如此精力弥满之后,他终于一旦豁然贯通唯一的涵盖一切的学问,以美为对象的学问。①

如果从句法学的角度看,我们不妨将柏拉图的这段话视为西方美学史上第一个美学定义。但是,需要指出的是,柏拉图这里所谈的"以美为对象的学问"与其说是一个美学定义,毋宁说是一个哲学定义。因为柏拉图这里所谈的作为"唯一的涵盖一切的学问"的"以美为对象的学问"其实是一种关于作为最高理念的"善本身"或"善的理念"的学问,因而归根到底就是"理念论",就是唯有人的理性能力方能把握的"作为一切科学的基石或顶峰"的"最高的学问"的哲学或"辩证法"。② 从这个意义上讲,作为一门从哲学学科独立出去的美学及其定义在柏拉图那里便尚未出现。

然而,作为一门独立学科的美学在经过2100多年的漫长岁月之后终于出现了。而在西方美学史上第一个主张美学成为一门独立学科且将之命名为"埃斯特惕卡"(Aesthetica)、并且因此而享有"美学之父"声誉的,正是长期受到莱布尼茨思想熏陶的德国沃尔夫学派哲学家鲍姆嘉通(Alexander Gotlieb Baumgarten,1714—1762年)。在谈到鲍姆嘉通与莱布尼茨哲学的关联时,我国著名的美学家朱光潜(1897—1986年)写道:"他(指鲍姆嘉

---

① 柏拉图:《会饮篇》,210C—D。

② 柏拉图:《国家篇》,534E。

通——引者注）是普鲁士哈列大学的哲学教授。哈列大学在启蒙运动中是德国莱布尼茨派的理性主义哲学的中心，在那里任教的莱布尼茨派学者沃尔夫是启蒙运动中哲学思想方面的一个领袖，鲍姆嘉通是直接继承他的衣钵的。他的美学是建立在莱布尼茨和沃尔夫的哲学系统上的。"①

从西方美学发展史的角度看问题，莱布尼茨的美学思想中，最值得关注的有两点，这就是感觉主义倾向和直觉主义倾向。感觉主义在莱布尼茨的美学思想中是相当突出的。在莱布尼茨看来，审美趣味或鉴赏力是由我们根本"不能充分说明道理"的"微知觉"或"混乱认识"组成的，甚至是由后者促成的。莱布尼茨曾经以音乐为例来解说微知觉在美感生成中的功能：

> 我们并不总是能够观察到令人愉悦的事物得以构成的东西，……然而，我们的鉴赏力却能知觉到它，即使我们对之并不理解。我们通常说，"存在有某个东西，我们实际上并不知道其为何物，但是，它却让我们感到愉悦。"我们所谓感应，即是谓此。但是，那些探求事物原因的人通常也能找到这种情况的根据，并且认识到在这物体的底部确实存在有某种东西，我们虽然不曾注意到它，但它却实实在在地感染了我们。音乐在这个问题上堪称美的典范。发散出乐声的每一样东西都包含着一种震颤或一种横向运动，就像我们在一条细绳上看到的那样。因此，凡发散出乐声的东西便总是散发出不可见的冲力。当这些冲力不是混乱的而是有序地集合在一起形成一定的震颤时，它们就是令人愉悦的。②

需要指出的是，莱布尼茨对美感生成的这样一种解释是完全奠基于他的微知觉学说的。在谈到微知觉学说时，莱布尼茨曾解释说："为了更好地判断我们不能再大群之中辨别出来的这种微知觉（des petites perceptions），我惯常用我们在海岸上听到的波浪或海啸的声音作例子。……虽然每一个小的声音在一起合成整个混乱的声音时，也就是说，只有在这个怒吼中，才能为我们听到，如果发出这声音的波浪只有单独一个，是听不到的。……就是这些微知觉形成了这种难以名状的东西，形成了这些审美鉴赏（ces gouts），这些合成整体很明白、分开各部分则很混乱（confuses dans les parties）的感觉

---

① 朱光潜：《西方美学史》上卷，人民文学出版社 1987 年版，第 295 页。

② *Gottefried Wilhelm Leibniz*：*Philosophical Papers and Letters*，p. 425.

性质的影像(ces imagies des qualités des sens)。"①柏拉图曾将人的认识能力和相应的认识区分为四个等级,这就是:想象能力(猜测)—幻觉;感觉能力(信念)—常识;理智能力—科学、数学;理性能力—辩证法、哲学、美学。这就是说,在柏拉图那里,美学是一门对应于人的最高的认识能力,即理性能力的一门学问,是一种藉"沉思"获得的学问,是一门关于思辨知识的学问。而在莱布尼茨这里,美学反而成了一门对应于人的低级的认识能力,即次感觉能力的学问,成了一门关于藉对"不知其为何物"的东西的"微知觉"或"混乱认识"获得的审美鉴赏的学问,是一种关于非思辨的审美体验的学问。从这个意义上,我们完全有道理把莱布尼茨的基于微知觉的美学思想的问世看做是西方美学史上的"哥白尼式的革命"。

莱布尼茨对西方美学传统的另一个颠覆性影响在于其对直觉主义的强调。既然莱布尼茨将审美鉴赏视为与理性思辨和逻辑推证不同的感性认识或微知觉,是一种"感受的直接性"(immédiation de sentiment),则它之具有直觉主义倾向,就是一件非常自然的事情了。莱布尼茨将审美鉴赏归因于"我说不出来的什么"(je ne suis quoi),归因于微知觉、混乱认识和无意识,这在实际上就是在强调直觉主义了。莱布尼茨强调说,恰恰是这种微知觉、混乱认识、无意识,或者说,"我们的外部感官察觉不到的东西"对于审美鉴赏才是最为重要的东西。他甚至不惜用上帝之"不能为我们的外部感官所察觉"来解说微知觉、混乱认识、无意识对于审美鉴赏的至关重要性:

> 虽然上帝不能为我们的外部感官所察觉,但他却仍然非常值得爱戴,并且他给我们非常大的快乐。我们知道他给予人类多么大量的快乐的荣耀,尽管这些荣耀完全不存在于外部感官的诸特性之中。殉道者和狂信者(尽管后者的情绪是克制不住的)表明精神的快乐能达到的地步,更重要的是,甚至感觉的快乐真正是被混乱地认识的理智的快乐。音乐陶醉我们,尽管它的美只存在于数的和谐和节拍的计算,或者共鸣物体的震动,节拍或震动按一定的音程组合在一起,对这些计算,我们虽然察觉不到(nous ne nous appercevons pas),但灵魂却察觉得到。视觉在比例中所发现的快乐,也有同样的性质,由其他感官引起的

① *Die philosophischen chriften* von *Gottfried Wilhelm Leibniz* 5,pp. 47-48;莱布尼茨:《人类理智新论》上册,第9—10页。

快乐和上述一样多,尽管我们不能那么清晰地解释它。①

朱光潜在《西方美学史》中曾将这段话中的相关部分作了如下的处理和发挥:“从他关于音乐的一句话(‘音乐,就它的基础来说,是数学的,就它的出现[即出现于人的意识——引者]来说,是直觉的’)来看,他已把审美活动看成一种直觉活动了。”②虽然朱光潜的这段话由于其意译成分过重而大可受人诟病,但就其对这段话精髓的把握而言,倒是相当到位的。

毫无疑问,无论是莱布尼茨美学思想中的感觉主义倾向,还是莱布尼茨美学思想中的直觉主义倾向,鲍姆嘉通都不仅有所继承,而且也都有所发展。鲍姆嘉通对莱布尼茨的发展,首先就表现在他在西方美学史上第一个将美学作为一门独立的学科提了出来。在鲍姆嘉通看来,人类心理活动虽然有知、情、意三个层面,但在传统的哲学系统中,却只有研究“知”或理性认识的逻辑学和研究“意”即意志的伦理学。这就表明我们的传统哲学系统中确实存在有漏洞或盲点。在哲学系统中,尚需要有一门专门研究“情”即相当于莱布尼茨所说的“混乱”的感性认识的学科。而这样一门学科,也就是我们现在所说的美学。因为美学(Aesthetica)这个词,照拉丁文字根(aesthesia)的原义看,就是“知觉”、“感觉”和“触觉”的意思,照希腊字根(aisthēsis)的原义看,就是“原始的、最初的感觉”。因此,所谓美学,就是“感觉学”。③ 我们知道,莱布尼茨曾将“明白的观念”区别为“清楚的观念”和“混乱的观念”,断言:“我们并不是把能作区别或区别着对象的一切观念叫做清楚的,而是把那些被很好地去区别开的,也就是本身是清楚的并且区别着对象中那些由分析或定义给予它的,使它得以认识的标志的观念叫做清楚的;否则我们就把它们叫做混乱的。”④显然,莱布尼茨这里所说的“清楚的观念”对应的是一种理性认识,而“混乱的观念”对应的则是一种感性认识。现在,鲍姆嘉通将前者归于逻辑学,将后者归于美学,这就使莱布尼茨的两种观念学说或两种认识学说在哲学体系里分别有了着落,并且因此而使美学成了独立于逻辑学或逻辑认识的一门学科。

---

① Leibniz, *Kleine Schriften zur Metaphysik*, pp. 434, 438.

② 朱光潜:《西方美学史》上卷,第 295 页。

③ 参阅上书,第 296 页。

④ *Die philosophischen chriften* von *Gottfried Wilhelm Leibniz* 5, p. 237;莱布尼茨:《人类理智新论》上册,第 267—268 页。

鲍姆嘉通在1735年发表的《关于思的哲学默想录》里就已经首次提出建立美学的建议，至1750年他就正式用"美学"来命名他的研究感性认识的专著了，美学作为一门区别于逻辑学的学科也就因此而正式问世了。鲍姆嘉通在《美学》第一章里对美学的特殊对象作出了明确的界定：

> 美学的对象就是感性认识的完善（单就它本身来看），这就是美；与此相反的就是感性认识的不完善，这就是丑。正确，指教导怎样以正确的方式去思维，是作为研究高级认识方式的科学，即作为高级认识论的逻辑学的任务；美，指教导怎样以美的方式去思维，是作为研究低级认识方式的科学，即作为低级认识论的美学的任务。美学是以美的方式去思维的艺术，是美的艺术的理论。①

鲍姆嘉通不仅将美学的对象规定为"感性认识的完善"（perfectio cognitionis sensitivae），而且还进而将美学的主体，即审美主体的"鉴赏力"规定为"感性的审辨力"。"感性认识"无论在莱布尼茨那里，还是在鲍姆嘉通这里，所意指的都是那种既混乱又明晰的认识。说它混乱，是就其未经逻辑分析而言的。说它明晰，是就它呈现生动的图像而言的。这种认识可以是对外在事物的直接的感觉，可以是从记忆中回想起来的过去的印象，可以是对自己心理活动的感觉，也可以是想象虚构。在鲍姆嘉通看来，"凭这些感性认识见出事物的完善，就是见出美；见出事物的不完善，就是见出丑。虽是感性认识，它究竟还是一种审辨美丑的能力，这种审辨能力鲍姆嘉通称之为'感性的审辨力'（iudicium sensuum），即一般所谓'审美趣味'或'鉴赏力'。"②

这样，鲍姆嘉通就从美学的对象和主体两个层面不仅将莱布尼茨美学思想中的感觉主义倾向和直觉主义倾向贯彻了下去，而且也将它们贯通了起来。

2. 克罗齐：从"感觉学"到"直觉主义"

然而，鲍姆嘉通毕竟是现代意义上的美学体系的开创者，毕竟是一个18世纪的美学家，因为他的美学体系也就在所难免地呈现出这样那样的历

---

① 转引自朱光潜：《西方美学史》上卷，第297页。也请参阅鲍姆嘉通：《美学》，简明、王旭晓译，文学艺术出版社1987年版，第18页。

② 朱光潜：《西方美学史》上卷，第298页。

史陈迹。这种历史陈迹至少从下述两个方面看，是相当明显的。首先，鲍姆嘉通的美学思想虽然也给情感以一定的地位，甚至曾强调说："情感的匮乏……会败坏一切被想成美的东西"，①但是，他既然将美学的对象规定为"感性认识的完善"，将美学规定为"研究低级认识方式的科学"，规定为"低级认识论"，这就表明，他的美学思想终究没有跳出传统认识论的藩篱。鲍桑葵（Bernard Bosanquet，1848—1923 年）断言：鲍姆嘉通"总体上倾向于认为美的中心特点是认识而不是快感"，②即是谓此。其次，鲍姆嘉通虽然将美学与逻辑学区别开来并对置起来，但是，它们之间的区别似乎并不是一种"质"的区别，而是一种"量"的区别。因为在鲍姆嘉通看来，无论是美学还是逻辑学，都是一种"科学"，都是一种"思维艺术"，区别只是在于：其中一种是"研究低级认识方式的科学"，另一种则是"研究高级认识方式的科学"；一种是"作为低级认识论"的科学，另一种是"作为高级认识论"的科学。克罗齐正是在对鲍姆嘉通的美学思想的这些质疑中发展出他自己的直觉主义美学的。

克罗齐（Benedetto Croce，1866—1952 年）是现代西方著名的哲学家、历史学家和美学家。在哲学方面，克罗齐以他的"差异辩证法"著称于世，在历史学方面，以他的"一切真正的历史都是现在的历史"这句名言著称于世，在美学方面，则以他的直觉主义美学著称于世。

莱布尼茨在阐述感性认识时，曾经指出："一个观念是可以同时既是明白的又是混乱的；而那些影响感官的感觉性质的观念，如颜色和热的观念，就是这样的。它们是明白的，因为我们认识它们并且很容易把它们彼此加以辨别；但它们不是清楚的，因为我们不能区别它们所包含的内容。因此我们无法给它们下定义。我们只能通过举例来使它们得到认识，此外，直到对它的联系结构都辨别出来以前，我们得说它是个不知道是什么的东西。"③这一为鲍姆嘉通所赞赏并予以继承的观点，也同样得到了克罗齐的赞同。克罗齐非常恳切地指出：

① 鲍姆嘉通：《美学》，第 49 页。

② 鲍桑葵：《美学史》，张今译，广西师范大学出版社 2001 年版，第 120 页。

③ *Die philosophischen chriften* von *Gottfried Wilhelm Leibniz* 5，p. 237；参阅莱布尼茨：《人类理智新论》上册，第 267 页。

> (莱布尼茨)已经认识到了审美事实的真正的特点:它既不是感性的又非理性的,……它不是感性的,似乎它有着"明晰"性,这个"明晰"有别于娱乐和感性的激动;它不是理性的,因为它又缺乏"明确"性。①

但是,克罗齐认为,莱布尼茨既然将"自然决不作飞跃"和"连续律"规定为他的哲学的"一条大的准则",则在感性认识和理性认识之间、在美学与逻辑学之间也就只有一种量的差别,而不可能有一种质的差别。鲍姆嘉通之所以将美学与逻辑学之间的差别归结为低级认识论和高级认识论的差别,显然是受了莱布尼茨的认识论和连续性原则的影响,从而在他那里依然有混淆美学与逻辑学之嫌。② 而他的美学的根本目标就在于将美学与逻辑学严格区分开来,而他也正是在这种严格的区分中发展出他的直觉主义美学的。

相对于鲍姆嘉通,克罗齐的直觉主义美学主要有下述几项特别值得注意的内容。

第一,提出"直觉"与"概念"的"二分法",将美学与逻辑学严格划界。按照克罗齐的哲学,我们的精神活动或心灵活动二分为两类,即认识活动和实践活动。它们各自又二分为两个阶段,其中认识活动二分为直觉和概念,而实践活动则二分为经济和道德。直觉产生个别意象,其正反价值为美丑,其所属哲学部门为美学。概念活动产生普遍概念,其正反价值为真伪,其所属哲学部门为逻辑学。经济活动产生个别利益,其正反价值为利害,其所属哲学部门为经济学。道德活动产生普遍利益,其正反价值为善恶,其所属部门为伦理学。美学、逻辑学、经济学和伦理学合起来就构成了哲学和历史。在这样的理论框架内,直觉与概念的二分不仅构成其哲学体系的一个环节,而且还构成其整个哲学体系的基础。克罗齐在谈到直觉与概念的二分时,曾藉"排中律"强调指出:

> 知识有两种形式:不是直觉的,就是逻辑的;不是从想象得来的,就

① 贝尼季托·克罗齐:《美学的历史》,王天清译,中国社会科学出版社 1984 年版,第 52 页。

② 参阅克罗齐:《美学或艺术和语言哲学》,黄文捷译,百花文艺出版社 2009 年版,第 303 页。

是从理智得来的；不是关于个体的，就是关于共相的；不是关于诸个别事物的，就是关于它们中间关系的；总之，知识所产生的不是意象，就是概念。①

第二，是强调直觉知识的独立性。克罗齐宣布："直觉知识可离理性知识而独立。"他强调说："直觉知识并不需要主子，也不要倚赖任何人；它无须从旁人借眼睛，它自己就有很好的眼睛。"②克罗齐并不否认艺术品里也有抽象概念的因素，但是，他强调的是：概念内容一旦进入艺术品，就不再以抽象概念的形式孤立存在，而是溶化、渗透在艺术品的感性形象中。他强调说：

> 直觉品固然可与概念混合，但是，……混化在直觉品里的概念，就其已混化而言，就已不复是概念，因为它们已失去一切独立于自主；它们本是概念，现在已成为直觉品的单纯元素了。③

我国南朝梁维摩禅祖师傅翕（497—569 年）在其《心王铭》中讲："水中盐味，包裹胶青，决定是有，不见其形"，想必即是谓此。

第三，主张"直觉即表现"。克罗齐认为，直觉，作为心灵的一种活动，虽然与无形的物质活动或感受密不可分，但是，却与后者不是一回事。其根本的分界即在于直觉即表现。他强调说："每一个直觉或表象同时也是表现。没有在表现中对象化了的东西就不是直觉或表象，就还只是感受和自然的事实。"④克罗齐举例说：每个人都经验过，在把自己的印象和感觉抓住而且表达出来时，心中都有一种光辉焕发；但是如果没有抓住和表达它们，就不能有这种内心的光辉焕发。所以感觉或印象，借文字的助力，从心灵的浑暗地带提升到凝神观照界的明朗。"在这个认识的过程中，直觉与表现是无法可分的。此出现则彼同时出现，因为它们并非二物而是一体。"⑤克罗齐的结论是：

> 直觉的知识就是表现的知识。……直觉或表象，就其为形式而言，有别于凡是被感触和忍受的东西，有别于感受的流转，有别于心理的素

① 克罗齐：《美学原理·美学纲要》，朱光潜等译，人民文学出版社 2008 年版，第 7 页。

② 同上。

③ 同上书，第 7—8 页。

④ 同上书，第 13 页。

⑤ 同上。

材;这个形式,这个掌握,就是表现。直觉是表现,而且只是表现(没有多于表现的,却也没有少于表现的)。①

第四,主张"直觉即艺术"。克罗齐不仅主张"直觉即表现",而且还进而主张"直觉即艺术",强调"艺术与直觉的知识统一"。克罗齐宣布:

> 我们已经坦白地把直觉的(即表现的)知识和审美的(即艺术的)事实看成统一,用艺术作品做直觉的知识的实例,把直觉的特性都付与艺术作品,也把艺术作品的特性都付与直觉。②

针对"艺术是直觉,可是直觉不都是艺术"的批评意见,克罗齐回答说,尽管艺术的直觉与一般的直觉也有某种差别,但是,它们之间的差别不是"质"(克罗齐称做"强度")的差别而只是"量"(克罗齐称做"宽度")的差别。克罗齐也承认艺术中的情感因素,他曾经指出:"是情感给了直觉以连贯性和完整性。直觉之所以真是连贯的和完整的,就因为它表达了情感,而且直觉只能来自情感,基于情感。"③他还因此而提出"艺术是抒情的直觉"的观点。但是,克罗齐想要强调指出的是:"艺术的直觉总是抒情的直觉,后者是前者的同义词,而不是一个形容词或前者的定义。……若不是为了解释或辩论,'抒情'这个词就是多余的。简单地把直觉作为艺术的定义,就已经给艺术下了完整的定义。"④

第五,克罗齐不仅强调直觉与表现的统一,而且还强调美与直觉的统一。克罗齐在讨论美的价值时,曾经指出:

> 在流行语言中与在哲学中,占势力的倾向是把"美"字的意义限于审美的价值,所以我们觉得以"成功的表现"作"美"的定义,似很稳妥;或者更好一点,把美干脆地当做表现,不加形容字,因为不成功的表现就不是表现。⑤

克罗齐也承认,倘若我们把审美的创作理解成一个过程的话,它就包含有"四个阶段"。这就是:(1)"诸印象";(2)"表现,即心灵的审美的综合作

---

① 克罗齐:《美学原理·美学纲要》,朱光潜等译,人民文学出版社2008年版,第15—16页。

② 同上书,第17页。

③ 同上书,第186页。

④ 同上书,第188页。

⑤ 同上书,第74页。

用”;(3)“快感的陪伴,即美的快感,或审美的快感”;(4)“由审美事实到物理现象的翻译(声音、音调、运动、线条与颜色的组合之类)”。① 但是,克罗齐所强调的在于:“任何人都可以看出真正可以算得审美的,真正实在的,最重要的东西是在第二阶段,而这恰恰是仅为自然科学意义的表现(即以‘譬喻’口气称为‘表现’的那种方便假立)所缺乏的。”②克罗齐的结论是:“表现与美不是两个概念而是一个概念。”③

这样,克罗齐就以他的“直觉 = 表现 = 艺术 = 直觉”的公式淋漓尽致地展现了莱布尼茨的“感受的直接性”概念,把审美的直觉性以一种特别极端的形式充分地表达出来了,从而成为现代西方直觉主义美学最重要的代表人物。

在谈到莱布尼茨的美学思想及其价值时,《莱布尼茨哲学论文和书信集》的编者洛默克(Leroye Loemker)曾经指出:“莱布尼茨虽然似乎也曾采集过民间传说和农民诗句,以及其他一些表达情感和直觉知识的东西,但是,他自己的兴趣却是属于古典的那种。他对音乐的分析表明了他在这两个方面的情趣。……美不仅是情感,而且也是达到更高和谐的冲动,并不一定局限于美的经验。”“莱布尼茨既促进了古典学者(鲍姆嘉通),也促进了浪漫派,前者强调美的和谐,后者则强调混乱的知觉。”④毫无疑问,美的和谐的思想既是莱布尼茨美学思想中的一项重要内容,也是鲍姆嘉通美学思想中的一项重要内容,而鲍姆嘉通关于美是感性认识的“完善”的观念其实就与莱布尼茨的前定和谐的目的论密切相关。只是考虑到“完善”的观念与“和谐”的观念原本是传统美学的核心观念,我们不打算予以具体考察罢了。至于莱布尼茨混乱知觉的思想,如上所述,所影响的不仅有浪漫派,不仅有克罗齐,而且还有古典派,还有鲍姆嘉通。在经过这些修正之后,我们完全赞同洛默克的观点,莱布尼茨的美学思想不仅对古典派有深刻的影响,而且对浪漫派,对直觉主义美学也有深刻的影响。

---

① 克罗齐:《美学原理 · 美学纲要》,朱光潜等译,人民文学出版社 2008 年版,第 87 页。

② 同上。

③ 同上书,第 198 页。

④ *Gottfried Wilhelm Leibniz*: *Philosophical Papers and Letters*, pp. 48 - 49.

六、莱布尼茨与现代道德哲学和政治哲学

按照马克思主义的社会结构理论,道德思想和政治理论与社会经济制度和政治制度的关系,较之本体论和认识论来,关系要直接得多,因此,随着社会制度的更易和变迁,道德哲学和政治哲学较之本体论和认识论,对后世的影响,往往不那么直接和显著。但是,这并不意味着这种影响并不存在。《历史的终结及最后之人》一书的作者福山在谈到17世纪的社会政治理论与当代西方社会政治思想和制度的关联时,曾经指出:"当代自由民主制度没有走出传统的阴影。……写在《美国独立宣言》和《美国宪法》之中的美国民主制度所遵循的原则,就是根据杰斐逊、麦迪逊、汉密尔顿和其他美国建国之父的著作而确立的,而他们的思想则许多是借鉴了霍布斯和洛克等英国式自由主义体系。如果我们要破译世界最古老的自由民主的内涵(这种内涵已经被北美以外的许多民主社会所接受),我们需要重温霍布斯和洛克的政治著作。"①莱布尼茨时代,由于德国的经济社会相对落后,莱布尼茨的社会政治思想和道德伦理思想较之霍布斯和洛克也比较保守且缺乏典型意义,从而对后世道德伦理和政治社会的影响远不及霍布斯和洛克,但是,这在任何意义上,都不是说莱布尼茨的道德伦理思想和社会政治思想对后世的道德哲学和政治哲学就完全没有影响。事实上,尽管莱布尼茨的一些具体的政治主张,如"开明君主制"等,已经过时,但是,他的许多道德—政治理念,如他的"作为智者之爱的正义"或"普遍正义"的思想,至今也还在以这样那样的形式发挥着作用。下面,我们就结合罗尔斯和诺齐克这两个当代西方特别著名的道德—政治学家的道德哲学和政治哲学来扼要地谈一下莱布尼茨的理论影响。

1. 罗尔斯:从"普遍正义"到"分配正义"

在当代西方道德哲学和政治哲学中,罗尔斯享有崇高的地位。他的学

---

① 福山:《历史的终结及最后之人》,黄胜强等译,中国社会科学出版社2003年版,第173页。

术成就最根本的就在于他以一种新的道德哲学和政治哲学不仅终结了功利主义在西方道德哲学界和政治哲学界的长期统治，而且还进而取代功利主义成为西方道德哲学家和政治哲学家的新宠。罗尔斯(John Rawls，1921—2002年)的基本思想在他1971年出版的成名作《正义论》中就初步系统地表达出来了。关于这本书，罗尔斯的激烈反对者诺齐克曾经给出下述的评语："《正义论》是一部有分量的、深刻的、精致的、博大的和系统性的著作，是自密尔以来还未曾有过的政治哲学和道德哲学著作，它把一系列直觉的观念整合为一个令人信服的整体。今天的政治哲学家要么加入到罗尔斯的阵营，要么就要说明他为什么不这样做的理由。"①我国学者谈到康德时曾有过"可超而不可越"的说法，想必与诺齐克说的是一个意思。毋庸讳言，罗尔斯所承继的主要是洛克、卢梭和康德的思想，但是，当罗尔斯写作《正义论》时，莱布尼茨的思想，特别是莱布尼茨的正义思想，作为思想背景和理论参照想必是不时地出现在罗尔斯的心头的。我们不妨将罗尔斯的正义思想与莱布尼茨正义思想的关联归结为如下几点。

首先，无论是莱布尼茨还是罗尔斯都把正义观置放到其道德哲学和政治哲学的核心地位。如上所述，莱布尼茨毕生都关注"正义"问题，不仅把"作为智者之爱的正义"或"普遍正义"视为其道德哲学和政治哲学的根本原理，而且还到处强调这一正义理论无论是对于塑造良好的个人社会关系和国内政治氛围，还是对于塑造良好的国际关系都具有至关重要的意义。②而罗尔斯在他的《正义论》里一开始就强调了"正义的首要性"，宣示了他对正义首要性的"一种直觉的确信"：

> 正义是社会制度的首要价值，正像真理是思想体系的首要价值一样。一种理论，无论它多么精致和简洁，只要它不真实，就必须加以拒绝或修正；同样，某些法律和制度，不管它们如何有效率和有条理，只要它们不正义，就必须加以改造和废除。每个人都拥有一种基于正义的不可侵犯性，这种不可侵犯性即使以社会整体利益之名也不能逾

---

① 转引自段忠桥：《〈正义论〉之后的西方政治哲学》之"主持人语"，《中国人民大学学报》2010年第1期。

② Cf. Patrick Riley，*Leiniz' Universal Jurisprudence*，pp 1－13，261.

越。……作为人类活动的首要价值，真理和正义是决不妥协的。①

其次，无论是莱布尼茨还是罗尔斯都比较注重经济正义。我们知道，即使在古希腊哲学家柏拉图那里，正义就已经成了道德哲学和政治哲学的核心问题。但是，在柏拉图那里，正义主要地还是一个政治正义问题。与柏拉图不同，莱布尼茨则不仅将正义理解为政治正义和法律正义，而且还同时理解为经济正义，理解为社会财富总量增加、社会福利、分配正义和财产所有权等问题。与莱布尼茨相一致，罗尔斯也是从政治正义和经济正义两个向度来理解和阐释他的正义理论的。在《正义论》里，罗尔斯在“正义的两个原则”的标题下写道：

第一个原则：每个人对与其他人所拥有的最广泛的基本自由体系相容的类似自由体系都应有一种平等的权利。

第二个原则：社会的和经济的不平等应这样安排，使它们①被合理地期望适合于每一个人的利益，并且②依系于地位和职务向所有人开放。②

不难看出，罗尔斯所说的“第一个原则”旨在强调“平等的自由”，讲的是“政治正义”；而他所说的“第二个原则”则旨在强调“机会均等”和“差别原则”，讲的是“经济正义”。就此而言，罗尔斯的正义观的基本意涵与莱布尼茨的几乎没有什么两样，尽管就其所包含的具体内容言，则是存在有重大差异的。例如，在莱布尼茨那里，考虑得比较多的似乎主要是社会福利总量的增加和社会财富的生产效率问题，而在罗尔斯这里，考虑得比较多的则似乎是社会价值或利益的公平分分配问题。而且，虽然罗尔斯也和莱布尼茨一样，也强调政治正义对经济正义的“优先性”，但是，就其正义观的着眼点和落脚处而言，罗尔斯似乎更其注重经济正义，特别是关于“收入和财富的分配”的“分配正义”。

再次，无论是莱布尼茨的正义论还是罗尔斯的正义论都不只是一种描述性理论，而是都有其形而上学的铺垫或基础的。既然事情如罗尔斯的学生赖利所说：“莱布尼茨的普遍正义”“旨在发现那些对所有的理性存在者，亦即无论对人对神，都同样有效的准几何学的永恒的道德真理”，即“作为

---

① 罗尔斯：《正义论》，第1—2页。

② 同上书，第56页。

智者之爱的正义",[1]则莱布尼茨的正义理论之具有"形而上学—神学"基础,就是一件确定不移的事情了。罗尔斯虽然在《政治自由主义》中,反复强调他所谓的"作为公平的正义"首先是且只能是政治意义上的,而非"形而上学的"或仅仅是"道德伦理的",但是,既然"罗尔斯在其《正义论》一书中设置了'原初状态'、'无知之幕'、'无利益偏私'等一系列解释性概念,来解决正义原则如何建立的问题"[2],则它之预设有某种意义上的形而上学基础或前提,就是一个难以否认的事实了。而且,尽管对于罗尔斯来说,"作为公平的正义"应当是消极的,而不应当是积极的,应当是道义论的,而不应当是目的论的,对人们道德行为的要求应当是低限度的或"薄"的,而不应当是"厚"的或"最优化"的,但是,既然这样的正义或这样的道德要求要成为一种道德规范也就必须为人们普遍认可,则它也就必须具有一种普遍性品格,成为一种普遍伦理。这样,事情便如赖利所说:"在我们现存的道德—政治世界里,……罗尔斯想用那些仅仅是'薄'的广泛分享的假设来支撑他的正义论。相反,莱布尼茨的普遍正义则是'厚'的:它旨在从形而上学—神学的完善主义演绎出道德—政治的完善性。"[3]由此看来,在罗尔斯的正义论和莱布尼茨的正义论之间的区别便不在于是否有无形而上学的某种预设,而是在于这种预设究竟是独断性质的呢还是"纯粹假设"性质的,是"薄"的呢还是"厚"的呢？此外,这种形而上学预设究竟有无神学背景无疑也是它们之间的一项重大差别。

最后,罗尔斯在反对功利主义方面也与莱布尼茨的立场比较接近。众所周知,罗尔斯的正义论主要地就是在批评和反对功利主义的过程中酝酿产生出来的。在谈到功利主义的特征时,罗尔斯曾经指出:

> 功利主义观点的突出特征是:它直接地涉及一个人怎样在不同的时间里分配他的满足,但除此之外,就不再关心(除了间接的)满足的总量怎样在个人之间进行分配。[4]

因此,在罗尔斯看来,功利主义的根本弊端在于它考虑的只是社会之达到满足人的欲望的总额或"最大净余额"增加问题,是"对社会资源的有效管理"

---

① Cf. Patrick Riley, Leibniz' *Universal Jurisprudence*, p. 4.

② 参阅万俊人:《寻求普世伦理》,北京大学出版社2009年版,第213页。

③ Patrick Riley, *Leibniz' Universal Jurisprudence*, p. 12.

④ 罗尔斯:《正义论》,第23页。

问题，是效率问题，而不是分配和分配的正义问题，从而“用一些人的较大得益补偿另一些人的较少损失，或更严重些，可以为了使很多人分享较大利益而剥夺少数人的自由”①。而罗尔斯的正义论既然将公平的正义奉为最根本的道德原则和政治原则，他就不能不坚决地反对功利主义，强调正义原则对“效率原则”（1909 年由法国政治学家帕累托首先提出）或“最优原则”的优先性，强调“自由的平等”原则的优先性，强调分配的正义性，强调将社会构建成“互利互惠的合作体系”。② 很显然，罗尔斯的这样一种社会理想不仅与莱布尼茨的“实践正义”和“法律正义”思想相一致，而且与莱布尼茨的和谐社会理想和作为智者之爱的正义即“普遍正义”的理想相一致。诚然，也有学者由于莱布尼茨用快乐来界定人的幸福而将莱布尼茨宣布为边沁主义者或功利主义者，但是，正如罗尔斯的学生赖利所指出的：“莱布尼茨不是一个功利主义者。”③因为莱布尼茨虽然曾用快乐来界定幸福，但莱布尼茨所讲的快乐时一种“持久的快乐”，一种基于“他人的完善或幸福”的快乐，而不是那种基于“我们的利益或我们的功利”的快乐。④ 边沁从最大量的快乐的原则出发，肯认“恶毒带来的快乐”，“将儿戏与诗篇一视同仁”，而在莱布尼茨这里，始终强调的则是“智者之爱”和“普遍的仁慈”。⑤ “因此，罗尔斯完全有权称莱布尼茨是一个‘完善主义者’，但是却不会将他称做功利主义的先驱。”⑥尽管在强调善对正当的优先性，倡导目的论和至善主义，主张道德应得等方面，罗尔斯的正义论与莱布尼茨的普遍正义论是存在有严重分歧的⑦，但是，在反对功利主义方面，罗尔斯与莱布尼茨在许多方面倒是一脉相承的。

毋庸讳言，在《正义论》中，罗尔斯也不时地对莱布尼茨的普遍正义思想提出批评。罗尔斯的批评，归纳起来，主要是“善对于正当的优先性”和“完善主义”这样两个问题，并且因此而提出了一些引起普遍重视的新概念

① 罗尔斯：《正义论》，第 30、23 页。

② 同上书，第 30 页。

③ Patrick Riley, *Leibniz' Universal Jurisprudence*, p. 160.

④ Ibid., p. 162.

⑤ Ibid., p. 161.

⑥ Ibid.

⑦ 参阅罗尔斯：《正义论》，第 300—305、314—321 页。

和新命题，诸如“正当对于善的优先”和“至善论不适合作为一个政治原则”等。[①] 然而，罗尔斯对莱布尼茨的这些批评随后又遭到了德性伦理学家、社群主义伦理学家、保守主义伦理学家和共和主义伦理学家的反批评。这些思想家一方面针对罗尔斯“正当对于善的优先论”，强调指出：离开了善和德性，即使再普遍不过的正义原则也什么也不是；另一方面，针对罗尔斯的“政治中立论”，又指出：“好的国家政治”和“好政府”不仅应当意味着政治正确或政治正当，而且还应当意味着政治伦理意义上的“善治”和“完善”，而这也就是“完善主义”。而且，值得注意的是，即使罗尔斯本人在其1993年出版的《政治自由主义》一书中对他的一些观点也作了一定程度的调整和修正。[②] 这就进一步表明，即使在莱布尼茨的似乎已经过时的道德哲学思想和政治哲学思想中也依旧存在着许多至今尚未过时的值得我们继续珍视的内容。

2. 诺齐克：从“普遍正义”到“个人权利”

罗尔斯的《正义论》虽然在道德哲学界和政治哲学界受到普遍赞扬，但也受到一些学者的批评。如上所述，罗尔斯正义论的主题是“分配正义”，最高原则是“平等的自由”。面对着这样一个正义论体系，人们不仅思索：分配正义是否像罗尔斯所说的那样是一种根本的正义？“平等的自由”是否是一种真正的自由？自由原则与平等原则究竟何者优先？个人权利与公共政治权利究竟何者优先？在诸多批评家中，最为著名的一个则是罗尔斯在哈佛大学的同事诺齐克（Robert Nozick，1938—2002年）。诺齐克在其于1974年发表的《无政府、国家与乌托邦》中，围绕着“个人权利”这个核心概念对罗尔斯的分配正义论进行了尖锐的、根本性的批评，并提出了著名的“个人权利”理论。

其实，个人在社会和国家中的地位也是一个莱布尼茨颇为关心的问题。如前所述，个体性原则乃莱布尼茨哲学的一项基本原则。正是从这样一个

---

① 参阅罗尔斯：《正义论》，第28、317页。

② 参阅万俊人：《罗尔斯问题》，《求是学刊》2007年第1期；龚群：《当代社群主义对罗尔斯自由主义的批评》，《中国人民大学学报》2010年第1期；姚大志：《从〈正义论〉到〈政治自由主义〉——罗尔斯的后期政治哲学》，《中国人民大学学报》2010年第1期。

哲学原则出发,莱布尼茨虽然主张开明君主制,但是,对“君权概念”却始终持一种“极端限制”(an extreme downgrading)的态度和立场:

> 他与霍布斯一样认为,国家只是一种由个人聚集而成的东西,就像一群羊和一支部队一样,其统一性只能在它的统治者的统一中找到。而他的实体学说也要求只有个体是实在的,正是由于这一点,莱布尼茨的形而上学与政治学也是完全一致的。一个国家,就像由许多小的石块组合而成的大理石路,只是偶然地成为一个统一体的。国家并不是一个真正的统一体,“就像池塘里的水与池中所有的鱼一样,即使所有的水与鱼冻在了一起,亦复如此”。但是,莱布尼茨却摒弃了霍布斯关于法律即控制的观点;对于莱布尼茨来说,法律的内容相关的是它之促进公共善和无偏私的正义。①

鉴此,莱布尼茨认为国家和统治者的根本任务就是维护公共安全和推进公共福利,一句话,就是实现公共善。他甚至说过,如果统治者不能确保臣民的安全,则臣民就完全可以效忠于其他人来确保自己的安全;②一个国家的统治者不应当为自己谋取利益,而应当为自己国家的人民谋取福利。不仅如此,莱布尼茨还将私人财产权与法律正义联系起来,断言:法律正义不仅意味着每个人都有同样的权利获得自己应当得到的财产,而且还意味着每个人都有同样的权利来保存自己合法获得的财产。③ 所有这些,都与诺齐克的“个人权利”概念有密切的联系,至少存在有某种逻辑上的关联。

在诺齐克看来,正义的根本问题并非罗尔斯所说的分配问题,而是个人权利问题,是个人权利的不可侵犯性和不可让渡性。他在《无政府、国家与乌托邦》一书的前言中写道:

> 个人拥有权利,有些事情(那些侵犯个体权利的事情)是不能针对个人的,无论是以其他个人还是以集体的名义。这些个人权利是如此坚韧和意义深远,以至于它们向人们提出了国家及国家官员可以做什么(如果能够做什么的话)的问题。④

---

① Patrick Riley, *The Political Writings of Leibniz*, Oxford: Cambridge University Press, 1972, p. 26.

② Iibid., p. 29.

③ Cf. Patrick Riley, *Leibniz' Universal Jurisprudence*, p 203.

④ Robert Nozick, *Anarchy, State and Utopia*, New York: Basic Books, 1974, p. ix.

不难看出,诺齐克的个人权利理论所针对的不仅是撒切尔夫人和里根的新保守主义以及片面追求效率增长的功利主义,而且也是罗尔斯的分配正义观。

诺齐克的个人权利理论包含着两项基本的内容,这就是“资格理论”和“自我所有权”。他的“资格理论”的要旨在于:如果我们假定每个人对他们的财产拥有资格,那么,正义的分配就只是那些源于人们自由交换的分配。在正义状态下凭借着自由转移而产生的任何分配都是正义的。具体地讲,诺齐克的资格理论包含三项主要原则:(1)转移原则:任何通过正义途径的所获之物都可自由地转移(第一原则);(2)正义的初始获得原则:为人们最初是如何获得那些可以按照第一原则而转移的事物提供解释(第二原则);(3)对非正义的矫正原则:如何处理通过不正义途径的所获之物或通过不正义途径而转移的财产(第三原则)。这三项原则总的精神就是,如果人们当下的财产是通过正义途径获得的,分配正义的公式就是:“各尽所择,按择所予。”①

那么,由诺齐克的资格理论我们能够看到一些什么样的结论呢?如果诺齐克的资格理论正确,我们首先就会看到:政府在违背当事人意愿的情况下对这些交换进行强制性征税就是不正义的,用罗尔斯的话说就是不正当的。而唯一正当的课税途径就是:为旨在保护自由交换机制的背景制度(如旨在保证人们实施自由交换的警察和法律制度)提供维持运转所需的经费。这就向罗尔斯的分配正义的正义性提出了挑战。诺齐克的资格理论还由此前进进而得出了“最弱国家”或“最小国家”的结论。在诺齐克看来,依据他的资格理论,唯有“最弱国家”或“最小国家”才有存在的合法性。他强调说:“最弱的国家只限于提供下述保护措施:避免暴力、偷盗、欺诈以及对契约的强制执行,等等;这个意义上的最弱的国家才能得到合理的辩护;任何功能更强的国家都将侵犯个人不得被迫从事特定事情的权利,因此就得不到合理的辩护。”②

---

① 威尔·金里卡:《当代政治哲学》上册,刘莘译,上海三联书店 2004 年版,第 190—191 页。

② Robert Nozick, *Anarchy, State and Utopia*, p. ix;参阅威尔·金里卡:《当代政治哲学》上册,第 192 页。

自我所有权理论是诺齐克个人权利理论的又一项中心内容。这也是他的个人权利理论所内在蕴含并直接要求的一项理论。因为个人权利之所以不容侵犯,最根本的正在于自我所有权。自我所有权的基本前提是人的个体性、独立性和自在性。如果我们每个人都是独特的个体,每个人都有自己独特的要求,则对于能够要求某人为了他人的利益作出牺牲就需要有一个限制,我们每个人身上就有了一种神圣不可侵犯的权利。这种神圣不可侵犯的权利,在罗尔斯看来,就是我们每个人拥有某一确定份额的社会资源的权利,而在诺齐克看来,就是我们每个人对于自己的权利,亦即"自我所有权"。这种自我所有权,用柯亨的话说,就是:"它意味着所有者与被所有者是同一个人,也即是说,是一个完整的人。"①

诺齐克想要从他的自我所有权理论中得出的最重要的结论便是他的绝对的财产所有权理论。在诺齐克看来,如果我拥有自己,则我就拥有自己的天赋。而如果我拥有自己的天赋,则我就拥有任何靠着自己的天赋所产出的东西。正如我拥有一块地就意味着我拥有那块地的一切产出,我拥有我的天赋也就意味着我拥有我的天赋的一切产出。因此,罗尔斯式的再分配,即那种要求通过税收机制把天赋高者的产出向天赋低者转移的再分配,便因此而势必侵犯了天赋高者的权利,侵犯了自我所有权,违背了"人是目的而不是工具"这一道德原理。诺齐克虽然反对罗尔斯的分配正义理论,但是,他却声称他的自我所有权理论不仅不否认罗尔斯的"平等的自由"原则,反而在"人是目的而不是工具"的意义上真正实现了"平等的自由"或"自由的平等"。

诺齐克对罗尔斯的分配正义论的反对是在维护和捍卫公民个人权利的名义下进行的。按照诺齐克的理解,罗尔斯的正义原则,尤其是他的差异原则,很容易助长强势国家和强势政府,"为政府或国家以兼顾社会少数('处于最不利地位者')利益和要求的名义,来干涉和剥夺另一些社会成员的基本权利提供道德借口,这同古典功利主义以社会大多数人的最大利益('最大多数人的最大利益')的名义,来干预和剥夺少数人的权利可谓异曲同工"。② 而且,为落实罗尔斯的分配正义原则,国家和政府为进行必要的分

① 转引自威尔·金里卡:《当代政治哲学》上册,第201页。

② 万俊人:《罗尔斯问题》,《求是学刊》2007年第1期

配和再分配就必须进行大量复杂的社会财富的制度化转移，从而国家政府机构就势必因此而形成一个庞大的官僚管理体系，从而不断地加大、加重对社会个人权利的限制，使个人自由行动的空间越来越小，最终违背了自由主义的社会价值理想。但是，透过诺齐克这些貌似激烈的言辞，我们还是可以感受到他身上的古典主义的历史气息。他在《无政府、国家与乌托邦》中所阐述的个人权利理论与密尔在《论自由》一书中所阐述的“个人自由”和“放任主义”的历史关联是显而易见的。人们将诺齐克的个人权利理论称做“新古典自由主义”是不无理由的。

正如人们对罗尔斯的分配正义论开展了多方面的批评一样，诺齐克的个人权利理论也遭到了多方面的批评。看来，这样的批评和争论还会以这样那样的形式不断地开展下去。只要人类社会存在一日，如何正确地看待和处理人的个体性与人的社会性、人的权利与人的义务、个人与社会和国家、自由主义与平等主义或民主主义、个人主义与社群主义等方面的辩证关联的话题，也就将存在一日。而在围绕着这些话题开展的讨论和争辩中，包括莱布尼茨的道德哲学和政治哲学在内的所有传统的道德哲学和政治哲学都将会作为某种“先见”和“偏见”参与进来，并且将不仅为我们的道德哲学和政治哲学的“再认识”和“再提高”提供精神资粮，而且还有望为我们的道德哲学和政治哲学的理论重建提供某种框架和理论远景。

至此，我们从莱布尼茨与德国古典哲学、意志主义、现象学和存在主义、分析哲学、直觉主义美学及现代道德哲学和政治哲学六个方面的关联，对莱布尼茨对后世哲学的深广影响作了一个扼要的说明。事实上，莱布尼茨对后世哲学的影响并不仅仅限于这些方面。然而，即使从我们的上述考察中，我们也会强烈地感受到莱布尼茨对后世哲学影响的广度和深度。由此看来，罗素在 21 世纪 40 年代所说的那句话：“莱布尼茨毕竟是个大人物，他的伟大现在看来比以往任何时代都明显”①，至今仍不失一句至理名言。当年莱布尼茨的同代人腓特烈大帝曾赞扬莱布尼茨“本人就是一所科学院”，现在我们站在后人的角度，可以说莱布尼茨的思想是一处我们永远挖掘不尽的精神宝藏，而且我们可以预言，即使我们的后代，面对着莱布尼茨思想这个“文本”，也会持续不断地进行着这样那样的对话，作出这样那样的诠释。

---

① 罗素：《西方哲学史》下卷，第 124 页。

也正是在这个意义上，我们赞同莱布尼茨在《单子论》中所提出的一个著名观点："严格意义下的绝对的死"是没有的①，因为莱布尼茨本人就是一个明证。

① Leibniz, *Kleine Schriften zur Metaphysik*, p. 454；北京大学哲学系外国哲学史教研室编译：《西方哲学原著选读》上卷，第489页。

莱布尼茨生平年表

1646 年(清顺治三年)

6 月 21 日,生于德国莱比锡城一道德哲学教授家庭。

1661 年(顺治十八年),15 岁

3 月,入莱比锡大学法律系。

1663 年(清康熙二年),17 岁

5 月,以《论个体原则方面的形而上学争论》(*Disputatio Metaphysica De principio individui*)获哲学硕士学位。

1666 年(康熙五年),20 岁

著述《论组合术》(*Dissertatio de art conbinatoria*)。

11 月,转阿尔特道夫大学。以论文《论法律上的难题》("De Casibus Perplexis in Jure")通过论文答辩,并于次年 2 月获法学博士学位。

在纽伦堡参加秘密会社玫瑰十字架兄弟会,任秘书。

1667 年(康熙六年),21 岁

结识政界人物迈因茨选帝侯府首任宰相博因堡男爵约翰·克里斯蒂安(1622—1672 年)。

1668 年(康熙七年),22 岁

奉命协助选帝侯兼大主教,莱茵同盟首脑舍恩博恩的约翰·菲利普(1605—1673 年)的律师赫安·拉萨尔整顿立法。

1672 年(康熙十一年),26 岁

年初,奉命随选帝侯之侄墨·弗里德里希赴法游说法王,三月抵达巴黎。

秋季,结识荷兰物理学家克里斯蒂安·惠更斯(1629—1695 年)和法国冉森派思想家安托万·阿尔诺(1612—1694 年)。

1673 年(康熙十二年),27 岁

4 月,成为英皇家学会会员。

1674 年(康熙十三年),28 岁

1675 年(康熙十四年),29 岁

上半年,结识马勒伯朗士(1638—1715 年),与后者讨论《真理的探求》。

10 月,先后制定积分学和微分学。

1676 年(康熙十五年),30 岁

10 月,从巴黎启程返汉诺威,途中绕道海牙访问斯宾诺莎,随后任汉诺威公爵府法律顾问兼图书馆长。

1680 年(康熙十九年),34 岁

兼任布伦瑞克—沃尔芬比特尔公爵安东·乌利希(1663—1714 年)侯府图书馆长。

1682 年(康熙二十一年),36 岁

与门克(?—1707 年)共同创办拉丁文科学杂志《学术纪事》(1682—1732 年)。

1684 年(康熙二十三年),38 岁

10 月,于《学术纪事》上发表微积分著作《关于极大和极小以及切线的新方法,亦适用于分数和无理数的情况及非异常类型的有关计算》。

11 月,发表哲学论著《关于知识、真理和观念的默思》(*Meditationes de cognitione veritate et ideis*),卷入阿尔诺和马勒伯朗士的争论。

1686 年(康熙二十五年),40 岁

完成《形而上学论》(*Discours de métaphysique*),并将《形而上学论》提要寄黑森—莱因费尔伯爵恩斯特(1623—1693 年)转阿尔诺。

著述《发现的技术》(*Projet d' un art d' Inventer*)。

1687 年(康熙二十六年),41 岁

10 月,为给布伦瑞克公爵家族编写族谱起程前往意大利搜集有关史料。

1688 年(康熙二十七年),42 岁

收到牛顿的《自然哲学的数学原理》,并发表有关评论。

1689 年(康熙二十八年),43 岁

于罗马结识意大利耶稣会士、天主教来华传教士闵明我(Clandio Filippo Grimaldi,1639—1712 年)。

1691 年(康熙三十年),45 年

6 月,发表《莱布尼茨论物体的本质是否广延问题的书简节录》(*Extrait d' une letter de Mr. de Leibniz,sur la question,si l' essence du corps consiste dans l' étendue*)。

1693 年(康熙三十二年),47 岁

著述《论法律和正义概念》(*De notionibus juris et justitiae*)。

著述《论智慧》(*De la sagesse*)。

1694 年(康熙三十三年),48 岁

发表《论第一哲学的改造与实体概念》(*De primae Philosophiae emendatione et de notione Substantiae*)。

1695 年(康熙三十四年),49 岁

4 月,发表《动力学实例》(*Specimen Dynamicum*),把力分为死力和活力两种。

致函洛比达侯爵(1661—1704 年),首次提到单子(monad)一词。

6—7 月,匿名发表《关于实体的本性和交通,兼论灵魂和身体结合的新系统》(*Système nouveau de la nature et de la communication de Substances aussi bien que de l' union qu' il y a entre l' ame et la corps*)。自此以"前定和谐说的提出者"自称。

1696 年(康熙三十五年),50 岁

写作并发表《新系统的说明》(*Eclaircissement du nouveau système*),答复人们对《新系统》的批评。

写下对洛克《人类理智论》的看法,请人转交著者。

1697 年(康熙三十六年),51 岁

编辑出版《中国近事》(*Nouvissima Sinica*)。

11 月,著述《论事物的最后根源》(*De Rerum originatione radicali*)。

1698 年(康熙三十七年),52 岁

9 月,发表《论自然本身》(*De ipsa natura, sive de vi insita actionibusque creaturarum*)。

1700 年(康熙三十九年),54 岁

读到洛克的秘书考斯特(1668—1747 年)所译法文版《人类理智论》,当即开始撰写《人类理智新论》。

11 月,柏林科学院成立,出任第一届会长。

1702 年(康熙四十一年),56 岁

8 月,发表《答复培尔先生的〈批判辞典〉再版条目"罗拉留斯"对前定和谐说提出的批评》。

1704 年（康熙四十三年），58 岁

7 月，致函法国在华传教耶稣会士白晋（1656—1730 年），要他向康熙建议建立科学院。

《人类理智新论》（*Nouveaux Essais sur l' entendement humain*）完稿。

1707 年（康熙四十六年），61 岁

推荐克·沃尔夫（1679—1754 年），前往哈勒大学克·托马修斯（1655—1728 年）处任教。

发表《布伦瑞克史料集》（*Scriptores rerum Brunsvicensium*）第一卷，受到好评。

1708 年（康熙四十七年），62 岁

著述《对马勒伯朗士的"我们在上帝之中看见一切事物"这一意见的评论，兼评洛克对它的考察》（*Examen du sentiment du P. Malebranche que nous voyons tout en Dieu; contre J. Locke*）。

1710 年（康熙四十九年），64 岁

出版《神正论，论上帝的善、人的自由和恶的根源》（*Essais de Théodicée sur le bonté de Dieu, la liberté de l' homme et l' origine du mal*）。

1711 年（康熙五十年），65 岁

著述《菲拉勒与阿里斯特对话录》（*Entretiens de Philarète et d'Eugene*），解释自己的观点与笛卡尔哲学的关系。

11 月，在莱比锡的托尔高（Torgau）见到彼得大帝，受聘为法律顾问，有年金。

1712 年（康熙五十一年），66 岁

前去卡尔斯巴德（Carlsbad）晋见沙皇彼得大帝。

英国皇家学会评判牛顿、莱布尼茨优先发明权的委员会在《通讯》中指出牛顿的流数和莱布尼茨的微分是一回事，只是名称不同而已。

12 月，前往维也纳，晋见圣罗马帝国查理六世（1685—1740 年），受封为男爵,担任枢密顾问。

1714 年(康熙五十三年),68 岁

3 月,著述《以理性为基础的自然的和神恩的原则》(*Principes de la Nature et de la Grâce,fondés en Raison*)。

夏季,在维也纳结识萨瓦亲王欧根(1663—1736 年)。

应萨瓦亲王之请写作《单子论》(*La Monadologie*)。

1715 年(康熙五十四年),69 岁

发表《数学的形而上学基础》(*Initia rerum mathematicarum metaphysica*),评论沃尔夫的观点。

11 月,把对牛顿《自然哲学的数学原理》的看法写成书面意见,经英王乔治二世的妻子卡罗琳(1683—1737 年),转交给牛顿的学生萨·克拉克(1675—1729 年)。

11 月,著述《致德雷蒙先生的信论中国哲学》(*Lettre sur la philasophie chinoiseà M. de Rémond*)。

1716 年(康熙五十五年),70 岁

6 月,在巴特皮尔蒙特再次见到彼得大帝,积极建议在俄国创立科学院。

11 月 14 日,以痛风和结石症逝世于汉诺威寓所中。

主要参考文献

I. 莱布尼茨原著

I—I:译文部分

《人类理智新论》(上、下册),陈修斋译,商务印书馆 1982 年版。

《莱布尼茨与克拉克论战书信集》,陈修斋译,商务印书馆 1996 年版。

《新系统及其说明》,陈修斋译,商务印书馆 1999 年版。

《单子论》,王太庆译,见北京大学哲学系外国哲学史教研室编译:《西方哲学原著选读》上卷,商务印书馆 1981 年版。

《致德雷蒙先生的信:论中国哲学》,庞景仁译,《中国哲学史研究》1981 年第 3 期至 1982 年第 1 期。

《莱布尼茨自然哲学著作选》,祖庆年译,中国社会科学出版社 1985 年版。

《〈神正论〉序》,段德智等译,见《世纪之交的宗教与宗教学研究》,湖北人民出版社 2000 年版。

I—II:外文部分

*Die philosophischen chriften*von *Gottfried Wilhelm Leibniz* 2, hrsg. von C. I. Gerhardt, Hildsheim: Georg Olms Verlag, 1978.

Die philosophischen chriften von *Gottfried Wilhelm Leibniz* 3, hrsg. von C. I. Gerhardt, Hildsheim: Georg Olms Verlag, 1965.

Die philosophischen chriften von *Gottfried Wilhelm Leibniz* 5, hrsg. von C. I. Gerhardt, Hildsheim: Georg Olms Verlag, 1978.

Die philosophischen chriften von *Gottfried Wilhelm Leibniz* I, hrsg. von C. I. Gerhardt, Hildesheim: Georg Olms, 1965.

Die philosophischen chriften von *Gottfried Wilhelm Leibniz* II, hrsg. von C. I. Gerhardt, Hildesheim: Georg Olms, 1965.

Die philosophischen chriften von *Gottfried Wilhelm Leibniz* III, hrsg. von C. I. Gerhardt, Hildesheim: Georg Olms, 1965.

Die philosophischen chriften von *Gottfried Wilhelm Leibniz* IV, hrsg. von C. I. Gerhardt, Hildesheim: Georg Olms, 1965.

Die philosophischen chriften von *Gottfried Wilhelm Leibniz* V, hrsg. von C. I. Gerhardt, Hildesheim: Georg Olms, 1965.

Die philosophischen chriften von *Gottfried Wilhelm Leibniz* VI, hrsg. von C. I. Gerhardt, Hildesheim: Georg Olms, 1965.

Die philosophischen chriften von *Gottfried Wilhelm Leibniz* VII, hrsg. von C. I. Gerhardt, Hildesheim: Georg Olms, 1965.

Gottfried Wilhelm Leibniz: Sämtliche Schriften und Briefe, VI, i (Reihe 6, Bd. 1), Darmstadt: Akademie Verlag, 1930.

Gottfried Wilhelm Leibniz: Sämtliche Schriften und Briefe, VI, ii (Reihe 6, Bd. 2), Berlin: Akademie Verlag, 1966.

Gottfried Wilhelm Leibniz: Sämtliche Schriften und Briefe, VI, iii (Reihe 6, Bd. 3), Berlin: Akademie Verlag, 1981.

Gottfried Wilhelm Leibniz: Sämtliche Schriften und Briefe, VI, iv (Reihe 6, Bd. 4), Berlin: Akademie Verlag, 1999.

Gottfried Wilhelm Leibniz: Sämtliche Schriften und Briefe, VI, v (Reihe 6, Bd. 6), Berlin: Akademie Verlag, 1962.

Gottfried Wilhelm Leibniz: Kleine Schriften zur Metaphysik, hrsg. von Hans Hein Holz, Frankfurt: Insel Verlag, 1986.

Gottfried Wilhelm Leibniz: Discours de Métaphysique (Metaphysische Abhandlung), Hamburg: Verlag von Felix Meiner, 1985.

Gottfried Wilhelm Leibniz, Der Briefwechsel mit Antoine Arnauld, Herausgegeben und übersetzt von Reinhard Finster, Hamburg: Felix Meiner Verlag, 1997.

Leibniz: Discourse on Metaphysics, correspondence with Arnauld and Monadology, ed. and trans. by George R. Montgomery, Chicago: The Open Court, 1918.

New Essays on Human Understranding, ed. by Peter Remnant and Jonathan

Bennett, Cambridge: Cambridge University Press, 1997.

Essais de Théodicée sur la bonté de Dieu, la liberté de l' homme et l' origine du mal, Paris: GF Flammarion, 1969.

Theodicy: Essais on the Goodness of God, the Freedom of Man and the Origin of Evil, ed. by Austin Farrer, trans. by E. M. Huggard, La Salle: Open Court, 1997.

G. W. Leibniz: The Monadology and Other Philosophical Writings, ed. and trans. by Robert Latta, London: Oxford University Press, 1971.

G. W. Leibniz: Philosophical Essays, ed. and trans. by Roger Ariew and Daniel Garber, Cambridge: Hackett Publishing Company, 1989.

G. W. Leibniz: Philosophical Texts, trans and ed. by R. S. Woolhouse and Richard Francks, Oxford: Oxford University Press, 1998.

Leoibniz: Philosophical Writtings, ed. by G. H. R. Parkinson, trans. by Mary Morris and G. H. R. Parkinson, London: J M Dent & Sons, 1973.

Gottfried Wilhelm Leibniz: Philosophical Papers and Letters, ed. and trans. by Leroy E. Loemker, Dordrecht: D. Reidel Publishing Company, 1969.

The Political Writings of Leibniz, ed. and trans. by Patrick Riley, Cambridge: Cambridge University Press, 1972.

II. 其他参考文献

II—I:外文部分

（以作者和编者姓氏字母顺序排列）

Robert Merrihew Adams, *Leibniz: Determinist, Theist, Idealist*, NewYork: Oxford University Press, 1994.

R. Maurice Barineau, *The Theodicy of Alfred North Whitehead: A Logical and Ethical Vindication*, New York: Lanham, 1991.

Yvon Belaval, *Leibniz critique de Descartes*. Parris: Gallimard, 1960.

Yvon Belaval, *Leibniz: Initiation à sa philosophie*, Paris: Vrin, 1975.

F. Copleston, *A History of Philosophy*, New York: Image Bookks, 1962.

Heidegger, *The Metaphysical Foundations of Logic*, trans. Michael Heim, Bloomington: Indiana University Press, 1992.

Heidegger, *The Principle of Reason*, trans. Reginald Lilly, Bloomington: Indiana University Press, 1991.

Nicholas Jolley (ed.), *The Cambridge Companion to Leibniz*, Cambridge: Cambridge University Press, 1995.

Nicholas Jolley, *Leibniz and Locke: A Study of the New Essays on Human Understanding*, Oxford: Clarendon Pfress, 1984.

Nicholas Jolley, *The Light of the Soul: Theories of Ideas in Leibniz, Malebranche, and Descartes*, Oxford: Clarendon Pfress, 1992.

Norman Kretzmann, *The Metaphysics of Theism*, Oxford: Clarendon Press, 1997.

Laurence B. McCullough, *Leibniz on Individuals and Individuation*, Boston: Kluwer Academic Publishers, 1996.

Benson Mates, *The Philosophy of Leibniz: Metaphysics & Language*, NewYork: Oxford University Press, 1986.

David E. Mungello, *Leibniz and Confucianism: The Search for Accord*, Honolulu: The University Press of Hawaii, 1977.

Hans Poser, *Zur Theorie der Modalbegriffe*, Wiesbaden: Franz Steiner Verlag, 1969.

Nicholas Rescher, *Leibniz: An Introduction to his Philosophy*, Hampshire: Gregg Revivals, 1993.

Nicholas Rescher, *The Philosophy of Leibniz*, Englewood Cliffs: Prentice-Hall, 1967.

Nicholas Rescher, *G. W. Leibniz's Monodology*, Pittsburgh: the University of Pittsburgh Press, 1991.

Patrick Riley, *Leibniz' Universal Jurisprudence*, Cambridge: Harvard University Press, 1996.

G. MacDonald Ross, *Leibniz*, NewYork: Oxford University Press, 1984.

Olivier Roy, *Leibniz et la China*, Paris: Vrin, 1972.

Bertrand Russell, *A Critical Exposition of the Philosophy of Leibniz*, London: George Allen & Unwin Ltd., 1958.

Bertrand Russell, *The Autobiography of Bertrand Russell*, London: George

Allen & Unwin Ltd. ,1993.

Donald Rutherford, *Leibniz and the Rational Order of Nature*, Cambridge: Cambridge University Press,1997.

Catherine Wilson, *Leibniz's Metaphysics: A Historical and Comparative Study*, Manchester: Manchester University Press,1989.

II—II:中文与译文部分

(以作者和编者姓氏字母顺序排列)

托马斯·阿奎那:《论存在者与本质》,段德智译,《世界哲学》2007 年第 1 期。

巴克莱:《人类知识原理》,关文运译,商务印书馆 1973 年版。

鲍姆嘉通:《美学》,简明、王旭晓译,文学艺术出版社 1987 年版。

威廉·巴雷特:《非理性的人:存在主义哲学研究》,段德智译,陈修斋校,上海译文出版社 2007 年版。

北京大学哲学系外国哲学史教研室编译:《古希腊罗马哲学》,商务印书馆 1982 年版。

北京大学哲学系西方哲学史教研室编译:《十六——十八世纪西欧各国哲学》,商务印书馆 1975 年版。

北京大学哲学系外国哲学史教研室编译:《西方哲学原著选读》上卷,商务印书馆 1981 年版。

布鲁诺:《论原因、本原与太一》,汤侠声译,商务印书馆 1984 年版。

陈修斋主编:《欧洲哲学史上的经验主义和理性主义》,人民出版社 1986 年版。

陈修斋:《陈修斋论哲学与哲学史》,段德智编,人民出版社 2009 年版。

陈修斋、段德智:《莱布尼茨》,(台北)东大图书公司 1994 年版。

W. C. 丹皮尔:《科学史及其与哲学和宗教的关系》上册,李珩译,张今校,商务印书馆 1989 年版。

泰奥多·德布尔:《胡塞尔思想的发展》,李河译,三联书店 1995 年版。

笛卡尔:《第一哲学沉思集》,庞景仁译,商务印书馆 1996 年版。

段德智:《主体生成论——对"主体死亡论"之超越》,人民出版社 2009 年版。

段德智:《对莱布尼茨的逻辑学的再解释:对罗素关于莱布尼茨的逻辑学的解释的一个批评》,《武汉大学学报》1999 年第 2 期。

段德智:《论莱布尼茨的自主的和神恩的和谐学说及其现时代意义》,《世界宗教研究》2000 年第 1 期。

段德智:《试论莱布尼茨和谐学说的理论特征:兼论其与中国阴阳和谐学说的根本差异》,《复旦学报》2003 年第 4 期。

段德智、李文潮:《试论莱布尼茨的现象主义与单子主义的内在关联:对国际莱布尼茨研究中一个重大问题的回应》,《哲学研究》2002 年第 9 期。

费尔巴哈:《对莱布尼茨哲学的叙述、分析和批判》,涂纪亮译,商务印书馆 1979 年版。

费尔巴哈:《费尔巴哈哲学著作选集》上卷,荣震华、李金山等译,商务印书馆 1984 年版。

冯俊:《法国近代哲学》,(台北)远流出版事业股份有限公司 2000 年版。

傅伟勋:《西洋哲学史》,(台北)三民书局 1984 年版。

海德格尔:《路标》,孙周兴译,商务印书馆 2000 年版。

贺麟:《哲学与哲学史论文集》,商务印书馆 1990 年版。

黑格尔:《哲学史讲演录》第 4 卷,贺麟、王太庆译,商务印书馆 1981 年版。

黑格尔:《小逻辑》,贺鳞译,三联书店 1981 年版。

胡塞尔:《现象学的观念》,倪梁康译,夏基松、张继武校,1986 年版。

胡塞尔:《笛卡尔式的沉思》,张廷国译,中国城市出版社 2002 年版。

伽达默尔:《真理与方法》,洪汉鼎译,上海译文出版社 1992 年版。

威尔 · 金里卡:《当代政治哲学》上册,刘莘译,上海三联书店 2004 年版。

康德:《纯粹理性批判》,邓晓芒译,杨祖陶校,人民出版社 2004 年版。

康德:《未来形而上学导论》,庞景仁译,商务印书馆 1978 年版。

克罗齐:《美学原理 · 美学纲要》,朱光潜等译,人民文学出版社 2008 年版。

李泽厚:《批判哲学的批判》,人民出版社 1979 年版。

李文潮、H. 波塞尔编:《莱布尼茨与中国:〈中国近事〉发表 300 周年国际学术讨论会论文集》,科学出版社 2002 年版。

罗尔斯:《正义论》,何怀宏、何包钢、廖申白译,中国社会科学出版社 1988 年版。

洛克:《人类理解论》(上、下册),关文运译,商务印书馆 1981 年版。

罗素:《对莱布尼茨哲学的批评性解释》,段德智、张传有、陈家琪译,陈修斋、段德智校,商务印书馆 2000 年版。

罗素:《西方哲学史》下卷,马元德译,商务印书馆 1981 年版。

罗素:《我的哲学发展》,温锡增译,商务印书馆 1995 年版。

尼采:《快乐的科学》,黄明嘉译,漓江出版社 2007 年版。

尼采:《看哪这人:尼采自述》,张念东、凌素心译,中央编译出版社 2010 年版。

叔本华:《充足理由律的四重根》,陈晓希译,洪汉鼎校,商务印书馆 1996 年版。

斯宾诺莎:《伦理学》,贺麟译,商务印书馆 1981 年版。

斯特劳森:《个体:论描述的形而上学》,江怡译,中国人民大学出版社 2004 年版。

万俊人:《寻求普世伦理》,北京大学出版社 2009 年版。

休谟:《人类理解研究》,关文运译,商务印书馆 1981 年版。

亚里士多德:《范畴篇　解释篇》,方书春译,商务印书馆 2003 年版。

杨祖陶:《德国古典哲学逻辑进程》,武汉大学出版社 1993 年版。

赵敦华:《基督教哲学 1500 年》,人民出版社 1994 年版。

朱光潜:《西方美学史》上卷,人民文学出版社 1987 年版。

后　记

1. 本书的基本目标在于尽可能多地依据文本，尽可能多地结合其语境，对莱布尼茨的哲学思想作出较为全面、较为系统、较为深入的阐释。

2. 全书分6章。其中第一章，针对国际学界相当一部分学者将莱布尼茨二分为"中年莱布尼茨"和"晚年莱布尼茨"的做法，致力于将作为哲学家的莱布尼茨的一生刻画成其酝酿、阐扬、完善和进一步深化其哲学体系的过程。这可以看做是对莱布尼茨哲学思想的一种历时性考察。

第二至五章，则可以看做是对莱布尼茨哲学思想的一种逻辑的或共时性的考察。其中，第二章着重阐述了莱布尼茨哲学思想所依据的三项基本原则：作为关于"本质"大原则的矛盾原则，作为关于"存在"大原则的充足理由原则，作为关于"自由"和"自由选择"大原则的圆满性原则。这三项原则可以说是我们审视和阐释莱布尼茨哲学思想的逻辑支点或理论最高点。在接下来的三章中，我们从三项基本原则的理论高度，依次考察了莱布尼茨哲学体系的三个基本构件，亦即他的本体论、认识论和道德学。

在第六章中，我们从德国古典哲学、意志主义、现象学与存在主义、分析哲学、直觉主义美学、现代道德哲学和政治哲学六个层面对莱布尼茨哲学对后世的深广影响作出较为简洁的说明。这一部分虽然可以看做是对前面几章我们对莱布尼茨思想逻辑考察的一种继续，但更多地则可以看做是我们在第一章中所进行的对莱布尼茨哲学思想的历时性考察的一种继续。

3. 在思考莱布尼茨哲学思想和写作本书的过程中，作者有一些感触较大的心得体会，在这里，愿与读者分享：

(1)亚里士多德有《工具论》，培根有《新工具》，笛卡尔有《方法谈》。方法论问题并非只是哲学的一个分支问题，而是一个哲学之成为哲学的问题，是一个元哲学问题。离开了莱布尼茨哲学所依据的矛盾原则、充足理由原则和圆满性原则，我们就根本不可能对莱布尼茨的哲学思想有一种深入的了解和把握，甚至就根本不可能对莱布尼茨的哲学思想有所了解和把握。

莱布尼茨哲学所有方面的开创性努力和开创性成就几乎没有与他新提出的充足理由原则和圆满性原则没有关联的。离开了他新提出的这两项基本原则,我们不仅根本无从理解和把握他的自由学说、道德必然性学说、神义论和社会向善论,而且我们也很难理解和把握他的偶然真理学说和微知觉学说,甚至也不可能深入地理解和把握他的动力学原则和有形实体学说。

(2)莱布尼茨的本体论思想中最有创意且最值得关注的是他的力本论思想、动力学原则和有形实体学说。在莱布尼茨这里,实体作为一个哲学术语虽然依然构成了莱布尼茨哲学的第一范畴,但是,实体在莱布尼茨这里已经不再是某种现存的静态的永恒不变的"死物",而是演变成了一种"形而上学的力",一种生生不已的"活动",一种不断"生成"的东西,一种自身获得了"主体性"的"活物"(黑格尔语)。莱布尼茨的本体论在西方哲学思维范式从实体主义向非实体主义的转换中扮演了一个相当重要的角色。① 莱布尼茨的"有形实体"学说或"物体哲学"在西方哲学发展史上的地位也是值得注意的。他的这一学说表明,在莱布尼茨这里,所谓本体论不仅意味着一种形而上学,而且也意味着一种"形而中学"。无怪乎现象学的创始人胡塞尔用"作为单子的自我"和"交互单子论"来概括自己的现象学原理。

(3)莱布尼茨的认识论思想中最有创意且最值得关注的是他的微知觉理论和"偶然真理"学说。如果我们对莱布尼茨的微知觉理论缺乏真切的了解和把握,我们就根本不可能具体地了解和把握莱布尼茨的认识过程思想和认识起源理论。微知觉的类型学分析,是作者在反复研读莱布尼茨原著的基础上作出来的。希望能够引起读者较多的注意。"偶然真理"的提出,是莱布尼茨对西方真理观的一项重要贡献。莱布尼茨这项努力的永恒功绩在于它一方面警示人们去不断地提醒自己:我们永远只是一个面对无限的有限者;另一方面又警示人们去不断地提醒自己:我们所认识的真理"其反面永远是可能的"。一个近代理性主义哲学家竟然能够提出如此开放的真理观,实在匪夷所思。

(4)莱布尼茨的道德学思想中最有创意且最值得关注的是他的自由学说和社会向善论理念。莱布尼茨从与必然的关联("道德的必然性")中考察和界定人的自由的哲学立场,他之将自由二分为"事实上的自由"与"法

① 参阅段德智:《主体生成论——对"主体死亡论"之超越》,第265—270页。

权上的自由”，以及他对人的自由的个体性和主体性的强调在西方自由学说史上都享有崇高的地位。人类及其社会自产生之日起就经历着一场又一场的劫难，在劫难中重生和一步步走向进步和繁荣，乃人类及其社会的历史定命。盲目乐观固然无益，悲观失望势必有害。社会向善论毕竟是人们不断走向那更加光明的未来的较为合宜的信念。

（5）具体性原则、处境原则或对话原则不仅是莱布尼茨哲学的一项基本原则，而且也是我们理解和阐释莱布尼茨哲学思想的一项基本原则。我们之所以不仅在宏观地考察莱布尼茨哲学的主要旨趣、基本原则和总体结构时介绍了莱布尼茨哲学的思想背景，而且我们在阐述他的本体论、认识论和道德学时也不厌其烦地介绍了莱布尼茨哲学的思想背景，其目的正在于借此来彰显莱布尼茨的哲学思想本身。莱布尼茨的哲学思想就是西方哲学史和他所在时代的哲学的一面活的镜子。离开了莱布尼茨哲学的思想背景，离开了莱布尼茨这面哲学镜子所反映的种种形态的哲学思想，莱布尼茨的哲学思想就根本无从理解和阐释，就像一面镜子离开了它所反映的对象就根本无从理解和阐释一样。这一点也是希望读者能够注意的。

4. 我是1978年考入武汉大学哲学系，师从陈修斋先生和杨祖陶先生攻读西方哲学硕士学位，开始走上研究西方近代经验论和唯理论，特别是研究洛克和莱布尼茨的学术道路的。当时，两位先生精诚团结，正在雄心勃勃地谋划着、编织着和落实着“将武汉大学外国哲学史教研室建成国内西欧近代哲学史上唯理论和经验论的阵地或中心”（杨祖陶语）的学术蓝图。真可谓躬逢盛事，任重道远。虽然自20世纪90年代初受陈修斋先生的委托完成《莱布尼茨》（此书1994年在台湾出版）一书后自己将主要精力放在了西方中世纪哲学，特别是托马斯·阿奎那著作的翻译和研究上面，并且常常为此而感到惶恐，但是，对莱布尼茨的研究却并未因此而完全放弃。此后，并翻译了《形而上学论》、摘译了《神义论》（其中的“长序”已经发表），主译了《对莱布尼茨哲学的批评性解释》（2000年出版），并专门到德国柏林理工大学进修了一段莱布尼茨哲学，而且还断断续续地写作了《神恩的和谐：莱布尼茨前定和谐学说研究》（主体部分几近完成）和《莱布尼茨哲学研究》（初稿）。眼下这本书的最后定稿也可以看做是我向两位老先生殷殷希望的一个回应或交代。

陈修斋先生是我国研究莱布尼茨哲学的权威学者。从20个世纪40年代起，他就走上了研究莱布尼茨的哲学道路，不仅翻译出版了《人类理智新论》、《新系统及其说明》和《莱布尼茨与克拉克论战书信集》等重要著作，而且还发表了《黑格尔对莱布尼茨思想中矛盾律与充足理由律的二元并列问题的解决》和《莱布尼茨哲学体系初探》等多篇高水平的学术论文，出版了学术专著《莱布尼茨》（此书曾获教育部人文社科优秀成果二等奖），是我国莱布尼茨哲学研究的卓越奠基人。且不要说没有先生生前的谆谆教诲，我等不可能如此顺利地走上研究唯理论和经验论，特别是研究洛克和莱布尼茨的哲学道路，即使目前这本书中的大部分观点，离开了先生的译著和论著，也是不可能达到眼下的理论深度的。我之所以将这部书题献给陈修斋先生，想要表明的归根到底是薪火相传、师道长存这层意思。

5. 在本书即将付梓之际，除陈修斋和杨祖陶二位先生外，我还要特别感谢德国柏林理工大学 Hans Poser 教授、美国匹兹堡大学 Nicholas Rescher 教授、柏林—勃兰登堡科学院莱布尼茨编辑部主任李文潮教授和柏林科学院波茨坦莱布尼茨编辑部前主任 Hartmut Rudolph 博士。

Hans Poser 教授历任德国哲学学会会长、国际莱布尼茨研究会副主席和学术委员会主席等职，是一位学术造诣很深、德高望重、既慈祥又热情的学者。他不仅曾经于 2001 年邀请我出席第七届国际莱布尼茨哲学大会，并安排我担任大会主席团成员，而且还邀请我到柏林理工大学作为期三个月的莱布尼茨研究，使我有幸在柏林理工大学图书馆平生第一次接触到柏林科学院编辑出版的《莱布尼茨著作与书信集》（当时已出版了 30 多部，这对我的莱布尼茨研究产生了极其重大的影响）。他还将他已经出版了 30 多年的博士论文 *Zur Theorie der Modalbegriffe bei G. W. Leibniz*（1969 年出版）赠送给我。据当时在场的李文潮教授说，我是有幸近几年获得他这本赠书的极少数学者之一。

Nicholas Rescher 教授不仅是当代著名的莱布尼茨哲学专家，而且在当代哲学的多个领域都享有盛誉。他曾经于 1998 年将他的研究莱布尼茨的两部代表作 *Leibniz: An Introduction to his Philosophy* 和 *G. W. Leibniz's Monodology* 经本人签名后赠送给我，并且委托我在中国出版他的《莱布尼茨哲学导论》。

李文潮教授不仅在我 2001 年出席国际莱布尼茨哲学大会和此后在柏林理工大学学术访问期间给了我诸多照顾和方便，而且后来在他回国讲学时还特意从德国给我带来了 G 本《莱布尼茨哲学著作集》第 2、3、5 卷。这给我的莱布尼茨研究工作和写作工作带来了极大的方便。

Hartmut Rudolph 博士不仅于 2001 年以编辑部主任的名义盛情接待了我对他所领导的编辑部的访问，使我对《莱布尼茨著作和书信集》的编辑工作有了感性的了解，而且还得到了他的签名赠书，在他那里还平生第一次吃到了莱布尼茨饼干。

6. 最后，我还要感谢人民出版社哲学编辑室主任方国根先生和洪琼先生，没有他们的重视和督促，眼下这本书很可能现在依然作为一种半成品堆放在我的书架上。

此外，眼下正在北京大学哲学系赵敦华教授门下攻读博士学位的余亮先生也是我应当感谢的。他曾为我写作这本书及时地提供了一些重要资料。

7. 尽管在写作这本书时，我手上差不多有了莱布尼茨哲学的主要文本，尽管 2001 年在柏林理工大学图书馆里我差不多将当时已经出版的《莱布尼茨哲学与书信集》第六系列（哲学系列）中的 5 卷著作全部草草翻看了一遍，尽管为了较为准确地理解和把握莱布尼茨的哲学思想，我也曾草译了《形而上学论》等莱布尼茨原典，尽管我对莱布尼茨哲学的了解和研究经过三十多年的努力而有了长足的进步和较大幅度的提升，但是，受自己理论水平和外语阅读能力所限，书中对莱布尼茨哲学思想的阐释在许多方面很可能只是一些皮毛之言，充其量也只能算作一孔之见。如蒙方家厚爱、不吝赐教，无论对于莱布尼茨学界还是对于本人，都是一件大有裨益和值得期待的事情。

段德智

2010 年 8 月 28 日

于武昌珞珈山南麓

责任编辑:洪　琼

图书在版编目(CIP)数据

莱布尼茨哲学研究/段德智 著. -北京:人民出版社,2011.9
(哲学史家文库　第2辑)
ISBN 978-7-01-009978-1

Ⅰ.①莱…　Ⅱ.①段…　Ⅲ.①莱布尼茨,G.W.(1664～1716)-哲学思想-研究　Ⅳ.①B516.22

中国版本图书馆CIP数据核字(2011)第110225号

莱布尼茨哲学研究

LAIBUNICI ZHEXUE YANJIU

段德智　著

人民出版社 出版发行
(100706　北京朝阳门内大街166号)

北京市文林印务有限公司印刷　新华书店经销

2011年9月第1版　2011年9月北京第1次印刷
开本:710毫米×1000毫米 1/16　印张:32
字数:500千字　印数:0,001-3,000册

ISBN 978-7-01-009978-1　定价:69.00元

邮购地址 100706　北京朝阳门内大街166号
人民东方图书销售中心　电话 (010)65250042　65289539